টোকোৰা বাহৰ সোণৰ বেজী

অৰূপা পটঙ্গীয়া কলিতা

80 GLORIOUS YEARS
LAWYER'S BOOK STALL
1943 2022

TOKORA BAHOR SONAR BEJI : A novel by Arupa Patangiya Kalita. Published by Lawyer's Book Stall (a unit of LBS Publications), Panbazar Guwahati-781001. **Reprint, 2022**

Published by
Lawyer's Book Stall
Panbazar, Guwahati-781001, Assam, India
Telephone : +91 361-2543799; 99571 87355
Email : GUWAHATI@LBSBOOKS.COM
Web: WWW.LBSBOOKS.COM

First Edition : December, 2014
Reprint : 2015
First Paperback Edition : 2017
Reprint : 2021, 2022

Cover Photo : Field with Poppies by Vincent Van Gogh

Cover Design : Manjit Rajkhowa

ISBN : 978-81-7331-373-8

Printed and bound in India

উছৰ্গা

মনোৰমা দাস মেধিৰ কৰকমলত

অৰূপা

লেখকৰ একাষাৰ

'টোকোৰা বাহৰ সোণৰ বেজী' লেখিবলৈ লওঁতে মোৰ আগত পৰি আছিল এক নিঃশব্দ আৰু শূইন ভূ-খণ্ড। লাহে লাহে সেই নীৰব ভূ-খণ্ডত হাত দিবলৈ চেষ্টা কৰিছিলো। উঠি আহিল জাত-জাত কথা, নানা কাহিনী, তৰহে তৰহে সাধুকথা। সাধুবোৰেই মোক আগুৰাই নি থাকিল।

এই পৰিক্ৰমাত মোক লগ দিছিল কেইবাজনো ব্যক্তিয়ে— প্ৰয়াত উপেন দাস, মনোৰমা দাস মেধি, ৰমা বৰুৱা, বিনয় মেধি, প্ৰফুল্ল ৰাজবংশী, বিমলেশ কলিতা, ত্ৰৈলোক্য বৰুৱা, মঞ্জুল বৰুৱা, সঞ্জয় তাঁতী, সৎৰাম ডেকা, ঘটেশ্বৰ বৰুৱা, জয়ন্ত দাস, শৰৎ চন্দ্ৰ ডেকা, ৰীতা বড়ো- এই সকলৰ সহায় অবিহনে মোৰ বাবে 'টোকোৰা বাহৰ সোণৰ বেজী' লেখা সম্ভৱ নহলহেতেঁন। মোৰ হিয়া ভৰা কৃতজ্ঞতা ৰল।

ভাস্কৰ দত্তবৰুৱালৈ ধন্যবাদ ৰ'ল।

বেটুপাতৰ শিল্পী মনজিৎ ৰাজখোৱা আৰু লয়ার্ছৰ সমুহ বন্ধুলৈ মোৰ ধন্যবাদ থাকিল।

উপন্যাসখনৰ সকলো চৰিত্ৰই মোৰ নিজা সৃষ্টি। বাস্তৱৰ সৈতে কৰবাত মিল থাকিলেও সেয়া আকস্মিক আৰু অনভিপ্ৰেত।

অসমৰ পাঠকৰ পৰা মই বিশেষ চেনেহ পাই আহিছো। আশাকৰোঁ এইবাৰো মই বঞ্চিত নহ'ম।

অৰূপা পটঙ্গীয়া কলিতা
৮/১০/২০১৪

দ্বিতীয় সংস্কৰণ উপলক্ষে একাষাৰ

‘টোকোৰা বাহৰ সোণৰ বেজী’ৰ বৰ কম সময়তে প্ৰথম সংস্কৰণ শেষ হৈ গল। পাঠকে প্ৰচুৰ মৰমেৰে কিতাপখন আদৰি ললে। এই কথা মোৰ বাবে নিঃসন্দেহে প্ৰেৰণাদায়ক। সমূহ পাঠকলৈ মোৰ হিয়াভৰা কৃতজ্ঞতা যাচিলো।

অৰূপা পটঙ্গীয়া কলিতা
২০/৭/২০১৫

অধ্যায়সমূহ

১।	অন্য এক দীপাৱলী	৯
২।	দাৰুমাৰ চকুৰ পতা চাহগছ হ'ল	২১
৩।	ভৰিল নে নভৰিল ৰাধা তোমাৰ কলচী	২৯
৪।	ৰেভাৰেণ্ড জনাথন চাহাব, পখৰা বেদেৰা চাৰিদিন লঘোনে আছিল	৩৬
৫।	সুগৰীজান পাছ চোতাল পালেহি	৪৩
৬।	'চাৰিলং সোণাৰ বাৰী'	৫৭
৭।	ডফলা পোতা টিলাৰ শহা কেইটা	৬৭
৮।	বালিত পোত খাই থকা ঘূৰণীয়া খাৰুপাত	৭৪
৯।	ভৰ দুপৰীয়া মালতী উদং হ'ল	৮৩
১০।	হেঙাৰ ভাঙি খোৱা নাই ধান	৯৪
১১।	সুহুৰি মৰা মানুহ জাক	১০২
১২।	বেলি ডুবিলেই অপ্সৰাই নাচে য'ত	১১০
১৩	।বাদুলিয়ে খালে সোণালী সূতাৰ পলু	১২০
১৪।	নাচন ডুবিত উৰা-জাহাজ পৰিল	১২৮
১৫।	গদাধৰ ৰণলৈ ওলাল	১৩৭
১৬।	বৰফান্দীয়ে বনুৱাৰ পাখা ভিৰালে	১৪৪
১৭।	'অ' মোৰ দন্তাল হাতীৰ মাহুত ৰে..'	১৫৪
১৮।	পৰ্বতত আছিলি লতা-লুহৰী খাই	১৬৬
১৯।	নাৰীৰ মন মোৰ জুৰিয়া নাযায় ৰে	১৭৫
২০।	চন্দন গছৰ অৰণ্যত ময়ূৰ নাচ	১৮০
২১।	'গাছ লতা ছজানা, দোনৰ মাটিত খাজনা, লৰে দহ টকা দহ আনা'	১৮৭
২২।	'ৰাইজে বোলে উঠি, দেউতা খাজনা দিবা নৰো'	১৯৫

২৩।	গুণ গুণ শব্দে, নেওঠনী যঁতৰে	২০৪
২৪।	গান্ধী ৰাজা নৌ মুথাছে মুথাছে মাই ৰং হী	২১১
২৫	।জনক মুচি বিলাতী মুচি হ'ল	২২৩
২৬।	স্বৰাজ আহিল	২২৮
২৭।	ধানখোলাৰ টোকোৰা জাক	২৩৪
২৮।	মানুহে মানুহলৈ ভয় কৰিলে	২৪২
২৯।	তেওঁৰ ৰাগি লাগিছিল	২৫০
৩০।	মঘা ৰাভাই আকৌ এবাৰ পথাৰত হাল জুৰিলে	২৬৩
৩১।	ভূটীয়া কুৰমা বিয়া খাবলৈ আহিল	২৭০
৩২।	স্কুলত পঢ়িবলৈ ভাল পোৱা ছোৱালীজনীক দুছেও কৰিলে	২৮০
৩৩।	কাতিয়া মাউত ধন বিচাৰি গ'ল	২৮৬
৩৪।	জুই, জুই আৰু জুই	২৯৩
৩৫।	মৌসৰাত ফালিলে মঙ্গলদৈত যোৰালে	৩০০
৩৬।	আলোকে কুনটাং বজাৰ গৰকিলে	৩০৭
৩৭।	আন্ধাৰ এখন আকাশ	৩১৪
৩৮।	ঈশান কোণৰ পৰা ধুমুহা আহিল	৩২৬
৩৯।	ড্ৰাইভাৰ যোগেনে কি দেখিলে?	৩৩৪
৪০।	কুৰমা চিৰকাললৈ গ'লগৈ	৩৪১
৪১।	টোকোৰা বাহৰ সোণৰ বেজী	৩৫১
৪২।	মাছৰ নাম ৰাঙাপাখা	৩৬১
৪৩।	সময় এটা ওলোটা খাই থকা পঁইতাচোৰা	৩৭৪
৪৪।	আকাশত এক হাতীপটি	৩৮২
৪৫।	পাখা নাই ৰাঙাপাখাৰ	৩৯২
৪৬।	বৰ্শাবিদ্ধ সপোনটো	৪০২
৪৭।	ক্ষয় গৈছে শিলাস্তম্ভ	৪১০
৪৮।	ধান গজাদি গজিল কেঁচুৰাকণ	৪১৭
৪৯।	মীনাই আমিৰ খানৰ ফটো পঢ়া টেবুলৰ ওচৰত থৈছিল	৪২২
৫০।	সপোনত কেঁচুৰাকণ	৪৩০

অন্য এক দীপাৱলী

কাইলৈ চিকাৰৰ দিন। সূৰ্য্যাস্ত চাই এলাৰ্ম ঘড়ীটো মিলাই থোৱা আছে। গণনা কৰি কাল বেলা, বাৰ বেলা, যোগিনী দিশ নিৰ্ণয় কৰি মাহেন্দ্ৰক্ষণ ঠিক কৰি থোৱা আছে। নিব লগা বস্তু-বেহানি সকলো সাজু। বন্দুক-বাৰুদো ঠিক-ঠাক। আজি মৌজাদাৰ বনমালী চৌধুৰীয়ে নাৰীৰ স্পৰ্শ লগা বিছনাত শয়ন নকৰে, নাৰীৰ শৰীৰো নোচোৱে। তেওঁ খাবও নিৰামিষ খাদ্য।

মৌজাদাৰ এনে চিকাৰ যাত্ৰাত অভ্যস্ত। বহুবাৰ গৈছে তেওঁ। কিন্তু আজিৰ এই যাত্ৰাক লৈ তেওঁ উত্তেজিত হৈ আছে। এই চিকাৰ যাত্ৰাৰ সঙ্গী স্বয়ং কমিছনাৰ চাহাব এডুইন ব্লেকস্মিথ, কালিয়ে লগত কেইবাজনো মানুহ লৈ কমিছনাৰ চাহাব আহি হাউলিত ৰাতি কটাইছেহি। এই বিদ্বান চাহাবজনৰ সকলো বিষয়তে অপাৰ কৌতূহল। নিমিষতে যেন সকলো কথা জানি ল'ব। ইতিমধ্যেই এই অঞ্চলৰ বহু কথা তেওঁ জানি পেলাইছে। বিভিন্ন প্ৰজাতিৰ কপৌ ফুল গোটোৱাটো তেওঁৰ ডাঙৰ চখ। তেওঁৰ মঙলদৈৰ চৰকাৰী ভৱনত বিভিন্ন প্ৰজাতিৰ কপৌফুল লগাইছে। গছ-গছনি ভাল পোৱা চাহাবে বঙলাৰ চাৰিওকাষে নানা গছো লগাইছে। এই মৌসৰা অঞ্চলত কপৌফুল চৰায়ে এজোপা গছৰ পৰা আন জোপা গছলৈ শিপা এডাল নি পেলাই দিলেই ৰমক-জমক কৈ ফুলি উঠে। চাহাবেও মনৰ হেপাহেৰে কপৌগছ গোটাইছে।

সূৰ্য্য উদয়ৰ লগে লগে মাহেন্দ্ৰ ক্ষণ পৰিছে। ধনীৰামে হাতী সাজু কৰিলে। গদাধৰ আৰু ধনীৰাম মাউত দুয়ো চিকাৰ যাত্ৰাত অভ্যস্ত। ধনীৰাম মাউত এই হাউলিতে ডাঙৰ হোৱা। তাৰ খুড়াকো এই হাউলিৰে মাউত আছিল। ধনীৰাম বৰ সাহ-পিত থকা খামি-ডাঠ মানুহ। পিছে তাৰ অশৰীৰী বিধলৈহে বৰ ভয়। সেইবিধলৈ তাৰ ভয় অথচ তেৰাসবৰ কাহিনী হ'লে খেদি খেদি শুনে। গোটাইছেও এসোপা গল্প। সি এই ভূত-পিশাচৰ গল্পবোৰ সুবিধা বুজি মানুহৰ আগত মেলিবলৈয়ো ভাল পায়। এই ক্ষেত্ৰত ধনীৰামৰ নিজৰ কথাবোৰেই শুদ্ধ, আনৰ কথা

তিলমানো বিশ্বাসত নলয়। ধনীৰাম হাতীৰ ওপৰত উঠিলেই, ইতিমধ্যে এডুইন চাহাবো আহি হাতীত উঠিলেহি। বনমালী চৌধুৰীয়ে গোসাঁই-ঘৰত সোমাই সেৱা ল'লে, তাৰ পাছত তেওঁ আহি হাতীত উঠিলহি। বস্তু-বেহানি লৈ মনাই আৰু কিনাৰামে মাখুন্দী সীতামাইকো সাজু কৰিলে। এডুইন চাহাব ওখ-ডাঙৰ মানুহ, গাখীৰ হেন বগা গাৰ বৰণ, চুলিবোৰৰ ৰং ঠিক পথাৰৰ পৰা কাটি অনা নৰাৰ দৰে, চকুহালত যেন দুটা নীলা মাৰ্বল গুটিহে বহুৱাই থৈছে। তেওঁ এযোৰ ছাই বৰণীয়া কোট-পেণ্ট পিন্ধিছে, মূৰত টুপি। চাহাবৰ সমান ওখ নহ'লেও মৌজাদাৰো এজন মতগজ পুৰুষ। গাৰ ৰং বগা, কিন্তু এডুইন চাহাবৰ দৰে নহয়, তেওঁৰ বগা বৰণৰ লগত হালধীয়া ৰং মিহলি হৈ সোণৰ বৰণ ধৰিছে।

চিকাৰ গমন চাবলৈ হাউলিৰ আটাইবোৰ ওলাই আহিল। নাহিল মাত্ৰ শান্তি প্ৰিয়া আই। তেওঁ পাছ চোতালত পাৰক চাউল খুৱাই বহি আছে। এই মানুহজনীয়ে কি কৰে, কি নকৰে তালৈ কাৰো কাণসাৰ নাই। তেওঁ নিজমনে হাউলিত ইটো-সিটো কৰি ঘূৰি ফুৰে। হাউলিৰ পূৱফালে কাষে কাষে বৈ গৈছে সুগৰীজান। সুগৰীজানৰ পাৰে পাৰে বহুত আমলখি গছ। জানৰ পাৰৰ ভিজা সেমেকা সাৰুৱা মাটিত গুটি পৰি পৰি আমলখি গছবোৰ গজি উঠিছিল। এই আমলখি খাবলৈকে জানৰ পাৰলৈ সুগৰী পহুবোৰ আহে। তাকে চাই চাগৈ কোনোবাই জানটোৰ নাম সুগৰীজান ৰাখিলে। সুগৰীজানৰ ইপাৰে কেইটামান ঘৰ। তাৰে এটা ঘৰৰ খেৰৰ চাল এতিয়াও নতুন হৈয়ে আছে। হাউলিক এই ঘৰকিটাৰ সৈতে সংলগ্ন কৰিছে এখন বাঁহৰ মজবুত সাকোৱে। শণ খেৰৰ চাল নতুন হৈ থকা ঘৰটোৰ বুলনিখনত খুঁটা এটা সাবটি বৈ আছে এজনী ন-কইনা। মৌজাদাৰ চৌধুৰীয়ে সেইফালে এবাৰ চালে, তেজৰ চলাচল অলপ খৰ হ'ল, গাত বিয়পি পৰিল এক উত্তাপ। বনমালী চৌধুৰীৰ কাষলৈ নাৰী নিজে আহে, তেওঁ কাকো বিচাৰি নাযায়। তায়ো নিজেই আহিছিল। এই গাভৰুজনীৰ ৰ'দে-বৰষুণে গৰকা চিপ্‌চিপীয়া দেহাৰ ছন্দই চৌধুৰীক এই দুমাহ ধৰি মাতাল কৰি ৰাখিছে। সেইফালে এবাৰ চাই তেওঁ আগলৈ চকু দিলে।

এইজনী ছোৱালীক হাউলিত তোলাৰ তেওঁৰ ইচ্ছা নাছিল। বয়সো বৈ থকা নাই। এইখন তেওঁৰ তৃতীয় বিবাহ। তাইক চৌধুৰীয়ে দেখিছিল ব'হাগ বিহুৰ দিনা। বিহুৰ দিনা মৌজাদাৰক সেৱা জনাবলৈ বহুত ৰাইজ আহে, তায়ো আহিছিল। তাই তেওঁক আন মানুহৰ দৰে দূৰৈৰ পৰা সেৱা জনোৱা নাছিলে। তাইৰ হাতৰ কুহুমীয়া স্পৰ্শ তেওঁৰ ভৰিৰ পতাত লাগিছিলে। তেওঁ চকু নমাই দেখিছিল জেতুকাৰ বোল লাগি থকা এখন পাঁজি- সেৰীয়া আঙুলিৰ হাত। ৰংটো বগাও নহয়, ক'লাও নহয়।

তাই উঠিছিল, ডাঙৰ খোপা এটাৰে সৈতে নিয়মীয়া ওখ এজনী যোড়শী গাভৰু। খোপাত তাই গুজি লৈছিল এপাহ নাহৰৰ বগা ফুল। তাইক চোৱা হৈছিল মৌজাদাৰৰে ঠেঙুলি কোবোৱা সম্পৰ্কৰ ভাগিন ল'ৰা এটাৰ কাৰণে। হাউলিৰ পৰা মহৰি জীৱন ডেকা তাইৰ ঘৰলৈ গৈছিল। ঘৰৰ মানুহে একেষাৰে মান্তি হৈছিল। মৌজাদাৰে প্ৰস্তাৱ দিছে, ভাগিন বোৱাৰী কৰি ছোৱালী বিচাৰিছে, নিদিয়াৰ কথাই নুঠে। তাই দুৱাৰ-মুখলৈ ওলাই আহিছিল। ৰঙা পৰি আছিল তাইৰ গাল মুখ, তপিনা চোৱা চুলিকোচা মেল খাই আছিল। তাই কাকো সম্বোধন নকৰাকৈয়ে কৈছিল, 'যাব লাগে যদি মৌজাদাৰলৈকে যাম, ভাগিনীয়েকলৈ কিয়? ঘৰে-ঘৰোৱাহে অবাক হৈছিল, কি কয় তাই? সেইজন মানুহৰ বয়স আৰু তাইৰ বয়স, তাইৰ সৌ সিদিনা শান্তি হৈছে। লাওৰ আগ বঢ়াদি বাঢ়িল বুলিয়েই এই কথা সম্ভৱ নে? মহৰি জীৱন ডেকাই একো মাত মতা নাছিল। তাইৰ কথাষাৰে হাউলিত চুপে-চাপে তোলপাৰ লগাইছিল।

তাইক মৌজাদাৰে হাউলিলৈ অনাইছিল। চৌধুৰী দৰা সাজি তাইৰ ঘৰলৈ যোৱা নাছিল। শাওনীৰ ঘৰলৈকো যোৱা নাছিল। শাওনীক অনা দোলাখনতে উঠি হাউলিৰ পৰা দিয়া পাট-মুগাৰ কাপোৰ, আ-অলঙ্কাৰেৰে সাজি তাই আহি হাউলিত সোমাইছিলহি। তাইৰ কাৰণে শাওনীৰ ঘৰৰ কাষতে নতুন ঘৰ তোলা হৈছিল। মূল হাউলিত তাইৰ স্থান নাছিল, তাই যে তুলাৰাম দাসৰ কন্যা। মৌজাদাৰে সকলোৰে শুনাকৈ কৈছিল, 'মুখৰ আগত বাঢ়ি দিয়া ভাতৰ থাল দলিয়াব নাপায়।' বয়স হোৱা মানুহজনলৈ সোতৰ বছৰীয়া মালতী যাচি আহিছিল। কোনেও নাজানিছিল তাই এইজন পুৰুষক তাইৰ সূৰ্য্য কৰি লৈছিল। এই মানুহজনক তাই বিয়াই-বাৰুৰে, বিহুৱে-পূজাই শৈশৱৰে পৰা দেখি আহিছে। তাই যে আৰু কেনিও চাব নোৱৰা হৈছিল। তাই মাত্ৰ চাব পাৰিছিল চালেই চকুত ছাট মাৰি ধৰা এক উজ্বল পুৰুষক। তাইক আকৰ্ষণ কৰিছিল মানুহজনৰ জীৱন-যাত্ৰায়ো। মানুহৰ ঠাট্টা-মস্কৰা, 'যাচিখাইতী' আদি সম্বোধনেও তাইক চুব পৰা নাছিলে। নেদেখা হোৱালৈকে তাই চিকাৰৰ দলটো চাই আছিল।

অভিজ্ঞ হাতী গদাধৰ নাগ নদী পাৰ হৈছিল। পাহাৰৰ তলৰ এই অঞ্চলটো অসংখ্য জান-জুৰি, নদীৰে ভৰা। এই নদীৰ নাম কিয় বা নাগ নদী হ'ল? নাগ নদীৰ গৰা থিয়। এই গৰাৰ মাটি অতীৱ সাৰুৱা, এনেও এই অঞ্চলৰ মাটিৰ উৰ্বৰা শক্তি বেছি, গুটি এটা পৰিলেই ফলেৰে দোঁ খাই থকা গছ এজোপা হৈ উঠে। নাগ নদীখন বৰ অকোৰা-পকোৰা, ঠিক যেন এডাল বিশাল সাপহে। কেৰমেৰাই কেৰমেৰাই পাক

লৈ লৈ বগাই গৈছে। এই নদীৰ পাৰত হেনো এডাল বৰ ডাঙৰ অজগৰ সাপ আছিল। মানুহে এই অজগৰডালক দেৱতা মানিছিল। এই নদীৰ পাৰৰ ওখ ঠাইখিনিতে ভূটীয়া ৰজাৰ চাং ঘৰ আছিল। তাতে থাকি ভোট ৰজাই এই অঞ্চলৰ ৰাইজৰ পৰা কৰ-কাতল তুলিছিল। ভোট ৰজাৰে কোনোবা পালি পহৰীয়াই এই অজগৰডাল, গছত উঠি ৰ'দ পুৱাই থাকোতেই হানি-খুচি মাৰিছিল। সাপডাল নদীখনতে পৰি গৈছিল। মানুহে হেনো কেতিয়াবা নিশা সেইফালে গ'লে সাপডাল দেখা পাইছিল। সাপডাল ক্ৰমে ক্ৰমে এটা সাধু হৈ গ'ল। সেই সাপডালৰ বাবেই চাগৈ নদীখনৰ নাম নাগ নদী হ'ল। এতিয়াও মনসা পূজাৰ দিনা নাগ নদীত গাঁওবাসীয়ে চাকি এগছ জ্বলায়হি।

গদাধৰে নাগ নদী পাৰ হ'ল। নাগ নদীৰ পাৰে পাৰে অসংখ্য ভেলেউ গছ, ভেলেউ গছবোৰত অগুণতি মৌ বাঁহ। দূৰৈৰ পৰা চালে এজাক বাদুলি গছবোৰত ওলমি থকা যেন লাগে। চাহাবে বৰ কৌতূহলেৰে ভেলেউ গছবোৰ চালে। চাহাবে অসমীয়া ভাষাটো ক'বও পাৰে, ভালকৈ বুজিও পায়। চাহাবী ঠাচটো মাত্ৰ থাকি গৈছে। এডুইন চাহাবে এই অঞ্চল সম্পৰ্কে পঢ়া-শুনাও কৰিছে। তেওঁ নাগ নদী পাৰ হৈ আইৰিচ বিচপ হাৰ্বাট পাৰ্কাৰৰ কথা উলিয়াইছিল।

আইৰিচ বিচপ মিঃ পাৰ্কাৰে তেতিয়া শিৱসাগৰত কাম কৰি আছিল। তেওঁ মিছনৰ কাম লৈ এই অঞ্চললৈ এবাৰ আহিছিল। তেওঁ এখন গাড়ী লৈ এই নাগ নদীখন পাৰ হৈছিল। এইখন নদী পাৰ হোৱাৰ অভিজ্ঞতা বৰ্ণনা কৰি বিচপ পাৰ্কাৰে ইংলেণ্ডলৈ এটা ৰিপৰ্ট পঠিয়াইছিল। ৰিপৰ্টটোত তেওঁ এনেকৈ লেখিছিল, 'সেই সময়ত অসমৰ উত্তৰ অঞ্চল হাতী, বাঘ, গঁড়, ভালুক, ঘঁৰিয়াল আৰু সাপেৰে ভৰপূৰ আছিল। কেউপিনে জংঘল। ৰাস্তা-ঘাট বুলিবলৈ একোৱে নাছিল। এনে অৱস্থাত অসমত বিশেষকৈ উত্তৰ অঞ্চলত ইঠাইৰ পৰা সিঠাইলৈ যোৱাটো বৰ কষ্টকৰ আছিল।' হাৰ্বাট চাহাবে নাগ নদী পাৰ হোৱাৰ এটা অভিজ্ঞতা বেছ ৰস লগাই লেখিছিল। ফৰ্ড গাড়ী এখন লৈ তেওঁ নাগ নদীৰ পাৰ পাইছিলহি। বিচপ তেজপুৰ মিছনৰ পৰা আহিছিল। নদীলৈ নমা গৰাটো বৰ থিয় আছিল, উঠি যোৱা গৰাটোৱো একে ধৰণৰ থিয়। তাতে বোকা-পানীৰে একেবাৰে পিছল হৈ আছিল। ৰিপৰ্টটোত বিচপ পাৰ্কাৰ চাহাবে এনেকৈ লেখিছিল— 'নদীৰ ওপৰত দলং থকাটো কল্পনা কৰিব নোৱৰা কথা। নদীলৈ নমা গৰাটো থিয় আছিল, উঠা গৰাটো আৰু থিয় আছিল, বৰ পিছলো আছিল। ড্ৰাইভাৰে গাড়ী গৰাইদি নমাই দিলে। হৰহৰাই নামি গাড়ী গৈ মাজপানী পালেগৈ। পানীত দুটা প্ৰকাণ্ড ভালুক বহি আছিল। ড্ৰাইভাৰে বহি থকা

ভালুককিটাৰ কাযেৰে গাড়ীখন কাটি পাৰ কৰাই নিলে। নি গাড়ীৰ গতিবেগ বঢ়াই দি সিপাৰৰ গৰাত উঠিলগৈ। কিন্তু পিছল বোকা বাবে গাড়ী পিছুৱাই আহিল। পিছুৱাই আহি গাড়ীয়ে বহি থকা ভালুক দুটাক খুন্দা মাৰি দিলেহি। ড্ৰাইভাৰে বিতত নহৈ গাড়ী আকৌ গৰাইদি উঠাই নি নদীৰ সিপাৰ পোৱালেগৈ। পাৰৰ পৰা আটায়ে দেখা পালে পানীৰ মাজত দুই ভালুক তয়াময়া ৰণত লিপ্ত! ভালুকৰ যুঁজৰ কাৰণটো হ'ল ড্ৰাইভাৰে কাটি নিওঁতে এটা ভালুকক গাড়ীৰ গৰম একজষ্ট পাইপে ভাল মতে পুৰিলে। সি ভাবিলে লগৰটোৱেহে এই বিষম আঘাত দিলে। গতিকে যুঁজ আৰম্ভ কৰি দিলে।' বিচপ হাৰ্বাট পাৰ্কাৰে নাগ নদী পাৰ হোৱাৰ এই অভিজ্ঞতাকে ইংলেণ্ডলৈ ৰস লগাই লেখিছিল। তাকে এডুইন চাহাবে মৌজাদাৰক শুনালে। মৌজাদাৰৰ লগতে ধনীৰামেও এজাউৰি হাঁহিলে।

চিকাৰৰ দলটোৱে নাগ নদী পাৰ হওঁতে এটা প্ৰকাণ্ড ক'লা ভালুক দেখা পাইছিল। ভালুকটোৱে এটা বগা চকচকাই থকা মাছ মুখত লৈ হাতীক পাছ দি গৈ আছিল। এই নাগ নদী এক অদ্ভুত নদী, দুটা থিয় বোকাময় পিছল গৰাৰে নদীখনত পানী কম থাকে। মাজে মাজে নদীখন ভিতৰ সোমাই যায়, সেইখিনিতে থাকে তিতি থকা কিছুমান ভিন্ন ৰঙী শিলগুটি। আকৌ তিনি ধাৰ কেতিয়াবা চাৰি-পাঁচধাৰ পানীত বিভক্ত হৈ সুঁতিবোৰ বৈ থাকে। মাজে মাজে নাগ নদীৰ থিয় গৰা বুৰাই পেলাই পাহাৰৰ পৰা ফেনে-ফোটোকাৰে পানী নামি আহে। আহে আৰু যায়গৈ।

নাগ নদী পাৰ হৈয়ে মাটিয়ে এটা ওখ ঢাল লৈছে। নাগ নদীৰ এইপাৰে মৌসৰা, আনফালে বিচুশিঙা গাঁও। বিচুশিঙা আচলতে বিষ্ণুশিঙাৰ পৰা মানুহৰ মুখত পৰি সহজ হোৱা শব্দ। এই বিষ্ণুশিঙা অথবা বিচুশিঙাৰ আঁৰত শ্ৰীকৃষ্ণৰ কথা সাঙোৰ খাই আছে। এই বিচুশিঙা গাঁও এক উৰ্বৰ ভূখণ্ড। বগা চাহাব অহাৰ আগেয়ে ভোট ৰজাৰ তলত আছিল। শ্ৰীকৃষ্ণই নাতিনীয়েক অনিৰুদ্ধক বান ৰজাৰ হাতৰ পৰা উদ্ধাৰ কৰিবলৈ হেনো দলে-বলে এইফালে আহিছিল। ৰণ-শিঙা বজাই হেনো শ্ৰীকৃষ্ণৰ সৈন্য-সামন্ত এই অঞ্চলৰ মাজেদিয়ে দ্বাৰকাৰ পৰা শোণিতপুৰলৈ বুলি গৈছিল। এই বিচুশিঙা গাঁও আছিল মৌজাদাৰ বনমালী চৌধুৰীৰ পিতৃ-পুৰুষৰ আদি ভিঠা। মানৰ আক্ৰমণৰ সময়ত উজনিৰ পৰা ভাগি আহি এই পৰিয়ালটোৱে এই বিচুশিঙা গাঁৱতে থিতাপি লৈছিল। চৌধুৰী পৰিয়ালে ভোট ৰজাক কৰ-কাতল উঠোৱাত সহায় কৰি দিছিল। বৃটিছে ভূটীয়াক যুঁজত হৰুৱাই এই অঞ্চলৰ পৰা খেদাই দিছিল। তাৰ পাছত গোটেই অঞ্চলতে সকলোফালৰ পৰা মুধাফুটা চৌধুৰী বংশৰ হাততে মৌসৰা মৌজাৰ দায়িত্ব অৰ্পণ কৰিলে। তেতিয়াৰ পৰাই মৌসৰা

মৌজাৰ দায়িত্ব চৌধুৰী পৰিয়ালৰ হাতত। পূৰা দহ টকা চিকাৰূপ বগা চাহাবক দি চৌধুৰীৰ ককাকে মৌসৰা মৌজাৰ দায়িত্ব লৈছিল। বৃটিছে ভুটীয়াক হৰুওৱাৰ পাছতে চৌধুৰী পৰিয়াল আকৌ উজনিৰ ঘাই ঘৰলৈ গুচি গৈছিলগৈ। ইতিমধ্যে উজনিৰ ফালে শান্তি ঘূৰি আহিছিল। থাকি গৈছিল বনমালী চৌধুৰীৰ ককাকৰ ঠেঙুলিটো। বনমালী চৌধুৰীৰ দেউতাকে মৌজাৰ কামৰ সুবিধাৰ বাবে মৌসৰাতে স্থায়ী ভাৱে থাকিবলৈ লৈছিল।

মৌসৰা গাঁওখনৰ নামটো নিশ্চয়কৈ নাগ নদীৰ পাৰে পাৰে থকা ভেলেউ গছবোৰত ওলমি থকা মৌবাহবোৰৰ পৰাই আহিছে। আজি মৌজাদাৰৰ চিকাৰৰ সমদলটো মৌসৰাৰ পৰা নাগ নদী পাৰ হৈ বিচুশিঙা গৰকি সেই বিশেষ ঠাইটুকুৰালৈ যাত্ৰা আৰম্ভ কৰিছে। প্ৰকৃতিৰ সেই অদ্ভুত সৃষ্টি সেই ঠাইখণ্ডলৈ মনত পৰি বনমালী চৌধুৰীৰ মনলৈ এক সমীহৰ ভাব আহিল। বিচুশিঙাৰ পৰা পোন বাটেৰে গৈ সোণাপুৰ পোৱাৰ অলপ আগতে এটা চুটি ৰাস্তাৰে গৈ সেই ঠাইখণ্ড পাবগৈ পাৰি। ঠিক বিচুশিঙা আৰু সোণাপুৰৰ মাজতে সেই বিশেষ ঠাইখিনিৰ অৱস্থান। বেলি লহিওৱাৰ আগে আগে গৈ পাব লাগিব। আগতীয়াকৈ মানুহ গৈ কিছু কাম-কাজ আগুৱাই থৈছে, গৈ পালেই বাকি থকাখিনি সামৰি পেলাব পৰা যাব। সেইখিনি ঠাইলৈ যাবলৈ হ'লে মৌসৰাৰ পৰা পশ্চিমে যাব লাগে। বাটত এই অঞ্চলজুৰি থকা বহুকেইটা জান-জুৰি পাৰ হ'ব লাগে, নদীও পাৰ হ'ব লাগে তিনিখন। হওঁতে বনমালী চৌধুৰী চিকাৰ খেলিবলৈ সেইখণ্ড ঠাইলৈ গৈছে, তথাপি জিলাৰ বৰমূৰীয়াক লগত নিয়াৰ কথা। তাতে ঠাইখণ্ড হ'ল বৰ জয়াৰ ঠাই। চাহাবে আকৌ বনৰ ৰজাৰ লগতহে চিকাৰ খেলিব। চাহাবে সব খবৰ গোটাইছে। পিটনিখনৰ কথাও জানে, পিটনিৰ মাজৰ দ্বীপহেন ঠাইখিনিত থকা বাঘকেইটাৰ কথাও শুনিছে।

মৌসৰাৰ পৰা পশ্চিমে গৈ থাকিলে লাহে লাহে জংঘল ঘন হৈ আহে। এইফালে মানুহৰ বসতি বৰ পাতল। বেছিভাগে খাজনা দিব নোৱাৰি নতুনকৈ হাবি ভাঙি বহা মানুহ। হাবি ডাঠ হৈ আহে, আন্ধাৰ-মুন্ধাৰ হৈ পৰে। দিনতে আন্ধাৰ হয়। গৈ থাকোতে থাকোতে আন্ধাৰ কমি আহে, পকাই থকা বতাহৰ শব্দ এটা ক্ৰমাৎ স্পষ্ট হৈ আহে। মানুহে বুজে ঠাইখিনি পাইছেহি। হঠাৎ গোটেইখন পোহৰ হৈ পৰে। চকুৰ আগত মেল খাই পৰে এখন আদি-অন্ত নমনা পিটনি। পিটনিখনত মেটেকা নাই, কোনো ধৰণৰ জোপোহা গছো নাই। এইখন জলাহ নহয়। গোটেই পিটনিখন দূৰৈৰ পৰা চালে এখন ডাঠ সেউজীয়া গালিচা বহলকৈ মেলি থোৱা যেন লাগে। পিটনিখনৰ পাৰবোৰ ওখ, পাৰৰ মাটি কটকটীয়া টান। সেউজীয়া কোমল

গালিচাখনত ভৰি দিলে কোমল বৰ ডাঠ উলৰ কাৰ্পেট এখনত ভৰি পৰা যেন লাগে। কঁপি থাকে সেই কোমল গালিচা। কোনোবাই বাঁহৰ লাঠি এডাল লৈ খোচ মাৰি দিলে নিজৰি আহে অসম্ভৱ শীতল পানী। সেই পানীৰ ৰং কজলা।

পিটনিখনৰ মাজতে একখণ্ড টান মাটি। সেই টান মাটি জুৰি এখন অগাইধনীয়া হাবি। দিনতে আন্ধাৰ সেই গেজেপনি মৰা অৰণ্য। মানুহে সেই অৰণ্যত ভৰি নিদিয়ে, দিবই বা কেনেকৈ? তিনিওপিনে আবৰি আছে সেই ৰহস্যময় কোমল উলৰ গালিচাই, পাৰত অলপ দূৰ গালিচাত ভৰি দিব পাৰি; মাজলৈ গলে টানি নিয়ে পিটনিৰ শীতল অন্ধকাৰাচ্ছন্ন পানীৰ ধাৰে। সেই অৰণ্যতে বাস কৰে বনৰ ৰজাৰ এক সুখী পৰিয়ালে। একেবাৰে নিঃচিন্ত আৰু নিৰুপদ্ৰৱ। সেই পিটনিখনৰ পাৰতে থকা ওখ টিলা এটাতে চিকাৰৰ দলটো গৈ দুদিনমান বাহৰ পাতি থাকিবগৈ। সকলো যা-যোগাৰ হাতীত বান্ধি অনা হৈছে। মানচেষ্টাৰত তৈয়াৰী তম্বুটো আনিছে। এইটো সোণাপুৰৰ 'ঘোষ ব্ৰাদাৰ্চ'ৰ অৰবিন্দ ঘোষে অনাই দিছে। এই অৰবিন্দ ঘোষ হ'ল বনমালী চৌধুৰীৰ সোঁহাত, কিবা এটা লাগিলে ক'লেই হ'ল, বস্তু আহি যাব। পইছা কিটা লওঁতে কিন্তু পাই পাই হিচাব কৰে। তম্বুৰ ভিতৰতে এভাগত পাইখানা, বাথৰুম আছে। দুটা শোৱনি-কোঠা। মেলিব-জপাব পৰা বিছনা, চকী-টেবুল অনা হৈছে। ৰন্ধা-বঢ়াৰ যোগাৰো আছে। হাউলিৰ পৰা মনাই আৰু কিনাৰাম আহিছে। সিহঁত দুটাই বয়বস্তুবোৰ সীতামাইৰ পিঠিত লৈ গদাধৰৰ পাছে পাছে আহি আছে। সীতামাই বৰ শান্ত আৰু বাধ্য মাখুন্দী। এইজনী হাতীয়ো চিকাৰ খেলাৰ লগত অভ্যস্ত। পিটনিখনৰ পাৰৰ ওখ টিলাটোৰ তলেৰে বৈ গৈছে বিহখাইতী নদী। বিহখাইতী বা বিহখাতী নদীৰ পাৰে পাৰে থকা ভোমোৰা আৰু আমলখি খাবলৈ ফুটফুটীয়া পহুবোৰ আহে। টিলাটোৰ পৰা চকুত পৰে গিৰিসকৈ হঠাৎ হঠাৎ দৌৰ মৰা ফুটুকী পহুৰ জাকবোৰ। নদীত পানী খাবলৈ অহা আন আন জন্তু-জানোৱাৰো টিলাৰ ওপৰত অলপ সময় বহি থাকিলেই দেখি। কেতিয়াবা দেখি গহীন খোজেৰে অহা উজ্জ্বল হালধীয়াৰ ওপৰত ক'লা আঁচ থকা বাঘ একোটাকো। এই বিহখাতী নৈৰ পাৰতে মাচাং তোলা হৈছে। নদীৰ পাৰতে দুজোপা প্ৰায় লগালগিকৈ থকা মজ আৰু সিজু গছ আছিল। গছ দুজোপা লগ লাগি চাং এখন যেন হৈয়ে পৰিছে। তাতে বাঁহ কাঠ বান্ধি মাচাং বন্ধা হৈছে। ওখ টিলাটোৰ পৰা পিটনিৰ পাৰে পাৰে নামি গলেই বিহখাতী নৈৰ পাৰৰ মাচাং তোলা ঠাইখিনি পায়গৈ।

বেলি থাকোতেই গদাধৰ, সীতামাই বিচুশিঙৰ পৰা সোণাপুৰ মুখে অহা চমু বাটটোৰেদি আহি সেই ঠাইখিনি পালেহি। বাটটো আৰু কি। হাতীৰ অহা-যোৱা কৰা

গুপ্তি এটা। গোটেই বাটচোৰাতে তেওঁলোকে হাতীৰ আগে-পিছে অসংখ্য বন কুকুৰা দেখিছে। দুটামান মাৰি অনাও হৈছে। ধনীৰাম, মনাই আৰু কিনাৰাম কামত লাগিল। ওখ টিলাৰ দৰে ঠাইখিনিত তম্বু তৰা হ'ল। টিলাৰ পৰা পিটনিখনৰ বৰ এচোৰা চকুত পৰে। তম্বুৰ পৰা অহৰহ শুনি থাকি বিহখাতী নৈৰ শব্দ। মাজে মাজে পিটনিৰ পৰা পকাই পকাই বতাহ এজাক উঠি আহে, মানুহে কন্দাৰ দৰে লাগে সেই শব্দ। টিলাটোৰ পৰা অলপ দূৰ নামি গ'লেই বিহখাতী নৈৰ পাৰ পায়গৈ, তাতে মাচাং বন্ধা হৈছে, মাচাঙৰ তলত বন্ধা হৈছে এটা ছাগলী। মাচাং বন্ধা ঠাইখিনিত গেজেপনি মৰা গছ-গছনি। সেউজীয়া ৰঙৰ কি বাহাৰি মেলা। এইজোপা গছৰ পাত যদি ভাটৌবুলীয়া, সিজোপা ডাঠ সেউজীয়া। এইডাল লতাৰ সেউজৰ লগত যদি হালধীয়াৰ বোল আছে, সিডালত আছে নীলাৰ। অৰণ্যত বেলি পৰাৰ লগে লগে অন্ধকাৰ নামি আহে, কিন্তু পিটনিখনত বহু সময়লৈকে পাতল পোহৰ এটা থাকে।

বেলি ডুবাৰ লগে লগে আন্ধাৰে অৰণ্য আবৰি পেলালে, অলপ পাছতে পিটনিখনো আন্ধাৰ হৈ পৰিল। মৌজাদাৰ চাহাব ধনীৰাম আটায়ে মাচাং তোলা ঠাইখিনিলৈ যাবলৈ সাজু হ'ল। বন্দুক-বাৰুদ আটাইবোৰ সাজু। ইতিমধ্যে আৰণ্যক আন্ধাৰে সকলোবোৰ সামৰি ল'লে। বিশাল পিটনিখনত কেৱল অন্ধাৰ, নিফুট আন্ধাৰ। আন্ধাৰৰ মাজে মাজে অজস্ৰ জোনাকী পৰুৱা উৰি আছে। সোণোৱালী গুণাৰ কাৰচিপি কাজ কৰা ঢোৰা কাউৰীৰ পাখিৰ বৰণৰ কাপোৰ এখন হেন হৈ আন্ধাৰবোৰ বিশাল পিটনি জুৰি বিয়পি পৰিছে। গুটি গুটি গুণাৰ ফুলেৰে ভৰা চাদৰখনত ঢৌ উঠি আছে। সোণ বৰণীয়া জোনাকী পৰুৱাবোৰ উঠে আৰু নামে, চাদৰখনো কঁপি থাকে।

ধনীৰামে-বৰ সাৱধানেৰে হাতী আগুৱাইছে। টিলাৰ পৰা নামি পিটনিখনৰ কাষে কাষে কিছু দূৰ গ'লেই বিহখাতী নদীৰ পাৰৰ মাচাং বন্ধা ঠাইটুকুৰা পাইগৈ। পিটনিখনৰ পাৰটোৰ মাটি কটকটীয়া টান, কিন্তু অলপ ইফাল-সিফাল হ'লেই কোমল ঊলৰ গালিচা হেন পিটনিৰ গৰ্ভলৈ সকলো টানি নিব। টান মাটিৰ পাৰবোৰৰ কাষতে চুপচাপ বহল হৈ মেলখাই থাকে ঊলৰ কোমল ডাঠ গালিচাখন। গালিচাখনৰ তলত অটল ৰহস্য আৰু হাত দিলেই সিৰসিৰাই উঠা আচৰিত ধৰণৰ শীতল পানী। কিমান কাহিনী মানুহৰ মুখে মুখে চলি আছে এই ৰহস্যময় ঠাইখনিক কেন্দ্ৰ কৰি। ঘোপ মৰা আন্ধাৰে আবৰা আঁউসীৰ নিশা হেনো এই পিটনিৰ শীতল গৰ্ভৰ পৰা উঠি আহে এখন সোণৰ নাও। কোনেও নেদেখে এই সোণৰ নাৱৰ নাৱৰীয়াক। নাওখনৰ আগত হেনো বান্ধি থোৱা থাকে একুৰা দপ্‌দপ্‌কৈ জ্বলি থকা

মশাল। মানুহে দেখে জোঁৰ এটাৰ বান্ধি নাওঁখন পিটনিৰ অন্ধকাৰৰ মাজে মাজে কেতিয়াবা ঘূৰণীয়াকৈ, কেতিয়াবা পোনকৈ ঘূৰি ফুৰে। পাৰৰ পৰা মানুহে সেৱা জনায়। কোনোবাই কোনোবাই কয় এই পিটনিখনৰ এক অদ্ভুত মহিমা আছে। কাৰোবাৰ ঘৰত যদি কিবা এখন কাম-সকামৰ আয়োজন কৰে পিটনিৰ পাৰলৈ গৈ চাকি-বন্তি জ্বলাই সেৱা কৰি মিনতি জনালেই হ'ল। পিছদিনা পুৱা সেইখিনিতে ভাহি থাকে সকাম এখন পাতিব পৰা টৌ কেৰাহি, বাচন-বৰ্তন। মাত্ৰ ব্যৱহাৰ কৰি সেইখিনি নি ভালকৈ ধুই-পখালি আগৰ ঠাইত থৈ দিব লাগিব। আগলি কলপাত এখন কাটি তাতে চাকি এগছ জ্বলাই সেৱা কৰি বস্তুখিনি ভক্তিভাবেৰে থৈ দিব লাগে। এনেকৈয়ে হেনো চলি আছিল। কোনোবাই হেনো এবাৰ নোধোৱাকৈ জুঠা বাচন থৈ আহিলে গৈ, তাৰ পাছৰ পৰা হাজাৰ তুতি-মিনতি কৰিলেও বাচন-বৰ্তন নোলোৱা হ'ল। কোনোবাই আকৌ গধূলি বেলা বিহখাতী নদীৰ পৰা মাছ মাৰি আহোতে দেখে আঁহত গছৰ ফেৰেঙণিত ভৰি ওলোমাই বহি অহা তিনি মুক্তকেশী কন্যাক। গোটেই পিটনি জুৰি মেল খাই থাকে নানানটা সাধুকথা।

ধনীৰামে হাতীৰ পিঠিত মৌজাদাৰ আৰু চাহাবক লৈ পিটনিৰ পাৰে পাৰে গৈ আছে। চাহাবে অবাক হৈ চাইছে পিটনি জুৰি থকা জাক জাক জোনাকী পৰুৱা। হঠাৎ আদি-অন্ত নমনা ক'লা চাদৰখনত একুৰা জুই দেখা গ'ল। জুইকুৰা মানুহৰ মুখে মুখে বাগৰি থকা সেই নাৱৰ টিঙত বান্ধি থোৱা জোঁৰটাৰেই নেকি? আন্ধাৰত একো দেখা নাই, মাত্ৰ একুৰা চলমান জুই। ধনীৰামে জুইকুৰা চাই কৰযোৰ কৰিলে। এই যে জুইকুৰা চাৰিভাগ হৈ পৰিল। নীলা আৰু কমলা ৰং মিহলি জুইকুৰা নাচিবলৈ ধৰিছে। জুই চাৰিকুৰা বাঢ়িবলৈ ধৰিলে। চাৰিকুৰা জুইৰ ঠাইত সাত কুৰা, সাতৰ ঠাইত দহ, দহৰ ঠাইত পোন্ধৰ, পোন্ধৰৰ ঠাইত বাইশ। চকুৰ আগতে অন্ধকাৰ পিটনি পোহৰ হৈ উঠিল। উত্তৰৰ পৰা বতাহ বলিছে। যিমানে বতাহ মাৰিছে সিমানে পোহৰৰ উৎসৱৰ তেজ বাঢ়িছে। আলোকিত হৈ পৰিছে আন্ধাৰ অৰণ্য। একোলৈকে পৰোৱাই নকৰা হাতীটোৱে কাউটকৈ মাত এটা মাতি বৈ গ'ল। সি আৰু এখোজো আগ নাবাঢ়ে। ধনীৰামে কীৰ্তনৰ পদ এফাকি মাতিবলৈ যত্ন কৰিছে। চাহাবে বুকুত ক্ৰুছ আঁকিছে। বনমালী চৌধুৰীয়ে নিৰ্বাক হৈ চাই থাকিল। কি ভয়াবহ অথচ সুন্দৰ এই দিপাৱলী। বাঘৰ স্পষ্ট গোজৰণিৰ মাত ভাহি আহিল। শব্দটো ক্ৰমে ক্ষীণ হৈ আহিল। হাতী আগলৈয়ো নাযায় পাছলৈয়ো নাযায়। ধনীৰামে দৃঢ় মাতেৰে কৈ উঠিল, 'দেউতা ঈশ্বৰ বলক, উভতি যোৱা হওক। পানীৰ তলৰ পৰা তেৰাসব আটায়ে ওলাই আহিছে। সাত সাগৰ তেৰ নদী পাৰ হৈ অহা মানুহটোক ইয়াত আনি

আওমৰণে মাৰিব নোৱাৰি? ধনীৰামে গদাধৰৰ গাত অঙ্কুচ লগাইছিল। বাঘৰ গোজৰণিৰ শব্দ আৰু ক্ষীণ হৈ আহিছিল। 'বনৰজায়ো আহাৰ এৰি গ'লগৈ।' ধনীৰামে কাৰো আদেশলৈ অপেক্ষা কৰা নাছিল।

হাতী উভতিছিল। কেম্প পাওঁতে ৰাতি আৰু কেইবাপৰো আছিল। মৌজাদাৰ চৌধুৰী পেটে পেটে চিন্তিত হৈছিল। চিকাৰ মেলিবলৈ নাপাই জানোচা চাহাবে খং খায়। চাহাবে খং খালে মৌজা চলোৱাত নানা বিঘিনি আহিব। চাহাব আৰু তেওঁৰ তলতীয়া কৰ্মচাৰীখিনি আহিছে মাটি জৰিপৰ কামত। কি বা নতুন কৰ লগায়? আব হাবতে গম পোৱা গৈছে এইবাৰ কৰৰ বোজা ৰায়তে বোৱাটোৱে কঠিন হ'ব।

ধনীৰামে তম্বুৰ তলত একুৰা জুই জ্বলাইছিল। চাহ, বিস্কুট কেকৰ ভালমতে যোগাৰ ধৰা হৈছিল। চাহাবে জুইৰ আগত বহি নিজৰ দেশৰ ধনগুলৈৰ গল্পৰ কথা উলিয়াইছিল। ক'লা ঘুটমুটীয়া পিশাচটোৱে মূৰৰ ওপৰত লৈ থকা লেমটোৰ কথা, নৰকৰ চয়তানক মদৰ খৰচ উলিয়াবলৈ আত্মাটো বেচি দিয়া জেক মদাহীৰ চালগোম এটা ৰুকি তাতে থোৱা অঙঠা টুকুৰাৰ গল্প— চাহাবে নিজৰ দেশৰ ধনগুলৈৰ জুইৰ সাধুকথাত মজি গৈছিল। এইকুৰা জুই হেনো আমেৰিকাৰ নতুনকৈ পতা ৰে'ল আলিবোৰত বৰকৈ ওলাইছিল। ৰে'লৰ আলি পাতোতে মৰা মানুহবোৰৰ অতৃপ্ত আত্মা বুলি ভাবিছিল সেই জুইবোৰ। জুইকুৰা দেখিলেই আমেৰিকাৰ ৰে'লৰ আলি সাজি থকা মানুহবোৰে হয় গাৰ চোলাটো ওলোটাই পিন্ধি দিয়ে অথবা টুপিটো ওলোটাই দিয়ে, নহ'লে হাতৰ ছুৰীখনকে জোঙা আগটো ওপৰ মুৱাকৈ ৰাখি মাটিত পুতি দিয়ে।

ধনীৰামেও তাৰ খুকুৰিখন উলিয়াই ওপৰমুৱাকৈ মাটিত পুতি দিছিল। তাৰ কাম দেখি চাহাব আৰু মৌজাদাৰে একেলগে হাঁহিছিল। ভিতৰি ভিতৰি তেওঁ আশ্বস্ত হৈছিল। হওক তেও চাহাবে খং খোৱা নাই। খোৱাৰ সময়ত পিন্ধা বিশেষ পোছাক পিন্ধি চাহাবে খাবলৈ বহিল। ধনীৰামে গৰম কৰি অনা নিজৰ দেশৰ চাৰডিন মাছ কিটাত কাটা চামুচ লগাই চাহাবে বনমালী চৌধুৰীৰ ফালে চাই হাঁহি এটা মাৰিলে। চৌধুৰীয়ে মনতে অৰবিন্দ ঘোষক ধন্যবাদ জনালে। চাহাবে এইবাৰ শোৱাৰ পোছাক পিন্ধিলে। ঘড়ীৰ কাটাই কাটাই কাম চলে, শোৱা, খোৱা চব কাম ঘড়ীৰ লগে লগে।

মৌজাদাৰে চাহাবৰ কায়দা-কানুন, পোছাক-পাতিৰ আগত নিজকে বৰ হীন অনুভৱ কৰিলে। কি আছিল এইখন দেশত? চাহাবহঁত নহা হ'লে এইখন দেশ আন্ধাৰতে পোত খাই থাকিলহেঁতেন। কেইটামানে আকৌ চাহাবক খেদাৰ কথা কয়। এইবোৰ মানুহে হেনো দেশ চলাব। মৌজাদাৰ চৌধুৰীয়ে তেওঁৰ মাজত এক

উত্তেজনা অনুভৱ কৰিছে। চাহাবৰ উন্নত সভ্যতাই তেওঁক হাত-বাউল দি মাতিছে। এৰি দিব, তেওঁ যতচব জংঘলী ৰীতি-নীতি আছে চব এৰিব। সভ্য দেশৰ চাহাবহঁতে সাত সাগৰ তেৰ নদী পাৰৰ পৰা অনা নতুন ৰীতি ৰেৱাজ গ্ৰহণ কৰিব। তেওঁ একেবাৰে মন বান্ধি পেলালে। অৰবিন্দ ঘোষক কৈ কলিকতাৰ দৰ্জীৰ হতুৱাই চিলোৱা এজোৰ চাহাবী পোছাক অনাব। চাহাবৰ দৰে টুপি, জোতা আটাইবোৰ অনাব। লাহে লাহে তেওঁৰ মনটো শান্ত হৈ আহিল।

চৌধুৰী টিলাটোৰ ঢালুখিনিলৈ নামি গ'ল। নদীৰ পৰা অহা শীতল বতাহ জাকে তেওঁৰ অলপ আগতে উতপ্ত হোৱা কাণ-মূৰ ঠাণ্ডা কৰি আনিলে। তেওঁ কুলু কুলু শব্দেৰে বৈ থকা বিহখাতী নদীখনলৈ চাই পঠিয়ালে। পৰিষ্কাৰ পানীত আকাশৰ জোনটোৰ ৰং লাগিছে। নদীখনত যেন জোনটো ভাগি-ছিগি টুকুৰা-টুকুৰ হৈ মিলি পৰিছে। চৌধুৰীয়ে কাণ উনাই নদীখনৰ শব্দটো শুনিবলৈ চেষ্টা কৰিলে। মানুহে কয় এই বিহখাতী নৈৰ পানীৰ সোঁতত মাইকী মানুহৰ কান্দোনৰ শব্দ মিলি থাকে। কছাৰী ৰজা দেৱধাৰণৰ অতীব ৰূপহী ৰাণীয়ে কু-কুঁৱাই কান্দি থাকে। এই কান্দোন বুকুত বান্ধি ফুৰে নৈখনে। মৌজাদাৰ এইবাৰ টিলাটোৰ পূব দিশে গ'ল, কিছুমান শিলাখণ্ড পৰি আছে, ইয়াতে হেনো এটা মন্দিৰ আছিল। এই মন্দিৰতে আত্মগোপন কৰি আছিল দেৱধাৰণ ৰজাৰ ৰূপহী ৰাণী।

কছাৰী ৰজা দেৱধাৰণে এই নদীৰ পাৰৰ, এইটো টিলাতে এটা গৌৰী মন্দিৰ সজাইছিল। এই মন্দিৰ প্ৰাঙ্গণতে ৰজাই প্ৰতি বছৰে ধুমধামেৰে বৈশাগু পাতিছিল। ৰজাৰ ৰূপহী ৰাণীয়েও এই বৈশাগুত অংশ লৈছিল। ইফালে ভূটীয়া ৰজাই কছাৰী ৰাণীৰ ৰূপৰ খ্যাতি শুনি ৰাণীক নিজৰ কৰি পাবলৈ হাবিয়াস কৰিলে। তাৰবাবে ভূটীয়া ৰজাই প্ৰথমতে বৈশাগু উৎসৱ চলি থাকোতেই কছাৰী ৰজাক ধমক দিলে। কছাৰী ৰজাই ভূটীয়া ৰজাৰ দখলত থকা ঠাইত বৈশাগু পাতি ডাঙৰ দোষ কৰিছে। গতিকে কছাৰী ৰজাই হয় ভূটীয়া ৰজাৰ ওচৰত আত্মসমৰ্পণ কৰক, নহয় যুদ্ধ কৰক। কছাৰী ৰজাই যুদ্ধ ঘোষণা কৰিলে। যুঁজত ভূটীয়া ৰজা হাৰিল, কিন্তু ৰজা দেৱধাৰণৰ সেনাপতিজনক বন্দী কৰি নিলে। ভোট ৰজাই কছাৰী ৰজাৰ সেনাপতিক চৰ্ত দিলে, সেনাপতিয়ে দেৱধাৰণৰ ৰাণীক গৈ ক'ব লাগে ৰজাৰ যুঁজত মৃত্যু হৈছে, ৰাণীয়ে ভোট ৰজাৰ ওচৰত আত্মসমৰ্পণ কৰিব লাগে। অন্যথা সেনাপতিৰ মৃত্যু অনিবাৰ্য্য। প্ৰাণৰ মায়াত কছাৰী সেনাপতিয়ে গৈ ৰাণীক মিছা খবৰ জনালেগৈ, ৰজা দেৱধাৰণৰ মৃত্যু হৈছে। ভূটীয়া ৰজাই ৰাণীক নিবলৈ ঢোলে-ডগৰে আহি আছে। এই কথা সেনাপতিৰ মুখত শুনি ৰাণীয়ে মন্দিৰৰ পূজাৰীক দুই কন্যাক গতাই বিহপান কৰি মন্দিৰৰ তলৰ নদীত জাঁপ মাৰি পৰিল। যুঁজৰ সময়ত ৰাণীয়ে এই মন্দিৰতে দুই

কন্যা সহ আত্মগোপন কৰি আছিলে। নদীয়ে ৰূপহী ৰাণীক সামৰি ল'লে। সেই নদী বিহখাতী নদী হ'ল, সোঁতৰ সৈতে কঢ়িয়াই ফুৰা হ'ল এক নাৰীৰ কান্দোন।

মৌজাদাৰে টিলাটোৰ পূব দিশে থকা মন্দিৰৰ জহি-খহি যোৱা শিলবোৰ এবাৰ চাই আহিলেগৈ। তেওঁ দেখিলে চাহাব উঠি আহিছে। বোধহয় মৌজাদাৰক তম্বুৰ ভিতৰত নেদেখিয়ে উঠি আহিছে। দুয়ো পিটনিখনলৈ চালে, একো নাই, জুইৰ শিখাবোৰ নোহোৱা হ'ল। হঠাৎ দুয়োৰে চকুত পৰিলে দুইখণ্ড পোহৰৰ পিটনিখনৰ মাজত ভাহি উঠিল। পোহৰৰ খণ্ড দুটা ভাহি থকা ভঙ্গীটো ঠিক চৰাই এটাই ডেউকা কোবাই থকাৰ দৰে। ভালকৈ চাই দেখিলে দুই খণ্ড জোনৰ পোহৰ আচলতে চাৰিখণ্ড। চাৰি টুকুৰা জোনাক অগা-পিছাকৈ এইফালেই আহি আছে। পোহৰখিনি আহি আহি মন্দিৰৰ ভগ্নাবশেষবোৰৰ মাজত পৰিলহি। পোহৰ কিটুকুৰাৰ উজ্জ্বলতা কমি গ'ল, কিন্তু নোহোৱা নহ'ল। লাহেকৈ শিলবোৰৰ ওচৰতে থকা জৰীগছ এজোপাত পোহৰখিনি আহি আহি নুমাই গ'ল। চাহাবে হাতৰ টৰ্চটো জ্বলাই জৰী গছজোপালৈ লক্ষ্য কৰিলে, উজ্জ্বল পোহৰত জিলিকি উঠিল এহাল ডাঙৰ ফেঁচা, চকুকিটা গোল গোল। ভয় খাই ফেঁচাহাল উৰি গ'ল। আকৌ অন্ধকাৰৰ মাজত জিলিকি উঠিল চাৰিখণ্ড জোনাক।

চাহাব উচ্ছ্বসিত হৈ উঠিল। এই দেশত কিমান কি আছে। আজি একেদিনাই কিমান কি দেখিলে। এই ফেঁচাটোৰ কথা চাহাবে হেনো পঢ়িছে। তাৰ পাখিত এনে এবিধ বস্তু আছে যে ই পোহৰ প্ৰতিবিম্বিত কৰে। বিশেষকৈ জোনাক ৰাতি এই ফেঁচা উৰিলে এক পোহৰৰ খণ্ড হৈ পৰে। পাখি কোবাই উৰিলে দুটুকুৰা জোনাক নাচি থকা যেন লাগে। চৌধুৰীৰো মনত পৰিলে দেউতাকৰ মুখতে এই ফেঁচা বিধৰ কথা শুনিছিলে। মানুহে হেনো বিচুশিঙা, মৌসৰাতো এই পাখিত দুচমকা পোহৰ লৈ ৰাতি উৰা ফেঁচাবিধ দেখিছিলে। অমঙ্গলীয়া বুলি ফেঁচাবিধ দেখিলেই মানুহে খেদি খেদি মাৰিছিল। লাহে লাহে মানুহে এইবিধ ফেঁচা গাঁও অঞ্চলত নেদেখা হ'ল।

চাহাবে চৌধুৰীক ধন্যবাদ জনালে। চৌধুৰীয়ে সিদ্ধান্ত ল'লে কাইলৈ চাহাবক মন্দিৰৰ শিলবোৰ দেখুৱাব, বিহখাতী নদীৰ কথা, ৰূপহী ৰাণীৰ কাহিনী—আটাইবোৰ ভাঙি-পাতি ক'ব। চাহাবে বৰ ভাল পাব। চাহাবে ভাল পোৱা কাম তেওঁ সকলোবোৰ কৰিব, নিশ্চয়কৈ কৰিব।

দাৰুমাৰ চকুৰ পতা চাহগছ হ'ল

বনমালী চৌধুৰীয়ে সেইদিনা চিকাৰলৈ গৈ দেখা দীপাৱলীৰ দৃশ্যৰ কথা কাকো নক'লে। মাত্র গোঁসাই-ঘৰলৈ এখন নতুন থাপনা আগবঢ়ালে। এনেও আগৰ থাপনাখন ঘূণে ধৰিছে। থাপনাখন সাজি এপাহ সোণৰ ফুলো আগবঢ়াব। থাপনাখনৰ কামতে আজি চৌধুৰীয়ে এমং বুঢ়াক মাতি পঠিয়াইছে। কাঠৰ চিন্তা নাই, হাউলিৰে গমাৰি গছ এজোপা ধুমুহাত পৰি গৈছিল, একেবাৰে পূৰঠ গছ, কাটি তক্তা কৰি ভঁৰালৰ আগত বান্ধি থোৱা আছে।

এমং বুঢ়া হ'ল চীনা মিস্ত্রী। বুঢ়া কাঠৰ যাদুকৰ, বুঢ়াৰ হাতত কাঠৰ তক্তা কিচলাই এনে ধুনীয়া ধুনীয়া বস্তুৰ ৰূপ লয় যে চাওতা ৰৈ যাব লাগে। আজিকালি এমং বুঢ়াই নিজে কৰত, ৰান্দা ধৰিব নোৱাৰে, দেখুৱাইহে যায়, মাত্র মিহি ফুলজালিৰ কামখিনিহে নিজ হাতে কৰে। এমং বুঢ়াৰ দেউতাক চাহ কৰ্মী ৰূপে চীন দেশৰ পৰা উজনিলৈ আহিছিল। এমং বুঢ়াৰ শিৱসাগৰতে জন্ম হৈছিল। তাৰপৰা এমঙক এই উত্তৰ অঞ্চললৈ মৰগান চাহাবে আনিছিল। এই অঞ্চললৈ আহোতে এমং চফল ডেকা আছিল। বুঢ়া অকল মিস্ত্রীয়ে নহয়, এজন ভাল আৰু বিজ্ঞ চাহ কৰ্মীও আছিল। চখ কৰি হাতুৰি, বটালি লোৱা বুঢ়াই নাচনডুবি বাগানৰ পৰা ওলাই আহি শেষ বয়সৰ পেছা কৰি লৈছিল এই কাম। বাগিচাৰ কাম বাদ দি বুঢ়াই মৌজাদাৰে দিয়া মাটিতে শিপা পুতিলে। চাৰিটা পো, দুজনী জীৰ সৈতে বুঢ়াৰ শিপা দিনে দিনে তললৈ মেলিছে। এটা ধানৰ ভঁৰাল, উজনীয়া ঘৈণী প্ৰমীলা, তায়ে যোৰহাটৰ চিনামৰাৰ পৰা গোটাই অনা বৰ বোৱাৰী লতিকা, মাজু আৰু সৰু পুতেকে অনা বড়ো আৰু কোচ ছোৱালী মাইনাও আৰু পদুমী। শিপাই মাটিত বজ্রলেপ দি ধৰিছে।

এমং বুঢ়া আজিকালি বয়স বাঢ়ে মানে বৰ কথকী হৈ পৰিছে। কথা কিছুমান বুঢ়াৰ জিভাত লক্ লক্ কৰি থাকে। নহ'বনো কিয়? বুঢ়াৰ ভিতৰখনত অসংখ্য জাৰকালি পোৱালি মেলা বাট। এটা জীৱনতে বুঢ়াইনো কমখিনি দেখা পালেনে? এমং বুঢ়াক মৌজাদাৰে বিশেষ চেনেহৰ চকুৰে চায়, বুঢ়াই তেওঁৰ কল্পনাৰ বস্তুবোৰৰ

বাস্তৱ ৰূপ দিব পাৰে। চাৰিফালে চাৰিটা সিংহৰ মূৰ্তি থকা এখন গোঁসাই-ঘৰৰ থাপনা, এটা ট্ৰি হাউচ, এখন আহল-বহল খোৱা মেজ, এখন ময়ূৰ পঙ্খী খাট, এখন আৰামী চকী— এইবোৰ অকল এমং বুঢ়াইহে সাজি দিব পাৰে। মৌজাদাৰ বনমালী চৌধুৰীৰ এক গোপন সপোন আছে। তেওঁ এদিন এখন চাহ-বাগিচা খুলিব। সৰু-সুৰাকৈ হ'লেও চাহ বাগিচা এখন পতাৰ বৰ ডাঙৰ হেঁপাহ এটা চৌধুৰীয়ে মনে মনে পুহি ৰাখিছে। এমং বুঢ়াৰ হাততে কিজানি গঢ়ি উঠিব তেওঁৰ সপোনৰ চাহ-বাগিচাখন, 'বনমালী চৌধুৰী টি ইষ্টেট'। এমং বুঢ়াই চাহ বাগিচা পত্তনৰ দেখাৰ কাহিনী জানে। কিছুমান নিজে দেখা, কিছুমান দেউতাকৰ মুখত শুনা।

চৌধুৰীয়ে এমং বুঢ়াৰ মুখতে শুনিছিল নাচন ডুবিৰ মৰগান চাহাবে এই উত্তৰ অঞ্চলৰ পাহাৰতলীৰ জংঘলৰ মাজত বনৰীয়া হৈ গজা চাহ গছ আবিষ্কাৰ কৰাৰ কাহিনী। মৰগান চাহাব আহিছিল মাটি জৰীপ কৰা চৰকাৰী বিষয়া-কৰ্মচাৰীৰ লগত। চাহাবৰ শিয়ান চকুত ধৰা পৰিল এই অঞ্চলৰ এক বিশেষ জনগোষ্ঠীৰ মাজত মেলেৰীয়া কমকৈ হয়। এই বিশেষ জনগোষ্ঠীৰ মানুহখিনিক কছাৰী বুলি কোৱা হয়। বৰ শান্ত এই মানুহখিনি। কিন্তু অলপ গোঁৱাৰ আৰু অকৰা। মানুহখিনিৰ মাজত গান-বাজনাৰ প্ৰতি ধাউতি আছে। তেওঁলোকৰ সকলো উৎসৱতে ভিন ভিন সঙ্গীতৰ ব্যৱহাৰ হয়। জন্ম-মৃত্যুৰো সঙ্গীত আছে, আৰু আছে গানৰ মাজে মাজে কৈ যোৱা নানা সাধুকথা। লিপি নোহোৱা মানুহখিনিৰ মুখে মুখে বাগৰা অজস্ৰ গান আৰু সাধু। এই গান আৰু সাধুবোৰে জাতিটোক এক কৰি বান্ধি থৈছে। শিল্পী জাতিটোৰ মানুহবোৰৰ ঘৰে ঘৰে চাহাবে এটা দৃশ্য লক্ষ্য কৰিলে। চোতালত অহৰহ জ্বলি থাকে একোডাল গছৰ কুণ্ডা। পূৰঠ গছৰ কুণ্ডাডাল এফালৰ পৰা লাহে লাহে জ্বলি পকা আঙঠা হৈ থাকে। জলন্ত কুণ্ডাডালৰ ওপৰত লোহাৰ চিক্ এডালত ওলমি থাকে একোটা কেট্‌লি। তাত বকবকাই পানী উতলি থাকে। পানীত থাকে এবিধ বিশেষ গছৰ পাত। প্ৰায়বোৰ মানুহৰ ঘৰত থকা আহল-বহল বাৰীবোৰত এই গছবিধ থাকেই। মানুহখিনিয়ে বৰযুণ পৰাৰ পাছতে কোমল কুঁহি পাতবোৰ তুলি পেলায়। পাতবোৰ গোমা বতৰ বুজি ৰহ দিয়াই লৈ শুকুৱাই পেলায়। তাৰ পাছত টেকেলিত ভালকৈ সোপা মাৰি থৈ দিয়ে। তাৰে এমুঠি কেটলিৰ পানীত দি উতলাই থয়। যাৰ যেতিয়াই মন যায় গুৰ মিঠাই এটুকুৰা লৈ সেই ৰঙা ৰঙৰ পানীয় এবাটি খাইছিল, আলহীকো দিছিল। খাই আটায়ে শৰীৰৰ ভাগৰ পলুৱাইছিল। চাহাবে অকল পানীয় বিধ খোৱাই নাছিল, মানুহবোৰৰ বাৰীত জংঘলীয়াকৈ গজি থকা গছবোৰ চাইছিল গৈ। গুটি পৰি গহৰা গজা পুলিবোৰ গোটাইছিল, গুটিও গোটাইছিল। তেতিয়াই

চাহাবে বুজিছিল পাহাৰ তলীৰ এই অঞ্চলত সোণ পৰি আছে। চাহাবে সোণ বুটলিলেও। চাওতে চাওতে চাহাবহঁতে কেইখন বাগান খুলি পেলালে! সেই এমং বুঢ়াই আজি হাউলিলৈ আহিছে, লগত আহিছে আৰু কেইজনমান মিস্ত্ৰী। থাপনাখন সজাৰ কাম আৰম্ভ কৰিব। বুঢ়াই কৰত বটালি লোৱাৰ আগতে কাঠৰ তক্তাখিনিত সেৱা এটা কৰি ললে। থাপনা সাজিম বুলি নহয়, সদায়ে কাম এটা আৰম্ভ কৰোঁতে এমং বুঢ়াই এনেকৈ কাঠখিনি সেৱা কৰি লয়। বুঢ়াক মাজে মাজে চাহ দি থাকিব লাগে। বুঢ়াই আজি নিজেই হাতুৰি বটালি ধৰিছে। থাপনা এখন সজা আৰু টেবুল এখন সজা একে কথা নহয়। বুঢ়াক চাহ দি গ'লহি। এমং বুঢ়াৰ চাহ খোৱা সুকীয়া বাটি এটা আছে। হাতীখুজীয়া বাটিটোত বুঢ়াই ৰঙা চাহ খায়, চেনি-গাখীৰ একো নালাগে। বাটিটো গামোচা এখনেৰে ধৰি বৰ আৰামেৰে বুঢ়াই চাহটোপা খায়।

এমং বুঢ়াৰ কাম চাবলৈ চৌধুৰী মৌজা অফিচৰ পৰা ওলাই আহিল। চৌধুৰীক চিন্তিত আৰু ভাগৰুৱা লাগিছে। সেই পুৱাৰ পৰা মহৰীৰ লগত বহিছে। মৌজা চলোৱা কামটো দেউতাকৰ দিনৰ দৰে আৰু সহজ হৈ থকা নাই। বগা চাহাবে লগোৱা বিধ বিধ কৰৰ বোজা ৰায়তে বব নোৱৰা হৈছে। বহুতে ঘৰ-মাটি এৰি হাবি ভাঙি বহিবলৈ পাহাৰৰ তল পাইছেগৈ। চৰকাৰৰ ঘৰৰ পৰা কোৰোকীৰ আদেশ দিয়া আছে। কি পাব সেই মানুহবোৰৰ ঘৰত কোৰোকি কৰি? দেউতাকৰ দিনৰে ধনী পিয়দা আছে। কোৰোকী কৰিবলৈ যাওঁতে মাৰি লোৱা বগা চাহাবৰ চৰকাৰৰ ঘৰৰ পৰা দিয়া বেল্টডালো ধনী পিয়দাই ভালকৈ ৰাখিছে। মৌজাদাৰৰ হাতীও আছে, কিন্তু কি আনিবগৈ সেই কৰৰ বোজাত চেপা লগা হত দৰিদ্ৰ মানুহখিনিৰ পৰা? দেউতাকৰ দিনত চৰকাৰক দেখুৱাই খাজানা আদায় দিব নোৱাৰা ৰায়তৰ ঘৰত মিছাকৈ কোৰোকি কৰাৰ নাট মেলিছিলে। ধনী পিয়দাই চৰকাৰী পোছাকযোৰ পিন্ধি লয়। খাকি হাফপেণ্ট আৰু খাকি চোলাত মানুহটো তেনেই বেলেগ হৈ পৰে। পোছাকযোৰ পিন্ধাৰ ইমান ধৰা-বন্ধা নিয়ম নাছিল। কিন্তু ধনী পিয়দাই চৰকাৰী বেল্টডাল হ'লে বৰিয়াকৈ কান্ধত ওলোমাই লয়। ধূতী-চোলাৰ লগত আৰু চৰকাৰী হ'ল বুলিয়ে চামৰাৰ বেল্টডাল মাৰিব পাৰিনে? বকলেচটো লগাই সোঁকান্ধত চৰকাৰী বেল্ট ওলোমাই যোৱা ধনী পিয়দাক দেখিলে ৰায়তে সম্ভ্ৰমেৰে বাট এৰি দিয়ে। দেউতাকৰ দিনত চৰকাৰক দেখুৱাই পিয়দাই ৰায়তৰ ঘৰত কোৰোকী কৰিবলৈ গৈ কাঁহী-বাটি, লোটা-টৌ যিহকে পায় লৈ আহেগৈ। চৰকাৰী মানুহ যোৱাৰ পাছতে সেইবোৰ যাৰ পৰা আনিছিল তাক ঘূৰাই দিয়ে। মৌজাদাৰক কৃতজ্ঞ চিত্তে সেৱা কৰি 'কোৰোকী' কৰি নিয়া বস্তুখিনি চমজি লৈ ৰায়ত যায়গৈ। কেতিয়াবা

কৃতজ্ঞতাৰ ভৰত মূৰ দোঁখাই থকা ৰায়তক মৌজাদাৰে কয়, 'হ'ব যা, চৰাই এটা দি যাবি'— এনেকৈয়ে মৌজা চলাইছিল দেউতাকে। দেউতাকৰ জীৱন-যাপনো আছিল তেনেই নিমাখিত। ৰায়তৰ পৰানো কি বেলেগ আছিল মৌজাদাৰৰ ধৰণ-কৰণ? ঘৰ আছিল খেৰ-বাঁহৰ, পিন্ধন-উৰণো সাধাৰণ। তেওঁলোকৰ মৌজাৰ খাজনাৰ হিচাব 'কেচ ইন হেণ্ড' নহৈছিলেই বুলিব পাৰি। কিন্তু খৰচবোৰ বহলি গৈছে বনমালী চৌধুৰীৰ দিনত। তেওঁ ককাক-দেউতাকৰ জীৱন-যাত্ৰাত চলিবলৈ মান্তি নহয়। ইফালে ৰায়তৰ ওপৰত দিনে দিনে কৰৰ বোজা বাঢ়ি আহিছে। আজি মহৰীৰ লগত বহি খাজনাৰ হিচাব চাই বনমালী চৌধুৰী অলপ চিন্তিত হৈছে। অলপ পাৰিলে খা-খৰচ কমাব লাগিব। দেউতাকৰ দৰে নহয়, অলপ কঠোৰ হৈয়ে অনাদায় খাজনাবোৰ তুলি আনিব লাগিব। চৌধুৰী আহি এমং বুঢ়াৰ কাম কৰা ঠাইখিনিতে থকা দক্ষিণৰ বাৰাণ্ডাত চকী এখন উলিয়াই বহি ললে। এমং বুঢ়াই মৌজাদাৰক সেৱা এটা জনালে। বুঢ়াই লগত অনা মিস্ত্রীকিজনক কামখিনি বুজাই দিছে। কাঠৰ তক্তাখিনি বাঁহৰ খুটি পুতি বনাই লোৱা ফ্রেমটোৰ ভিতৰত ভৰাই ৰান্দা মাৰি আছে। পূৰঠ গমাৰি কাঠ, বৰ সুন্দৰ গাখীৰৰ সৰৰ দৰে মাখন বৰণ এটা ওলাইছে। বুঢ়াই আজিকালি কৰত বা ৰান্দা হাতত নলয়, বটালিৰ কামখিনি নিজে কৰে। এমং বুঢ়াই কাণত গুজি লোৱা কাঠ-পেঞ্চিলডালেৰে তক্তাত চিন দিছে। বুঢ়াৰ কামখিনি চৌধুৰীয়ে মনোযোগেৰে চাই আছে। চৌধুৰীক কোনোবা এজনীয়ে আহি চাহ একাপ দি গ'লহি। লগতে এমং বুঢ়ালৈয়ো আনিলে। বুঢ়াৰ চাহৰ লেঠা নাই, চেনি-গাখীৰ নালাগে, উতলাবও নালাগে, গৰম পানী চাকনিত চাহ লৈ বাকি দিলেই হ'ল। লেঠা হ'ল মৌজাদাৰৰ চাহ কাপ। চেনি, গাখীৰ, তেজপাত, আদা দিব লাগিব। পৰিমাণ সঠিক হ'ব লাগিব। তেওঁ এই চাহ খাবলৈ শিকিলে 'ঘোষ ব্রাদার্চৰ' অৰবিন্দ ঘোষৰ পৰা। তেওঁ এইকাপ চাহ খায় বগা তাতে সোণালী ৰঙৰ বৰ্ডাৰ থকা, টুকুৰিয়ালে টুংকৈ বাজি উঠা পাতল চীনা মাটিৰ কাপত। এই দামী কাপৰ ছেটো অৰবিন্দ ঘোষে আনি দিছে। বস্তুখিনি ঠিকেই আনি দিয়ে, কিন্তু দামটোহে কচি কচি লয়। চাহৰ বাতি লৈ এমং বুঢ়া আহি মৌজাদাৰৰ কাষত মাটিতে বহিলহি। কোনোবা এটা আহি বুঢ়াক পীৰা এখন দি গ'লহি। চাহৰ বাটিত সোহা মাৰি বুঢ়াই কৈ উঠিল, 'এইখিনি নাচন ডুবি বাগিচাৰ চাহপাত' এই বাগানৰ চাহপাত দুবাৰ উতলালেও তিতা নহয়। কথাটো মিছা নহয়। কুনটাং বজাৰ এলেকাৰ পৰা বিহাৰী বেপাৰী এজনে চাহপাতখিনি মৌজাদাৰলৈ বুলি আনিছিল। এমং বুঢ়াই চাহ গছৰ পাত এটা চায়ে কৈ দিব পাৰে পানী দিবৰ হৈছেনে, গুৰি চিকুনাবৰ হৈছে, কলম দিবৰ হৈছে নে পাত তুলিবৰ হৈছে। হাতত চাহগছৰ কোঁহ এটা লৈ মোহাৰ মাৰিয়ে ক'ব পাৰে কোনবিধ

পাতৰ পৰা বিলাতলৈ পঠোৱা জালুকগুটি হেন চাহপাতখিনি হ'ব, কোনবিধৰ ৰং বেছি হ'ব, কোনবিধৰ গোন্ধ বেছি হ'ব।

এমং বুঢ়াই জোখ কৰি কাটি লোৱা কাঠ এটুকুৰাত খুট্ খুটকৈ বটালি মাৰিছে। এমং বুঢ়াৰ বটালি আৰু মুখ সমানে চলে। কোনো শুনোতা নাথাকিলে নিজে নিজেই কথা কৈ থাকে। আজিও বটালিয়ে-মুখে সমানে চলিছে। বুঢ়াৰ কথা-বতৰা এই ফালৰ মানুহৰ লগত বৰকৈ নিমিলে। আচলতে উজনিৰ ঘৈণী প্ৰমিলাৰ লগত জীৱনটো কটাই তাইৰ মাত-কথাবোৰৰ প্ৰভাৱ বুঢ়াৰ ওপৰত তেনেই পৰিল। তৃপ্তিৰে খাই চাহৰ বাটিটো থৈ বুঢ়াই হাঁহি এটা মাৰিলে।

'এস, এতিয়াহে টোপনিৰ জালটো কাটিল। দুপৰীয়া দুপৰীয়া ভাত ঘুমটি দিয়া অভ্যাস হ'ল নহয়। দাৰুমাৰ কৃপা থকা চাহ আছিল বুলিহে ৰইখা'।

চৌধুৰীয়ে এমং বুঢ়াৰ অলপ শোতোৰা পৰা হাত দুখন চাই আছে। লাহে লাহে কাঠটুকুৰাত এটা সিংহৰ মূৰৰ আকৃতি ওলাই আহিছে।

'এই কিটা সিংহই আপোনাৰ থাপনাখন মূৰত লৈ থাকিব। আগৰ থাপনাখনো ক'ত সজাইছিল দেউতা?'

'জানো, দেউতাই বিচুশিঙাত থাকোতেই গঢ়াইছিল।'

'বিচুশিঙাৰ যদি কোচবিহাৰৰ সেই কৰ্মকাৰ পৰিয়ালটোৱে হ'ব। কৰ্মকাৰ মিস্ত্ৰী নাচনডুবিৰ বৰা বাংলা সাজোতেই ইয়ালৈ আহিছিল। বৰা বাংলা সাজোতে ....।' আৰু উপায় নাই। ক'বলৈ গ'লে এমং বুঢ়াৰ চকুৰ আগতে নাচনডুবি বাগিচাখন বহলি উঠিছিল। এই বাগিচাৰ কথা ক'বলৈ আৰম্ভ কৰিলে বুঢ়াক ৰখোৱা টান হ'ব। কাম কৰি থকা আটাইকেইজন মিস্ত্ৰীয়ে জা-জলপান খাই গছৰ ছাঁ পৰি থকা বাৰাণ্ডাখনৰ ওচৰতে জিৰাবলৈ আহিল। এমং বুঢ়াৰ কথা শুনিবলৈ ধনীৰামহঁতেও বৰ ভাল পায়। চকুকিটা নোহোৱা কৰি ধেকধেকাই হঁহা এমং বুঢ়াক হাউলিৰ আটায়ে ভাল পায়, সমীহো কৰে। সকলোৱে জানে এমং বুঢ়াক মৌজাদাৰ দেউতায়ো চেনেহৰ দৃষ্টিৰে চায়। আজি মৌজাদাৰ চৌধুৰী অকল এমং বুঢ়াৰ কাম চাবলৈকে অহা নাই, অৱশ্যে বুঢ়াৰ কাম চাই তেখেতে ভালো পায়। চৌধুৰীয়ে ভাবি আছে হাউলিৰ দক্ষিণে যিখিনি মাটি পৰি আছে, তাতে চাহবাগিচা এখন আৰম্ভ কৰিব। এইখিনি মাটিৰ প্ৰকৃত গৰাকী হ'ল ছিপাঝাৰৰ ফালে থকা সত্ৰখনৰ সত্ৰাধিকাৰ পঞ্চানন গোস্বামীৰ। বৃটিছে দিয়া দেৱোত্তৰ ভূমিখিনি এনেই পৰি আছে। এই বহল এলেকাটোৰ বাবদ মৌসৰা মৌজাই এপইচাও খাজনা নাপায়। প্ৰায়ে এইখিনি মাটিত গোৱালপাৰাৰ ফালৰ পৰা 'প্ৰজা' ধৰিবলৈ অহা মানুহখিনিয়ে একোটা খেতি উঠাই

আকৌ ঘূৰি যায়গৈ। এই 'প্ৰজা' ধৰিবলৈ অহা মানুহখিনি গোৱালপাৰা, কোকৰাঝাৰৰ ফালৰ মানুহ। এইখিনি কছাৰী মানুহ মৌসৰা সোণাপুৰ বা বিচুশিঙাৰ ফালে থকা কছাৰী মানুহখিনিৰ পৰা মাতে, কথাই-কাপোৰ-কানিয়ে বেলেগ। এওঁলোক খেতিৰ বতৰত আহি মৌজাদাৰৰ অনুমতি লৈ পতিত মাটিত একোটা খেতি উঠাই আকৌ ঘূৰি যায়গৈ। খেতিৰ বতৰত অহা এই মানুহখিনিক দেখিলে মৌসৰাৰ মানুহে কয় 'প্ৰজা ধৰিবলৈ আহিল'। চৌধুৰীয়ে মনে মনে ভাবি আছে, এইখিনি মাটিতে গঢ় লৈ উঠিব তেওঁৰ সপোনৰ চাহ-বাগিচাখন 'বনমালী চৌধুৰী টি ইষ্টেট'। এমং বুঢ়াৰ লগত সেই কথাকে পাতিম বুলি আহি তেওঁ এই বাৰাণ্ডাত বহিছেহি।

'তুমি কিবা দাৰুমাৰ কৃপা থকা চাহৰ কথা কৈছিলা, কি চাহনো এইবিধ?' চৌধুৰীয়ে নিজৰ কথাৰ ফাললৈ বুঢ়াক পোনাব খুজিছে।

এমং বুঢ়াই হাতৰ বটালিপাত থৈছে, গোটাই লৈছে আৰু এটুকুৰা কাঠ। খ্‌টখ্‌টকৈ বটালি চলিল আৰু বুঢ়াৰ মুখো চলিল। এনেকৈ আজিকালি কথা কৈ বুঢ়াৰ বৰ ভাল লগা হৈছে। তাতে স্বয়ং মৌজাদাৰ দেউতাই সুধিছে, নক'বনে? এমং বুঢ়াৰ মনৰ মাজত লুংলুঙীয়া বাটবোৰৰ অবাধ গতি। বুঢ়াই প্ৰায়ে আজিকালি এই বাটবোৰত ভ্ৰমি ফুৰে। কিন্তু বুঢ়াই হ'লে নিজৰ খোপনিটো নেৰে বা এৰিব নোৱাৰে। শিপা নথকা লতাইনো ক'ৰবাত বগাব পাৰেনে? এমং বুঢ়াৰ শিপানো ক'ত আছে? বাপেক আহিছিল চীন দেশৰ পৰা। মুখেৰে জুই ওলাই থকা ঘঁৰিয়াল হেন জীৱটোৰ ছবিখনৰ বাদে সেইখন দেশৰ কথা বুঢ়াই একো নাজানেই বুলিব লাগে। এমং বুঢ়াই বিহুৰ দিনা প্ৰমীলাৰ হাতৰ ডাঙৰ ফুলৰ গামোচাখন কান্ধতে পেলাই বৌদ্ধ মন্দিৰত গৈ সেৱা কৰেগৈ। প্ৰমীলাহঁত যায় মৌসৰাৰ নামঘৰলৈ। এয়া কিবা এটা মানুহৰ শিপা হ'ব পাৰেনে? এমং বুঢ়াৰ শিপা আচলতে বিয়পি পৰিছে সেউজীয়া চাহ-বাগিচাৰ মাজত। এই শিপা চাহগছৰ গুৰিয়ে গুৰিয়ে বান্ধ খাই আছে, বিয়পি আছে।

আজি দাৰুমাৰ কথা সুধি এমং বুঢ়াক মৌজাদাৰে পিতৃ পুৰুষৰ দেশখনলৈ ওভতাই পঠালে।

'আমাৰ দেশখনত...'

এমং বুঢ়াৰনো দেশ কোনখন? যিখন দেশ এমং বুঢ়াই কাহানিও দেখা নাই, যিখন দেশৰ ভাষা বুঢ়াই নাজানেই, সেইখন বাৰু কেনেকৈ বুঢ়াৰ দেশ হ'ব? যিখন ঠাইত এমং বুঢ়াৰ জন্ম হ'ল, যিখন ঠাইৰ ছোৱালী বিয়া কৰালে, য'ত বুঢ়াৰ ঘৰ-সেইখন ঠাই এমং বুঢ়াৰ দেশ নহৈ কোনখন হ'ব? প্ৰশ্নটো ঠিকেই আহিছে, এমং বুঢ়াৰ আকৌ ক'ত নিজাকৈ বেলেগ দেশ আছে। যিমানেই যি নকওক, এমং বুঢ়াৰ

এখন নিজা দেশ আছিল, এটা নিজৰ ভাষা আছিল। এমং বুঢ়াৰ তেজত সেইখন দেশ এতিয়াও আছে। সেইখন দেশৰে দাৰুমাৰ কথা ক'বলৈ ওলাইছে এমং বুঢ়াই। এই দাৰুমাৰ সাধুটো এমং বুঢ়াই দেউতাকৰ পৰা শুনিছিল।

দাৰুমা চীন দেশৰ এজন ধৰ্মগুৰু আছিল। দাৰুমাই এক বিশেষ মানস লৈ কঠিন ধ্যানত বহিছিল। কিন্তু মনস্থ কৰাৰ দৰে দাৰুমাই ধ্যানত বহিব পৰা নাছিল। তেওঁৰ ধ্যানত বাৰে বাৰে ব্যাঘাত জন্মিছিল। ব্যাঘাত জন্মাৰ কাৰণ আছিল তেওঁৰ টোপনি। ধ্যানৰ মাজতে তেওঁ টোপনিত ঢলি পৰে, চকু জাপ খাই আহে। মাজে মাজে এনে হয় যে চকু মেলিবই নোৱৰা হয়, চকুৰ পতা শিল হেন গধুৰ হৈ পৰে। এদিন দাৰুমাই নিজৰ ওপৰত সকলো লেকাম হেৰুৱাই পেলালে আৰু ধ্যানৰ মাজতে গভীৰ টোপনিত পৰিল। সাৰ পাই গুৰু দাৰুমাৰ নিজৰ ওপৰত বৰ খং উঠিল, ধিক্কাৰ উপজিল নিজৰ ওপৰত। চকুৰ পতা কেইখনেহে চকুহাল ঢাকি পেলায়। চকুৰ পতাকিখনকে কাটি পেলালে দাৰুমাই, কাটি দুইখন পতা কাষৰ হাবিলৈ দলিয়াই পেলাই দিলে। এতিয়ানো চকুলৈ টোপনি আহিব কেনেকৈ? মেল খাই থকা চকুহাললৈ টোপনি আহে ক'ৰ পৰা? তাৰ পাছত দিনে-নিশাই মেল খাই থকা চকুহাল লৈ এক টিপ টোপনি নমৰাকৈ গুৰু দাৰুমা কঠিন আৰু সফল ধ্যানত বহিল। আৰু দাৰুমাৰ কাটি পেলোৱা চকুৰ পতা হালৰ পৰা এজোপা সেউজীয়া, লহপহীয়া গছ গজি উঠিল। পাতবোৰ চকুৰ পতাৰ দৰে, জোঙা আৰু দীঘল দীঘল। গছজোপাত পাতো মেলে দুটা, দুটাকৈ।

এমং বুঢ়াৰ দাৰুমাৰ সাধু শুনি মৌজাদাৰে মাত লগালে, 'তাৰমানে সেই জোপাই চাহ গছ, নহয়নে?'

'সেইকাৰণেই চাহ খালে টোপনিৰ জাল আঁতৰি পৰে।' দাৰুমাৰ সাধুটো কৈ আঁতাই এমং বুঢ়াই হাতুৰি, বটালি থ'লে, বুঢ়াৰ কিজানি ভাগৰ লাগিছে।

বুঢ়াৰ সৰু ল'ৰাটো আহিছে। দেউতাকক ঘৰলৈ নিবলৈ আহিছে। ঘৈণীয়েক আৰু বোৱাৰীহঁতে এমং বুঢ়াক আজিকালি এবেলাৰ বেছি ক'তো কাম কৰিবলৈ নিদিয়ে। এবাৰ কাৰ ঘৰত জানো, বুঢ়া মূৰ ঘূৰাই পৰিছিলে। কাম নকৰিলেও এমং বুঢ়াৰ চলি যায়, তথাপি বাছি বাছি দুই-এঘৰৰ কাম বুঢ়াই এতিয়াও লয়। বিশেষকৈ মৌজাদাৰে মাতিলে এমং বুঢ়া নহাকৈ নাথাকে।

এমং বুঢ়াই মৌজাদাৰক আকৌ এবাৰ সেৱা জনাই পুতেকৰ পাছে পাছে খোজ ল'লে। যোৱাৰ আগতে কাম কৰি থকা মিস্ত্ৰী কেইজনক আৰু কিবা-কিবি নিৰ্দেশ দি থৈ গ'ল। জোখ-মাখো আকৌ এবাৰ ভালকৈ চাই ল'লে। সিংহৰ মূৰটো খোদাই

কৰি থকা কাঠ টুকুৰা বুঢ়াই বান্ধি ল'লে। ঘৰলৈ গৈও ভাত-পানী খাই উঠি চোতালৰ কঁঠালজোপাৰ তলতে বহি কাঠটুকুৰাত বটালি মাৰি মাৰি খুটখুটাই থাকিব, মুখখনো চলি থাকিব। এইখিনি সময়ত প্ৰায়ে প্ৰমীলা আহি কঁঠালৰ ছাঁত বুঢ়াৰ লগত বহেহি। সেলেঙি লগাই তামোল এখন খাই প্ৰমীলাই বুঢ়াৰ কথাত ভাগ লয়। এই মানুহটোৰ প্ৰতি যে প্ৰমীলাৰ বুকুখনত বহুত মৰম। খুন্দনাত ৰঙাকৈ খুন্দি অনা তামোলখন পাণ এখিলাত তুলি এমং বুঢ়ালৈ আগবঢ়াই দিয়ে। তামোলখনেই তাইৰ মৰমৰ ভাষা। সেই ভাষা এমং বুঢ়ায়ো বুজে। কঁঠাল গছৰ ছায়াত এই ভাষা বৰ মায়াময় হৈ পৰে। খুন্দা তামোলখনৰ দৰে ৰং ধৰে।

ভৰিল নে নভৰিল ৰাধা তোমাৰ কলচী

'আহক সৰু দেউতা।' মৌজাৰ কৰ্মচাৰী ৰঘু বৰা আহি বনমালী চৌধুৰীৰ শোৱনি কোঠাৰ আগত থিয় দিলেহি। সৰু দেউতাৰ মুখলৈ চালে ৰঘুৱে। তেওঁৰ কেতেকী-পহীয়া মুখত ৰঙচুৱাৰ বোল। কপালত বিন্দু বিন্দু ঘাম, তৰুণ মুখখনত এক লজ্জাৰ আভা। ৰঘুৱে চকুৰে-মুখে হাঁহি আছে। ৰঘু চৌধুৰীৰ প্ৰায় সম বয়সী। চৌধুৰীয়ে বগা ধূতী-চোলা পিন্ধি ওলাই আহিল।

'ঘোঁৰা মই পদূলিতে থৈ আহিছো। নে ধনীৰাম মাউতকে মাতো?' ৰঘু ব্যস্ত হৈ পৰিল।

'ব'ল, খোজকাঢ়িয়ে ব'ল। গীৰ্জাৰ কাষৰ ৰাস্তাটোকে ল'ম।' গীৰ্জাৰ টিলাটো পাৰ হ'লেই আদি-অন্ত নমনা বিশাল পথাৰখন। ৰঘু আৰু বনমালী চৌধুৰী দুয়ো এই পথাৰখনৰ ফালেই গৈছে।

'তই ঠিক দেখি আহিছনে?'

'মই নিজ চকুৰে ঠাৱৰ কৰি আহিছো।'

'ধান কাটিবলৈ আহিল যে'। চৌধুৰীৰ কথাত সন্দেহৰ সুৰ।

'মৌজাদাৰৰ ঘৰৰ ছোৱালী, কিয় ধান কাটিবলৈ আহিব? লগ-বন্ধুৰ লগত এক্ষন্তেক ধেমালি কৰিবলৈ আহিছে।'

'মোমায়েকৰ ঘৰলৈ কেতিয়া আহিলে?'

'আজি তিনি/চাৰিদিন হ'ল। সৰু দেউতাক ছোৱালী দেখুৱাবলৈহে আনিছে। ৰঘুৰ মুখত আকৌ চকুৰে-মুখে মৰা হাঁহিটো।

ৰঘুৰ কথাত একো নামাতিলে চৌধুৰীয়ে। দেউতাকে বনমালী চৌধুৰীৰ কাৰণে সোণাপুৰ মৌজাৰ মৌজাদাৰ অৰবিন্দ হাজৰিকাৰ ছোৱালী শান্তিপ্ৰিয়াক খোজা-বঢ়া কৰিছে। বনমালী চৌধুৰীয়ে শুনিছে শান্তিপ্ৰিয়া শিক্ষিত ছোৱালী, ছাত্ৰ-বৃত্তি পাই এল.পি. পাছ কৰিছে। কীৰ্ত্তন, দশম, নামঘোষা মুখস্থ। এই শান্তিপ্ৰিয়াকে

চাবলৈ বুলি বনমালী চৌধুৰীয়ে ৰঘুক লৈ গীৰ্জাৰ কাষৰ লুংলুঙীয়া বাটটোৰে খোজ লৈছে।

গীৰ্জাৰ চৌহদ পাৰ হৈয়ে আৰম্ভ হৈছে বিশাল পথাৰখন। গীৰ্জাৰ পাছেদিয়ে আহি নাগ নদীখন পথাৰৰ মাজে মাজে বৈ গৈছে। পথাৰৰ দিগন্তত নীলা পাহাৰৰ শাৰীটো। পাহাৰৰ তলত জান-জুৰিয়ে ৰসাল কৰি থোৱা মাটি, ধানৰ থোকৰ ভৰত গছ বাগৰি মাটিত শুই পৰে। আঘোন মাহৰ পথাৰ। বহুখিনি ধান কটা হৈ গৈছে। গোটেই পথাৰ জুৰি অ'ত-ত'ত থুপাই থোৱা আছে ধানৰ ডাঙৰি। পথাৰ জুৰি গুৰি পৰুৱাৰ দৰে এজাক মতা-তিৰোতা কৰ্মব্যস্ত হৈ ঘূৰা-ঘূৰি কৰি আছে। বতাহত কেবল পকা-ধানৰ গোন্ধ।

ৰঘু আৰু চৌধুৰী গৈ বৰগছ জোপাৰ তলতে ৰ'ল গৈ। কলপাতত ৰবাব টেঙা সানি লৈ হাঁহি-মাতি নাম গাই আছে এজাক গাভৰুৱে। সিহঁতৰ কাষত থুপাই থোৱা ধানৰ ডাঙৰি। গাভৰুৰ জুমটো বুঢ়া ৰেবাব টেঙা জোপাৰ তলৰ ওখ মাটিখিনিতে বহিছে। সিহঁতে টকালি টকালি টেঙা খাইছে আৰু নাম-গুণ গাইছে, কোনোবা এজনীয়ে লগাই দিছে, বাকিবোৰে ধৰিছে,

'ফুল চন্দন তুলসী
ভৰিল নে নভৰিল
ৰাধা তোমাৰ কলচী,
ওপৰেদি উৰি গল
ফুল চন্দন তুলসী
বগাকৈ বগলী
পৃথিবীত পৰি ৰল ছায়াহে,
ফুল চন্দন তুলসী...।'

গাভৰু জাকৰ মাজত এযোৰ হাতে-বোৱা মেখেলা চাদৰ পিন্ধা ছোৱালী তৰাৰ মাজত জোন জিলিকাদি জিলিকি আছে। কাপোৰ সাজ তাইৰ গাত যেন সৰু হৈছে। কাপোৰ সাজে তাইৰ উপচি পৰা দেহাটো ভালকৈ ঢাকিব পৰা নাই। কথাৰ লাচত তাইৰ মেঘবৰণ চুলিটাৰ খুলি গ'ল। চুলিখিনিৰে তাই খোপাটো বান্ধিব পৰা নাই, বাৰে বাৰে খুলি গৈছে। ৰ'দ পাই দুপৰীয়াৰ ফালে ৰঙচুৱা বৰণ ধৰি ফুলি উঠা মাধৈমালতী এথোপাৰ দৰে তাই যেন পথৰুৱা ৰ'দত ফুলি উঠিছে। চৌধুৰীৰ তৰুণ মন সেইপাহ মাধৈ মালতীৰ সৌৰভত ডুব গ'ল। তেওঁ একো শুনা নাই, একো দেখা নাই। মাত্ৰ এক অপ্সৰা কন্যাৰ উপস্থিতিয়ে তেওঁক গ্ৰাস কৰি পেলাইছে। তেওঁ

অপ্সৰা কন্যাৰ খোলা চুলিখিনি বান্ধিবলৈ সহায় কৰি দিয়া এগৰাকী মুগাৰ ৰিহা-মেখেলা পিন্ধা গম্ভীৰ গাভৰুক দেখাই নাই। কেনেকৈনো দেখে? তেওঁৰ যে চকু ছাট্ মাৰি ধৰিছে। মেঘবৰণ চুলিৰ কন্যা থিয় হৈছে, লিচপিচীয়া ওখ ছোৱালী। তাইৰ চুলি কোচা বতাহৰ বা লাগি উৰি আছে। মুগাৰ ৰিহা-মেখেলা, জোনবিৰি পিন্ধা মাঠ বৰণৰ ছোৱালীজনী তাইতকৈ এহাত মান চাপৰ। উৰি থকা চুলিখিনি তাইৰ গাম খাৰু পিন্ধা হাতত এডাল দীঘল বেণী হৈ পৰিল। কেশৱতী কন্যাৰ হঠাৎ চৌধুৰীৰ চকুৰে চকুৰে পৰিল। তাই ফিক্‌কৈ হাঁহি দিলে। তাৰ পাছত তাই চাপৰ ছোৱালীজনীৰ গাত হাঁহি হাঁহি যেন বাগৰি পৰোঁ পৰোঁ হ'ল। মুগাৰ সাজ পিন্ধা ছোৱালীজনীয়ে লাজত যেন এতিয়াই মুচকচ যাব, তাই ৰিহাখনেৰে মূৰত ওৰণি তুলি ললে।

'দেখিলেনে দেউতা? সেই গৰাকীয়ে আমাৰ শান্তি আইদেউ, সেই যে মুগাৰ...।' হাঁহিৰ কোবত কেশৱতী কন্যাৰ চুলিকোচা আকৌ খুলি গ'ল। পিচল চুলিকোচাই তাইক আকৌ আবৰি ধৰিলে।

'সেই যে ৰেবাব জোপাৰ তলতে ৰৈ আছে...' বনমালী চৌধুৰীয়ে চকু ঘূৰাব নোৱৰা হৈছে।

'এৰা দেউতা, সেই গৰাকীয়ে আমাৰ শান্তি আইদেউ।'

'তই ঠিককৈ কৈছনে?'

'বুঢ়া দেউতাই ছোৱালী খোজা বঢ়া কৰিবলৈ যাওঁতে লগত দেখোন ময়ে গৈছিলো। ছোৱালীয়ে মোক এখন ডাঙৰ ফুলৰ গামোচা দিছিল। অহাকালি দেখোন বুঢ়া-দেউতাই আপোনাক আইদেউৰ মোমায়েকৰ ঘৰলৈ লৈয়ে যাব, আপুনি নিজেই চাবগৈ পাৰিব।'

ছোৱালীখিনিৰ ৰবাব তলৰ জুমটো ভাগি গ'ল। মাজতে মুগাৰ ৰিহা-মেখেলা পিন্ধা কন্যাটিক লৈ ছোৱালীজাক যাবলৈ বুলি উঠিল। সিহঁতজাকে বিহু নামত ধৰিছে,

'চিৰ্‌প চিৰ্‌প কৰি
কাপোৰ ধুই আছিলো
বুঢ়া লুইতৰ পাৰত।
চেনায়ে নাও মেলি আহে...।'

কেশৱতী কন্যাই দুই হাত তুলি খোপা এটা বান্ধি পেলাইছে। তাই অকলশৰীয়া হৈ পৰিছে। তাই আকৌ ঘূৰি চাইছে, আকৌ চৌধুৰীৰ চকুৰে চকুৰে

পৰিছে, আকৌ একেই বিজুলীৰ চিক্‌মিকনিৰ দৰে হাঁহি। ছোৱালী জাকৰ ওচৰ চাপিবলৈ খৰকৈ খোজ দিয়া তাইৰ দেহাত নাচৰ ছন্দ উঠিছে।

'ৰঘু, সেইজনীয়ে শান্তিপ্ৰিয়া নহয়নে?'

'হয় দেউতা, সেই গৰাকীয়ে। সেই যে মুগাৰ ৰিহা-মেখেলা, জোনবিৰিৰে সাজি আহিছে। বুঢ়া-দেউতাৰ চকু বৰ ঠিক চকু নহয়নে বাৰু?'

বনমালী চৌধুৰীয়ে চাই থাকোতেই ছোৱালীখিনি ধানৰ ডাঙৰিৰ মাজত নেদেখা হৈ গ'ল।

'কি কলি ৰঘু?' চৌধুৰী যেন আকৌ বাস্তৱ জগতখনলৈ ঘূৰি আহিল।

'কৈছিলো, বুঢ়া দেউতাৰ চকু বৰ শিয়ান চকু। শান্তিপ্ৰিয়া আইহঁতৰ হাউলি কি চাব, ফুলে-তেতেলিয়ে গোটেইখন জিলিকি আছে, হাতী আছে চাৰিটা...।'

'মোক হাতীৰ হিচাব কেলৈ? মই কিবা কন্যাৰ লগত হাতী অনিবলৈহে যাম নেকি?'

'আপুনি নেলাগে বুলিলেও মৌজাদাৰে জীয়েকৰ লগত বস্তু খুন্দ খুৱাই দিব।'

'ব'ল, ঘৰলৈ যাওঁ এতিয়া।'

ছোৱালীজাকটো পকা ধানৰ মাজত মিলি পৰিল। সেইফালে এবাৰ চাই বনমালী চৌধুৰীয়ে গীৰ্জাৰ লুংলুঙীয়া বাটটোত ভৰি দিলেগৈ।

বুঢ়া মৌজাদাৰে ভাবী বোৱাৰীৰ মোমায়েকৰ ঘৰলৈ এবাৰ পাক এটা মৰাৰ কথা কৈছিল। বনমালী চৌধুৰীয়ে তলমূৰ কৰি কৈছিলে, দেউতাকে চাই-চিতি সকলো ঠিক কৰিছেই, তেওঁৰ যোৱাৰ একো প্ৰয়োজন নাই। বুঢ়া মৌজাদাৰ সুখী হৈছিল পুতেকৰ তেওঁৰ ওপৰত থকা আস্থাৰ কাৰণে, বনমালী চৌধুৰী সুখী হৈছিল দেউতাকৰ শিয়ান দৃষ্টিৰ বাবে।

কইনা হোমৰ গুৰিলৈ আনোতেই তেওঁৰ মনত সন্দেহ হৈছিল, ক'ত সেই ওখ লিচপিচীয়া গাভৰু? পিছ মুহূৰ্ততে ভাবিছিল কইনাই কান্দি-কাটি ওৰণিয়ে-বাৰণিয়ে থকাৰ বাবে এনে লাগিছে। চৌধুৰীয়ে বুজিছিল ডাঙৰ ভুল এটা হৈ গ'ল। এই ভুলৰ শুধৰণি নাই। বিয়াৰ প্ৰথম নিশা তেওঁৰ ভৰি চুই সেৱা কৰিবলৈ অহা ছোৱালীজনীক তেওঁ স্বয়ংক্ৰিয়ভাৱে গতা মাৰি দিছিল। তাই হামখুৰি খাই পৰিব খুজিছিল, কোনোমতে পালেঙৰ খুটা এটাত ধৰি নপৰাকৈ থাকিল।

চৌধুৰীৰ শান্তিপ্ৰিয়াৰ প্ৰতি বিস্বাদ ভাবটো নকমিল, বাঢ়িহে গ'ল। বিয়াৰ এমাহ

গ'ল কি নগ'ল বনমালী চৌধুৰীয়ে সেই চঞ্চলা কন্যাক বিচাৰি উলিয়ালে। দুখীয়া ঘৰৰ ছোৱালী, তল জাতৰ পৰিয়াল। চৌধুৰী পোন হৈ বহিল। সেইজনী ছোৱালী হাউলিত তুলিবই, নহ'লে দেশান্তৰী হ'ব। বুঢ়া মৌজাদাৰে অৱশেষত ৰায় দিলে। ছোৱালী আনিব খুজিছে আনক। কিন্তু চৌধুৰী বংশৰ ল'ৰা গৈ কিটিৰা মাছমৰীয়াৰ চোতালত দৰা সাজি থিয় দিবগৈ নোৱাৰে, তাই মৌজাদাৰ অৰবিন্দ হাজৰিকাৰ কন্যা শান্তিপ্ৰিয়াৰ সমানে সমানে ফেৰ মাৰিব নোৱাৰে। তাইক হাউলিতো তুলিব নোৱাৰিব, হাউলিৰ বাহিৰত ঘৰ তুলি দিব লাগিব।

বনমালী চৌধুৰীয়ে এমং মিস্ত্ৰীক হাউলিলৈ মাতি পঠিয়ালে। ভঁৰালৰ আগত এডাল পূৰঠ গমাৰিৰ তক্তা উলিয়াই থোৱা আছিলেই, এমং মিস্ত্ৰীয়ে সুন্দৰ দোলা এখন সাজি উলিয়ালে। সেইখন দোলা কাঠ আৰু ৰঙৰ গোন্ধ নৌ শুকাওতেই কিটিৰাৰ ঘৰৰ আগত নামিলগৈ। হাউলিৰ পৰা পঠোৱা কাপোৰ-অলঙ্কাৰেৰে সাজি শাওনী আহি সুগৰীজানৰ পাৰত নতুনকৈ তোলা ঘৰত সোমালহি।

যি ৰাতি বনমালী চৌধুৰীয়ে শাওনৰ বৰ্ষা-কন্যাৰ জলধাৰাত অবগাহন স্নান কৰিছিল সেইদিনা বুঢ়া দেউতাৰ উদফাই উঠিছিল। চটফটাই থকা বৃদ্ধ শহুৰেকৰ কাষত বহি শান্তিপ্ৰিয়াই ওৰেৰাতি নামঘোষা, কীৰ্ত্তন পাঠ কৰি শুনাইছিল। মাজে মাজে কিষ্টিত মাৰি ষষ্ঠিমধুৰ লগত পিপলি খুৱাইছিল। বৃদ্ধই পুৱাৰ ফালে অলপ আৰাম পাই উঠি বহিছিল। উঠিয়ে তেওঁ বোৱাৰীয়েকৰ ক্লান্ত মুখখন চাইছিল। তেওঁ কঁপি থকা হাতেৰে বোৱাৰীয়েকৰ মূৰত ধৰি আশীৰ্ব্বাদ দিছিল, 'আই তোৰ হাততে মই এই হাউলি, বংশ মৰ্য্যাদা গতালো।' তাৰ পাছতে বৃদ্ধ আকৌ শুই পৰিছিল।

শান্তিপ্ৰিয়াৰ যজা ল'ৰাহাল তেনেই পানী কেঁচুৱা আছিল। মৃত্যুমুখী মানুহজনক পৰিচৰ্য্যাৰ ফাকে ফাকে তাই কেঁচুৱা কিটাৰো আপদাল কৰি আছিল। পুৱাৰ ফালে শহুৰেকৰ বুকুৰ পৰা এটা ঘেৰ্ঘেৰণিৰ শব্দ বাহিৰ হৈছিল। শান্তিপ্ৰিয়াই শহুৰেকৰ মূৰৰ শিতানত বহি লৈছিল, সুৰীয়া মাতটোৰে তাই একুট ঘোষা পাঠ কৰিছিল।

'এ জয় ৰঘুনন্দন...

নাৰায়ণ, নাৰায়ণ, নাৰায়ণ।'

তাইৰ গালেদি বৈ আহিছিল দুধাৰি চকুলো। বুঢ়া দেউতাক পৰ দি থকা আটায়ে সেই ঘোষাপাঠ শুনিছিল। ঠিক বেলি ওলোৱাৰ সময়তে বৃদ্ধই চকু মুদিছিল। দুটা তুলসী পাত আনি তাই শহুৰেকৰ আধা মেলখাই থকা চকু দুটা ঢাকি দিছিলহি। সেইখিনি সময়তে সকলোৱে বুজিছিল বুঢ়া দেউতা আৰু নাই। কান্দোনৰ ৰোল

উঠিছিল। বনমালী চৌধুৰী আহি সেইখিনি পাইছিলহি। হাউলিৰ বাহিৰৰ সুগৰীজানৰ পাৰৰ নতুনকৈ তোলা ঘৰটোলৈ এই কান্দোনৰ শব্দ যাব পাৰেনে? কোনে খবৰ দিলে গৈ? দুৱাৰ ঢকিয়াই কোনে খবৰ দিছিলগৈ? চৌধুৰী সোমাই আহিছিল। তেওঁৰ কাপোৰত স্পষ্টকৈ জিলিকিছিল ৰঙা সেন্দূৰৰ দাগ। তেওঁ আহি বাপেকৰ ভৰিত ধৰি এটোপা চকুলো পেলাইছিলহি। সেই চকুলো টোপাৰ আগত এজনী দুমহীয়া যজা পানী কেঁচুৱাৰ মাকৰ ইমান দিনৰ কষ্ট, ৰাতিৰ পাছত ৰাতিৰ টোপনি ক্ষতি, তাইৰ দুৰ্ব্বল দেহাৰ ওপৰেদি পাৰ হৈ যোৱা ক্লেশ, দুকাষে দুটা পানী কেঁচুৱা লৈ এজন মৃত্যুমুখী বৃদ্ধক কৰা আন্তৰিক পৰিচৰ্য্যা- সকলোবোৰ গৌন হৈ পৰিল। মুখ্য হৈ পৰিল গাত এজনী ন-গাভৰুৰ সেন্দূৰৰ দাগ লৈ অহা এজন মানুহৰ এটোপা চকুলো।

মানুহজনে গলগলীয়া মাতেৰে তাত গোট খোৱা মানুহখিনিক মৃতকৰ ক্রিয়া-কৰ্মলৈ কিবা আদেশ দিছিল। বাহিৰলৈ মৃতদেহটো উলিয়াই নিওঁতে মানুহজনেও হাত লগাইছিল। তেওঁ অলপ শব্দ কৰিয়ে কান্দিছিল। সেই কান্দোন ভেটা ভঙা পানীৰ দৰে চাৰিওফালে গোট খোৱা মানুহবোৰৰ মাজলৈ হৰহৰাই বৈ গৈছিল। কোনোবাই বিলাপ জুৰিছিল, 'দেউতাই এনে কৰিলে আমিনো কাৰ মুখলৈ চাই থাকিম?' কন্দা-কটা, হুলস্থূলৰ মাজত এজনী ভাগৰুৱা মানুহৰ অস্তিত্ব যেন নোহোৱাই হৈ গ'ল। তাই কাৰোবাৰ পৰা ভিৰৰ মাজত গতা এটাও খালে। অলপ অলপ মূৰ আচন্দ্ৰাই কৰি থকা মানুহজনী পৰি যাব খুজিছিল। কিহত বা ধৰি তাই নপৰাকৈ থাকিল?

সেইদিনা তাই মানুহজনৰ গতাটো খাই পৰিব খুজি ধৰি লৈছিল ময়ূৰপঙ্খী খাটখনৰ কুন্দোৱা খুটা এটাত। মানুহজনক দেখিলেই তাইৰ সদায়ে মনত পৰে সেই পালেঙৰ খুটাটোলৈ। দেউতাকে আগত বৈ বৈ ঘৰতে পালেংখন বনাইছিল। মিস্ত্রী কেইজনে বৰ যত্ন কৰি পালেংখনৰ খুটাবোৰ কুন্দাইছিল। পৰি যাব খুজি খুটাটোত ধৰি পেলাওঁতে তাইৰ দেউতাকলৈ মনত পৰিছিল। হাত দুটা পাছফালে দি তেওঁ জীয়েকৰ যৌতুকৰ কাঠৰ আচবাব-পত্ৰ বনোৱা কাম প্রতিদিনে নিজেই চাইছিল। দেউতাকৰ সেই ছবিখন তাইৰ বৰকৈ মনত পৰিছিল। খুটাটোত ধৰি তাইৰ এনে লাগিছিল যেন দেউতাকে আহি কাষত থিয় দি আছেহি। দুই হাতেৰে তাই পালেঙৰ খুটাটো বহু সময় ধৰি বৈ আছিল।

এমং বুঢ়াৰ হাতৰ দোলা গৈ দুবাৰ দুজনী গাভৰুৰ ঘৰৰ আগত ৰৈছিলগৈ। আৰু শান্তিপ্রিয়া? গাভৰু বয়সতে তাইৰ চুলিবোৰ বগা হৈ গৈছিল। প্রায়ে মানুহ গৰাকী তাঁতৰ পাটত বহি থকা হৈছিল। হাউলিৰে ধনদাক লগত লৈ এৰী পলু

পুহিছিল। এৰী সূতা কাটি তাৰে চাদৰ বৈছিল। সেই এৰী চাদৰ ল'লে মাঘ মাহৰ শীতো পলাই ফাট মাৰিছিল। শান্তিপ্ৰিয়াৰ ল'ৰাহালে স্পষ্ট মেধাৰ পৰিচয় দি মঙ্গলদৈৰ স্কুল এখনত পঢ়ি আছিল। শান্তিপ্ৰিয়াই কাঠি তুলি তুলি গামোচাত ৰঙা সূতাৰে দুই পুতেকৰ নাম কিটা বাছি পেলায়। বগা গামোচাত ৰঙা সূতাৰে আঁকা দুটা নাম জিলিকি উঠে- প্ৰিয়নাথ, চন্দ্ৰনাথ। লতা-ফুলৰ মাজত আখৰ কিটা চাই আটায়ে ধইন ধইন বোলে। বহাগৰ বিহুৰ দিনা পুতেকহঁতক গামোচা কিখন দিবলৈ বুলি জপাত থৈ দিয়ে। এৰী চাদৰ কিখনো বৈ কাটি একেলগে সামৰি থয়। জপাটোৰ ভিতৰত থৈ দিয়ে এপাহ কেতেকী ফুল। জপাটো খুলিলেই গোন্ধটো ওলাই আহে। আৰু এটা কামৰ দায়িত্ব শান্তিপ্ৰিয়াই কান্ধ পাতি ল'লে। গোঁসাই ঘৰৰ সমস্ত কাম নিজহাতত তুলি ল'লে। প্ৰতি পুৱাই হাউলিৰ আটাইৰে চকুত পৰে বগা চুলিৰ মানুহ এজনীয়ে গোসাঁই ঘৰ মচিছে, পুথি-পাজিখিনি ৰ'দাইছে, সভক্তিৰে সেৱা এটা কৰি হাতীদাঁতৰ খৰম যোৰা মচি-কাছি থৈছে, ভোগজৰা বাটিটো ছাই আৰু টেঙেচি-পাত দি মাজে, বাটিটোৰ ভিতৰৰ সৰু টোপোলাটো উলিয়াওঁতে, ভৰাওঁতে দুইবাৰেই সেৱা কৰে। তাৰ পাছত চাউল এখৰাহি লৈ তালগছ দুজোপাৰ তলতে থিয় দিয়েহি। পাৰ, কপৌ, শালিকা, ঘনচিৰিকা কিটা আহি মানুহজনীক ঘেৰি লয়হি। এনেকৈয়ে মানুহজনীয়ে দিনটোৰ বাবে হাউলিৰ কাম-কাজ আৰম্ভ কৰি দিয়ে। সেইখিনি সময়ত বেজেৰুৱা মুখখনত জনা-নজনা হাঁহিৰ ৰেশ এটা ফুটি উঠে। এই হাঁহিটোত যেন সনা-পোতোকা হৈ থাকে ধূপ-ধূনা আৰু চন্দনৰ গোন্ধ। লাহে লাহে যেন সেই গোন্ধটোৱে সুৰভিত কৰি তোলে সমগ্ৰ হাউলি।

ৰেভাৰেণ্ড জনাথন চাহাব, পখৰা বেদেৰা চাৰিদিন লঘোনে আছিল

বনমালী চৌধুৰীৰ জন্মৰ এবছৰ মান পাছতে নাগ নদীৰ পাৰৰ পকী গীৰ্জাঘৰটো সজাৰ কাম আৰম্ভ হৈছিল। নাগ নদীৰ পাৰতে খেৰ-বাঁহৰ ঘৰ এটাত বাস কৰা জনাথন চাহাবক মৌসৰাৰ পৰা নাচনডুবি বাগিচালৈকে আটায়ে চিনি পায়। কজলা ৰঙৰ ঘোঁৰা এটাত উঠি ঘূৰি ফুৰা চাহাব এই অঞ্চলৰ এক চিনাকি দৃশ্য। তেওঁৰ আৰু এটা নাম হ'ল 'গামিনি বুৰাই' অৰ্থাৎ গাঁৱৰ বুঢ়া। কছাৰী মানুহখিনিয়ে জনাথন চাহাবক এই নামটো দিছে। অসুখে-বিসুখে, টানে-আপদে চাহাব ঘোঁৰাত উঠি মানুহৰ মাজে মাজে ঘূৰি ফুৰে। জনাথন চাহাবৰ ঘৰৰ কাষতে গীৰ্জা সজাৰ কাম আৰম্ভ হৈছিল। বনমালী চৌধুৰীৰ দেউতাকো প্ৰায়ে ঘোঁৰাত উঠি গীৰ্জা সজা কাম চাবলৈ গৈছিল। এই গীৰ্জা ঘৰটোৱে আছিল এই অঞ্চলৰ প্ৰথম পকা ঘৰ। মানুহে অবাক হৈ চাইছিল পকা ঘৰ সজাৰ কাম। গীৰ্জা ঘৰটো সাজি শেষ কৰোঁতে পূৰা আঠ বছৰ লাগিছিল। গীৰ্জাৰ চূড়াটোত লগোৱা হৈছিল নীলা, ৰঙা আৰু হালধীয়া ৰঙৰ আইনা। বেলিৰ পোহৰ পৰি সেই আইনাৰ পৰা চিটিকি পৰে বৰ্ণচ্ছটা। গীৰ্জাৰ পাদুৰি চাহাব আছিল জনাথন চাহাব অথবা গামিনি বুৰাই, গাঁৱৰ বুঢ়া। ডেকা মানুহ আছিল তেতিয়া জনাথন, মৰমতে গাঁৱৰ বুঢ়া হৈছিল। এৰা, বৰ ভাল পাইছিল মানুহে তেওঁক।

জনাথন চাহাবৰ লগত অনবৰতে ছাঁৰ দৰে লাগি আছিল পখৰা বেদেৰা। বেদেৰা আছিল মৌসৰা মৌজাৰে নিচিলামাৰি গাঁৱৰ ঘিনাই দৈমাৰীৰ ল'ৰা, বেদেৰা মাকৰ পেটমোচা ল'ৰা আছিল। জন্মতে বেদেৰাৰ একো অসুখ-বিসুখ নাছিল। লাহে লাহে তাৰ গাত বগা বেমাৰটো দেখা দিবলৈ ল'লে। প্ৰথমতে ভৰিত, তাৰ পাছত গোটেই গাতে বিয়পি পৰিল। তাৰ সোতৰ/ওঠৰ বছৰ বয়সত মুখখনো পখৰা হৈ পৰিছিল। গাঁৱৰ মানুহে তাক পাপী বুলি ঘিনাইছিল। আচলতে তাৰ বেমাৰটো নিজৰ গালৈ আহে বুলিয়ে মানুহবোৰে ভয় কৰিছিল। নিজৰ ঘৰতে তাৰ স্থান নাছিল। ঘৰৰ

ভতুৱা কুকুৰটোৱেও এমুঠি ভাত পাইছিল, শুবলৈ ফটা কাপোৰ এখন পাইছিল। কিন্তু পখৰা বেদেৰাই ঘৰৰ চাৰিসীমাত ভৰি দিব নোৱাৰিছিল। তাক দেখিলেই ককায়েক-ভায়েকহঁতে খেদা ধৰিছিল। কোনোবাই দয়া কৰি কিবা দিলেও তাক ওপৰৰ পৰা পেলাই দিছিল। ক্ৰমে ক্ৰমে পখৰা বেদেৰা এটা জন্তুলৈ ৰূপান্তৰিত হৈছিল। ঠাণ্ডাত সি কুকুৰৰ লগত মানুহে জুই ফুৱাই এৰি যোৱা ছাঁইৰ দ'মত ঘূৰণীয়া হৈ শুইছিল, মেকুৰীৰ লগত চুৱা-পাতনিত চোপ লৈ আছিল, গৰুৰ সৈতে পথাৰত কেঁচা ধান খাইছিল। সি থাকিবলৈ লৈছিল লোকালয়ৰ পৰা আঁতৰত। বেছি ভাগ সময় সি কটাইছিল এজোপা বৰগছৰ ধোন্দত। গছৰ ধোন্দটোত সি ধান খেৰ, শুকান পাত ভৰাই সোমাই থাকিব পৰা কৰি লৈছিল। জাৰত সি জুই জ্বলাইছিল, গৰম কালি গছৰ ছাঁ বিচাৰি ফুৰিছিল। বেছি ভাগ সময় সি নাগ নদীত মাছ ধৰি তাকে পুৰি খাইছিল। সি পিন্ধি ফুৰিছিল এখন ফটা কাপোৰ। কাপোৰখন এসময়ত এখন গামোচা আছিল। মাকে মনে মনে তাক গৈ দি আহিছিল, এখন ফটা চাদৰ, অথবা এখন গামোচা বা মনে মনে লুকাই থোৱা নিজৰে এখন এৰী চাদৰ। পখৰা বেদেৰাই এটা কাম কৰিছিল, চৰাই থকা গৰুৰ পালৰ মাজত সোমাই লয়, কোনো নথকাৰ চেগ বুজি গাই-গৰুৰ ওহাৰতে মুখ দি গাখীৰ খায়। এদিন কোনোবা গৰখীয়াই দেখি তাক ভালমতে মাৰ দিলে। তাৰ চুলিবোৰ বাঢ়ি গৈছিল, গাত চাল ওকণিয়ে বাহ লৈছিল। সি যেনি যায় তেনি গোন্ধাই গৈছিল। কেতিয়াবা মাজ নিশা সি ঘৰলৈ গৈ বাৰীচুকত ৰৈ আছিল গৈ। হাতত টোপোলা এটা লৈ বাৰীৰ চুকলৈ নিশা এজনী মানুহ আহিছিল। টোপোলাটোত কেতিয়াবা আছিল তিনিটা অঠিয়া কল, কেতিয়াবা এমুঠি চিৰা অথবা পিঠাগুড়ি এখাচোম, দৈবাৎ এবাতি ভাতৰ সৈতে এটা সিজোৱা কণী। সেইজনী মানুহ পখৰা বেদেৰাৰ মাক। মাকজনীয়ে কেইবাদিনো বাৰীচুকৰ পৰা হাতৰ টোপোলা পুখুৰীলৈ দলিয়াই গুচি আহিব লগা হৈছিল। ঘৰৰ মানুহে দেখা পায় বুলি ভয়তে অস্থিৰ হৈ আছিল পখৰা বেদেৰাৰ মাক।

পখৰা বেদেৰাৰ অসুখ হৈছিল। পেটৰ বিষত হাবিয়ে-বননিয়ে পৰি থকা বেদেৰাৰ সেই সময়ত বয়স কিমান হৈছিল? খুব বেছি বাইশ অথবা তেইশ। ঘোঁৰা এটা লৈ মিচনৰ কামত গাঁৱে গাঁৱে ঘূৰি ফুৰা জনাথন চাহাবে এদিন পখৰা বেদেৰাক পথাৰ এখনত পৰি থকা পাইছিল। অজ্ঞান হৈ আছিল বাবেই বেদেৰাক চাহাবে গীৰ্জালৈ আনিব পাৰিছিল। পখৰা বেদেৰাই মানুহ দেখিলেই বাঘ দেখাৰ দৰে দৌৰি পলাইছিল। সেইটো বেদেৰাকে চাহাবে ধুৱাই-পখলাই গাৰ চাল ওকণি বাছি মানুহ কৰি তুলিছিল। আলেঙে আলেঙে আটায়ে চাইছিল চাহাবৰ গাত ধবল কুষ্ঠ ওলাইছে

নে নাই। পখৰা বেদেৰাক গাৰ ছাঁটো কৰি লৈ ফুৰোৱা চাহাবৰ গাত বগা বেমাৰ নোলাল। মানুহবোৰে চাহাবৰ কথা বিশ্বাস কৰিবলৈ ল'লে এইটো সোঁচৰা বেমাৰ নহয়। আচলতে এইটো একো বেমাৰেই নহয়, চালৰ ৰংটোহে সলনি হয়। মানুহটোৰ একো ক্ষতি-খুণ নহয়। চাহাব আৰু পখৰা বেদেৰা মিলি গীৰ্জাৰ চৌ-কাষ চালে চকুৰোৱা কৰি পেলাইছিল। বেদেৰাক নিচাই পোৱাদি পাইছিল। এজাৰ, সোণাৰু, শিলিখা, আম, জাম, গমাৰি, মজ যি গছৰ পুলি পাইছিল তাকে আপডাল কৰি তুলিছিল। বেদেৰাৰ হাতত এটা গছৰ পুলিও নমৰিছিল। গৰম কালি গীৰ্জা চৌহদত সোমালেই গা শাত পৰি গৈছিল। পখৰা বেদেৰা চাহাবে নিজৰ উপাধিটো দিছিল। পখৰা বেদেৰা বেদেৰা স্কট হৈছিল। বেদেৰাই চাহাবৰ পৰা পঢ়িবলৈ শিকিছিল। মৌসৰা মৌজাত প্ৰথম ধৰ্মান্তৰিত হোৱা ব্যক্তিজন হ'ল পখৰা বেদেৰা। এদিন সৰু পুতেকক দেখা কৰি ঘৰলৈ ঘূৰি অহা বেদেৰাৰ মাকক পুতেকহঁতে ঘৰত সোমাবলৈ নিদিলে। পুতেকহঁতৰ খেদা খাই বেদেৰাৰ মাকে নাগ নদীৰ পাৰে পাৰে মুনিচুনি বেলিকা গীৰ্জাৰ ফালে উভতি আহিছিল। নাগ নদীৰ গৰাটোৰ ওচৰতে এটা লতা মাকৰি বাঘ বহি আছিল। বেদেৰাৰ মাকে সেইদিনা বাঘৰ মুখত পৰি কাঠ এডালত গজাল মাৰি থোৱা চাহাবৰ ভগবানলৈ মনত পেলাইছিল। পেলাইছিল নহয়, মানুহজনীৰ মনটোলৈ গীৰ্জাৰ সেই ভগবানৰ ছবিখন নিজে নিজে আহিছিল। কোনোবাখিনিত জনাথন চাহাব আৰু সোণালী চুলি, নীলা চকুৰ ভগবানজন মানুহজনীৰ মনত মিলিমিচি একাকাৰ হৈ গৈছিল। মানুহজনীয়ে জনাথন চাহাবৰ ধৰ্ম লৈছিল। তাইকো চাহাবে নিজৰ উপধিটো দিছিল। আকৰি-আবৰী পখৰা বেদেৰাৰ মাক এলিজা স্কট হৈছিল। হোজা মানুহজনীৰ মানুহক সেৱা কৰাৰ ক্ষমতা দেখি চাহাব স্তম্ভিত হৈ গৈছিল। এলিজাৰ লগলৈ আৰু তিনিজনী মানুহ আহিছিল। তিনিওজনী সমাজৰ খেদা খোৱা মানুহ আছিল। বৰদিনৰ দিনা এলিজাই সিহঁতকিজনীক লৈ ভাজি পেলাইছিল বৰ পাচিৰে এপাচি তিলপিঠা, সাজি পেলাইছিল এখৰাহি নাৰিকলৰ লাডু।

জনাথন চাহাব এদিন বনমালী চৌধুৰীৰ দেউতাকৰ হাউলিলৈ আহিছিল। বনমালী চৌধুৰীৰ তেতিয়া ছয়/সাত বছৰ হ'ব। ঘৰতে পঢ়া-শুনা কৰিবলৈ আৰম্ভ কৰিছে। চৌধুৰীহঁতৰ ঘৰটো আছিল প্ৰায় বাৰ/তেৰটা মান খেৰ-বাঁহৰ ঘৰৰ সমষ্টি। মাজতে ডাঙৰ আহল-বহল চোতাল এখন। চাৰিওকাষে সৰু সৰু ঘৰ। চোতালৰ চাৰিওকাষৰ ঘৰবোৰত চৌধুৰী পৰিয়ালৰ মানুহবোৰ থাকে। অলপ আঁতৰত মাউত, হালোৱা, বন্ধুৱাহঁতৰ ঘৰৰ লানি। মূল ৰাস্তাৰ পৰা ভালেখিনি সোমাই যাব লাগে।

হাউলিলৈ সোমোৱা ৰাস্তাটোৰ দুইকাষে তাল গছৰ শাৰী। লগোৱা বেছি দিন হোৱা নাই। গছবোৰৰ আকাশ ধিয়াবলৈ আৰু বহু বছৰ বাকী। হাউলিৰ একাষে তিনিটা হাতী বান্ধি থোৱা আছে। জনাথন স্কট চাহাবৰ ঘোঁৰাৰ খবৰ ইতিমধ্যে হাউলি পাই গৈছিল। চৌধুৰীৰ দেউতাকে তেওঁক মৌজাৰ কামত মানুহক লগ ধৰা ঘৰটোত বহুৱালেহি। ভিন ধৰ্মৰ মানুহ এটাক ভিতৰ চ'ৰালৈ নিব নোৱাৰি।

জনাথন চাহাবৰ ছাঁ বেদেৰা বাহিৰৰ চোতালতে বহি থাকিল। মৌজাদাৰে ভুমুকীয়াই তাক মাতিলে 'আহ, ভিতৰলৈকে আহ', তেওঁ পখৰা বেদেৰা নামটো মুখৰ আগৰ পৰা গিলি থলে। বেদেৰা সোমাই আহি কি কৰিব নকৰিবকৈ থিয় দি থাকিলহি। ভিতৰৰ পৰা কাঁহৰ কাঁহী এখনত বানবাটিত চিৰা জলপান লৈ সাত বছৰীয়া বনমালী চৌধুৰী আহি সোমালহি। হালধি গাঁথি হেন বৰণৰ স্বাস্থ্যবান চটফটীয়া ল'ৰাটোক চাহাবে কোলাত তুলি মৰম কৰিলে। বেদেৰাই ইতিমধ্যে কোনোবা টলকত গৈ কলপাত এদুখৰি কাটি আনিলেগৈ। মৌজাদাৰৰ ল'ৰাৰ হাতেৰে বেদেৰাই জলপানখিনি কলপাতত ঢালি লোৱালে। জনাথন চাহাবে মৌজাদাৰৰ লগত তেওঁৰ ল'ৰা বনমালীৰ পঢ়া-শুনাৰ বিষয়ে কথা পাতিছিল। এই কথাটো লৈ মৌজাদাৰ বৰ চিন্তিত হৈ আছে। ল'ৰাক পঢ়ুৱাবলৈ তেওঁ তাক হয় মঙ্গলদৈ, নহ'লে তেজপুৰ অথবা যোৰহাট বা গুৱাহাটীলৈ পঠিয়াব লাগিব। মৌ-সৰা গাঁৰৰ পৰা ওলাই গৈ মঙ্গলদৈ পোৱাই টান। বাঘে-ভালুকে ভৰা অটব্য হাবি। নদী, জান-জুৰি পাৰ হৈ ইঠাইৰ পৰা সিঠাইলৈ যোৱাই ডাঙৰ কথা। সৰু ল'ৰাটো কলৈ পঠিয়ায়, কি পঢ়ুৱায়, ক'ত ৰাখে। চাওতে চাওতে ল'ৰা ছ বছৰ পাৰ কৰি সাত বছৰত ভৰি দিলেহিয়ে। হওতে মৌজাদাৰো চিন্তিত হৈ আছে। চাহাবে স্কুলৰ কথা উলিয়াওতে তেওঁ বৰ মন দি কথাটো শুনিলে। মাটি অলপ দিয়াটোনো কি ডাঙৰ কথা? কত মাটি বকৰানী হৈ পৰি আছে। এক কথাত মৌজাদাৰ ৰাজী হৈ গ'ল।

মৌজাদাৰৰ বকৰানী হৈ পৰি থকা মাটিত গঢ়ি উঠিল উত্তৰ অঞ্চলৰ প্ৰথমখন স্কুল। মৌজাদাৰৰ ল'ৰা বনমালীকে ধৰি মুঠেই সাতোটা ল'ৰা। বৃটিছ চৰকাৰে জনাথন চাহাবক ভালেখিনি টকা-সিকাও দিলে। সাতোটা ল'ৰাৰ সৈতে জনাথন চাহাব আৰু বিলাতৰ পৰা স্কুলৰ কাম কৰিবলৈ অহা চাহাবৰ ভনীয়েক মৰিয়ম মেমৰ পৰা ইংৰাজী শিকিছিল এটা লাজুকীয়া মানুহে। সি আছিল পখৰা বেদেৰা। কোনেও নজনাকৈ মনে মনে দোভাগ নিশা আৰু এজন মানুহে পুতেকৰ কিতাপ পত্ৰ, লেখা-মেলা চাই ইংৰাজী শিকিছিল। সেইজন আছিল স্বয়ং মৌজাদাৰ।

জনাথন চাহাবৰ গীৰ্জাটোৰ চাৰিওফালে এক সুশোভিত বাগিচা গঢ় লৈ

উঠিছিল। আৰু গীৰ্জাক কেন্দ্ৰ কৰি গঢ়ি উঠিছিল নানা কাম। জনাথন চাহাব, মৰিয়ম মেম মৌ-সৰা মৌজাৰ এক অংশ হৈ পৰিছিল। মিচনৰ কাম-কাজ বাঢ়ি গৈছিল। চাহাবে নগাঁও মিছনৰ পৰা মাতি অনাইছিল যোচেফক। তেওঁ অহাৰ পাছতে মিছনৰ কাম-কাজ আৰু বহলি গৈছিল। বাঘ-ভালুকে ভৰা দুৰ্গম ৰাস্তাবোৰেৰে অহা-যোৱা কৰি জনাথন চাহাব আৰু যোচেফে গাঁৱৰ পাছত গাঁও ঘূৰি ফুৰিছিল। লগত আছিল পখৰা বেদেৰা, চাহাবে গৈ হাবিতলীয়া গাওঁবোৰত যীচুৰ বাণী বিলাইছিলগৈ। ভালেমান মানুহে চাহাবৰ ধৰ্ম লৈছিল। চাহাবৰ ধৰ্ম লোৱা মানুহখিনিয়ে এখন সুকীয়া গাঁও পাতি বহিবলৈ আৰম্ভ কৰিছিল। কত ধৰণেৰে, কিমান বেলেগ বেলেগ কাৰণত যে মানুহবোৰে এই ধৰ্ম গ্ৰহণ কৰিছিল।

গজেন বড়োৰ ল'ৰা-ছোৱালী জন্মতে মৰি আহে। প্ৰতিবাৰে চাব লাগে নীলা পৰা কেঁচুৱাৰ থৰঙা লগা মুখ। জনাথন চাহাবে এবাৰ কেঁচুৱা হ'বৰ সময়ত গজেন বড়োৰ ঘৈণীয়েকক তেজপুৰ মিছনলৈ পঠিয়াই দিলে, লগত গ'ল গজেন বড়ো। তেজপুৰ মিছনৰ পৰা কোলাত স্বাস্থ্যবান পুত্ৰ সন্তান লৈ মানুহ হাল ঘূৰি আহিল। তেজপুৰ মিচনত কোনো দিনে নোপোৱা আদৰ, সন্মান আৰু যত্ন পাই মানুহ হালে তাতে খ্ৰীষ্ট ধৰ্ম লৈ আহিলে।

এবাৰ কথা এটা শুনিলে নাপাহৰা নিচিলামাৰী গাঁৱৰ ছোৱালী ফাগুনীক নাৰ্চ কৰি জনাথন চাহাবেই শিক্ষা দিয়াই আনিলে। ল'ৰা-ছোৱালী নহয় বুলি ফাগুনীক গিৰীয়েকৰ ঘৰৰ পৰা খেদাই দিছিল।

এইবোৰৰ উপৰিও চাহাবৰ ধৰ্ম লোৱা মানুহ খিনিয়ে নানা সুবিধা পাইছিল। ৰাজধৰ্ম লোৱা মানুহখিনিৰ এক ধৰণৰ সুৰক্ষাও আছিল। এই খ্ৰীষ্ট ধৰ্ম লোৱা মানুহখিনি বাথৌ মহাৰাজক সেৱা-পূজা কৰাখিনিৰ পৰা একেবাৰে নাড়ীৰ সম্বন্ধ ছিঙি ওলাই গৈছিলগৈ। দুইটা ফৈদৰ মাজত জুই-পানী নিষিদ্ধ হৈছিল। এটা জনগোষ্ঠী ক্ৰমে ক্ৰমে দুফাল হৈ পৰিছিল। নিষিদ্ধ হৈছিল বিয়া-বাৰুৰ সম্বন্ধও। উৎসৱ-পাৰ্বণ সকলো বেলেগ হৈ পৰিছিল।

মৌজাদাৰে বনমালী চৌধুৰীক চাহাবে খোলা স্কুলখনত দুশ্ৰেণী মান পঢ়াই মঙ্গলদৈ লৈ পঠিয়াই দিছিল। বনমালী চৌধুৰী মঙ্গলদৈ স্কুলৰ পৰা ছাত্ৰ বৃত্তি পাই পাছ কৰা বছৰেৰে কথা। নাগ নদীলৈ বান আহিছিল। একেবাৰে নোহোৱা-নোপজা কথা। পাহাৰত হেনো ক'ৰবাত শিল খহি নদীখনত বান্ধ এটা সৃষ্টি হৈছিল। তাতে পানী জমি উঠিছিল। এটা সময়ত পানীয়ে সেই কৃত্ৰিম বান্ধ ভাঙি হৰহৰাই নামনিলৈ নামি আহিছিল। নামি আহিছিল মানে একেবাৰে কালান্তক মূৰ্তি ধৰি আহিছিল। যি

ফালেই আহিছিল ভাঙি-ছিঙি আহিছিল। উঘালি পৰা গছ, ঘৰ-বাৰী ভাঙি বৈ অহা নাগ নদীক দেখি মানুহবোৰ পেপুৱা লাগিছিল। ধাউম ধাউমকৈ নদীৰ পাৰ খহিছিল। খেতিৰ মাটি, মানুহৰ ঘৰ এফালৰ পৰা ধাহি-মুহি নিছিল। নাগ নদীয়ে গীৰ্জাৰ কাষতে এটা ভাজ লৈছিল। এইটো বহুত দিনৰ ভাজ। গীৰ্জাৰ বাবে নাগ নদীখন এটা বাৰীৰ চুকৰে পুখুৰী যেন আছিল। ভাজটোতে আছিল গীৰ্জাৰ আটাইৰে কাপোৰ-ধোৱা, গা-ধোৱা ঘাট। নাগ নদী এনেকৈয়ে বৈ আছিল, মাজে মাজে পানী আহে। এই বাগৰি অহা পানী এই অঞ্চলৰ মানুহৰ আজন্ম চিনাকি, দূৰৈৰ পৰা দেখি বগা বগা কিছুমান ডাঙৰ ঢৌ বাগৰি আহে, আহে আৰু যায়গৈ। কিন্তু এই পাৰ খহোৱা, গছে, জাবৰে, মেটেকাৰে ভৰা ঘোলা পানীৰ পকনীয়া তুলি তুলি অহা নাগ নদী কাৰো চিনাকি নহয়। সঁচাকৈয়ে নাগ নদীয়ে এক ভয়ংকৰ অচিনাকি ৰূপ লৈছিল।

ভাজটোৰ ওচৰতে নদীয়ে গৰা খহাইছে। এইখিনিতে বেদেৰাই এখন শাক-পাতৰ বাৰী পাতিছে। গীৰ্জাৰ আটাইৰে খোৱা শাক-পাচলি এইখন বাৰীৰ পৰাই হৈ যায়গৈ। বাৰীখন নৈৰ গৰালৈ এঢলীয়াকৈ নামি গৈছে বাবে পানী নৰয়। তেজপুৰ মিছনৰ পৰা ফাডাৰ যোচেফে দিয়া গুটিৰ পৰা বেদেৰা আৰু এলিজাহঁতে যত্ন কৰি পুলি গজাই কবি আৰু বিলাহীৰ খেতিও কৰে। গাঁৱৰ মানুহে আহি গীৰ্জাৰ এই খেতি চাই যায়হি। গুটি পৰি বছৰে বছৰে গজা কণ-বিলাহী গাঁৱৰ ৰাইজে দেখিছে। কিন্তু বেদেৰাৰ হাতত হোৱা গোল গোল ৰঙা বিলাহী কেতিয়াও দেখা নাছিল। নাগ নদীৰ পাৰৰ বিলাতী পাচলি চাবলৈ মাজে মাজে বনমালী চৌধুৰীৰ দেউতাকো আহিছিল। পখৰা বেদেৰাই দিয়া সঁচেৰে তেওঁ হাউলিৰ বাৰীতো গোল গোল ৰঙা বিলাহী বিধ লগাইছিল। বেদেৰা মাজে মাজে হাউলিৰ বাৰীলৈ আহি বিলাহী গছবোৰ চাই কামলাক দিহা-পৰমাৰ্শও দি গৈছিলহি। চাই থাকোতেই বেদেৰা সমাজৰ মাজলৈ সোমাই আহিছিল। তেতিয়ালৈ বেদেৰা মানুহটো প্ৰায় গোটেইটো বগা হৈ গৈছিল। টুপি আৰু হাফপেণ্ট পিন্ধা বেদেৰাক বহুতেই বেদেৰা চাহাব বুলি ক'বলৈ লৈছিল।

নাগ নদীয়ে বেদেৰাৰ বাৰীখনৰ আধা সামৰি ল'লে। নদীয়ে গীৰ্জাৰ ফালে খেদা মাৰি আহিছিল। এই গীৰ্জা ঘৰটো নৈয়ে খহাই নিয়ে। মৌজাদাৰৰ হাউলিৰ নাগ নদীৰ ফালে থকা ভালেখিনি মাটি নদীয়ে সামৰি ল'লে। নাগ নদীৰ গীৰ্জাৰ ফালে থকা ভাজটো বাঢ়ি আহিছে। আৰু অলপ অহিলেই গীৰ্জা নদীৰ বুকুত জাহ যাব।

জনাথন চাহাবে বুকুত ক্ৰছ ডাল সাবটি ল'লে, কোলাত বাইবেলখন। জনাথন চাহাব গীৰ্জাৰ বেদীৰ কাষতে লেপেটা কাঢ়ি বহি ল'লে। চাহাবে পানী এটোপাও

মুখত দিবলৈ এৰিলে। পাদুৰি চাহাব ধ্যানত বহিল। এদিন গ'ল, এৰাতি গ'ল। চাহাবে একো মুখত দিয়া নাই, লগত বহি ল'লে বেদেৰা। বেদেৰায়ো চাহাবৰ দৰে বুকুত সাবটি ধৰি আছে ক্ৰুছ এডাল, হাতত বাইবেল। গীৰ্জাৰ বাকীখিনিয়ে এদিন চাহাব আৰু বেদেৰাৰ লগত প্ৰাৰ্থনাৰ ভঙ্গীত বহি থাকিল। কিন্তু আৰু নোৱাৰিলে। আটায়ে অইন নহ'লেও পানীকে এটোপা খাই দিলেগৈ। দুদিন গ'ল, দুৰাতি পাৰ হ'ল। মৌসৰাৰ পৰা একেবাৰে নাচন ডুবিলৈকে, একেবাৰে তেজপুৰ মিছনলৈ হুলস্থূল লাগি গ'ল। গীৰ্জাক নদীৰ পৰা বচাবলৈ পাদুৰি চাহাব আৰু তেওঁৰ শিষ্য বেদেৰাই নিজৰ জীৱন ভগৱানৰ নামত উৰ্ছগা কৰিছে। মানুহ চাবলৈ আহিল, মৌজাদাৰেও আহি কেইবাবাৰো চাহাব আৰু বেদেৰাক চাই গ'লহি। ইতিমধ্যে নাগ নদীত পানীৰ সোঁত কমিছে। পাহাৰত শিল খহি নাগ নদীৰ বুকুত সৃষ্টি হোৱা কৃত্ৰিম জলাশয় ক্ৰমাৎ নোহোৱা হৈ আহিছে। নাগ নদীয়েও স্বাভাৱিক ৰূপ ল'বলৈ আৰম্ভ কৰিছে। পাদুৰি চাহাব জনাথন আৰু বেদেৰা একে ভঙ্গীৰে বহি আছে। তিনি দিন, তিনি ৰাতি পাৰ হ'ল। চাহাব আৰু বেদেৰা দুয়ো দুৰ্বল হৈ আহিছে। চাহাবে ৰাতিলৈ মূৰটো বেদেৰাৰ কান্ধতে পেলাই দিলে। বাকী থকা ৰাতিটো বেদেৰাই চাহাবৰ মূৰটো নিজৰ কান্ধৰ ওপৰতে ৰাখিলে। ভৰি টনটনাই গৈছে, সিৰামূৰিয়ে ধৰিছে, তথাপি বেদেৰাই কেট-কুট কৰা নাই। চাৰিদিনৰ দিনা আটায়ে গৈ চাহাব আৰু বেদেৰাক ক'লেগৈ, নাগ নদী শুকাই আহিছে, পানী তললৈ নামি গৈছেগৈ আৰু ভয় নাই। গীৰ্জাৰ পৰা নদী দূৰৈত আছে। আগৰ দৰে হৈ পৰিছে নাগ নদী। চাহাব আৰু বেদেৰাই এলিজাই কৰি অনা নেমু চৰবত একোগিলাচ খাই ধ্যান ভাঙিলে।

সেইদিনা গীৰ্জাত বিশেষ প্ৰাৰ্থনাৰ আয়োজন হৈছিল। এলিজাইঁতে গীৰ্জাৰ কেউফালে মম জ্বলাইছিল। কেইফালে ৰৌধা ফুটি গৈছিল। পাদুৰি চাহাব আৰু পখৰা বেদেৰাই অন্ন জল ত্যাগ কৰি প্ৰাৰ্থনাত বহি নাগ নদী বেলেগ ফালে বোৱাই পঠালে। গীৰ্জা ৰক্ষা কৰি দিলে। এই ঘটনাৰ পাছতে কেইবাঘৰ মানুহে খ্ৰীষ্ট ধৰ্ম গ্ৰহণ কৰিছিল।

সুগৰীজান পাছ চোতাল পালেহি

ছেপ্তেম্বৰ মাহ পৰিলেহি। বনমালী চৌধুৰীৰ হাউলি বাৰেমাহে কামে-কাজে প্ৰাণচঞ্চল হৈ থাকে। তথাপি হাতী-মহল আৰম্ভ হোৱাৰ আগে আগে হাউলি সাজি-কাচি ন-কইনা হয়। অক্টোবৰ মাহৰ পৰা মাৰ্চ মাহলৈকে হাতী মহল চলিব। লেখৰ মানুহ আটায়ে আহি চৌধুৰীৰ হাউলিত আশ্ৰয় ল'বহি। আটাইতকৈ বিশেষ দিনটো হ'ল যিদিনা এজন বগা প্ৰশাসকৰ সন্মুখত কেঁচা বনৰীয়া হাতী এটা সম্পূৰ্ণ পকা কৰি দেশ-বিদেশলৈ চালানৰ বাবে থিয় কৰোৱা হয়। সেইদিনা স্বয়ং ডি.চি. চাহাব আহি চৌধুৰীৰ হাউলিত অতিথি হয়হি। কেতিয়াবা ডি.চি. চাহাব আহিব নোৱাৰিলে সহকাৰী কোনোবা এজন প্ৰতিনিধিয়ে আহে। যি জনেই আহে, সেইজন চাহাব চৌধুৰীৰ বহাতে ৰাতিটো কটাই যায়। বৃটিছ চৰকাৰৰ প্ৰতিনিধিৰ সন্মুখত হাতীৰ দাম ঠিৰ হয়, ধন-বিতৰ লেন-দেন হয়। সদৰ স্থান মঙ্গলদৈৰ পৰা আহোতে-যাওঁতে গোটা এটা দিন লাগে। ৰাতি ঘূৰি যোৱা মানে বাঘ-ভালুকৰ ভয়। ডকাইতৰ ভয় সকলো সময়তে আছে। ৰাজ প্ৰতিনিধি মৌসৰাত এনিশাৰ অতিথি হ'বই লাগিব। এইটো বনমালী চৌধুৰীৰ বাবে নিঃসন্দেহে এক বিশেষ দিন।

এইবাৰ আগষ্টৰ পৰা সেই বিশেষ দিনটোৰ বাবে মৌজাদাৰ চৌধুৰীয়ে কঁকালত টঙালি বান্ধিছে। এইবাৰৰ কমিছনাৰ চাহাব এডুইন ব্লেকস্মিথৰ লগত ইতিমধ্যেই চৌধুৰীৰ ভাল সম্পৰ্ক এটা হৈছেই। হাবিৰ জন্তু-জানোৱাৰ, ফুল-লতা-গছ বুলিলে পাগল এইজন চাহাব হাতীৰ মহললৈ আহিবই আহিব। চৌধুৰীয়ে এমং বুঢ়াৰ লগত কথা পাতিছেই। আঁহত দুজোপাৰ ওচৰতে এটা ঘৰ সাজিব। চাহাবে সেই মাচাংখন দেখিয়ে ট্ৰি-হাউচ, ট্ৰি-হাউচ বুলি কেনেখন কৰিছিল।

চৌধুৰী চাংঘৰ সজাত ইমান ব্যস্ত হৈ পৰিছিল যে এজনী পত্নীৰো খবৰ লোৱাৰ সময় নোহোৱা হৈ পৰিল। গোটেই অঞ্চলতে জনা-জানি হৈ পৰিল, মৌজাদাৰ দেউতাই গছৰ ওপৰত টঙী ঘৰ সজাৰ দৰে মানুহ থাকিব পৰা ঘৰ সাজিছে। হাউলিৰ জানটোৰ পাৰতে দুজোপা আঁহত গছ আছে। কেতিয়াৰ গছ

কোনেও নাজানে। জানটোৰ ফালে আছে, সেইফালে পশ্চিম দিশ পৰে। গছ দুজোপাই বাৰীখনৰ একো ক্ষতি নকৰে, বৰঞ্চ পশ্চিমৰ বেলিৰ তাপৰ পৰা বচাইহে ৰাখে। কোনেও গছ দুজোপাত দা-কুঠাৰ লগোৱাৰ প্ৰয়োজনীয়তা অনুভৱ কৰা নাই। তাতে এমং বুঢ়াৰ নিৰ্দেশত এটা সৰু ঘৰ সজা হৈছে। চালখন খেৰৰ, বেৰাবোৰ বাঁহৰ, এটা কোঠাৰ সৈতে এটুকুৰা খোলা বাৰাণ্ডা। বাকী যা-যোগাৰ সকলো হৈছে গৈ। এইজন চাহাবক ৰাখিবলৈ বিশেষ দিগদাৰী নাই। গছ-লতা চাব, কপৌ ফুলৰ প্ৰতি বিশেষ আকৰ্ষণ, অন্য বস্তু একো দিব নালাগে, কপৌ দুজোপামান দিলে চাহাব খুচি। চাহাবক খালি সাধুকথা লাগে, আগৰ কথাবোৰ লাগে, সাঁচিপাতৰ পুথিবোৰ চাবলৈ লাগে, মানুহৰ লগত কথা পাতিবলৈ লাগে। ইমান কম সময়ৰ ভিতৰতে অসমীয়া ভাষাটো শিকি ল'লে চাহাবী ঠাচটো নাথাকিলে তেওঁ সলসলীয়া অসমীয়াই ক'ব পাৰে। চাহাবে অকল হাতী কিনা-বেচাতে নিজৰ কৰ্তব্য সীমাবদ্ধ কৰি নাৰাখিব। তেওঁ খবৰ পঠাইছে হাতী ডিপোৰ কাম ওচৰৰ পৰা চাব। তেওঁ চৌধুৰীৰ হাউলিত থাকিবগৈ। এনেই হাতী ডিপোৰ কাম আৰম্ভ হ'ব, তাতে স্বয়ং কমিছনাৰ চাহাব আহি আলহী হ'বহি, চৌধুৰী সঁচাকৈয়ে ব্যস্ত হৈ পৰিল।

ছেপ্তেম্বৰ মাহ পৰিলেই ভূটান পাহাৰৰ পাদদেশৰ অৰণ্যৰ মাজৰ মৌসৰা মৌজাত জাৰ ভালকৈয়ে পৰিবলৈ আৰম্ভ কৰিলে। প্ৰায় প্ৰতিটো পুৱাই কুঁৱলীয়ে গোটেইখন ঢাকি ৰাখে। পুৱা বেলিটো ওলোৱাৰ পাছতে গছ-লতাৰ পৰা নিয়ৰবোৰ সৰি টুপ-টুপ শব্দৰে গাঁওখন ভৰাই তোলে। খেৰী ঘৰবোৰ গছ-গছনিৰ মাজত শুই থাকে। ক'ৰবাত ক'ৰবাত কুঁৱলীৰ বগা আস্তৰণ ভেদি ধোঁৱা ওলায়, জাৰ-কেকুৰা বুঢ়া এজনে জুই একুৰা জ্বলাব খোজে অথবা কাজী বোৱাৰীজনীয়ে পানী তপতাই চাহৰ যোগাৰ কৰিবলৈ চৌকাত জুই দিয়ে। কুঁৱলীবোৰৰ সৈতে এটা মৃদু সুগন্ধ সনা-পোতোকা হৈ থাকে। নিয়ৰ সৰাৰ টুপ-টুপ শব্দ আৰু মিহি গোন্ধেৰে ভৰা কুঁৱলীৰ মাজত গাঁওখন শুই থাকে। গোটেই গাঁওজুৰি থকা ফুল, গছ-পাতৰ গোন্ধবোৰ কুঁৱলীয়ে সামৰি লয়। কেউফালে বিয়পি পৰে সুগন্ধি কুঁৱলী। মৌসৰাৰ উত্তৰ ফালে ভূটান পাহাৰৰ লানিটোৱে এইখিনি সময়ত ময়ূৰ পাখিৰ ৰং ধৰে। কুঁৱলীৰ চাদৰ খন আঁতৰি পৰে আৰু ওলাই আহে পাহাৰ লানি। আজিও ওলাই পৰিছে। গাঁওখনৰ পৰা যি ফালেই চায় সেইফালৰ পৰাই পাহাৰ লানিৰ মাজত থকা নীলাৰ মাজৰ বগাকণ চকুত পৰে। আজিও কেৰেচীয়াকৈ বগাকণ জিলিকি উঠিছে। পুবৰ বেলিৰ পোহৰত বগাকণ চক্‌চক্‌াই উঠিছে। গাঁওখনৰ মানুহখিনিয়ে জীৱন-কালত এবাৰ নহয় এবাৰ ভাবেই, এই বগাকণ বাৰু কি? কি আছে ইয়াত? শিল? বৰফ? ঘৰ?

তিতা তিয়নিৰে সূৰ্য্য প্ৰণাম কৰি থকা চৌধুৰীয়েও ময়ূৰ পাখি বৰণৰ পাহাৰ লানিৰ মাজৰ বগাখিনি চাই ভাবিলে কি আছে তাত? এবাৰ গৈ আহিব পৰা হ'লে। কিমান বাৰ গদাধৰৰ পিঠিত উঠি পাহাৰৰতলি পাইছেগৈ, কিমান বাৰ পাহাৰৰ বুকুত সোমাইছেগৈ। এবাৰ গৈ ওচৰৰ পৰা চাই আহিব পৰা হ'লে। অলপ দিনৰ পাছতে ভোট নামিব। চৌধুৰীৰ হাউলিৰ এটা চুকত সিহঁতৰ বাবে এটা ঘৰ আছেই নহয়। পাহাৰৰ পৰা নামি আহি তাতে টৌ-খুটি জুৰিবহি। সিহঁতৰ পিঠিয়ে পিঠিয়ে আহিব এসোপা টোপোলা, বস্তা। সেইবোৰ থ'বৰ বাবেও এখন বহল চাং আছে। ইয়াত এমাহ মান থাকি আকৌ ভৈয়ামৰ বস্তুৰে বস্তাবোৰ ভৰাই ঘূৰি যাবগৈ। সিহঁতকে সুধিব লাগিব। আৰু এটা কথা, এইবাৰ সিহঁতৰ পৰা এহাল কুকুৰ পোৱালি ৰাখিব। কাণপৰা মাইকী মুৰগী এজনীৰ সমান হয় কি নহয়, নোমেৰে ধাক খোৱা কুকুৰ এহাল ৰাখিব। তাই বহুতদিনৰ পৰাই কৈ আছে, কুকুৰ এটা লাগে। কিয় বা লাগে তাইক কুকুৰ? উমলিবলৈ? হ'ব পাৰে। দিব নেকি তাইক উমলিবলৈ এটা লোদোৰ-পোদোৰ কেঁচুৱা? এতিয়া এই হাউলিত কেঁচুৱাৰ কান্দোনে শোভা পাবনে? থাকিব পাৰে হাউলিৰ পৰা আঁতৰত, তথাপি তাই এই হাউলিৰে বাসিন্দা। আজি কেইবা ৰাতিও তাইৰ কাষলৈ যোৱা হোৱা নাই। কমিছনাৰ চাহাব, ট্ৰি-হাউছ, এমং বুঢ়াক লৈ ইমান ব্যস্ত হৈ আছে যে সকলো কথাই তল পৰি গৈছে।

'আহ, পাৰৈ আহ আহ' নাৰী কণ্ঠৰ শব্দত চৌধুৰী শংকিত হৈ উঠিল। বগা হৈ পৰা কেঁকোৰা চুলি কোছা মেলি শান্তিপ্ৰিয়াই পাৰক চাউল খুৱাইছে। সৌজনী শান্তি প্ৰিয়া। হাতে বোৱা সেউজীয়া শেলৰ মেখেলা-চাদৰ এজোৰ পিন্ধি মানুহজনীয়ে পাৰ এজাকৰ মাজত থিয় দি আছে। কোনোবাই হাঁহৰ গৰাল, ছাগলীৰ গৰাল খুলি দিছে। হাঁহ এজাকো পেক্ পেক্ কৰি পাৰ জাকৰ মাজত সোমালহি। ছাগলী কিজনীও আহি থিয়দঙা দিলেহি। শান্তিপ্ৰিয়াই চাদৰৰ আঁচলৰ পৰা কিবা উলিয়াই সিহঁতকো দিলে। হাঁহ, ছাগলী, পাৰজাকৰ মাজত শান্তিপ্ৰিয়াক এবাৰ চাই চৌধুৰীৰ গাটো কিবা জিকাৰ খাই উঠিল। কেনে লাগিছে মানুহজনীক? এইজনী মানুহেইনে? তাইৰ চুলিবোৰ কিয় এনেকৈ বগা হৈ গ'ল? কিমান বয়স হ'লে এজনী মানুহৰ চুলিবোৰ এনেকৈ শুকুলা হৈ পৰিব পাৰে? কিমান বয়স হৈছে মানুহজনীৰ? ঢোলে-ডগৰে বিয়া হৈ এই হাউলিত সোমোৱাৰ সময়ত তাইৰ বয়স আছিল খুব বেছি পোন্ধৰ বা যোল্ল। আৰু তেওঁৰ বয়স? পাকা-পাকি পচিশ। তেওঁতকৈ দহ বছৰৰ সৰু এই মানুহজনী। মানুহজনী সদায়ে বেছি শকত-আবত নাছিল। এতিয়া আৰু শুকান হৈছে। এই মানুহজনী দেখিলেই তেওঁৰ হাতখন দাং খাই আহে, মুখেৰে কেইটামান

শব্দ ওলাই আহিব খোজে। ‘আঁতৰ বুলিছো নহয়, আঁতৰ মোৰ আগৰ পৰা।’ সেয়া মানুহজনীয়ে এইফালে ঘূৰি চাইছে। মানুহজনৰ চকুৰে চকুৰে পৰিছে। কুকুৰৰ আগত পৰা পাৰ এজনীৰ দৰে তাই ভীত হৈ পৰিছে। সৌৱা তাই খৰ খোজেৰে আঁতৰি গৈছেগৈ।

চৌধুৰী সেইখিনিৰ পৰা আঁতৰি গ’লগৈ। তেওঁ দাঁতোন দাল ঘঁহি ঘঁহি বাৰাণ্ডাৰ নিৰ্দিষ্ট ঠাইত থোৱা লোটাটো ল’বলৈ হাত মেলিলে। এমং বুঢ়াই বনাই দিয়া কাঠৰ টুলখনতে থাকে এটা কাঁহৰ ফুলকটা বাওৰ চৰিয়া আৰু এটা লোটা। টেঙেচিপাত, নেমুটেঙা ফুটছাইৰে সোণহেনকৈ মাজি থোৱা থাকে। বাৰাণ্ডাৰ তাঁৰডালত মেলি থোৱা থাকে এখন পৰিষ্কাৰ গামোচা। চাকৰ-নাকৰ বা আইদেউ কেইগৰাকীয়ে চাই-বুজি গামোচাখন সলাই থাকে, লোটা-চৰিয়া মাজে, বতৰ বুজি লোটাত মুখ ধুবৰ বাবে গৰম অথবা ঠাণ্ডা পানী ভৰাই থয়। আজি লোটাত গৰম পানী থকাৰ কথা। তেওঁ মুখখন ধুই ভৰিহালো ধোৱে। তাৰ পাছত কুঁৱাৰ পাৰত গাধুই গোঁসাই-ঘৰত সোমাইহে চাহ-জলপান খাই কাম-বনত ধৰে। দাঁতোন দাল পেলাই তেওঁ লোটাটো দাঙি ল’লে। পাতল লোটাটো দাং খাই আহিল। খালী লোটাটোত হাত দি চৌধুৰীয়ে গৰজি উঠিল। আচলতে তেওঁ আজি সময়তকৈ আগতে উঠিছে। চৌকাত জুই জ্বলাইছেই, ডেকচিত পানীও উতলিছিল। ঠাণ্ডা পানী মিলাই কুহুমীয়া কৰি নি লোটাত ভৰাবলৈহে বাকী আছিল। তেওঁৰ গৰজনিৰ অৰ্থ আটায়ে ঠিকেই বুজিলে। কোনফালৰ পৰা পানী আহিল, গামোচা আহিল কোনেও ধৰিবই নোৱাৰিলে। আটায়ে তলমূৰকৈ ৰৈ থাকিলহি। খঙত মানুহজন ৰঙা পৰি গৈছে। কোনোবাই আগবঢ়াই দিয়া কুহুমীয়া পানীৰ লোটাটো তেওঁ চিটিকাই পেলালে। কাৰ বা গাত পৰিলগৈ। সুদা গাতে চাটি মাৰি লোৱা ধূতীৰ আগটো বতাহত কঁপিছে নে পিন্ধোতাৰ কঁপি উঠা দেহটোৰ বাবে কঁপিছে? অলপ সময় সকলোবোৰ কাঁহ পৰি জীণ যোৱা অৱস্থা। এইবোৰ তেওঁ চৰিয়াটো চোলাতলৈ মাৰি পঠিয়াইছে। চিটিকাই দিছে কাঠৰ টুলখন। সকলোৱে শুনিলে মৌজাদাৰ দেউতাৰ কণ্ঠ বজ্ৰৰ দৰে নিনাদি উঠিছে।

‘দা-কোৰ লৈ তহঁতবোৰ এইফালে আহ’।

মৌজাদাৰ দেউতা তেওঁৰ হাউলিৰ পৰা ওলাই গৈ গোঁসাই-ঘৰ পাৰ হৈ বাৰীত সোমাইছে। বাৰীখন অলপদূৰতে এটা ঢাল লৈছে। সেইখিনিতে চাৰিজোপা আমলখি আছে, প্ৰায়ে পহু এইখিনি পাইহি আমলখি খাবলৈ। আজিও এজাক ফুটুকী হৰিণে একমনে আমলখি খাই আছে। মানুহৰ উমান পাই পহুজাক বাৰীৰ ভিতৰলৈ

দৌৰ মাৰিলে। চৌধুৰী ঢালটোৰে নামি গৈছে। অলপ দূৰ গৈয়ে টোলৰ কাষেৰে বৈ যোৱা জানটো। পৰিষ্কাৰ ফটফটীয়া পানী। তলৰ মাছবোৰ ওলাই আছে। ৰঙা ৰঙৰ ফিচাৰ ৰূপালী ৰঙৰ মাছবোৰ জানটোৰ শিলৰ ফাঁকবোৰত সোমাই আছে। এইজাক মাছ পুৱা আকাশ ৰঙা হোৱাৰ সময়তহে ওলাই আহে। কুৰবোৰত মাগুৰ, বামি, তোৰা মাছ ভৰি থাকে। টোলৰ ইপাৰেও জানটোৰ পাৰতে লগালগিকৈ দুজোপা আমলখি গছ আছে। তাৰ তলতে এজাক সুগৰী পহু। মানুহৰ জান পাই বাৰীৰ ভিতৰলৈ দৌৰ মাৰিলে। মৌজাদাৰৰ হাউলিৰ বাৰী মানে এখন অৰণ্য। বিবিধ গছ, বাঁহগছেৰে গেজেপনি ধৰি আছে। বাৰীৰ শেষ প্ৰান্তলৈ সাধাৰণতে কাৰো যোৱাই নহয়। সেইখিনি ঠাইত অৰণ্য আৰু গভীৰ। তাতে চাগৈ বাঘকিটা সোমাই থাকে। হৰিণাকেইটা এইফালেই থাকে। মানুহৰ ওচৰে-পাজৰে নিৰাপদ অনুভৱ কৰে। বাঘ-কিটা মানুহৰ চকুত সতকাই নপৰে যদিও মাজে মাজেই জানটোত পানী খাই থকা বহুতেই দেখিছে। কেতিয়াবা হৰিণা এটা লৈ বহি থকা পোৱালিৰ সৈতে বাঘিনী এজনীও কাৰো কাৰো চকুত পৰিছে। বাৰীতে লগা গোহালি ঘৰটোত এগোহালি গৰু। আজিলৈকে এটা দামুৰি বা এজনী চেউৰীৰো খতি-খুন হোৱা নাই। এই জানটোৰ উৎস হ'ল মৌজাদাৰৰ ধাননি পথাৰৰ মাজত এটা পানীৰ উঁহ। চৌধুৰীৰ দেউতাকে এই পানীৰ উঁহটোৰ পৰা ওলাই অহা ফটফটীয়া পানীৰ জানটো দেখি তাৰ কাষতে ঘৰটো বান্ধিছিল।

ব্ৰহ্মপুৱাতে চৌধুৰী আজি জানটোৰ ফালে খোজ লৈছে। পাছে পাছে হাউলিৰ প্ৰায় সকলোখিনি মানুহেই তেওঁক অনুসৰণ কৰিছে। মাইকী মানুহখিনিহে যোৱা নাই। সকলোৱে দুৱাৰৰ কাষে কাষে বৈ চাই আছে। মাত্ৰ ধনদাইহে মুনিহখিনিৰ লগে লগে খোজ লৈছে। ধনদাই সকলোবোৰ চাই-চিতি গৈছে। দুপৰীয়া ভাত-পানী খাই অতোৱাৰ পাছত হাউলিৰ সকলোৱে তাইক ঘেৰি লৈ বহিব। পেঘেনীয়াই পেঘেনীয়াই কথাবোৰ সুধিব, কি হ'ল, কেনেকৈ হ'ল, ক'ত হ'ল, কি হ'ব। ধনদা নহ'লে হাউলিৰ মাইকী মানুহখিনি নিৰ্জন দ্বীপত বন্দী। মতা মানুহখিনিৰ সমানে সমানে ধনদাই হনহনাই খোজ লৈছে। ধনদা শকত-আৱত স্বাস্থ্যবান ছোৱালী। হাতৰ কব্জিৰ হাড়ৰ গঠন বহু মতা মানুহৰে নাই। কান্ধো বেছ বহল। কিন্তু তাই মঙহ-ভাৰী নহয়, আটিল। কঁকালটো সৰু। তপিনা আৰু বুকুখন সেয়েহে বেছি স্পষ্ট লাগে। মাইকী মানুহৰ সচৰাচৰ থকাৰ দৰে বৰ বেছি লাজ-কাজ ধনদাৰ মুঠেই নাই। কথা-বতৰা, চাল-চলনতো বিশেষ আড়ষ্টতা নাই। সেয়েহে চাগৈ মতা মানুহৰ মাজত ধনদাৰ উপস্থিতি সকলোৱে সহজভাৱে লয়। সৌজনী ধনদা। কঁকালত চাদৰখন পাক

মাৰি লৈ চৌধুৰীৰ লগে লগে খোজ লোৱা ধনদাক কোনেও অসহজভাৱে লোৱা নাই। কেওঁ-কিছু নোহোৱা ধনদা চৌধুৰীৰ হাউলিতে ডাঙৰ হৈ এতিয়া গাভৰু হ'লহি। হাউলিত কোনো মতা মানুহ নাই, খেতিয়ে-পথাৰে, কামে-কাজে দিহিঙে-দিপাঙে ওলাই গৈছে। ওলাল নহয় কিচ্ কিচ্কৈ ক'লা মচোৱা গোম এডাল। সোমাই ঐ, প্ৰকাণ্ড গোমসাপ ডাল হাউলিৰ ভিতৰলৈ সোমাই এতিয়া। কি চিন্তা? আছে নহয় ধনদা। বুধি এটা কৰি সাপডাল খেদিব। সেইজনী ধনদাইয়ে চৌধুৰীৰ হাউলিৰ মুনিহখিনিৰ লগে লগে হনহনাই জানটোৰ পিনে গৈ আছে।

চৌধুৰীৰ হাতত এডাল লাঠি। এই লাখুটিডাল চৌধুৰীৰ দেউতাকৰ দিনৰ। গমাৰি কাঠেৰে তৈয়াৰি, মূৰত এটা সিংহৰ মুখ। লাখুটিদাল জোকাৰি জোকাৰি তেওঁ কোবেৰে জানটোৰ পাবলৈ গৈ আছে। তেওঁৰ পাছে পাছে হাতে হাতে দা-কোৰ লৈ হাউলিৰ মানুহখিনি। কাৰো মুখত একো মাত নাই। বেলিটোৱে তাল গছজোপাৰ ফাকেৰে লাহে লাহে মুখ উলিয়াইছে। কেউফালে এক ৰঙচুৰা আভা বিয়পি পৰিছে। গোটেই মানুহবোৰ নিশব্দ, কাৰো মুখত একো মাত নাই।

'দেউতা, আজি ব্ৰহ্মপুৰাতে কোনফালে যোৱা হৈছে?' গলগলীয়া মাতৰ প্ৰশ্নটোত আটায়ে ঘূৰি চালে। বৰফান্দী আহিছে। বৰফান্দী ছিপাঝাৰৰ ফালৰ মানুহ। মধ্য বয়সীয়া মানুহজন প্ৰতিটো হাতী-মহলৰ সময়তে মৌসৰালৈ আহে। বৰফান্দী নহ'লে হাতী-মহলেই শূন্য। অকল শূন্যইনে? আচলতে বৰফান্দী নহ'লে হাতী-মহলেই নচলে। বৰফান্দীৰ আচল নাম নৰেন মেধি। তেওঁৰ আচল নামটো কোনেও নাজানে। বৰফান্দী বুলিলেহে তেওঁক সকলোৱে চিনি পায়, তেওঁ ছ-মাহ মৌসৰাৰ হাতী মহলত থাকিম বুলিয়ে আজি এইখিনি পাইছেহি। চৌধুৰীৰ হাউলিত বৰফান্দীৰ বাবে ঘৰ এটা দক্ষিণ ফালৰ কদম গছজোপাৰ তলতে আছে। আজি কেইবা বছৰ ধৰি বৰফান্দী আহি এই ঘৰটোতে আছেহি। ঘৰত সকলো যা-যোগাৰ আছে। ইতিমধ্যে ঘৰটো মচি-কাচি চিকুণ কৰি থোৱা আছে। বৰফান্দীৰ পৰিয়াল ছিপাঝাৰৰ ফালৰ গাঁওখনতে থাকে। মেধিপাৰাত গোটেইবোৰ বৰফান্দীৰে পা-পৰিয়াল। প্ৰতি জাৰকালি তেওঁ মৌসৰালৈ ছমাহৰ কাৰণে আহে। এইবাৰো আহি কদম তলৰ ঘৰটোত নিজৰ বস্তু-বেহানি থৈ তেওঁ এইখিনি পাইছেহি। তেওঁ আহি দেখে হাউলিত দুৱাৰে দুৱাৰে অকল মাইকী মানুহবোৰ বৈ আছে, মুনিহ এজনো নাই। আনফালে হাউলি এইখিনি সময়ত কামে-কাজে প্ৰাণবন্ত হৈ থাকে। কোনোবা এগৰাকীয়ে তেওঁক জানটোৰ ফালে আঙুলিয়াই দিলে।

বৰফান্দী গৈ মানুহখিনিক লগ ধৰে মানে আটায়ে গৈ জানটোৰ কাষ

পাইছেগৈ। কুলু কুলু শব্দ কৰি জানটো বৈ আছে। মানুহে এই জানটোক সুগৰী জান বুলিয়ে কৈ আহিছে। জানটোৰ পাৰে পাৰে থকা আমলখি কেইজোপাৰ তলত ফল লগা বতৰত প্ৰায়ে সুগৰী পহুৰ জাক একোটা দেখা যায়, সেই কাৰণেই চাগৈ জানটোৰ নাম সুগৰী হ'ল। জানৰ পানী বৰ পৰিষ্কাৰ, বাৰমাহে পানী একেধৰণেৰে থাকে।

মৌজাদাৰ হাউলিৰ অলপ দূৰৈত থকা পানীৰ ভুমুক এটাৰ পৰাই এই জানটো ওলাইছে। তাৰ পৰা গৈ নাগ নদীত মিলি গৈছেগৈ। এই সুগৰী জানটো মৌজাদাৰ হাউলিৰ সম্পত্তি যেন হৈ পৰিল। সুগৰীজানৰ কাষে কাষেই বিস্তৃত হৈ আছে চৌধুৰী পৰিয়ালৰ হাউলি আৰু বাৰীখন। পানীৰ উঁহটোৰ পৰাই আচলতে চৌধুৰীৰ হাউলিৰ গেজেপনি মৰা বাৰীখন আৰম্ভ হৈছে। মৌসৰাৰ ৰাইজে পৰাপক্ষত এই জানটো ব্যৱহাৰ নকৰে। নাগ নদীৰ পৰা জাকে জাকে সোমোৱা সুগৰী জানৰ মাছতো ৰাইজে হাত নিদিয়ে।

সুগৰীজানৰ পাৰত থিয় দি চৌধুৰীয়ে ডাঙৰ মাতেৰে আদেশ দিলে, 'তহঁতে সুগৰী জান হাউলিৰ ভিতৰেদি বোৱাই দিব লাগিব।'

কি কথা কয় মৌজাদাৰ দেউতাই? হাউলিৰ ভিতৰেদি ভগৱন্ত বস্তুৰ দান এপদ কি দৰে লৈ যায়? ভাৰ বান্ধি টোপোলা কৰি, নে চাঙিত উঠাই? আটাইবোৰ তলমূৰ কৰি ৰৈ আছে।

'কি হ'ল তহঁতৰ? মাত নামাত কিয়?

নাই, কাৰো মুখৰ পৰা এটা শব্দও সৰি পৰা নাই।

'আৰু অলপ দিনৰ পাছতে হাউলিৰ আগ চোতালত হাতী মহলৰ ডাক হ'ব। নাৰায়ণ বৰুৱা আহি গৈছে। আহিব, আটাইবোৰ আহিব।' মৌজাদাৰ দেউতাই ঘোষণা কৰিলে।

'গোৱালপৰীয়া জমিদাৰ আহিব, ধুবুৰীৰ জমিদাৰ আহিব, নলবাৰী, লক্ষীমপুৰৰ মহলদাৰ আহিব। নংপোৰ মহলদাৰো আহিব।'

মাতষাৰ শুনি আটায়ে ঘূৰি চালে বৰফান্দী। বৰফান্দী আহিল তেনেহ'লে। কালি বৰফান্দীৰ ঘৰ মচা-কচা কৰি থকা সকলোৱে দেখিছিল। হাতী মহলৰ দিনো আহিল। মানুহজনক দেখি আটাইৰে মনত পৰিল।

চৌধুৰী দেউতায়ো ঘূৰি চালে। 'বৰফান্দী তুমি পালাহি? সকলো দিহা হৈছেনে বাৰু?'

'কিয় নহ'ব দেউতা? এই হাউলিত ফৰিং এটাৰ বাবেও দিহা থাকে।' বৰফান্দীয়ে চৌধুৰীক সেৰা জনাইছে।

চৌধুৰীয়ে গৰজি উঠিল, 'এই হাউলিত পুৱা উঠি মুখ ধুবলৈ পানী এলোটা নাথাকে। ইমানবোৰ অতিথি আহিব, ভৰি-হাত ধুবলৈ এটোপা পানী নাপাব। এইবোৰ এলেহুৱাৰ দল মই এনেই পুহি ৰাখিছো।' মানুহজন ৰৈছে। বগা মানুহজন ৰঙা পৰি গৈছে, তেওঁৰ মাত আৰু কঠিন হৈছে, 'তহঁতে সুগৰী জান গদাধৰ সোমোৱা তোৰণৰ কাষেদি বোৱাই দিব লাগিব। সকলোৱে সেই পানীত ভৰি ধুই মোৰ হাউলিত সোমাব।'

'এইখন বৰহমপুত্ৰ নহয়, সুগৰী জানহে, কিয় পৰা নহ'ব?' নাৰী কণ্ঠ শুনি কোনেও ঘূৰি চোৱা নাই। সকলোৱে জানে এইজনী ধনদা। ধনদাই ব্ৰহ্মপুত্ৰ নদী দেখা নাই, শুনিছেহে। বৰফান্দীৰ মুখত শুনিছে বৰহমপুত্ৰ হেনো এক ইপাৰ-সিপাৰ নেদেখা নদী।

ধনদাৰ কোমল মাতৰ কথাষাৰত চৌধুৰীৰ গৰজনিতকৈয়ো যেন বেছি জোৰ আছিল। আটায়ে হয়ভৰ দি উঠিল। 'এৰা, নোৱৰা কামনো কি আছে। বৰফান্দী গৈ সুগৰীজানৰ পাৰত বৈ কোৰেৰে এচাব খান্দিলেই, তেওঁ বৰ কথা-বতৰা নকয়, কামৰ মানুহ বৰফান্দী। হৈ-ধ্বনি দি আটায়ে কামত ধৰিলে। কথাটো ৰাষ্ট্ৰ হ'বলৈ বেছি সময় নালাগিল। গোটেইখনতে ৰৌজাল-বৌজাল হ'ল— মৌজাদাৰে সুগৰীজান চোতালত থাপিলেহি। দুই-এক ৰাইজো আহিল। আটায়ে হাতে-কামে লাগি গল। দুপৰীয়াৰ ফালে সুগৰীজানৰ সুঁতি এটা আহি গোঁসাই-ঘৰৰ পাছ পালেহি। বৰ বৰ টৌ নমোৱা হ'ল, টৌৱে টৌৱে চিৰা ভিজোৱা হ'ল, নাৰিকল পাৰি দ'মাই থোৱা আছিল, নমাই অনা হ'ল, নাৰিকল ৰুকি খৰাহিয়ে খৰাহিয়ে কলপাতেৰে ঢাকি থোৱা হ'ল, আখলৰ পৰা গুড়ৰ টেকেলি নমোৱা হ'ল। বৰফান্দীয়ে বগৰাই দিয়া আঠীয়া কলৰ দোনা সজা হ'ল। ভূটীয়া আহি থকা ঘৰটোৰ কাষতে কোনেনো কেতিয়া ধান শুকুৱা, কলিকতাৰ পৰা মগাই অনা কেনভাচৰ খাকী ৰঙৰ তিৰপালকিখন তৰি দিলে ততেই ধৰিব পৰা নহ'ল। ৰাইজে জা-জলপান খাই আঁতাই মানে সুগৰী জানৰ সৰু সুঁতিটো আহি হাতী-তোৰণৰ কাষেদি বৈ পাছ চোতাল পালেহি। তাৰ পাছৰ কামখিনি পানীৰ সুঁতিটোৱে নিজেই কৰি গ'ল। পাছ চোতালৰ পৰা সুগৰীজানলৈ ঢাল এটা আছে। পানীৰ সুঁতি ঢালে ঢালে নামি গ'ল। ৰাইজে লগে লগে কোৰ মাৰি খান্দিহে গ'ল। পানীৰ সুঁতিটো বৈ যাওঁতে মাজত মাংস কটা কাঠৰ গড়ডাল পৰিল। কোনে বা কেতিয়া পাছ চোতালত এই শাল কাঠৰ গুৰিটো পুতিছিল, কাৰো খেয়াল

নাই। গড়ডাল আছে, হাউলিত প্ৰায়ে কাটিব লগা হোৱা একোটা হৰিণ, অথবা খাহী ছাগলী এই গডডালতে পেলাই লৈ কটা হয়। মাংস কাটোতে কাটোতে কাঠৰ গড়ডাল মিহি হৈ পৰিছে। মৌজাদাৰ আজি সেই বোৱাৰী-পুৱাৰে পৰা লঘোনে আছে। তেওঁ একবস্ত্ৰৰে আছে, ভৰিত পাদুকা সোমোৱা নাই, আনকি পানী এটোপাও মুখত দিয়া নাই। ভিতৰে ভিতৰে তেওঁ কম্পিত হৈ আছে। কি কৰিলে তেওঁ? পবিত্ৰ পানীৰ ধাৰত তেওঁ হাত দিলে। এটা কুঁৱাও খান্দিব পাৰিলেহেঁতেন, অথবা এটা সৰু পুখুৰী অনায়াসে খন্দিব পাৰিলেহেঁতেন। কিয় জানটোত হাত দিবলৈ গ'ল। তেওঁৰ চকুৰ আগত অগা-দেৱা কৰি আছে এটা প্ৰকাণ্ড ঢেঁকীয়াপতীয়া বাঘ। দিনৰ দিনটো তেওঁক বাঘটোৱে লগ এৰি দিয়া নাই।

মানৰ আক্ৰমণৰ সময়ত উজনিৰ বহু পৰিয়াল নামনিৰ ফালে ভাগি আহিছিল। গোলাঘাটৰ থুকুবিল অঞ্চলৰ এটা পৰিয়ালে সকলো পুথি-পাজি লৈ নাৰত উঠি গুৱাহাটীৰ উজান বজাৰ পাইছিলহি, তাতে থাপিছিল থুকুবুলীয়া নামঘৰ। একেদৰেই গুৰুদেৱে প্ৰদান কৰা হাতীদাঁতৰ পাদুকা, সাঁচিপাতৰ পুথি-পাজি বুকুত বান্ধি উজনিৰ পৰা চৌধুৰী পৰিয়ালৰ ঠেঙুলি এটা মানৰ ভয়ত এই উত্তৰ অঞ্চললৈ ভাগি আহিছিল। তেওঁলোকে এই অঞ্চলত ঘৰপাতি বহিছিল। সোনকালেই চৌধুৰী পৰিয়ালে এক সন্মানৰ স্থান আদায় কৰি ল'লে। ভূটীয়া ৰজাক কৰ-কাতল তুলি দিছিল এই পৰিয়ালে। ইয়াৰ পাছত বগা চাহাব আহি ভোট ৰজাক এই অঞ্চলৰ পৰা খেদি পঠিয়ালে। বগা চাহাবক নাচনডুবিৰ পৰা একেবাৰে সোণাপুৰলৈকে ভূটীয়া ৰজাই এৰি দিছিল। এই অঞ্চলটো আছিল এক উৰ্বৰ ভূমিখণ্ড। পাহাৰৰ পৰা বৈ অহা জান-জুৰিবোৰে সমগ্ৰ অঞ্চলটো আৰ্দ্ৰ কৰি ৰাখে, কেনিও পানী জমা নহয়। উৰ্বৰ ভূখণ্ডত গুটি এটা পৰিলেই গছ গজি উঠে। বিশেষকৈ বনৰীয়াকৈ কমলা গছ হয় এই অঞ্চলত। তাৰোপৰি ইয়াৰ জনজাতীয় মানুহখিনিৰ বাৰীত থাকে জোপোহা গছ একোজোপা। এই জোপোহা সেউজীয়া গছৰ পাতৰ ৰহ দি শুকুৱাই মানুহবোৰে গৰম পানীত দি উতলাই খায়। এই অঞ্চলৰ মানুহ মেলেৰীয়াত কম ভূগিছিল। পাছত চাহাব আহি আবিষ্কাৰ কৰে অঞ্চলত মানুহৰ বাৰীয়ে বাৰীয়ে থকা চাহ গছবোৰ। বগা চাহাবে চৌধুৰী পৰিয়ালক এই অঞ্চলৰ মৌজাদাৰৰ দায়িত্ব সপিছিল। বনমালী চৌধুৰীৰ দেউতাকক বৃটিছ চৰকাৰে মৌসৰাৰ মৌজাদাৰ পাতি দিছিল। শিয়ান চাহাবহঁতে এই অঞ্চলত যে এটা সোণৰ খনি আছিল, তাক পৰিষ্কাৰকৈ ধৰিব পাৰিছিল। চৌধুৰীৰ দেউতাকে মঙ্গলদৈৰ চৰকাৰী দপ্তৰৰ পৰা মৌজাৰ কাগজ-পত্ৰ

চমজি লৈছিল। তেওঁক মৌসৰা গাঁৱতেই মৌজাদাৰৰ কাৰ্য্যালয় খোলাৰ আদেশ দিয়া হৈছিল।

মঙ্গলদৈৰ চৰকাৰী কাৰ্য্যালয়ৰ নথি-পত্ৰ চমজি লোৱাৰ পাছত চৌধুৰীৰ দেউতাক মৌসৰালৈ আহিছিল। পুৱাই পুৱাই মঙ্গলদৈৰ পৰা ওলাই বেলি পৰাৰ সময়ত গৈ তেওঁ মৌসৰাগাঁও পাইছিলগৈ। তেওঁ তাতে অলপ জিৰণি লৈছিল। ইয়াতেইতো থাকিব লাগিব। ক'ৰবাত দুই-এঘৰ মানুহ। মাজে মাজে খেতি-পথাৰ। উৰ্বৰ মাটি জুৰি কেৱল জংঘল আৰু জংঘল। নাগ নদীৰ পাৰে পাৰে পাতলীয়া মানুহৰ বসতি। এজোপা শাখা-প্ৰশাখা মেলি প্ৰকাণ্ড হৈ পৰা আঁহত গছৰ তলতে তেওঁ হাতী ৰখাই জিৰণি লৈ কেউপিনে চাই আছিল। মৌজা চলাবলৈ হ'লে ইয়াতে থাকিব লাগিব, ক'ৰবাত ঘৰ এটা বান্ধিব লাগিব, পা-পৰিয়াল আনি ৰাখিবহি লাগিব। তেওঁ হাতীৰ পিঠিৰ পৰা নাগ নদীৰ পাৰে পাৰে গঢ় লোৱা গাঁওখনলৈ চাই পঠিয়ালে। নহ'ব, এই গাঁৱত তেওঁৰ ঘৰ সজা নহ'ব। লোকালয়ৰ পৰা মৌজাদাৰৰ হাউলি দূৰৈত হ'ব লাগিব। হাতীৰ পিঠিতে বহি তেওঁ কেউপিনে চাই আছিল। ওখ হাতীটোৰ ওপৰৰ পৰা গাঁওখন ভালেখিনি চকুত পৰে। প্ৰেক্ষাপটত ময়ূৰ পাখি ৰঙৰ ভূটান পাহাৰৰ লানিটো। চকুত পৰালৈকে বিস্তীৰ্ণ সেউজৰ মাজে মাজে নাগ নদী। গছ-গছনিৰ ফাঁকে ফাঁকে চকুত পৰে এসোঁতা মিহি পানী অকাই-পকাই অ'ত ভুমুকীয়াই ত'ত ভুমুকীয়াই আহি নাগ নদীত পৰিছেহি। জানটোৰ ফটফটীয়া পানী আৰু নাগ নদীৰ অলপ ঘোলা পানীৰ পাৰ্থক্যটো ভালকৈ ধৰিব পাৰি। জপককৈ শব্দ এটা শুনি তেওঁ চক খাই উঠিল, বন্দুক হাতলৈ আনি ললে। এটা প্ৰকাণ্ড ঢেঁকীয়াপতীয়া বাঘ ক'ৰবাৰ পৰা আহি জানটোত সোমালহি। মানুহজন হাতীৰ পিঠিতে থৰ লাগিলে। ভুটান পাহাৰলৈকে মৌসৰাৰ পৰা এখন গভীৰ অৰণ্য বিয়পি আছে। এই অঞ্চলত অসংখ্য জান-জুৰি। অহা-যোৱা কৰোতে প্ৰায়ে বাঘৰ মুখামুখি হোৱা যায়, এইটো সাধাৰণ কথা। বাঘে আজিলৈকে কোনো মানুহকে একো অপকাৰ কৰা নাই। চৌধুৰীৰ দেউতাকেও বহুত বাঘ দেখিছে। কিন্তু এই বাঘ কোনোবা মানুহে দেখিছেনে নাই তেওঁ ক'ব নোৱাৰে। গাৰ হালধীয়াখিনিৰ পৰা যেন এক দ্যুতি ওলাইছে। ক'লা ক'লা দাগখিনি হালধীয়াৰ মাজত সেৰা পাতি পাতি এনেনো ধুনীয়াকৈ জিলিকি আছে। বাঘটোৰ খোজত এক গাম্ভীৰ্য্য আছে। দেখিলে মূৰ যেন দোঁ খাই আহিব খোজে। বাঘটোৱে হাতীৰ পিঠিত থকা মানুহজনলৈ মূৰটো বেঁকা কৰি চালে। নীলা চানেকীয়া চকুহালত তেওঁৰ চকু পৰিল। এক সন্মোহিত অৱস্থা। বাঘটোৱে জানটোৱে উজাই যাবলৈ ধৰিলে। মাজে মাজে ৰৈ দিয়ে, আকৌ খোজ

লয়। তেওঁ হাতী 'আগেত' কৰি গৈ থাকিল। তেতিয়া বেলি ডুবিবলৈ ধৰিছিল। জানটোৰ ফটফটীয়া পানী বেলিৰ কমলা ৰহণত সোণালী ৰং ধৰিছিল। জানৰ পাৰে পাৰে দোঁ খাই থকা বাঁহগছৰ লানি। নাগ নদী আৰু সুগৰীজানৰ পাৰে পাৰে এই বাঁহ গছবোৰ, বনৰীয়াকৈ হৈছে। বাঁহৰ দোঁ খাই থকা আগবোৰৰ মাজে মাজে এবাৰ ওলাই এবাৰ দেখা দি বাঘটো সুগৰী জানেদি গৈ আছে। আৰু সুগৰীজানৰ পাৰে পাৰে হাতীত উঠি গৈ আছে এজন মানুহ। বাঘটো জানৰ মাজৰ এটুকুৰা ঠাইত ৰৈ দিছে। সেইখিনিতে এটা ভুমুক আছে। খৰালি যেতিয়া সুগৰী জান শুকাই যায় তেতিয়াও এই ভুমুকটো শুকাই নাযায়। ভুমুকৰ পানীখিনি শীতল, আৰু অতি পৰিষ্কাৰ। বাঘটোৱে সেইখিনিতে ৰৈ পানী খাবলৈ ধৰিলে। বিভিন্ন গছ বিশেষকৈ বাঁহ গছবোৰৰ ফাকেৰে বাঘটোৰ গাত বেলিৰ কমলা ৰহণ পৰিছিল। বিশাল ঢেঁকীয়াপতীয়া বাঘটো অপাৰ্থিব লাগিছিল। হাতীৰ পিঠিৰ মানুহজনে বাঘটোক সেৱা এটা যাচিছিল। শেষ বাৰৰ বাবে পানী খাই উঠি বাঘটোৱে তেওঁৰ আৰু হাতীটোৰ ফালে ঘূৰি চাইছিল। যদি বাঘটোৱে এটা জাঁপ মাৰে হাতীৰ মূৰলৈকে তাৰ শৰীৰটো উঠি আহিব। বাঘটোৱে হঠাৎ গোজৰণি এটা মাৰি তাৰ পৰা জাঁপ মাৰি হাবিৰ ফালে গুচি গ'লগৈ। মানুহজন হাতীৰ পিঠিতে বহুত সময় বহি থাকিল। বাঘটো উভতি আহিব নেকি? ইমান দিনৰ অভিজ্ঞতাৰ পৰা তেওঁ বুজিলে বাঘটো আৰু নাহে। তেওঁ লাহে লাহে নামি আহিলে। জানটোৰ পানী তেওঁৰ কলাফুললৈকে আহে। তেওঁ গৈ ভুমুকটোৰ ওচৰত ৰ'লগৈ। ভুমুকটোৰ পৰা বুৰবুৰণি তুলি পানী ওলাই জান এটা হৈ অহৰহ বৈ আছে। সেইখিনিৰ পৰা তেওঁ চাই পঠিয়ালে, জানটোৰ পৰা অলপ ওখ হৈ এক খণ্ড উৰ্বৰ মাটি এঢলীয়াকৈ উঠি গৈছে। শিশু, বনচোম, পাকৰি, গমাৰি আদি গছেৰে গোটেই ঠাইখণ্ড গেজেপনি মাৰি ধৰিছে। তেওঁ সিদ্ধান্ত লৈ পেলালে, এইখিনি ঠাইতে তেওঁ হাউলিটো সাজিব। ভুমুকটোৰ ওচৰৰ বালিখিনিত এটা প্ৰকাণ্ড বাঘৰ খোজৰ চিন স্পষ্ট হৈ আছে। তেওঁ সভক্তিৰে দুটা খোজৰ বালি কান্ধৰ গামোচাখনত বান্ধি ল'লে। তাৰ পাছত সেৱা কাঢ়ি আঁঠু লৈ পানীৰ ভুমুকটোৰ পৰা অলপ পানী আনি শিৰত ল'লে। তেওঁৰ দৃঢ় বিশ্বাস হ'ল, সেই অসম্ভৱ সুন্দৰ বাঘটো গুৰুজনাই প্ৰেৰিত কৰিছিল। গুৰুৰ আদেশ লৈয়ে বাঘটোৱে আহি তেওঁক ঘৰ সজাৰ স্থান দেখুৱাই দিলেহি। মৰ্ত্যৰ জন্তুৰ এনে স্বৰ্গীয় জ্যোতি থাকিব নোৱাৰে। তেওঁ আঁঠুকাঢ়ি বাঘৰ খোজটো আকৌ এবাৰ সেৱা কৰিলে। গামোচা এখনত বালিখিনি বান্ধি তেওঁক লগ পাবলৈ ৰৈ থকা ৰাইজক এইখিনি ঠাইতে হাউলি সজাৰ কথাযাৰ অৱগত কৰিবলৈ বুলি আগবাঢ়িছিল।

সেই বালিখিনি এটা ভোগজৰা বাটিৰ ভিতৰত থাপনাত এতিয়াও আছে। সেই ভোগজৰা বাটিৰ বালিৰ সৈতে সান খাই থকা বিশাল বাঘটোৰ কথাও হাউলিত বহুবাৰ চৰ্চা হৈছে। মৌসৰাৰ বহুতেই এই কাহিনীটো জানে। এই গোসাঁই-ঘৰ, এই হাউলিলৈ ৰাইজৰ ভয় আছে, ভক্তিও আছে। সেই বাঘটো চৌধুৰীৰ কাষে কাষে ঘূৰি ফুৰিছে। ভিতৰি ভিতৰি মতগজ মানুহজন বিতত হৈছে। বাহিৰত ৰাইজৰ মাজত কামৰ উচাহ বাঢ়িছে। সুগৰীজান আহি পাছ চোতাল পাইছেহি। পাছ চোতালৰ শিলিখাজোপাৰ তলতে আছে সেই মাংস কাটি কাটি চুটি হৈ যোৱা শাল কাঠৰ শকত-আবত মানুহ এটা আৰামকৈ বহিব পৰা গড়ডাল। কিমান হৰিণা, ছাগলী, এইডাল গড়তে কোবাই কোবাই কটা হ'ল। হাউলিৰ ক'ত উৎসৱ পাৰ হ'ল, পূজা-পাৰ্বন, ভোজ, অলেখ উৎসবত সেৰে সেৰে, মোনে মোনে মাংস কটা হ'ল। গড়ডালৰ কাঠৰ ৰঙেও এটা ৰঙচুৱা বোল ল'লে।

শান্তিপ্ৰিয়া নামৰ অকালতে পকা চুলিকোছা মেলি মেলি বিৰবিৰাই ঘূৰি ফুৰা মানুহজনী ক'তনো আছিল জানো। হঠাৎ চোঁ মাৰি আহি গড়ডালৰ ওচৰতে থিয় হৈ হাত জোকাৰি জোকাৰি বিৰবিৰাবলৈ ধৰিলে। দেখদেখকৈ মানুহজনীৰ খং উঠিছে, কিবা এটা ভয়ানক ধৰণেৰে আপত্তি কৰিব খুজিছে। এই আধা-বলীয়া মানুহজনীৰ উপস্থিতিত কিবা এটা আছে। কোনেও তাইক উলাই কৰিব নোৱাৰে। মানুহবোৰে কাম-বন বন্ধ কৰি মানুহগৰাকীক চাই কি ক'ব খুজিছে বুজিবলৈ চেষ্টা কৰি থাকিল। মানুহজনী মাংস কটা গড়ডালৰ চাৰিওকাষে ঘূৰি আছে। বৰ সন্তৰ্পণে ঘূৰিছে মানুহজনীয়ে, যেন কাঠটুকুৰাত জুই আছে, অথবা এডাল ফণা তুলি থকা বিষধৰ সাপ বা এথোপা লেউলেউ বিছা। কাপোৰ-কানি কোঁচাই ভয়ঙ্কৰ বস্তু এটাৰ পৰা নিজকে বচাই যেন মানুহগৰাকীয়ে হাত জোঁকাৰি জোঁকাৰি কাঠটুকুৰাৰ কাষে কাষে ঘূৰি আছে। মানুহবোৰে হতভম্ব হৈ মানুহজনীক চাই আছে আৰু চাই আছে মৌজাদাৰ দেউতালৈ। কি বা আদেশ দিয়ে তেওঁ। ইফালে লোৰ কটা সুগৰী জানৰ পানী বৈ আহি অলপ মাটি বহি যোৱা কাঠটুকুৰাৰ ওচৰ পাইছেহি। কোনেও একো ধৰিব পৰা নাই। মাত্ৰ মৌজাদাৰ চৌধুৰীয়ে কথাবোৰ বুজি পাইছে। এইজনী মানুহে চৌধুৰীৰ দেউতাকৰ ছাঁ হেনকৈ আছিল, তাই সকলো জানে, গোসাঁই-ঘৰৰ ভোগজৰা বাটিৰ ভিতৰৰ বালিমুঠিৰ ৰহস্যও জানে। তাই সেই পবিত্ৰ বুলি গণিতা কৰি অহা ভুমুকৰ পানীয়ে এই মাংস কটা কাঠৰ গড়ডাল চোৱাটো বিচৰা নাই।

'তৎক্ষণাত কাঠৰ গড়ডাল উঠাই দে' কথাষাৰ কৈ যেন তেওঁৰ বুকুখন অলপ পাতল লাগিল।

'সুগৰীজানৰ পানীয়ে চোৱাৰ আগতেই এই কাঠটুকুৰা উঠাব লাগিব। তেওঁৰ মাজৰ বিতত ভাবটো বহুখিনি কমি আহিছে।

ক'বলৈ সহজ, মাটিত বেছ দ লৈকে পোত যোৱা কাঠৰ গড়ডাল তোল বুলিলেই তুলিব পাৰিনে? ইতিমধ্যে পাছ চোতাললৈ বোৱাই অনা সুগৰী জানৰ সৰু সুঁতিটো লৰালৰিকৈ বালি, মাটি শিল যিহেৰে পাই তাৰে বান্ধ দিয়া হৈছে। মৌজাদাৰৰ কাড়া হুকুম, কোনোপধ্যেই পানীৰ ধাৰটোৱে মাংস কটা গড়ডাল চুব নোৱাৰিব। চুবতো নোৱাৰিবই, পানীৰ এটা চিটিকণিও কাঠটুকুৰাত পৰিব নোৱাৰে। হুলস্থূলৰ মাজত মানুহজনী কেনিবা নোহোৱা হ'ল।

মৌজাদাৰ দেউতাই গলগলীয়া মাতেৰে সকলোকে কৈছে 'সুগৰীজানৰ পবিত্ৰ পানীয়ে এই খাবলৈ কটা জীৱ-জন্তুৰ তেজ লগা গড়ডাল চুব নোৱাৰিব।

আটায়ে তেওঁৰ বিচাৰক ধইন ধইন বুলিছে।

কাঠৰ গড়ডাল মাংস ঠেতেলা কৰোঁতে কাৰোঁতে তললৈ বহি গৈছে। চাৰিওকাষে খান্দিও তুলিব পৰা নাই। ইফালে লোৰ কাটি বোৱাই অনা সুগৰীজানৰ পানীয়ে বালিৰ ভেটা ভাঙো ভাঙো কৰিছে, সৰু সৰু ফাকেদি পানী নিজৰি নিজৰি ব'বলৈ ধৰিছে।

গড়ডাল এচুলি মানো লৰাব পৰা নাই। কেইবাটাও মতগজ মানুহে গড়ডাল জোঁকাৰিবলৈ চেষ্টা কৰি আছে। শিপাই গজিল নেকি কাঠটুকুৰাৰ। কিনো কয় মানুহটোৱে, মৰাকাঠ এটুকুৰাৰ আকৌ শিপা গজে। অতবোৰ জীৱৰ তেজ খোৱা কাঠ, এইডাল সামান্য কাঠ নহয়। মানুহবোৰে বাৰে-বিংকৰা কথা পাতি আছে। কিন্তু ঘটালি ঘটালি কাঠটুকুৰা লৰাব পৰা নাই। বৰফান্দীয়ে জানৰ পানী সোঁতাত ভেটা বান্ধি আছিল। তেওঁ আহি গড়ডালৰ ওচৰত থিয় হ'লহি। তেওঁ পিন্ধি থকা গামোচাখন পোন্ধ মাৰি ল'লে। এইখন গামোচা সৰ্বসাধাৰণ মানুহ এজনৰ বাবে গাত লোৱা কাপোৰ এখনেই হ'ব। বৰফান্দীৰ পৰিবাৰ ৰূপেইয়ে বেলেগে এযুতি তাত লগাই এই গামোচাকিখন বৈছে। বৰফান্দীৰ পুলি ভীম কল এডালৰ দৰে কলাফুল কিটা ওলাই পৰিল। ভৰি দুটা অলপ ফাঁক কৰি থিয় হ'ল। কাঠৰ গড় যেন এডালৰ ঠাইত তিনিডাল হ'ল। বৰফান্দীয়ে গড়ডাল ঘটালিবলৈ আৰম্ভ কৰিলে। চাৰিওকাষৰ মাটি কোমল হৈছিলেই, একোবত গড়ডাল মাটিৰ পৰা উঠি আহিল।

'সেইডাল সৌফালে পুতি দে হঁত।' চৌধুৰীয়ে আদেশ দিলে। লোহা হেন টান হোৱা কাঠ এটুকুৰানো আকৌ পায় ক'ত? তাতে আৰু দুদিন মানৰ পাছতে হাতী

মহলৰ কাম আৰম্ভ হ'ব, কিমান মানুহে আহি হাউলিত অন্ন গ্ৰহণ কৰিবহি। কিমান মাংস কটা হ'ব।

ৰাইজে হৈ ধ্বনি দি বালিৰ বান্ধ ভাঙি দিলে। সুগৰীজান মৌজাদাৰৰ আগচোতালেদি বৈ আহি গোসাঁই-ঘৰৰ উত্তৰফালে পাছ চোতাল পাই ঢালুখিনিয়েদি বৈ আকৌ ভুমুকটোৰ ওচৰতে মিলি গ'লগৈ। সুগৰী জান ভৰি থকা সৰু সৰু মাছৰ জাক এটা নতুন পানীৰ ধাৰটোৰেদি সোমাই আহিল। চোতালতে এজাক ৰূপালী মাছ সাঁতুৰি আছে। সকলোৱে বৰ ৰং পালে। ইতিমধ্যে মাটি মাহৰ খাৰ আঞ্জা, বাৰীত পাচিয়ে পাচিয়ে লগা ভেন্দিৰ লাইসৰিয়হ পিচি কেঁচা জলকীয়া দি কৰা ভাজিৰে ভাত সাজু হৈছিলেই। আটায়ে নতুন পানী ধাৰা শিৰত লৈ খাবলৈ বহিল। ৰাইজৰ লগতে মৌজাদাৰ দেউতায়ো দিনটোৰ লঘোন ভাঙিলে।

কেউফালে ৰজনজনাই গ'ল, মৌজাদাৰ দেউতাই সুগৰীজান হাউলিত থাপিলেহি। গোটেই মৌজাৰ ৰাইজে আহি সেই ন-পানীৰ ধাৰত মুখ-হাত ধুইহে হাউলিত সোমোৱা হ'ল। হাতী তোৰণৰ কাষেদি ন-সুগৰীজান হাউলিৰ পাছ চোতালহৈ ব'বলৈ আৰম্ভ কৰিলে। অলপ দিনৰ পাছতে হাতী মহলৰ বিভিন্ন জন আহিব। ন-সুগৰীত হাত-মুখ ধুইহে হাউলিৰ ভিতৰ সোমাব।

সঁচাকৈয়ে সুগৰীজান আহি মৌজাদাৰৰ হাউলি পালেহি। হাউলিৰ চোতালত ন-সুগৰী জান হ'লহি।

'চাৰিলং সোণাৰ বাৰী'

বগা চাহাব আহি গোটেইখন পিতপিতাই ক'ত কি আছে চুলিৰ মাজত ওকণি বছা দি বাছি পেলালে। তেওঁলোকৰ বাছনিত এই উত্তৰ অঞ্চলৰ জন্তু-জানোৱাৰ, গছ-গছনিৰে ভৰা সজীৱ অৰণ্যখন ঠিকেই উঠিছিল। বিশেষকৈ এই অৰণ্যত থকা হাতীৰ কথা ইয়াৰ পৰা ইংলেণ্ডলৈকে জনোৱা হৈছিল। এই হাবিত যে 'খেদা' অভিযান আৰম্ভ কৰিলে চৰকাৰে ভালেখিনি কৰ-কাতল পাব সেইকথাও মঙ্গলদৈৰ পৰা কমিছনাৰ চাহাবে ওপৰলৈ লেখিছিল। ফৰেষ্টৰ বৰমূৰীয়া চাহাবে মৌসৰা গাঁৱৰ পৰা ভূটান পাহাৰলৈ বিয়পি থকা বহুমূলীয়া অৰণ্যখনৰ কথাও ৰিপৰ্ট বনাই ইংলেণ্ডলৈ পঠাইছিল। ফৰেষ্ট ডিপাৰ্টমেণ্টৰ চাহাবে এই অৰণ্যত চৰকাৰী পৃষ্ঠপোষকতাত হাতী খেদা অভিযান আৰম্ভ কৰিছিল। এই অৰণ্যত আগতেও হাতী ধৰা হৈছিল। যাৰে সামৰ্থ্য আছিল সিয়ে হাবিৰ হাতী ধৰি আনি পোহ মনাইছিল। টকা-সিকাৰ জোৰ থকা মানুহেহে এই কাম কৰিব পাৰে। সাধাৰণ মানুহে ভাবিবই নোৱাৰে। মৌসৰাৰ চৌধুৰী পৰিয়ালৰ আগৰে পৰা হাতী আছিল। চৌধুৰী পৰিয়ালৰ দৰে মানুহেহে হাতী পুহিব পাৰে। বগা চাহাব আহিহে হাতী ধৰা এটা চৰকাৰী কাম কৰি পেলালেহি। হাবিৰ হাতী ধৰা কামক এক চৰকাৰী উপাৰ্জনৰ ৰাস্তা কৰি পেলালে।

সোণাপুৰৰ পৰা ভূটান পাহাৰৰ নামনিৰ মৌসৰা, সোণাপুৰ এলেকাৰ পৰা নাচনডুবি বাগিচালৈকে জুৰি থকা বিশাল অৰণ্য হাতীৰ বাবেই বগা চাহাবৰ চকুত পৰিছিল। কেইবাখনো হাতী ডিপোত এই অৰণ্য ভগাই দিয়া হৈছিল। মৌসৰা মৌজাৰ ভাগতো এখন হাতী ডিপো পৰিছিল। এনেও এই অঞ্চলটো চিকাৰৰ বাবেই জনাজাত। তাতে চৰকাৰীভাৱে হাতী ডিপো স্থাপন হৈছিল। গোটেই অঞ্চল জুৰি খদমদম লাগি গৈছিল। হাউলিত ফান্দী-মাউত থাকিবৰ বাবে সুকীয়া ঘৰ আছে। হাতী চিকাৰৰ সময়ত সেই ঘৰত মাউত-ফান্দীৰ বাবে ঠাই নটা হয়। মৌজাদাৰৰ হাউলিৰ বাৰাণ্ডাতো আহি মাউত-ফান্দীয়ে শুব লগা হয়। হাতী ডিপোৰ বা হাতী-ধৰাৰ কাম আৰম্ভ হোৱাৰ আগৰে পৰা মৌজাদাৰৰ হাউলিতে অকল নহয়, গোটেই

মৌসৰা মৌজাতে দলদোপ-হেন্দোলদোপ লাগি পৰে। মৌজাদাৰৰ হাউলিয়ে হাতী-ধৰাৰ একপ্ৰকাৰ কাৰ্য্যালয় হৈ পৰে। হাতী মহলদাৰসকলে আহি ইয়াতে মাউত-ফান্দী নিৰ্বাচন কৰি লয়। কাকনো নালাগে ধনীৰামৰ দৰে লোহাতী মাউত বা বৰফান্দীৰ দৰে পাকৈত ফান্দী। সকলোৱে বিচাৰিব। নাৰায়ণ বৰুৱাৰ দৰে বা বৰফান্দীৰ নামত মহল ডকা মৌজাদাৰ চৌধুৰীৰ দৰে মহলদাৰো সকলো ফান্দী-মাউতে বিচাৰিব। মৌসৰাৰ হাতী-ধুৰাও এক চাবলগা ঠাই।

ঠাইখণ্ড ভূটান পাহাৰৰ নামনিত। কেউপিনে ঘন হাবি। পাহাৰত গেজেপনি মৰা হাবিত বিধে বিধে জন্তু-জানোৱাৰ, চৰাই-চিৰিকতি। বিশেষকৈ এই অঞ্চল হাতীৰ বাসস্থান। জাকে জাকে হাতী নদী আৰু পাহাৰৰ ওখ-চাপৰবোৰত উমলি জামলি ফুৰে। পাহাৰৰ ঢালুখিনিত হাতীৰ পৰিয়ালবোৰ বহু যুগ যুগ ধৰি বাস কৰি আহিছে। এই নামনিলৈ ক্ৰমাৎ ঢাল এটা লৈ নামি অহা ভূ-খণ্ড হস্তীকুলৰ নিজা ঘৰ। এই ঠাইখণ্ডত প্ৰচুৰ বনৰীয়া কল-গছৰ ঝোপ-জাৰ আছে। এই কলগছবোৰৰ কলডিলটো ঘৰুৱা কলগছবোৰৰ দৰে তললৈ মুখ কৰি নোলাই ওপৰলৈ মুখ কৰি ওলাই আহে। প্ৰায় ৰঙা ৰং লোৱা এই কলডিলবোৰ দূৰৈৰ পৰা একোপাহ ফুল যেন লাগে। আকাশলৈ মূৰ তুলি চাই থকা ৰঙা ৰঙা কলডিলবোৰে গোটেইখন উজলাই থয়। কলবোৰ সৰু সৰু হয়, পকিলেও মিঠা নহয়, কেঁহা কেঁহা হয়। কিন্তু কলগছ-জোপা ৰসেৰে টুপ-টুপীয়া হৈ থাকে। কেউপিনে এই কলগছবোৰে বংশ বিস্তাৰ কৰিছে। একো-একোটা কলৰ ঝোপত কেতিয়াবা চল্লিশ/পঞ্চাশ জোপালৈকে গছ হয়। হস্তীকুলে এই খাদ্য ৰংমনেৰে খাই ফুৰে। আৰু আছে বনৰীয়া বাঁহৰ ঝোপ। নতুন গাজ মেলাৰ সময়ত হাতীবোৰে সুস্বাদু বাঁহ গাজবোৰৰ জুতি বিচাৰি ফুৰে। বিশেষকৈ পাহাৰৰ পৰা নামনিলৈ অহা নাগ নদীখনৰ পাৰে পাৰে সেউজীয়া হৈ আছে বাঁহৰ ঝোপবোৰ। বহু ঠাইত নদীৰ দুইকাষৰ বাঁহবোৰ লগ লাগি একোটা সুৰঙ্গ যেন কৰি তুলিছে। পাহাৰী নদীৰ সুৰঙ্গবোৰত প্ৰায়ে দেখা যায় হাতীৰ জাকবোৰ। আচলতে এই নদীৰ পাৰে পাৰেই পৰিছে সিহঁতৰ অহা-যোৱা কৰা আদিম ৰাস্তাটো। হাতী জাকবোৰ পাহাৰৰ নামনিৰ গাঁওবোৰে নেদেখেই, হাবিৰ ভিতৰলৈ সোমাই গ'লেহে দেখে সেউজীয়া সুৰঙ্গবোৰত জলকেলি কৰি থকা ৰঙীয়াল হাতীৰ জাকবোৰ। কাচিৎহে দুই-এটা অকলশৰীয়া হাতী গাঁৱৰ ফালে আহে। ধান কটাৰ সময়ত কেতিয়াবা হাতীৰ পাল পাহাৰৰ পৰা পথাৰলৈ নামি আহে। মৌসৰা গাঁৱৰ পাহাৰৰ নামনিৰ ঠাইখণ্ডতে স্থাপন হৈছিল হাতী ডিপো। কেউপিনে হাবি। মাজতে এটুকুৰা ঠাই মুকলি। ঠাইখিনি সৰু-সুৰা গাঁও এখন যেন। বেঙা মেলিলেই নাগ

নদীখন, ডাঙৰ ডাঙৰ হিজল, পমা শিমলু, পাকৰি গছবোৰে ঠাইখণ্ড আবৰি আছে। তলখন পৰিষ্কাৰ। শাৰী শাৰী অস্থায়ী খেৰ-বাঁহৰ ঘৰ আৰু তম্বু। তিৰপাল আৰু ভলুকা বাঁহৰ খুঁটাৰে সজা তম্বুৰেই সৰহ। তম্বুবোৰৰ ভিতৰত একোখনকৈ বাঁহৰ চাং। গোটেই ঠাইখিনিত হাতী হাতী গোন্ধ। হাতীৰ লাদ, কলগছ, নাগ নদীৰ পৰা জাল মাৰি অনা জ্বলা দি ৰন্ধা মাছৰ জোল, বকবকাই উতলি থকা উখুৱা চাউলৰ ভাত- চববোৰ মিলিমিচি এক কাঢ়া গোন্ধ কেউফালে বিয়পি থাকে।

এইখনেই হ'ল বিখ্যাত মৌসৰা গাঁৱৰ হাতী মহল। অথবা হাতী ডিপো। অক্টোবৰ মাহৰ শেষৰ ফালে, এইবাৰৰ হাতী ডিপো দলদোপ-হেন্দোলদোপ হৈ পৰিছে। গোৱালপাৰা, ধুবুৰী, নলবাৰী, গৌৰীপুৰ, লক্ষীমপুৰ ক'ৰ পৰা অহা নাই হাতী মহলদাৰৰ দল? কেউফালে তম্বুবোৰত তেওঁলোকে আৰম্ভ কৰিছে অস্থায়ী সংসাৰ। কাৰো দুদণ্ড ৰ'বলৈ সময় নাই। মহলদাৰসকলে লগত আনিছে বছা বছা মাউত, ফান্দী। সৰহভাগেই ডেকা ল'ৰা। হাতী ধুৱালৈ আহি ল'ৰাবোৰো বেছ উত্তেজিত হৈ পৰিছে। মুখৰ পৰা গান, সুহুৰি নুগুছেই। আৰু মহলদাৰসকলে ভাগে ভাগে আনিছে নিজা নিজা হাতী। চিকাৰী কুনকী হাতীকেইটাৰ মান বেলেগ। এই কেইটা হাতী বনুৰা হাতী ধৰিবৰ বাবে প্ৰশিক্ষণ দি অনা হৈছে। বনৰীয়া হাতী ঘন জংঘলৰ মাজৰ পৰা ইহঁতকিটাই ধৰি আনে। ডিপো-কুনকী হাতীও বহুত আছে। এই ডিপো-কুনকী হাতীবোৰৰ মূল কাম হ'ল বনৰীয়া ধৰি অনা হাতীকিটাক খাদ্য যোগান ধৰা। মুঠতে হাতীয়ে, মানুহে হাতী ধুৱা উখল-মাখল হৈ আছে। এতিয়া শীতকাল, কেউফালে ঘন কুঁৱলী, কুঁৱলীত হাতী ধুৱাখন তেনেই ঢাক খাই পৰিছে। ধোঁৱাবৰণীয়া হাতীবোৰ নিচেই কাষৰ পৰাই নমনি। মাত্ৰ মাতটো শুনি দুই-একে উচাপ খাই উঠে। গাৰ কাষতে হাতীটো আছে। সৌৱা পাহাৰৰ মাজৰ পৰা বেলিটো ওলাই আহিছে, কুঁৱলীৰ ধূসৰ ৰঙৰ তাঁত এখনত যেন কোনোবাই সোণালী সূতাৰ মহুৰা এটা ৰাচ এখনত ভৰাই চলাইহে দিলে। ধূসৰ আৰু সোণালী দীঘে বাণিয়ে মিলি কোমল ৰেচমৰ কাপোৰ এখনহে যেন কেউফালে মেল খাই গ'ল। বেলিটো যিমানে উঠি আহিল নাগ নদীৰ ওপৰৰ কুঁৱলীখিনি যেন সিমানে আকাশৰ মেঘ হৈ পৰিল। চপৰা-চপৰ হৈ মেঘৰ দৰে কেউফালে ভাহিবলৈ ধৰিলে। বেলিটোৰ পোহৰ চোকা হৈ আহিল। মেঘৰ চপৰা হেন হোৱা কুঁৱলীবোৰ লৰালৰি লগাই নোহোৱা হ'বলৈ ধৰিলে। হাতী-ধুৱাখন লাহে লাহে ওলাই আহিল।

হাতী ধুৱাত আটাইবোৰে আজি ঠাণ্ডা কুঁৱলী নেওচি নাগ নদীত জোবোৰা মাৰি আহিছে। আজি হাতীধৰাৰ আটাইৰে বাবে বিশেষ দিন। আজি ডিপো আৰম্ভ

কৰাৰ পূজা-অৰ্চনা আছে। অটব্য হাবিত সোমাই ৰাতিক দিন কৰি দিনক ৰাতি কৰি হাবিত বিচৰণ কৰি থকা পালধনীয়া হাতীৰ চাহানৰ মাজৰ পৰা বাছি হাতী পোৱালি ধৰি অনাটো কি ধেমালি কথা? সাধাৰণতে মাউত ফান্দীৰ লক্ষ্য থাকে এটা চাৰিল বাছি অনা। চাৰিল হাতী এটা ধৰা মানে সৌভাগ্য। এই মাইকী হাতী পোৱালি অথবা চাৰিল এটা পোৱা মানে বহুত অসুবিধাৰ পৰা আঁতৰা। চাৰিল হাতী এটাইযে আটাইতকৈ বেছি সোনকালে সকলো শিক্ষা মানি লয়।

যোৱা ৰাতি হাতী ধুৰাত কেইবাকুৰাও জুই জ্বলিছিল। শুকান ডালবোৰ কেউপিনে পৰি থাকে। কোনেনো এই হাবিখনলৈ খৰি বুটলিবলৈ আহিব? গাঁৱৰ মানুহৰ ঘৰে ঘৰে গছ-গছনি, খৰিৰ বাবে শুকান ডালৰ কিনো অভাৱ আছে? হাতী ধুৰাৰ একাষত শুকান খৰিৰ দ'মটো ৰাতিৰ ভাগত সৰু-সুৰা টিলা এটা যেনেই দেখি। কোনোবাই একুৰা জুইত ধূনা গছৰ ঠানি সুমুৱাই দিছিল। এটা ধুনীয়া গোন্ধ কেউফালে বিয়পি পৰিছিল। মাউত সোমেশ্বৰে গলা খুলি গান ধৰিছিল, বাকীবোৰেও লগতে ধৰিছিল। জুইৰ ফিৰিঙতিবোৰ উৰিছিল আৰু উৰিছিল সোমেশ্বৰৰ গানৰ সুৰ। গোৱালপৰীয়া জমিদাৰৰ লোহাতী মাউত সোমেশ্বৰৰ গানৰ সুৰত এটা যেন কান্দোন মিহলি হৈ আছে।

'আই চাৰিলং বাপ চাৰিলং
চাৰিলং সোণাৰ বাৰী
বিবাহ কৰি চাৰি আহিলুং
অল্প বইচেৰ নাৰীৰে
হায়, হায়ৰে
কাৰ ঘৰেনো ৰঙ্গাল বিলাই ঐ।'

সোমেশ্বৰে সঁচাকৈয়ে নতুন কইনা ঘৰত থৈ আহিছে। তাৰ গোৱালপাৰাৰ গাঁৱৰ ঘৰত মাক-বাপেক, ভায়েক-ভনীয়েকক লৈ এখন খেতি-খোলাৰে সৈতে গৃহস্থী ঘৰ আছে। তাতে থৈ আহিছে পাঁচমাহো পূৰা নোহোৱা নতুন কইনা সেউতীক। তাই তাক হাবিলৈ হাতী ধৰিবলৈ আহিবলৈ বৰকৈ মানা কৰিছিল। হাতী মাউতৰ সেই পুৰাতনীয়া সংঘাত। ঘৰ-গৃহস্থী, জুহাল, উমাল বিছনা, আৰাম নিৰাপত্তা আৰু জংঘল, হাতী, উত্তেজনাৰ মাজত সেই সংঘাত। আহিবৰ দিনা সেউতীয়ে কেনেখন কৰিছিল। সোমেশ্বৰৰ তৰুণ দেহা জুৰি একোছা পিছল চুলিৰ সিৰসিৰণি। কঁপি কঁপি উঠিছে হাতী মাউতৰ যৌৱন। ফট্‌ফট্‌কৈ শুকান খৰি ফুটিছে, ক'লা চাপ চাপ সীমাহীন অন্ধকাৰক বাৰে বাৰে ৰঙচুৱা জুইৰ বতাহত কঁপি থকা

জুইৰ শিখাবোৰে প্ৰত্যাহ্বান জনাইছে। ইতিমধ্যেই নামি অহা কুঁৱলীয়ে কঢ়িয়াই অনা বন-পাতৰ গোন্ধৰ সৈতে মিলি গৈছে ধূনা গছৰ গোন্ধ। হাতী ধুৰাখনক ঘেৰি ৰখা হাবিখনৰ পৰা ভাহি আহিছে নিশাচৰ পখী আৰু জন্তু-জানোৱাৰৰ মাত। জিলী কেইটামানে হাতী ধুৰাখনৰ ওচৰে-পাজৰে একেলেঠাৰিয়ে মাতি আছে। সোমেশ্বৰৰ মাতত উচুপি উঠিছে তাৰ ন-কইনা সেউতীয়ে।

'অ মোৰ মাহুত বন্ধুৰে
তুই নাযান হাতীৰ বাৰী
তুই মোৰ বান্ধব, মাৰিয়ে গেলে,
কি হৈবো মোৰ গতিৰে ...
অ' মোৰ মাহুত বন্ধুৰে ...।'

গান, জুই আৰু কুঁৱলীৰ মাজে মাজে উঠি আহিছিল জাত-জাত কথা। হাতী-ধুৰা মানেই যে অলেখ কথা, নানানটা সাধু, অগুণতি কাহিনী, সঁচা-মিছা, ৰহণ লগোৱা নানা কাহিনী।

ৰাতি জুই ফুৰাই ফুৰাই আটাইবোৰে কাহিনী জুৰিছিল। জুইত খৰি জপাদি সকলোৱে ইটোৰ লগত সিটো কাহিনী জাপিছিল। নিশাটো যিমানে আগবাঢ়িছিল সিমানে বাঢ়ি অহা জুইৰ দৰে তৰহে তৰহে কাহিনীবোৰে পাক লৈছিল। পাহাৰ তলীৰ শীতৰ নিশাটোত দমদমাই জ্বলা জুইৰ দৰে ক্ৰমাৎ বাঢ়ি অহা সাধুকথাবোৰে মানুহবোৰক উত্তেজিত কৰি তুলিছিল।

বৰফান্দীয়ে কৈছিল গজালি চিকাৰৰ সময়ৰ সেই ভয়ঙ্কৰ ঘটনাটোৰ কথা। ব'হাগ-জেঠ মাহত গজালি চিকাৰ মেলা হয়। বাৰিষা পৰাৰ লগে লগে তৰা গছ বা নলগছ অথবা বিৰিণাবোৰৰ লহপহকৈ গজালি মেলে। বিশেষকৈ এই নাগ নদীৰ পাৰে পাৰে থকা তৰা আৰু নলগছবোৰৰ গজালি মেলি গোটেইখন কোমল সেউজীয়াই, হালধীয়াই মিলি জিলিকি থাকে। বৰষুণ এৰাৰ পাছত ৰ'দ ওলালে তৰাবনবোৰ ৰূপেৰে বন্ধাই থোৱা যেন লাগে। তাকে খাবলৈ হাবিৰ পৰা হাতীৰ পালবোৰ নামনিলৈ নামি আহে। ফান্দীবোৰে সেইখিনি সময়তে গজালি চিকাৰ মেলে। বৰফান্দীও গৈছিল, লগত মাউত সোমেশ্বৰ। সেই গজালি চিকাৰত বৰফান্দীয়ে দুটা চাৰিল ধৰিছিল।

বৰফান্দীয়ে কথাবোৰ কৈ আছিল। আটাইবোৰে একান্ত মনে মানুহজনলৈ চাই আছিল। তেওঁৰ গাৰ পৰা এৰী চাদৰখন আঁতৰাই থৈছিল। জুইৰ পোহৰত স্পষ্ট হৈ উঠিছিল শকত-আৰত বলশালী দেহাটো। ঘটনাটোৰ সময়ত বৰফান্দী একেবাৰে

ডেকা ল'ৰা আছিল। ডাড়ি-মোচ থুতিয়াইছিল কি নাই। কিন্তু তেতিয়াই সকলোৱে বুজিছিল এই ল'ৰাৰ মাজত ক্ষমতা আছে। লাহে লাহে বৰফান্দী নিজেই এটা পাকলোৱা সাধু হৈ গ'ল। পাহাৰৰ নামনিৰ এই গেজেপনি মৰা অৰণ্যত যে কথাবোৰে বৰ সোনকালেই লতা বগোৱাৰ দৰে বগাই যায়, গোটেইখন ছানি ধৰে, বিয়পি পৰে। ভলুকা বাঁহৰ দৰে ডেকা ল'ৰাটো কম সময়তে বৰফান্দী হ'ল, লতাৰে মেৰাই ধৰা গছ এজোপাৰ দৰে হ'ল।

পোনে পোনেই সোমেশ্বৰে বাঘটোৰ কথা কৈছিল। কি প্ৰকাণ্ড আছিল বাঘটো, থিয় হৈ দিলে গদাধৰৰ দাঁত চুবহি পাৰে। উজ্জ্বল হালধীয়া, তাতে ক'লা ক'লা আঁচ। হাবিৰ মাজৰ পৰা একে জাঁপতে বাঘটো ওলাই আহিছিল। কি তাৰ গোজৰণি, হাবিখন যেন কঁপি গৈছিল।

বৰফান্দীয়ে তাক ধমকিয়াই উঠিছিল। আগ নাই গুৰি নাই। এটা কথা ক'লে গুৰিৰ পৰা কৈ যাব লাগে, তেহে। শালিকী চৰাইৰ দৰে জঁপিয়াই জঁপিয়াই কোনোবাই কথা কয়নে? সোমেশ্বৰে এৰিয়াখন গাৰ পৰা আঁতৰাই জুইত নতুন কাঠ দুডালমান জাপি মুখ বন্ধ কৰি আছিল। কোনোবা এটাই এখাং কমলা টেঙা উলিয়াইছিল। এই অঞ্চলৰ কমলাটেঙাৰ সোৱাদেই বেলেগ। হাতী ধুৰালৈ আহোতে বাটতে হাতীৰ পিঠিৰ পৰাই ছিঙি আনা সতেজ কমলাৰ গোন্ধ আটাইৰে নাকত লাগিল। আটায়ে কমলা টেঙা গুচাই গুচাই ফুটবোৰ মুখত দিবলৈ লাগিল। কাইলৈ পূজা হ'ব, হাতী-ধুৰাৰ কামৰ শুভ আৰম্ভণি হ'ব। তাৰ পাছত হাবিলৈ কুনকী লৈ যাত্ৰা কৰিব লাগিব। লেঠেৰি নিছিগা কামেই কাম আৰম্ভ হ'ব। তেতিয়ানো কাৰ এনেকৈ বহিবলৈ সময় হ'ব? তাৰোপৰি ইমান দিনৰ মূৰত মাউত, ফান্দী, ঘাচী আটায়ে লগালগি হৈছে। কিমান কথা, কিমান কাহিনী। হাতীৰ পিঠিত উঠি অৰণ্য মহটিয়াই ফুৰা মানুহ কেইটাৰনো আৰু কথাৰ বিষয়-বস্তু কি হ'ব? ঘূৰি-পকি সেই হাবি, সেই হাতী, সেই পহুৰ জাক, সেই বাঘ।

সেইবাৰ বৰফান্দীয়ে গজালি চিকাৰ মেলা সময়ৰে কথা। গদাধৰক লৈ ফান্দী আৰু লোহাতী মাউত সোমেশ্বৰ হাবিলৈ গৈছিল। বৰ সাৱধানেৰে আগবাঢ়িছিল হাতী, মাউত আৰু ফান্দী। এটা মানুহ খোৱা ঢেঁকীয়াপতীয়া বাঘ ওলোৱাৰ কথা, মানুহৰ মুখে মুখে চলিছিল। ফান্দীয়ে মানুহ খোৱা বাঘৰ কথা তৰিছিল। কি প্ৰকাণ্ড আছিল সেই বাঘ। গদাধৰ হেন ওখ হাতীৰো কাষত থিয় দিলে মানুহ এটা থপিয়াই আনিব পাৰিব। তাৰ চকুকিটা আন্ধাৰ হ'লেই পকা অঙঠা জ্বলাদি জ্বলে, ৰাতিৰ অন্ধকাৰ হাবিত চকুত দুটা জ্বলি থকা ৰঙা পকা অঙঠা লৈ সি ঘূৰি ফুৰে। বাঘটোৱে

দিনত মানুহ অহা-যোৱা কৰা ঠাইত চোপ লৈ থাকে। বৰ নিঃশব্দ তাৰ পদচালনা। সি বুজি উঠিছিল এই দুঠেঙীয়া জীৱবোৰেই চিকাৰ কৰিবলৈ আটাইতকৈ সহজ। গোটেইখনতে ই ত্ৰাসৰ সঞ্চাৰ কৰিছিল। বৰফান্দী আৰু সোমেশ্বৰে সেইটো মানুহখোৱা বাঘকে লগ পাইছিল। হাতী দণ্ডি এটাৰে হাতীৰ পিঠিত উঠি বৰফান্দী আৰু সোমেশ্বৰ গৈ আছিল। বাৰিষাৰ অৰণ্য, কেউফালে গছ-লতাই গেজেপনি মাৰি ধৰিছে। সোমেশ্বৰে মিট দাখনেৰে গছ-লতা কাটি গৈ আছে। হঠাৎ হাতী ৰৈ দিলে, শুড়ডাল ওপৰলৈ তুলিলে। বৰফান্দী আৰু মাউতে তলকিবই নোৱাৰিলে। আগত পৰিলহি সেই প্ৰকাণ্ড ঢেঁকীয়াপতীয়া বাঘটো। সঁচাকৈয়ে এটা প্ৰকাণ্ড বাঘ। বাঘটোৱে অলপ লেকেচিয়াইছে। হাতী সন্ত্ৰম হৈ পৰিলে, শূড়ত ভৰাই ল'লে বতাহ। কোমল শুঁৰডাল এক অমোঘ অস্ত্ৰ হৈ পৰিল। বাঘটো একাষত ৰৈ আছে, ওচৰলৈ আহিলেই হাতীয়ে আক্ৰমণ কৰিব। বৰফান্দী আৰু সোমেশ্বৰৰ হাততো মিট দা। বাঘটো জাঁপ মাৰি আহি হাতীৰ পাছ পালেহি। এই জাঁপ মাৰে বাঘে, এই জাঁপ মাৰে। বাঘটোৱে সঁচাকৈয়ে হাতীৰ পাছফালে জঁপিয়াই দিলে, উদ্দেশ্য হাতীৰ তপিনাত বহা সোমেশ্বৰ। কি প্ৰকাণ্ড ঢেঁকীয়াপতীয়া বাঘ, তাৰ আগঠেঙেৰে হাতীৰ তপিনা চুবগৈ পাৰে। চতুৰ হাতী গদাধৰে পলকতে ঘূৰি দিলে, এবাৰ আগৰ ফালে পালেই বাঘক শুঁৰেৰে কোবাই দিব পাৰিব। কিন্তু বাঘক পাই ক'ত? কোনোমতেই বাঘ হাতীৰ আগলৈ নাহে। হাতীও ঘূৰি আছে, বাঘো ঘূৰি আছে। বাঘে তাৰ লক্ষ্য বাদ দিয়া নাই। বাঘটোৰ আঁচোৰত গদাধৰৰ পাছফালৰ পৰা তেজ বিৰিঙিছে।

হাতীধুৰাৰ আটায়ে নিস্তব্ধ হৈ শুনিছে সেই মানুহ খোৱা বাঘৰ গল্প। হাতীও ঘূৰি আছে, বাঘো ঘূৰি আছে। হাতী ঘূৰি ঘূৰি হাবিৰ মাজলৈ সোমাই গৈ আছে। কাঁইটীয়া লতাই ফান্দী আৰু মাউতক জপটীয়াই ধৰিছে। আঁচুৰি পেলাইছে, গছৰ ডালে কোবাই পেলাইছে। কোন সাহত হাতৰ মিটদাৰে সদায় কটাদি গছ-লতা কাটিব পাৰে? জীৱ দুটা বুকুত বান্ধি দুয়ো হাতীক কেৱল সহযোগ কৰিছিল। একোবত গদাধৰে কেইবাপাকো ঘূৰি বাঘৰ মুখামুখি হ'ল। হাতীৰ আক্ৰমণত বাঘটো হাওঁৰিয়াই হাওঁৰিয়াই হাবিৰ মাজলৈ গৈছিল গৈ।

বাঘটোৰ কি হ'ল ককাই?
গদাধৰে বেছিকৈ দুখ পাইছিল নেকি?
সেইদিনা চিকাৰলৈ গলিনে?
ঘূৰি আহোতে বাঘে দেখা দিছিল নে?

কেইবাটাও প্ৰশ্ন আহিছিল, প্ৰায় ওপৰা-উপৰিকৈ। ওপৰা-উপৰিকৈ উত্তৰ দিছিল সোমেশ্বৰ আৰু বৰফান্দীয়ে।

গদাধৰৰ পিছ তপিনাত বাঘৰ আঁচোৰ পৰিছিল। সেইদিনা ফান্দী হাতী ধুৰালৈ উভতি আহিছিল। ঘূৰি আহোতে বাঘটোক আৰু দেখা নাছিলে। সেইটো বাঘকে চাহাব চিকাৰী মিঃ স্কটে গুলীয়াই মাৰিছিল। মিঃ স্কট আমেৰিকান চাহাব আছিল। বৰফান্দীয়ে নিজ চকুৰে 'ইচক্ট' চাহাবক দেখিছিল, আৰু দেখিছিল প্ৰকাণ্ড মানুহ খোৱা বাঘটো। বাঘটোৰ এখন ভৰিত কেটেলাপন্থুৰ কাঁইট সোমাই পকি গেলি ঘাঁ হৈ গৈছিল।

কমলা আৰু এখাং ওলাইছিল। আৰু ওলাইছিল জুমাইৰ কলহ। কোনোবাই উলিয়াইছিল মাটি মাহৰ চিৰা। জুইত পোৰা মাটি মাহৰ চিৰাবোৰ জুমাইৰ লগত বেছ পাগ উঠিছিল। আৰু পূৰাদমে কথাৰ পিঠিত উঠি কথা ওলাইছিল। এইবাৰ গল্প জুৰিছিল কাল্টু মাউতে। সি এবাৰ চিকাৰলৈ যাওঁতে এটা পালচেৰা গুণ্ডা হাতীৰ আগত পৰিছিল। কাল্টু মাউতে শৌচকৰ্ম কৰি নদীত জোবোৰা মাৰিবলৈ গৈছিল। ঘূৰি আহি থাকোতেই পৰিল নহয় পালচেৰাটোৰ আগত। কেনেকৈ যে সেইবাৰ কাল্টু মাউত সাৰি আহিছিল। এৰা, জীৱটো হাতৰ মুঠিত লৈ মাউত-ফান্দীয়ে পেটৰ ভাত মুঠি উলিয়াব লাগে। এই কামৰ ওপৰতে তিষ্ঠি থাকে একোটা পৰিয়াল।

কাল্টু মাউতে হাতীৰ খেদাত গৈ গছ এজোপা পাই তাতে উঠি গৈছিল। নেদেখা হোৱা কাল্টু মাউতক এৰি হাবিৰ হাতী হাবিলৈ গুচি গৈছিল গৈ। বৰফান্দীয়ে মাত দিছিল। 'তই ভাল কৰা নাছিলি কাল্টু। পালচেৰা হাতীৰ লগত চলাৰ নিয়ম আছে।'

আটাইবোৰ বৰ ফান্দীৰ কাষলৈ চাপি কুচি আহিছিল। বৰফান্দী এতিয়া গুৰু হ'ব। এনেকৈয়েতো মানুহকিটাই মুখে মুখেই শিকি আহিছে অৰণ্যৰ নিয়ম-কানুন, বনৰ জন্তুৰ সৈতে চলা-ফিৰা কৰাৰ কায়দা, এনেকুৱা জীৱনবোৰতো জীয়াই থকাৰ ৰহস্য।

বৰফান্দীয়ে পালচেৰা হাতীৰ কথা উলিয়াইছিল। এনে হাতী বৰ বিপদজনক হয়। এনে অকলশৰীয়া হাতীৰ মুখামুখি হোৱাই যায়, কাল্টু মাউত যেনেকৈ হৈছিল। পালচেৰা হাতীয়ে আক্ৰমণ কৰিলে প্ৰথমতে ঠিৰাং কৰিব লাগিব হাতীটোৰ মতলবটো আচলতে কি, সি আক্ৰমণ কৰিব খুজিছে নে ভয় খুৱাবহে খুজিছে। বৰফান্দীয়ে হাতীৰ কাণ দুখন চাবলৈ কৈছিল। কাণ দুখন যদি সদায় থকাৰ দৰে আছে তেতিয়া হ'লে বুজিব লাগিব সি ভয়হে খুৱাইছে, সঁচাকৈয়ে আক্ৰমণ নকৰে।

যদি কাণ দুখন টান টান হৈ থাকে আৰু পাছলৈ নি লৰচৰ নকৰাকৈ ৰাখে তেতিয়া বুজিব লাগিব হাতীয়ে ভয় খুউৱা নাই, সি আক্ৰমণ কৰিবই কৰিব। এনে অৱস্থাত তাৰ শুঁৰডাল গাৰ ফাললৈ নি কেঁকোৰা খুৱাই থয়। এই হাতীৰ পৰা ৰক্ষা নাই, সি আক্ৰমণ কৰিবই কৰিব।

আটাইবোৰ মাউত-ফান্দীৰ মনত পৰিছিল বিভিন্ন সময়ত পালচেৰা হাতীয়ে মৰা নিজৰ মানুহকিটালৈ। বিশেষকৈ যোৱাবাৰ হাতীৰ গচকত পেটৰ নাড়ি-ভুৰু ওলাই পৰি মৰি থকা ছিপাঝাৰৰ ফালৰ গাওঁখনৰ পৰা মৌসৰাৰ হাতী মহললৈ অহা মাউত লক্ষীৰামলৈ আটাইৰে চেৰেং চেৰেংকৈ মনত পৰিছিল। ঘৰত ন কইনা থৈ সি মৌসৰাৰ হাতী মহললৈ আহিছিল। বৰফান্দীলৈ এবাতি জুমাই আগবঢ়াই দিছিলে কাল্টু মাউতে। সি আকৌ বৰফান্দীৰ জুমাইৰ বাতিত পেলাই দিছিল চাৰিফুট কমলা টেঙা। সোমেশ্বৰে আগুৱাই দিছিল জুইত সেকি সিজি যোৱা মাটি মাহৰ ছেই।

বৰফান্দীয়ে ভয় খুৱাব খোজা পালচেৰা হাতীৰ লক্ষণৰ কথা কৈছিল। এনে হাতীয়ে আগত থকা মানুহটোক ভয় খুৱাবলৈ শুঁৰ দাঙি চিঞৰ মাৰিব, ভৰিকিটা আগুৱাই, পাছুৱাই গোৰোহণি তুলি এনে ৰূপ লয় যে ভাব হয় ই এতিয়াই আহি পিহি পেলাব। আচলতে এয়া ভয় খুৱাবৰ বাবে খেলা নাটহে। এনে অৱস্থাত খেদা খোৱাটোৱে বুকু ডাঠি হাতীটোৰ মুখামুখি হৈ থিয় দিব লাগে। হাতীৰ কাণ সচৰাচৰ থকাৰ ভঙ্গীমাতে আছেনে নাই চাই ল'ব লাগে। নিশ্চিত হোৱা যাব হাতীয়ে আক্ৰমণ নকৰে। আগৰ পৰা জীৱটোক ভয় খুৱাই খেদিবহে খুজিছে। বহু সময়ত হাতীৰ আগত বুকু ফিন্দাই সাহসেৰে থিয় দিলে হাতী গুচি যায়গৈ। কেতিয়াও দৌৰিব নালাগে, কাল্টুৱে উঠাৰ দৰে ভয়ত তৰ্দ্ধনি হেৰুৱাই গছত উঠিলেও বহু সময়ত হাতীয়ে গছৰ ডালৰ সৈতে মানুহটো নমাই আনি পিটিকা কৰি পেলায়। এনেকৈ ভয়ানক ৰূপ ধাৰণ কৰা হাতীৰ আগত থিয় দিবলৈ হ'লে কলিজা ডাঠ হ'ব লাগিব। এই হ'ল ভয় খুওৱা হাতীৰ কথা। কাণকিখন টান টান কৰি পাছফালে দি শুড় কেকোৰা খুৱাই গাৰ ফালে সুমুৱাই নি খেদি আহিলে আৰু ৰক্ষা নাই। হাতীয়ে আক্ৰমণ কৰিবই কৰিব। তেতিয়া হ'লে খেদা খোৱাটোৱে পাৰিলে কিবা এটাৰ আঁৰ লৈ লুকাই দিব লাগে। নোৱাৰিলে খেদি অহা হাতীৰ আগত তেৰা-বেঁকাকৈ দৌৰিব লাগে। তাকো নোৱাৰিলে মৰা ভাও জুৰি পৰি দিব লাগে। সাৱধান, হাতীৰ চকুলৈ চাব নালাগে।

বৰফান্দীয়ে চকুমুদি তলমূৰ কৰিছিল। ধ্যান কৰা মুনিৰ দৰে ফান্দীৰ প্ৰতি আটাইৰে মনত এক ভক্তিভাৱ জাগিছিল। জুইকুৰাৰ তেজ কমিছিল। কোনোবা কোনোবা তম্বুৰ ভিতৰলৈ গ'লেও সৰহ ভাগে জুইৰ কাষতে মোটোকা মাৰিছিল।

পুৰা হাতীধুৰাত আকৌ একুৰা নতুন জুই জ্বলিছিল। কুঁৱলীৰে ঢাকি থোৱা নাগ নদীত আটায়ে জোবোৰা মাৰি মাৰি আহিছে। যোৱা নিশাৰ ভয়ঙ্কৰ সাধুবোৰ এতিয়া আৰু কাৰো মনত নাই। হাতী ধুৰা আৰম্ভণিৰ পুজা হ'ব। আটাউৰে এটা ৰঙা জঁৰে নীলা-বগা পাখিৰ কুকুৰা আনিছে। কুকুৰাটো বলি দিয়া হ'ব। এই পূজা হ'ল অৰণ্যৰ পূজা। অদ্ভুত এই পূজা-অৰ্চনা। এই আৰণ্যক পূজাত একো বিগ্ৰহ নাই, নাই কোনো নিয়ম-নীতি, বিধি-বিধান, ধৰ্মীয় অনুশাসন, প্ৰাৰ্থনা সঙ্গীত, পুৰোহিত অথবা প্ৰসাদ। অৰণ্যৰ নামত এটা কুকুৰা বলি দিয়া হ'ব। আটাউৰ আৰু ধনীৰাম কোচ, চেলিম আৰু কাল্টু বড়ো, নিভাই ৰাভা, মন বাহাদুৰ, কানাই ৰাজবংশী, সোমেশ্বৰ নাথ, নৰেন মেধি বা বৰফান্দী, সন্ধিৰাম বৰা আটায়ে একেলগে বলি দিয়া কুকুৰাৰ তেজৰ ফোট ল'ব। সভক্তিৰে আটায়ে কপালত বলি দিয়া কুকুৰাটোৰ তেজৰ ফোট একোটা ল'লে। হৈ গ'ল এই আৰণ্যক পূজা।

ডফলা পোতা টিলাৰ শহা কেইটা

হাতী মহলৰ আয়োজন সম্পূৰ্ণ হৈছিল। পূজাখনো হৈ গ'ল। মাউত, ফান্দী আটায়ে হাবিত চিকাৰ মেলিবলৈ সাজু। কমিছনাৰ চাহাব এডুইন ব্লেকস্মিথ, ফৰেষ্টাৰ বৰচাহাব ভিক্টৰ বুল আহি হাতী মহল চৰকাৰীভাৱে আৰম্ভ কৰি থৈ যাবহি। এমং বুঢ়াই বেৰাত সেই মুখেৰে জুই ওলোৱা নেজ দীঘল জন্তুটোৰ ছবি এখন খোদাই কৰি ট্ৰি-হাউছৰ কামো সামৰি পেলালে। কলিকতাৰ পৰা চাৰডিন মাছৰ টেমা, মাখন, পনিৰ, টেমাত ভৰোৱা গাহৰি মাংস আহি গ'ল। বিলাতী মদৰ বটলৰ দায়িত্বও ঘোষে লৈছে। মানচেষ্টাৰত তৈয়াৰী তম্বু আছেই আৰু আছে চাহাবৰ কায়দা-কানুন বুজা ধনীৰাম। জামাল ৰুটিৱালাৰ কেক-ৰুটিৰো যোগাৰ আছে।

বৰফান্দী আৰু ধনীৰামৰ লগত গদাধৰক পঠাই দিয়া হ'ল খাৰুপেটীয়া ঘাটলৈ। তাতে চাহাব ফেৰীৰ পৰা নামিব। এই খাৰুপেটীয়া ঘাটলৈ মৌসৰাৰ পৰা যাবলৈকো লাগে এদিন, আহিবলৈকো লাগে এদিন। ফেৰী আহি ঘাটত লাগিবহি দুপৰীয়া বাৰ বজাত,. আহোতে আহোতে মৌসৰা পাই মানে ৰাতি হৈ পৰিব। বাটত নানা বিপদ। ডকাইত আছে। চাহাবক বাৰু ডকাইতে নধৰে। বাঘ-ভালুক আছে। বনমালী চৌধুৰীয়ে ভাবিছে চাহাবহঁতক ৰাতি আহিব নালাগে বুলিয়েই ক'ব। মঙ্গলদৈত ৰাতি খপি পুৱাই পুৱাই আহিলে চকা পাটত বহোতেই আহি মৌসৰা পাবহি।

চিৰা-সান্দহ বান্ধি ধনীৰাম আন্ধাৰ পাতল হওতেই হাতীৰ পিঠিত উঠিল। দিনে দিনেই বাঘে পানী খাবলৈ অহা সেই জুৰিকেইটা পাৰ হ'ব লাগিব। ভালুকে মাছ ধৰিবলৈ অ'ত-তত জুপুকা মাৰি বহি থকা নদী কিখনো পোহৰে পোহৰে পাৰ হ'ব পাৰিলে ভাল হয়। নিশাটো আকৌ খাৰুপেটীয়া জাহাজ ঘাটত খপিব লাগিব। জাহাজ ঘাটত লাগিবহি দুপৰীয়া এঘাৰ/বাৰ বজাত। চাহাবহঁতক আনি মঙ্গলদৈত চৰকাৰী বঙলাত থৈ আকৌ পুৱাই মৌসৰালৈ আহিব লাগিব। চাহাবহঁতে বা কি বিহু দেখুৱায়, যাওঁতে বাৰু নিজৰ মতেই গ'ল, আহোতে আহিব লাগিব চাহাবহঁতৰ

মতে। চিৰাই-সান্দহে, চাউলে-পাচলিয়ে, খৰিয়ে বাচনে কমবোৰ বস্তু ল'ব লাগিবনে? কালি গধূলিৰে পৰা মানুহ এজনী লৈ ধনদাই যোগাৰ কৰিয়ে আছে। ধনীৰামে কোনো কাম শেষলৈ নথয়। সকলো কাম লাগে সময়ৰ আগতেই কৰি থব, কিন্তু পাছলৈ পেলাই নথয়। অৱশ্যে এইখিনি কথা ধনীৰামে চৌধুৰীৰ পৰাই শিকিছে।

সদায় কৰাদি হাতীয়ে গোসাঁই-ঘৰৰ আগত ৰল। শুড় দাঙি সেৱা জনালে। সদায়ে অহাদি হাউলিৰ মানুহখিনিও আহিল, আটায়ে হাতযোৰ কৰিলে। চৌধুৰীয়ে সদায় কৰাদি গদাধৰৰ গাত থাপৰ এটা মাৰিলে, শুড়ডালত হাত ফুৰালে। গদাধৰেও শুড়ডালেৰে তেওঁৰ গাত সুৰসুৰাই দিলে। তেওঁ হাঁহিলে, সদায়ে ইঁহাৰ দৰে তাত থকা আটায়ে হাঁহিলে। হাতীয়ে তোৰণ পাৰ হ'ল। আজি এটা নতুন কাম কৰা হ'ল। হাউলিৰ ভিতৰৰ ন-সুগৰী জানৰ পৰা এক কলহ পানী আনি গদাধৰৰ ভৰিকেইটা ধুৱাই দিয়া হ'ল। মূৰৰ ওৰণি দাঁতেৰে চেপা মাৰি ধৰি কামটো কৰিলে মালতীয়ে। বাকী থকা পানীখিনি চলু পাতি লৈ ধনীৰামে মূৰত ল'লে। ধনীৰামৰ লগত ওলাইছে কাতিয়া। গদাধৰ গ'লগৈ। হাউলিৰ মানুহখিনিও কামে কামে লাগিল। দুৰাতিৰ কাৰণে লাট চাহাব আহি হাউলিত কটাব, কম কথানে? বিধে বিধে কাম। আটাইৰে হাতত ৰকম ৰকম কাম লাগি ধৰিলে। কাৰো হাতৰ পৰা বন আঁতৰিবই নোখোজা হ'ল।

ধনীৰাম বেলি উঠো-নুঠোতেই নাগ নদী পাৰ হ'ল। এইখন পগলা নদীৰ কোনো ভৰষা নাই। এই এপতা পানী, পিছ মুহূৰ্ততে দোকোল-টকা পানী। পানীও আহে বৰ বৰ ঢৌৰ দৰে। একেবাৰে হাতীয়ে-মাউতে তল নিয়াব পাৰে। নাগ নদী পাৰ হৈ ধনীৰামহঁতে ৰাস্তা ল'লে। এইছোৱা পথেই হ'ল আটাইতকৈ ভয়ৰ ঠাই। দিন দুপৰতে বাঘে পিয়া পি দি থাকে। আচলতে এই ঠাইখণ্ডৰ হাবিত পালে পালে পহু ঘূৰি ফুৰে। ছাগলী একোটামান পহুৰ ঘূৰা-ফিৰাৰ ঠাই এইখিনি। প্ৰিয় খাদ্য এই পহুকিটাৰ লোভতে বাঘে পিয়া-পি দি থাকে। নদী কিখনৰ পাৰবোৰত গেজেপনি মৰা হাবি। ক'তনো বাঘে-ভালুকে চোপ লৈ আছে ক'বতো নোৱাৰি।

ধনীৰাম নিঃসন্দেহে খামিডাঠ মানুহ। কিন্তু তাৰ অশৰীৰী জীৱ বিধলৈ বৰ ভয়। ৰাস্তাটোৰে পাক এটা লোৱাৰ লগে লগেই কাষৰ জান-জুৰিবোৰ কমি আহে। এই ৰাস্তাটোৰ দুইকাষে এখন নতুন চাহ-বাগিচা পট্টন হৈছে। মাটি কুৰিয়াই এফালে চাহপুলি ৰোৱা হৈছে, আনফালে হাবিহে ভাঙি আছে। এইছোৱা ৰাস্তাত চাহাবে অনা বনুৱা মানুহেৰে নদীৰ পাৰবোৰ ভৰি গৈছে। চাহ-বাগিচা, খেতি-খোলা, মানুহে-দুনুহে গোটেইখন গমগমাই থাকে। এইখিনি ঠাইত জন্তু-জানোৱাৰৰ উপদ্ৰৱো কম। আন্ধাৰ হোৱাৰ পাছত বাটত দেখাৰ শহা পহু ওলাই আহে। ক'ত বা আছে ইহঁতৰ গাঁতবোৰ?

পমুৰা মানুহখিনিয়ে কৰা পাচলিখিনিৰ লোভতে বগা আৰু মুগা বৰণীয়া শহাবোৰ এইখিনিত আহি ঘূৰা-পকা কৰি থাকেহি। দিনত অৰণ্যে সিমান নোলায়, ওলালেই কোনোবাই নহয় কোনোবাই টঙনীয়াই মাৰে। ধনীৰামে ভয় কৰা বিধৰ বাসস্থান হ'ল বাগানখন পাৰ হৈ তিনিখন নদীৰ পাছত এটুকুৰা জন-মানৱহীন মুকলি ঠাই। একেবাৰে শূইন ঠাই, কেউফালে হাবিয়ে ভৰা। বাকী ঠাইত ৰ'দৰ পোহৰ থাকোতেই এইখিনি ঠাই অন্ধকাৰ হৈ পৰে। পৰপক্ষত মানুহে এইখিনি ঠাই লগে -ভাগে দিনে-পোহৰে পাৰ হ'ব খোজে। এটা ওখ টিলা আছে। টিলাটো গছেৰে ঢাক খাই আছে। এই টিলাটোত থকা গছকিজোপাত এসোপা বাদুলি। কোন কাহানিৰে পৰা আছে কোনেও নাজানে। ফুট গধূলিতে বাদুলিৰ পাখিৰ ধপধপনিত ঠাইখণ্ড আৰু আন্ধাৰ হৈ পৰে। এই টিলাটোৰ তলত হেনো এজাক মানুহৰ মৃতদেহ আছে। ৰাতি ৰাতি মানুহে এইখিনি ঠাই পাৰ হ'লে গেঙনি শুনে, কান্দোন শুনে। কোনোবাই হেনো মট্‌মট্‌কৈ হাড়-মূৰ ভগাৰো শব্দ শুনে। মাজে মাজে হেনো কোনোবাই মৰণ-কাতৰ চিঞৰ একোটা শুনে।

ধনীৰামে মূৰৰ ওপৰত বেলি থাকোতেই সেইখিনি ঠাই পালেগৈ। ঠাইখিনিৰ নাম হ'ল ডফলা পোতা টিলা। ধনীৰামে হাতীৰ বেগ বঢ়াই দিলে। অলপ পাছতে বাদুলি ওলমি থকা গছ-গছনিৰে গেজেপনি খাই থকা সেই মানুহ পোতা টিলাটো। ৰাইজে ডফলা-পোতা টিলা বুলিয়ে কয়। মানুহৰ চলাচল নথকা টিলাটো জুৰি বাস কৰে এসোপা শহা পহু, বগা আৰু মুগা বৰণীয়া শহা পহুৰ বিশাল পৰিয়ালটোৱে টিলাটো জুৰি পেলাইছে। শহাৰ লোভত টিলাটোলৈ বৰ বৰ ফেঁটী সাপবোৰো আছে, কুকুৰনেচীয়া বাঘো আছে। কোনোবা কোনোবাই বাঘো দেখে হেনো। ধনীৰাম আৰু কাতিয়া দুইটাৰে বেছ ভোক লাগিছে। কুকুৰা ডাকৰ আগতেই খাই অহা অন্নমুঠি কেতিয়াবাই পানী হ'ল। আকৌ ভাত খোৱা হ'বগৈ খাৰুপেটীয়া ঘাটতহে। টৌ-খুটি জুৰিব লাগিব, জুই ধৰি ভাত বহাব লাগিব, কমেও একঘণ্টাৰ কাম। লগত গাখীৰত ভিজাই থোৱা সান্দহৰ কৰিয়া আছে। আছে জুলীয়া গুৰ। আধা কৰিয়া সান্দহ ইতিমধ্যে একৰিয়া হৈ পৰিছে। মকাল বাঁহৰ এনে এক/ডেৰইঞ্চি, কোনোবাটো দুই/আঢ়ৈ ইঞ্চি বহল বেৰৰ কৰিয়া হাউলিত কমেও ষাঠি/সত্তৰটামান আছে। ভূটান পাহাৰৰ এহাতেৰে গবা মাৰি ধৰিব নোৱৰা মকাল বাঁহৰ তেল সানি সানি পিছল কৰা এই কৰিয়াবোৰ বস্তু নিবলৈ বৰ সুবিধাজনক। দৈ-গাখীৰৰ চুঙা আছে, চিৰা আছে. ভিজাই থোৱা কোমল চাউল আছে। ধনীৰাম আৰু কাতিয়া মাত-বোল নোহোৱাকৈ গৈ আছে, জিভাত জলপানৰ স্বাদ। কাতিয়াৰ মন আছে ডফলা-পোতা টিলাৰ ওচৰে-

পাজৰে হাতী ৰখাই জা-জলপান খাই লোৱাৰ। ধনীৰামৰ ওপৰত তাৰ খঙো উঠিছে। কোন কাহানিতে কানাই নামৰ মানুহ এটাই ডফলাক মিতিৰ বোলাই ভোজৰ নিমন্ত্ৰণ দিছিল। ডফলাই হেনো বগা-ৰজা অহাৰ আগেয়ে এই খণ্ড ঠাইত বৰ লুট-পাট কৰিছিল। বিশেষকৈ ডফলাৰ উৎপাত মৌসৰা বিচুশিঙা আদি ঠাইবোৰত বৰ বেছি হৈছিল। মানুহে পথাৰৰ পকা ধান চপাবলৈকে নাপাইছিল। কানাই নামৰ মানুহজনে ডফলাক মাতি আনি এইখিনিতে গএগ্ৰা ৰাইজৰ লগ লাগি এঘৰি যুঁজ দিছিল। ৰাইজৰ টোকোনৰ কোবত হেনো ডফলাই ত্ৰাহি মধুসূদন দেখিছিল। ৰাইজে ভোজ খাবলৈ অহা ডফলাক কাটি টুকুৰা-টুকুৰ কৰিছিল। তাৰ পাছতে পুখুৰীৰ দৰে গাঁত এটা খান্দি মৰাশবোৰ পুতি আকৌ মাটি চপাই দিছিল। গাঁতটো মৰাশৰে পোত খাই ওখ হৈ টিলা এটা হেন হৈ পৰিল, তাতে চৰাই-চিৰিকতিয়ে অনা গুটি পৰি লহপহকৈ গছ-গছনি হ'ল শহাবোৰে ৰাজ্য পাতি থাকিবলৈ ল'লে। ডফলা-পোতা টিলা এটা ভয়লগা সাধু হ'ল।

কাতিয়াই ভোক সহিবলৈ টান পায়। যিমানে ভোক লাগি আহিল সিমানে ধনীৰামৰ ওপৰত খংটো চৰি আহিল। হাতীৰ পিঠিত উঠি গোটেইখন হাবি-জংঘল চহাই ফুৰা ধনীৰামৰ ভিতৰত নেদেখা জীৱ বিধলৈ ইমান ভয়। দিন-দুপৰতে ভয়তে মানুহটো কেনেকৈ মাত-বোল নোহোৱাকৈ বহি আছে। খং আৰু বিৰক্তিত কাতিয়াই হাতৰ কেটেপাডাল উলিয়াই ল'লে। তাৰ জোলোঙাত এইডাল কেটেপা আৰু বাটলুগুটি থাকেই। হাতী ঠিক ডফলা-পোতা টিলাৰ ওচৰৰে পৰা হৈছে। টিলাটোৰ পৰা বন কুকুৰা দুটামান ওলাই ৰাস্তাৰে পাৰ হৈ গ'ল। তাৰ পাছত চাৰি/পাঁচটা মান বগা আৰু মুগা মিহলি শহা জাঁপ মাৰি মাৰি ওলাই আহি বাটৰ দাঁতিত দূবৰি কুটিবলৈ লাগিল। কাতিয়া ৰ'ব নোৱাৰিলে। বাটলু গুটি কেটেপাত লগালেই, টৌ খুটি মাৰি ঘাটত গৈয়ে শহাৰ মাংস খাবগৈ। অলপ লুভীয়া কাতিয়াৰ ভোকত শুকাই অহা জিভা তিতি গ'ল। 'ৰাইকহটো, কেটেপা থ বুলিছো থ।' ধনীৰামৰ ধমকত কাতিয়া ৰৈ গ'ল।

'কিনো হ'ব? এইবোৰ জীৱ তেৰাই খাবলৈকে চৰজিছে।'

'খাবলৈকে চৰজিছে! তই কেই দিনৰ ছলি? কি জান? এইবোৰ শহা মৰা মানুহৰ হাড়-মূৰ লাওখোলাৰ মাজত থাকে। সিহঁতৰ গাত সেইসকল লাগি আছে।'

'হাড়মূৰ সোপাই মাটি হ'ল কোন কাহানিতে,' খং আৰু নিৰাশাত ডেকা ল'ৰা কাতিয়াই থোহ-থোৱাই উঠিল।

'সেৰা কাঢ়,' ধনীৰামে কাতিয়াক আদেশ দি নিজেও হাতযোৰ কৰিলে,

হাতীকো শুড় দাঙিবলৈ আদেশ দিলে— 'চালাম, চালাম' অভিজ্ঞ হাতী গদাধৰেও শুড় দাঙি চালাম কৰিলে।

হাতী আহি পাৰ্ব্বতী নৈ পালেহি। এই অঞ্চল জুৰি অসংখ্য নদ-নদী। জান-জুৰিৰ কথাই নাই। গদাধৰো এনে নদ-নদী পাৰ হোৱাত অভ্যস্ত। পাৰ্ব্বতী নদী পাই গদাধৰ ৰৈ গ'ল।

'বইত', ধনীৰামে হাতীক বহুৱাই জা-জলপানৰ টোপোলা মেলি ল'লে। হাতীৰ মুখৰ আগতো দিলে নিমখ সনা এখৰাহী আঢ়ৈ চাউল।

'সামাত'। মাউতীয়া ভাষাত খাবলৈ কৈ মুখত ল'বলৈ কৈ ধনীৰামে নিজৰ গামোচাৰ টোপোলা মেলি ল'লে।

'মাইল', হাতীক থিয় হোৱাৰ আদেশ দিলে কাতিয়াই।

'আগেত'। হাতীক আগুৱাবলৈ ক'লে। কাতিয়াৰ মুখত হাঁহি। পেট শাত পৰিলে। এনেকৈ হাতীক হুকুম দিবলৈ সি বৰ ভাল পায়, কেনেকৈ যে ইমান বিশাল জন্তুটোৱে এই হুকুমবোৰ মানি লয়। গদাধৰে নেজেৰে মহ-ডাহঁ খেদাই আছে।

'ডুম', কাতিয়াই নেজ লৰোৱা বন্ধ কৰিবলৈ হুকুম জাৰি কৰিলে। পকা হাতী গদাধৰে তৎক্ষণাত নেজ লৰোৱা বন্ধ কৰিলে।

গদাধৰক কাতিয়াই পাৰ্ব্বতী নৈ লৈ নমাই দিলে। পাহাৰীয়া নদী, গদাধৰৰ ভৰি তিতিল কি নাই।

'চুপ', হাতীক পানী খাবলৈ আদেশ দিলে।

কাতিয়াক পিছলৈ দি ধনীৰামে হাড়িমোনা কিটা আকৌ এবাৰ চাই ল'লে। এই হাড়িমোনা হ'ল চিলাই কৰা বস্তাৰ হাতীৰ পিঠিত বোজাই দি নিব পৰা ডাঙৰ মোনা। সাধাৰণতে প্ৰবাসলৈ যাওঁতে এই হাড়িমোনা ব্যৱহাৰ কৰা হয়। ধনীৰামে গলচিত ভৰি সুমুৱাই দি হাতী আগেত কৰিলে।

তাৰ পাছত আৰম্ভ হ'ল ধনীৰামৰ শিক্ষা প্ৰদান। এইবাৰ কাতিয়া ধনীৰামৰ লগত হাতী চিকাৰলৈ যাব। তাৰ আৰু বহুত শিকিবলৈ বাকী আছে। হাতী গৈ থাকিল। চকা পাটত ডুবোতেই খাৰুপেতীয়া ঘাট পাবগৈ লাগিব। চলি থাকিল অভিজ্ঞ শিক্ষক আৰু আগ্ৰহী ন শিকাৰুৰ পাঠদান।

হাতীৰ আগে আগে দুটা নে তিনিটা বন কুকুৰা দৌৰি আছে। কাতিয়াৰ খেয়ালেই নাই।

'এটাতকৈ বেছি নামাৰিবি।

কাতিয়াৰ বাটলু গুটিৰ আঘাতত এটা বুজন ধৰণৰ ৰঙা পাখিৰ বন কুকুৰা ধৰাশায়ী হ'ল। বনকুকুৰা হাৰিমোনাত সোমাল। হাতীয়ে বেগ ল'লে। ধনীৰামৰ হাতৰ কানমাৰিৰ খোচ গদাধৰৰ গাত লাগিল। গদাধৰেও সঙ্কেত বুজিলে।

'দেগ'। ৰাস্তাত মাজেদি বৈ থকা সৰু পানীৰ সোঁতাটো বেঙা মেলি পাৰ হ'বলৈ ধনীৰামে গদাধৰক অভ্যাসৰশত হুকুম দিলে। তাৰ আগতেই হাতীয়ে সৰু জুৰিটো পাৰ হৈছিল।

ধনীৰামে কাতিয়াক কানাৰী বা কানমাৰিদালৰ কথা কৈ আছিল। ভাল কানমাৰি এডাল বনাবলৈ পূৰঠ ভলুকা বাঁহৰ গুৰি এটা ফালি ল'ব লাগিব। জোখটো হ'ব লাগিব ডেৰ বা দুই ফুট। জোঙা আগটো পুৰি ল'ব লাগিব।

কাতিয়াই হঠাৎ ডফলা-পোতা টিলাৰ শহাকেইটাৰ কথা উলিয়ালে। কিয় বা সেইকিটা মাৰিব নাপায়, কি বা হ'ব। কথাটো উলিয়াই কাতিয়াই ভয়ো খাইছে, কিজানি ধনীৰামে ভেকাহি মাৰি আহে। নাই, ধনীৰামে খং কৰা নাই, তাৰ মাতটোহে অলপ গহীন হৈছে।

'শুন কাতিয়া, কোনো-কিছুলৈকে লোভ নকৰিবি। সেইখিনি ঠাইত জালত পৰা মাছৰ দৰে মানুহৰ আত্মা ধৰফৰাই আছে। সেইবোৰ শহাবোৰৰ মাজতে আছে বুজিছ। ইমানবোৰ নিগনিৰ দৰে থকা শহা তই ক'ৰবাত দেখিছ? সেইবোৰ শহা নহয়। ধনীৰামে ওপৰলৈ হাতযোৰ কৰি সেৱা কৰিছে। 'ডফলা হওক যি হওক সেইবোৰ পুতি থোৱা মানুহ আছিল।'

হঠাৎ গদাধৰ বৈ গ'ল। চৰাই আৰু বান্দৰবোৰে বৰ কোৰ্হাল আৰম্ভ কৰিছে। ধনীৰাম আৰু কাতিয়াই বতাহত বেয়া গোন্ধটো পালে। চিনাকি দুৰ্গন্ধ। বাঘে হামি মৰিছে, নিশ্চয় তেৰা ওচৰে-পাজৰে আছে।

ধনীৰামে হাতী আগুৱাই নি থাকিল। লাহে লাহে বতাহত আহি থকা দুৰ্গন্ধও নোহোৱা হ'ল, বান্দৰ আৰু চৰাই-চিৰিকতিৰ কোৰ্হালো নোহোৱা হ'ল। হাতীৰ আগে আগে এটা বন কুকুৰা দৌৰি আছে। কাতিয়াই কেটেপা উলিয়াই ল'লে।

দুপৰীয়াৰ ফালে হাতী গৈ নাইকা নদীৰ পাৰৰ সোণাপুৰ পালেগৈ। হাবি-জংঘলেৰে ভৰা, সোণাপুৰতো এখন নতুন বাগিচাৰ কাম আৰম্ভ হৈছে। ৰে'লৰ লাইন বহিছে। ৰে'লৰ আলিৰ কিনাৰে কিনাৰে মানুহৰ ঘৰ-দুৱাৰ হৈছে। সোণাপুৰৰ মাটিৰ গুণ আছে। ইয়াত বনৰীয়াকৈ কমলা গছ হয়। য'তে-ত'তে হাবিৰ মাজত নাইকা

নদীৰ পাৰে পাৰে দোঁ খাই লাগি থকা কমলা গছ চকুত পৰে। এতিয়াও কমলা পকিবৰ হোৱা নাই। সৰু সৰু বেল একোটামান হৈ ওপৰমুৱা গছবোৰত গাঢ় সেউজীয়া হৈ লাগি আছে। মৌজাদাৰৰো সোণাপুৰত কমলা বাগান আছে। এইফালে আহিলে সাধাৰণতে মৌজাদাৰৰ ঘৰৰ মানুহ ইয়াতে জিৰণি লয়। আজি আৰু ধনীৰামহঁত নৰলে, আৰু ভালেখিনি বাট আছেই। কাতিয়াই দুটামান কেঁচা কমলা ছিঙি হাৰিমোনাত ভৰাই ল'লে।

সোণাপুৰ ঠাইখন তেনেই বদলি গ'ল। একো নাছিল ইয়াত, নাইকা নদীৰ পাৰে পাৰে হাবি আৰু হাবি। কেউপিনে জীৱ-জন্তু। ক'ৰবাত দুই-এঘৰ মানুহে নিলগে নিলগে চুবা পাতি আছিল। ৰে'ল লাইন আৰু বাগিচাৰ লগে লগে সোণাপুৰ মৌসৰাতকৈয়ো ডাঙৰ হৈ পৰিল। দোকান-পোহাৰ মানুহ-দুনুহেৰে ভৰি পৰিছে। নাইকা নদীৰ পাৰে পাৰে এটা শিলদিয়া ৰাস্তাও হৈছে। নাইকা নদীখন পাৰ হৈ ধনীৰামহঁতে অলপ সময় ৰৈ ৰে'লৰ আলিৰ কাম চালে।

ৰেলৰ আলি বনাই থকা ঠাইখিনিত এজুম মানুহ বহি লৈছে। এটা ড্ৰামত কাঠখৰি ভৰাই চাহ উতলাইছে। নতুন চাহ-বাগিচাৰ ফালৰ পৰা দিয়া বিনামূলীয়া চাহ-পানী। বনুৱা, তাত কাম চাবলৈ গোট খোৱা মানুহ আটায়ে ঘটি, লোটা যিহতে পাইছে তাতে লৈ পৰম হৰিষত পিছে। তাকে দেখি কাতিয়াৰো গা উঠিল, এঘটি চাহ পানী সি পিবই পিব। উঠিল ধনীৰামৰ খং। এই ডেকা ল'ৰাটো, মনত অকণমানো বান্ধ নাই। শহা দেখিলে শহা মঙহৰ লোভ, বন-কুকুৰা দেখিলে তাৰো লোভ, এতিয়া বাগানে দিয়া বিনামূলীয়া চাহপানী দেখিলে, তাকো খবলৈ উতলা। ধনীৰামে হাতী ৰখালে। কাতিয়াই মহা আনন্দত চাহ খাই আহি ৰে'ল লাইনৰ বনুৱাৰ পৰা শিকা ভাষাতে ধনীৰাম ক'লেহি— 'বহুত আচ্চা হেই', ধনীৰামেও হাঁহি পেলালে। নেহাঁহিনো কৰে কি?

সোণাপুৰ পাৰ হৈয়ে আকৌ অকোৱা-পকোৱা লুংলুঙীয়া 'গুপ্তি' বোৰ। হাবি নদীৰ মাজেৰে ঘূৰি ঘূৰি গৈ থকা এই 'গুপ্তি' বোৰ কোনো ৰাস্তা নহয়, মানুহ, ম'হৰ গাড়ী, হাতী-ঘোঁৰা, জন্তু-জানোৱাৰ অহা-যোৱা কৰি হোৱা কিছুমান লুংলুঙীয়া ঠেক হাবিতলীয়া ৰাস্তা।

ধনীৰামৰ হাতী গৈ থাকিল। খাৰুপেটীয়া ঘাট পাবলৈ এতিয়াও দূৰ আছে।

বালিত পোত খাই থকা ঘূৰণীয়া খাৰুপাত

খাৰুপেটীয়া ঘাটত জাহাজ আবেলিৰ ফালে দুইমান বজাত লাগিলহি। ইতিমধ্যে ধনীৰাম, কাতিয়াই বন কুকুৰাৰ মাংসৰ জোলেৰে ভাত খাই এঘুমটি মাৰিও লৈছে। চাহাবহঁতক মঙ্গলদৈৰ চৰকাৰী ঘৰত থৈ উভতি যাবগৈ। সোণাপুৰৰ কমলা বাগিচাৰ ঘৰত ৰাতি চাইদাৰ কটাই মৌসৰালৈ যাবগৈ। দুটাকৈ বন কুকুৰাৰ মাংস কেনেকৈনো খাই শেষ কৰিব? কৰিয়াত ভৰাই থোৱা আছে। শীতৰ দিন, ইমান সোনকালে বেয়া নহয়, গামোচাত কলপাতেৰে নুৰিয়াই থোৱা ভাতো আছে। চিৰা-সান্দহ, গুড়, দৈ হাড়িমোনাত আছেই। চাহাবহঁতক চৰকাৰী ঘৰত থলেই ধনীৰামৰ দায়িত্ব শেষ। তাত মূৰত পাগ মৰা এজাক চাকৰ আছে। বৰ চাহাবহঁতক মূৰত তুলি থব। মঙ্গলদৈৰ পৰা কোবাই সোণাপুৰলৈ হাতী চলাই দিব। সোণাপুৰৰ কমলাবাগানৰ তদাৰক কৰা মোহন কৰ্মকাৰ, ঘৈণীয়েক নিশা কৰ্মকাৰ আৰু সিহঁতৰ তিনিজনী ছোৱালীয়ে চৌধুৰীৰ হাউলিৰ মানুহ বুলি নিশাটো ধনীৰামহঁতক যতনেৰে ৰাখিব। মোহনৰ ঘৈণীয়েক নিশাই বৰ ধুনীয়াকৈ গান জুৰিব পাৰে, মোহনে ডুগি-দাইনা লয়, ছোৱালী তিনিজনীয়েও যোগ দিয়ে। জ্বলা দিয়া তৰকাৰী, জুই, গান, ৰাতিটো ভালেই কাটে। নিশা হেনো কলিকতাত কিবা বাইজী তিৰী আছিলে, মোহনৰ লগত পলাই জাহাজত উঠি এইখিনি পালেহি। ছোৱালীকিজনী শুই পৰে। মদনে বটল উলিয়ায়, নিশাই গিলাচত সজাই ধনীৰামহঁতলৈ আগবঢ়াই দিয়ে। নিশাই গান জোৰোতে জোৰোতে গাৰ ৰঙা পাৰিৰ শাৰী পিছলি পৰে। গানৰ তালে তালে দুলিবলৈ ধৰে সুপুষ্ট স্তন। ধনীৰামহঁত মজি যায়। দুখ-ভাগৰ পলাই ফাট মাৰে।

এইবাৰ এডুইন চাহাবৰ লগতে আহিছে ভিক্টৰ বুল চাহাব। ভিক্টৰ চাহাবৰ চকুহাল সেউজীয়া, গাৰ বগা ৰঙটো ৰ'দে পুৰি তাম বৰণীয়া কৰি তুলিছে. বহল কান্ধ, হাতৰ কব্জি ডাঙৰ। দেখিলেই গম ধৰিব পাৰি গাত গোণা ম'হৰ বল। মানুহটোৰ চকুহাল বৰ শিয়ান। দুই চাহাবৰ পোছাক-পাতিও বেলেগ। এডুইন চাহাবে ছুই-টাই পিন্ধিছে. ভৰিত জোতা-মোজা। মূৰত ফেল্ট হেট। ভিক্টৰ চাহাবৰ ভৰিত

আঁঠুলৈকে থকা গাম-বুট। কান্ধত বন্দুক। যেন এতিয়াই চিকাৰলৈহে ওলাব। ভিক্টৰ চাহাবৰ কাপোৰ- সাজো বেলেগ। এডুইন চাহাবৰ দৰে পিছল আৰু কোমল নহয়, দগধা আৰু চিলাইৰ নমুনাও বেলেগ। এডুইন চাহাবে এইবাৰ চকুত গোল গোল কাচৰ চশমা এযোৰ পিন্ধি আহিছে। ধৰিব পাৰি মানুহটোৰ বয়স হৈছে।

এডুইন চাহাবে কৰবালৈ আহিলেই সেই ঠাইখনৰ কথা পেৰি পেৰি সুধিব, ঠাইখনৰ নাম কেনেকৈ হ'ল, কি কথা, কি বতৰা। ৰাতি ৰাতি তেওঁ বহি বহি সদায়ে সেইবোৰ লেখিব। এডুইন চাহাব মানেই পুৰণা কথাৰ মহলা। চৌধুৰীয়ে এমং বুঢ়াৰ হাতৰ টেবুল-চকী এযোৰা এডুইন চাহাবৰ শোৱনি-কোঠাত থৈয়ে দিছে। নিৰ্দেশ দি থোৱা আছে, চাহাবৰ টেবুলৰ কেৰাচিন লেম্পটোৰ ফিটা কাটি, চিমনি ধুই-পখালি, তেল ভৰাই চক্‌চক্‌ীয়া কৰি থব লাগে। কেৰাচিন হ'ব লাগিব 'ভিক্টৰীয়া কেৰাচিন'।

ধনীৰাম কাতিয়াই ধূতী-চোলা ভালকৈ পিন্ধি মূৰত গামোচাৰ পাগ মাৰি ল'লে। মৌজাদাৰ দেউতাই শিকাইছে চাহাবে খালি মূৰ আৰু খালি ভৰি অসভ্য মানুহৰ চিন বুলি ভাবে। ভৰিত চেণ্ডেল-জোতা দিবলৈহে ধনীৰাম, কাতিয়াই বৰ আহুকাল পায়। ধনীৰামৰ হাত-ভৰি কঁপি আছে। হওতে এডুইন চাহাবক আগতে পাইছে। কিন্তু লগত মৌজাদাৰ থাকে। বেছি সময় নহয়, খাৰুপেটীয়াৰ পৰা সদৰ চহৰ মঙ্গলদৈলৈ এবেলা বাট। তাৰ পাছত দায়িত্ব শেষ। মৌজাদাৰ দেউতাই নিজে আহি ঢোলে-ডগৰে চাহাবক লৈ যাবহি।

খাৰুপেটীয়াৰ জাহাজ ঘাটটো দূৰৈৰ পৰা দেখিলে এডাল খাৰু ঘূৰণীয়াকৈ পোত খাই থকা যেন লাগে। বালিত পোত খাই থকা খাৰু, গতিকে খাৰুপেটীয়া। এডুইন চাহাবে জাহাজৰ ডেকৰ পৰাই চিঞৰি উঠিছে 'লুক, ভিক্টৰ লুক, দ্যা ব্যেঙ্গল, দ্যা ব্যেঙ্গল, চাহাবে দৰঙৰ ৰজা বিজয় নাৰায়ণৰ কথাখিনিও ইতিমধ্যে গোটাইছে। ৰজা বিজয় নাৰায়ণে নদীৰ ঘাটৰ ওচৰতে খাৰঘৰ সাজিছিল। মানৰ আক্ৰমণৰ সময়ত মানবিলাকে ৰজাৰ এই খাৰঘৰ পুতি পেলাইছিল। সেইকাৰণেই ঠাইখণ্ডৰ নাম হ'ল খাৰুপেটীয়া। ইয়াতে খাৰঘৰ আছিল, মানে সেই খাৰঘৰ পুতিছিল। কমিছনাৰ চাহাবৰ পুৰণি কথা প্ৰীতিৰ কথা ইতিমধ্যে প্ৰায় সকলো মানুহেই গম পাই গৈছে। এটা পুৰণি সাধুকথা লৈ গ'লে চাহাবৰ সৈতে তৎক্ষণাত আত্মীয়তা গঢ়ি উঠে। চাহাবী ঠাচটো নাথাকিলে চাহাবে অসমীয়া ক'লে বিদেশীয়ে কৈছে বুলি ধৰিবই নোৱাৰিলেহেঁতেন। দুই চাহাব জাহাজৰ পৰা নামিল। খাৰুপেটীয়া ঘাটত আৰু এজন চাহাব ঘোঁৰা লৈ ৰৈ আছিল, তেওঁ হ'ল 'হানাটাৰ চাহাব'। মানুহটোৰ আচল নাম কি আছিল কোনেও নাজানে। চাহাবজন হ'ল একেবাৰে ভূটান পাহাৰৰ

তলৰ ঢৌ-খেলোৱা বাগিচাখনৰ বৰ-চাহাব। এই চাহাবজনৰ অনেক কাহিনী গোটেই অঞ্চল জুৰি ঢৌ খেলোৱা বাগিচাখনৰ দৰেই মেল খাই পৰিছে। 'হানাটাৰ চাহাব'ৰ হাতত সকলো সময়তে এডাল হানটাৰ। সেইডাল হেনো খাটি বিলাতী। এই হানাটাৰ চাহাবে হেনো আফ্রিকাত ধপাত খেতি কৰিছিল। তাৰ পৰা আহি ইয়াত নাচন ডুবিৰ বৰ-চাহাব হৈ সোমালহি। 'হানাটাৰ চাহাব'ৰ হাতৰ হাণ্টাৰ যেতিয়াই-তেতিয়াই চাহ-বাগিচাৰ শ্ৰমিক বা যি কোনো নেটিভৰ গাত উঠি শৰীৰ ৰাঙলী কৰি দিয়ে। যিখন জয়াৰ ঠাইত বাঘ, ভালুক, অজগৰ, অঁকৰা ভোটৰ লগত যুঁজি এইখন চাহ বাগিচা পাতিলে তাৰ গুৰি শক্তি হ'ল এই 'হানাটাৰ চাহাব'। এই বাগিচাৰ চাহ বাকচে বাকচে ইংলেগুলৈ জাহাজত যাব লাগিছে। আজিও 'হানাটাৰ চাহাবে' ম'হৰ গাড়ীত উঠাই চাহপাতৰ বাকচ জাহাজত উঠাবলৈ আহিছে। চাহৰ গোন্ধেই ল'বানে ৰঙেই চাবা।

'হানাটাৰ চাহাব'ৰ আচল নাম হ'ল বাৰ্নাৰ্ড লংফেল, কাৰনো এই নাম মনত থাকে? কাৰ মুখতনো এই নাম ফুটে? 'হানাটাৰ চাহাবে'ই মানুহৰ মুখত বৈ গ'ল। আজি বাৰ্নাৰ্ড লংফেল, অথবা 'হানাটাৰ চাহাব' আহিছে জাহাজত কলিকতাৰ পৰা অহা বাঙালী কম্পাউণ্ডাৰজন আহিছে নেকি চাবলৈ। বাৰ্নাৰ্ড চাহাব অলপ টানত পৰিছে, বিপদ বুলিবই পাৰি। বাগানত মেলেৰিয়া লাগিছে, ইমান সাধ্য-সাধনাৰে গোটাই অনা বনুৱা দিনে দিনে মৰিব লাগিছে। বাগানৰ হস্পিতেলত এজন কম্পাউণ্ডাৰ আৰু এজন দেৰেছি লাগে। দেৰেছিৰ কাম যেনিবা চলাই নিব পাৰি। কম্পাউণ্ডাৰ এজন লাগেই। এই অঞ্চলত কোম্পানীয়ে ইতিমধ্যে পাঁচখন বাগিচা পাতিলেই। পাঁচখন চাহ বাগিচাৰ মেডিকেল অফিচাৰ হ'ল ফৰ্ড উইলিয়াম চাহাব। লণ্ডনৰ পৰা এম.ডি.এফ.আৰ.চি.এচ. লৈ আহিছে। ফৰ্ড উইলিয়াম চাহাবৰ কাঢ়া হুকুম বাগানৰ হস্পিতেলত 'ফুল ষ্টাফ' থাকিব লাগিব। তেওঁৰ মুখৰ একেযাৰ বুলি, 'ইফ পেচেণ্ট ডাইজ হোৱাট ইজ দ্যা ইউজ অফ দিচ ব্লাডি মেডিকেল চায়েঞ্চ কোনো মানুহ মৰিব নোৱাৰিব। বাৰ্নাৰ্ড চাহাবে ইতিমধ্যে লাইনত হোৱা কেইটামান মৃত্যু লুকাই দিব লগা হৈছে। ফৰ্ড উইলিয়ামে গম পালে চিধা ওপৰলৈ ৰিপৰ্ট যাব। বাৰ্নাৰ্ড চাহাবে খবৰ পাইছে সোণাপুৰৰ ৰে'ল লাইনৰ কামত অহা একাউটেণ্ট মুখাৰ্জী বাবুৰ এজন কলিকতাৰ পৰা পাছ কৰা ফাৰ্মেচিষ্ট ভতিজাক আজি এইখন জাহাজতে আহিব। এই ফাৰ্মেচিষ্ট মুখাৰ্জীক ধৰিবলৈকে চাহাব ঘোঁৰা লৈ খাপ পিটি আছে। সৌৱা জাহাজৰ পৰা এডুইন চাহাব আৰু ভিক্টৰ চাহাব নমাৰ পাছে পাছে দুজন বাঙালী ল'ৰা নামিছে। তাৰে এজন প্ৰাণনাথ মুখাৰ্জী, এওঁ কলিকতাত ফাৰ্মেৰ্চিষ্ট পঢ়ি ডিগ্ৰী লৈছে। বাকীজন তেওঁৰে সম্পৰ্কীয় ভাই যদুনাথ মুখাৰ্জী।

সৌৱা বাৰ্নাৰ্ড চাহাবে চিলাই থাপ মৰাদি দুই বঙালী নবযুৱকক ধৰি পেলাইছে। আৰম্ভ হৈছে জেৰা। সোণাপুৰৰ পৰা ভতিজাকক নিবলৈ অহা যদুমণি মুখাৰ্জী ভেবা লাগিল। 'হানাটাৰ চাহাব'ৰ কৰ্মকাণ্ড তেওঁ শুনিছে। বাৰ্নাৰ্ড চাহাবে মুখাৰ্জী বাবুৰ ভতিজাকক ঘোঁৰাত উঠাই লৈ যদুনাথ নামৰ কোমল মুখীয়া ল'ৰাটোক জেৰা কৰিছে।

'কিয়া তুম কুইনাইন জানতা হেই? পেলুড্ৰিন কিয়া চিজ হে? মেস্কাড্ৰিন জানতা হেই?' ককায়েক ফাৰ্মেচিষ্ট; ল'ৰাই শুদ্ধ উত্তৰকে দিলে।

চাহাবে প্ৰাণনাথকো ধৰিছে— 'গাম একেচিয়া বনানা অতি হেই? ইচ মে কিয়া অইল দিতা হে?'

ভয়ে ভয়ে ঘোঁৰাৰ পিঠিৰ পৰাই প্ৰাণনাথে উত্তৰ দিছে 'কড লিভাৰ অইল'।

বাচ, ইণ্টাৰভিউ হৈ গ'ল। দুই প্ৰাণনাথ, যদুনাথৰ ভূটান পাহাৰৰ গাতে লাগি থকা টৌ খেলোৱা বাগান নাচন ডুবিত চাকৰি হৈ গ'ল। খুড়াক যদুমণি মুখাৰ্জীয়ে চাই থাকোতেই দুই ভতিজাকে নাচনডুবি বাগানত বৰ বৰ কমপাউণ্ডেৰে দুটা বাংলোৰে সৈতে মাহে ত্ৰিছ টকা দৰমহাত চাকৰি পাই গ'ল। ভালেই পাবনে বেয়াই পাব ভাবি থাকোতেই বাৰ্নাৰ্ড চাহাবে তেওঁক পিঠিত থপৰীয়াই কৈ গ'ল, তেওঁৰ নেফিউ আৰামত থাকিব। নাচন ডুবিলৈ তেওঁক নিমন্ত্ৰণো দি গ'ল। তিনিদিনৰ পাছতে ডাঃ ফৰ্ড উইলিয়াম চাহাব নাচন ডুবি বাগানৰ হস্পিতেল পৰিদৰ্শন কৰিবলৈ আহিব। ফাৰ্মেচিষ্টজনক পাই চাহাবে সৰগৰ মুকুতা পোৱা হেন পালে। প্ৰাণনাথক বাৰ্নাৰ্ড চাহাবে ঘোঁৰাত উঠাই ল'লে, চাহাবৰ লগত অহা দামোদৰ কলিতাৰ ঘোঁৰাত উঠাই ল'লে যদুনাথক। প্ৰাণনাথৰ মুখ শেতা, যদুনাথে কান্দিবলৈ আৰম্ভ কৰিছে। চাহাবে ধৰি নিয়া ভতিজাকক চাই যদুমণি মুখাৰ্জীৰ মুখৰ মাত নাই। তেওঁ গৈ দামোদৰ কলিতাৰ লগতে চাহপাতৰ বাকচ নমাই খালী হোৱা ম'হৰ গাড়ীতে উঠি ললে। বাগানৰ বৰ কেৰাণী দামোদৰ কলিতাই নিজৰ ঘোঁৰাটো লগত অহা মাংৰা চৰ্দাৰক গতাই কান্দি থকা যদুনাথক লৈ মুখাৰ্জীৰ লগত ম'হৰ গাড়ীত উঠি ল'লে। নাচনডুবিৰ বৰ-কেৰাণী দামোদৰ কলিতাক ওচৰতে পাই যদুমণি মুখাৰ্জীয়ে অলপ তত পালে। হ'ল বুলিয়ে ল'ৰাহাল এনেকৈ এৰি দিব নোৱাৰি।

ইতিমধ্যে বাৰ্নাৰ্ড চাহাব গৈ এডুইন আৰু ভিক্টৰ চাহাবৰ সৈতে হেণ্ডশ্যেক কৰি নিজৰ ভাষাত কথা পাতি চা-চিনাকি হৈছেই। ধনীৰামে চাহাবহঁতৰ কাৰণে গদাধৰৰ পিঠিত হাওদা বান্ধি সাজু কৰিলে। হাতী বইত কৰালে। এডুইন চাহাব উঠি হাওদাৰ আসনত বহি ল'লে। এডুইন চাহাবৰ মুখখন অলপ ক্লান্ত। ভিক্টৰ চাহাব

অহাই নাই, বাৰ্নাৰ্ড চাহাবৰ সৈতে কথাত ব্যস্ত। এইবাৰ এইখন জাহাজত নাচন ডুবি বাগিচাৰ কাৰণে মেচিন আনিছে। খালী কৰা ম'হৰ গাড়ীবোৰৰ এখনত হৈ-হাল্লা কৰি মেচিনটো উঠোৱা হৈছে। বাৰ্নাৰ্ড চাহাব আৰু ভিক্টৰ চাহাব দুইজনে মেচিন উঠোৱাৰ তদাৰকো কৰিছে, হাতো লগাইছে। মেচিন সুকলমে ম'হৰ গাড়ীত উঠিল। উল্লাসৰ ধ্বনি এটাই খাৰুপেটীয়া জাহাজ ঘাট এক্ষন্তেকৰ বাবে কঁপাই তুলিলে। ধনীৰামে হাতী আৰু কিমান বইত কৰি ৰাখিব। নিজে চতি পাৰি মাউতৰ আসনত বহাই কিমান দেৰি হ'ল। ধনীৰামে ঘূৰি এডুইন চাহাবলৈ চালে, চাহাবে যেন অকণমান টোপনীয়াইছে। দিব নেকি কৰিয়াত ভৰাই অনা অলপ কোমল চাউল, দৈ, গুড়ৰ জলপান? খাবনে চাহাবে? কিয় জানো এই এডুইন চাহাবজনলৈ ধনীৰামৰ মায়া জাগে। ইমান মৰমিয়াল মাত-কথা, এইখন দেশৰ সকলো কথা জানিবলৈ ইমান ইচ্ছা। তাৰ দৰে সামান্য হাতী-মাউতৰ কথাও কিমান মন দি শুনে। নীৰৱে ধনীৰামে দৈ-গুড় অলপ এডুইন·চাহাবলৈ বুলি উলিয়ালে। দিবনে? হওতে চাহাবহঁতে খোৱা বগা চীনামাটিৰ বাটি দুটা আনিছে। দিবনে বাৰু? বাটিটো চামুচখনৰ সৈতে চাহাবলৈ আগুৱাই দি ধনীৰাম ৰৈ থাকিল। 'থেঙ্কইউ' বুলি চাহাবে গোটেইকণ দৈ খাই পেলালে। ধনীৰামে এইবাৰ আৰু অলপ দৈ কোমল চাউলেৰে সৈতে চাহাবলৈ আগবঢ়াই দিলে। সেইখিনিও এচামুচ-দুচামুচকৈ চাহাবে খাই পেলালে। ধনীৰামে হাওদাত পাৰি দিয়া গাডলাখন অলপ ঠিক-ঠাক কৰি দিলে। এইবাৰ চাহাবে চশমাজোৰ খুলি সঁচাকৈয়ে টোপনি গ'ল।

'কান খোল', কাতিয়াই গদাধৰক আদেশ দি শুড়ত ভৰি দি হাতীত উঠিছে। ভিক্টৰ চাহাবো আগবাঢ়ি অহা দেখি ধনীৰামে হাতী বইত কৰিব খুজিছিল। চকুৰ আগতে কাতিয়া উঠাদি ভিক্টৰ চাহাবে কপ্‌কপাই শুড়েদি উঠি আহিল। হাতীয়ে অচিনাকি মানুহ দেখি অলপ গাই-গুই কৰিছিল, পিছে ভিক্টৰ চাহাব উঠি আহিলেই। হাতী নালাগে, ধনীৰামেই তত ধৰিব নোৱাৰিলে।

বাৰ্নাৰ্ড চাহাবে উত্তৰ মুৱাকৈ তিনিখন ম'হৰ গাড়ী, চাৰিটা ঘোঁৰাৰ শাৰী পোন কৰালে। ধনীৰামেও হাতীক পশ্চিম মুৱাকৈ ঘূৰাই ল'লে। অনেক বেলা গ'ল। ৰাতি নৌ হওঁতেই চাহাবহঁতক মঙ্গলদৈৰ চৰকাৰী ঘৰত নমাই দিব পাৰিলেই দায়িত্ব শেষ। বাৰ্নাৰ্ড চাহাবৰ ম'হৰ গাড়ীৰ টিলিঙা বাজিবলৈ আৰম্ভ কৰিলে। ধনীৰামেও হাতী আগেত কৰিলে। পশ্চিম মুৱা হৈ খাৰুপেটীয়া ঘাটৰ পৰা হাতী আগুৱাবলৈ ধৰিলে। ভিক্টৰ চাহাবে চিঞৰ-বাখৰ কৰি উঠিল, 'ফল ডেম, ফল ডেম।' ধনীৰামেও বুজা নাই। ভিক্টৰ চাহাবেও ডিঙি ফুলাই চিঞৰিছে। এডুইন চাহাবে ধনীৰামক বুজাই

ক'লে, বার্নার্ড চাহাবৰ সৈতে হাতী চলাব লাগে। বার্নার্ড চাহাবহঁতে ৰাতি ৰাতি গৈও বাগান পাবগৈ নোৱাৰে। নাচনডুবি পাওঁতে ঘাটৰ পৰা দুদিন লাগিব। মৌসৰা পাৰ হৈ নাচন ডুবিলৈ আৰু এদিনৰ বাট। ধনীৰাম কঁপিবলৈ ধৰিলে, কি কৰে এতিয়া? বার্নার্ড চাহাবৰ তিনি নম্বৰ ম'হৰ গাড়ীখনেও ৰাস্তা ধৰিলে। ধনীৰামে বৰ ভবা-চিন্তা কৰিব নোৱাৰে। মৌজাদাৰে যিখিনি কয় সেইখিনিলৈকে কৰে। ম'হৰ গাড়ীৰ পৰা মুখার্জী বাবুৱে ধনীৰামক আহিবলৈ ক'লে, বার্নার্ড চাহাবেও হাত জোঁকাৰি মাতিলে, হাতীৰ পিঠিৰ দুই চাহাবেও আদেশ দিলে। বার্নার্ড চাহাবে সকলোৰে আগত ঘোঁৰা চলালে। বেলি লহিয়াওতে শোভাযাত্রাই সোণাপুৰৰ ফালৰ ৰাস্তাত সোমাল। বার্নার্ড চাহাবে সোণাপুৰত নদীৰ পাৰত তম্বু তৰি দিলে। অভিজ্ঞ মাংৰা চর্দাৰে গাড়ীৰ পৰা বয়-বস্তু নমাই খোৱা সাজু কৰি দিলে। ভাত আৰু খাৰুপেটীয়া ঘাটৰ পৰা অনা মাছৰ তৰকাৰী। ফল্ডিং টেবুল-চকী পাৰি চাহাবহঁতৰ ডিনাৰো সজাই দিয়া হ'ল, বিলাতী ফটিকাৰ বটল খোলা হ'ল। জাহাজ ঘাটৰ পৰা বার্নার্ড চাহাবে কেইবা পেটিও বিলাতৰ পৰা অহা ফটিকা আজি ম'হৰ গাড়ীত মেচিনৰ লগতে তুলি আনিছে।

ধনীৰামে কাতিয়াক চকুৰে চকুৰে ৰাখিছে। মাংৰা চর্দাৰৰ লগত পৰি এটুপি ধৰিলে এই ৰাতিখন কেনেকৈ হাতী চলাব। মনে মনে ভিক্টৰ চাহাবৰ ওপৰত সি অগ্নিশর্মা হৈ আছে। সোণাপুৰলৈকে বাৰু যেন-তেন। তাৰ পাছতে পাৰ হ'ব লাগিব ডফলা-পোতা টিলা। ৰাতি হেনো ডফলা-পোতা টিলাৰ শহা গোটেই জাক গাঁতৰ পৰা ওলাই পিয়া পি দি থাকে। সেইজাকৰ মাজেদি হাতী চলাই নিব লাগিব। ধনীৰামৰ ডিঙি শুকাই আহিছে। ডাঙৰ বিপদ লাগিল আজি।

সোণাপুৰতে খোৱা-বোৱা সামৰি আকৌ যাত্রা আৰম্ভ হ'ল। এইবাৰ একেবাৰে আগত এটাৰ জোঁৰ লৈ মাংৰা চর্দাৰ, তাৰ পাছতে বার্নার্ড চাহাব, চাহাবৰ হাততো একুৰা জুই।

গভীৰ অৰণ্যৰ মাজৰ অঁকোৱা-পকোৱা বাটৰ মাজে মাজে ম'হৰ-গাড়ী, হাতী, ঘোঁৰাৰ শোভাযাত্রা আগবাঢ়িল। সেই দিনা আঁউসীৰ নিশা আছিল। হাতী, ম'হৰ গাড়ী চববোৰ অস্পষ্ট আছিল। জিলিকি আছিল মাংৰা চর্দাৰ আৰু বার্নার্ড চাহাবৰ হাতৰ জোঁৰ কিটা। মাজে মাজে ভিক্টৰ চাহাবে হাতৰ টর্চ লাইটটো জ্বলাইছিল। পোহৰত ওলাই পৰিছিল আদি-অন্ত নমনা হাবি আৰু হাবি। হাবিৰ মাজত ম'হৰ গাড়ীৰ টিলিঙাৰ জুনজুননি বৰ ডাঙৰ হেন লাগিছিল। ম'হৰ গাড়ীৰ চৈৰ তলত তিনি মুখার্জী আৰু জামাদাৰ বাবু কলিতাই কলমতিয়াইছিল। হঠাৎ বন্দুকৰ শব্দত

গোটেইবোৰ চক খাই উঠিল। গদাধৰ বৈ গ'ল, বৈ গ'ল ম'হৰ গাড়ীৰ তিনিও হাল ম'হ। বাৰ্নাৰ্ড চাহাবৰ বন্দুকে দুবাৰ গৰজি উঠিল। একনুৰা হাতী এটা বৈ আছিল। বাৰ্নাৰ্ড চাহাবে ভালকৈ বুজে চাহানৰ পৰা বিতাৰিত অকলশৰে ঘূৰি ফুৰা এনে একনুৰা গুণ্ডা হাতী বিপদজনক। ভিক্টৰ চাহাব আৰু বাৰ্নাৰ্ড চাহাবৰ টৰ্চৰ পোহৰত দেখা গ'ল এটা দায়া গণেশ, অৰ্থাৎ সোফালে এটা দাঁত থকা মতা হাতী জৰ্জৰ্কৈ হাবি ফালি নোহোৱা হৈছে।

গৈ গৈ শোভাযাত্ৰাটো ডফলা পোতা টিলাৰ ওচৰ চাপিলগৈ। ধনীৰামে হাতযোৰ কৰিছে। ধনীৰামৰ এই অৱস্থাটোৰ লগত এডুইন চাহাব পৰিচিত। চিকাৰলৈ গৈ দীপাৱলী দেখা ধনীৰামৰ ভয়টো চাহাবৰ মনত আছে। চাহাবে এবাৰ সোধোতেই ধনীৰামৰ পেটৰ পৰা গোটেইবোৰ কথা ওলাই আহিল। টিলাটোত পুতি থোৱা ডফলাৰ মৰাশৰ দ'মটো, ৰাতি ৰাতি মানুহে দেখা ছায়া-ছবি হেন মানুহবোৰ, তাতে বাহ লৈ থকা শহাজাক। ডফলা পোতা টিলাৰ ওচৰত গৈ আকৌ সকলোবোৰ বৈ গ'ল। ইমান পৰে কত কি আগেদি পাৰ হৈ গ'ল। বাৰ্নাৰ্ড চাহাবে কাকো ৰ'বলৈ দিয়া নাছিল। তিনিটাকৈ লতামাকৰি বাঘ আগেদি জাঁপ মাৰিলে, নল গাহৰি কিজানি সাতোটা মানেই হ'ব, সাপো দেখিলে কেইডাল। কেইবাবাৰো বাঘে হামি কঢ়াৰ উৎকট দুৰ্গন্ধ পালে। বাৰ্নাৰ্ড চাহাবে একোলৈকে পৰোৱাই নকৰি এহাতে বন্দুক, এহাতেৰে জোঁৰ লৈ গৈ থাকিল। ডফলা পোতা টিলাৰ কাষ পাই বাৰ্নাৰ্ড চাহাব বৈ গ'ল। বাকীবোৰো বৈ গ'ল। কোন তলকত হাতীৰ শুঁৰত ধৰি ভিক্টৰ চাহাব নামি গ'ল ধনীৰামে ততেই ধৰিব নোৱাৰিলে। এনে বাঘৰ আগ-তেল খোৱা চাহাব এইটো। কি বা হ'ল? হাতীৰ পিঠিৰ পৰাই ধনীৰামে দেখিলে ডফলা-পোতা টিলাজুৰি, কাষৰে-পাজৰে গোটেই ঠাইখণ্ড জুৰি ঘূৰি ফুৰা এযোৰা এযোৰা চকু চাহাবহঁতৰ টৰ্চ লাইটৰ পোহৰত নীলা পোহৰৰ টুকুৰা জ্বলাদি জ্বলি আছে। এইবোৰেই সেই কালিকা লগা শহাজাক। ধনীৰামৰ ডিঙি শুকাই গ'ল। বাৰ্নাৰ্ড চাহাবে হাতৰ শক্তিশালী বিলাতী টৰ্চটোৰে পিলপিলাই ফুৰা শহাজাকলৈ পোহৰ এৰি দিছে। কণা-মুনা লাগি শহাজাক থৰ লাগিছে। কোনোবাটোৱে দুটা ভৰিৰ ওপৰত থিয় দি আছে, কোনোবাটোৱে একেথৰে লাইটৰ ফালে চাই বহি আছে, কোনোবাটোৱে আকৌ আগুৱা-পিচুৱা কৰি আছে। কণা-মুনা লগা শহাজাকৰ ভিক্টৰ চাহাবৰ গুলীয়ে একেলগে কেইবাটাকো মাটিত শুৱাই দিলে। মাংৰা চৰদাৰে এটা মোনাত মৰা শহাকিটা ভৰালে। ভিক্টৰ চাহাবে শহাবোৰ বান্ধি লোৱা বস্তাটো দাঙি লোৱা দেখি ধনীৰামে

চাহাব-চুহব পাহৰি গমগমীয়া মাতেৰে আদেশ দি উঠিল 'সেই সোপা কালিকা লগা বস্তু লৈ হাতীত উঠিলে, মই নামি যাম।' এডুইন চাহাবে ভিক্টৰক বাৰ্নাৰ্ডৰ লগতে ঘোঁৰাত উঠিবলৈ ক'লে। এডুইন চাহাবে ধনীৰামক এটা হাতীৰ গান গাবলৈ ক'লে। কিয় জানো এই চাহাবটোৰ কথা ধনীৰামে পেলাব নোৱাৰে, মানুহটোৰ নীলা চকুহালৰ চাৱনিটো, হেনা-হুচা কথাবোৰলৈ বৰ মায়া লাগে। হাতী আগেত কৰি ধনীৰামে গান জুৰিলে, কাতিয়াই উলিয়াই ল'লে খুটিতাল যোৰ

'আগেত যাৰে বেটা
আস্তে আস্তে আগেত যা,
পৰ্বতত আছিলি বেটা লতা লুহৰী খাই
ভৈয়ামত আছিলি তই ৰচীৰ বান্ধ খাই।
লালৰে লাল দুগাপুৰি লাল
তই হবি মহাজনৰ মাল
ভাল হাতীৰ ভাল কাম
শিকি বুজি ল'বি নাম
শিকিলি বেটা শিকিলি
চব কাম শিকিলি
কুচ কাম বাকী নাই।'

গদাধৰে হোহোকা-পিচলা কৰিছে। বাৰ্নাৰ্ড আৰু ভিক্টৰ চাহাবৰ ঘোঁৰা ৰৈ গৈছে। বাৰ্নাৰ্ড চাহাবৰ ঘোঁৰাৰ আগে আগে এটা কেটেলা পহু গৈ আছে। তাৰ গাৰ কাঁইটবোৰৰ পৰা এটা শব্দ বাহিৰ হৈছে। কেটেলা পহুটো কোনোমতে ইফালে-সিফালে নাযায়, মাজে মাজে গৈ আছে। লাহে লাহে যোৱা কেটেলা পহুটোক চেৰায়ো আগবাঢ়িব নোৱাৰি, গ'লেও কেঁচু ৰাই চুঁচৰি যোৱাৰ দৰেহে আগুৱাব পৰা যাব। ভিক্টৰ চাহাবে গুলি লৈছিলেই, বাৰ্নাৰ্ড চাহাবে নিদিলে। কেটেলা পহু মৰিলে গাৰ পৰা সৰি পৰা কাঁইটে বিশেষকৈ হাতীক বিপদত পেলাব। আচলতে পহুটো পোহৰত কণা হৈ পৰিছিল। মাংৰা চৰদাৰে চাহাবহঁতক টৰ্চ নুমাবলৈ ক'লে, জোঁৰ-কিটা অলপ তলমুৱা কৰিলে। পহুটো কাষৰীয়া হৈ হাবি সোমালেগৈ। পুৰা কদমত ঘোঁৰা চলিল, ম'হৰ গাড়ী চলিল, হাতীও চলিল।

ধনীৰামে আকৌ গীত জুৰিলে
'ঘচ্ ঘচনাৰে ভাই,

ঘচ ঘচনা
গাদী-হাওদা
তোৰ গহনা
ফান্দী মাউতে শুৱাব
তোৰ বহনা'।

ধনীৰামৰ গান শেষ হোৱাৰ পাছতো কাতিয়াই বহু সময় জুৰি খুটিতালযোৰ বজাই থাকিল।

ভৰ দুপৰীয়া মালতী উদং হ'ল

মৌজাদাৰৰ হাউলিত, পুৰাই পুৰাই হৈ-হাল্লা লাগি পৰিল। ধনীৰামৰ হাতীৰ পিঠিৰ হাওদাত এডুইন চাহাব, দুটা ঘোঁৰাত বাৰ্নাৰ্ড চাহাব আৰু ভিক্টৰ চাহাব। তিনিখন ম'হৰ গাড়ী. এখনত তিনি মুখাৰ্জী আৰু কলিতা, এখনত চাহ-বাগানৰ মাল-পত্ৰ, এখনত মাংৰা চৰদাৰৰ বাহিনী। পোন্ধৰজনমান মানুহ, হাতীয়ে ঘোঁৰাই আহি হাউলিত সোমালহি। চাহাব কিজনক বাদ দি আটায়ে হাউলিৰ সুগৰীজানত হাত-ভৰি ধুই ভিতৰলৈ সোমাই আহিল। ট্ৰি-হাউছত ব্ৰেকফাষ্টৰ যোগাৰ তৎক্ষণাত হৈ গ'ল। আগতে চাহাবহঁতক পুৰা খাবলৈ দিবলৈ পাউৰুটিৰ বাবে বৰ মস্কিল হৈছিল। এইবাৰ সেই চিন্তাও নাই। গুৱাহাটীৰ 'জামাল ব্ৰাদাৰ্ছ'ৰ ভতিজাক সকলোৰে ইতিমধ্যে পৰিচিত হোৱা 'জামাল ৰুটিৱালা' আছে। জামাল ৰুটিৱালাই যত্নেৰে কেক, পাউৰুটি বনাই হাউলিত পৌচাই দিছে। মৌজাদাৰে বিশেষ যত্ন কৰি যোৱাবাৰ এডুইন চাহাব অহাৰ পাছতে গুৱাহাটীৰ 'জামাল ব্ৰাদাৰ্ছ'ৰ লগত যোগা-যোগ কৰি মালিকৰ ভতিজাকক মাটি-ভেটী দি মৌসৰাত থাপিছেহি। 'জামাল ৰুটিৱালা'ৰ 'প্ৰিঞ্চ অব ওৱেলচ' বেকাৰি দপদপাই উঠি আহিছে। মৌজাদাৰেও আজিকালি পুৰা জামাল ৰুটিৱালাৰ বেকাৰীৰ পাউৰুটি, মাখন খায়। এই মাখন আহে 'ঘোষ ব্ৰাদাৰ্ছ'ৰ পৰা। কলিকতাৰ পৰা অৰবিন্দ ঘোষ নামৰ মানুহজনে এইখন দোকান পাতিছেহি। মৌজাদাৰ মাজে মাজে এইখন দোকানলৈ যায়, কি নাই তাত? সিদিনা যাওঁতে ভেকুলিৰ আচাৰৰ বৈয়ামো দেখি আহিছে। চাহ-বাগানৰ চাহাবহঁতে ঘোষ ব্ৰাদাৰ্ছলৈ আহে। কথাই কথাই 'থেঙ্ক ইউ', 'প্লিজ' কৰা ঘোষ বাবুৰ আকৰ্ষণো কম নহয়। সাতে সোতৰই বনমালী চৌধুৰী 'ঘোষ ব্ৰাদাৰ্ছ'লৈ প্ৰায়ে গৈ থাকে। মাখন আনি ৰাখিবলৈ টান। ঘোষ বাবুৰ উপদেশ মৰ্মে পানী এচৰিয়াত কাঁহী এখন পাতি তাৰ ওপৰতে থৈ দিব লাগে। চৌধুৰীয়ে ব্ৰেডৰ লগত আজিকালি 'ঘোষ ব্ৰাদাৰ্ছ'ৰ চিজ নামৰ বস্তুবিধ খোৱা হৈছে। প্ৰথমতে অকণমান গোন্ধ পালেও এতিয়া ভাল লগা হৈছে।

ট্ৰি-হাউছ, জামাল ৰুটিৱালাৰ 'প্ৰিন্স অব্ ওৱেলচ'ৰ কেক-ৰুটি, ঘোষ বাবুৰে

আনি দিয়া চিজ, মাখন, জাম। তিনি চাহাব পূৰা সন্তুষ্ট। তিনি চাহাবক আটাইতকৈ আনন্দ দিলে জামাল ৰুটিৱালাই গুৱাহাটীৰ 'জামাল ব্ৰাদাৰ্ছৰ' পৰা নিজে গৈ আনি দিয়া বিশেষ কেকটোৱে। এইটো কেকত আছে প্ৰচুৰ পৰিমাণৰ মাখন, পেস্তা, বাদাম, চেৰীফল, খিচ্‌মিচ, কণী। ফুৰফুৰীয়া গোন্ধৰ কেকটো এডুইন চাহাবেই কাটিলে। কেকটো কটাৰ লগে লগে ফুৰফুৰীয়া গোন্ধত ট্ৰি-হাউছ ভৰি গ'ল। যেনে গোন্ধ, তেনে তাৰ স্বাদ। 'ঘোষ ব্ৰাদাৰ্ছে' অনাই দিয়া ফুল জালি থকা টি-ছেটত এমং বুঢ়াই বাকি দিয়া নাচন-ডুবি বাগানৰ চাহ আকৌ ভৰিল। এই কেক গুৱাহাটীৰ 'জামাল ব্ৰাদাৰ্ছে' বিশেষ কিছু মানুহক নিয়মিত দিয়ে। একেবাৰে আঙুলিৰ মূৰত লেখিব পৰা মানুহ। কেণ্টনমেণ্ট এৰিয়াত থকা চাহাবকেইজনেই এই কেকৰ মূল গ্ৰাহক। বৰদিন বা নতুন বছৰৰ দিনা এই কেক বেচ কেইজন মানুহক দিয়া হয়। জামাল ৰুটিৱালাই নিজে গৈ গুৱাহাটীৰ পৰা এই কেক বিশেষ অৰ্ডাৰ দি অনাইছে। নিজে কোলাত তুলি কেকটো জামাল ৰুটিৱালাই গোটেই বাটছোৱা সেই উজান বজাৰ জাহাজ ঘাটৰ পৰা খাৰুপেটীয়া ঘাট পোৱাইছেহি। মৌজাদাৰক সন্তুষ্ট কৰি থোৱা মানে ৰুটিৱালাৰ বহুত লাভ। ৰুটিৱালাই মৌসৰাৰ মাটিত সোণ ৰূপৰ গছৰ বীজ দেখিছে। জামাল ৰুটিৱালাই গুৱাহাটীৰ 'বি.এন. ৰয়' দোকানৰ পৰা দুটা বিলাতী সুৰাৰ বটলো আনিছে। লগতে 'বি.এন. ৰয়'ৰ পৰাই অলপ ইংৰাজী কাগজ-আলোচনীও আনি দিছে। বনমালী চৌধুৰী শিয়ান মানুহ, তেওঁ বুজে এডুইন চাহাবক সন্তুষ্ট কৰিব পাৰি কিতাপ পত্ৰৰেহে। সঁচাকৈয়ে কাগজ-আলোচনীখিনি পাই এডুইন চাহাব মজি গ'ল। ভিক্টৰ চাহাবে এই অঞ্চলৰ মেপ লগত লৈ আহিছে। বাৰ্নাৰ্ড চাহাব আৰু ভিক্টৰ চাহাব মেপ লৈ বহিল। তেওঁলোক দুজনে মেপত দাগ কাটি এডুইন চাহাবক দেখুৱাইছে। তিনি চাহাব জগত-সংসাৰ পাহৰি মেপত লাগি গ'ল। দেখিলেই গম পায় তিনিওৰে আলোচনা ক্ৰমাৎ গহীন হৈ আহিছে। বনমালী চৌধুৰী তাৰ পৰা আঁতৰি আহিল। চাহাবহঁতেই নহয়, তেওঁৰ আৰু আলহী আছে। তেওঁ গৈ খাই-বৈ জিৰণি লোৱা তিনি মুখাৰ্জী আৰু কলিতাৰ খবৰ কৰিলেগৈ। তিনিও পুৰা আলু-পিটিকা, বেঙেনা পোৰাৰে সিদ্ধ ভাত খাই জিৰণি লৈছে। নাচন-ডুবিৰ বৰ-কেৰাণী দামোদৰ কলিতাৰ পৰা গম পালে নাচত-ডুবিত বনুৱাৰ বৰ আকাল হৈছে। বনুৱা লাইনত প্ৰতিদিনে দুটা-তিনিটাকৈ মানুহ মৰিছে। বাৰ্নাৰ্ড চাহাব বৰ চিন্তাত আছে। ককায়েক মৰগান লংফেলৰ হাতৰ সৰু বাগানখন বাৰ্নাৰ্ড চাহাব আৰু লিঅনাৰ্ড চাহাবে আজিৰ এই নাচনডুবি কৰি পেলালে। বনুৱা লাইনত লগা বেমাৰটো লৈ দুই চাহাব পাগলৰ দৰে হৈ আছে। চিফ মেডিকেল অফিচাৰৰ আদেশ হস্পিতেলত ফুল ষ্টাফ লাগিব। সেইকাৰণেই ফাৰ্মাচিষ্ট বিচাৰি বাৰ্নাৰ্ড চাহাব নিজে আজি খাৰুপেটীয়া

ঘাটত ৰৈ আছিলহি। এনেকৈ বনুৱা মৰিব লাগিলে বাগান বন্ধই হ'ব। ইফালে চাহাবহঁতে ভূটান পাহাৰৰ নামনিৰে পৰা তললৈকে চাহপাত নমাবৰ বাবে ৰ'প-ৱেৰ ব্যৱস্থা কৰিছে। ইমান কৰিও বনুৱাৰ অভাৱত বাগান বন্ধ হ'ব এতিয়া। নাচন-ডুবিৰ কাষৰে-পাজৰে থকা মানুহে নিজৰ খেতি-খোলা বাদ দি কিয় চাহাবৰ তলত গোলামী কৰিবলৈ যাব? কলিতাই পকা খবৰ পাইছে। চাহাবহঁতে একেবাৰে মহাৰাণীলৈকে চিঠি দিছে। যিমান পাৰে খাজনা বঢ়াব লাগে। মানুহে কৰ শোধাব নোৱাৰি দেউলীয়া হ'ব আৰু দলে দলে চাহ-বাগিচাৰ কামত সোমাব। মৌজাদাৰে এইখিনি খবৰ জানে। তথাপি চাহাবৰ সৈতে সকলো সময়তে উঠা-বহা কৰা নাচন-ডুবিৰ মহৰী কলিতাৰ সৈতে কথা-বতৰা হৈ বহুখিনি ভিতৰুৱা খবৰ গম পালে। চৌধুৰীৰ নিজা মৌজাতে ৰায়তৰ মাজত হাঁহাকাৰ হৈছে। ·লোণ কৰ, নাঙল কৰ, লাইচেন্স কৰ— এশ এটা কৰৰ বোজাত ৰাইজ জুৰুলা হৈছে। তাৰোপৰি বন বিভাগে হাবি-জংঘল, খাল-বিল সকলোতে কৰ লগাইছে। চৌধুৰীৰ নিজা মৌজাতে বহুত মানুহে খাজনা দিব নোৱাৰি হাবিলৈ পলাই গৈছে। চৌধুৰী ঘোৰ সঙ্কটত আছে। বগা চাহাবৰ চৰকাৰকতো দিব লগাখিনি দিবই লাগিব। নিদিলে মৌজা চলাবলৈকে নিদিব। মৌজাদাৰ চৌধুৰী সঁচাকৈয়ে চিন্তাত আছে। গোৱালপাৰাৰ মৌজাদাৰ শান্তিপ্ৰিয়াৰ মোমায়েক, তেওঁৰ পৰাই গম পাইছে, গোৱালপাৰাৰ জমিদাৰসকলে খাজনা বঢ়োৱাৰ এক নতুন ৰাস্তা লৈছে। গোৱালপাৰা জিলাত চিৰস্থায়ী জামিদাৰী বন্দৱস্তি। তাৰ জমিদাৰ সকলে নিজা নিজা জমিদাৰীৰ পতিত মাটিত জাকে জাকে 'ভাটিয়া' বহুৱাইছে। অৱশ্যে গোৱালপাৰাৰ মৌজাদাৰৰ লগত এইফালৰ অৱস্থাৰ একেবাৰে মিল নাই। গোৱালপাৰাৰ গাতে লগা ৰংপুৰ আৰু মৈমনসিং জিলা। তাৰ পৰাই জমিদাৰ সকলে 'ভাটিয়া' সকলক আমদানি কৰিছে। দলে দলে গোৱালপাৰা জিলাৰ নদীপৰীয়া চৰ-চাপৰিলৈ 'ভাটিয়া' কৃষক আহি বহিছেহি। এই ভাটিয়া কৃষকসকলে চৰ-চাপৰি ভাঙি মৰাপাট খেতি আৰম্ভ কৰিছে। জমিদাৰসকলৰ জমিদাৰীৰ আয় বাঢ়িছে। চৌধুৰীয়ে সেইবোৰ কথাও শুনিছে। কি কৰিব-নকৰিব তেওঁ ভিতৰি ভিতৰি বিবুধিত আছে। এইবেলি চাহাবহঁত আহিছে এই অঞ্চলত কি কৰ, কেনেকৈ লগাব তাৰে লক্ষ্যত। তেওঁলোক অসন্তুষ্ট হ'লে মুদাই মৰিব। চৌধুৰীয়ে এইবাৰ হাতী-ডিপোৰ পৰাও কিছু টকা-সিকা আশা কৰি আছে। আগতে হাবিত গৈ মেলা চিকাৰ বা গজালি চিকাৰ তৰিলেই হ'ল। বগা চাহাবে ফৰেষ্ট ডিপাৰ্টমেণ্ট খোলাৰ পৰা সেই ফেৰাৰো মুদা মৰিলে। হাতী-ডিপোলৈ চাহাবহঁত এনেই অহা নাই। দুপৰীয়াৰ সাজত চকু দিবলৈ বুলি চৌধুৰী নিজেই পাক-ঘৰলৈ

সোমাই গ'ল। মাছ, মাংস বিধে বিধে কাটি সাজু কৰা হৈছেই। সকলো ঠিক-ঠাক চলি আছে।

ট্ৰি-হাউছলৈ বুলি উঠিব খুজি চৌধুৰীয়ে দেখিলে চাহাবহঁত তাৰ পৰা নামিল। পাহাৰৰ তলৰ মৌসৰা গাঁৱত আক্টোবৰ মাহত ভাল ঠাণ্ডাই পৰিছে। এতিয়া পুৱা ন বাজিছে। কুঁৱলীখিনি নোহোৱা হৈ আহিছে। এই পাহাৰৰ নামনি অঞ্চলত মাজে মাজেই এই অঞ্চলৰ মানুহে কোৱা 'ছাগলী খেদা বৰষুণ' আহে। ঠিক বৰষুণো বুলিব নোৱাৰি, পিঠাগুড়ি চলা চালনিৰে সৰকি আহিব পৰা খুদ খুদ বৰষুণ। আজিও কুঁৱলীৰ চাদৰখন পাতল হৈ ছাগলী খেদা বৰষুণজাক নামি আহিল। কোনোবাই যেন প্ৰকাণ্ড চালনি এখনত এচালনী পিঠাগুড়ি লৈ চালিবলৈ লাগি গ'ল। ইতিমধ্যে বেলিটো ওলাই আকাশৰ কিছুদূৰ বগাই আহিলেই। বেলিৰ পোহৰত পানীৰ খুদ খুদ কণাবোৰ ৰূপৰ গুড়ি হৈ পৰিল।

বাৰ্নাৰ্ড চাহাবে গৈ সুগৰীজানৰ পাৰৰ মজ গছজোপাৰ পৰা ডাল এটা আনি কাটি-কুটি কিবা এটা বনাই পেলালে। এনেই বগা চাহাব, তাতে এই কৰ্ম-কাণ্ড। হাউলিৰ আটায়ে চাপি-কুচি আহিল। কি বা কৰে? চাহাবে দুটা ডাল দুফালে পুতিলে, এটা ডাল বহলে বহলে দিলে। তাৰ পাছত তলত খৰি জাপিলে। ধনীৰামে ঠিক ধৰিব পাৰিলে, ইয়াৰ পাছতে চাহাবহঁতে ডফলা-পোতা টিলাৰ শহাৰ বস্তাটো বিচাৰিব। শহাৰ বস্তা ধনীৰামে ঢেঁকী ঘৰত লুকুৱাই থৈছে। সেই কালিকা লগা শহাবোৰ পুৰি খাব এতিয়া। তাৰ গোন্ধ হাউলিত বিয়পি যাব, সেই মাংস চাহাবহঁতে মদৰ লগত খাব। চাহাবক দেৱতা হেন দেখাবোৰেও নাখাবনে? মৌজাদাৰৰ ওপৰত ধনীৰামৰ খং এটা উঠি মানুহটোক থৰ-মৰ খুৱাই পেলালে। চাহাবৰ ভৰি চেলেকাই ক'ত মাত মাতিব? কি কৰে ধনীৰামে? ধনীৰামে বেগাই গৈ শান্তিপ্ৰিয়া আইৰ কোঠাত সোমালগৈ। গৈয়েই সি মহুৰা ফুৰাই থকা মানুহজনীৰ ভৰি চুলে গৈ। মহুৰা, চেৰেকী সামৰি শান্তিপ্ৰিয়াই ধনীৰামৰ কথাখিনি মন দি শুনিলে। তাৰ পাছত তাক ক'লে শহাৰ বস্তাটো নি একেবাৰে বাঁহনিৰ মাজত পেলাই দিবলৈ আৰু বুধি দিলে পাকঘৰত আনি থোৱা মাছৰে অলপ কাটি-বাছি একেবাৰে নিমখ, হালধি সানি কাচি থ'বলৈ। ইফালে আগচোতালত হুলস্থুল লাগি পৰিছে, বাৰ্নাৰ্ড চাহাবে ৰাতি মাৰি অনা শহাখিনি বিচাৰিছে। বাৰ্নাৰ্ড চাহাবে যিমানে শহা বিচাৰে সিমানেই খঙত একোনাই হয় মৌজাদাৰ চৌধুৰী। সৰু কথাতে তেওঁৰ চব পৰিশ্ৰম অথলে যায় এতিয়া। ধনীৰামে চৰিয়া এটাত কাটি-বাছি কাচি থোৱা মাছখিনি নি চাহাবক দিলেগৈ। মাছ লৈ যোৱা ধনীৰামক দেখি মৌজাদাৰ খঙৰ ভমকত একো নাই হ'ল। ধনীৰামে পাক-ঘৰৰ

বাৰাণ্ডাত থোৱা শহাৰ বস্তাটো শিয়ালে নিয়াৰ কথা ক'লে। চাহাবহঁতো থমকি ৰ'ল। ধনীৰামৰ ফাঁকিটো বিশ্বাসযোগ্য হ'ল। বাৰ্নাৰ্ড চাহাবে শলাত মাছ ভৰাই সেকিবলৈ লাগিল। আলেখ-লেখ চাই আছিল শান্তিপ্ৰিয়াই। সদায় থকাদি মানুহজনীয়ে কিবা কাম এটা উলিয়াই লৈ আপোনমনে ব্যস্ত হৈ আছিল। আজি শান্তিপ্ৰিয়াই গোসাঁই-ঘৰৰ সাঁচিপাতৰ পুথিখিনি উলিয়াই জাৰি-জোকাৰি ৰ'দত দিছিল। এই পুথিখিনি শহুৰেকে শান্তিপ্ৰিয়াক গতাই থৈ গৈছিল। মানৰ আক্ৰমণত তিষ্ঠিব নোৱাৰি শহুৰেকৰ ককাদেউতাক আহি এই হাবিতলীয়া ঠাইখণ্ডৰ বিচুশিঙা নামৰ অটব্য অৰণ্যৰ মাজৰ জনজাতীয় লোকৰ বসতি গাঁওখনত আশ্ৰয় লৈছিলহি। উজনিৰ পৰা আহিছিল পৰিয়ালটো। আহোঁতে লগত লৈ আনিছিল এই পুথিখিনি আৰু এযোৰ হাতীদাঁতৰ খৰম। এয়া হেনো স্বয়ং গুৰুজনাই নিজহাতে চৌধুৰীৰ পৰিয়ালক প্ৰদান কৰিছিল। কোনো সময়তে এই কিপদ বস্তু পৰিয়ালটোৱে অভক্তি কৰা নাই। আজিও চৌধুৰী পৰিয়ালে বিশ্বাস কৰে এই কিপদ বস্তু বুকুত বান্ধি থোৱাৰ বাবেই অত বিপদৰ মাজতো কোনো হৰণ-ভগন নোহোৱাকৈ পৰিয়ালটো তিষ্ঠি গৈছে।

বাৰ্নাৰ্ড চাহাবে মাছ সেকি থাকোঁতেই এডুইন চাহাব গোসাঁই-ঘৰৰ পিনে আগুৱাই গ'ল। শান্তিপ্ৰিয়াই আজি হাতে বোৱা সেউজীয়া শেলৰ বগা মেখেলা-চাদৰ এযোৰ পিন্ধিছে, বগা হৈ যোৱা চুলিকোছাৰে হাতখোপা এটা বান্ধিছে। এডুইন চাহাবক আগেও এবাৰ দেখিছে শান্তিপ্ৰিয়াই। এডুইন চাহাবে টুপিটো খুলি অলপ হাওলি মানুহজনীক অভিবাদন জনালে। শান্তিপ্ৰিয়ায়ো মূৰ দোঁৱালে। চাহাবহঁতে দুজনী মাইকী মানুহকহে হাউলিত দেখা পাইছে। শান্তিপ্ৰিয়া আৰু ধনদা। অৱশ্যে এই দুই নাৰীক কোনেও আৰু মাইকী মানুহ বুলি ৰাখোন-ঢাকোন দিয়াৰ কথা নাভাবে।

এডুইন চাহাবে সাঁচিপাতৰ পুথিখিনি চাব খুজিছে। শান্তিপ্ৰিয়াই স্পষ্টকৈ জনাই দিলে গা-নোধোৱাকৈ এই পুথি চুব নোৱাৰিব। বাধ্য ল'ৰা এটাৰ দৰে চাহাবে গা-ধুবলৈ গ'ল। মৌজাদাৰে হাউলিত আলহী কোঠা বুলি পূব মুৱা ঘৰ এটা তুলিছে। ঘৰটো সাজোতে সহায় কৰিছে সোণাপুৰৰ 'ঘোষ ব্ৰাদাৰ্চ'ৰ মালিক অৰবিন্দ ঘোষে। অৰবিন্দ ঘোষে কলিকতাৰ পৰা জাহাজত পাইখানা সজাৰ সামগ্ৰী অনাই দিছে, মিস্ত্ৰী অনাইছে। নিজে তদবিৰ কৰি চেইন এদাল টানিলেই পানী ওলোৱা আধুনিক পাইখানা সজাই দিছে। মুঢ়া বা টুলত বহাৰ দৰে বহি পাইখানা কৰিব পৰা ব্যৱস্থা চাই মৌজাদাৰ হতবাক হৈ পৰিছিল। কি আদব-কায়দা। চাহাব যি চাহাবেই। সকলো কথাই বেলেগ। এই সকল নাহিলে মানে কচুকটা দি মৰিশালী কৰা অসম মুলুক নিশ্চয়কৈ এৰাবাৰী হ'লহেঁতেন। এনে চাহাবক ঘৰতে পাব। চৌধুৰীয়ে নিজৰ

কপালকে ধইন ধইন বুলিছিল। কোনেও নাজানে দিনটোত কেইবাবাৰো তেওঁ শিকলি ডাল টানি লোহাৰ বাকচটোৰ পৰা পাইখানাটোত পানী পৰা চাই পৰম আনন্দ পাইছিল। এডুইন চাহাবক মৌজাদাৰে নিজেই দুৱাৰ খুলি বাথৰূম-পাইখানা দেখুৱাই দিলে। এডুইন চাহাবে এনেকৈ সোমাল যেন এই কৰ্মকাণ্ড একোৱে নহয়। পিছত মৌজাদাৰে নিজকে নিজে হাঁহিলে, এইবোৰ চাহাবে সদায়ে হাতত পাই থকা বস্তু। তথাপি মৌজাদাৰে চাহাবৰ পৰা এষাৰ হ'লেও প্ৰশংসা বিচাৰিছিল।

এডুইন চাহাবে গা ধুই শান্তিপ্ৰিয়াৰ ওচৰ পালেগৈ। শান্তিপ্ৰিয়াক তেতিয়া পাৰ এজাকে ঘেৰি থৈছিল। আপোনমনে তেওঁ পাৰক চাউল খুৱাইছিল। আন দিনাৰ দৰে ছাগলী কিজনী, হাঁহ কেইহাল, শালিকা দুটামান, বুলবুলি কিহাল, কপৌ কেইটা-মানো আহি মানুহজনীৰ ওচৰে-পাজৰে আহি থিয় দিছিলহি। মানুহজনীয়েও হাতৰ পাচিটোৰ পৰা এমুঠি এমুঠিকৈ চাউল চটিয়াই আছিল। এডুইন চাহাবে অকণমান ৰৈ শান্তিপ্ৰিয়াই চৰাইক চাউল দিয়া চালে। তাৰ পাছত ওচৰলৈ যাব খোজোতেই পাৰ, শালিকী, কপৌ আটাইবোৰ উৰা মাৰিলে। মানুহজনীয়ে চাহাবলৈ ঘূৰি চালে। মানুহটোৱে গা-পা ধুই নিকা হৈ আহিছে। শান্তিপ্ৰিয়াই গোঁসাই-ঘৰৰ বাহিৰৰ বাৰাণ্ডাতে গামোচাৰে বান্ধি থোৱা পুথিকেইখন চাহাবলৈ যুলি আগুৱাই দিলে। আঁঠু কাঢ়ি সেৰা এটা কৰি চাহাবে পৰম কৌতূহলেৰে পুথিকিখন চুবলৈ যাওঁতেই শান্তিপ্ৰিয়াই মূৰ জোঁকাৰি উঠিল। চাহাবে হাতখন কোঁচাই আনিলে। তেওঁ এখন ঢাৰিত চাহাবক বহুৱালে আৰু সুললিত মাতেৰে এখন পুথি আনি এপৃষ্ঠা-দু-পৃষ্ঠাকৈ পঢ়িবলৈ ধৰিলে। দুপৰীয়া হোৱালৈকে চাহাবে শান্তিপ্ৰিয়াৰ পুথি পঢ়াই নুশুনিলে, শুনি গ'ল সেই দুপৰৰ লাহ দিয়া বেলিৰ পোহৰত শহুৰেকে দেখা সেই অনন্য সুন্দৰ বাঘটোৰ কথা, পানীৰ উঁহটোৰ কথা, উঁহটোৰ পৰা ওলোৱা সুগৰীজানৰ কথা, গোঁসাই-ঘৰত থকা সেই হাতীদাঁতৰ খৰম, স্বয়ং গুৰুজনাই চৌধুৰী পৰিয়ালক প্ৰদান কৰা পুথিখিনিৰ কথা। দুপৰীয়া খাবলৈ মাতোতেহে এডুইন চাহাব শান্তিপ্ৰিয়াই গোঁসাই-ঘৰৰ বাৰাণ্ডাত পাৰি দিয়া ঢাৰিৰ পৰা উঠিল।

দুপৰীয়াৰ ফালে হাউলিৰ সন্মুখত ঘোঁৰা তিনিটা, ম'হৰ গাড়ী তিনিখন সাজু হ'ল। গদাধৰক লৈ ধনীৰামো ওলাল। নাচন-ডুবিলৈ যাবলৈ আটায়ে সাজু হ'ল। মাংৰা চৰদাৰৰ মানুহে ঘোঁৰা তিনিটা চমজি ল'লে। কাতিয়া আৰু ধনীৰামে হাড়িমোনা হাতীত লাডি সাজু হ'ল। তিনি চাহাব হাতীৰ পিঠিত বহিল। ভিক্টৰ চাহাবে হাতত লৈছে এই অঞ্চলৰ মেপৰ নুৰাটো। এই প্ৰথমবাৰৰ বাবে চৰকাৰীভাৱে এই অঞ্চল জৰীপ কৰা হৈছে। এই অঞ্চলটো চাহ-খেতিৰ বাবে বৰ অনুকূল। ঠিক

পাহাৰীয়া ঠাই যেন নালাগিলেও জাতে-পাতে এই অঞ্চলটোৰ চৰিত্ৰই হৈছে পাহাৰীয়া। ঠাইখণ্ডৰ নদীবোৰলৈ চালেই কথাটো ধৰিব পাৰি। ৰাতিপুৱা যদি বৰষুণত নদীবোৰ পাৰ উপচি পৰে, দুপৰীয়ালৈ আকৌ সেই এভৰি পানী শিলবোৰৰ মাজে মাজে ক'লা-ৰূপালী মাছৰ জাকবোৰ, বগা-মুগা সৰু সৰু শিলগুটিবোৰ, বগা ৰঙৰ বালিবোৰ আকৌ ওলাই পৰে। গৰমৰ প্ৰকোপ একেবাৰে কম, জুলাই মাহটো গৰম থাকে। গৰম মানে এদিন বা দুদিন যদি ৰ'দ মাৰে, তিনি দিনৰ দিনা বৰষুণ আহিবই আহিব। সোণাপুৰৰ পৰাই ভুটান পাহাৰলৈ লাহে লাহে ঠাইখণ্ড উঠি গৈছে। মৌসৰা গাঁৱৰ পৰা উত্তৰলৈ এই ঢালটো বেছি স্পষ্ট হৈ পৰে। বনৰীয়া হৈ গজা কমলা টেঙাৰ গছবোৰ দেখিলেও গম পায় এই অঞ্চলত পানী নৰয়। যিমানে উত্তৰ অঞ্চললৈ উঠি গৈ থকা যায় নদীবোৰৰ পানীৰ সোঁত বেছি হৈ পৰে আৰু সেই বিশেষ জোপোহা গছবোৰ হাবিৰ মাজত বেছিকৈ চকুত পৰে।

সকলো আহিল। এডুইন চাহাব অহা নাই। চাহাবে গা ধুই গোঁসাই-ঘৰৰ বাৰাণ্ডাত বহি আছে। শান্তিপ্ৰিয়াই মণিকূটৰ পৰা উলিয়াই অনা হাতীদাঁতৰ খৰমজোৰা চাইছে। ভোগজৰা বাটিতো চাইছে। তেওঁ লগত লৈ অহা বহীখনত কিবা কিবি লেখিছে। মৌজাদাৰে শান্তিপ্ৰিয়ালৈ চাইছে। একেবাৰে বগা হৈ পৰা চুলিকোছা মেল খাই আছে। গোঁসাই-ঘৰত সোমোৱাৰ আগতে তেওঁ সদায়ে গা-মূৰ তিয়াই গা ধোৱে, আজিও ধুইছে। আধা শুকুৱা, আধা তিতা চুলি, হাতে-বোৱা বগা মেখেলা-চাদৰে মেৰাই থোৱা শীৰ্ণ দেহটো, উকা কপাল। বহুত দিন হ'ল শান্তিপ্ৰিয়াই ফোট-লগুণ একো নাৰাখে, ক'তো এপদ অলংকাৰো নাই। মানুহজনীলৈ চাই চৌধুৰীৰ গাটো জিকাৰ খাই উঠিল। এক চৰম বিৰক্তিত সদায়ে হোৱাৰ দৰে আজিও তেওঁৰ মনটো কিবা লাগি আহিল। এইজনী নমৰেও। কোনে কয় তাইৰ মাথাৰ ঠিক নাই বুলি? মাথাৰ ঠিক নাথাকিলে এই লণ্ডনৰ আই,চি, এছ, পাছ কৰা কমিছনাৰ চাহাবে তাইৰ লগত কথা পাতিব নেকি? এইবোৰ চব ভাণ্ডকি। তাই আচলতে নোম-টেঙৰ মানুহ। নাচাওঁ নাচাওঁকৈয়ে তেওঁ শান্তিপ্ৰিয়ালৈ চালে। তাই চাহাবক এখন হাতে বোৱা এৰীয়া কাপোৰ দিছে। মানুহজনীয়ে যেন অকণমান হাঁহিছে। মানুহে কি এনেকৈ হাঁহে? গোঁসাই-ঘৰ, পুথি, নাম-কীৰ্তন কৰি থাকোতে থাকোঁতে কি মানুহজনী তাৰে অংশ হৈ পৰিলে? তাই যে ভোগজৰা বাটিটোৰ পৰা বালিৰ টোপোলাটো উলিয়াই বাটিটো তেতেলী, ফুট ছাইৰে ঘঁহে, আকৌ বাটিটো মচি-কাচি বালিমুঠি ভৰাই থয়। মালতীয়ে কৈছে— শান্তিপ্ৰিয়াই সপোনত সেই বাঘটো দেখে, বাঘটোৰ পিঠিত উঠি, এজন মানুহ তাইৰ ওচৰলৈ আহে। আহি হাউলিত ঘূৰি ফুৰে।

এদিন হেনো হাতী দাঁতৰ খৰমজোৰ পিন্ধি এজন দিব্যকান্তি পুৰুষ শান্তিপ্ৰিয়াৰ ওচৰলৈ আহিছিল। আহি তাইৰ কোঠাৰ দুৱাৰ-মুখত থিয় দিছিল, তাৰ পাছত গৈ গোঁসাই-ঘৰত সোমাই নোহোৱা হ'ল। মানুহজনীলৈ চালেই চৌধুৰীৰ এই কথাবোৰ মনত পৰে।

শান্তিপ্ৰিয়াই চাহাব কিজনক একোখনকৈ হাতে বোৱা এৰীয়া চাদৰ দিছে। তিনি মুখাৰ্জী, মাংৰা চৰদাৰৰ বাহিনী আটাইকে দিছে একোখনকৈ গামোচা। গামোচাকিখন দিওঁতে শান্তিপ্ৰিয়াক সহায় কৰিছে যাচি অহা মালতীয়ে। হঠাৎ চৌধুৰীৰ ভাব হয় ভিক্টৰ চাহাবে যেন পাটৰ ৰিহা-মেখেলা, গা ভৰাই অলঙ্কাৰ পিন্ধা মালতীলৈ প্ৰয়োজনতকৈ বেছিকৈ চাইছে। এবাৰ শান্তিপ্ৰিয়াক হাতৰ শৰাইখনৰ পৰা গামোচা এখন আগবঢ়াই দিওঁতে তাইৰ ওৰণিখন খহি পৰিল। দগমগীয়া সেন্দূৰৰ ফোঁট লোৱা তাইক যেন চবেই এক্ষন্তেক চব পাহৰি চাই ৰ'ল। আজি প্ৰথম দেখাৰ দৰে অচিনাকি মানুহে চোৱাদি মৌজাদাৰে মালতীলৈ চাই ৰ'ল। তাইৰ সেই পাতল চিপচিপীয়া দেহটো কেতিয়া যে এনেকৈ ভৰি গ'ল তেওঁ গমেই নাপালে। কেতিয়া যে তাইৰ ৰ'দে পোৱা গাৰ ৰং এনেকুৱা বগা চানেকীয়া হ'ল। কোমল পাটৰ কাপোৰ সাজে তাইৰ দূৰৈৰ পৰা স্পষ্ট হৈ পৰা গাৰ খাজবোৰ একেবাৰে লুকুৱাব পৰা নাই। তাই ওঁঠ টিপি হাঁহি এটা মাৰিছে। কাৰ হাঁহিৰ উত্তৰত তাই এই হাঁহিটো মাৰিছে? পথাৰে-ৰাস্তাই গোটেইখন ঘূৰি ফুৰা মুকলিমূৰীয়া গাঁৱৰ ছোৱালী আছিল তাই। ক'ত ক'ত তাই গা উলিয়াই ঘূৰি ফুৰিছিল? কোনোদিনে চিন্তা কৰি নোচোৱা কথাটোৱে তেওঁক ভিতৰি ভিতৰি জোকাৰি পেলালে। ক'ত তাই সেই স্বভাৱ এৰিব? চৌধুৰী খঙত মানুহটো ফাটি-চিটি আহিল। কিয় আধা বয়সীয়া মানুহজনলৈ তাই যাচি আহিল? কি বা আঁৰৰ কথা আছিল?

চাহাবহঁতে তেওঁৰ লগত হেণ্ডশ্যেক কৰিছে। মুখত হাঁহি এটা ওলোমাই চাহাবহঁতক হেণ্ডশ্যেক কৰোঁতে চৌধুৰীৰ ভিতৰৰ খংটো আৰু দুগুণ হৈছে। কিমান সময় থাকিল চাহাবহঁত? খুব বেছি পাঁচ ঘণ্টা। কৰাৰ ভিতৰত কি কৰিলে? হাতী মহলৰ কৰ দুগুণ বঢ়াই থৈ গ'ল। নতুন কৰৰ এখন কাগজো চিল-মোহৰ মাৰি দি থৈ গৈছে। সেইখন নাচালেও বুজিছে তাত কি আছে। মৌজা চলোৱা এইবেলি সঁচাকৈয়ে টান হ'ব। দেউতাকৰ দিনত মাটিৰ খাজনা দিবলৈ ৰায়ত আহিছিল ভাৰ-ভেটীয়ে লৈ। কিমান বস্তু দ'ম বান্ধি গৈছিল, কিছুমান পচিছিল। চৌধুৰীৰ ভালকৈ মনত আছে দেউতাকে আদেশ দিছিলে সকলো ৰায়তকে খালী ভাৰত কিবা নহয় কিবা দি পঠাব লাগিব। ভাৰৰ বস্তু সামৰোঁতে, কিবা অলপ ভাৰত দিওঁতে তিনি-

চাৰিটা মানুহ ভাগৰি পৰিছিল। খাজনা নিদিয়া মানুহ আছিল কেইটামান। কেউটাই কানিয়া নহ'লে ভঙুৱা আছিল। কানিয়া-ভঙুৱাকেইটাক দেউতাকে ৰ'দত এঘণ্টামান থিয় কৰাই পঠিয়াই দিছিল। একো নানিলেও সিহঁতকো হাউলিৰ ফালৰ পৰা কিবা-কিবি দিয়া হৈছিল। আজিকালি সেই ভাৰ ভেটীতো নায়েই, নিয়মীয়াকৈ খাজনা দিয়া মানুহো কমি আহিছে। কোনেও নাজানে মাটিৰ তলত দেউতাকে বিলাতী মাটিৰে সাজি লোৱা লোহাৰ পাটৰ ঢাকনি থকা গৰ্ভ কোঠাৰ চন্দুক প্ৰায় উদং। এজনী মানুহে জানে কেনেকৈ দিনে দিনে চন্দুক খালী হৈ আহিছে। চন্দুকৰ চাবি-কাঠিও তাইৰ হাততে দেউতাকে দি থৈ গৈছিল। তুলাৰামৰ জীয়েকক হাউলিত তুলিবৰ সময়ত তেওঁ সৰু চন্দুকটোত হাত দিছিল। সেই চন্দুকৰ আ-অলঙ্কাৰো কমি আহিছে। দেউতাকৰ শ্ৰাদ্ধৰ পাছতে চন্দুকৰ চাবি-কাঠি শান্তিপ্ৰিয়াই চৌধুৰীৰ হাতত তুলি দিছিল। সেইদিন ধৰি বহুবাৰ চন্দুকৰ তলা খোলা হ'ল। এইবাৰনো কম গাল টকা-পইছা গ'লনে? ট্ৰি-হাউছ বুলিনো কমসোপা টকা পানীত পৰিল নে? কোন থাকিব তাত? ঘোষ বাবুৰ মুখখন বৰ মিঠা, আহোতে-যাওঁতে মৌজাদাৰক ভৰি চুই সেৱা কৰিবই কৰিব। কথা কওঁতে হাত মোহাৰি মোহাৰি, তলৰ মূৰ ওপৰেই যেন নকৰিব। পইছা কিটা লওঁতে কিন্তু কচি কচি ল'ব। আৰু জামাল ৰুটিৱালা? তেঁৱেই মাটি-বাৰী দি থাপিলে, তেওঁকেই পইছাৰ বাবে কেৰ-জেৰ কৰে। সিয়ো এইকেইদিনত কম টকা নিলেনে? মৌজাদাৰে ঠিক ধৰিব পাৰিছে, ঘোষ বাবু জামাল ৰুটিৱালাৰ চন্দুকত থাহি থাহি টকা গোট খাইছে। বনমালী চৌধুৰীৰ মনটো তিতা হৈ আহিল। আটাইবোৰ ওলাই গ'লগৈ। অচিনাকি মানুহবোৰ যোৱাৰ পাছতে হাউলিৰ মানুহ-দুনুহ, জীৱ-জন্তু আটাইবোৰ ওলাই আহিল। ছাগলীকিজনীয়ে বগা চুলীয়া মানুহজনীৰ ওচৰ চাপিলহি। পাৰ কেইযোৰমানো আহি মানুহজনীৰ ওচৰত পৰিলহি। কি আছে এই আধা বলীয়া মানুহজনীৰ? এডুইন চাহাবৰ পৰা পাৰ-ছাগলীলৈকে সকলোৱে গুৰুত্ব দিয়ে। যি কমিছনাৰ চাহাবক সকলোৱে ভয় কৰে সেই চাহাবে আহি এই বলীয়া মানুহজনীৰ ওচৰত ঢাৰি পাৰি বহি কি ইমান কথা পাতিলে? তাইক ৰাতি সপোনত সেই বাঘটোৱে দেখা দিয়ে, হাতীৰ দাঁতৰ খৰম পিন্ধি দিব্য পুৰুষে দেখা দিয়ে। কি আছে এইজনী মানুহৰ? কিয় তেওঁ তাইৰ ওচৰত মূৰ তুলি কথা ক'ব নোৱাৰে? বগা চুলীয়া মানুহজনী, খালী হৈ অহা চন্দুক, মালতীৰ ওঁঠ-টিপি মৰা হাঁহিটো চাহাবহঁতৰ পৰা চহী লোৱা কৰ-কাতলৰ কাগজখন— আটাইবোৰ যেন মানুহজনৰ মূৰৰ ওপৰলৈ উঠি আহিল।

মালতীয়ে ওৰণিখন ভালকৈ লৈ তাইৰ হাউলিৰ বাহিৰৰ ঘৰটোলৈ যাবলৈ

ওলাইছিল। তাই ওৰণিৰ ফাঁকেৰে মানুহজনলৈ চালে, বগা মানুহটো খঙত ৰঙা পৰি উঠিছে, চকুত জিলিকি উঠিছে সেই ৰঙা সূতাকেইডাল। চিনি পায়, তাই এইকিডাল ৰঙা আঁচু সূতা চিনি পায়, বুজি পায় তাৰ অৰ্থ। মানুহজনৰ ভয়ানক খং উঠিছে। এতিয়াই এইকিডাল ৰঙা আঁচু সূতা জুইৰ শিখা হৈ জ্বলিব, যিহকে আগত পায় তাকে ছাৰখাৰ কৰি নিব। প্ৰায় দৌৰি যোৱাৰ দৰে মালতী নিজৰ ঘৰটোলৈ যাবলৈ ওলাল। তাইৰ ভাব হৈছে এইকুৰা জুয়ে তাইকে খেদিব। কি বা ভুল হ'ল। আই শান্তিপ্ৰিয়াই ধনদাৰ হতুৱাই তাইক পিন্ধি-উৰি সাজু হৈ থাকিবলৈ কৈছিল। জাপে জাপে কেতেকীফুলৰ পাহিৰে সুগন্ধী কৰি থোৱা পাটৰ কাপোৰ এসাজ পিন্ধিবলৈ বৰ হেঁপাহ হৈছিল, হেঁপাহ হৈছিল অলঙ্কাৰ কিপদ পিন্ধিবলৈ। 'যাচি দিয়া ভাতৰ কাঁহী' তাই যে ক'তো যাবলৈ নাপায়, কোনো কাম-কাজত তাইৰ ভাগ নাই। আজি আই শান্তিপ্ৰিয়াই তাইক চাহাবক গামোচা দিয়াত সহায় কৰিবলৈ 'পিন্ধি উৰি' আহিবলৈ কৈছিল। মন ভৰাই তাই আজি সাজিছিল। বহুত দিনৰ মূৰত তাই আজি সমাজত ওলাবলৈ সুযোগ পাইছিল। মালতী মানুহজনী থক্‌থককৈ কঁপিছে। সেয়া মৌজাদাৰ দেউতা এইফালেই আহিছে। তাই বিছনাখনতে বহি ধক্‌ধক্‌কৈ এঘটি পানী খালে। সেয়া মৌজাদাৰ সোমাই আহিছে। তেওঁ দুৱাৰখন বন্ধ কৰি দিছে। তেওঁ দিনে দুপৰে এনেকৈ নাহে, ৰাতি আহি পুৱতিনিশা নিজা কোঠালৈ গুচি যায়গৈ। তাই পালেঙৰ কুণ্ডোৱা খুঁটাটোত ধৰি বৈ থাকিল। তাইৰ হাতত এটা বলীষ্ঠ চেপা অনুভৱ কৰিলে,. 'আজিৰ পৰা মই নোকোৱাকৈ ক'তো বাহিৰত ওলাব নালাগে।' দিনৰ পোহৰত এই ভৰ দুপৰীয়া তাইৰ গাৰ কাপোৰ হাতখনে খুলি দিছে। তাই মানুহজনৰ চকুহাললৈ চালে, ৰঙা আঁচু সূতাকিদাল কেতিয়াবাই নোহোৱা হৈ গৈছে। তাইৰ গাত কেৱল এতিয়া অলঙ্কাৰ কিপদ। দিনৰ পোহৰত তাই যেন এতিয়াই এপাহ শেৱালিফুলৰ দৰে মাটিত সৰি পৰিব। পালেঙত উঠাৰ আগতে কিয় জানো তাইৰ চকুৰ পৰা দুটোপা পানী গালেদি বাগৰি আহিল। তাই নিজৰে চকুহাল ঢাকি ধৰিলে। ইমান পোহৰ, বাহিৰত সেয়া মানুহৰ মাত। ধনদাই সেয়া কাৰোবাক কিবা কৈছে, এটা কেঁচুৱাই ৰাউচি জুৰি কান্দিছে। বন্ধ কোঠাৰ আগেদি কোনোবা পাৰ হৈ গ'ল। কোনোবাই তাইক মাত দি গ'ল। ঘৰৰ চিলিঙত বগা পাৰ এহালে বকম বকম কৰি উঠিল।

বনমালী চৌধুৰী যেতিয়া মালতী ঘৰৰ পৰা ওলাই আহিলে তেতিয়া তেওঁ একেবাৰে শান্ত। মনৰ অস্থিৰতা দূৰ হৈ গৈছে। তেওঁ লাহে লাহে মৌজাৰ অফিচৰ ফালে খোজ ল'লে। চাহাবৰ কাগজ-পত্ৰবোৰ তাতে থৈ আহিছে, সামৰি থব লাগিল। কেইবাজনো ৰায়ত আহি বহি আছেহি। দেখিলেই গম পায় খাজনা মাফ বিচাৰি

আহিছে। বৰফান্দীকে আদি কৰি কেইবাজনো মাউত ফান্দী আহিছে, হাতী ডিপোৰ কিবা সমস্যা হৈছে। এশ এটা কামত চৌধুৰী বুৰ গ'ল।

তাই যিখন কাপোৰকে পালে তাকে মেৰাই লৈ বিছনাত পৰি গ'ল। দিনৰ পোহৰত আজি কথাবোৰ একেবাৰে বেলেগ আছিল। মানুহটোৰ গাত যেন আজি এসোপামান খং আছিল, আক্রোশ আছিল। চববোৰ তাইৰ গাটোত মেলিবলৈকে আহিছিল যেন তেওঁ। সচাঁকৈয়ে মানুহটোৱে আজি চববোৰ তাইৰ গাৰ ভিতৰতে এৰি থৈ গ'ল। কোনো দিনেতো এনে কৰা নাছিল। মৰম-চেনেহ নহয়, এসোপা বিষ যেন মানুহটোৱে তাইৰ গাৰ ভিতৰত ভৰাই থৈ গ'ল।

তাইৰ শুকাই যোৱা চকুৰ পানীৰ ধাৰাটো আকৌ সজীৱ হৈ আহিল। গাঁঠিয়ে গাঁঠিয়ে এক বিষে যেন তাইক কেঁকোৰা খুৱাই পেলালে। তাই সঁচাকৈয়ে কেঁকাই উঠিল। ডাঙৰ ডাঙৰকৈ জ্বৰৰ তাপত কেঁকাই থকা মানুহৰ দৰে তাই কেঁকাই উঠিল।

হেঙাৰ ভাঙি খোৱা নাই ধান

ধনীৰামে চাহাবহঁতক ননৈ নদী পাৰ কৰাই দিলে। এতিয়া নদীৰ পানী নিচেই কম। মাংৰা চৰদাৰে ঠিক লিকে লিকে ঘোঁৰা পাৰ কৰাই নিলে। ম'হৰ গাড়ীও পাৰ হ'ল। নদীৰ ইপাৰে নাচন ডুবিৰ পৰা হাতী আহিব। চাহাবহঁতক নদী পাৰ কৰাই দি এইপাৰে আহি ধনীৰামে গদাধৰকে, কাতিয়াকে নৈত খেলিবলৈ দি শিল এটাতে বহিলে।

বেলি পৰো পৰো হ'লেই, আজি আৰু হাউলিলৈ উভতিব নোৱাৰি। নদীৰ এই পাৰে কুনটাং বজাৰ। বিহাৰী বেপাৰীকেইটাই কুনটাং বজাৰৰ চেহেৰাই বদলাই পেলালে। নাচনডুবি বাগিচাৰ কাৰণেই এইখন বজাৰ এনেকৈ দপ্‌দপ্‌াই বাঢ়ি আহিছে। এখন ডাঙৰ বাগানৰ ইমানবোৰ মানুহৰ কত প্ৰয়োজন। বাগানৰ হাটখনে বলে নোৱাৰেগৈ। বিহাৰী বেপাৰীৰ পৰিয়ালটোৱেও ভাল টকা-পইছা কৰিছে। বিহাৰী বেপাৰীৰ কিজানি বিশ/পঁচিশ টা মান ঘোঁৰা আছে। ঘোঁৰৰ পিঠিত মাল-বস্তু লাদি বজাৰে বজাৰে ঘূৰি ফুৰা 'বিহাৰী ঘোঁৰা'ৰ শাৰীটো সদায়ে মানুহৰ বাবে কৌতূহলৰ বস্তু।

ধনীৰামে গদাধৰক কাতিয়াৰ হাতত দি নদীৰ পাৰৰ গছ এজোপাৰ তলতে অলপ বহি জা-জলপান খাবলৈ লৈছিল। কাতিয়াই কেতিয়াবাই খালে। আজি ৰাতিটো মৌজাৰ খাজনা তোলা ঘৰটোতে থাকিব লাগিব। কাতিয়া আছে যেতিয়া খোৱা-বোৱাৰ যোগাৰো ভালেই হ'ব। এই অঞ্চলৰ প্ৰায় কিখন বজাৰত খাজনা তোলা ঘৰ একোটা আছে। মূল মৌজাৰ অফিচলৈ মানুহৰ যাবলৈ বহুত অসুবিধা, এনেকৈ ঘৰৰ ওচৰতে খাজনা দিবলৈ পালে সুবিধা হয়। ধনীৰামে নিজেও মহৰীক লৈ এই ঘৰবোৰত নিশা খপি খাজনা তুলিছেহি। মৌজাদাৰৰ মানুহ অহাৰ খবৰ পালে, গাঁওবুঢ়া আহি খা-খবৰ কৰেহি, কাতিয়া গৈছেই চাগৈ। ধনীৰামৰ মনটো বৰ ভাল নহয়। কালি গাঁৱৰ পৰা ভজিতা ল'ৰাটো আহিছিল। ধনীৰাম একেবাৰে সৰু কালতে আহি মৌজাদাৰৰ ঘৰত থাকিয়েই আজি এই মাউত হ'লহি। খুড়াকে লৈ

আহিছিল। হওঁতে ঘৰৰ অৱস্থা একেবাৰে পৰি মৰা নাছিল। মাক-দেউতাক, খুড়াক, বৰ দেউতাক, দুজনকৈ ককায়েক, এজনী বায়েক, এটা ভায়েক গোটেই চুবুৰীটোৰে ধনীৰামহঁতৰে অঙহী-বঙহী। খেতি-খোলা আছেই, মূল উপাৰ্জন হ'ল মুগা চোমনিখন। ভালেখিনি মাটি জুৰি চোমনিখন আছে। চোমনিখনৰে পৰা ক'বলৈ গ'লে পৰিয়ালটো চলি থাকে। এনল গ'লেই বিলখন আছে, ৰাতি সুবিধা বুজি চেপা এটা পাতি থলেই এচেপা মাছ সোমাই থাকে। কোনেনো খাই ঢুকুৱাব পাৰিব? ধান মুঠি আছেই, মাহ-সৰিয়হৰ চাপৰি খেতিও ভাল হয়। হাবিত সোমালেই গোটেইখন শুকান ডালি-ডুলা পৰি থাকে। জাৰকালিৰ বাবে আগতীয়াকৈ মৰা গছ একোজোপা চাই থয়। ভঁৰাল ঘৰৰ আগ শুকান খৰিৰে ভৰি থাকে। গোটেই জাৰকালিটো ৰাতি চোতালত জুই একুৰা জ্বলি থাকে। কিনাৰ ভিতৰত নিমখকণ। তেলো ঘৰৰে সৰিয়হেৰে হয়। ঘৰৰ পৰা ওলাই অহা মানুহ অকল ধনীৰাম আৰু মাজু খুড়াক। মাজু খুড়াকক মৌজাদাৰে আনিছিল। খুড়াকৰ মুখত হাউলিৰ কথা, হাতীৰ কথা শুনি শুনি ধনীৰাম নিজেই আহিছিল। বিয়া-বাৰু কৰাই ধনীৰামে মৌজাদাৰৰ মাটিতে ঘৰ এটা তুলি থাকিলহি। এতিয়া আৰু ধনীৰামৰ মন গদাধৰ আৰু হাউলিতে শিপা মেলিলে। কেতিয়াবা শ্ৰাদ্ধই-বিয়াইহে যোৱা পৰে, কেতিয়াবা যোৱা নহয়েই। বিশেষকৈ মাকজনী মৰাৰ পাছত দেউতাকে আৰু এজনী চপোৱাৰ পাছতে শেষ টান খিনিও নোহোৱা হ'ল। ধনীৰামৰ ল'ৰা-ছোৱালীয়ে বাপেকৰ যে ঘৰ এখন আছে প্ৰায় নাজানেই বুলিব লাগে।

বাটকুৰি বাই ভতিজা ল'ৰাটো ধনীৰামক বিচাৰি এনেই ওলোৱাহি নাই। পৰিয়ালৰ আটাইবোৰ বৰ অভাৱত পৰিছে। বগা চাহাবৰ খাজানাই কুঁহিয়াৰ চেপাদি চেপিছে। ধনীৰামে দুটামান চিকা ৰূপ দি সহায় নকৰিলে গাঁৱৰ বহুত মানুহ ভাগি যোৱাদি মাটি-ভেটী এৰি পৰ্ব্বতে-জংঘলে ঠাই বিচাৰি ভাগিব লাগিব। ধনীৰামে ৰায়তৰ দুৰ্দশা দেখিছে, তথাপি নিজা পৰিয়ালটোৰ এনে দশা হ'ব বুলি ভবা নাছিল। আচলতে মৌজাদাৰৰ হাউলিৰ আলি-বুলিৰ মাজত থাকি অভাৱৰ কথা পাহৰিছিলেই। হওতে তাক মৌজাদাৰে মাহে মাহে মাউতৰ বেতন বুলি দিয়া চিকাৰূপ কিছু জমা হৈছে। যাব লাগিব। হাতী ডিপোৰ কাম আৰম্ভ হ'লে আৰু ওলাব পৰা নহ'ব।

হাতীক গা-ধুৱাই কাতিয়া আহি ধনীৰামৰ ওচৰ পালেহি। কাতিয়াই বৰ উৎসাহেৰে খবৰ দিলেহি যে এবাহ মৌ পকি আছে। ধনীৰামৰ সঁচাকৈয়ে খং উঠি গ'ল। এইটোৰ প্ৰাণটোৱে আছে পেটটোৰ ভিতৰত, সকলো সময়তে জিভাখন

লকলকাই থাকে। তাৰ মোনাখনত কিবা নহয় কিবা পেটত ভৰাব পৰা বস্তু থাকেই। আজিও এমোনা পকা ঔ-টেঙা আছে। এটা সি বখলিয়ালেই। একোঁহা ধনীৰামকো দিলে। পৰম বিতৃষ্ণাৰে ঔ-টেঙা কোঁহা দলিয়াই পেলালে। মৌজাদাৰ দেউতাক ঘৰলৈ যোৱাৰ কথাটো ক'ব লাগিব, পাৰিলে সেই মৌজাৰ মৌজাদাৰলৈ এখন কাগজো লিখাই নিব লাগিব। অলপ খাজনা যদি মাফ দিয়াব পাৰে। সন্ধিয়ালৈ কুনটাং বজাৰ এলেকাৰ গাঁওবুঢ়া আহিল, বিহাৰী বেপাৰী পৰিয়ালৰ ৰামপ্ৰসাদ বুঢ়াও আহিল। কাতিয়াই গাঁওবুঢ়াই অনা পাৰ মাংস ৰান্ধিলে। কলহৰো যোগাৰ হ'ল। কাতিয়াৰ মহা উৎসাহ। ৰামপ্ৰসাদে গামোচাৰে বান্ধি ঘৰৰ পৰা ৰুটি আৰু নিৰামিষ চবজিও আনি দিলে। ধনীৰামৰ এইবোৰলৈ বৰ বেছি কাণসাৰ নাই। সোনকালে বাগৰ দিলে। কাইলৈ পুৱাই মৌসৰালৈ যাব লাগিব।

ধনীৰাম হাউলি সোমাই গদাধৰক খুৱাই-বুৱাই নিজা পজাটোলৈ গৈ বাঁহৰ চাঙখনতে পৰিলগৈ। কিবা গোটেইখন বিস্বাদ লাগি গৈছে। ডফলা পোতা টিলাৰ শহা জাক মাৰি হাউলিত সুমুৱাওঁতেই গা-চেবাইছিল, কিবা এটা হ'ব। পালেই নহয় এইসোপা খবৰ। আৰু বা কি হয়। গধূলিলৈ ধনীৰামে আটাইখিনি সমস্যা মৌজাদাৰ দেউতাৰ আগত ক'লেগৈ। কাগজ এখন তাৰ গাঁৰৰ মৌজাদাৰলৈ লেখি দিয়াৰ কথাও ক'লে। উত্তৰত মৌজাদাৰে যিখিনি কথা ক'লে ধনীৰাম অবাক হৈ গ'ল। মৌজাদাৰ দেউতাই কাগজ লেখি দিলেও একো লাভ নহ'ব, বগা চাহাবে যিবোৰ খাজনা ধৰিছে আদায় দিবই লাগিব। অলপ টকা-সিকাৰ কথা কওঁতে মৌজাদাৰে ক'লে— তেওঁৰে দিন বেয়ালৈ আহিছে। নিজৰ গাঁঠিৰ ধন ভাঙি মৌজা কেনেকৈ চলাব ক'ব নোৱাৰি। ধনীৰাম চৌধুৰীৰ বৰ বিশ্বাসৰ পুৰণি মানুহ, কাৰো আগত প্ৰকাশ কৰিব নোৱৰা শঙ্কা আৰু চিন্তাখিনি এই সহজ-সৰল মানুহটোৰ আগত যেন নিজে নিজে ওলাই আহিল। বুলনিত আৰু কোনো নাই। আৰামী চকীখনত চৌধুৰী আৰু ভৰিৰ ওচৰৰ মাজিয়াখনত লেপেটা কাঢ়ি বহি আছে ধনীৰাম। কোনোবা এজনীয়ে আহি গোল চিমনিৰ লেম্পটো জ্বলাই থৈ গৈছে। পোহৰটো ভাল হোৱা নাই। কেৰাচিনখিনিয়ে লেতেৰা, ধোঁৱাই ধোঁৱাই লেম্পটো লেতেৰা হৈ গৈছে। চৌধুৰীয়ে হাউলিৰ খা-খৰচ কমাবৰ বাবেই দামী 'ভিক্টৰীয়া' কেৰাচিনৰ ঠাইত 'চুকুৰ' কেৰাচিন আনিবলৈ দিছে। হাউলিত মাহেকৰ কেৰাচিন দি যায়হি সোণাপুৰৰ ঘোষ বাবুৱে। তেওঁ চৌধুৰীয়ে 'ভিক্টৰীয়া' কেৰাচিনৰ ঠাইত যোৱা দুমাহ ধৰি 'চুকুৰ' কেৰাচিন লোৱা দেখি আচৰিতেই হৈছিল। তেওঁ চৌধুৰীক কৈছিল চাহাবৰ সৈতে উঠা-বহা কৰা মানুহ হৈ 'চুকুৰ' কেৰাচিননো কিনিব লাগেনে। 'চুকুৰ' নামটোৰ অৰ্থও

ঘোষ বাবুয়ে ভঙাই দিছিল। 'চুকুৰ' হৈছে গান্ধীৰ যঁতৰৰ চক্রটো। ভাল হলে 'ভিক্টৰীয়া', বেয়া হলে ভাৰতীয়। মৌজাদাৰৰ হাউলিত 'চুকুৰ' কেৰাচিন শোভা নাপায়। ঘোষ বাবুৰ মিঠা কথাত তেওঁ ধৰা দিয়া নাছিলে। ধোঁৱাই থকা লেমৰ পোহৰত ধনীৰাম আৰু মৌজাদাৰ চৌধুৰী দুটা ছায়া যেন লাগিছিল।

মৌজাদাৰৰ মাতটো অলপ সৰু, সকলোৰে অভ্যস্ত ডাঙৰ মাতটো নহয় 'ধনীৰাম, তোক মই কেইটামান চিকা ৰূপ দিব পাৰিম, গোটেইখিনি মোৰ পৰা আশা নকৰিবি।'

মৌজাদাৰক সেৱা এটা কৰিছে ধনীৰামে, 'হ'ব দেউতা, হ'ব।'

'তই সোনকালে আহিবি, এইবাৰ কেইটামান ভাল চাৰিল ধৰিব লাগিব। তোৰ ওপৰতে মোৰ ভৰষা।'

হঠাৎ কি জানো হ'ল ধনীৰামৰ, সি ঘপহকৈ কৈ পেলালে, 'দেউতা কাটিলেও কাটিব, মাৰিলেও মাৰিব, কথা এটা কওঁ।'

কি বা কয় এই মানুহটোৱে? চৌধুৰী অলপ সচকিত হৈ পৰিল।

'দেউতা, সিদিনা চাহাবে মাৰি অনা শহাকিটা মই সীমাৰ বাজ কৰি পেলাই দিছিলো, কোনো বাঘে শিয়ালে খোৱা নাই।'

'বুজিছ ধনীৰাম, ৰজাক অসন্তুষ্ট কৰি আমি প্ৰজাবোৰ বাচিব নোৱাৰিম, দেখা নাইনে চাহাবৰ লগত মই কিমান টকা ভাঙিলো।' মৌজাদাৰ চৌধুৰী অলপ ৰৈছে।

'শহাকিটা তই কিয় চাহাবক নিদিলি?'

'সেইকিটা ডফলা-পোতা টিলাৰ শহা, কালিকা লগা জীৱ।'

'বুদ্ধিটো তোক দিলে কোনে? তোৰতো ইমান মাথা নাই।'

'শান্তিপ্রিয়া আয়ে দেউতা।'

চৌধুৰী মনে মনে আছে।

'দেউতা ঈশ্বৰ, সেইগৰাকী বৰ পূণ্যাত্মা আই।'

চৌধুৰীৰ হাতত কিছু চিকা ৰূপ আছিল। কোনোবাই দি গৈছিল। তাৰে দুটামান মুদ্রা তেওঁ ভৰিৰ ওচৰত পেলাই দিলে। বিলাতী মাটিৰে বন্ধোৱা পকী মজিয়াত মুদ্রাকেইটা থনথনাই উঠিল।

'বুটলি ল', চৌধুৰীৰ আগৰ বহি যোৱা মাতটো আৰু নাই, তাৰ ঠাইত সেই চিৰ পৰিচিত ডাঙৰ গলগলীয়া মাতটো।

'ইমানখিনি চিকাৰূপ, মোক নালাগে দেউতা।' ধনী দেখদেখকৈ ভয় খাইছে। 'বুজিছ, হাতীৰ পেটত নাই বুলিও একলহ পানী।'

ৰূপৰ টকা আৰু তামৰ পইছাকিটা চুবলৈ ধনীৰামে ভয় কৰিছে।

'বোটল বুলিছো নহয়, পইছাকিটা বোটল।' কঠিন আদেশ আছিল।

ভৰিৰ ওচৰত আঁঠু কাঢ়ি পইছা বুটলি থকা ধনীৰামক দেখি যেন চৌধুৰীৰ স্নায়ুবোৰ শান্ত হৈ আহিল। আজি মালতীৰ ঘৰলৈ যাম বুলি ভাবিছিল তেওঁ। ধনদাই কৈছে তাইৰ হেনো শৰীৰ ভাল নহয়, মূৰ-ঘূৰণি হৈছে। তাৰমানে আৰু এটা খৰচ বাঢ়িল। বাহিৰলৈ উলিওৱা, অন্নপ্ৰাসন। নকৰিলেতো নহ'ব। মৌজাদাৰৰ তেজ বুলি কথা। শান্তিপ্ৰিয়াৰ ফালৰ যঁজা ল'ৰাহাল মঙ্গলদৈৰ হাইস্কুলত পঢ়ি আছে। কলেজত পঢ়াব লাগিব, কলিকতালৈকে পঠাব লাগিব। হাউলিৰ বাহিৰত থকা শাওনীৰ ল'ৰাটো জনাথন চাহাবৰ মিছনতে পঢ়ি আছে। ভুল হৈছে নেকি? ভুলৰ পাছত ভুল হৈছে নেকি? ধনীৰামক তেনেকৈ চিকা ৰূপখিনি দিয়া ভুল হ'ল, চাহাবৰ পাছত এনেকৈ টকা ভঙাটো ভুল হ'ল। এইবাৰ চৌধুৰীয়ে খাজনা জমা দিয়াৰ দিন ৰাখিব পৰা। অকল এইবাৰেই নহয়, আজি তিনি মাহে টকা গাড়ীত বস্তা ভৰাই খাজনা নি মঙ্গলদৈত জমা দিব পৰা নাই। হওঁতে এবছৰত খাজনা জমা দিলেই হয়। কিন্তু কোনো মৌজাদাৰেই এবছৰ ধৰি দিবলগীয়া ধন জমা নাৰাখে। মাহেকতে জমা দিয়ে। দিনে দিনে 'কেচ ইন হেণ্ড' 'হাতে জমা বাকী'ৰ সংখ্যাটো বাঢ়ি গৈছে। খাজনাৰ পইছা খৰচত গৈছে। বৃটিছ চৰকাৰৰ হাতত দেউতাকৰ দিনৰে চল্লিশ বিঘা মাটি জামিন আছে। সকলো মৌজাদাৰৰে থাকে। তেওঁৰো আছে। চৌধুৰীয়ে কালি খবৰ পাইছে, সোণাপুৰ মৌজাৰ শৰ্মা মৌজাদাৰৰ মৌজা নীলাম হব, তেওঁৰ পঞ্চল্লিশ বিঘা মাটি জামিনত বাজেয়াপ্ত হ'ব। এডুইন চাহাবে কৈ গৈছে চৌধুৰীয়ে ইচ্ছা কৰিলে সেই মৌজা চৰকাৰক দিব লগাখিনি দি ডাকি ল'ব পাৰে। চাহাবক তেওঁ কেনেকৈ কয় গৰ্ভ চন্দুক প্ৰায় তলী পাইছেহি। এই চন্দুক ঠাহি থৈ গৈছিল দেউতাকে। সৰু চন্দুকটোৱো আ-অলঙ্কাৰেৰে ভৰাই থৈ গৈছিল। মাকে এপদ-দুপদকৈ অলঙ্কাৰ গঢ়াইছিল, দেউতাকে তাৰ এপদতো হাত দিয়া নাছিল। সকলোখিনি তেওঁলৈ এৰি থৈ গৈছিল। চৌধুৰীয়ে বুলনিত পাইচাৰি কৰিবলৈ ধৰিলে। কিহত হাত দিব? ৰূপিত মাটিত? চন্দুকৰ তলীত থকা চিকাৰূপখিনিত? নে সৰু চন্দুকৰ বাকী ৰোৱা অলঙ্কাৰ কিপদত? তেওঁ খাজনা জমা কৰিব পৰা নাই, গতিকে বন্দবস্তি অনুসাৰে মুঠ জমা দিয়া খাজনাৰ শতকৰা ত্ৰিশ ভাগৰ উপাৰ্জনো হোৱা নাই।

কোনোবা এটা বুলনিলৈ সোমাই আহিল, লগতে সোমাই আহিল কণী ময়দা দি বনোৱা পাওৰুটিৰ মহমহীয়া গোন্ধ। ঠিকেই ধৰিছে তেওঁ— জামাল ৰুটিৱালা। জামাল ৰুটিৱালাক এখন ময়দা আৰু চেনিৰ চৰকাৰী পাৰ্মিট লাগে। কমিছ্নাৰ চাহাবে চৌধুৰীৰ ঘৰত চাহ-ভাত খাই গৈছেহি। জামালে চৌধুৰীক কাওঁ বাওঁ কৰি উঠিল, এখন পাৰ্মিট উলিয়াই দিব লাগে। চৌধুৰীয়ে সুযোগটো এৰিব নুখুজিলে।

'চোৱা জামাল, পাৰ্মিট তোমাক মই ঠিকেই উলিয়াই দিম।'

জামাল চৌধুৰীয়ে মৌজাদাৰৰ কাষৰ চকীখনতে ঘপকৈ বহি দিলে, 'আপুনি কৰোঁ বুলিলে হ'বই মৌজাদাৰ দেউতা।'

জামালৰ কাণত ভৰাই অনা আতৰ তিওৱা তুলাৰ উগ্র গোন্ধত বুলনি ডুব গৈছে। বাহিৰত ফুলি থকা কামিনী-কাঞ্চন খৰিকাজাইৰ গোন্ধ একেবাৰে পোত খাই পৰিছে।

'তুমি মোক দুদিন মানৰ কাৰণে অলপ টকা দিয়া, মই কাইলৈকে খাজনা জমা দিবলৈ সদৰলৈ যাম, মোৰ অলপ টকা কম পৰিছে, পাৰিলে পাৰ্মিটৰ কামটো কৰিয়ে অনিম।'

'হ'ব দেউতা, মই আজি ৰাতিয়ে টকাখিনি দি যামহি। আপোনাৰ হাতত থকা মানে চন্দুকত জমা থকা। কিমান লাগিবনো?'

'মহৰীক সুধিব লাগিব, তুমিয়ে কথাটো পাতি লোৱা।'

চৌধুৰীয়ে মনেই কৰা নাছিল ধনীৰাম চিৰিতে বহি আছিল। তেওঁ গৰগৰাই উঠিল, 'তই কি কৰি আছ? যা-চোন মহৰীক মতা বুলি ক'গৈ।' মহৰী হৰকান্ত বৰা দৌৰি আহিল।

চৌধুৰীৰ মাতযাৰ যেন অলপ কঁপি উঠিছে, 'ৰবা, তুমি' 'জামাল ৰুটিৱালা' বুলি ক'বলৈ গৈ অলপ ৰৈ আকৌ ক'লে, 'জামালক আমাৰ 'কেচ ইন হেণ্ড' হোৱা খাজনাৰ হিচাবটো বুজাই দিবাচোন।'

'হ'ব দেউতা, মই এতিয়াই দি যামহি।'

চৌধুৰীয়ে হাতখন পাছফালে কৰি খৰ খোজেৰে নিজৰ বহাৰ পিনে খোজ ল'লে। তেওঁ বৰ বেগাই খোজ দিছে। তেওঁ দেখদেখকৈ জামাল ৰুটিৱালা, ধনীৰাম আৰু মহৰীৰ পৰা পলাব খুজিছে।

তেওঁ গৈ বিছনাত পৰিলগৈ। তেওঁৰ যেন বৰ ভাগৰ লাগিছে। বহুদূৰ প্রখৰ ৰ'দত যেন তেওঁ খোজ কাঢ়ি আহিছে। ডিঙিটো শুকাই গৈছে। জিভাখন কৰাল মাৰি

ধৰিছে। অথচ হাতৰ ওচৰতে থকা লোটাটোৰ পৰা পানী অকণমান লৈ খাবলৈয়ো যেন তেওঁৰ শৰীৰত শক্তি নাই।

সঁচাকৈয়ে তৃষ্ণাৰ্ত হৈ বনমালী চৌধুৰী এই ফুট গধূলিতে পালেঙত পৰি থাকিলে। তেনেকৈ পৰি থাকোঁতে তেওঁ শৰীৰত অনুভৱ কৰিলে আন এক তৃষ্ণা। তুলাৰামৰ ছোৱালী মালতী 'যাচি দিয়া ভাতৰ কাঁহী' হৈ তাইতকৈ বিশ/বাইশ বছৰে ডাঙৰ আদহীয়া মানুহজনৰ ওচৰলৈ আহিছিল। তাই অহাৰ সময়লৈ তেওঁৰ প্ৰায়ে আজিৰ দৰে হৈছিল। দেউতাকৰ লগত কাজিয়া পাতি ঘৰলৈ অনা শাওনীৰ ল'ৰাৰ মাক হোৱা দেহাটোৱে আৰু তেওঁক টানিব নোৱৰা হৈছিল। শাওনীৰ সকলোবোৰ জেঠৰ বাৰখৰত শুকুৰাদি শুকাই গৈছিল। শান্তিপ্ৰিয়াক বিয়া কৰোৱাৰ পাছৰ এবছৰত তেওঁ একেবাৰে দুৰ্দান্ত হৈ পৰিছিল। গাত যেন কিবা এটাই বাহ লৈছিল। দেউতাকে যিমানে শাওনীক হাউলিত তুলিবলৈ নিদিয়ে সিমানে তেওঁ পাগল হৈছিল। অৱশেষত শাওনী আহিছিল, বাপেক ঢুকাইছিল, শান্তিপ্ৰিয়াৰ চুলিবোৰ বগা হৈ গৈছিল, আপোন মনে বিৰবিৰাই থাকিবলৈ লৈছিল। শাওনী জেঠৰ চিৰালফটা পথাৰ হোৱা সময়তে 'যাচি দিয়া ভাতৰ কাঁহী'ৰ সোৱাদ তেওঁলৈ আহিছিল। আৰু শান্তিপ্ৰিয়া? আজি বহুতদিনৰ মূৰত চৌধুৰীৰ সেই দেহাটোলৈ মনত পৰিল। বৰকৈ কঁপিছিল সেই দেহা, সেই দেহাটোৱে তেওঁক আকুৰি আকুৰি ধৰিছিল, এৰি দিব খোজা নাছিল, হাত দিলেই কুমাৰৰ মাটিৰ দৰে কোমল আৰু পিছল হৈ পৰিছিল সেই দেহা। সেই দেহাটোলৈ আজি মনত পৰি তেওঁ ঘামি গ'ল। কি হৈ গ'ল মানুহজনী! কিয় এনে হয়? তেওঁৰ হাতত উচ্ছল নিজৰাৰ দৰে কোমল দেহাবোৰ কিয় জেঠৰ বাৰখৰত শুকুৰা চিৰালফটা পথাৰ একোখন হৈ পৰে। মালতীৰ যাচি দিয়া ভাতৰ কাঁহীতো টেঙা গোন্ধ আহিবলৈ ধৰিছে।

তেওঁক ঢৌৱাই নিয়া এক উচ্ছল নিজৰা লাগে। লাগে কুমাৰৰ মাটিৰ দৰে পিছল আৰু কোমল এটা কেঁচা দেহা। বাৰে বাৰে তেওঁক আক্ৰমণ কৰিছে এটা খালী হৈ পৰা চন্দুকে, এহাল শিয়ান চকুৰ জামাল ৰুটিৱালাই, কেইটামান চাহাবে, চুকুৰ কেৰাচিনেৰে জ্বলোৱা ধোঁৱাই থকা লেম এটাই। চৌধুৰী পালেঙতে ধৰফৰাই উঠিল।

তেওঁ উঠি দুৱাৰখন বন্ধ কৰি ল'লে আৰু নিঃসাৰ হৈ পালেঙত পৰি থাকিল। হাউলি ভৰ্তি মানুহৰ মাজত তেওঁৰ বৰ অকলশৰীয়া লাগিল। কোনো নাই যেন তেওঁৰ। তেওঁৰ কাৰোবাৰ কথা শুনিবৰ মন গ'ল। মনত পৰি গ'ল সেই মাঠ বৰণীয়া কেঁকোৰা চুলিৰ ছোৱালীজনীলৈ। বিয়াৰ পাছত কিছুদিনলৈকে তাই কলকলকৈ

কিমান কথা কৈছিল। তাই একেবাৰে নীৰৱ হৈ পৰিল। মালতী আৰু শাওনীৰ লগত কথা পতা মনতেই নপৰে। মাঠ বৰণীয়া ছোৱালীজনীয়ে কেতিয়াবা কথাৰ মাজতে গীত-পদো গাইছিল। এৰা, বৰ শুৱলাকৈ গাইছিল। তেওঁৰ কাণত স্পষ্টকৈ বাজি উঠিল এজনী হাঁহিমুখীয়া কিশোৰীৰ মূৰ হলাই হলাই হাত-চাপৰি দি দি গোৱা এটি গীত,

'সৰ্বাঙ্গ সুন্দৰী পাৰ্বতী জীউ মোৰ
কোনো অঙ্গে নাই খুঁত।
তাইক লাগিয়া দৰা মাতি আনিছা।
ক'ৰ ইটো জংঘলুৱা ভূত।
নিদিও পাৰ্বতীক জটীয়া শিৱত
একো মোৰ হোৱা নাই টান।
ন বছৰীয়া কুমলীয়া জীউ মোৰ
হেঙাৰ ভাঙি খোৱা নাই ধান।'

স্পষ্ট মনত আছে। চাপৰি বাই বাই তাই গাইছিল 'সৰ্বাঙ্গ সুন্দৰী.....'। গাওঁতে মূৰটো দুলাই আছিল, টুকটুককৈ চাপৰি বাইছিল।

লাহে লাহে বনমালী চৌধুৰীৰ চকুলৈ তন্দ্ৰা নামি আহিল।

সুহুৰি মৰা মানুহ জাক

বাৰ্নাৰ্ড চাহাবৰ বাহিনীয়ে অলপ অলপ আন্ধাৰ হওতেই ননৈ নদীৰ ইপাৰ পালেগৈ। ননৈ নদীৰ পৰাই আৰম্ভ হৈছে ওখ, চাপৰ ঢৌ-খেলোৱা বাগিচা। নাচন-ডুবি। কেউপিনে নিফুট অন্ধকাৰৰ মাজত নাচন ডুবি বাগিচাত অ'ত-ত'ত পোহৰে চিক্‌মিক্ কৰি আছে। একেবাৰে ওখ টিঙটোত থকা বাৰ্নাৰ্ড চাহাব আৰু তেওঁৰ ভায়েক লিঅনাৰ্ড চাহাবৰ 'বৰা-বাংলা'ৰ পৰা উজ্জ্বল পোহৰ আহিছে। নদীৰ সিপাৰে লিঅনাৰ্ড চাহাব কেইবাজনো মানুহ লৈ বৈ আছিল। লিঅনাৰ্ড একেবাৰে তজবজীয়া ডেকা ল'ৰা। দুই ভায়েকে গাধৰ দৰে খাটিব পাৰে, তথাপি লিঅনাৰ্ডৰ কৰ্মক্ষমতা দেখি বাকী মানুহ আচৰিত হৈ যায়। লিঅনাৰ্ডোৱে সকলো ব্যৱস্থা নিখুঁতভাৱে কৰি থৈছে। সকলোৱে জানে লিঅনাৰ্ড চাহাবৰ কাম পানী নসৰকা, কোনো ফাঁক নাথাকে। আজিও তেওঁ সন্মানীয় অতিথিৰ বাবে সকলো ব্যৱস্থা কৰি থৈছে, স্বাভাৱিকতে তাত কোনো খুঁত নাই।

পুৱা উঠি বাৰ্নাৰ্ড চাহাবে তেওঁৰ বাঘ পোৱালি হেন কুকুৰ দুটা বাহিৰৰ লনলৈ উলিয়াই লৈছে। তেওঁৰ হাতত এডাল ডাঙৰ ৰিং। হাতৰ হাণ্টাৰডাল উলিয়াই তেওঁ বতাহতে সাৰৌপ কৰে কোব এটা মাৰিলে। দুইটা কুকুৰে একে জাঁপে ৰিংটো পাৰ হৈ গ'ল। দুটা চাপ্ৰাচি বাৰ্নাৰ্ড চাহাবৰ লগে লগে আছে। এটাই দুটা ডাঙৰ ডাঙৰ বল মাটিত পাতি দিলে। এইবাৰ চাহাবে এটা হুইছেল বজাইছে। দুই কুকুৰে ভৰিৰে ঠেলি ঠেলি বলটো আগুৱাই নিছে। তাৰ পাছত সুবিশাল ফুলেৰে বাখৰ পতোৱা সেউজীয়া ঘাঁহনিখনত বাৰ্নাৰ্ড চাহাব দৌৰিবলৈ লাগিল। তেওঁ কুকুৰ দুটাক মাতিছে। 'কাম মেৰী, কাম চিজাৰ', দুইটা কুকুৰ তেওঁৰ পাছে পাছে দৌৰিবলৈ লাগিল। ভূটান পাহাৰৰ শাৰীৰ মাজৰ পৰা সূৰ্য্যটো কুঁৱলীৰ মাজেৰে ওলাই আহিছে। বেলিৰ ৰহণ আহি 'বৰা-বাংলা'ৰ ফুলবাগানখনত পৰিছেহি। লিঅনাৰ্ড ভাল স্থপতিবিদ, তেঁৱেই এই বাগানৰ 'বৰা-বাংলা'টো ডিজাইন কৰিছে। বাগিচাখন সজাইছে বাৰ্নাৰ্ড চাহাবৰ পৰিবাৰ এলিজাই। ঘৰটো সাজোতে মাটিখিনিত থকা গছবোৰৰ এজোপাও কাটিবলৈ

দিয়া নাছিল। প্ৰতিজোপা গছৰ তলে তলে ঘূৰণীয়াকৈ মৌচমি ফুলৰ বেড জাকি মাৰি ফুলিছে। গুটিবোৰ মগাই আনিছে। ভাল বীজ,. পাহাৰীয়া বতৰ, সযত্ন পৰশ— ফুলৰ হাঁহি উপচি পৰিছে। ডালিয়াখিনি একোখন কাঁহী হেন ডাঙৰ হৈছে, নাৰ্জিডৰাই কমলা, হালধীয়া হৈ গাতে গা লগাই ফুলিছে, প্ৰতিপাহ নাৰ্জি একোটা সৰু-সুৰা বল যেন হৈছে। ডালিয়াৰ বেডকিখনৰ কাষতে বগা বগা অলপ পিঠিৰ ফালে হেলনীয়া বেতৰ গাৰ্ডেন চেয়াৰ কিখনৰ মাজত এখন চাপৰ গোল বেতৰ টেবুল। টেবুলখনতে বাটলাৰ জনক মুণ্ডাই টি-ছেট সজাইছে। ইতিমধ্যে এডুইন, ভিক্টৰ চাহাব উঠি আহি গাৰ্ডেন চেয়াৰত বহিছেহি। অলপ পাছতে এলিজাও বহিলহি। লিঅনাৰ্ড এতিয়াও অবিবাহিত। বৰা বাংলাত শ্বেতাঙ্গী নাৰী অকল এলিজা, এলিজা গৰ্ভৱতী। লাহে লাহে আহি তেওঁ দুই আলহীক অভিবাদন জনালেহি। লিঅনাৰ্ড অলপ দেৰিকৈ উঠে। যোৱা ৰাতি লিঅনাৰ্ডৰ শয্যা-সংগিনী আছিল এজনী কোমল বয়সৰ উৰিয়া বনুৱা ছোৱালী। তাইক 'বৰা-বাংলা'ত কাম কৰিবলৈ বুলি অনা হৈছে। প্ৰকৃত কাম ছোট চাহাবৰ ৰাতিটো কোমল কৰি পুৱালৈ আকৌ তজবজীয়া কৰি দিয়া। ৰুক্মিণী আন বনুৱা ছোৱালীতকৈ অলপ বগা আৰু ওখ। লিঅনাৰ্ডে একাপ চাহ খাই দুই আলহীক অভিবাদন জনাই কজলা ৰঙৰ ঘোঁৰাটো লৈ ওলাই গ'লগৈ। কামজাৰিৰ ঘণ্টা বাজিব এতিয়া।

কুঁৱলী, ফুলৰ ৰঙ, চাহৰ ফুৰফুৰীয়া গোন্ধেৰে ভৰা ধুনীয়া পুৱাটো হঠাৎ যেন ফালি-ছিৰি গ'ল, ঝনঝনকৈ চিচা ভগাদি ভাগি গ'ল। বাংলাৰ দীঘল বাৰাণ্ডাখনৰ এমূৰত এটা পকী-খুটা আছে। তাতে এডাল শিকলি আছে। শিকলিডালত বান্ধি থোৱা আছে এজন আদ বয়সীয়া বনুৱাক। বৰা বাংলাৰ পাঁচজন মালীৰ ভিতৰৰ এজন এই ৰাম কাঁৱা। এই ৰামে সাধাৰণতে কুকুৰ দুটাৰ প্ৰতিপালন কৰে। ব্যায়াম কৰাৰ পাছতে কুকুৰ দুটাই সিহঁতৰ নিৰ্দিষ্ট বাটিত দুইসেৰ, দুই সেৰ চাৰিসেৰ বাংলাতে পোহা গৰুৰ গাখীৰ খাই। বানাৰ্ড চাহাবে নিজে কুকুৰ কিটাৰ খাদ্যৰ তদাৰক কৰে।

কুকুৰকিটাৰ কোনো কথাতে চাহাবে গাফিলতি হোৱা সহ্য নকৰে। কৰিবই বা কিয়? এই কুকুৰকিটাই ক'বলৈ গ'লে তেওঁৰ ভৰসা। এই অটব্য হাবিৰ মাজত অকলশৰে থকা, কেতিয়া কি হয় কি ঠিক। হাতীয়ে, বাঘে, সাপে গেটেইখন পিলপিলাই থাকে। আৰু বাগিচা জুৰি থকা মানুহবোৰ, কাক বিশ্বাস কৰিব। তেওঁ জাহাজত উঠাই বিলাতৰ পৰা এই কুকুৰ দুটা পোৱালি থাকোঁতেই আনিছিল। বাৰ্নাৰ্ড চাহাবৰ আইতাকৰ কুকুৰৰ বংশৰ এই চিজাৰ আৰু মেৰী। মেৰীৰ পেটত পোৱালি।

এই অৱস্থাত এই গাফিলতি, বাৰ্নাৰ্ড চাহাব, খঙত একো নাই হৈ আছে। তেওঁৰ বিশ্বাস এলিজাৰ প্ৰথম সন্তান প্ৰিঞ্চ চিজাৰ আৰু মেৰী থকা হ'লে কেতিয়াও নমৰিলহেঁতেন। প্ৰথম সন্তানলৈ মনত পৰি বাৰ্নাৰ্ড চাহাবৰ বুকুখন ফাটি-চিটি যাব যেন লাগিল। সদায়ে হয়, সদায়ে এনে হয়। কেনে ধুনীয়া ল'ৰা আছিল প্ৰিঞ্চ, ছয় বছৰ বয়সতে কিমান কথা বুজা হৈছিল। তাৰ তীক্ষ্ণ বুদ্ধিমত্তা, তাৰ বোধ শক্তি। বৰ প্ৰতিশ্ৰুতি লৈ সি আগবাঢ়ি আহিছিল। ককাক-আইতাক স্কটলেণ্ডত ৰৈ আছিল, তাক লগত ৰাখি পঢ়াব, ককাকে এটা ঘোঁৰা পোৱালি কিনি থৈছিল। আইভী লতাৰে বেৰাবোৰ সেউজীয়া কৰি পেলোৱা, উইণ্ড পেনৰ জকমকীয়া জিৰেনিয়াম ফুলৰ ৰঙেৰে বোলোৱা 'এডোৱাৰ্ড মেনচন' প্ৰিঞ্চৰ বাবে ৰৈ আছিল। মাত্ৰ আধা ঘণ্টা, আধা ঘণ্টাও নালাগিল। চব শেষ হৈ গ'ল। চুইট-পিৰ বেডখনতে সাপটো আছিল। বলটো গৈ তাতে পৰিছিলগৈ। নাচন ডুবি জুৰি যে অনেক ডাইল সাপ। বাৰ্নাৰ্ড চাহাবে দৃঢ়ভাৱে বিশ্বাস কৰে চিজাৰ বা মেৰী থকা হ'লে প্ৰিঞ্চে এনেকৈ বিদায় নল'লেহেঁতেন। মেৰীয়ে যে বাঘকো খেদি গৈছিল। তাইৰ এখন কাণ নাই, বাঘটোৱে লৈ গৈছিল। কাণ ছিগা মেৰীয়ে ৰাতি ভৌ-ভৌৱাই থাকিলে বাৰ্নাৰ্ড চাহাব নিশ্চিন্ত মনে টোপনি যায়। আৰু এটা প্ৰিঞ্চ আহিবৰ হৈছে। মেৰী, চিজাৰৰ কিবা এটা হ'লে, বাৰ্নাৰ্ড চাহাব খঙত যেন ফাটি পৰিব। ৰাম কাঁৱাই কুকুৰৰ বাটিকিটা ভালকৈ ধোৱা নাছিল। নহ'লে এইমাত্ৰ খিৰাই অনা গাখীৰ এনেকৈ ফাটিব নোৱাৰে। চিজাৰে অকণমান চেলেকিলে, কাণ ছিগা মেৰীয়ে গোন্ধ এটা লৈয়ে বহি থাকিল। কোনে জানে, কিমান দিন এনেকৈ বাটি নোধোৱাকৈ গাখীৰ দিছে। বাৰাণ্ডাত বান্ধি থোৱা ৰামুক বাৰ্নাৰ্ড চাহাবে চাবুকেৰে কোবাইছিল। কেইকোব মান মৰাৰ পাছতে ৰাম বাগৰি পৰিছিল। কোনোবা এটাই আহি ৰামক আঁতৰাই নিছিলহি। খবৰটো গোটেই বাগানতে বিয়পি পৰিছিল। বাগান জুৰি শুনা গৈছিল কিছুমান তীক্ষ্ণ দীঘল সুহুৰি। ওঁঠ বাগৰি বাগৰি সুহুৰিবোৰ নাচন ডুবি জুৰি বিয়পি পৰিছিল।

কুঁৱলীৰে কোমল পুৱাটো চিচাৰ গিলাচ ভঙাদি ভাঙি পৰিল। অলপ পাছতে জোৰ কদমত ঘোঁৰা চলাই লিঅনাৰ্ড সোমাই আহিল। মানুহটো ৰঙা পৰি সেন্দূৰী আমটো হেন হৈ আহিছে। বাৰে বাৰে উচ্চাৰণ কৰিছে একেষাৰ কথাই, 'দিচ গ্ৰূপ অব ডেভিলচ্, দিচ গ্ৰূপ অব চাতানচ...।'

লিঅনাৰ্ডে কোৱা চয়তানৰ দলটো হ'ল ৰামৰ লগৰ দলটো। সিহঁত আহিবৰ বেছি দিন হোৱা নাই। গুৱাহাটীৰ উজান বজাৰৰ কুলী ডিপোৰ পৰা বাৰ্নাৰ্ড চাহাবে নিজে গৈ এই দুশ কাঁৱা শ্ৰমিকক লৈ আহিছিল। শ্ৰমিকৰ সমস্যাটোৱে নাচন-ডুবিক বৰকৈ ভোগাইছে। এইখিনি শ্ৰমিক অহাৰ পাছতে বহুত সমস্যাৰ সমাধান হৈছে।

লিঅনার্ড আহি এডুইন চাহাব আৰু ভিক্টৰৰ লগত বহিছিলহি। কাপোৰ সাজ সলাই বার্নার্ড চাহাবে আহি বহিলহি। এলিজাৰ কাষে কাষে থকা লছমী বাই হাতত ট্রে এখন লৈ সেইখিনিত ৰ'লহি। ট্রে খনত মম আৰু দিয়াচলাই আনিছে। ইতিমধ্যে জনক মুণ্ডাই ব্ৰেকফাষ্টৰ ট্রলী আনিলেই। পুৱাৰ আহাৰ খোৱাৰ আগতে এলিজাই বাংলোৰ বাগানৰ এচুকত থকা সমাধিস্তম্ভত প্রতিদিনে মম জ্বলায়। দুটা সমাধি স্তম্ভ আছে। এলিজাই মম দুডাল জ্বলাই বাগানৰ উত্তৰফালে থকা সমাধি দুটাৰ ওচৰলৈ গ'ল। সমাধি দুটাৰ ওপৰতে এজোপা বগা ৰঙৰ গোলাপ ফুল গছ ভৰি ফুলি আছে। অলপ দূৰৈতে এজোপা গুলচ ফুলৰ গছ। ঠানি এটা বেঁকা হৈ আহি ঠিক সমাধি দুটাৰ ক্ৰুছ কিডালৰ ওপৰতে ওলমি আছেহি। গুলচবোৰ সৰি ক্ৰুছকিডাল আধা ঢাকি ধৰিছে। সমাধি ফলককিখনত দুটা নাম আছে; 'বার্নার্ড জুনিয়ৰ' বন্ধনীৰ ভিতৰত 'প্রিঞ্চ' আনটোত লেখা আছে 'মৰগান লংফে'ল'— এজন শিশু আৰু এজন ডেকা। জীৱনটো সম্পূৰ্ণ কৰিব এজনেও নোৱাৰিলে। এলিজাই দুডাল মম দুইটা সমাধিত জ্বলাই দিলে। লিঅনার্ড, বার্নার্ড, ভিক্টৰ আৰু এডুইন চাহাব চাৰিওজনে বুকুত ক্ৰুছ কৰি নীৰৱে প্রার্থনা কৰিলে। এডুইন চাহাবে কৈ উঠিল 'আমেন।'

এলিজা মেমে টিপটৰ পৰা চাহ বাকি দিব খুজিছিল। ভিক্টৰ চাহাবে নিজেই সকলোৰে কাপত চাহ বাকি দিলে। আটাইকেইজনে এলিজা মেমক আৰামকৈ বহিবলৈ ক'লে। নাচন-ডুবিৰ চাহৰ ৰং কমলা। সেই কমলা ৰঙৰ চাহৰ গোন্ধ কেউপিনে ভৰি পৰিল। এলিজা মেমৰ নির্দেশনাত বনোৱা কেকৰ গোন্ধে চাহৰ গোন্ধৰ সৈতে সনা-পোটোকা খালে। এইমাত্র খীৰাই গৰম কৰি অনা গাখীৰত ভিজি নৰম হৈ পৰিছিল বাংলোৰ বাৰীতে হোৱা গোমধানৰ গুড়ি। এগপটত কণী সিজোৱা সজাই থোৱা আছিল। এলিজা মেমে দেশৰ পৰা অনা অভেনত তৈয়াৰী নৰম ব্ৰেডত সান খাবলৈ ৰৈ আছিল বৰা বাংলোৰ বাৰীৰ মধুৰি আমৰ জেলি; ঘৰৰ গাখীৰৰ পৰা তোলা সতেজ বৰফ বগা মাখন। পাহাৰতলীৰ নাচন-ডুবিত খুব কুঁৱলী পৰে। আজিও পাহাৰটো কুঁৱলীৰে ঢাকখাই আছে, বেলিটো ওলোৱাৰ লগে লগে কুঁৱলীৰ লৰা-ঢপৰা আৰম্ভ হৈ গ'ল। লাহেকৈ ছাগলী খেদা বৰযুণে গোটেইখন ভৰাই পেলালে। পাহাৰৰ পৰা মুখ উলিয়াই বেলিটোৱে চালনিৰে পিঠা গুড়ি পৰাদি পৰি থকা বৰযুণজাকৰ মাজলৈ পোহৰবোৰ ছটিয়াই দিলে। কেউজন চাহাব বাংলোৰ পর্টিকলৈ উঠি গ'লগৈ। প্রশস্ত ফুলনিখনতে চাৰিওকাষে ফুলৰ ৰং। প্রতিদিনে পৰিষ্কাৰ কৰা মহ সোমাব নোৱৰা জালিৰ কাষে কাষে ওলমোৱা টাবত ভৰি ভৰি ফুলিছে ৰং-বিৰঙৰ পিটুনিয়া।

টি ট্ৰলীত চাহ আহিল। নাচন ডুবিত উৎপন্ন হোৱা উৎকৃষ্ট চাহপাত আৰু সতেজ গৰু গাখীৰ মিলি ওলোৱা গোন্ধত ফুলনিখন ভৰি গৈছিল। বাৰ্নাৰ্ড চাহাবে উঠি গৈ ফুলনিৰ কাষৰে প্ৰকাণ্ড এযোৰ হাতী দাঁত, বাঘৰ ছাল, হাতীৰ ভৰিৰ মুঢ়া, হৰিণৰ শিঙেৰে সজোৱা বৈঠকখানাত থকা ৰেডিঅ'গ্ৰামটো চলাই দিলে। ফুলৰ ৰং, পাহাৰীয়া বৰষুণৰ সোণালী গুড়ি, সঙ্গীতৰ মূৰ্চনা— চাহাবহঁতৰ কাৰো সেই সময়ত ৰাম কাঁৱালৈ মনত নাছিল। চাহাবহঁতে ওখ টিলাত থকা বৰা বাংলোৰ পৰা শুনা নাছিল সেই তীক্ষ্ণ সুহুৰিবোৰ।

সুহুৰিবোৰ ঠিকেই বাজিছিল। এখন মুখৰ পৰা সিখন মুখলৈ সুহুৰিটো বাগৰিছিল। এটা সুহুৰি যদি বাজিছিল ফেক্টৰীত, আনটো বাজিছিল পাত তোলা ঠাইত। আনটো শুনা গৈছিল বস্তিত। বস্তিত ৰামৰ মৃতদেহ পৰি আছিল। বুঢ়া ৰামৰ শৰীৰ পৰি আহিছিল, নানানটা বিষ-বেমাৰে লগ লৈছিল, অলপ দিনৰে পৰা চকুৰেও ভালকৈ নমনা হৈছে। বাৰ্নাৰ্ড চাহাবে বিশ্বাসী মানুহটোক বঙলাতে কাম কৰিবলৈ বুলি নিযুক্তি দিছিল। চকুত ছানি পৰা মানুহটোৱে কাম-বনত গোলমাল কৰিছিল। আজি সকলোতকৈ চকুত পৰা ভুলটো কৰিলে। বানাৰ্ড চাহাবৰ খঙাল হাণ্টাৰৰ কোব সহ্য কৰিব পৰাকৈ ৰামৰ গাত আৰু শক্তি নাছিল। বৰ সহজে তাৰ প্ৰাণবায়ু উৰি গ'ল। চাহাবেও বুঢ়া ইমান সোনকালে মৰিব বুলি ভবা নাছিল।

তীক্ষ্ণ সুহুৰি একোটাৰে গোটেইখিনি কাঁৱা শ্ৰমিক তৎক্ষণাত একেলগ হৈ গ'ল। প্ৰায় দুশমান কাৱা শ্ৰমিক কান্ধত কাঁড়-ধেনু লৈ ৰামৰ মৃতদেহৰ ওচৰত গোট খালেহি। তাৰ পাছত মৃতদেহটো চাঙি এখনত লৈ সিহঁতজাক বৰা-বাংলা পালেহি। কোনেও বাধা দিয়া নাই। অব্যৰ্থ নিচানৰ এই ধেনু চলাব পৰা গোষ্ঠীটোক সকলোৱে ভয় কৰে। ভয় কৰে সিহঁতৰ একতাক, ভয় কৰে সেই দীঘল দীঘল তীক্ষ্ণ সুহুৰিবোৰক। দহ-পোন্ধৰ মিনিটৰ ভিতৰত যতেই যেনেকৈ নাথাকক সুহুৰিবোৰে সিহঁতজাকক বান্ধি পেলায়। বান্ধি লোৱা ইকৰা মুঠি হেন হোৱা সিহঁতজাক দুৰ্ভেদ্য হৈ পৰে।

বৰা-বাংলাৰ আগৰ ৰাস্তাৰে গ'লে সকলোৱে ছাতি বন্ধ কৰিব লাগিব। ঘোঁৰা বা হাতীত উঠি কোনো যাব নোৱাৰিব। সেই নিষিদ্ধ ৰাস্তাত ধেনু-কাড় লোৱা আটিল দেহাৰ শ্যাম বৰ্ণৰ মানুহজাক আহি ৰ'লহি। লিঅনাৰ্ডে বন্দুক উলিয়াইছিল। বাৰ্নাৰ্ড চাহাবে ভায়েকক বাংলোৰ ভিতৰত থাকিবলৈ ক'লে। তাৰ পাছত হাতত মম আৰু ফুলৰ ট্ৰে এখন লৈ ওলাই গ'ল। চাৰ্টৰ তলত পেণ্টৰ বেল্টৰ সৈতে বান্ধি ল'লে বন্দুকটো।

ফুল, মম, আঁঠুকাঢ়ি বিচৰা ক্ষমা প্ৰাৰ্থনা, ৰামৰ ল'ৰালৈ বাগানত চাকৰি, পৰিয়ালৰ বাবে ক্ষতিপূৰণৰ টকা— এই সকলোৰে মানুহখিনিক সৈমান কৰিবলৈ চেষ্টা কৰি আহি বাৰ্নাৰ্ড চাহাব বাংলাৰ ওচৰ পালেহি। এইবাৰ সৎকাৰৰ বাবে পা-পইছা লৈ লিঅনাৰ্ড গ'ল। লিঅনাৰ্ডৰ লগত গ'ল এডুইন চাহাব, ভিক্তৰ চাহাব। এডুইন চাহাবে হাতত তুলি ল'লে বাইবেল। মৃতদেহটো মাটিত নমাই মানুহখিনিয়ে ঘেৰি আছে।

এডুইন চাহাবে বুকুত ক্ৰছ কৰি হাতৰ বাইবেল খুলি ল'লে। গহীন মাতটোৰে তেওঁ বাইবেল পঢ়িবলৈ আৰম্ভ কৰিলে। তেওঁ ক্ষমাৰ কথা পঢ়িছিল। জুডাচক ক্ষমা কৰিবলৈ যীশুৱে পৰম পিতাৰ ওচৰত প্ৰাৰ্থনা কৰিছিল। ইতিমধ্যে খঙাল মানুহখিনি মাটিত বহি পৰিছিল। সিহঁতে একো বুজা নাছিলে। কিন্তু এটা কথা বুজিছিল, চাহাবে নিজৰ ভগবানৰ কথা কৈছে। যেতিয়া এডুইন চাহাবে আঁঠুকাঢ়ি মৃতদেহৰ ওচৰত 'আমেন' শব্দটো উচ্চাৰণ কৰিলে জঙ্গি মানুহখিনি ভিতৰি ভিতৰি কুমলি আহিছিল। গৰ্ভৱতী এলিজা মেমে বাৰ্নাৰ্ড চাহাবৰ বাহুত ধৰি ধৰি যেতিয়া আহি মৃতদেহত একুকি গুলচ ফুল বাকি দিলেহি তেতিয়া মানুহখিনি প্ৰায় শান্ত হৈ পৰিলে। স্ফীত উদৰ, বগা দীঘল কাপোৰেৰে স্বৰ্ণ কেশী মানুহজনীৰ শেতা কৰুণ মুখখন মানুহখিনিয়ে অবাক হৈ চাইছিল। আটায়ে জানে, এই নাৰীৰ প্ৰথম সন্তানৰ মৃত্যু হৈছে, সাপে খুটি নীলা কৰি পেলাইছিল সেই দেবদূতৰ দৰে শিশু। মৃতদেহটো সৎকাৰৰ বাবে মানুহখিনি গুচি গৈছিলগৈ। জনাই জানে, এই শ্যাম বৰণৰ মানুহখিনি সেকি শুকাই গুড়া কৰা নাচন-ডুবি বাগিচাৰ চাহ পাতৰ দৰে। অলপ মৰম-চেনেহ-সহানুভূতিৰ উত্তাপ পালেই ভিতৰৰ ৰঙচুৱা মৰমবোৰ ওলাই আহে। লিঅনাৰ্ড চাহাবক দুবাৰ দুজন কঁাৰা শ্ৰমিকেই বচাইছিল। এবাৰ বাগানৰ কাম চাই থাকোতেই পাছফালৰ পৰা এটা লতা মাকৰি বাঘ চাহাবৰ পিঠিত জঁাপ মাৰি পৰিছিল। চকুৰ পচাৰতে এপাত নিৰ্ভুল নিচানৰ কাড়ে বাঘটো সী পেলাইছিল। আনবাৰ চাহাবে এটা বিষাক্ত সাপ গচকি দিছিল, ফাউচকৈ সাপটোৱে ফণা তুলি আহিছিল। নেউল এটাৰ দৰে জঁাপ মাৰি ঘাপ মাৰি সাপটো মাৰি পেলইছিল এজন শ্ৰমিকে।

বাংলোলৈ উভতি আহি বৰ গহীন হৈ বহিছিল এডুইন চাহাব। তেওঁ ৰৈ ৰৈ বাৰ্নাৰ্ড আৰু লিঅনাৰ্ডক দুটামান প্ৰশ্ন কৰিছিল। আই. চি. এছ. পোৱা কমিছনাৰ চাহাবৰ পানী নসৰকা প্ৰশ্ন—

'হোৱাট ইজ দ্যা এৰিয়া....নাচন ডুবিৰ মুঠ মাটিৰ কালি কিমান?'

'চাৰিশ হেক্টৰ'.... বাৰ্নাৰ্ড চাহাবে গৌৰৱেৰে বাগানৰ কথা আৰু ক'ব খুজিছিল।

বৰ শান্ত আৰু দৃঢ় মাতেৰে এডুইন চাহাবে কৈছিল, 'জাষ্ট আনচাৰ... মই সোধা প্ৰশ্নকেইটাৰ উত্তৰ দিব মাত্ৰ।'

'দ্য টি-গাৰ্ডেন লেবৰাৰচ' ...' বাৰ্নাৰ্ড চাহাবক সুধিছিল বাগানৰ শ্ৰমিক খিনিয়ে জুম বান্ধি একেলগে কাম কৰেনে বিয়পি থাকে।

লিঅনাৰ্ডে উত্তৰত বুজাই দিছিল, শ্ৰমিকখিনিয়ে আগতে ঠিক কৰি থোৱা মতে বিভিন্ন কামত কামজাৰিৰ ঘণ্টা বজাৰ লগে লগে লাগি যায়। বেলেগ বেলেগ ছেক্টৰত বেলেগ বেলেগ মানুহ থাকে। কিছুমানে বাগানত পাত তোলে, কোদাল মাৰে, কিছুমান ফেক্টৰীত থাকে, কিছুমান পাত শুকুৱা কলঘৰত থাকে।

এডুইন চাহাবে জানিব খোজা কথাটো লিঅনাৰ্ডৰ পৰা উলিয়াই ল'লে। কামজাৰিৰ ঘণ্টাৰ লগে লগে শ্ৰমিকখিনি চাৰিশ হেক্টৰ মাটিত বিয়পি পৰে।

তাৰ পাছত তেওঁ হিচাব কৰিবলৈ লাগিল। তেওঁলোকে ব্ৰেকফাষ্ট কৰাৰ আগতেই লিঅনাৰ্ড ঘোঁৰা লৈ ওলাই গৈছিল, আটায়ে শুনিছিল কামজাৰিৰ দীঘল চাইৰেণ বাজি উঠা। তেতিয়া পুৰা ছয় বাজিছিল। তাৰ পাছতে বাৰ্নাৰ্ডে লেবাৰটোক কোবাইছিল। চাৰি-পাঁচ কোব মাৰোঁতেই সি বাগৰি পৰিছিল। তাৰ পাছত ঠিক সাতটালৈ পোন্ধৰ মিনিট থাকোঁতেই লেবাৰখিনি আহি বৰা-বাংলো পাইছিলহি।

এডুইন চাহাবে টেবুলখনত চাপৰ এটা মাৰি সুধিছিল, জাষ্ট টেল মি...' মোক বুজাই কোৱা এয়া কেনেকৈ সম্ভৱ? ভিক্টৰ চাহাবেও এডুইন চাহাবৰ প্ৰশ্নটো সুধিছিল। বুঢ়া লেবাৰটো বাগৰি পৰিছিল, তাক বস্তিলৈ নিয়া হৈছিল। তাৰ জাতিৰ আটাইবোৰ শ্ৰমিক গোট খাইছিল, সিহঁতবোৰ মৃত-দেহ লৈ বৰা বাংলোলৈ আহিছিল। সময় লৈছিল মাত্ৰ পঞ্চল্লিচ মিনিট। উত্তৰটো দিছিল লিঅনাৰ্ডে। এই দলটোৰ মূল বৈশিষ্ট্যটো হ'ল সিহঁতৰ মুঠ বান্ধি থকা স্বভাৱটো। সিহঁতৰ নিজা মানুহৰ ভিতৰত কিবা হ'লে একধৰণৰ দীঘল তীক্ষ্ণ সুহুৰি মাৰে। এই সুহুৰিৰ শব্দেৰে সিহঁতবোৰ তৎক্ষণাত একমুঠ হয়। আজিও হৈছে। এবাৰ সিহঁতৰ ছোৱালী এজনীক মহৰী নে কলঘৰ বাবুৱে কিবা বেয়া কথা এষাৰ কৈছিল। ধেনু-কাঁড় উলিয়াই মানুহটোক সিহঁতে ঘেৰি লৈছিল। লিঅনাৰ্ড গৈ নোপোৱা হ'লে মানুহটোক সী পেলালেহেঁতেন।

এডুইন চাহাব থিয় হ'ল আৰু বাৰ্নাৰ্ড চাহাবৰ ফালে চাই আদেশ দিলে, 'ডিৰ্পট দেম, সিহঁতক বাগানৰ পৰা বাহিৰ কৰি দিয়া।'

বাৰ্নাৰ্ড চাহাবো থিয় হ'ল। কি কয় কমিছনাৰ চাহাবে? এই দুশ শ্ৰমিকক

পঠিয়াই দিয়া মানে বাগানৰ কিমান লোকচান। সমস্যাটো সমাধান হৈ গৈছে। এইবোৰ বাগানৰ নিজা কথা, হৈয়ে থাকে, আকৌ ঠিক হয়। কিনো ডাঙৰ কথা হ'ল যে আটাইতকৈ কামৰ মানুহখিনি পঠাই দিব লাগে। এনেই মানুহ নাই।

'কিন্তু কিয়?'

'মই এই মানুহখিনিৰ মাজত এটা ডাঙৰ বিপদ দেখিছো।'

'বিপদ?' আটাইবোৰ আচৰিত হৈছে।

'এই মানুহখিনি মানে একতা, সিহঁতৰ মুঠ বন্ধা স্বভাৱ। আমাৰ সাম্ৰাজ্যৰ কাৰণেই বিপদ এই মানুহখিনিৰ এই স্বভাৱ।' আমি এই দেশ শাসন কৰিবলৈ আহিছো, 'আমি শাসক ....উই আৰ ৰুলাৰ্চ....' আমি শাসন কৰিব লাগিব, উই হেভ টু ৰুল,'

বাৰ্নাৰ্ড চাহাবে মহৰীক পঠাই দামোদৰ কলিতাক মাতি পঠিয়ালে, দায়িত্ব দিলে। এই দুশ শ্ৰমিকক বাগানৰ পৰা উলিয়াই একেবাৰে খাৰুপেটীয়া ঘাটত জাহাজত উঠাই নি গুৱাহাটী পোৱাবগৈ লাগে। তাত উজান বজাৰত কুলী-ডিপোত ৰাখি একেবাৰে জাহাজত উঠাই চালান দিব লাগে। দৰকাৰতকৈ বেছি টকা-সিকা চাহাবে দামোদৰ কলিতাৰ হাতত দিলে। সুহুৰিবোৰেৰে সৈতে নাচন ডুবিৰ পৰা মানুহখিনি নাইকিয়া হৈ গ'ল।

বেলি ডুবিলেই অপ্সৰাই নাচে য'ত

নাচন-ডুবি বাগিচা। এখন ঢৌ খেলোৱা সেউজীয়া বাগিচা। পাহাৰতলীৰ এই ঠাইখণ্ড হেনো বৰ জয়াৰ ঠাই, মানুহে কয় কালিকা লগা ঠাই। সেয়েহে নামো নাচন-ডুবি। বেলি ডুবাৰ লগে লগে পাহাৰৰ পৰা অপ্সৰা কন্যাসকল নামি আহি এই ঢৌ-খেলোৱা ঠাইখণ্ডত নাচি ফুৰিছিলহি। পাহাৰৰ নামনিৰ মানুহে বেলি ডুবাৰ সময়ত এই ঠাইখণ্ডলৈ কেতিয়াও নাহিছিল। যিয়ে বেলি ডুবাৰ সময়ত কমলা ৰঙৰ পোহৰৰ মাজত নাচি থকা অপ্সৰাসকলক দেখিছিল সেয়ে তেজ বতিয়াই মৰিছিল। নৈনে নদীখনে গাঁৱৰ বসতি আৰু নাচন-ডুবিক ভাগ কৰি থৈছে। নৈনৰ ওপৰত হেনো অপ্সৰা কন্যাৰ গা-ধোৱা ঘাট আছে। তাতে কন্যাৰ গা-ধোৱা পানী নদীত পৰিলেই হেনো নদীত বান আহে। এই নদী পাৰ হ'বলৈয়ো গাঁৱৰ মানুহে ভয় কৰিছিল। নদীৰ সিপাৰে কেৱল ঢৌ-খেলোৱা অৰণ্য, গৈ ভূটান পাহাৰত মিলিছেগৈ। পাহাৰৰ নামনিত জাকে জাকে হাতীয়ে জলকেলি কৰি থাকে, হাতীৰ পালৰ ওচৰে ওচৰে থাকে ফুটুকা-ফুটুকী পহুৰ জাক। জাকে জাকে ম'ৰা চৰাই নাচি থাকে। গাঁৱৰ বুঢ়া-মেথাই কয়— এইবোৰ ম'ৰা চৰাইৰ ভেশচনত আচলতে অপ্সৰা কন্যা। কোনো নাযায় নৈনে পাৰ হৈ নাচনডুবিলৈ। গ'লেও নৈনত তামোল-পাণ দি সেৱা কৰি নাচন-ডুবি পাহাৰলৈ গৈ খৰি কাটে। হাবি জুৰি পৰি থকা ম'ৰা-চৰাইৰ পাখি গোটাই আনে।

নাচন-ডুবি পাহাৰৰ তলৰ গাঁওকেইখন মিশ্ৰিত জনগাঁথনিৰ যদিও মূল মানুহখিনি জনজাতীয়। তিব্বত পৰ্বতৰ পৰা ভূটান পাহাৰ হৈ নাচন ডুবি পাহাৰৰ মাজেদি আহি এই জনগোষ্ঠীয়ে নৈনে নদীৰ পাৰে পাৰে গাঁও পাতি বহিছিল। নেপালৰ পৰাও বহু মানুহ আহি জনগোষ্ঠীয় মানুহখিনিৰ পৰা আঁতৰত গৰু-ম'হৰ খুঁটি পাতি বহিলহি। সহজ-সৰল জনজাতীয় মানুহখিনিয়ে গোটেই নৈনৰ উৰ্বৰ পাৰ খেতি-পথাৰেৰে সেউজীয়া কৰি পেলালে। নৈনৰ এই পাৰে কেইবাখনো গাওঁ নিগাজি হৈ বহিল, নিচিলামাৰী, ৰৌমাৰী, কাৰৈমাৰী গাঁও গজগজীয়া হৈ পৰিল। খৃষ্ট ধৰ্ম লোৱাসকলে এখন নতুন গাঁও পাতি বহিছিল, গামিনী বুৰাইৰ গাঁও মাজতে নৈনে

নদী। এইপাৰে গাঁও-ভূঁই, খেতি পথাৰ। আনপাৰে ওখ-চাপৰ এক বিস্তৃত ভূ-খণ্ড গৈ ভূটান পাহাৰত মিলিছেগৈ। লাহে লাহে মানুহবোৰে নলৈৰ ইপাৰেও হাবি ভাঙি খেতি-পথাৰ আৰম্ভ কৰিছিল। এই নলৈৰ পাৰে পাৰে গঢ় লোৱা গাওঁবোৰত কোনেও পাহাৰৰ ফালে অৰ্থাৎ উত্তৰ দিশে চৌকা নাপাতে। মানুহবোৰৰ সেই ভয় যোৱাই নাছিল। বগা চাহাব অহাৰ আগতে পাহাৰৰ পৰা নামি অহা ডফলা বা ৰাজালাগা ভূটীয়াই আহি এফালৰ পৰা লুট-পাট চলাইছিলহি। সেই ভয়ে জনবিশ্বাস হ'ল, পাহৰৰ দিশে চৌকা পাতিব নাপায়, উত্তৰ দিশে জুইক থাপিলে অমঙ্গল হয়। জুই দেখিলে পাহাৰৰ পৰা শত্ৰু নামি আহিব বুলি গাঁৱৰ মানুহে বিশ্বাস কৰিছিল। নলৈৰ এইপাৰৰ গাঁৱৰ মানুহৰ মাজত নলৈৰ সিপাৰৰ নাচন ডুবি অৰণ্যখনৰ বহু কাহিনী মুখে মুখে চলি আহিছিল।

এবাৰ ৰাইজে দেখিছিল বগা চাহাবৰ মানুহ আহি নাচন ডুবি অৰণ্যত সোমাইছিলহি। মাটি জৰিপ কৰিবলৈ আহিছিল। নদীৰ পাৰত তম্বু তৰি চৰকাৰী মানুহে নলৈৰ এইপাৰে সিপাৰে মাটি জুখিছিল। মানুহবোৰে আলেঙে আলেঙে লক্ষ্য কৰিছিল, কি বা কৰিছে। মাটি জুখি চৰকাৰী মানুহবোৰ গ'লগৈ। এই দলটোতে আহিছিল মৰগান লং-ফেল, মৰগান চাহাব স্কটলেণ্ডৰ মানুহ, মিলিটেৰীত আছিল। মৰগান চাহাবে বোধহয় জনাথন চাহাবৰ পৰাই খবৰ পাইছিল। নলৈৰ এই পাৰৰ গাওঁকিখনৰ মানুহৰ মেলেৰীয়া নহয়। মানুহবোৰে ওখ-চাপৰ পাহাৰৰ নামনিৰ নাচন-ডুবি অৰণ্যত গজা এবিধ বনৰীয়া গছৰ পাত বৰষুণ পৰাৰ পাছতে ছিঙি আনে। বহুত মানুহৰ ঘৰতো এইবিধ গছ আছিল। পাতবোৰ আনি গাঁৱৰ মানুহবোৰে গোমা বতৰ চাই ৰহ দিয়ে। তাৰ পাছত শুকুৱাই গুড়ি কৰি বাঁহৰ চুঙাত ভৰাই থয়। এই কছাৰী মানুহখিনিয়ে একোডাল শুকান চাই গছৰ কুণ্ডা আনি চোতালত জ্বলাই থয়। কাঠৰ পূৰঠ কুণ্ডা বৰ লাহে লাহে অঙঠা হৈ পুৰি পুৰি আহি থাকে। তাৰ ওপৰত লোহাৰ চিক এডালত কেট্‌লি এটাত সেই পাতৰ গুড়ি দি উতলাই থয়। যাৰে মন যায় নিমখ এচিকুট দি বা গুড় মিঠাই অলপ লৈ সেই পানীয় খায়। জনাথন চাহাবৰ পৰা খবৰটো পায়ে চাহাবে কথাবোৰ ঠিৰাং কৰি পেলাইছিল। সুযোগ বুজি মাটি জৰিপৰ দল এটাত গৈ কথাবোৰ নিজ চকুৰে চাই আহিলগৈ। লগত নিছিল উজনি অসমৰ চাহ বাগিচা এখনৰ পৰা অনা চীনা ল'ৰা এমঙক। এমঙৰ বাপেক উজনি অসমৰ এখন ইউৰোপীয়ান বাগানৰ চাহকৰ্মী আছিল। তেওঁৰে পুতেক এমঙক লৈ মাটি জৰিপ কৰা দলটোৰ লগতে নাচন-ডুবি পাইছিলহি মৰগান চাহাব। এমঙে পাতবোৰ চাই ৰায় দিলে— এইবোৰ চাহগছেই হয়। মৰগান চাহাবে মন বান্ধি পেলাইছিল এই

নাচন-ডুবি অৰণ্যত গঢ়ি তুলিব 'নাচন-ডুবি টি ইষ্টেট'। আহিয়ে চৰকাৰৰ লগত কথা-বতৰা পাতি কাগজ-পত্ৰৰ কামো আগবঢ়াই পেলালে। মৰগান চাহাবে ক'লেইতো নহ'ব বা চাহকৰ্মী এমঙে হাজাৰখন মুখেৰে ক'লেও নহ'ব, সেই নাচন-ডুবি অৰণ্যত যে বনৰীয়াকৈ চাহ গছ হয় সেই কথাৰ পাক্কা খবৰ নথি-পত্ৰৰ সৈতে লাগিব। নাচন-ডুবিৰ বনৰীয়া চাহপাত পৰীক্ষা কৰাই প্ৰমাণ-পত্ৰ দিব লাগিব।

মৰগান চাহাব দ্বিতীয়বাৰৰ বাবে নাচন-ডুবিলৈ আহিছিল, লগত আনিছিল জনাথন চাহাবৰ মিছনৰ এজন ল'ৰাক। দুয়ো গৈ নাচন-ডুবিৰ অৰণ্যত সোমাই বগৰী এজোপা মানকৈ হোৱা জোপোহা গছবোৰৰ পাত কাটি বস্তাত ভৰাই ঘোঁৰাত লাদি লৈছিল। তাৰ পাছত ঘোঁৰা লৈ নৈনৈত নামিছিল। ঠিক নদীৰ মাজ মানতে এজাক মানুহ আহি মৰগান চাহাবক ঘেৰি ধৰিলেহি। লগৰ কছাৰী ল'ৰাটো পলাল। নৈনৈ নদীত সেই চিলচিলীয়া পানীৰ ধাৰবোৰ ইফালে-সিফালে বৈ আছে। ক'ৰবাত এপতা পানী, কোনোবাখিনিত একাঠু, এঠাইত এককাল পানী। কেইপিনে ৰ'দৰ পোহৰত আইনা হেনকৈ পানীবোৰ চিক্‌মিক কৰি আছে। জিলিকি আছে শিলগুটি আৰু বালিচন্দাবোৰ। নদীৰ মাজতে মৰগান চাহাব ঘোঁৰাৰ ওপৰত। এই অঞ্চলত মৰগান চাহাব অচিনাকি নহয়। মানুহৰ বাৰীয়ে বাৰীয়ে পিতপিতাই ফুৰা চাহাবটোক আটায়ে দেখিছিল। মানুহে লক্ষ্য কৰিছিল এইটো চাহাবে মাটি জোখাৰ কামত নালাগে, ঘোঁৰাৰ পাছত চীনা ল'ৰা এটা বগুৱাই মানুহৰ চোতালে, বাৰীয়ে, হাবিয়ে-বননিয়ে ঘূৰি ফুৰে। আটাইবোৰে নুবুজিলেও কিছুমানে বুজিছিল এই চাহাব চিধা মানুহ নহয়, ইয়াত কিবা মতলব আছে। মানুহৰ এনেই বগা চাহাবৰ প্ৰতি ৰোষ, বছৰ যোৱাই প্ৰতি নতুন খাজনা। মানুহে তন্তিব নোৱৰা হৈছে। কিমান মানুহ গাঁও এৰি, ঘৰ-বাৰী এৰি পলাবলগীয়া হৈছে। কিন্তু চাহ বাগান খুলিবলৈ বগা চাহাবক এপইছাও নোলোৱাকৈ চাহাবৰ চৰকাৰে মাটি দি আছে।

মৰগান চাহাব দ্বিতীয় বাৰ নাচন-ডুবিলৈ আহোঁতে গোটেইখনতে ত্ৰাসৰ সঞ্চাৰ হ'ল। গোটেইখন ৰৌধা ফুটি গ'ল, চাহাবে চাইহে গৈছে, এইবাৰ সৈন্য-সামন্ত, বন্দুক-বাৰুদ লৈ আহিবগৈ। আহি গাঁৱৰ মানুহক খেদিবহি, গোটেইখন উজাৰ কৰিবহি। নৈনৈ নদী পাৰ হ'বলৈ ওলোৱা মৰগান চাহাবক গুৰিতে কণ-কঠিয়া মাৰোঁ বুলি কেইবাটাও মানুহে আহি ঘেৰি ধৰিলেহি। কথা বিষম দেখি চাহাবৰ লগত অহা মিছনৰ ল'ৰাটো কেনিবা পলাল। চাহাবক ঠিক মতে পিটন দিবলৈ লওঁতেই নদীলৈ পানী আহিল। হৰহৰাই বাগৰি বাগৰি পানী নামি আহিবলৈ ধৰিলে। এইখন যে নৈনৈ নদী। এনেকৈ চকুৰ পচাৰতে পাহাৰৰ পৰা পানী আহিব, আকৌ নোহোৱা হ'ব।

চাহাবক তাতে এৰি মানুহবোৰ যাবলৈ ওলাল। যোৱাৰ আগতে দুই-একে চাহাবলৈ হাতো ডাঙিলে। এটাই হাতৰ লাঠি এডালেৰে চাহাবৰ মূৰতে মাৰিলে। ইফালে চাহাব মানুহটো চামৰাৰ পেটিৰে ঘোঁৰাত বান্ধ খাই আছে। বন্দুক উলিয়াব খুজিও বৈ গ'ল। মানুহ গুলীয়াই থৈ গ'লে তেওঁ এই মানুহবোৰৰ চিৰকাললৈ শতৰু হ'ব। চাৰিওকাষে শতৰু লৈ তেওঁ বাগান কেনেকৈ খুলিব। চাহাবৰ মূৰ ফাটি তেজ ব'বলৈ ধৰিলে। চাহাবৰ বিশ্বাসী ঘোঁৰাই মালিকক পিঠিতে লৈ দৌৰিবলৈ ধৰিলে। কিন্তু পানী আহি পালেহিয়ে। আক্ৰমণ কৰা মানুহবোৰ ফাঁহি চিটিকা দিলে। নাচন-ডুবিৰ ওপৰফালে চাগে অপ্সৰা কন্যাই গা ধুইছিল, পানীয়ে হিলদল ভাঙি নৰৈ ভহাই নিলে। লগতে উটাই নিলে ঘোঁৰাৰ সৈতে মৰগান চাহাবক।

চাহাব যেতিয়া টোপনিৰ পৰা সাৰ পোৱাদি সাৰ পালে তেতিয়া তেওঁ ঘোঁৰাৰ পিঠিত। তেওঁ লাহেকৈ মাতিলে 'আৰ্থাৰ, মাই আৰ্থাৰ', ঘোঁৰাটোৱে মূৰ জোঁকাৰি উঠিল। তেওঁ কেউপিনে চালে, পাতল অন্ধকাৰ যদিও মনিব পাৰি। এখন নদীৰ পাৰ। নাচন-ডুবি নৈৰ দৰে লাহী নদী নহয়। পাৰকেইটা বেছ ওখ, গৰা। নদীৰ পাৰে পাৰে অসংখ্য গছ। গছবোৰ ডাঙৰ ডাঙৰ। পাতলীয়া পোহৰতে ধৰিব পাৰি গছবোৰৰ ডালে ডালে বিভিন্ন আকৃতিৰ কিছুমান ক'লা ক'লা টোপোলা ওলমি আছে। লাহে লাহে পোহৰ হৈ আহিল। মৰগান চাহাব সাৱধানেৰে ঘোঁৰাৰ পৰা নামিল। গাৰ কাপোৰযোৰ প্ৰায় ফাটি গৈছে, গোটেইখন শিলত দেদেৰা খোৱা ঘাঁ। আৰ্থাৰৰ গাটোত অ'ত-ত'ত তেজ বিৰিঙিছে। এটা সন্মিলিত গুণ গুণ শব্দত মৰগানে মূৰ তুলি চালে। কেউপিনে অসংখ্য মৌ-গুটি উৰি আছে। নদীৰ পাৰৰ গছবোৰৰ ডালে ডালে সৰু-বৰ মৌবাহ। মৰগান চাহাবে গাত প্ৰচণ্ড বিষ অনুভৱ কৰিলে। তেওঁ লাহেকৈ মাটিত বহি দিলে।

গাঁৱৰ মানুহবোৰ হাল বাবলৈ বুলি ওলাই আহিছিল, দুই-একে নদীৰ পাৰত নিত্য-কৰ্ম কৰিবলৈও আহিছিল। আহত বগা চাহাব এজন পৰি থকা কথাটো কেউফালে ৰৌজাল-বৌজাল হ'ল। গাঁও বুঢ়া মঘাই ৰাজবংশী সেইখিনি পালেহি। বগা চাহাবক আথে-বেথে গাঁও পোৱালেহি। ৰজা ঘৰৰ মানুহ। কিবা এটা হ'লে ৰাজ-ৰোষত পৰিব লাগিব। মৰগান চাহাবে মঘাই গাঁও বুঢ়াক বিলাতী কলম এটা দিছিল। বৰ আদৰ-যত্ন কৰি চাহাবক সুস্থ কৰি তুলিছিল মঘাই গাঁও বুঢ়াই। চাহাবেও গাঁও বুঢ়াক পাহৰা নাছিল।

মৰগান চাহাবে গছৰ পাতখিনি পৰীক্ষা কৰোৱাই একেবাৰে মাৰ বান্ধি লাগিল। কোম্পানীৰ পৰা নাচন-ডুবিৰ চাৰিশ হেক্টৰ মাটি চাহ-বাগানৰ বাবে অনুমোদন কৰাই

ল'লে। কোনেও একো কৰিব নোৱাৰিলে। মৰিল বুলি ভবা মৰগান চাহাবে নাচন-ডুবি চাহ-বাগিচা পাতি পেলালে। ভূটানৰ নামনিৰ ওখ-চাপৰ ভূ-খণ্ড জুৰি বিয়পি পৰিল নাচন-ডুবি চাহ-বাগিচা। নাচন-ডুবিত আছে চাহ গছে বিচৰা ১৮° ডিগ্ৰী তাপমান, চাহ গছবোৰৰ সদায়ে প্ৰয়োজন হোৱা গড় হিচাবত চাৰি ঘণ্টা ৰ'দ, পানী জমা হোৱাৰ প্ৰশ্নই নুঠে, মাটিয়ে বৰ ভালকৈ আৰ্দ্ৰতা ধৰি ৰাখিব পাৰে, সাৰুৱা পাহাৰৰ নামনিৰ ভূৰ ভূৰীয়া মাটি। ইয়াত বনৰীয়াকৈ চাহ গছ গজাটো আচৰিত কথা নহয়। এই বনৰীয়াকৈ গজা বগৰী গছ এজোপামান চাহ গছবোৰৰ মাজে মাজে নতুন চাহ পুলি ৰোৱা হ'ল। চাওঁতে চাওঁতে সেইবোৰ চাহ পুলিও জোপোহা হৈ আহিল। সেই চাহ গছৰ পাত ৰহ দিয়াই, শুকুৱাই মৰগান চাহাবে নাচন-ডুবিত উৎকৃষ্ট চাহপাত তৈয়াৰ কৰি পেলালে। 'Camellia Assamica' লেখা কাগজ মৰা কাঠৰ বাকচ জাহাজত উঠি ইংলেণ্ড পালেগৈ। এবাৰ মৰগান চাহাব বাগিচাত নাছিল, ইংলেণ্ডলৈ গৈছিল। গাঁওখনৰ মানুহে ঠিক খবৰ পালে বগা চাহাবটো নাই, দেশলৈ গৈছে। সিহঁত আহি চাহগছবোৰ ৰাতি আহি কাটি খান্তাং কৰিলেহি। মানুহবোৰৰ চাগ-বাগিচাখনৰ প্ৰতি বৰ ৰোষ। ইমানখিনি মাটি বাগিচাই সামৰি ল'লে। গাঁৱৰ মানুহ কৰৰ বোজাত বেঁকা হৈ গৈছে। কিন্তু চাহাবে বিনা কৰেৰে অতসোপা মাটি পাইছে। চাহাবে বাগানত কাম কৰিবলৈ বাৰে-বিংকৰা মানুহ আনিছে। এই মানুহখিনিকো গঞাই ভাল নাপায়। নাচন-ডুবি পাহাৰত গাঁৱৰ মানুহে আৰু হাবি ভাঙি খেতি কৰিব নোৱৰা হ'ল, আনকি ৰহ দি শুকুৱাবলৈ চাহ গছৰ পাতো আনিব নোৱৰা হ'ল। খৰি এবোজা আনিবলৈ, পকিলে গোন্ধ ওলাই মহমহাই যোৱা ঔ-টেঙা এটা বুটলি আনিবলৈ, পাহাৰীয়া সৰু সৰু বাঁহ দুডাল কাটি আনিবলৈ, গছত হোৱা মৌ-বাহ পাৰিবলৈ, টেঙা-মিঠা টিলিকি আম দুটামান বুটলিবলৈ, উলু খেৰ এবোজা কাটি আনিবলৈ, চিটিকা পাতি হাইঠা-পৰঘুমা এটা ধৰিবলৈ, পাহাৰীয়া জুৰিকেইটাত মাছ ধৰিবলৈ নাচন-ডুবিৰ টৌ-খেলোৱা অৰণ্যখন নোহোৱা হ'ল। ক'ৰবাৰ মানুহ কিছুমান আহি লোহাৰ জালিৰ বেৰা দি নাচন-ডুবি লৈ পেলালে। এতিয়া আৰু ননৈত পাণ-তামোল দি কাৰো অপ্সৰা কন্যাৰ দেশলৈ যোৱাৰ প্ৰয়োজন নোহোৱা হ'ল। নাচন-ডুবি বাগিচাৰ চাহ গছবোৰ বগৰাই দি গাঁৱৰ মানুহবোৰ মনে মনে থাকিল। এই অলপ অভং সহজ-সৰল মানুহখিনিৰ খঙটো নাকৰ আগতে থাকে। মানুহজাকে গছবোৰ বগৰাই থাকোঁতে ৰাতি হৈছিল, বাগানৰ বস্তিত গম পালেও কোনেও বাধা দিবলৈ সাহ কৰা নাছিল।

মৰগান চাহাব আহি একো নক'লে। তেওঁ বাগানৰ চাহপুলিৰ নাৰ্চাৰীত বেছিকৈ

মনোনিবেশ কৰিলে। শ্ৰমিকখিনিক সেইফালেই নি কাম কৰাবলৈ ধৰিলে। নতুন পুলি অনাৰো ব্যৱস্থা কৰিলে। চীনা প্ৰজাতিৰ চাহ পুলি নাৰ্চাৰীত আছিলেই, কাম্বোডিয়াৰো চাহ গুটি আনি নাৰ্চাৰীত থাপিলে। লতা-চাপৰি চাহৰ গুটিও বিশেষভাৱে ৰোৱালে। নাচন-ডুবিৰ ৰ'দ-বতাহত চাহ পুলিবোৰ লহপহকৈ বাঢ়ি আহিল। মৰগান চাহাবৰ না আছে সংসাৰ, না আছে ব্যক্তিগত জীৱন। মানুহটোক চাহ-বাগিচা পত্তনৰ নিচাই পাইছিল। গৰু-ম'হৰ দৰে খাটিছিল। সেইবাৰ নাচন-ডুবিৰ বতৰটো অলপ বেলেগ হৈছিল। ৰাতি পুৱা যদি বৰষুণ, আবেলিলৈ ৰ'দ। চাহখেতিৰ বাবে ইয়াতকৈ আৰু উৎকৃষ্ট বতৰ কি লাগিছে। ৰ'দ আৰু বৰষুণত নাচন-ডুবিৰ কাটি লঠামূৰা কৰা চাহগছত যেন অপ্সৰা কন্যাৰ নৃত্যৰতা ভৰিৰ পৰশহে লাগিল। কোমল কোমল এটি কলি দুটি পাতেৰে কাটি পেলোৱা গছবোৰ ভৰি পৰিল। নাচন-ডুবি বাগিচাৰ সেই গছ কাটি খাস্তাং কৰা ঠাইখিনিলৈ বেছ কেইবাদিনো যোৱা নাছিল মৰগান চাহাব। মৰগান চাহাবে একোলৈকে ভয় নকৰে, ভয় কৰে মাত্ৰ মনত বাহ লোৱা নিৰাশালৈ। এই ভয়াবহ অনুভূতিখিনি তেওঁ পৰাপক্ষত ওচৰ-চাপিবলৈ নিদিয়ে। কাটি পেলোৱা গছবোৰ চালেই তেওঁৰ মনলৈ গধূলিৰ নাচন-ডুবি পাহাৰৰ ক'লা ছাঁবোৰ সোমাই অহা যেন পাইছিল। তেওঁ কাটি পেলোৱা চাহগছবোৰৰ মুঢ়াবোৰ কেনেকৈ উঠাব আৰু কোনখিনিত কি চাহ পুলি নতুনকৈ লগাব তাকে চাবলৈ গৈছিল। মৰাগছৰ মুঢ়াৰ ঠাইত সেউজীয়া পাতেৰে ভৰা গছবোৰ চাই মৰগান চাহাবে গছ এজোপাৰ গুৰিত বহি প্ৰাৰ্থনা কৰিছিল। তেওঁ সাবটি ধৰিছিল প্ৰিয় ঘোঁৰা আৰ্থাৰক। তেওঁ কজলা ৰঙৰ ঘোঁৰাটো সাৱটি চিঞৰি উঠিছিল— 'মিৰাকল, আৰ্থাৰ মাই আৰ্থাৰ মিৰাকল', নাচন-ডুবিৰ ওখ-চাপৰ জুৰি প্ৰতিধ্বনিত হৈছিল। 'মিৰাকল, মিৰাকল... আৰ্থাৰ...' ম'ৰগান চাহাবে শ্ৰমিকখিনিৰ হতুৱাই চাহগছবোৰ সমান সমানকৈ কটাইছিল। দুগুণ হৈছিল নাচন-ডুবিৰ উৎপন্নৰ হাৰ। ইংলেণ্ডৰ বজাৰত নাচন-ডুবিৰ চাহৰ ভাল দাম উঠিছিল। পাছৰ বছৰত কলম দিয়া চাহগছেৰে ভৰি গৈছিল নাচন-ডুবিৰ ওখ-চাপৰ ভূ-খণ্ড। ম'ৰগান চাহাবে চাহ-বাগান পাতোতে এজোপা ডাঙৰ গছো কাটিবলৈ দিয়া নাছিল। ডাঙৰ ডাঙৰ গছবোৰৰ ছাঁৰ তলে তলে সমানকৈ কলম দিয়া চাহ গছেৰে নাচন-ডুবিৰ ওখ-চাপৰ এলেকা অপ্সৰা কন্যাই গাৰ পৰা খুলি মেলি দিয়া সেউজীয়া ঢৌ-খেলোৱা ৰেচমী কাপোৰ এখন যেন হৈ বিয়পি পৰিল। মৰগান চাহাবে হিচাবৰ বহীত লেখিলে, 'চাহগছ কলম দিয়াত পাছৰ বছৰত নাচন-ডুবিৰ মুঠ আয় ৬.৫৪৯ পাউণ্ড, আয়কৰ দিব লগা হ'ল ১.৬৫০ পাউণ্ড।' নাচন-ডুবি চাহ-বাগিচা ঠন ধৰি আহিল। ইতিমধ্যে সোণাপুৰৰ পৰা একেবাৰে নাচন-ডুবিলৈকে ইখনৰ পাছত সিখন বাগিচা পতাৰ কাম আৰম্ভ হৈছিল। মৰগান চাহাবৰ নাচন-ডুবিৰ কৃতকাৰ্য্যতাৰ কাহিনী বৃটিছ

চাহ ব্যৱসায়ীসকলৰ মাজত জনাজাত হৈ মৰগান লং-ফেল' এক প্ৰবাদ-পুৰুষলৈ ৰূপান্তৰিত হৈ গৈছিল।

মৰগান চাহাব প্ৰবাদ পুৰুষ হৈছিল নাচন-ডুবিৰ কাষৰ গাঁওবোৰতো। কেউপিনে ফুচ্‌ফুচ্‌-ফাচ্‌ফাচ্‌ হৈ গাঁৱৰ মানুহৰ মাজত মৰগান চাহাব সম্পৰ্কেও নানা সাধুকথা বাগিচাখনৰ দৰেই দিনে দিনে বহল হৈ মেল খাই পৰিছিল। মৰগান চাহাবক আঘাত পোৱা অৱস্থাত পানীয়ে উটুৱাই নিছিল। শিলৰ ফাঁকে ফাঁকে ঘঁহনি খাই খাই অতদূৰ গৈ এজন মানুহ বাচি থাকিব নোৱাৰে। বগা চাহাব হ'লেও মানুহতো! চাহাবক পানীৰ পৰা অপ্সৰা কন্যাই উৰুৱাই নি একেবাৰে নাগ নদীৰ পাৰত থৈ আহিছিলগৈ। সকলোৱে দেখে চাহাবে আবেলি ক'লা ঘোঁৰাত উঠি বেলি ডুবাৰ ফালে সদায়ে যায়। গৈ গৈ নৈৰে ওলোৱা ঠাইখিনি পাইগৈ। সেইখিনিতে নৈৰে ভূটান পাহাৰৰ পৰা ওলাই হোঁ-হোৱাই তললৈ নামি আহিছে। নামি অহা জলধাৰাৰ শব্দত সেইখিনি ঠাইত একো নুশুনি। বেলি ডুবাৰ পৰত সেই জলধাৰা সোণালী হৈ পৰে। তাৰে শিল এটাত বহি থকা মৰগান চাহাবক বহুতেই দেখিছে। কিবাকিবি জোখ-মাখ কৰি থাকে চাহাবে। আচলতে সেইবোৰ ভাওকি, মানুহক দেখুৱা। বেলি ডুবাৰ লগে লগে অপ্সৰা কন্যা আহি শিলত পৰেহি, নৃত্য কৰে, বহি থাকে মৰগান চাহাব। নাচন-ডুবিৰ একেবাৰে ওপৰত নৈৰে মোহনাত জোনাকত মৰগান চাহাবৰ সৈতে অপ্সৰা কন্যাই পীৰিতি কৰেহি। ৰ'দে পুৰি মৰগান চাহাবৰ গাৰ ৰং আন চাহাবৰ শেতশেতীয়া বগা ৰঙৰ পৰা একেবাৰে নিলগাই পেলালে। নীলা চকু, চাৰে ছয়ফুট ওখ, ৰ'দে পোৰা সু-স্বাস্থ্যৰ অধিকাৰী মৰগান চাহাবৰ প্ৰেমত পৰিছে নাচন-ডুবিৰ অপ্সৰা কন্যা। সেই অপ্সৰাৰ গা-ধোৱা ঘাটৰ পানীৰে উটুৱাই নিয়া চাহাবক যি গৰাকী অপ্সৰা কন্যাই উদ্ধাৰ কৰিছিল সেইগৰাকীয়ে মৰগান চাহাবৰ প্ৰেমিকা। অকল গাঁৱৰ মানুহেই নহয় এইকথা বাগিচাৰ মানুহখিনিয়েও জানে। আবেলি হ'ল কি নহ'ল মৰগান চাহাবৰ ঘোঁৰা নাচন-ডুবিৰ সেই ওখ ঠাইখিনিলৈ কদমত চেকুৰিলেই নহয়! বাগিচাৰ পৰা সেই ঠাইখিনিলৈ এটা লিক হৈ গৈছে, মানুহো অহা-যোৱা কৰিবলৈ লৈছে। বাগিচাৰ মানুহে দেখিছে চাহাবে সেই জলধাৰাত গা ধুই শিলত শুদা গাৰে বহি থাকে। চাহাবে সুহুৰীয়াই সুহুৰীয়াই নিজৰ ভাষাতে গান গাই থাকে। অপ্সৰা কন্যাক কোনেও নেদেখে। কোনোবাই কেতিয়াবা ছাঁ এটা দেখে, একোছা দীঘল চুলিৰ ছাঁ মৰগান চাহাবৰ কাষৰে পাজৰে কঁপি থাকে।

স্কটলেণ্ডৰ লেনাৰ্ক চায়াৰত লংফেল' পৰিয়ালে এটা ভিলা কিনিছিল। মৰগানৰ দুই ভাই বাৰ্নাৰ্ড আৰু লিঅনাৰ্ডে উচ্চশিক্ষা সমাপ্ত কৰিছিল। ভিলাটো কিনিছিল

এজন ক্ষয়িষ্ণু নাইটৰ পৰা। টকা-পইছা সকলো গৈছিল নাচন-ডুবি বাগিচাৰ পৰা লংফেল' পৰিয়ালে ভিলাটোৰ নাম ৰাখিছিল 'নাচন-ডুবি মেনচন', নাৰাখিবই বা কিয়? নাচন-ডুবি চাহ বাগিচাই লংফেল' পৰিয়ালক নাইটৰ এলিজাবেথান স্থপতিৰ বিশাল ভিলাটোৰ মালিক কৰিলে। কি দিয়া নাই এই বাগিচাই লংফেল' পৰিয়ালক? পঢ়া-শুনা শেষ কৰি দুই ভ্ৰাতৃ ককায়েকৰ কামত হাত উজান দিবলৈ বুলি নাচন-ডুবিলৈ আহিবলৈ বুলি জাহাজত উঠিছিল। ককায়েক মৰগানৰ বাবে কইনা ঠিক হৈছিল। ভিলাটো কিনিবলৈ যাওঁতেই নাইটৰ কন্যা এলিজাৰ লগত মৰগানৰ বিয়াৰ কথা-বতৰা ঠিক হৈছিল। দুই ভ্ৰাতৃৰ লগত এলিজা আহিছিল, আহিছিল লংফেল' দম্পতী, এলিজাৰ মাক।

নাচন-ডুবিত তেওঁলোকৰ আগমনৰ বাবে সকলো আয়োজন প্ৰায় সম্পূৰ্ণ হৈছিল। মৰগান চাহাবে দুই ভ্ৰাতৃক লৈ নাচন-ডুবিক এক বেলেগ পৰ্য্যায়লৈ লৈ যোৱাৰ কথা কল্পনা কৰিছিল। তেওঁৰ পৰিকল্পনাৰ নিখুঁট আৰু সম্পূৰ্ণ খচৰা তৈয়াৰ কৰিছিল, তাৰ বাবে পুঁজি ঠিক কৰিছিল। মৰগান চাহাবে ননৈৰ হো-হোৱাই নমা জলৰাশিৰ ওচৰত বিদ্যুৎ উৎপাদনৰ সমস্ত পৰিকল্পনা কৰি পেলাইছিল। নদীখন যিহেতু ভূটান পাহাৰৰ পৰা নামিছে ভূটীয়া ৰজাৰ লগতো কথা-বতৰা পাতিছিল। বুজন পৰিমাণৰ জল-কৰ দি ভূটানৰ ৰজাৰ অনুমতি যোগাৰ কৰি ৰাখিছিল। বাৰ্নাৰ্ড, বিশেষকৈ স্থপতি বিদ্যাত উচ্চ ডিগ্ৰী লৈ অহা লিঅনাৰ্ডৰ বাবে আগ্ৰহেৰে বাট চাই আছিল মৰগান চাহাবে। এবাৰ নিজাকৈ বিদ্যুৎ উৎপাদন কৰি ল'ব পাৰিলেই আৰু ঘূৰি চাব নালাগে। নাচন-ডুবিৰে এটা টিলা মানুহ লগাই ঠিক কৰি থৈছিল, তাতে এটা বাংলো সাজিব। ডিজাইন কৰিব লিঅনাৰ্ডে। নিয়মানুবৰ্তিতাৰ ক্ষেত্ৰত কাঢ়া বাৰ্নাৰ্ডে বাকী পৰিচালনাৰ কাম চাব। তাৰোপৰি এলিজা আহিব। ৰেভাৰেণ্ড জনাথন চাহাবৰ লগত যোগাযোগ কৰা হৈছে। বিয়াখন তেঁৱেই পাতিব। বহু পৰিকল্পনা আছিল মৰগান চাহাবৰ।

একোৱেই উপভোগ কৰিবলৈ নাপালে মৰগান চাহাবে। সকলো গঢ়ি আনিলে, কিন্তু নিজে একো উপভোগ কৰিবলৈ ভাগ্য নহ'ল। একেবাৰে কম বয়সতে মৰগান চাহাব গ'লগৈ। তমোময় জ্বৰ হৈছিল মৰগান চাহাবৰ, ডক্তৰে চাই কৈছিল 'ব্ৰেইনফিভাৰ'। আচলতে মেলেৰীয়াই গৈ মৰগানৰ মগজুত ধৰিছিল। ইফালে জাহাজত আহি আছিল দুই ভায়েক, ভাবী পত্নী, ভাবী শাহু, মাক-দেউতাক। সকলোৱে আহি মৰগান চাহাবক পালেহি গুৱাহাটীৰ ইউৰোপীয়ান চিমেত্ৰিত চিৰদিনৰ বাবে শুই থকা অৱস্থাত। আটাইবোৰ আহি যেতিয়া মৰগানৰ কবৰত

প্ৰাৰ্থনা কৰিছিলহি তেতিয়া ইউৰোপীয়ান চিমেত্ৰিত থকা বকুল গছজোপাৰ পৰা সৰা বহুত ফুলে কবৰটো ঢাকি থৈছিল।

এলিজাক বাৰ্নাৰ্ডক গতাই আটাইবোৰ ঘূৰি গৈছিলগৈ। নাচন-ডুবিৰ গুৰি ব'ঠা ধৰিছিল বাৰ্নাৰ্ড আৰু লিঅনাৰ্ডে। লিঅনাৰ্ডে সাজি উলিওৱা বৰা-বাংলোত গুলচ গছৰ তলত ককায়েকৰ এটা স্মৃতিস্তম্ভ সাজি উলিয়াইছিল। লিঅনাৰ্ড আৰু বাৰ্নাৰ্ডে মৰগান চাহাবৰ জল-বিদ্যুৎ প্ৰকল্পও চালু কৰি তুলিছিল। ককায়েকে বন্দবস্তী কৰি থৈ যোৱা মতে ভূটানৰ ৰজাক নিয়মীয়াহে জল-কৰ শোধাইছিল। নাচন-ডুবি আৰু বাঢ়িছিল আৰু ডাঙৰ হৈছিল।

মৰগান চাহাব মৰাৰ পাছত গাঁওবাসী আৰু বাগিচাৰ মানুহবোৰে কোৱা-কুই কৰিছিল। মৰগান চাহাবক অপ্সৰা কন্যাই মাৰিলে। এদিন গধূলি সেই জয়াৰ ঠাইত গা-ধুই ঘূৰি আহিছিল চাহাব। সকলোৱে জানে হৰহৰাই নমা পানীৰ ধাৰত মৰগান চাহাবে পিঠি পাতি ধুবলৈ বৰ ভাল পাইছিল। অকল গা ধুইছিলনে তেওঁ? লগত যোৱা দুই-একে কৈছিলহি চাহাবে শুদাগাৰে পানীত নামি এক অদৃশ্য কন্যাৰ লগত মিলিত হয়। আন্দোলিত হয় তেওঁৰ শৰীৰ। সেই শৰীৰৰ ভাষা যে দেখোতাই বুজি পায়, মাত্ৰ নেদেখে সেই নাৰীক। দেখে উৰি থকা একোছা চুলিৰ ছাঁ। সেই অপ্সৰা কন্যাই প্ৰতিশোধ ল'লে। মৰগান চাহাবে জীৱনলৈ মেম পত্নী আনিব খোজোতেই সেই মায়াবী কন্যাই মৰগান চাহাবক লৈ গ'ল। মৰগান চাহাব মৰাৰ দিনা সকলোৱে দেখিছিল পাখিত এচমকা এচমকা পোহৰ লৈ উৰি ফুৰা এহাল ফেঁচা। নিশাৰ ক'লা আন্ধাৰত ডেউকাত পোহৰ লৈ ফুৰা ফেঁচাহালক চাই আটায়ে নিজা নিজা ইষ্ট দেৱতাক স্মৰণ কৰিছিল। ফেঁচা হালে হেনো নাচন-ডুবিত ঘূৰণীয়াকৈ উৰি ফুৰিছিল।

মৰগান চাহাবৰ ভায়েকহঁতে চকৰি লগাই নৈৰ পানী ভেটি গোটেই বাগান পোহৰাই পেলালে। কত দূৰৰ পৰা কিমানে আহি সেই পোহৰ চাই গ'লহি। মৰগান চাহাবৰ স্মৃতিস্তম্ভৰ ওচৰত এলিজামেমে এজোপা ৰেইন ট্ৰি ৰুইছিল। বৰ লহ্‌পহ্‌কৈ বাঢ়িছে গছজোপা। ভাল এলেকা জুৰি ডাল-পাত মেলি ধৰিছে।

নাচন-ডুবিৰ মৰগান চাহাব বুঢ়া-মেথাৰ এক সাধু হৈ পৰিল। বুঢ়া-মেথাই কয় মৰগান চাহাবৰ লগতে নাচন-ডুবিৰ অপ্সৰা কন্যাবোৰো নোহোৱা হ'ল। মৰগান চাহাবে প্ৰেমিকা কৰি পোৱা অপেশ্বৰী গৰাকীক স্কটলেণ্ডৰ 'নাচন-ডুবি মেনচন'লৈ লৈ গ'ল নে অপ্সৰা কন্যাই চাহাবকে নিজা মেঘৰ ৰাজ্যলৈ লৈ গ'ল লোক-কাহিনীয়ে আৰু ঢুকি নাপালে।

মুঠতে মানুহে পাণ-তামোল দি সেৱা কৰি সোমোৱা নাচন-ডুবিৰ ঢৌ-খেলোৱা

অৰণ্য অপ্সৰা কন্যাৰ সাধুৰে সৈতে নোহোৱা হৈ গ'ল। মৰগান চাহাবে আহি নাচন-ডুবি এক সোণৰ খনি কৰি পেলালে, বগা ৰজাৰ বাবে কোৰোণাৰে ধন চপোৱা এক স্থায়ী বন্দবস্তি কৰি গঢ়ি তুলিলে।

বৰা বাংলোৰ ৰেইন ট্ৰিজোপা ছাতি এটাৰ দৰে মেল খাই আহিছে আৰু মেল খাই আহিছিল মৰগান চাহাবৰ নাচন-ডুবি চাহ বাগিচা। মেল খাই অহা ৰেইন ট্ৰি জোপা আৰু নাচন-ডুবি চাহ-বাগিচাই ক্ৰমাৎ ঢাকি আনিলে মৰগান চাহাব আৰু অপ্সৰা কন্যাৰ সাধু।

বাদুলিয়ে খালে সোণালী সূতাৰ পলু

ধনীৰামে যোৱাৰ আগতে নাগ নদীলৈ নি গদাধৰক গা-ধুৱাই ল'লে। এই অবোলা জীৱটো এৰি এবেলা থকাই টান হয় ধনীৰামৰ। ল'ৰা-ছোৱালী হাল আৰু মাকৰ কাৰণে চিন্তা নাই, মৌজাদাৰৰ হাউলিৰ তাল জোপাৰ টোকোৰা চৰাইৰ পৰিয়ালটোলৈকে সুৰক্ষিত। কাউৰী পুৱাতে ধনীৰাম যাবলৈ ওলাল। ধনীৰামে মৌ-সৰাৰ পৰা সোণাপুৰলৈ যাব, তাৰ পাছতো সোণাপুৰৰ দক্ষিণে আৰু দূৰলৈ গৈহে ধনীৰামৰ গাঁওখন, চোমনি গাঁও। ধনীৰামৰ গাঁওখন নামে-কামে চোমনি গাওঁ। কেউপালে কেৱল চোম গছ। খেতিয়ে-পথাৰে, মুগা-চোমনি, এৰি চোমনিয়ে, ফলে-মূলে এখন ভোগালী গাঁও। গাঁৱৰ মাজতে চিতলমাৰী বিল। চিতলমাৰী যি চিতলমাৰী। বিলত ফান কোবাই থাকে বৰ বৰ একোচাট চিতলে। ৰাইজে বিহুৱে-সংক্ৰান্তিয়ে সেই বিলৰে মাছ ধৰি পৰম হৰিষেৰে ভোজ-ভাত খায়। বৰশী টোপালেই উঠি আহে বগী পুঠি, সেন্দূৰী পুঠি, গৰৈ, মাগুৰ। বিললৈ পথাৰ-সমাৰৰ পৰা বৈ অহা জুৰিবোৰত চেপা এটা পাতিলেই এচেপা মাছ ভৰি থাকে। বিলৰ পাৰতে আছে চৰণীয়া পথাৰ। গাঁৱৰ ৰাইজে পুৱাই গৈ গৰুজাক খেদি পথাৰত এৰি দিয়ে অথবা খুঁটি মাৰি থৈ আহে। সাধাৰণতে গাভিনী গৰু কিজনীক খুঁটি মাৰি থৈ আহেগৈ। হাবিয়ে, খালে-ডোঙে পোৱালি জাগিলে ৰাতিখন কোনে বিচাৰি ফুৰে? হাবি-জংগলবোৰ আছেই, সোমালেই ঘৰ এটা সজাৰ জোখাৰে কাঠ, বাঁহ, বেত, ইকৰা, খেৰ গোটাই আনিব পাৰে। ধনীৰামৰ গাঁওখনৰ মানুহবোৰৰ মূল উপাৰ্জন হ'ল মুগা-চোমনিবোৰ। চোমনি গাঁৱৰ মুগাৰ ৰঙে যে একেবাৰে কেঁচা সোণৰ বৰণ লয়।

ধনীৰাম গাঁও সোমালেগৈ গধূলি বেলা। চোমনি গাঁৱৰ এটা নিজা গোন্ধ আছে, চোম গছৰ এটা কেঁচা কেঁচা গোন্ধ গাঁৱৰ বতাহ জুৰি ভৰি থাকে আৰু চোমনি গাঁৱৰ এক নিজস্ব সঙ্গীত আছে। এই সঙ্গীত সৃষ্টি কৰে মুগা চোমনিৰ মাজে মাজে পোহা পাতিহাঁহৰ পেক্ পেক্ শব্দবোৰে। ধনীৰামে বহুত দিনৰ মূৰত নিজ গাঁৱলৈ আহিছে।

ভতিজাকে দিয়া বেয়া খবৰবোৰ শুনি ঢপলীয়াই আহিছে ধনীৰাম। ধনীৰামৰ আজন্ম চিনাকি সেই ভোগালী চোমনি গাঁওৰ মানুহ গৈ পৰ্বতে-কণ্ডৰে ভগনীয়া হৈছেগৈ। একো বুজিব পৰা নাই সি। গাৰ কাপোৰৰ তলত মৌজাদাৰে দিয়া আৰু নিজেও ইমানদিনে সাঁচি ৰখা কিছু পইছা সৰু মোনা এটাত ভৰাই চোলাৰ ভিতৰত লৈ আহিছিল। ধনীৰামৰ ভাগৰ লাগিছিল। গাঁও সোমোৱাৰ আগতে এজোপা ডাঙৰ বৰগছ পাই, ধনীৰামে হাত-ভৰি মেলি তাতে বহিলে। কিবা সকলোবোৰ কথাই আচহুৱা লাগিছে। চোমনি গাঁৱৰ বতাহত সেই চিনাকি কেঁচা গোন্ধটো নাই। অদ্ভুত এক নৈশব্দ। ক'ত গ'ল সেই হাঁহৰ পেক্ পেক্ শব্দ। ধনীৰাম ঘপহকৈ উঠিল, সঁচাকৈয়ে তাৰ গাঁওখনত কিবা এটা হৈছে। ধনীৰামে হনহনাই গাঁৱৰ ফালে যাবলৈ লাগিল। দূৰৈৰ পৰা এনে লাগিছিল যে কোনোবাই মানুহটোক খেদি আনিছে, কিবা এটাৰ পৰা পলাবলৈকে যেন মানুহটোৱে এনেকৈ হনহনাই খোজ কাঢ়িছে।

ধনীৰামে নিজা চুবুৰীটোত সোমালেগৈ। কেইটামান ঘৰ তেনেই জহি-খহি গৈছে। মানুহ থকাৰ চিন-মোকাম নাই, কেতিয়াবাই এৰাবাৰী হ'ল। ধনীৰামৰ জনম ঘৰখনত চোতালত ভতিজাকে বাঁহৰ মুঢ়া দুটামান লৈ কোবাই আছে, শুকাই লিকটিয়া হৈ গৈছে, কুঠাৰ নোসোমাইহে নোসোমায়। খুড়াকক দেখি ল'ৰাটো নঙলা-মুখ পালেহি। ধনীৰামৰ বাপেক এতিয়া প্ৰায় আলৰ বুঢ়া, তাতে উদফাই বেমাৰে ধৰিছে। ধনীৰামৰ মাহীমাক ল'ৰা এটা জনম দিবলৈ গৈ ঢুকাল। ঘৰখনতে মানুহ বুলিবলৈ ভতিজা ল'ৰাটো, তাৰ ঘৈণীয়েক, ল'ৰাহাল আৰু বাপেক। কেউফালে অভাৱ আৰু হাহাকাৰৰ চিন। ক'ত গ'ল সেই ভোগালী ঘৰখন? ধনীৰামে বিচুৰ্তি খাইছে। মুখ-হাত ধুবলৈ ভতিজা বোৱাৰীয়েকে বাঁহৰ চুঙাত পানী আনি দিলে। চুঙাটোৰ পৰা পানী ঢালিবলৈ গৈ ধনীৰাম অলপ ৰ'ল, ঘৰখনত লোটা এটাও নাইকিয়া হ'লনে? যিবোৰ গৃহস্থী ঘৰত পাইখানাৰ ঘটিবোৰো আছিল গধুৰ গধুৰ পিতলৰ, টেঙেচিপাত দুটামানে ফুটছাইৰে ঘহাঁ মাৰিলেই শেলাই পৰা পাইখানাৰ ঘটিকেইটা সোণযেনকৈ ৰ'দত জিলিকি উঠে, তাত এই বাঁহৰ চুঙা। ভতিজা বোৱাৰীয়েকে বাৰীৰ কচু-টেঁকীয়াকে যতনেৰে ৰান্ধি দিছে। ভঁৰালৰ চাউল মুঠি যেনিবা আছে গৈ। ভাত বাঢ়িবলৈ বুলি ভতিজাকে যেতিয়া কলপাত দুখিলা কাটি আনিলেগৈ ধনীৰামে আৰু ধৈৰ্য্য ধৰিব নোৱাৰিলে।

'কি হ'ল ঐ এইখন ঘৰৰ? পানী খাবলৈ ঘটি এটা নাই, ভাত খাবলৈ কাঁহী এখন নাই, মুখ ধুবলৈ লোটা এটা নাই।'

ইমানপৰে ওন্দোলাই থকা আকাশ এখনহে ভাঙি পৰিল। ভতিজা ল'ৰাটো, বোৱাৰীজনী, আনকি ল'ৰা হালেও হাওঁ হাওঁকৈ কান্দিবলৈ ধৰিলে।

ধনীৰামহঁতৰ চোমনি গাওঁখন মানে পোৰা নাছিলে, নদীয়েও ঢুকি নাপায়। এইখন চোমনি গাঁৱত মানুহে তিনি পুৰুষীয়া বাচন-বৰ্তন ব্যৱহাৰ কৰে, ঘৰে-ঘৰে মজুত আছিলে পুৰুষে পুৰুষে গোট খোৱা নানা তৰহৰ সৰু-ডাঙৰ ভিতৰুৱা বয়-বস্তু। কি হ'ল? ধনীৰামে জলকীয়া এটা ভাঙি ঢেঁকীয়া ভজা এখনেৰে ভাতৰ গৰাহ এটা মুখলৈ নিবলৈ খুজিছিলহে, চৰ্চৰণী খাই ৰৈ গ'ল। বোৱাৰীয়েকে পিতলৰ মুখ বহল গিলাচ এটাত পানী এগিলাচ আগবঢ়াই দিলে।

'বোৱাৰীয়েৰে গাৰ কাপোৰৰ তলত লুকুৱাই এই গিলাচটো লুকুৱাই থৈছিল' বেছি কথা আৰু মানুহটোৱে ক'ব নোৱাৰিলে। খুড়াকক দেখি ল'ৰাটো তেনেই নৈৰ গৰা খহাদি খহিবলৈ ধৰিলে।

'চোমনি গাঁওতো আৰু মৌ-সৰা অথবা সোণাপুৰৰ দৰে পাহাৰ তলীৰ ঠাই নহয় যে ভুটীয়া আহিব, অকা-ডফলা আহিব, আহিয়ে চব লুটি-পুটি নিব। এইখন খাচ অসমীয়া বসতিৰ গাঁও, কোনো ডফলা বা ভুটীয়াই পাহাৰৰ পৰা নামিয়ে ঢুকি নাপায়হি। মানে নৈয়ে অকা-ডফলাই ঢুকি নোপোৱা এই গাঁওখন কেনেকৈ এনেকুৱা হত-দৰিদ্ৰ হ'ল? ঘৰে ঘৰে এৰাবাৰী, দিনতে তাতে শিয়ালে হোৱা দিয়ে। কেউপিনে তিতা-লাও গজা ভেটি। ভাত মুঠি নাকে-কাণে গুজি ধনীৰাম ভতিজাকৰ লগত ওলাল। সাধাৰণতে এনে সময়তে গাঁৱৰ ৰাইজে মুখত তামোল এখন ভৰাই মুগা সূতাৰ পলু ওলোৱা দিনত লগে-ভাগে চোমনিৰ ৰাস্তা ধৰে।

মুগা চোমনিবোৰত গছৰ তলে তলে সৰু সৰু পুখুৰীৰ দৰে কিছুমান পানী থকা খাল আছে। তাতে জাকে জাকে পাতিহাঁহে সাঁতুৰি- নাদুৰি থাকে। গছবোৰত ওলমি থাকে ৰছীৰে বান্ধি থোৱা কিছুমান বাঁহৰ হাঁহ বান্ধিব পৰা টোম। বিশেষকৈ যেতিয়া মুগা সূতাৰ পলুয়ে চোমনিত পাত খাবলৈ আৰম্ভ কৰে, তেতিয়া চোমনি গাঁৱৰ ৰাইজ পলুবোৰ ৰক্ষাৰ বাবে সাজু হৈ উঠে। মুগাৰ চোমনিত পলুবোৰে যেতিয়া গছ ঢাকি পেলায়, সেইখিনি সময়তে জাকে জাকে বাদুলি আহে পলুবোৰ খাবলৈ। সোণালী সূতাৰ লেচা বন্ধাৰ আগতে পলুবোৰৰ যে ঢেৰ শত্ৰু। কাউৰী, চেক্‌চেকীবোৰ আছেই। কাউৰী বা চেক্‌চেকীয়ে আহি খোট মাৰি দুই-এটা পলু খায়, কিন্তু বাদুলি আহে জাকে জাকে। এজাক বাদুলিয়ে আহি নিমিষতে শ শ পলু শেষ কৰি দিব পাৰে। চোমনিত কণী ফুটি পলু ওলাল কি নোলাল ৰাইজে হাঁহৰ জাক হাঁহ বন্ধা টোম ৰছী লগাই লগাই সাজু কৰে। সাধাৰণতে বাদুলিবোৰ একে দিশৰে পৰা আহে, চোমনি গাঁৱত বাদুলি উত্তৰ দিশৰ পৰা আহে। ৰাতি চোমনি গাঁৱৰ ৰাইজে গৈ নিজা নিজা ভাগৰ চোমনিত থকা গছবোৰত টোমত পাতিহাঁহবোৰ ভৰাই লৈ ৰছীৰে গছৰ

ওপৰলৈ উঠাই দিয়ে। উত্তৰ দিশ বা বাদুলি অহা দিশটো নিৰ্ণয় কৰি সেইফালে টোমত পাতি হাঁহবোৰ ভৰাই ওলোমাই থয়। ৰাতি মঙহাল পলুবোৰৰ লোভত বাদুলিৰ জাক আহে। বাদুলিৰ জাকে পলুত মুখ দিবলৈ নাপায়ে, গছৰ ওচৰ চাপিলেই টোমৰ হাঁহবোৰে পৰিত্ৰাহি চিঞৰ লগায়, ভয়তে বাদুলিবোৰ পলাই পত্ৰং দিয়ো পলুবোৰে নিচিন্ত মনে পাত খাই থাকে। পলুবোৰ ডাঙৰ হৈ লেটা বান্ধে, একোটা সোণালী সূতাৰ মহুৰা হেন হৈ পৰে লেটাবোৰ। ৰাতিৰ পাছত ৰাতি বাঁহৰ টোমত হাঁহ ভৰাই গছৰ ওপৰত ৰছীৰে তুলি বাদুলি খেদাই চোমনি গাঁৱৰ ৰাইজে গোটাই পেলায় সোণোৱালী সূতা। সেই সূতা জীয়াৰী, বোৱাৰীয়ে কাটি উলিয়াই বৈ পেলায় খমখমীয়া কাপোৰ, যাৰ ৰং আৰু কেঁচা সোণৰ বৰণ একেই হৈ পৰে। পাকৈত শিপিনীয়ে বৈ উলিয়াই এৰী, পাট কাপোৰ। বিশেষকৈ চোমনি গাঁৱৰ মুগা বৰ বিখ্যাত।

ধনীৰাম আৰু ভতিজাকে মুগা চোমনিখনৰ ফালে খোজ ল'লে। এয়াতো পলু ওলোৱাৰ সময়। এইখিনি সময়ত চোমনিৰ মানুহে, হাঁহৰ টোমে, পলুৱে খদমদমাই থাকে। নিৰ্জন মুগা চোমনিত সোমায়ে ধনীৰামৰ কেনেবা লাগি গ'ল। কেউফালে বিয়পি আছে কাটি পেলোৱা চোম গছৰ গুৰিৰ চিনবোৰ। চোমগছবোৰৰ পৰা ওলোৱা গোন্ধটো আৰু নাই। কেউফালে বতাহ গধুৰ হৈ আছে এক হাহাকাৰেৰে।

ধনীৰামে ভতিজাকৰ ভয়াৰ্ত মুখখনলৈ চাইছে। সি গৈ আছে, তাৰ ভাগৰ গছখিনিৰ ওচৰ পাই ৰ'লগৈ। প্ৰথমতে হাঁহখিনিক ধান অলপ দি ল'লে। এই খণ্ড চোমনি ধনীৰামৰ চিনাকি, কিমান দিন আহি গছত হাঁহৰ টোম উঠাইছে, কিমান দিন হাঁহৰ টোম সাজিছে, ৰছী বটিছে। এই চোম গছবোৰত জাকে জাকে পলু বগাই আছে, দুৰ্দান্ত এক খকেৰে এফালৰ পৰা পাতবোৰ খাই গৈছে। অভ্যস্ত হাতেৰে ধনীৰামে হাঁহবোৰ টোমত ভৰালে। গছবোৰত ৰছী লগায়ে থোৱা আছে, উত্তৰ দিশলৈ বুলি ৰছী টানি টানি টোমবোৰ উঠাই দিলে।

'মানুহজনীয়ে কোনোমতে চোম গছবোৰ কাটিবলৈ নিদিলে।' ভতিজাকে ধনীৰামক সৰু সৰুকৈ কথাষাৰ ক'লে।

ধনীৰামে মন কৰিলে, চোমনি খনলৈ আহি যেন ভতিজাকটো কিছু সুস্থিৰ হৈছে।

'বাদুলিৰ উৎপাত বেছি হৈছে, এইবেলি গাঁৱত পলু থকা চোমনি নায়ে বুলিব লাগে। যিখিনি আছে তাতে বাদুলিবোৰ পৰেহি।'

ভতিজাকে খোঁচনীৰ পৰা তামোল এখন উলিয়াই ধনীৰামক দিছে। দুই-ভতিজাক-খুড়াক জৰিগছ এজোপাৰ শিপা এডালত বহিল। পূর্ণিমা নহ'লেও আকাশত শুক্ল পক্ষৰ জোন আছিল। কেউপিনে এক নির্জনতা। এই নির্জনতাক ফালি-ছিৰি টোমৰ পাতিহাঁহবোৰে সমস্বৰে পেকপেকাই উঠিল। উত্তৰ দিশটো ক'লা হৈ এজাক বাদুলি ধপধপাই উৰি আহিছে। বাদুলিবোৰ গছবোৰৰ কাষে কাষে যিমানে ঘূৰিছে, পাতিহাঁহজাকেও সিমানে চিঞৰিছে। এটা সময়ত বাদুলিবোৰ গ'ল গৈ। ধনীৰামে বহুত দিনৰ মূৰত এই আজন্ম চিনাকি দৃশ্যটো দেখিলে। এৰা, পাতিহাঁহ কেইটামানেও ইমানবোৰ বাদুলি খেদিব পাৰে।

দুই খুড়াক-ভতিজাক চিনাকি পথেৰে ঘৰমুৱা হ'ল। দুয়ো গৈ চিতলমাৰী বিলৰ পাৰৰ ৰাস্তাটোত উঠিল গৈ। ধনীৰামে এখন্তেক ৰৈ চিতলমাৰী বিলখনলৈ চাই থাকিল। চাৎ চাৎকৈ বগা গাটো উলিয়াই উলিয়াই বৰ বৰ একোচাত চিতলে ফান কোবাই আছে। জোনাকত চিতল মাছৰ নাচ চাই ধনীৰাম ৰৈ থাকিল। খাকী পোছাক পিন্ধা, হাতত লাঠি লোৱা মানুহ এটা ধনীৰামহঁতৰ ফালে আগুৱাই আহিল। ভতিজাকে খৰখোজেৰে যাবলৈ ধৰিলে, ধনীৰামেও পিছ ল'লে।

'এইবাৰ বিহুত ৰাইজে ভালকৈ চিতল খাবলৈ পাব।' ধনীৰামৰ জিভাত সৰু কালতে খোৱা চিতলমাৰী বিলৰ মাছৰ সোৱাদ ভৰি গৈছে।

'বগা চাহাবে আৰু মহলদাৰে এই বেলি ভাল টকা পাব', কথাষাৰ কৈ পেলোৱা ল'ৰাটো আৰু ৰৈ থাকিব পৰা নাই। ভাবিছিল, ইমান দিনৰ মূৰত নিজ গাঁৱলৈ খুড়াক আহিছে, মনটোনো কিয় বেয়া কৰে। দুদিনমান থাকিম বুলি কৈছে, ধীৰে-সুস্থিৰে কথাবোৰ ক'ব। খুড়াকৰ প্রতি চেনেহত ল'ৰাটোৰ বুকুখন পলুৰে ভৰা চোম গছ এজোপাৰ দৰে হৈ আছে। কেনেকৈ খবৰ এটা দি আহোঁতেই আহি ওলাইছে; বোৱাৰীয়েকৰ হাতত থ'বলৈ দিয়া হাত-মোনাটোত চিকা ৰূপ আছে। নিশ্চয় ঘৰখনক সহায় কৰিবলৈকে আনিছে। এই মাটি-সম্পত্তি, চোমনিত খুড়াকৰো ভাগ আছে, অধিকাৰ আছে। সকলো বগা বঙালক এৰি দিবলৈ দিবনে খুড়াকে?

খুড়াক-ভতিজাক এইবাৰ ৰাইজৰ চৰণীয়া পথাৰৰ কাষেৰে বাট লৈছে। চৰণীয়া পথাৰখন সৰণ খেৰেৰে ভৰি আছে। এই সৰণ খেৰৰ ছাল যিয়েই ঘৰত লগাইছে সিহে বুজে তাৰ মহিমা। জাৰকালি উমাল কৰি তোলে ঘৰ, গৰমকালি শীতল কৰে। লিপিট খাই ডাঠ হৈ এই ঘৰৰ ছাল হেজাৰ বৰষুণেও পচাব নোৱাৰে, ধুমুহায়ো কেট-কুট কৰিব নোৱাৰে।

এৰাবাৰী হোৱা গাঁওখন ডেকা বয়সতে মুজুৰা পৰি অহা ল'ৰাটোৰ মাজেৰে ধনীৰামৰ বুকুলৈ এজাক পলু খাবলৈ অহা বাদুলিৰ দৰে গোটেইখন আন্ধাৰ কৰি

সোমাই আহিল। এই আন্ধাৰ কৰি অহা বাদুলি জাক কোনো পাতিহাঁহ টোমত আঁৰি খেদিব নোৱাৰি। এই জাক বাদুলি আহিবই আহিব, এফালৰ পৰা সোণালী সূতাৰ লেটা বান্ধিবলৈ বৈ থকা পলুবোৰ খাবই খাব। কোনেও ৰুধিব নোৱাৰে, কোনো বস্তুৰে ইহঁতক ৰখাব নোৱাৰি। গোটেই দেশ ছানি ধৰা এই জাকক কোনে ৰাখে, কোনে ভেটে?

চোমনি গাঁৱৰ ঘৰে ঘৰে পাট, মুগা, এৰীৰ শাল। বগা চাহাব আহি শিপিনীসকলৰ ওপৰত কৰ বহুৱাই দিলে। চোমনি গাঁও নালাগে অসমৰ কোনো শিপিনীয়ে ভবা নাছিল যে ঘৰতে বৈ-কাটি লোৱা কাপোৰ কিখনৰ বাবদ 'খেজানা' দিব লাগিব। মাটিৰ খাজনা মৌজাদাৰক দিব লাগে জনা কথা, কিন্তু কাপোৰৰ বাবে 'খেজানা'? মানুহখিনি অবাক হৈছিল। এদিন চোমনি গাঁৱলৈ এদল বগা চাহাবৰ মানুহ আহিল। আহিয়ে চিধাই সেই হাঁহৰ পুখুৰী, ডাঙৰ ডাঙৰ গছ চোম গছেৰে ভৰা ঠাইখণ্ডলৈ গৈ চোম গছবোৰ গণিবলৈ ধৰিলে। গাঁৱৰ মানুহৰ গা-চেবাইছিল বগা চাহাবে এনেই চোম গছৰ গন্তি লোৱাহি নাই। এনেই খাজনাৰ ভৰত ৰাইজ বেঁকা হৈ আছিল। ভয়ত গোটেইবোৰে ত্ৰাহি মধুসুদন সুঁৱৰিলে। ভবা কথাই সঁচা হৈছিল। ঘৰে পতি যিমান চোম গছ আছে, সেই হিচাবে বগা চাহাবক কৰ শোধাব লাগিব। কি কৰে চোমনি গাঁৱৰ ৰাইজে। প্ৰথম বাৰৰ চোম গছ গন্তি হৈ গ'ল, ৰাইজেও ভোগান্তি পালে। পাছৰ বাৰ বগা চাহাবৰ মানুহ গছ গন্তিত অহাৰ খবৰ পাই এফালৰ পৰা চোম গছবোৰ কাটি তহিলং কৰি পেলালে। চোমনিবোৰ উজাৰ কৰাৰ সময়ত গাঁৱত কেউফালে কান্দোনৰ ৰোল উঠিছিল। ঘৰে ঘৰে তিৰোতা সকলে বুকু ধাকুৰি কান্দিছিল। চোমনি জুৰি পৰি ৰোৱা সেইবোৰ যেন চোম গছ নহয়, দহ মাহ, দহ দিন গৰ্ভত ধাৰণ কৰি জন্ম দিয়া নিজা সন্তানহে।

ভতিজাকে ধনীৰামক কৈছিল ঘৰৰ মানুহজনীয়ে কেনেকৈ বধ শপত দি গছ কাটিবলৈ নিদিলে। ধনীৰামহঁতৰ চোমনিখন ৰৈ গ'ল। বগা চাহাবৰ গন্তিত ধনীৰামৰ পৰিয়ালৰ চোমনিখন ঠিকেই উঠিল। সময়ত টেকেলা-পিয়দাই বগা চাহাবৰ হৈ কৰ নিবলৈ আহিল। ক'ৰ পৰা বগা চাহাবৰ কৰ শোধায়? ঘৰ খন জড়মাৰ দিলে। আগৰ খেজানাৰে কোৰোকী নটিচ আহি আছে।

বগা চাহাবে সকলোতে আহি শইচত কাকতি-ফৰিং পৰাদি পৰিলহি। ৰাইজে থাউনি নোপোৱা হ'ল। মাছ-পুঠি বাৰু নাখালেই, বোপা-ককাৰ দিনৰ বিলখন, মাছে সাৰি থকা চিতলামৰী বিলখন বগা চাহাবে আহি লৈ ল'লেহি। মানুহে তাত লোৰ এটা খান্দি চেপা এটাও পাতি ল'ব নোৱাৰিলে। সৰহীয়াকৈ টকা দি চকুৰ আগতে

বাহিৰৰ ব্যৱসায়ীয়ে আহি চিতলামাৰী বিল ডাকি ল'লেহি। ৰখীয়া পৰিয়াই ঘেৰি থোৱা চিতলমাৰী বিল আনৰ হৈ গ'ল। ঘৰত যে গৰু-ছাগলী এজনী পুহিব তাৰো ভিকাচন ভাগিল। সেউজীয়া ঘাঁহেৰে ভৰি থকা চিতলমাৰী বিলৰ পাৰৰ চৰণীয়া পথাৰখনতো বগা চাহাবৰ শণাহি চকু পৰিল। গৰু-ছাগলী চৰোৱা পতিত ভূমিৰ ওপৰত 'খাছুৰী' কৰ লগালে। হাবিৰ পৰা ইকৰা এপোলা কাটি আনিলেও 'বন কৰ' দিব লাগে। ঘৰৰ খুঁটা এটা বদলাবলৈ হাবিলৈ গৈ গছৰ ডাল এটা কাটিলেও 'গোৰখাটী' কৰ শোধাব লাগে। বগা চাহাবে ৰাইজে নেদেখাজনৰ দান বুলি উপভোগ কৰি অহা আটাইবোৰ বস্তুৰে কাঢ়ি ল'লে। বিলৰ ওপৰত 'জল কৰ' বহুৱাৰ বাবে পুৰুষানুক্ৰমে মাছ মাৰি খোৱা মানুহখিনি ভিকহু হোৱাৰ পথত আগবাঢ়িল। বগা চাহাবে কোৰোণাৰে ধন চপাই নিজ দেশ পৃথিৱীৰ ভিতৰতে ধনীদেশ কৰি পেলালে। উৰি আহি পৰি বহা চাহাব সকলোৰে হৰ্তা-কৰ্তা বিধতা হৈ পৰিল। দাঁত কামুৰি মানুহবোৰে ভাইগ বুলি মানি ল'লে। চিকা ৰূপ থাকিলেতো ৰাইজে কৰ শোধাই হ'লেও নিজৰ পিতামহৰ ভেটিবোৰ নেৰিলহেঁতেন। ঘৰে ঘৰে কোৰোকী পৰিছে। মানে নোপোৱা, বানে নোপোৱা চোমনি গাঁৱৰ মানুহৰ ভাত খাবলৈ কাঁহী এখনো নোহোৱা হ'ল। আজি যদি এইঘৰত কোৰোকী, কাইলৈ ইঘৰত কোৰোকী। চকুৰ আগতে সকলোবোৰ টেকেলা পিয়দাই লৈ যায়হি। কি কৰে ৰাইজে? বহুতে কৰৰ ভয়ত পিতৃ-ভিঠা এৰি পৰ্বতে-কন্দৰে আশ্ৰয় ল'লে গৈ। চেনেহৰ পিতামহৰ ভিঠাত হুদুৰে চিঞৰিলেহি. 'হুদু, মোৰ ভেটিৰ পৰা গুচু।' তাৰোপৰি আছিল ধান খেতি ভৰা তোলা মাটিৰ বিবিধ কৰ— 'ৰুপিত', 'বাওতলী', 'বৰি', 'বাৰী' 'ফিৰিংগটি', 'বস্তী', ইখনৰ পাছত সিখন পথাৰ ছন পৰিল।

বগা চাহাবৰ নিজা যুক্তি আছিল। অসমৰ কেউফালে চাহ-বাগিচা হৈছে। শই-শই বনুৱা আনিছে। বনুৱা সকলক আগতে ভঁৰালত সুমাই থোৱা ধান বিক্ৰী কৰি অসমৰ খেতিয়কে আঁজলিৰে চিকা ৰূপ গোটাইছে। গোকাট মিছা কথা কৈছিল বগা চাহাবে। কলিকতীয়া ঠিকাদাৰে অসমৰ খেতিয়কৰ পৰা চাউল কিনা নাছিল। কিনিছিল বংগদেশৰ পৰা। টনে টনে বংগদেশৰ পৰা চাউল আনি কলিকতীয়া ঠিকাদাৰে বাগানবোৰত যোগান দি ধন গোটাইছিল। উভৈনদীকৈ ধান খেতি কৰিও ৰাইজে হাতলৈ পইছা এটা আনিব নোৱাৰিছিল। ক'ৰ পৰা দিয়ে বগা চাহাবৰ কৰ? খেতি-খোলা, ঘৰ-দুৱাৰ এৰি মানুহবোৰ দেশান্তৰী হৈছিল। পুৰুষৰ পাছত পুৰুষ একে ঠাইতে থকা, ভোগালী আৰু সহজ জীৱনত অভ্যস্ত মানুহবোৰৰ কুকুৰ-মেকুৰী মৰাদি মৰিছিল।

ধনীৰামহঁতৰে পা-পৰিয়াল নদীৰ কোমল মাটিৰ গৰা খহাদি খহিল। কেইঘৰ মান দেশান্তৰী হ'ল, দেশান্তৰী মানেনো কি? ক'ৰবাত হাবি ভাঙি থাকিবলৈ গৈ মৰি-হজি শেষ হ'ল। ধনীৰামৰ উদফাই বেমাৰী বাপেকটোক ৰাখি ভতিজাকটোৱে মাটি কামুৰি ভেটীত পৰি আছে। পাৰে মানে আঁজুৰিছে মানুহ হালে। বাৰীত মোৱা আলু, কাঠ আলু লগাইছে। সময়ত কাম আহিব। এডৰা মাটিত সৰিয়হ আৰু তিচি খেতি কৰিছে। বাপেক বৰদেউতাকে লগোৱা ৰেবাব, কেইবাবিধৰো নেমু, কঁঠাল আৰু আনাৰসখিনি যতন কৰি ৰাখিছে। আন বহুতে লোৱাদি কেএগ্র মহাজনৰ ধাৰত পোত নাযাবলৈ চেষ্টা কৰি আছে। নিজ মাটি-ভেটি ৰাখিবলৈ, কোৰোকী পিয়দাৰ পৰা ৰক্ষা পাবলৈ পোনতে বহুতে কেএগ্র মহাজনৰ ধাৰ লৈছিল। সেই চক্ৰবৃদ্ধি হাৰত বঢ়া সুদ দিবলৈ গৈ বহুতৰ হালৰ গৰু, বাচন-বৰ্তন, আ-অলঙ্কাৰ গৈছিল গৈ। সেই নাগপাশত নোসোমোৱাকৈ চলিবলৈ মানুহহালে আপ্ৰাণ চেষ্টা চলাইছে। দেউতাক, বৰ দেউতাক খুড়াকৰ নামত থকা মাটিখিনিৰ বোজা আৰু সি ব'ব পৰা নাই। ইমানখিনি মাটিৰ খাজনা সি আৰু দিব নোৱাৰিব। এবাৰ কোৰোকী পৰিলেই, সেই বেলি বাচন-বৰ্তন গ'ল। আৰু এবাৰ পৰিলেই সি ভিকহু হ'ব। বৰ চিন্তাত আছে মানুহ হাল। পাৰোতে বাটকুৰি বাই গৈ খুড়াকক খবৰ দিয়াগৈ নাই।

ধনীৰাম চোমনি গাঁৱত দুৰাতি থাকিলে। ইফালে হাতী-ডিপোৰ কাম আৰম্ভ হ'বই। ধনীৰাম নহ'লে বৰ আহুকাল হ'ব। মৌজাদাৰ দেউতাই এইবাৰ এই হাতীৰ ওপৰতে আশা কৰি আছে। তেওঁকো বগা চাহাবে কম কেঁকোৰা-চেপা দিয়া নাই। সেইটো মানুহে জামাল ৰুটিৱালাৰ ওচৰত হাত পাতিব লগা হৈছে। ধনীৰামে লৈ যোৱা চিকাৰূপ খিনি ভতিজাকৰ হাতত দিলে, 'এইখিনি ৰাখ, পাৰ যদি বোপা-ককাৰ ভেটিটো ৰাখিবি, মইনো আৰু ক'ত পাহাৰে-কন্দৰে হাতীৰ পিঠিত উঠি সদায়ে ঘূৰি ফুৰিম। দেহা পৰি আহিব এদিন। এই জনম ভিঠালৈকে ঘূৰি আহিব লাগিব।'

টকাকিটা লওঁতে বোৱাৰীজনীয়ে চাদৰৰ আঁচলেৰে মুখ সোপা দি কান্দিছিল।

বাৰীৰে তৰি-তৰকাৰী অলপ বান্ধি দিছিল ভতিজাকে। চোমনি গাঁৱৰ পৰা সোণাপুৰ পাওঁতেই দুদিন লাগিব, তাৰ পৰা মৌ-সৰা। পা-পাচলিখিনি বাটতে শুকাব। ভতিজাকটোৰ মুখখন চাই নিনিও বুলি ক'ব নোৱাৰিলে।

ওৰে বাটছোৱা ভতিজাকে বান্ধি দিয়া পাচলিৰ মোনাটোত চোমনি গাওঁখনৰ গোন্ধ পাই থাকিল ধনীৰামে।

নাচন ডুবিত উৰা-জাহাজ পৰিল

এডুইন চাহাবহঁত যোৱাৰ পাছতে আৰু সুহুৰি মৰা শ্ৰমিকখিনি পঠোৱাৰ পাছতে নাচন-ডুবিৰ বস্তি লাইনত এটা ডাঙৰ পৰিৱৰ্তন হ'ল। আগতে 'কুলী-বস্তি' একে থুপতে আছিল, এতিয়া তেনেই ভাগ ভাগ হ'ল। 'কুলী-লাইন' গোটেই নাচন-ডুবি বাগিচা জুৰি বিয়পি পৰিল। মৰগান চাহাবৰ দিনতে অহা বহুখিনি বাগিচা শ্ৰমিক বাগিচাৰ কামৰ পৰা অব্যাহতি পাইছিল। বয়স আৰু বেমাৰে তুলি পেলোৱা পুৰণি চাহ-গছ যেন কৰা মানুহবোৰৰ আৰু নিজ দেশলৈ ঘূৰি যোৱাৰ বাবে হাতত টকা-সিকাও নাছিল আৰু শৰীৰ-মনতো বল নাছিল। চাহ বাগানে বিনা কৰেৰে পোৱা বহু পতিত মাটি আছিল, তাতে এই ভাগৰুৱা শ্ৰমিকখিনিয়ে খাজনা ভৰি থাকিবলৈ লৈছিল। এনেকৈয়ে মৰগান চাহাবক আধামৰা কৰা মানুহখিনিৰ গাঁৱৰ কাষতে আন এখন বাগানীয়া গাঁও গঢ়ি উঠিল। আগৰে পৰা থকা জনজাতীয় মূলৰ কছাৰী গাঁওখনৰ মানুহবোৰে এই গাঁওখন 'ফাটেকীয়ালৰ গাঁও' বুলিছিল। পাছত মানুহৰ মুখ বাগৰি বাগৰি 'পাতেকী গাঁও' হ'লগৈ। বাগানৰ শ্ৰমিকসকলৰ সকলোৱে এবাৰ নহয় এবাৰ পলাবলৈ বিচাৰিছিলেই, চাহাবে ধৰি আনি ফাটেকত দুদিনমান ৰাখি আকৌ কামত মকৰল কৰিছিল। ফটেকত কোন পৰে? চোৰ-তস্কৰ, বদমাচ-গুণ্ডা, ফাটেক গচকা মানুহ মানেই চোৰ-ডকাইত। ফাটেকীয়ালৰ গাঁওখনৰ প্ৰতি পুৰণি গাঁওখনৰ মানুহখিনিৰ মনত এটা বেয়া ভাব আছিল। গাঁৱৰ মানুহে বাগানত কাম কৰিবলৈ গ'লেও 'ফাটেকীয়াল'ৰ ছাব পৰিছিল। বাগানৰ মাটিত গাঁও পাতি বহা মানুহবোৰক বাকী মানুহখিনিয়ে পৰৰ মানুহ বুলি গণ্য কৰিছিল। পৰাপক্ষত 'ফাটেকীয়াল গাঁৱৰ' লগত সম্পৰ্ক নাৰাখিছিল। দূৰৈৰ পৰা সিহঁতৰ খেতি-খোলা চাইছিল মাত্ৰ। নাচনডুবিৰ বিশাল চাহ-বাগিচাৰ এলেকা, নদীৰ সিপাৰৰ জনজাতীয় মূলৰ মানুহখিনিৰ গাঁওখন, নতুনকৈ চাহ বাগানৰ পতিত মাটিত গঢ় লৈ উঠা 'ফাটেকীয়াল গাঁও'— কোনেও কাৰো ওচৰ নচপাকৈয়ে চলি গৈছিল। বিশাল ভূ-খণ্ড ভূটান পাহাৰলৈ উঠি গৈছে, মানুহে থাকি কিমান আগুৰিব? এথুপ দুথুপ মানুহে এই বিশাল

ভূমি আগুৰি লোৱাৰ কি সাধ্য আছে? নাচন-ডুবিৰ গোটেই ওখ-চাপৰ ভূ-খণ্ড বগা চাহাবৰ সম্পত্তি।

মৰগান চাহাবৰ সপোনৰ নাচন-ডুবি ফুলি-ফাপি উঠিছে। সুহুৰি মৰা মানুহখিনি পঠিয়াই দিয়াৰ পাছতে নাচন-ডুবি কামৰ মানুহৰ কাৰণে ভাল হাঁহাকাৰত পৰিছিল। কম বানচত আৰু নিকপকপীয়া গিৰমিটীয়া বান্ধোনত ৰাখিব পৰা শ্ৰমিক বিচাৰি নাচন-ডুবিয়ে ভাল পানী খালে। ইফালে বাৰ্নাৰ্ড চাহাব আৰু লিঅনাৰ্ড চাহাবে চাহপাত ভৰোৱা বাকচৰ কাৰখানা এটাও খুলি ল'লে। এই চাহপাতৰ বাকচৰ কাৰখানাতো মানুহ লগা হ'ল। থলুৱা মানুহ ৰাখি চালে। সুহুৰি মৰা কেইটাতকৈয়ো ভয়ঙ্কৰ এই নৈৰ পাৰৰ গাঁও কিখনৰ মানুহখিনি। থাকোঁতে নৈৰ পাৰে পাৰে থকা তিনিখন গাওঁ— ৰৌমাৰী, নিচিলামাৰী, কাৰৈমাৰীত কাম কৰিব পৰা মানুহ বহুত আছে। দুই-এক আহিলেও ভয়ঙ্কৰ উৎপাত আৰম্ভ কৰে। মানুহবোৰে বগা চাহাবৰ কৰ শোধাব নোৱাৰি তেনেই দেউলিয়া হৈছে। চাহাবহঁতে ভাবিছিল দুখত পৰা মানুহবোৰ আহি দলে দলে বাগানতে সোমাবহি। প্ৰতি ঘৰৰ খাজনা বাৰ্ষিক ৬ অনাৰ পৰা ১.।০ পৰ্য্যন্ত। তাকে শোধাব নোৱাৰিলে দিনৰ দিনটো মৌজাদাৰৰ মানুহে ৰ'দত থিয় কৰাই ৰাখে, গধূলি বেতেৰে কোবাই কাণ মলাই পঠাই দিয়ে। বাগানত কাম কৰিবলৈ আহিলেই মাহে চাৰি টকাকৈ দৰমহা পাব। কিছু মানুহ আহিছিল। কিন্তু ৰৌমাৰী, নিচিলামাৰী, কাৰৈমাৰীৰ পৰা অহা এইখিনি মানুহক চাহাবে ধৰি ৰাখিব নোৱাৰে। পানীত সাঁতুৰি থকা ৰৌমাছ, নিচিলা মাছ, কাৰৈ মাছৰ দৰে ধৰো বুলিলেই ধৰিব নোৱৰা মানুহজাকক লৈ চাহাবৰ কাম নিসিজে। বাহিৰৰ পৰা অনা 'গিৰমিটীয়া কুলি' বোৰ হ'ল জীয়ন দিয়া মাছ, আঁঠুৱা তলৰ মহ। নিজৰ বুলিবলৈ সমাজ নাই, গাঁও নাই, থকা ঠাই নাই, আত্মীয়-স্বজন নাই। চাহাবৰ কটকটীয়া বান্ধোনৰ পৰা কেনিও পলাব নোৱাৰে, যেনেকৈ ইচ্ছা তেনেকৈ চলাব পাৰে। আৰু এই 'গিৰমিটীয়া কুলি'ৰ মতা-মাইকী আটায়ে কাম কৰে। থলুৱাখিনিয়ে মাইকী মানুহক বাগানত কাম কৰিবলৈ দিয়াৰ কথা ভাবিবই নোৱাৰে, মতাখিনিও টকা-সিকাৰ বৰ টান পৰিলেহে নাচন-ডুবিৰ ফালে আহে। গিৰমিটীয়াখিনিৰ মাইকী মানুহখিনি কামত বৰ ভাল, মাইকী মানুহ বুলি মজুৰিও কমকৈ দিব পাৰি, কামো দুগুণ উঠাব পাৰি। চাহাবে কুলি-বস্তি ভাগ ভাগ কৰিলে, মদৰ মহল বহুৱাই দিলে, পলাই যোৱাখিনিক ফাটেকত ভৰাই শাস্তি দিয়াৰ বন্দবস্তিও কৰিলে, একেবাৰে আঁঠুৱা তলৰ মহ। চাহাবে ইচ্ছা কৰিলেই পিটিকা এটা মাৰি শেষ কৰি থ'ব পৰা পকা ব্যৱস্থা।

সমস্যা হৈছে নতুনকৈ খোলা চাহ পাতৰ পেকিং বাকচ বনোৱা কাৰখানাটোক

লৈ। নাচন-ডুবিৰ মানুহ আনি এই কাৰখানা চলাব নোৱাৰি। তাতে সোণাপুৰ, মৌ-সৰা আটাইবোৰ ঠাইতে ৰে'ল-লাইনৰ কাম চলি আছে। টানত পৰি বাগানলৈ 'ফালতু-কুলি' ৰূপে কাম কৰিবলৈ অহা ৰৌমাৰী, চিতলমাৰী, নিচিলামাৰী গাঁৱৰ মানুহে এতিয়া ৰে'ল কোম্পানীৰ ফালে ঢাল লৈছে। এইবাৰ নাচন-ডুবিৰ মালিক পক্ষই মৈমনসিং জিলাকে ধৰি পূৰ্ববঙ্গৰ মানুহখিনিলৈ চকু দিলে। নাচন-ডুবিৰ বিস্তীৰ্ণ অৰণ্য জুৰি অনেক মূল্যবান গছ কাটি কোনে ঢুকুৱাব পাৰিব? মৰগান চাহাবে ভূটান আৰু নাচন-ডুবি বাগিচা কাৰো আওতাত নপৰা ভূমি খণ্ড গছেৰে ভৰাই পেলাইছিল, বাৰ্নাৰ্ড আৰু লিঅনাৰ্ডেও সেই কাম অব্যাহত ৰাখিছে। সেই অৰণ্যৰ ওপৰতো নাচন-ডুবিৰে এক প্ৰকাৰ অধিকাৰ। কেঁচা মালৰ অভাৱ নাই, শ্ৰমিক পালেই কাৰখানা দপদপাই চলিব। অসমলৈ জাকে জাকে পূৰ্ববঙ্গৰ কৃষক আমদানি হ'বলৈ ধৰিছে। গোৱালপাৰাৰ ফালে জমিদাৰসকলে নিজৰ অস্তিত্ব ৰক্ষাৰ বাবেই পতিত মাটিবোৰত 'ভাটিয়া' কৃষক বহুৱাইছে। আনফালে বিভিন্ন কামৰ বাবে মৰাপাট লগা হৈছে। বহুদিন হ'ল, ইংলেণ্ডে ৰাছিয়াৰ পৰা শণৰ ৰচি আৰু আন আন শণেৰে তৈয়াৰী বস্তু আমদানি কৰাটো বন্ধ কৰিছে। কলিকতাৰ ওচৰে-পাজৰে ইটোৰ পাছত সিটো মৰাপাট কল বহুৱা হৈছে। অসমৰ সাৰুৱা মাটিত মৰাপাট খেৰ গজাদি হয়। বগা চাহাবৰ চৰকাৰে অসমলৈ পূৰ্ববঙ্গৰ খেতিয়ক আনিছে। মৰাপাট খেতি হ'ব লাগে। হৈছেই, নগাঁও, গোৱালপাৰা, ধুবুৰীৰ ফালে জলাহ মাটিবোৰ মৰাপাটেৰে সেউজীয়া হৈ পৰিছে। সেই মৰাপাট জাহাজেদি হুগলিৰ মৰাপাট কলবোৰলৈ যাব লাগিছে।

নাচন-ডুবিৰ মালিক পক্ষই এইখিনি শ্ৰমিকৰ প্ৰতি চকু দিলে। নাচন-ডুবি যিফালে নিচিলামাৰীৰ ফালে নামি গৈছে, সেইফালেই আছে পানী জমা হোৱা এটা বিশাল সেমেকা ভূমিখণ্ড। ইতিমধ্যে বাৰ্নাৰ্ড চাহাবে সেই জালাহ মাটি নাচন-ডুবি কোম্পানীৰ আওতালৈ আনিছেই। তাতে মৰাপাট খেতিৰো পৰিকল্পনা আছে। বগা চাহাবৰ চৰকাৰেও অসমৰ মাটিত মৰাপাট খেতিৰ বাবে উৎসাহ দিছে। পূৰ্ববঙ্গৰ ভূমিহীন খেতিয়কৰ দল আহি নাচন-ডুবি পোৱাৰ সকলো বন্দবস্তি হৈ গ'ল।

নাচন-ডুবি দিনে দিনে ফুলি-ফাপি উঠিছে। লাভৰ হিচাব হু-হুৱাই ওপৰলৈ উঠিছে। লংফেল পৰিয়ালে আৰু এটা ভিলা কিনিছে লণ্ডনত, এই অপূৰ্ব ভাস্কৰ্য্যৰ ভিলাত ডাঙৰ ফলক ওলমিছে— "নাচন-ডুবি-২ Nason doobi-II"। লিঅনাৰ্ডে লণ্ডন চহৰৰ এলেকৰ পেলেক হ'লেও ৰাজ-পৰিয়ালৰ সৈতে সম্পৰ্ক থকা স্বৰ্ণকেশী জেইনক বৰা-বাংলোলৈ আনিছে। সোণাপুৰৰ পৰা নাচন-ডুবিলৈকে মুঠ বাৰখন চাহ-বাগিচা। লাভাংক দিনে দিনে বাঢ়িব লাগিছে। নাচন-ডুবিৰ পৰা কিছু দূৰৈত বাকীখিনি

বাগিচাকো চুব পৰাকৈ ক্লাবঘৰ স্থাপন হৈছে। বাকীখিনি বাগিচালৈ ৰাস্তা মোটা-মুটি হৈছেই। ফৰ্ড কেম্পানীয়ে এটা প্ৰস্তাৱ এই বাৰখন চাহ-বাগিচালৈ আগবঢ়াইছে। প্ৰত্যেকখন বাগিচাই নিম্নতম দুইখনকৈ গাড়ী কিনিব লাগিব। তেতিয়াহ'লে সোণাপুৰৰ পৰা একেবাৰে ননৈৰ পাৰলৈকে ৰাস্তাটো কৰি দিব। পকী ৰাস্তাতো নহয়, শিলগুটি দিয়া ৰাস্তা। হাতী, গৰু-গাড়ী, ঘোঁৰা, মানুহ-দুনুহে অহা-যোৱা কৰি কৰি ৰাস্তা এটা হৈয়ে আছে। বিশেষকৈ খাৰুপেটীয়া ঘাটৰ পৰা নাচন-ডুবি বাগানৰ ননৈৰ পাৰলৈকে গৰু-গাড়ীৰে চাহপাত টানি টানি এটা লিক তৈয়াৰ হৈ আছিলেই। ফৰ্ড কোম্পানীয়ে লাভ নাথাকিলে এই জংঘলত কিহৰ দুখত ৰাস্তা বনাবলৈ যাব? বাগানে বাগানে কথা চলিল, ফৰ্ড কোম্পানীয়ে ভবাতকৈ বেছি গাড়ীৰ অৰ্ডাৰ পৰিল। শিলগুটি ৰাস্তাও হ'ল। কিন্তু এই ৰাস্তাৰ পৰা বাদ পৰিল নাচন-ডুবি। কাৰণটো হ'ল পগলা ননৈ নদী। যেতিয়াই-তেতিয়াই হৰহৰাই পানী বাগৰি অহা নদীখনৰ ওপৰত দলং কোনে দিয়ে? পাহাৰৰ পৰা শিলে-বালিয়ে ধাহি-মুহি নিয়া পানীৰ সেই ভয়ঙ্কৰ টৌবোৰ কোনে বান্ধিব পাৰিব? ননৈৰ ওপৰত দলং মানে সৰু-সুৰা দলং হ'লেতো নহ'ব, মাইলৰ হিচাবত হ'ব লাগিব। নিচলামাৰীৰ পৰা নাচন-ডুবিলৈ যোৱাৰ মাজতে পৰে ননৈ নদী। সাধাৰণ নদীবোৰ বৈ আহে একেটা সোঁতেতে। ননৈ বৈ আহে একোছা মেলা চুলিৰ দৰে, এইখিনিতে এসোঁতা পানী, সৌখিনিতে আৰু এসোঁতা, অকণমান আগত গৈ দুই সোঁতা পানী লগ লাগিছে। তাৰ পাছতে দেখা গ'ল আৰু চাৰি-পাঁচ সোঁতা পানী জিৰজিৰকৈ ইফালে-সিফালে বৈ আছে। মাজে মাজে কেৰল বিভিন্ন আকৃতিৰ শিল। ক'ৰবাত শুকান, ক'ৰবাত অলপ ভিজা ভিজা। এইদৰে একোছা চুলি মেল খাই থকাৰ দৰে ননৈ নদী বহলি বিয়পি আছে। নাচন-ডুবিলৈ গৰু-গাড়ী, ম'হৰ গাড়ী, ঘোঁৰা এই ফালেদিয়ে অহা-যোৱা কৰি থাকে। বাকীবোৰ বাগানলৈ চিকচিকিয়া ফৰ্ড গাড়ী আহিল। নাচন-ডুবিলৈ নাহিল। ফৰ্ড গাড়ী ননৈ নদীৰ শিলনীনো পাৰ হয় কেনেকৈ? সোণাপুৰৰ পৰা নাচন-ডুবিলৈ যি বাৰখন বাগিচা ইতিমধ্যে হৈ গৈছে তাৰ ভিতৰত সকলোতকৈ ডাঙৰ বাগান হ'ল নাচন-ডুবি। গতিকে বাৰ্নাৰ্ড চাহাব আৰু লিঅনাৰ্ড চাহাবৰো সন্মান বেছি। সোণাপুৰৰ পৰা নাচন-ডুবিৰ ফালে উজাই আহিলে প্ৰথমতে পায় পলাশতলী বাগিচা, তাৰ পাছতে আৰম্ভ হৈছে হাতীখুলি, কৃষ্ণাই, নলতলী আদি কৰি আৰু এঘাৰখন বাগিচা, শেষৰ খন একেবাৰে ভূটান পাহাৰলৈ উঠি যোৱা নাচনডুবি। পলাশতলীৰ ওচৰতে এখন থানা হৈছে, পলাশতলী থানা। ফৰ্ড কোম্পানীয়ে বনোৱা ৰাস্তাৰ কাযতে আছিল দিনতে বাঘ লুকাব পৰা হাবি এডৰা। আচলতে এইখিনি ঠাইত বাঘ আছিলেই, অহা-যোৱা কৰোতে বহুতে দিন দুপৰতে বাঘ দেখিছে। এই হাবিখনত আছিল এজোপা বিশাল

বৰগছ। ডাল শিপা মেলি মেলি গছজোপাই এক বিশাল এলেকা জুৰি পেলাইছে। এই বৰগছজোপাত ঘৰ বান্ধিছে এজাক বাদুলিয়ে। কোনোবা অতীজৰে পৰা এই বিশাল বৰগছ জোপাত বাস কৰে এজাক বাদুলিয়ে। গোটেই গছজোপা ক'লা হৈ থাকে। পলাশতলী থানা সাজোঁতে সেই হাবিখনকে মোকোলাই লৈছিল। থানাৰ বৰ-চাহাব হিচাবে আহিছিল স্কট চাহাব। স্কট চাহাবে থানা পতাৰ ঠাই চাবলৈ আহি বাদুলিৰে ভৰা বৰ গছজোপা দেখিলে। গছজোপাত কাকো হাত লগাবলৈকে নিদিলে, আনকি বৰ গছজোপাৰ কাষৰে-পাজৰে থকা জৰি গছজোপা, আজাৰ দুজোপা আৰু মজ গছজোপাও চুবলৈ নিদিলে। সেইখিনি গছ একাষে ৰাখি স্কট চাহাবে পলাশতলী থানাৰ ঘৰ সাজিলে। পলাশতলী বাগিচাৰ পৰা কৃষ্ণাই বাগিচা পাৰ হৈয়ে বাদুলিপাৰা বাগিচা। বাদুলিবোৰ দেখিয়েই চাগৈ নাম থৈছিল বাদুলিপাৰা বাগিচা। এই বাদুলিপাৰা বাগিচাতে বাৰখন বাগানৰ চাহাবহঁতে মিলি পাতিলে- 'টেমচ ক্লাব'। চাহাবহঁতে নিজৰ দেশৰ নদীৰে নামকৰণ কৰিছিল এই ক্লাবৰ। এক বিৰাট এলেকা জুৰি পতা হ'ল ৰেচম হেন ঘাঁহনিৰে সৈতে গলফ ফিল্ড। টেনিচ কৰ্ট, বাৰৰ সৈতে বিলিয়াৰ্ড টেবুল। অনায়াসে চল্লিশ/পঞ্চল্লিশজন মানুহে খোৱা-বোৱা কৰিব পৰা বাকোৰেট হ'ল। 'টেমচ ক্লাব' পাতোতে চাহাবহঁতে পুৰণা গছবোৰত হাত নলগালে, মাত্ৰ গলফ ফিল্ডখন পাতোতেহে কিছু গছ কটা গ'ল। বৰ বৰ প্ৰাচীন গছবোৰৰ তলে তলে ঘূৰণীয়াকৈ সজোৱা হ'ল ৰং-বিৰঙৰ মৌচমী ফুলৰ বেড বোৰ। চালে চকুৰোৱা 'টেমচ ক্লাব'ৰ চোতালত দেখা গ'ল চিক্‌মিকীয়া ফৰ্ড গাড়ীৰ লানি। 'টেমচ ক্লাব'লৈ যোৱাৰ ৰাস্তাটোতে দুজোপা প্ৰাচীন পাকৰি গছ শাখা- প্ৰশাখা মেলি সঁজাল ধৰি আছে। পাকৰি গছ দুজোপাৰ ওচৰতে চাইনবৰ্ড ওলমিল- 'Dogs and Indians are not allowed'- 'কুকুৰ আৰু ভাৰতীয়ৰ প্ৰবেশ নিষেধ।' দেশীয় মানুহে কোনেও সেইফালে ছাতি মেলি যাব নোৱাৰিব, ঘোঁৰাত উঠিব নোৱাৰিব। ছাতি জপাই, ঘোঁৰাৰ পৰা নামি এলেকাটো পাৰ হ'ব লাগিব।

বাৰ্নাৰ্ড চাহাব আৰু লিঅনাৰ্ডৰ এই ক্লাব গঢ়াত ভালেখিনি অৰিহণা আছে। লিঅনাৰ্ডৰ ডিজাইনতে এই ক্লাব সজা হৈছে। দুই চাহাবৰ মেম এলিজা আৰু জেইনো এই ক্লাবৰ সভ্যা। মাজতে পগলা নদী। চাহাবহঁত বাৰু ঘোঁৰা ছুটাই ক্লাবলৈ আহিল, কিবা অসুবিধা হ'ল নদী পাৰ নহৈ ক'ৰবাত ৰাতিটো কটালে। স্কট চাহাব আৰু তেওঁৰ বাহিনী আছেই, ভয় কিহৰ? কিন্তু মেমহঁতক কৰে কি? নদী নদী আছে বুলিয়ে তেওঁলোকে ক্লাবৰ আমোদ-বিনোদন উপভোগ নকৰিবনে? দুই-ভাই-ককায়ে আলচি প্লেইন এখন কিনাৰে সিদ্ধান্ত কৰি পেলালে। বাগানবিলাক লগ লাগি

'ডাকোটা প্লেইন' দুখন কিনাৰ কথা প্ৰায় ঠিক কৰিয়ে পেলাইছে। ক্লাবৰ কাষৰে মুকলি পথাৰখনত এয়াৰ ফিল্ড কৰি পলাশতলীৰ পৰা কলিকতালৈ উৰাজাহাজ চলাব। মাল-পত্ৰ অনা-নিয়া কৰিবলৈ বহুত সুবিধা হ'ব। বাৰ্নাৰ্ড, লিঅনাৰ্ড দুইজন ইংলেণ্ডত থাকোঁতে ফ্লাইং ক্লাবৰ মেম্বাৰ আছিল, মৰগান চাহাবে নাচন-ডুবিলৈ নমতা হ'লে পুৰা-পুৰি এই বৃত্তিকে ল'ম বুলি ভাবিছিল বাৰ্নাৰ্ড চাহাবে।

নাচন-ডুবিলৈ উৰাজাহাজ আহিব। বাৰ্নাৰ্ড চাহাবে কলিকতাৰ পৰা চলাই আনিব এই উৰাজাহাজ। উৰাজাহাজখন আনিলেইতো নহ'ব, নামিব লাগিব, থ'ব লাগিব। বাৰ্নাৰ্ড চাহাব কলিকতালৈ বুলি ৰাওনা দিয়াৰ আগেয়ে ৰান-ৱেৰ ব্যৱস্থা কৰিলে। নাচন-ডুবিৰ আটাইতকৈ ওখ ঠাইখিনিত দীঘলকৈ ৰান-ৱে হৈ গ'ল। এই টুকুৰা ঠাই নাচন-ডুবিৰ আটাইতকৈ ওখ ঠাই। আচলতে এই ওখ সমান ঠাইখিনি নাচন-ডুবি পাহাৰৰ হস্তী কুলৰ নিজা সম্পত্তি আছিল। প্ৰাচীন কালৰে পৰা হস্তীকুল এইফালেৰে অহা-যোৱা কৰিছিল, এতিয়াও দেখা যায় ইহঁতৰ এই ভূ-খণ্ডত নিঃশব্দ পদচালনা। এই প্ৰাচীন কালৰে পৰা অহা-যোৱা কৰি কৰি হস্তীকুলে এটা ৰাস্তা-তৈয়াৰ কৰি পেলাইছিল। সুন্দৰ ৰান-ৱে হৈ গ'ল। একমূৰত গেৰেজৰ ঠাই হৈ গ'ল। লিঅনাৰ্ডে গেৰেজৰ কাম শেষ কৰাৰ আগতেই উৰাজাহাজ আহি গ'ল। কি উত্তেজনা সেইদিনা নাচন-ডুবিত। বাগানৰ শ্ৰমিকখিনিৰ সেইদিনা বাগানত আৰু কাম নাই। আটাইবোৰ ৰান-ৱেত, আটাইবোৰে কিবা নহয় কিবা কামত ব্যস্ত। এলিজা মেম আৰু জেইন মেমো সেইদিনা বঙলাত নাই, আমব্ৰেলা পাতি মেমহঁতে তাতে লাঞ্চ কৰিলে। গধূলিৰ ফালে উৰাজাহাজ আহি নাচন-ডুবিত নামিবহি। প্ৰায় দুশ মশাল বনোৱা হ'ল। এই জোঁৰবোৰত ডাঠকৈ বস্তা মেৰুৱাই তৈয়াৰ কৰা হৈছিল। প্ৰথম তাৰ জোঁৰ লিঅনাৰ্ড চাহাবে নিজেই বনাই পেলালে। তাকে চাই চাই দুশটাৰ জোঁৰ সাজু হ'ল। কেইবা ড্ৰামো 'চুকুৰ' কেবাচিন অনা হ'ল। তাতে জোৰবোৰ তিওঁৱা হ'ল, মাত্ৰ দিয়াচলাই মাৰি জ্বলাবলৈকে বাকী থাকিল। ৰান-ৱেৰ কাষে কাষে দুশ শ্ৰমিকে হাতত জোঁৰ লৈ থিয় হ'ল। গোটেই নিশাটোৰ বাবে সাজু হৈ আহিছে লিঅনাৰ্ড চাহাব। গেৰেজটোৰ অলপ কাম থাকিলে, দুৱাৰখনৰ কামটো ৰৈ গ'ল। ৰাতি দুৱাৰ নোহোৱা ঘৰটোতনো উৰাজাহাজখন কেনেকৈ থয়? হাতীৰ পালে আহি উৰাজাহাজ চুৰমাৰ কৰি দিবহি। এইফালে হাতীৰ উৎপাত বেছি।

নাচন-ডুবিৰ বেলি মাৰ গ'ল। বেলি গৈ ভূটান পাহাৰত লুকাই পৰিলগৈ। আকাশ জুৰি তৰাৰ চিক্‌মিকনি ওলাল। আজি আকাশত জোন নাই, আউসী ৰাতিৰ আকাশজুৰি অজস্ৰ তৰা। তৰাৰ মাজতে নাচন-ডুবিৰ ওপৰত কেইটামান লাইট

জ্বলি-নুমাই উৰিবলৈ ধৰিলে। উৰাজাহাজৰ শব্দ শুনা গ'ল। লাহে লাহে উৰা জাহাজ তলৰ ফালে নামি আহিল। ৰানৱেৰ কিনাৰত ৰৈ থকা শ্ৰমিকসকলৰ হাতৰ মশালবোৰ জ্বলি উঠিল, উজ্বলি উঠিল দীঘল ৰাস্তাটো। এটা টৰ্চ লৈ লিঅনাৰ্ড চাহাবে সংকেত দিলে। প্লেন নামি আহিল। আহিল, আহিল, এই নতুনকৈ বনোৱা দীঘল ৰাস্তাটোত উৰাজাহাজ আহি পৰিলহি। ওঁ ওঁ শব্দ কৰি পাখি মেলি শ শ মশালেৰে উজ্বলাই থকা দীঘল মিহি ৰাস্তাটোত উৰাজাহাজ নামিলহি। নামিলহি, এয়া সকলোৰে চকুৰ আগতে ৰাস্তাত উৰাজাহাজ চলিল, কোঁ-কোঁৱাই উত্তৰ দিশৰফালে আগবাঢ়িল। গৈ গৈ ৰৈ গ'লগৈ। উৰাজাহাজখন যেনি গ'ল গছ-বনবোৰ ধুমুহাত কঁপাৰ দৰে কঁপি উঠিল। বিশেষকৈ বিৰিণা বনবোৰ তেনেই আউল-বাউল হৈ পৰিল। উত্তেজনাত আটাইবোৰ চিঞৰ-বাখৰ কৰি উঠিল। বাৰ্নাৰ্ড চাহাব উৰাজাহাজৰ পৰা নামি আহিল। উৰাজাহাজ কিনি নহয়, বাৰ্নাৰ্ড চাহাবে যেন ৰাজ্য জিনিহে আহিছে। লিঅনাৰ্ড চাহাবে গৈ বাৰ্নাৰ্ড চাহাবক কৰমৰ্দন কৰিলেগৈ। ৰান-ৱেৰ কিনাৰে কিনাৰে মশাল লৈ ৰৈ থকা শ্ৰমিকসকলে চাই থাকিল, জোঁৰৰ পোহৰত জিলিকি উঠা গাখীৰৰ দৰে বগা ওখ-পাখ মত্গজ মানুহকিজনক। ঘোঁৰা সাজু হৈ আছিল, বাৰ্নাৰ্ড চাহাব বৰ-বঙলালৈ গ'ল। অলপ পাছতে ঘূৰি আহিল। এইবাৰ লগত আহিছে এলিজা মেম আৰু জেইন মেম। বৰা-মেম আৰু ছোট মেমে চিৰিৰে উৰাজাহাজৰ ভিতৰত উঠি চালেগৈ। তাৰ পাছত চাৰিওজন ঘৰলৈ গ'লগৈ।

ৰাতিটো উৰা জাহাজখন মশাল লোৱা মানুহখিনিয়ে ৰখি থাকিলে। সেইদিনা ৰাতি খুউব কুঁৱলী পৰিছিল। যেতিয়া কুঁৱলীবোৰ নিয়ৰ হৈছিল তেতিয়াই নিশব্দে আহিছিল এজাক হাতী। হাতীজাকে গম পাইছিল এটা অচিনাকি বস্তু সিহঁতৰ অহা-যোৱা কৰা প্ৰাচীন ৰাস্তাৰ মাজত আহি অধিকাৰ সাব্যস্ত কৰিছেহি। পৰম আক্ৰোশেৰে হাতীবোৰ ৰৈ থকা উৰাজাহাজখনৰ ফালে আহিছিল। ওচৰ চাপি হাতীজাকে দেখিছিল এজাক মানুহে সিহঁতৰ অহা-যোৱা কৰা প্ৰাচীন ৰাস্তাত আহি পৰি থকা অচিনাকি বস্তুটো ঘেৰি আছে। হাতীজাকে মানুহখিনিক ঘেৰি ললে। চকুৰ টিপ এটা নমৰাকৈ উশাহ বন্ধ কৰি মানুহখিনি লৰ-চৰ নকৰাকৈ ৰৈ থাকিল। ৰাতিপুৱাৰ ফালে যেতিয়া মশালবোৰ পুৰি পুৰি আহি হাত পাইছিলহি, কুঁৱলীবোৰ টোপ টোপ কৈ বৰযুণৰ দৰে পৰিছিল তেতিয়া দুই-চাহাব আহি উশাহ বন্ধ কৰি ৰৈ থকা মানুহখিনিৰ ওচৰ পাইছিলহি। দূৰৈৰ পৰা দেখিছিল, উঠি অহা বেলিৰ পোহৰত উৰা-জাহাজখনৰ ৰূপৰ দৰে গা জিলিকি উঠিছে। উৰাজাহাজখনক শিকলি এডালৰ দৰে ঘেৰি আছে উদং গাত একোখন কাপোৰ চাটি মাৰি লৈ জাৰ আৰু ভয়ত কঁপি

থকা মানুহখিনিয়ে। আৰু মানুহখিনিক ঘেৰি আছে প্ৰায় ত্ৰিশ-চল্লিশটা হাতীয়ে কোনো লৰ-চৰ কৰা নাই। না হাতী না মানুহ। লিঅনাৰ্ড আৰু বানাৰ্ড চাহাবে প্ৰায় একেলগে শূন্যলৈ টোৱাই গুলী এৰিলে। এই শব্দটোৰ সৈতে ইতিমধ্যে হস্তীকুলৰ পৰিচয় হৈছে। এই শব্দটোৰ লগত যে জখম আছে, ঘাইল আছে, মৃত্যু আছে সেয়া সিহঁতে ভালকৈ জনা হৈছে। শব্দ শুনি হাতীজাকে খৰকৈ তাৰ পৰা আঁতৰি পাহাৰৰ ফাললৈ গুচি গ'লগৈ। থিয় হৈ ভৰি সিৰামূৰিয়ে ধৰা মানুহখিনিক দুই চাহাবে চাৱাচ দি মদ খাবলৈ পইছা উলিয়াই দিলে। গধূলি মদ আৰু মাংসৰ যোগাৰ কৰিবলৈ বুলি কেইজনমান শ্ৰমিক বস্তিলৈ গ'ল। আজি ৰাতি বস্তিত মাদল বাজিব, নাচ হ'ব, মদ খোৱা হ'ব আৰু খোৱা হ'ব ভাতৰ লগত মাংস। যাওঁতে সিহঁতে বাগানৰ ভিতৰেদি পাহাৰৰ দাঁতিয়েদি পাক এটা মাৰি গ'ল, কান্ধৰ পৰা হাতলৈ ধনু-কাঁড় আনি ল'লে। পাহাৰৰ দাঁতিত জাকে জাকে ছাগলী একোটাৰ দৰে খটিয়া পহুবোৰ ঘূৰি ফুৰে, দুটা নেলাগে এটা মাৰিলেই ধেৰ হয়। আজি মাংস ৰন্ধাৰ কায়দাই বেলেগ হ'ব, হাতত যে চাহাবে উৰাজাহাজ ৰখি দিয়াৰ বাবে দিয়া মোটা বকছিছ।

বাকীখিনি বনুৱাক লৈ দুই চাহাবে উৰাজাহাজৰ গেৰেজৰ দুৱাৰ খনৰ কামখিনি শেষ কৰি পেলালে। টেমচ ক্লাবলৈ প্লেইন নিয়াৰ দিনাও এখন হুলস্থূল। আগতেই বাকোৱেট হল সজাই থোৱা আছে। বিবিধ ৰন্ধা-বঢ়া হৈছে। বাকোৱেট হলটোৰ নাম হ'ল 'ডেফদিল'। চাহাবৰ দেশৰ নদী, চাহাবৰ দেশৰ ফুলেৰে থোৱা নাম, চাহাবৰ আদব-কায়দা, চাহাবৰ দেশৰ খোৱা-বস্তু, চাহাবৰ দেশৰ মদ্দ, নিজা দেশত বনোৱা কাপোৰ-কানি, নিজৰ দেশৰ খেলা-ধূলাৰ বস্তু— মুঠতে 'টেমচ ক্লাব' এখন সৰু-সুৰা ইংলেণ্ড বুলিলেও ভুল নহয়। টেমচ ক্লাবত আজি লিঅনাৰ্ড, বাৰ্নাৰ্ড চাহাবৰ প্লেইন নামিব। জোৰদাৰ পাৰ্টিৰ আয়োজন হৈছে। আগতেই দহ মূৰ লগাই চিন্তা কৰা হৈছে, প্লেইন নামিব টেনিচ ক্লাবৰ পকী ফ্লৰৰ কাষতে বনোৱা ৰান-ৱে'ত। গধূলি লিঅনাৰ্ড, বাৰ্নাৰ্ড আহিব, লগত আহিব এলিজা আৰু জেইন। এলিজাৰ ল'ৰা-ছোৱালী হালো আহিব। 'টেমচ ক্লাৱ'ৰ ওপৰত আকাশত প্লেনে চক্কৰ কাটিবলৈ লাগিল। আটাইবোৰ বাহিৰলৈ ওলাই গ'ল। আটায়ে নিজা নিজা ফৰ্ড গাড়ীবোৰ নি ৰানৱেৰ ওচৰত ৰখাই দি হেড লাইটবোৰ জ্বলাই দিলে। গাড়ীবোৰৰ হেড লাইট একেলগে জ্বলি উঠিল। ৰান-ৱে স্পষ্ট হৈ পৰিল। বানাৰ্ড চাহাবৰ প্লেন নামিল। আটাইবোৰে চিঞৰি উঠিল... হু.. ৰে... হু ৰে।

যেতিয়া 'ডেফদিল' বাকোৱেট হলত চেম্পেইন খোলা হৈছিল, তেতিয়া পলাশতলী থানাৰ ওচৰে-পাজৰে থকা জৰী, পাকৰি, ভেলেউ আৰু মজ গছ

কিজোপাত থকা বাদুলিৰ ৰাজ্যখনত হুলস্থূল লাগি পৰিছিল। সিহঁতৰ ওপৰেদি উৰি যোৱা অচিনাকি বস্তুটোৰ ভয়ত বাদুলিজাকে উৰি উৰি সেইখণ্ড আকাশ ক'লা কৰি পেলাইছিল। টেমচ ক্লাৰৰ ফুলৰ বেডৰে বনোৱা গুৰিৰ প্ৰাচীন গছবোৰত তাহানিৰে পৰা বাহ লৈ থকা কাউৰীবোৰ পগলা হৈছিল। বাহৰ পৰা ওলাই ৰমলীয়াই কাউৰীজাকে গোটেইখন তল-ওপৰ কৰি পেলাইছিল। গোটেইখন ঘমঘণ্ট লাগি গৈছিল। কুকুৰবোৰে ৰাউচি জুৰিছিল, অকল কাউৰীবোৰেই নহয়, আন আন চৰাইবোৰেও বাহৰ পৰা ওলাই আহিছিল।

নাচন-ডুবিলৈ উৰাজাহাজ আহিল। সদৰ্পে নাচন-ডুবিত বগা চাহাবৰ উৰাজাহাজ নামিল। সেই উৰাজাহাজতে সপৰিয়ালে দুই চাহাবে নৈৰ ওপৰেদি পাৰ হৈ অহা-যোৱা কৰি থাকিল।

গদাধৰ ৰণলৈ ওলাল

আজি বিজয়া দশমী; আজি কুনকী প্ৰবাসলৈ পঠোৱাৰ বাবে অতি উত্তমদিন। আজি মৌসৰা গাঁৱৰ হাতী-ধুৰা গোটেইখন উথপ-থপ হৈ আছে। এই দিনটোৰ প্ৰস্তুতিপৰ্ব আজি কেইবা মাহৰ পৰাই হৈ আছে। গজালি চিকাৰ বা মেলাচিকাৰেই হওক চৰকাৰে জাননীযোগে হাতীমহল খোলাৰ কথা ঘোষণা কৰে। হাতী মহলদাৰে বন বিভাগত নিবিদা দিয়ে। সকলো হাতী মহলদাৰে ফান্দী, মাউত, ঘাঁচীৰ যা-যোগাৰ কৰে। সকলোৱে বাচৰ-বাচ ফান্দী, মাউত আৰু ঘাঁচী বিচাৰে। দু-পইছা বেছিকৈ দি হ'লেও বাচকবনীয়া মানুহকিটাক আটায়ে বিচাৰে। বৰফান্দীক বা কোনে নিবিচাৰিব? আটায়ে বিচাৰিব, ধনীৰামৰ দৰে মাউতনো কেইটা আছে? বা কাতীয়াৰ দৰে ঘাঁচী? মহলদাৰসকলে নিবিদা দিয়াৰ পাছতে কুনকী হাতীৰ ঠিক কৰে। সকলোৱে মেলা-চিকাৰৰ দিন কেইটালৈকে বাট চাই থাকে। গজালি চিকাৰ সাধাৰণতে বৰ কষ্টকৰ হয়। বাৰিষাৰ এই গজালি চিকাৰত বহু আহুকাল। গজালি চিকাৰৰ সময়ত হাবিখনেই যে বেলেগ হৈ থাকে। খৰালি হাবিৰ বননি বনজুইতে হওক বা মানুহে লগোৱা জুইতে হওক পুৰি যায়। বাৰিষা বৰষুণ পৰাৰ লগে লগে পুৰি যোৱা বননিত গজালি মেলে। সেই গজালি মেলা তৰানিলৈ হাতী জাক নামি আহে। সেয়ে হ'ল গজালি চিকাৰ। গজালি চিকাৰত মাউত, ফান্দী, ঘাঁচী আটাইৰে বৰ কষ্ট হয়। গজালি চিকাৰ মেলা সেইখন হাবি হৈ থাকেনে? নৰক হয়। গোটেইখনতে মহ, মাখি, ডাঁহ, চেৰেপা। তাৰোপৰি চকুৰ আগত উৰি ফুৰেহি হাজাৰ-বিজাৰ ডাম-ডুম পোক। লেউলেউ জোকবোৰৰ অত্যাচাৰ জানো কম? অকল সেয়াই নে? কেউপিনে পানী-বোকা। গজালি চিকাৰত ধৰা হাতী ৰাখিবলৈ বৰ টান। বনুৱা হাতীৰ ফানে কাটি কৰা ডিঙিৰ ঘাঁ, ভৰিৰ ঘাঁ শুকুৱাৰ নাম নলয়, বাঢ়িহে যায়। প্ৰায়ে পোক লাগে। মহলদাৰ, মাউত, ফান্দী, ঘাঁচী আটায়ে নোৱৰাতহে গজালি চিকাৰ মেলে। আটাইৰে হেঁপাহৰ চিকাৰ হ'ল শীতকালৰ মেলা চিকাৰ।

মেলাচিকাৰত হাতী ধৰা মানেই হ'ল মুখ ধৰা, ভাল উঠানি থকা চিকাৰী

কুনকী। চিকাৰী কুনকী মতা হাতীও হ'ব পাৰে, মাইকী হাতীও হ'ব পাৰে। হাতী-মহলৰ চাৰিসীমাৰ ভিতৰত চৰকাৰে এক নিৰ্দিষ্ট সময়ৰ ভিতৰত নিৰ্দিষ্ট সংখ্যাৰ হাতী ধৰাৰ অনুমতি দিয়ে।

অসমৰ পৰা ইংলেণ্ডলৈ এই হাতীধৰা অভিযানৰ কথা ইতিমধ্যেই বিস্তাৰিতভাৱে জনোৱা হৈছে। সুদক্ষ বৃটিছ প্ৰশাসকে ৰিপৰ্ট তৈয়াৰ কৰি ইংলেণ্ডলৈ পঠাইছিল— 'বিশ্বাস কৰাৰ যথেষ্ট কাৰণ আছে, অসম দেশখন বহু প্ৰাকৃতিক সম্পদত চহকী। এই দেশৰ কপাহৰ বাণিজ্য সদায়েই লাভজনক বুলি প্ৰমাণিত হৈ আহিছে। অসমৰ বনাঞ্চলৰ যুক্তি-যুক্ত কামবিলাকৰ পৰা চৰকাৰে এক ভাল বুজন পৰিমাণৰ আয় আশা কৰিব পাৰে। অসমৰ হাবিবোৰত বনৰীয়া হাতী অসংখ্য পৰিমাণে আছে বুলি নিশ্চিত কৰা হৈছে। 'ফৰেষ্ট ডিপাৰ্টমেণ্টে' বনৰীয়া হাতী ধৰাৰ বাবে 'খেদা' অভিযান চৰকাৰী নিয়ম-কানুনৰ মাজত আৰম্ভ কৰিছে। এই 'খেদা' অভিযানবোৰ বৃটিছ চৰকাৰৰ বাবে প্ৰচুৰ লাভজনক হ'ব। এই কথা একেবাৰে ন দি ক'ব পাৰি।' অসমৰ স্থানীয় প্ৰশাসকে হাবিবোৰ ভাগ কৰি পেলাইছিল। প্ৰতিটো হাতী মহলৰ বাবে নিৰ্দিষ্ট এলেকা বান্ধি দিছিল। নানা নিয়ম-কানুনেৰে হাতী মহলবোৰ নিকপকপীয়াকৈ বান্ধি দিয়া হৈছিল, কৰ-কাতলো ঠিক কৰা হৈছিল। মৌসৰা মৌজাৰ এইখন হাতী মহলৰো এক নিৰ্দিষ্ট এলেকা আছে। চৰকাৰে বান্ধি দিয়া নিয়ম মতেহে হাতী ধৰিব পৰিব, তাৰ ওপৰত নহয়। হাতী ধৰিবলৈ অনুজ্ঞাপত্ৰ পোৱা হাতীৰ মহলদাৰ কেইবাজনো আহি মৌজাদাৰৰ হাউলিত আছেহি। আজি বিজয়া দশমীৰ দিনা চৌধুৰীৰ হাউলিৰ পৰা কেইবাটাও কুনকী হাবিলৈ বুলি যাত্ৰা কৰিব। চৌধুৰী নিজে মৌজাদাৰ বাবে মহল ডাকিব নোৱাৰে। চৌধুৰীয়ে সাধাৰণতে বৰফান্দীৰ নামতে মহল ডাকে। মৌজাদাৰৰ অভিজ্ঞ কুনকী গদাধৰ আছে, নাৰায়ণ বৰুৱাৰ ঐৰাৱত আছে আৰু আছে নলবাৰীৰ বাপু গোসাঁইৰ ৰাধা, বৰপেটাৰ ইক্ৰামুদ্দিন হুছেইনৰ আকবৰ, কাশীৰাম দৈমাৰীৰ দৈমালু। কোনটো কুনকীক এৰি কোনটোক চায়? প্ৰায় কিটা চিকাৰী কুনকীৰে ভাল উঠানি আছে। ঐৰাবত আৰু আকবৰ হ'ল কোমোৰা বান্ধৰ কুনকী। কোমোৰা বান্ধৰ কুনকীৰ দৌৰৰ গতিবেগ কম কিন্তু খোপনি এনে মজবুত, যেন বৰ গছৰ শিপাহে। গদাধৰ, দৈমালু এই দুটা কুনকী হাতী হ'ল মিৰিকা। মিৰিকাৰ ঠেংবোৰ দীঘল হয়, সেইকাৰণে তীব্ৰ গতিত দৌৰিব পাৰে। হাতী মহলদাৰসকলে মৌ-সৰা গাঁৱৰ হাতী মহলত চৰকাৰীভাৱে 'চিট' পোৱা কুনকী হাতীকেইটাৰ বাকী আইনি কাম-কাজো আগতেই কৰি থৈছে। কুনকী হাতী বনবিভাগে 'পাচ' কৰি দিব লাগিব। 'বনবিভাগ' নামৰ চৰকাৰী দপ্তৰটো নাথাকোতে

এইবোৰ লেঠা নাছিল। যাৰেই শকতি আছে তেঁৰেই চিকাৰ মেলিব পাৰিছিল। কুনকীক মাউত- ফান্দী দি হাবিত মেলি দিলেই নহ'ব। হাতী ধৰাৰ কিছুমান নিয়মো আছে। গাভিনী হাতী, পিয়াহ খাই থকা এবছৰীয়া পোৱালি থকা হাতী ধৰাৰ নিষেধ। ৰুগীয়া আৰু বয়সীয়া হাতী ধৰিব নোৱাৰিব। অকল কিবা এইকেইটা নিয়মেই নে? ধৰিব খোজা হাতীটো চাৰি ফুট, ছয় ইঞ্চি ওখ হ'বই লাগিব, তাৰ কম ওখ হ'লে ধৰিব নোৱাৰিব। লেঠা বেছি লাগে বন-ঘৰচীয়া হাতীৰ লগত। এসময়ৰ ঘৰচীয়া হোৱা হাতী কেতিয়াবা বনলৈ পলাই গৈ বনৰীয়া হৈ পৰে। এনে হাতী ধৰিব লগা হ'লে নানা আইনি কেজেং। এনে হাতীৰ মালিকীস্বত্ব বন বিভাগৰ মুৰব্বী বিষয়াইহে ঠিক কৰিব পাৰে। কেতিয়াবা হাতীটো নিশকতীয়া বা ৰুগীয়া হয়। এনে ক্ষেত্ৰত বন বিভাগৰ বৰ চাহাবে ঠিক কৰি দিব হাতীটো ভাল হোৱাৰ আশা নাথাকিলে, কষ্ট খাই থকা যেন হ'লে মাৰি পেলাব লাগিবনে নাই। কেতিয়াবা এনে হাতীৰ মহলদাৰে হাতীটোৰ বিশেষ যত্ন কৰাৰ আদেশো পায়। মুঠতে বন-ঘৰচীয়া হাতী ফান্দত পৰা মানে মহলদাৰৰ নানা আইনী লেঠা।

আজি বিজয় দশমীৰ দিনা একে লগে সাতোটা মান 'পাচ কৰা' কুনকী হাবিৰ মাজলৈ যাব। এই কিটা চিকাৰী কুনকীৰ ভৰিত কাড়ী আছেনে নাই, কুনকীয়ে ক'ৰবাত আঘাত পাই আছে নেকি- এইবোৰ কথা চাই-চিতি বনবিভাগৰ বিষয়াই কুনকী হাতীক 'পাচ কৰি' দিছে।

আজি কুনকী প্ৰবাসলৈ ওলোৱা দিনা হাউলিৰ মাইকী মানুহবোৰৰ ঢেৰ ব্যস্ততা। এটা ব্যস্ততা হৈছে মাউত, ফান্দীৰ ওপৰত চকু ৰখা। ইহঁতৰ এইখন বা কি ধেমালি, নে জীৱন-মৰণৰ খেল খেলিবলৈ যাওঁতে মনত পুহি থকা নানা বিশ্বাসৰ ভিতৰৰে এটা। হাতী-মাউতৰ ৰহস্যময় জগতখনৰ অতি-গুৰি কোনে পাব পাৰে? আজিৰ কথানে কিবা, কত দিনৰে এইটো হাতী মাউতৰ খেল। কুনকী হাবিলৈ নিওঁতে মাউত-ফান্দীয়ে লগত মাইকী মানুহে ঘৰুৱা কামত ব্যৱহাৰ কৰা কিবা বস্তু এপদ চুৰ কৰি নিবই নিব। এই তামোল কটা ডাব-কটাৰিখন, মচলা বটা পটা-গুটিটো, পাচলি কটা নেলীয়া কটাৰিখন, তামোল খোৱা বঁটাটো হাতৰ টিপতে তুলি নিয়ে, লগত ৰাখে। বস্তুটো এনেকৈ বাছে যে মাউত-ফান্দী হাবিত থাকোঁতে ঘৰখনত সকলোৱে সিহঁতক মনত পেলাই গালিৰে থুকুচি থাকে। প্ৰবাসৰ পৰা উভতি আহি বস্তুপদ ঘূৰাই নিয়ে। কুনকী প্ৰবাসলৈ ওলোৱাৰ দুদিন মান আগৰে পৰা হাউলিৰ মাইকী মানুহবোৰ সন্তম হৈ থাকে। কোন তলকত বা কি নিয়ে। আজি হাউলিত কোনেও গম পোৱা নাই, ধনীৰাম মাউতে হাউলিৰ পাক-ঘৰৰ বাৰাণ্ডত থকা

পটাখনৰ গুটিটো চুৰ কৰি মোনাত ভৰাই থৈছে। কুনকী প্ৰবাসলৈ যোৱাৰ পাছত পটা-গুটি বিচাৰি মাউত-ফান্দীক গোটেইবোৰে গালি পাৰি থাকিব। কি বা খেল মাউত ফান্দীৰ!

চৌধুৰীয়ে আহি গদাধৰৰ গাত হাত ফুৰাই দিলেহি। 'তোৰ ওপৰতে মোৰ ভৰসা'। চৌধুৰীৰ চকুহাল সেমেকি আহিছে। সদায়ে হয়, প্ৰবাসলৈ নিজা নিজা হাতীক বিদায় দিওঁতে সদায়ে গৰাকী, মহলদাৰৰ এনেকুৱাই হয়। আজি গদাধৰৰ কাৰণে মুচুৰ ডাইল দি ৰন্ধা খিচিৰিৰ ব্যৱস্থা হৈছে, খিচিৰি ভাতত দিয়া হৈছে পুৰা একলহ গুড়। প্ৰবাসলৈ বিদায় দিয়াৰ বাবেই এই বিশেষ আহাৰ ৰন্ধা হৈছে। গদাধৰ অকলে নহয়, কেইবাযোৰা মাউত-ফান্দী আজি হাতী ধুৰাৰ পৰা হাবিৰ ভিতৰলৈ যাত্ৰা কৰিব। সকলো কুনকীৰ বাবেই আজি বিশেষ আহাৰ ৰন্ধা হৈছে। কেইবাযোৰ মাউত ফান্দীয়ে গৈ হাতী ধুৰাত ৰ'লগৈ। মৌ-সৰা গাঁৱৰ আটায়ে ঘৰৰ পৰা ওলাই হাতীৰ সমদলটো চাইছে। প্ৰতিটো হাতীৰ পিঠিত মেটমৰা মাল-বস্তু। হাতীতো এই অঞ্চলৰ মানুহে নিতৌ গৰু-ছাগলী দেখাৰ দৰে দেখি থাকে। কিন্তু চিকাৰী কুনকীৰ দৰে হাতীনো কিমান দেখে? সকলোৰে আগত গৈছে গদাধৰ। পিঠিত বৰফান্দী, ধনীৰাম আৰু কাতিয়া। মিৰিকা বান্ধৰ হাতী গদাধৰ আন সাধাৰণ হাতীতকৈ বহুত ওখ। গদাধৰ নলদঁতীয়া— নল বাঁহৰ দৰে পাতল, কিন্তু ঘোৰ খোৱা দীঘল এযোৰ পগাই পগাই ঘন কৰা গাখীৰৰ বৰণৰ দাঁত গদাধৰৰ পৰিচয়। এই খণ্ডত গদাধৰৰ দৰে এনে সুন্দৰ নলদঁতীয়া হাতী আৰু কাৰো নাই।

গদাধৰৰ পাছে পাছে নাৰায়ণ বৰুৱাৰ ঐৰাবত। ঐৰাবত যি ঐৰাবত, কোমোৰা বান্ধৰ হাতী ঐৰাবতৰ গমনেই সুকীয়া, গম্ভীৰ পদচালনা। ঐৰাবতৰ ঠেঙৰ খোপনি চাবলগীয়া। ঐৰাবত ভলুকা দঁতীয়া, ভলুকা বাঁহৰ দৰে গোটা, আটিল দাঁতবোৰ তাৰ পকা পূৰঠ কোমোৰা এটা যেন গাটোৰ লগত তেনেই ৰজিতা খাই পৰে।

তাল-বেতাল দাঁত যোৰ, অৰ্থাৎ সামান্য ওখ-চাপৰ দাঁতৰ আকবৰনো কোনে গুণে পাছ পৰা?

মাটিৰ ফালে ঢাল খোৱা তলগোজোৰা বা পাতালপুৰীয়া দাঁত যোৰেৰে সৈতে দৈমালু। তাকনো নোচোৱাকৈ কোনে পাৰে?

কোনটোক এৰি কোনটো কুনকীক চায়? তাতে কেউটা হল 'পাচ কৰা' কুনকী। হাতীধুৰাতো আৰু কেইবাযোৰাও কুনকী সাজু হৈছে। হাতী ধুৰাখনো আজি বেলেগ বেলেগ লাগিছে। একেই বেলেগে বেলেগ মহলদাৰৰ মানুহে সাজি লোৱা বাঁহখেৰৰ চাপৰ চাপৰ ঘৰবোৰ, মহ-মাখি খেদাবলৈ দপদপাই জ্বলি থকা ধুনিবোৰ,

দোতাৰাৰ মাত, খোৱা-বোৱাৰ আয়োজন— সকলোবোৰ একেই আছে। সদায়ে অহাৰ দৰে হাতী ধুৰালৈ ওচৰে-পাজৰে থকা স্থানীয় মানুহখিনি আজিও আহিছে। তথাপি ক'ৰবাত কিবা এটা বেলেগ। আজি হাতী-ধুৰাখন যেন অলপ বেছি পৰিষ্কাৰ। আজি যে কেইবাটাও কুনকী প্ৰবাসলৈ যাবলৈ সাজু হৈছে।

হাতী ধুৰাৰ পূবফালে থকা জৰীগছজোপাৰ তলতে 'থান'। বৰ অদ্ভুত এই উপাসনা থলী। কোনো নিৰ্দিষ্ট দেৱতা নাই। কোনো পূজাবিধি নাই, কোনো ধৰ্ম নাই, জাত নাই, ভাষা নাই। কেৱল এক আন্তৰিক তুতি-মিনতি। অৰণ্যৰ ওচৰত কৰ যোৰে মানুহখিনিয়ে আশীৰ্ব্বাদ ভিক্ষা কৰে, সুৰক্ষা বিচাৰে। আজি থান মচি-কাচি থোৱা আছে, কেউটা কাষ চিকুণাই নিমজ কৰি থোৱা আছে। কুনকী হাতীবোৰ ৰখাই থৈ মাউত, ফান্দী, ঘাঁচী আটায়ে থানৰ ওচৰত মূৰ দোৱালেহি। ডাঙৰ মাটিৰ মলা এটাত নাৰিকলৰ বাকলি জ্বলিছে, তাতে পৰিছে হাতী ধুৰাৰ কাষতে গজি থকা ধূনা গছৰ আঠা। এটা মলমলীয়া গোন্ধ বিয়পি পৰিছে। নাৰিকলৰ বাকলি, ধূনা গছৰ আঠাৰ গোন্ধটো সনা-পোটকা হৈছে বৈ থকা হাতীকিটাৰ গাৰ গোন্ধৰ সৈতে। হাতী ধুৰাখনত মাছে পানীত বুৰবুৰণি তোলাৰ দৰে গোন্ধ কিছুমানে বুৰবুৰণি তুলি আছে। হাতীৰ ধোঁৱা ওলাই থকা গৰম লাড, এমুঠি শুকান জলকীয়া দি ফোৰণ দিয়া ডাইলৰ গোন্ধ, আঙঠাত সেকা নদীৰ মাছকেইটাৰ গোন্ধ, বৰা-চাউল পচাই কৰা জুমাইৰ গোন্ধ— সকলো গোন্ধ চেৰাই উঠি আহিছে নাৰিকল বাকলিৰ অঙঠাত পুৰপুৰকৈ শব্দ এটা জ্বলি থকা ধূনাগছৰ আঠাৰ এক মিঠা গোন্ধ। এয়া হাতী প্ৰবাসলৈ যাত্ৰা কৰাৰ বাবে কৰা পূজাৰ গোন্ধ। ইক্ৰামুদ্দিনৰ মাউত ছেলিমে এটা ৰঙা কুকুৰা মোনাৰ পৰা উলিয়ালে। মোনাৰ পৰা উলিয়াই মাটিত থোৱাৰ লগে লগে কুকুৰাটোৱে ওপৰলৈ মুখ কৰি কককককাই উঠিল। ক'ৰপৰানো এই পুৱাৰ বেলিটো হেন বৰণৰ কুকুৰাটো ছেলিমে আনিলে জানো? তামৰ ওপৰত সেন্দূৰ ঘাঁহিলে যিটো ৰং ওলাব কুকুৰাটোৰ পাখিবোৰ সেই ৰঙৰ। বেলিৰ পোহৰ পৰি তাৰ তেজ ৰঙা জঁটো জিলিকি পৰিছে। উছৰ্গা দিয়া কুকুৰা, যেন-তেন হ'লেতো নহ'ব। বৰ ফান্দীয়ে কুকুৰাটো কাটিলে। আধাকটা কুকুৰাটো ধপ্‌ধপাই আছে, তাৰ ৰঙা পাখি তেজেৰে আৰু ৰঙা হৈছে। আটায়ে একেথৰে কুকুৰাটো চাই আছে। কুকুৰাটো ধপ্‌ধপাই ঘুৰি আছে। ঘূৰি ঘূৰি তেজ লগা ৰঙা কুকুৰাটো পূবৰ ফালে মুখ কৰি নিশ্চল হৈ পৰিল। আটায়ে সেৱা ল'লে। পূব দিশে, এৰা, পূব দিশেই আটায়ে যাত্ৰা আৰম্ভ কৰিব। ৰঙা কুকুৰাই নিশ্চয়কৈ পূব দিশে মূৰ কৰি মৰিছে। নাৰিকলৰ বাকলিৰ অঙঠা ছাই হৈ পৰিছিল, ধূনা এঠাৰ পুৰপুৰ শব্দটো নোহোৱা হৈছিল, গোন্ধটোৰ তীব্ৰতা কমিলেও

কোমল মিঠা গোন্ধ এটা বৈ গৈছিল। হাতী ধুৱাৰ পৰা চিকাৰী কুনকী চাহান বিচাৰি পূৱদিশে গতি কৰিবলৈ আৰম্ভ কৰিলে।

গদাধৰৰ পিঠিত উঠিব বৰফান্দী, মাউত ধনীৰামৰ ঠাই হ'ল গদাধৰৰ তপিনাৰ আগত, কেতিয়াবা কঁকালৰ ঝুলাৰ ওচৰতো বহি লয়। ফান্দী গদাধৰৰ পিঠিত উঠিব শুঁৰেদি। মাউত ধনীৰামে তিনিখন নদী গণি গণি পাৰ নোহোৱা পৰ্য্যন্ত হাতীৰ গাত বান্ধি দিয়া ঘোঁৰাৰ লেকামৰ দৰে 'ঝুলা' বা 'ঝপলনা'ত ধৰি থিয় হৈ বা আঁঠুকাঢ়ি যাব লাগিব। এই হাতীৰ চাহান বিচাৰি গভীৰ অৰণ্যলৈ যোৱাটো মাছ-ভাত খোৱা নহয়। শুদ্ধ চিত্তেৰে, নিয়ম-নীতি মানি, ভাবি-চিন্তি, আগলৈ-পাছলৈ চাই প্ৰতিটো খোজ দিব লাগিব। অকল এটা জীৱৰে কথানে কিবা? মাউত ফান্দী আছেই, আৰু আছে দুটা অবোলা জীৱ, এটা ঘৰচীয়া চিকাৰী কুনকী, আনটো চাহানৰ পৰা ধৰি অনা বনুৱা হাতী। মাউত ধনীৰাম বৰ সাত্বিক মানুহ, নিয়ম-নীতি যি নিয়ম-নীতি, যিমান কষ্ট হয় সি পালিবই। ধনীৰামে হাতত লৈছে যাঠা, কান্ধত মিত। যাঠা হ'ল হাতীক প্ৰশিক্ষণ দিওঁতে ব্যৱহাৰ কৰা বাঁহৰ নাল লগোৱা জোং অথবা যাঠি। ফান্দীৰ হাতৰ অস্ত্ৰ হ'ল লাংচিং আৰু গলৰ ৰচিত আঁৰি লোৱা ক্ষুৰধাৰ মিত।

দিন-বাৰো স্থিৰ হ'ল, দিশো নিৰ্ণয় হৈ গ'ল। এতিয়া যোৱাই যোৱাই ফান্দী আৰু মাউত নিজা নিজা কুনকী লৈ হাবিলৈ যাব। কাৰ ভাগ্যত বা কি আছে? প্ৰবাসলৈ গৈ দুই-এদিনতে বনুৱা হাতী লৈ ঘূৰি আহিব পাৰে, কোনোবাই সাত/আঠদিন প্ৰবাসত কটায়ো সুদামুখে ঘূৰি আহিব লগাত পৰে। এইয়া যে এক যুদ্ধযাত্ৰা। জয়ো আছে পৰাজয়ো আছে।

গদাধৰ অভিজ্ঞ চিকাৰী কুনকী। গদাধৰক সজাই তোলা হৈছে। গদাধৰৰ বুকুত 'ফাৰা' বন্ধা হৈছে। আৰু বন্ধা হৈছে 'কাচ'। এই 'কাচ' হ'ল উত্তম জাতৰ মৰাপাটেৰে তৈয়াৰী ক্ষীণ, কিন্তু জোৰদাৰ ৰছী। 'কাচ' কুনকীৰ ডিঙিয়েদি পাৰ কৰি পিঠিৰ ওপৰেৰে নি নেজৰ তলেদি সৰকাই আনি পিঠিত বন্ধা হয়। 'কাচ' বন্ধা বাৰু হ'ল। আৰু এডাল বৰ গুৰুত্বপূৰ্ণ ৰছী হ'ল 'ফান'। হাতীৰ বুকুত এই 'ফান' বন্ধা হয়। হাতীৰ বুকুত এটা মেৰ দি এই 'ফান' 'কাচ'ৰ লগত সংযোগ কৰি দি হাতীৰ বাঁওফালে আগঠেঙৰ পাছত গাঁঠি মাৰি দিয়া হয়। মাউতীয়া ভাষাত এই গাঁঠিক কোৱা হয় 'আখা'। গদাধৰ এটা বিশাল হাতী। সাধাৰণতে এই কুনকীৰ গাত বান্ধি দিয়া 'ফান' দীঘলে দীঘলে তেৰ মিটাৰ মান হয়। গদাধৰৰ বাবে আৰু বেছি লাগে। এই 'ফান' হ'ল বৰ পবিত্ৰ ৰছী। নিয়ম-কানুন মানি এই 'ফান' তৈয়াৰ কৰা হয়। বাৰ গুণীয়াকৈ এই ফান বটা হয়। 'ফান'ৰ ব্যাস ৮/৯ ইঞ্চি মান হয়। এই 'ফান' আগৰ

ফালে সৰু হৈ আহে। এই 'ফান' বাটোতে ফান্দীয়ে গা-মূৰ তিয়াই পূজা এভাগ আগবঢ়াইহে শুদ্ধমনেৰে কামত ধৰে। মাউত আৰু ফান্দীয়ে লগ লাগি এই ফান বাটে। এটা কথাত দুয়ো বৰ সাৱধান হয় কোনোমতে যেন এই 'ফান' চেৰোৱা নহয়। ডেই গ'লে, চেৰালে 'ফান' অশুচি হয়। এই 'ফান', 'ফাৰা', 'কাচ' কেইবা যোৰাও সাজু কৰা হয়। আৰু কেইবাবিধো ৰছী বাটি লোৱা হয়। মাউতীয়া ভাষাৰে কোৱা 'জোটকা', 'চূড়', 'গলৰছী',। 'অগ্রণ' হ'ল হাতী চিকাৰত ব্যৱহাৰ হোৱা বিভিন্ন ৰছী। গদাধৰ যেন কোনোবা যুঁজলৈ ওলোৱা সেনাপতিহে। সাজোনে-কাচোনে সেনাপতি নহয় নো কি? প্রবাসলৈ যোৱা আৰু যুঁজ এখনলৈ যোৱাটো নো কি বেলেগ কথা?

গদাধৰ এনেই 'মিৰিকা বান্ধ'ৰ ওখ হাতী, তাতে পিঠিৰ ওপৰত তিনিফুট মাল-পত্র। কি নাই এই মালৰ বোজাত? ত্রিপাল, মৰাপাট, বিছনা, চৰু হাড়ী, খোৱা-বস্তু, হাতীৰ শিকলি, কোৰ, কুঠাৰ, হাতী ধৰাৰ বাবে 'ফান', 'ফাৰা', 'কাচ' এই সমস্ত আছেই। গধাধৰৰ উচ্চতা বাঢ়ি যায়। মৌজাদাৰৰ হাউলিৰ তোৰণৰ মাজেদি গদাধৰ সৰকিব নোৱৰা অৱস্থা। বৰফান্দী আগত বহিছে, মাউত ধনীৰামে থিয় দি আছে, তিনিখন নদী পাৰ হোৱাৰ পাছতহে সি বহিব। এয়াও এক বিশ্বাস।

এয়া, পূবদিশে কেইবাযোৰাও মাউত ফান্দী অৰণ্যলৈ যাত্রা কৰিব। গদাধৰ আগত, সিয়ো বুজি পাইছে, ক'লৈ যাব, কি কৰিব লাগিব। গদাধৰৰো ভাব-ভঙ্গী বেলেগ হৈ পৰিছে। বৰফান্দীয়ে চকু মুদি মন্ত্র মাতিছে। সকলোৱে সম্ভ্রমেৰে বৰফান্দীক চাই তলমূৰ কৰিছে, নিজা নিজা ইষ্ট দেৱতাক সেৱা জনাইছে। সকলোৱে জানে বৰফান্দীয়ে গদাধৰৰ গাত হাত থৈ মোহিনী মন্ত্র মাতিছে, এই মন্ত্ৰৰে গদাধৰক বান্ধি পেলোৱা হ'ব। অকল বৰফান্দীয়েহে পাৰে মন্ত্রেৰে হাতীক বশ মনাব। আটায়ে আচৰিত হয় কেনেকৈ বৰফান্দীৰ ওচৰত দুৰ্দান্ত হাতীও পানী হৈ পৰে। বৰফান্দীয়ে চকু মেলিছে। গোটেই হাতী-ধুৰাখন কঁপি যোৱাকৈ এটা গুৰু গম্ভীৰ মাত শুনা গৈছে- 'আগেত। তাৰ পাছত একেৰাহে কেইবাটাও বিভিন্ন কণ্ঠৰ একেটা শব্দকে শুনা গ'ল 'আগেত', আগেত'....

হাতীবোৰ পূবদিশে আগুৱাবলৈ লাগিল।

বৰফান্দীয়ে বনুৱাৰ পাখা ভিৰালে

অসংখ্য জান-জুৰিৰে ভৰা অটব্য অৰণ্যৰ মাজত কেইবা যোৰাও কুনকী সোমাই পৰিছেগৈ। গদাধৰো সোমালগৈ।

বৰফান্দী আৰু ধনীৰামে হাতীক নি থাকিল। হাতী দণ্ডি এটা চকুত পৰিল। সেইফালেই হাতীক পোনাই দিলে। হাতীদণ্ডিটোত স্পষ্ট হাতীৰ খোজ, লগতে সৰু সৰু হৰিণাৰ খোজো জিলিকি আছে। হাতীয়ে এই দণ্ডিবোৰেদি যাওঁতে গছ বন মহতিয়াই নিয়ে, গছৰ কোমল কোমল আগবোৰ মাটিত পৰেহি, গছৰ ফলো থলৰ থলৰকৈ পৰে। হৰিণাৰ হাতীৰ পালৰ লগত থকা মানেই যে প্ৰচুৰ খাদ্য। আৰু হাতীৰ চাহানৰ মাজত থাকিলে হৰিণাবোৰ বাঘৰ আক্ৰমণৰ পৰা নিৰাপদ হৈ থাকে। হাতী অহা-যোৱা কৰা দণ্ডিটোত হাতীৰ লাড পৰি আছে, দুই-এচুবা লাড দেখি গম পোৱা গ'ল হাতীৰ চাহান ওচৰে-পাজৰে আছে। লাডবোৰ হাতীয়ে ত্যাগ কৰা বেছি সময় হোৱা নাই।

গদাধৰ গৈ আছে। বৰফান্দী আগত, মাউত ধনীৰাম পাছফালে। ধনীৰামে হাতীৰ পিঠিত পাছমুৱাকৈ বহিছে। বৰ বিপদজনক এই অৱস্থান। মাউত ফান্দীৰ চিকাৰ মেলা কামটোৱেই যে বিপদ-বিঘিনিৰে ভৰা। হাতী দণ্ডিৰ কাষে কাষে থকা জোপোহাবোৰৰ মাজত পহু থকাৰ উমান পোৱা গৈছে। গদাধৰে জানে আজিৰ চিকাৰ বেলেগ। এয়া পহু চিকাৰ নহয়। পহুচিকাৰত ওলালে অভিজ্ঞ গদাধৰে এই জোপোহাবোৰ গৈ থাকোঁতেই ভৰিৰে মোহাৰি দিলেহেঁতেন। এনেকৈ মোহাৰি দিলে পহুকিটা ওলাই আহে। আজি গদাধৰে পহু সোমাই থকা জোপোহাবোৰলৈ কেৰাহিকৈয়ো চোৱা নাই। গদাধৰ আগলৈ গৈ আছে। মাউত, ফান্দী, হাতী আটায়ে সচকিত হৈ সৰু জুৰিটোৰ পাৰতে ৰৈ দিলে। কুনকীয়ে চাহানৰ উমান পাইছে। নিশব্দে ৰৈ গ'লেও বনৰীয়া হাতীৰ চাহানে কুনকীৰ উমান পাই পলাই গৈ পাহাৰৰ ফালে গ'লগৈ। গহীন হাবিৰ মাজলৈ গদাধৰ সোমাই গ'লগৈ। এইবাৰ লগ পালে জুৰি এটাৰ পাৰত গা ধুই থকা আৰু এপাল বনৰীয়া হাতী। গদাধৰ সন্তম হ'ল।

বৰফান্দীৰ চকুত পৰিল এটা সকলো ফালৰে পৰা লক্ষণীয়া হাতী। বৰফান্দীয়ে গদাধৰৰ গাত জোৰকৈ টিপনি দি অঙ্কুশেৰে খুচিবলৈ ধৰিলে। মাউতে সৰ্ব্বশক্তিৰে গদাধৰৰ তপিনাত যাঠাৰ খোছ দিবলৈ ধৰিলে। গদাধৰ ঘোঁৰা এটাৰ দৰে হাতীৰ চাহানৰ ফাললৈ দৌৰিবলৈ ধৰিলে। বৰফান্দীয়ে বাছি থোৱা হাতীটোৰ ডিঙিলৈ ফানদাল মাৰি পঠিয়ালে। বৰ সাৱধানে এই ফান বৰ ফান্দীয়ে কুনকীৰ বাঁওফালে মাৰিছে। এই ফান বাঁওফালে নামৰি যদি সোঁফালে মাৰিব লগা হয় গোটেই কামটোৱে বৰ জটিল হৈ পৰে। কেতিয়াবা বাঁওফালে ফান মাৰিব পৰা অৱস্থাত নাথাকে। তেতিয়া সোঁফালে ফান মাৰিয়েই ফান্দীৰ মূৰৰ ওপৰেদি পাৰ কৰি দি হাতীটো ঘূৰাব লাগিব। নহ'লে ফান্দী মাউতক ফানে কোবাই তললৈ পেলাব। বৰ ফান্দীৰ নিপুণ হাত, অব্যৰ্থ নিচান। বাঁওফালে মৰা ফানৰ খোৰোচা গাঁঠি গৈ ঠিকেই হাতীৰ শুঁৰত পৰিলগৈ। শুঁৰত ফানৰ কোব পৰাৰ লগে লগে হাতীটোৱে শুঁৰ কোঁচাই দিলে। হাতীৰ যে শুঁৰদালেই আটাইতকৈ স্পৰ্শকাতৰ অঙ্গ। ফান বা আন যিকোনো বস্তু শুঁৰত লাগিলেই হাতীয়ে শুঁৰ কোঁচাবই কোঁচাব।

বনুৱা হাতীটোৱে শুঁৰ কোচাই দিয়াৰ লগে লগে ফানৰ খোৰোচা গাঁঠি হাতীৰ ডিঙিত আটখাই পৰিল। ফান মাৰোঁতে ফান্দী সদায়ে বৰ সাৱধান। ফানৰ খোৰোচা গাঁঠিটো বৰফান্দীয়ে নিজে চোকা নজৰ ৰাখি ঠিক কৰে। কেতিয়াবা খোৰোচা গাঁঠিটো বেছি বহল হ'লে দৌৰি থকা হাতীৰ এখন ভৰি খোৰোচা গাঁঠিটোৰে পাৰ হৈ যায়। হাতীটো ফানৰ ৰছীত বুকুৰে-পিঠিয়ে আট খাই পৰে। ভৰিত গাঁঠিটো সোমাই পৰা মানে হাতীটো বেয়াকৈ বান্ধ খাই পৰা। এই ফান মাউতীয়া ভাষাৰে 'লগুণীয়া ফান' বুলি জনাজাত। এই 'লগুণীয়া ফান'ত হাতী পৰাটো এটা ডাঙৰ দুৰ্ভাগ্য। ডেকা বয়স তেতিয়া বৰফান্দীৰ। সিমান অভিজ্ঞতাও হোৱা নাছিল। এবাৰ খোৰোচা গাঁঠিটো বহলকৈ এটা হাতী পোৱালিলৈ মাৰি পঠিয়াইছিল। দৌৰি থকা হাতীটোৰ এখন ভৰি খোৰোচা গাঁঠিটোৰে পাৰ হৈ গ'ল। ভৰিত আটখাই ধৰা 'লগুণীয়া ফান' কুনকী হাতীৰ সৈতে বান্ধ খাই আছে। কুনকীয়ে টানে এফালে, ভৰিত লাগি ধৰা ফানৰ সৈতে টানে বনুৱাই। কি কৰে ফান্দী আৰু মাউতে? বৰ ফান্দী জ্বৰ ঘমা দিছিল। ফান্দীয়ে কেউপিনে ধোঁৱা-কোৱা দেখিছিল। বনুৱা হাতীয়ে সৰ্বশক্তি প্ৰয়োগ কৰি টানিয়ে আছিল। ভৰিত লাগি ধৰা ফানডালে বনুৱাৰ বুকু আটি ধৰিছিল। এটা সময়ত নিপোটল হাতী পোৱালিটোৰ উশাহ-নিশাহ বন্ধ হৈ গ'ল। সি পৰি গ'ল। বৰফান্দীয়ে বহুদিনলৈকে সেই পৰি যোৱা হাতীটোক পাহৰিব পৰা নাছিল। এতিয়াও তেওঁৰ মনত পৰে কেনেকৈ এপাল হাতীয়ে সেই মৰা হাতীটো

ঘেৰি কেইবাদিনো তাতে ৰৈ আছিল। সপোনত ফান্দীক সেই হাতীটোৱে এতিয়াও খেদি ফুৰে। বৰ স্পষ্টকৈ দেখে তাক, কাণত ভাহি উঠে তাৰ মৰণ-কাতৰ চিঞৰ, চাই থাকোঁতেই হাতীটো মাটিত ধাচ কৈ পৰি যায়। তাৰ পাছত বৰফান্দীৰ সপোনলৈ এজাক ৰমলীয়াই থকা কাউৰী আহে, ঘূৰি ঘূৰি উৰি থকা এজাক শগুণে ফান্দীক আচ্ছন্ন কৰি তোলে। হাতীটো মৰাৰ বহুতদিনলৈকে সেইখিনি হাবিৰ ওপৰৰ আকাশত কাউৰীবোৰ তেৰা-বেঁকাকৈ ৰমলীয়াই ৰমলীয়াই ঘূৰি ফুৰিছিল। সেই কাউৰীজাক বৰফান্দীৰ বুকুত থাকি গ'ল। থাকি গ'ল সেই পৰি যোৱা হাতীটো, তাৰ শেষ চিঞৰটো; সেইদিনধৰি বৰফান্দীয়ে বহু হাতী ধৰিলে, কিন্তু লগুণীয়া ফান কেতিয়াও মৰা নাই।

আজি যিটো হাতী ফান্দীয়ে চাহানৰ মাজৰ পৰা বাছি উলিয়ালে তাক লাহে লাহে চাহানৰ পৰা আঁতৰাই আনি ঠিক শুঁৰ ডালত ফান মাৰিলে। শুঁৰডাল কোচাই দিয়াৰ লগে লগে ডিঙিত ফান আঁত খাই পৰিল। হাতী জালত পৰিল। হাতীয়েও গাৰ বল দি আঁতৰি যাবলৈ চেষ্টা কৰিলে। কুনকী গদাধৰেও নিজৰ খোপনি এৰি দিয়া নাই। গদাধৰৰ পিঠিৰ ওপৰত বৰফান্দী আৰু মাউত ধনীৰাম। এইবাৰ চাহানৰ দুটামান হাতী আহি কুনকী হাতী গদাধৰক আক্ৰমণ কৰিলেহি। মাউত ফান্দীৰ হাতত মিত, অংকুশ আৰু যাঠি। হাতী চিকাৰত বন্দুক ব্যৱহাৰ ডাঙৰ নিষেধ। বৰফান্দী আৰু ধনীৰামক বনৰীয়া হাতীয়ে বাৰে বাৰে শুঁৰ দাঙি খেদি আহিছে। দুয়ো প্ৰাণপণে হাতীৰ শুঁৰত মিতদাৰে আঘাত হানিছে। গদাধৰে খোপনি এৰা নাই। গদাধৰে শুঁৰডালত বতাহ ভৰাই লৈছে, এতিয়া গদাধৰৰ দীঘল আৰু টান হৈ পৰা শুড় এডাল অস্ত্ৰ। এইডাল শুঁৰৰ আঘাতত সৰু-সুৰা হাতী এটা ছিটিকি পৰে। গদাধৰে শুঁৰেৰে বনৰীয়া হাতীক কোবাইছে। কেতিয়াবা দাঁতেৰে আঘাত দিছে। গোটেই ধৰণী যেন কঁপি উঠিছে। যুঁজৰ থলীত সৰু-সুৰা গছ বাগৰি পৰিছে। বান্দৰবোৰে চিঞৰিছে, কাউৰীয়ে ৰমলীয়াইছে, হাতীৰ বৃংহন। পৃথিৱী যেন ধ্বংস হ'বলৈ গৈ আছে। সকলোবোৰ গছ এতিয়া বাগৰি পৰিব, নৈৰ পানী উচাল মাৰি মাৰি উঠিব, মাটিত ফাঁট মেলিব, চিৰাচিৰ হ'ব বতাহ, ধূলিৰে ঢাকিব আকাশ।

বৰফান্দীয়ে বহুত হাতী ধৰিলে। এইটো হাতী যেন বেলেগ। কি শক্তি গাত। গদাধৰ খোপনিৰ পৰা মাজে মাজে পিছলি পৰিছে। এবাৰত গদাধৰক হুৰহুৰাই বনুৰাটোৱে টানি নিলে। ধনীৰামে চিঞৰিবলৈ ধৰিলে, বৰফান্দীয়ে হাতৰ মিত জোৰকৈ ধৰি ল'লে। কেতিয়াওটো এনে হোৱা নাই। এইটো কি হাতী আজি ফানত পৰিলে। হঠাৎ বৰফান্দীৰ গাটো জিকাৰ খাই উঠিল। এই জনা সাধাৰণ প্ৰাণী নহয়।

অলপ সময় বৰফান্দীৰ মন-মগজু ধূসৰ হৈ পৰিলে। তেওঁ 'দোহাৰ' ধৰাৰ কথাও ভাবিলে। অকলে এই হাতী কাবু কৰিব পৰা যাবনে? বৰফান্দীয়ে গম পাই আছে, ওচৰে-পাজৰে আকবৰ আছে, ঐৰাবত আৰু দৈমালুও কাষেৰে-পাজৰে আছে। হয়তো সিহঁতৰ মাউত-ফান্দীয়ে 'দোহাৰ'ৰ আদেশলৈ বৈ আছে। বৰফান্দীয়ে অলপ সময় চিন্তা কৰি চালে 'দোহাৰ' ধৰাই ভাল হ'ব নেকি? এই হাতী বশলৈ অনা বৰ কঠিন কাম যেন লাগিছে। 'দোহাৰ' ধৰিব? বৰফান্দীয়ে 'দোহাৰ' ধৰি হাতী ধৰিব? গদাধৰক বনুৱাই চোঁচোৰাই নি আছে। চাহানৰ হাতীয়ে খোপনি নোহোৱা গদাধৰক খেদি আহিছে। 'দোহাৰ'- একমাত্ৰ ৰাস্তা? বৰফান্দীয়ে দেখিছে সোঁফালে বৈ আছে ঐৰাবত, বাঁওফালে আকবৰ। ঐৰাবতৰ ওপৰত ধনপুৰ, আকবৰৰ পিঠিত ছেলিম। দুইটাই অভিজ্ঞ ফান্দী। বৰফান্দীৰ ওপৰত দুইটাৰে গভীৰ আস্থা। দুইটাই ঠিক ধৰিব পাৰিছে আজি বৰফান্দীয়ে যিজনাক ফাৰাৰে বান্ধিছে, সেইজনা ধেমালি জীৱ নহ'ব। ইমান নিপোটল কোমোৰা বান্ধৰ হাতী কম চকুত পৰে। বেছি বয়স হোৱা নাই, এতিয়াই কি চেহেৰা, বয়সত এযোৰ ভাল দাঁতৰ গৰাকী হ'ব এই হাতী। চেলিম আৰু ধনপুৰ দুইটাই বুজিছে এই মালৰ বজাৰত বহুত দাম হ'ব। বৰফান্দীয়ে এনেই তিনিটা জীৱৰ প্ৰাণৰ দাও লগাই দিয়া নাই। হাতীটো মাইকী নে মতা ধৰিব পৰা হোৱা নাই। এনেও হাবিৰ মাজত হাতী মতা নে মাইকী ধৰিব নোৱাৰি। বৰফান্দীয়ে এই হাতী দোহাৰেৰে ধৰিব লাগিব। আৰু উপায় নাই। ছেলিম আৰু ধনপুৰে এটা শব্দৰ বাবে বৈ আছে, এই বৰফান্দীয়ে ক'ব 'দোহাৰ', ফান হাতত লৈ দুই মাউত বৈ আছে।

বহু হাতী আজিলৈকে দোহাৰেৰে ধৰা হৈছে। প্ৰায়ে ফানত পৰা বনুৱাই কুনকীক চোঁচোৰাই লৈ যায়। মাউত ফান্দী, কুনকী আটাইৰে জীৱনলৈ বিপদ আহে। তেতিয়াই কাষতে বা ওচৰে-পাজৰে থকা অন্য মাউত আৰু ফান্দীয়ে নিজৰ ফান এডাল বনুৱা হাতীলৈ মাৰি পঠিয়ায়। একে বনুৱা হাতীক দুজন ফান্দীয়ে ধৰাকে 'দোহাৰ' বোলে। এই 'দোহাৰেৰে' ধৰা বনুৱা হাতী দুজন মহলদাৰৰ সম্পত্তি হয়। আজি যদি এই হাতী ছেলিম বা ধনপুৰে বৰফান্দীৰ লগত দোহাৰেৰে ধৰে এই হাতীৰ ওপৰত মৌজাদাৰ আৰু নাৰায়ণ বৰুৱা, ইক্ৰমুদ্দিন শ্বেখ কোনোবা দুজনৰ সম্পত্তি হ'ব। বৰফান্দীয়ে গদাধৰক সৰু গছ এজোপাৰ ওচৰলৈ লৈ গ'ল। ফানত পৰা বনুৱা হাতীটো আৰু কুনকীৰ মাজত এতিয়া এজোপা সৰু পাকৰি গছ। বৰ ডাঙৰ গছো নহয়, একেবাৰে পুলিও নহয়। বৰফান্দীয়ে দক্ষ হাতেৰে গছজোপাত ফানৰ পাক এটা দি পেলালে। বনুৱা হাতী আৰু গদাধৰৰ মাজত সৰু পাকৰি গছ

এজোপা। কথাবোৰ নিমিষতে বেলেগ হৈ পৰিল। চিকাৰী কুনকী গদাধৰৰ কষ্ট বহুখিনি কমি গ'ল। কুনকীৰ খোপনি আৰু দৃঢ় হ'ল, মাউত আৰু ফান্দীৰ নিৰাপত্তাও বাঢ়ি গ'ল। গছত ফানৰ পাক পৰিছে। বনুৱাক বেছি জোৰেৰে টানিব পাৰিছে। বনুৱা হাতীও তেজী। কিন্তু এইবাৰ আৰু পৰা নাই। বনুৱাৰ শক্তি কমি আহিল। বৰফান্দীয়ে এইবাৰ লাহে লাহে কুনকীক বনুৱাটোৰ ওচৰলৈ নি গৈ থাকিল। ফান্দীয়ে লাহে লাহে ফান এদেও-দুদেওকৈ চুটি কৰি আনিলে। মাউতীয়া ভাষাত এয়া 'চুমাত' কৰা। বৰফান্দী যেন এগৰাকী পাকৈত শিপিনী। কাপোৰ বাতি কঢ়াৰ পাছত যেন টোলোঠাত ভৰাইছেহে। লাহে লাহে বাটি কঢ়া কাপোৰ টোলোঠাত ভৰাই চুটি কৰি আনিছে। ফান চপাই আনি আনি লেবেজান দি পৰা বনুৱা হাতীটো কাষ চপাই পেলাইছে। 'চুমাত' কৰি কৰি বনুৱা হাতী কুনকীৰ বাঁওফালে গাত লগালেহি।

বৰফান্দীৰ আৰু এটা সাধু সৃষ্টি হ'ল। বনুৱা হাতীটো হাতি-ডিপোলৈ অনা হ'ল। হাতী ডিপোত জুই জ্বলিল, দোতাৰা বাজিল, গান গোৱা হ'ল, খোৱা-বোৱা হ'ল আৰু প্ৰচুৰ পান কৰাও হ'ল। ৰাতি আটায়ে জুইৰ চাৰিওফালে বহি বৰফান্দীৰ গল্প শুনিবলৈ বহিল। মাজে মাজে মাউত ধনীৰাম, ফান্দী ছেলিম আৰু ধনপুৰেও যোগ দিলে। হাতী ডিপোলৈ নতুনকৈ অহা হাতীটোক দুটা ডিপো কুনকীৰ মাজত সুমুৱাই থোৱা হৈছে। এফালে এটা ডিপো কুনকী, আনফালে আন এটাৰ মাজত নতুন বনুৱাটো। নাখাই-নবৈ, বিযে-কোপে তেনেই লেবেজান দি পৰিছে। তাৰোপৰি সকলো সময়তে ভয়। একোবাৰ পৰি পৰি যায়, ঘৰুৱা দুটাই তুলি দিয়ে। ধনীৰাম সকলো সময়তে বনুৱাৰ ওচৰে-পাজৰে আছে। ধনীৰামেই বনুৱাক বান্ধিবলৈ হাতীৰ আগফালে আৰু পাছফালে 'খামাৰি' পুতিছে, 'খামাৰি' হ'ল বনুৱা হাতীক বন্ধা কাঠৰ খুঁটা। মাটিত দকৈ পুতি দুযোৰ খামাৰি সজা হৈছে। আজি বনুৱাক বন্ধা খামাৰি হ'ল 'গোল খামাৰি'। বনুৱাৰ আগঠেং আৰু পাচ ঠেং যোৰ যোৰকৈ খামাৰিত বন্ধা আছে। বৰফান্দীয়ে নিৰ্দেশ দিছে এই বনুৱাক 'গোল খামৰি'ত বান্ধিব লাগিব। 'গোল খামাৰি' আন খামাৰিতকৈ একো বেলেগ নহয়। মাত্ৰ এই খামাৰিত হাতী বান্ধিলে হাতীয়ে চাৰিওফালে ঘূৰিব পাৰে। হাতীৰ ভৰি খামাৰিত বান্ধিবলৈ যি কোনো ৰছী হ'লে নহ'ব। এই বিশেষ ৰছীক মাউতীয়া ভাষাৰে 'জোটকা' বোলে। জোটকাও নীতি-নিয়ম মানি বাছৰো বাছ মৰাপাটৰ পৰা গাঁঠি উলিওৱা হয়। বাহিৰ ফুৰি আহি বা বাহি গাৰে এই 'জোটকা' ৰছী গঁঠা নিষেধ। ফান, জোটকা বা হাতী ধৰাৰ ক্ষেত্ৰত ব্যৱহাৰ কৰা ৰছী কোনোমতে ডেই যাবলৈ দিয়া নহয়। মাহেকীয়া হোৱা তিৰোতাৰ ছাঁও এই ৰছীৰ ওপৰত পৰিব নোৱাৰিব। এজন ফান্দীৰ পৰা সিজন ফান্দীয়ে এই বিশেষ বিশেষ ৰছী বনোৱাৰ কৌশল শিকি যায়।

আজি বনুৱাক বন্ধা জোটকা স্বয়ং বৰফান্দীৰ হাতৰ। ৰাইজে কয় বৰফান্দীৰ হাতৰ 'ফান', 'জোটকা', 'কাচ', 'ফাৰা' বা 'পিচাৰি' লোহাৰ শিকলিতকৈয়ো মজবুত হয়। এই ৰছী সমূহ বাটোতে বৰফান্দী লঘোনে থাকে, পানী এটোপাও স্পৰ্শ নকৰাকৈ তেওঁ এই ৰছীবোৰ বাটে। ৰছীবোৰ বাটি থাকোঁতে ফান্দীয়ে মুখেৰে কিছুমান নুবুজা শব্দ উচ্চাৰণ কৰি থাকে। মানুহে কয় এয়া বৰফান্দীৰ মন্ত্ৰ। তাতেই সকলো গোপন কথা।

হাতী ডিপোৰ মাজতে দমদমকৈ জুই একুৰা জ্বলিছে। জুইকুৰাৰ চাৰিওফালে আটায়ে বহিছে। আটায়ে মানে যিখিনি মাউত-ফান্দী হাতী-ধুৰাত আছে। কেইবা যোৰা মাউত-ফান্দী প্ৰবাসতে আছে। হাতীধুৰালৈ প্ৰথম বনুৱা আহিছে বৰফান্দীৰ হাতেৰে। এই বনুৱা হাতী চাবলৈ আহিব মৌজাদাৰ দেউতা। হাউলিত আটায়ে খবৰ পাইছে বৰফান্দীয়ে বৰ লক্ষণীয়া হাতী ধৰি আনিছে। আজি গধূলিয়ে মৌজাদাৰ দেউতা হাতী চাবলৈ আহিব। আটায়ে ধৰা-ধৰি কৰি হাতী ধুৰাখন পৰিষ্কাৰ কৰি পেলাইছে। জুইৰ কাষতে বহিবলৈ মৌজাদাৰ দেউতাৰ বাবে এখন চকীৰো যোগাৰ হৈ গৈছে। বৰফান্দীয়ে নৈত জোবোৰা মাৰি আহি কানি-কাপোৰ সলাই জুইৰ কাষত বহিছেহি। ছেলিমে হাতত দোতাৰা লৈ বহিছে। চেলিমৰ মন আজি খুচী, বৰফান্দীৰ দৰে এনে চালে চকুৰোৱা হাতী নাপাব পাৰে, বেছ ভাল চাৰিল অৰ্থাৎ মাইকী হাতী পোৱালি এটা পাইছে। ধনপুৰ অহা নাই, হাবিতে আছে। প্ৰবাসৰ পৰা অকল বৰফান্দী আৰু আকবৰক লৈ ছেলিমহে ঘূৰি আহিছে। ছেলিমে ভালকৈ অলপ পি লৈছে, তাৰ মাতটোত অলপ থৰক-বৰক ভাব এটা আছে। তথাপি ছেলিম ভাইৰ মাত। তৰাবনৰ মাজেৰে যোৱা বতাহে সুহুৰি মৰাৰ দৰে মিঠা মাত। ছেলিমে গলা খুলি গাইছে ঃ

'আল্লা আল্লা বোলৰে ভাই
ঐ আল্লা ৰছুল,
আল্লা বিনে কেহু নাই ভাই,
ঐ আল্লা ৰছুল,
কোন মহলেৰ হাতীৰে ভাই?
মৌসৰা মহলৰ হাতীৰে ভাই,
ঐ আল্লা ৰছুল।
কোন ফান্দী ধৰলৰে ভাই
ঐ আল্লা ৰছুল।

বৰফান্দী ধৰলেৰে ভাই
ঐ আল্লা ৰছুল।’

এই যে গানৰ মাজে মাজে ছেলিম মাউতে আল্লাৰ নাম লৈছে, আল্লা ৰছুলৰ নাম লৈ দোহাৰ ধৰিছে- এয়া ছেলিম মুছলমান বুলি ধৰা নাই। এই হাতী ধুৰাত কোনো ধৰ্ম নাই, জাত-পাত নাই। মাউতীয়া গীত-পদবোৰতো নাই। ছেলিমে আল্লা ৰছুলৰ দোহাৰ ধৰিছে ফান্দীসকলৰ আদি গুৰুৰ নামত। ভাৰতৰ প্ৰথম ফান্দীজন আছিল মুছলমান ধৰ্মৰ। ধৰ্মৰ নামত নহয়, আদি গুৰুক মনত পেলাই ৰচা এই দোহাৰ বহুদিনৰ পৰা মুখে মুখে বাগৰি আহিছে।

ছেলিমৰ মাত আৰু খোজ-কাটল থৰক-বৰক হ’লে সি এনেকৈয়ে মুখে মুখে ৰচি গীত জোৰে। আজিও মুখে মুখে গীত এটা ৰচি পেলালে। আটায়ে তাৰ লগে লগে দোহাৰ ধৰিলে- ‘ঐ আল্লা ৰছুল......’ য’ৰে গান ত’তে পেলাই হাতী ধুৰা আটায়ে লৰা-ধপৰা লগালে, মৌজাদাৰ দেউতা আহিছে। মৌজাদাৰ আহিয়ে বৰফান্দীৰ পিঠিত দুটা চাপৰ মাৰিলে— ‘চাব্বাচ’, ফান্দীয়ে মৌজাদাৰক মূৰ দোৱালে। মৌজাদাৰে কুনকী দুটাৰ মাজত খামাৰিৰ সৈতে বান্ধ খাই থকা হাতীটো চালেগৈ। অলপ সময় তেওঁ বৈ থাকিল। তেওঁৰ হাতীটোৰ চকুৰে চকুৰে পৰিল, চকু হাল যেন মানুহৰ চকু। ইমান সজীৱ এহাল চকু। তেওঁ হাতীটো অলপ সময় চাই থাকিল। চকুহালৰ পৰা পানী পৰি আছে। তেওঁ ধনীৰামক আদেশ দিলে ‘বনুৱাক ভালকৈ খুৱাবি, যি লাগে হাউলিৰ পৰা লৈ আহিবি।’ ধনীৰামৰ সহযোগত তেওঁ হাতীৰ শুঁৰৰ আগত লাহেকৈ ছেলিমৰ হাতৰ পৰা কলপাত এখিলাত অনা তেল সেন্দূৰৰ অকণমান লৈ সানি দিয়াৰ নামটো কৰিলে। বনুৱা হাতী, গাৰ সুৰসুৰনি মাৰ যোৱা নাই, হাবিৰ পৰা আহিছে মাথোন, কেৱল ভয় আৰু খং- ৰাগ। বেছি ওচৰলৈ যোৱাৰো ভয়। মৌজাদাৰে অলপ তেল-সেন্দূৰ খামাৰি ডালতে সানি দিলে। হঠাৎ এজোকা উৰুলি শুনি আটায়ে ঘূৰি চালে, ধনদা। হাতত এটা গামোচাৰে ঢাকি অনা পাচি, মূৰতো সৰু টোপোলা এটা। সাধাৰণ মাইকী মানুহে এনে বোজা কঢ়িয়াবলৈ টান পায়, কিন্তু ধনদাৰ বাবে এইটো একো ডাঙৰ কথা নহয়। ধনদাৰ লগত আহিছে কাতিয়া। কাতিয়াৰ হাততো এটা টোপোলা। টোপোলাত চেনি, চাহপাত। কৰিয়াত গাখীৰ। বায়ে পাচি নমালে, পাচিত কলপাতেৰে ঢাকি থোৱা গৰম গৰম তিল, নাৰিকল দিয়া টেকেলি পিঠা। কৰিয়াৰ গাখীৰ উতলিল, গাখীৰত নাচন-ডুবিৰ চাহপাত পৰিল, চেনি পৰিল। সোণ বৰণীয়া ডাঠ সৰ উঠা চাহ তৈয়াৰ হ’ল। হাতী ধুৰাত থকা সকলোৰে হাতে হাতে ধনদাই গৰম গৰম পিঠা দি গ’ল। হাতী ধুৰাত

প্ৰায় সকলোৰে চাহ খাবলৈ নাৰিকলৰ কোটোৰাৰে বনাই লোৱা একোটা পাত্ৰ আছে। চাহ খাওঁতে খাওঁতে নাৰিকলৰ কোটোৰাবোৰ তেল পিছল হৈ পৰিছে। ৰংবোৰ হৈ পৰিছে মেহাগনি কাঠৰ দৰে জামু বৰণীয়া। জামুবৰণীয়া নাৰিকলৰ কোটোৰাবোৰত সোণবৰণীয়া চাহ জিলিকি উঠিল। আটাইবোৰে পৰম তৃপ্তিৰে চাহত সোহা মাৰিলে। চাহ পিঠা খাই খাই মৌজাদাৰে ছেলিমৰ গান শুনিলে,

'ঐ আল্লা ৰচুল....
....
কোন মহলৰ হাতী ৰে ভাই?'
....
ছেলিমে আৰু এযাৰ এইখিনিতে জুৰি দিছে
'ঐ আল্লা ৰছুল এ
কোন মালিকৰ হাতীৰে ভাই
মৌজাদাৰৰ হাতী ৰে ভাই
মৌজাদাৰৰ হাতী।'

'মৌজাদাৰ' শব্দটো উচ্চাৰণ কৰোঁতে ছেলিমে দোতৰাখনত বেছ ডাঙৰকৈ শব্দ এটা উলিয়াই আৰু মানুহটো আগলৈ হেচোকা খাই পৰে। লৰক-ফৰক ছেলিমৰ গানত মৌজাদাৰেও হাঁহি পেলালে। ধনদাই থাকিবই নোৱৰা হ'ল, চাদৰৰ আঁচলেৰে মুখত সোপা দি হাঁহি হাঁহি যেন বাগৰি পৰিব।

লাহে লাহে বৰফান্দীৰ গল্প জুইকুৰাৰ দৰে বাঢ়ি আহিল। মাজে মাজে দোহাৰ দিয়ে ধনীৰাম, ধনপুৰ অথবা ছেলিমে। এই সাধুৰ মৰণ নাই, মুখে মুখে বাগৰি থাকিব এই সাধু।

হাতীৰ শুঁৰত ফান পৰিল,
গলত লাগিল বাৰগুণীয়া ফান।
এটা নহয়, দুটা নহয়, পাঁচোটাকৈ
বনুৱাই গদাধৰক আগুৰি ধৰিলে।
বৰফান্দীৰ মিত চলিল।
যাঠা চলিল ধনীৰামৰ।
কুনকীক চোঁচোৰাই নিলে বনুৱাই।
এই দোহাৰ ধৰে, এই দোহাৰ ধৰে।
বৰফান্দীয়ে দোহাৰ ধৰে।

আকবৰৰ পিঠিত চেলিম।
ধনপুৰ ৰ'ল ঐৰাবতৰ পিঠিত।
এই দোহাৰ ধৰে, এই দোহাৰ ধৰে।
বৰফান্দীয়ে বন-দেৱতাক মাতিলে।
দেৱতা লম্ভিলে, এৰা, দেৱতা, লম্ভিলে।
বৰফান্দীৰ গাত দেৱতা লম্ভিলে।
পাকৰি গছত দুপাক ল'লে বাৰগুণীয়া ফানে।

মৌজাদাৰ উঠিব লাগিছিল। হাতীধুৰাত আহি মৌজাদাৰে এনেকৈ মাউতৰ গল্প শুনাটো শোভা নাপায়। তেওঁ হাতীক তেল-সেন্দূৰ দি যাবগৈ লাগিছিল। ধনদাই চাহ-পিঠা দি কাতিয়াৰ লগত যাবগৈ লাগিছিল। হাতী-ধুৰালৈ অহা-যোৱা কৰে বুলিয়ে, ধনদা হ'ল বুলিয়ে ছোৱালী মানুহ এজনী অতবোৰ মতা মানুহৰ লগত বহি গল্প কৰাটো শোভা নাপায়। বৰফান্দীয়ে কৈ আছে, কেনেকৈ বনুৱাটো ধৰিলে। ধনীৰাম, ধনপুৰ ছেলিমহঁতে কথাৰ পিঠিত কথা কৈ গৈছে। শোভা পোৱা-নোপোৱা, ভাল-বেয়া, উচিত-অনুচিত সকলোবোৰ জ্বলি থকা জুইকুৰাত দপদপাই জ্বলি ফিৰিঙতি হৈ উৰি গ'ল। ৰৈ গ'ল মাথোন এটা গমগমীয়া মাত, হাতী ধৰাৰ গাৰ নোম শিয়ৰি উঠা সাধু।

গদাধৰৰ খোপনি শিলৰ খুটি হ'ল,
এৰা, শিলৰ খুটি হ'ল।
বৰফান্দীয়ে চুমাত কৰিলে,
চুমাত কৰিলে বৰফান্দীয়ে।
বাজী মাৎ কৰিলে ফান্দীয়ে।
বনুৱাক কুনকীৰ পাখা ভিৰোৱা হ'ল।
বনুৱাৰ গলত চূড় বন্ধা হ'ল,
চূড়েৰে হোহোকাই অনা হ'ল ফান।
দোহাৰ ধৰা নহ'ল, দোহাৰ ধৰা নহ'ল।
বৰফান্দীয়ে বনুৱাৰ পাখা ভিৰালে।
ঘাঁহীয়ে বনুৱাক খামাৰিত বান্ধিলে।
বৰফান্দীয়ে বাজী মাৎ কৰিলে।
এৰা, বৰফান্দীয়ে বাজী মাৎ কৰিলে।

গল্প শেষ হ'ল, জুই নুমাল, মৌজাদাৰ গ'ল। ছোৱালী এজনী আঁঠুত মূৰ গুজি বহি ৰ'ল, ধনদা বহিয়ে থাকিল। ইতিমধ্যে কাতিয়া ছেলিমৰ লগত বহি উঠিব নোৱৰা হৈছে। এতিয়া ধনদা যাই কাৰ সৈতে। ধনদা হাতীধুৰাৰ পৰা অকলে হাউলিলৈ যাব পাৰে। জোনাক নিশা। ভয়-ভীত বোলা বস্তুটো ছোৱালীজনীৰ নায়েই, আৰু ভয়নো কৰিব কাক? কোনেনো এই খণ্ডত ধনদাক চিনি নাপায়। তথাপি তাই ৰৈ থাকিল।

'কি হ'ল? তই দেখোন বহি থাকিলি?' গম্ভীৰ এক কণ্ঠত ধনদা শিহৰি উঠিল। ভিতৰি ভিতৰি তাই বতাহত কলপাত কঁপাদি কঁপি উঠিল। এজাক বতাহে যেন মানুহজনীক কঁপাই পেলালে, গোটেই মানুহজনী যেন ধুমুহাত কলপাত চিৰাদি চিৰলাচিৰিল হৈ পৰিল। ৰৈ আছিল ধনদা।

তাই কোনোমতে শব্দ দুটা মান উচ্চাৰণ কৰিলে, 'এই কাতিয়া...'

'ব'ল, ময়ে আগাই থৈ আহোগৈ।'

আগে আগে এজন মতগজ বিশাল পুৰুষ। জোনাকত উদং গাটো। বোকা দিয়া পথাৰ এখন যেন কৈ জিলিকি জিলিকি উঠিছে। এইজন পুৰুষে যেন তাইকো ফানৰ খোৰোচা গাঠিৰে বান্ধি পেলাইছে। তেওঁ ফান চুমাত কৰিছে। তায়ো গৈ আছে। চপাই নিয়া হাতী এজনী যোৱাদি গৈ আছে, গৈ আছে। তাইক যেন মন্ত্র মাতি মাতি মানুহটোৱে পাখা ভিৰাইছে। তাই গৈ তেওঁৰ বাঁওফালে ৰ'লগৈ।

'যাগৈ, এতিয়া পাৰিবি নহয়।' মানুহজনে হনহনকৈ উভতি খোজ ল'লে।

ধনদাই সেইখিনিতে ৰৈ থাকিল। তাই যেন লৰচৰ কৰিব নোৱৰাকৈ বান্ধি থোৱা এজনী বনুৱা হাতী। খামাৰিত জোটকাৰে বান্ধি থৈছে, কি সতেৰে তাই লৰা-চৰা কৰে? তাই চলমান ছাঁ এটালৈ চাই ৰৈ থাকিল যি থাকিলেই। তাই আন্ধাৰত মানুহটোৰ আধাপকা চুলিকোছা, আধাপকা-আধাকেঁচা বুকুৰ নোমবোৰ, ঘৈণীয়েকে সুকীয়াকৈ তাত লগাই বৈ দিয়া সেউজীয়া শেলৰ গামোচাখন দেখা নাই। তাই মাত্র দেখিলে বোকা তোলা পথাৰৰ দৰে এটা শৰীৰ। তাই যেন এটা শস্যৰ বীজ হ'ল, হামখুৰি খাই পৰিলগৈ সেই বোকা তোলা পথাৰ হেন শৰীৰটোত।

'অ' মোৰ দন্তাল হাতীৰ মাহুত ৰে..'

যোৱা ৰাতিৰ ৰাতিটো চিপ্‌চিপকৈ বৰষুণ দিছিল। শেষ ৰাতিৰ ফালেহে বৰষুণজাক থামিছিল। আজি ভাল জাৰ পৰিছে। কেউপিনে ডাঠ কুঁৱলী। হাতী ধুৰাখন যেন লেপ, কম্বল লৈ শুই আছে। একো ভালকৈ নমনি। বৰফান্দীয়ে বিছনা এৰিলে। পুৱা চাৰি বজাৰ পাছত তেওঁ বিছনাত পৰি থাকিব নোৱাৰে। উঠি তেওঁ নৈত জোবোৰা মাৰি আহিলেগৈ। ঠাণ্ডা পানীত ডুব দিওঁতে গাটো সিৰসিৰাই গৈছিল। অলপ পাছতে ঠাণ্ডাৰ সলনি শৰীৰটোত এক আৰাম অনুভৱ কৰিলে। তেওঁ গৈ সেই খামাৰিত বান্ধি থোৱা হাতীটোৰ ওচৰতে জুই একুৰা জ্বলাই ল'লেগৈ। একেবাৰে ওচৰত নহয়, কিছু আঁতৰত। হাবিৰ হাতী, জুই দেখিলে ভয় খাব। অলপ পৰ জুইত হাত-ভৰি সেকি ফান্দী গৈ দুটা ঘৰচীয়া কুনকীৰ মাজত সোমাই খামাৰিত আগ ঠেং পাচ ঠেং জোটকাৰে বান্ধ খাই থকা বনুৰাটোৰ ওচৰ পালেগৈ।

বনুৱা হাতীটোৱে কাণখন জোঁকাৰি জোঁকাৰি ৰৈ আছে। অলপীয়া পোহৰত তাক বৰ সুন্দৰ লাগিছে। নতুনকৈ ওলোৱা এহাল গোলাপী আৰু ঘিউ বৰণ মিহলি বগা দাঁত। কাণ দুখন থিয় থিয়। ডিঙিৰ ওচৰৰ ছালখিনিত কেইটামান ভাজ আছে। ডিঙিৰ ৰঙটো বগা চানেকীয়া। পিঠিখন ধেনুভিৰীয়া। পেটটো গোলাকাৰ। চকুহাল দীঘলীয়া আৰু সোণালীৰ কাষ চপা মুগা বৰণৰ। আৰু গাৰ ৰংটো? চম্পাফুল আৰু মৌ মিহলালে যিটো ৰং হ'ব, ঠিক সেই ৰংটো। ভৰিৰ নখবোৰ বগা ৰঙৰ। ফান্দীয়ে হাতীটোৰ পেটটো চালে ঠিক, এই হাতীৰ পেটত এই চিন নাথাকি আৰু কাৰ পেটত থাকিব? সৌৱা কুঁৱলী ফালি নতুনকৈ ওলোৱা বেলিৰ পোহৰত জিলিকি উঠিছে সেই পবিত্ৰ চিহ্ন। পদ্মফুলৰ চিন আছে এই হাতীৰ পেটত। চাহানৰ মাজত থাকোঁতেই এই হাতী উজ্বলি আছিল। বৰফান্দীয়ে ঠিক ধৰিব পাৰিছিল। এই জনা প্ৰাণী সাধাৰণ প্ৰাণী নহয়। যি কোনো হাবিত এনে হাতীৰ জন্ম নহয়। এই হাতী মাকে বাইশ মাহ চন্দন গছৰ হাবিত পেটত কঢ়িয়াই ফুৰিছিল। জন্ম হৈছিল চন্দন গছৰ অৰণ্যত, ডাঙৰ হৈছিল সেই সুৰভিত অৰণ্যত। চন্দনৰ হাবিত লালন-পালন নহ'লে

এই হাতী ধৰালৈ নাহে। অতীজত হোৱা হ'লে এই হাতীকেই ৰজাৰ গমনৰ বাবে ব্যৱহাৰ কৰা হ'লহেঁতেন। বৰফান্দীয়ে আকুল নয়নেৰে হাতীটো চাই থাকিল। বয়স পালে ই ৮/৯ হাত ওখ হ'বগৈ। কুঁৱলীৰ জাল ফালি ৰ'দজাক কেউপিনে বৈ আহিছে। নীলা ৰঙৰ পাহাৰ লানি স্পষ্টকৈ ওলাই আহিল। ইতিমধ্যে ধনীৰাম উঠিছে। সি দুটা ক'লা পৰি তেল-পিছল হোৱা নাৰিকলৰ কোৰোকাত দুই কোৰোকা চাহ লৈ আহিল। কলপাতত এলডা গুড় আৰু কোৰোকাত নাচন-ডুবি বাগিচাৰ চাহপাতেৰে কৰা ৰঙা চাহ। ধনীৰামে চাহত দুটামান জালুক খুন্দি পেলাই দিছে, চাহখিনিৰ পৰা ফুৰফুৰীয়া গোন্ধ এটা ওলাইছে। চাহত শোহা মাৰি বৰফান্দীয়ে নীলা পাহাৰলানিলৈ চাই থাকিল। এই পাহাৰৰ তলে তলেই আছে চন্দন কাঠৰ এখন বিশাল অৰণ্য। এই অৰণ্যত কেনেকৈ যে গঢ়ি উঠিল ইমানবোৰ চন্দনৰ গছ। চৰায়ে এই চন্দন গছৰ গুটি খাবলৈ বৰ ভাল পায়, যেতিয়া গুটি ধৰে কত বিধৰ যে চৰাই আহে। তেওঁ বহুবাৰ সেই অৰণ্যলৈ হাতী চিকাৰত গৈছে। কিমান চাৰিল চাহানৰ মাজৰ পৰা ধৰি আনিছে। চন্দন গছৰ অৰণ্যৰ মাজত কিমান বাৰ মাউতকো এৰি থৈ অকলে কুনকীৰ পেটত ফাৰাৰ সৈতে বান্ধ খাই লৈ বনৰীয়া হাতীৰ চাহানৰ মাজত সোমাই পৰিছে। কুনকীৰ পেটত বৰফান্দী, হাতত ফান। সেই ফানেৰে কিমান বাৰ ধৰি আনিলে মখনা পোৱালি, মঘা, চাখানা, চাৰিল। সেই অৰণ্য বৰফান্দীৰ চিনাকি অৰণ্য। হাতী চিকাৰত নহয়, কেতিয়াবা এনেও সেই অৰণ্যলৈ তেওঁ যায়।

আহাৰ শাওণ মাহত ফান্দী এবাৰ এইখন হাবিলৈ আহিবই আহিব। এই ছোৱাই হল ম'ৰা নাচোনৰ সময়। মতা ম'ৰাকিটাৰ পাখিবোৰ বহলকৈ গজি উঠে। পাছফালেও জুই ৰঙৰ দুকোছা পাখি গজি উঠে। এই ঘন অৰণ্যৰ একো একোটা ম'ৰা চৰাইৰ পাখি গছৰ ডালত বহি থাকিলে মাটি চোৱেহি। তাৰ পাছতে আৰম্ভ হয় সিহঁতৰ কৰ্কশ চিঞৰকিটা। গোটেই অৰণ্য মতা ম'ৰাৰ মাইকী ম'ৰাক মাতি মাতি মৰা চিয়ঁৰেৰে ভৰি পৰে। এবাৰ বৰফান্দীয়ে দেখিছিল মাজত এজনী মাইকী ম'ৰা চৰাই, মাটিয়া ৰঙৰ তেনেই সাধাৰণ চৰাই এজনী। তাই ঠেঙেৰে ছিঙি ছিঙি সৰু সাপ এডাল খাই আছিল। তাইক কেন্দ্ৰ কৰি যি কৰ্মকাণ্ড হৈছে তাৰ প্ৰতি যেন বিন্দুমাত্ৰ খেয়াল নাই। মাজতে ম'ৰাজনী, দুইফালে দুটা ম'ৰাৰ বিচিত্ৰ ভঙ্গীৰ কি নাচোন। এবাৰ পাখিখিনি আগলৈ নি নি হাওলাই দিয়ে, এবাৰ ঘূৰি লৈ পাছফালৰ কমলা ৰঙৰ পাখি কিকোছা কঁপাই কঁপাই কি নাচোন, মাজে মাজে আকৌ ভৰিৰে মাটিত গোৰোহনি একোটাও মাৰে। লগে লগে নাচি থাকে পেখমৰ নীলা তৰাবোৰ, মূৰৰ নীলা জঁটো, পাছফালৰ কমলা ৰঙৰ পাখি দুকোছা।

এই নাচোনৰ দুদিনমানৰ পাছতে ম'ৰাৰ পাখিবোৰ সৰি পৰে। মাইকী ম'ৰা কিজনীয়ে মাটিত বোকা আৰু গছ পাতেৰে বাহ সাজি কণী পাৰিবলৈ লয়। মতা ম'ৰাৰ পাখি সৰাৰ সময়ত বাগানৰ বনুৱাবোৰ আহি হাবি পাইহি। সিহঁতজাকে ম'ৰাৰ পাছে পাছে দৌৰি ফুৰে। শাওণ মাহৰ অৰণ্য, পানী-বোকাৰে ভৰি থাকে। পানীত পৰিলেই যে পখিলা এটা জহি যোৱাদি পাখিবোৰ তেনেই জহি যাব। কোনোবা দিনা একেটা দিনতে এটা ম'ৰাৰ গোটেই কোছা পাখি সৰি পৰে। তাৰে একোছা পাখি লৈ বৰফান্দী হাবিৰ পৰা ওলাই আহে। আহি পাখি কোছাৰে বিচনী সজাত ব্যস্ত হৈ পৰে ফান্দী। প্ৰতি বছৰে চাৰি-পাঁচখন বিচনী ফান্দীয়ে সাজি পেলায়। বিচনী সাজোতে বৰফান্দীয়ে মাজে মাজে অকণ অকণ হাঁহি থাকে। বাহিৰৰ পৰা কোনেও নুবুজে ফান্দীৰ তেজত তেতিয়াও উজান-ভাটি কৰি থাকে ম'ৰা নাচৰ তীব্ৰ নিচা। সুৰভিত অৰণ্যখন বৰফান্দীয়ে বৰ ভাল পায়। এই অৰণ্যজুৰি থকা ময়ুৰজাককো বৰ ভাল পায় তেওঁ। কিমান দিন অকল ময়ুৰ নাচ চাবলৈ বুলি ৰাতিৰ ৰাতিটো মহ-ডাঁহৰ কামোৰ খাই হাতীৰ পিঠিতে কটাইছে। এই চন্দন গছৰ অৰণ্যৰ মাজেৰেই হাতীৰ সেই আদিম পুৰাতনীয়া অহা-যোৱাৰ বাট। এই ৰাস্তাৰেই শ শ বছৰ জুৰি হাতীৰ জাক ভৈয়ামলৈ বুলি অহা-যোৱা কৰি আহিছে, আকৌ পাহাৰলৈ গৈছে গৈ। ব'হাগ-জেঠ মাহত বৰষুণ পৰিবলৈ আৰম্ভ কৰিলেই ভৈয়ামৰ তৃণ জাতীয় উদ্ভিদবোৰে গজালি মেলে। সেই কোমল গজালিৰ লোভত এই পথেৰেই হাতীবোৰ একেবাৰে নামনিলৈ গুচি আহে। তাতে কতবাৰ বৰফান্দীয়ে গজালি চিকাৰ মেলিছে। বৰফান্দীয়ে নীলা পাহাৰলানিলৈ চাই থাকিল। পাহাৰৰ তলে তলে চন্দন কাঠৰ অৰণ্যখনত কিমানবোৰ যে পুৰাতনীয়া চন্দন গছ, একোডালৰ বয়স ৬০ পৰা ৮০ বছৰ হৈছেগৈ। এইবাৰ বাৰিষাত চাগৈ এনেকুৱা তেলৰ ভৰত শিপালৈকে গধুৰ হোৱা গছ কেইজোপা বাগৰিল। বুঢ়া চন্দন গছবোৰৰ গা-গছৰ শাহটোত তেল জমা হয়, শিপাবোৰো তেলৰ ভৰত গধুৰ হৈ পৰে। একেলেঠাৰিয়ে দিয়া বৰষুণত প্ৰায়ে এই শিপা গধুৰ হৈ পৰা গছবোৰ বাগৰি পৰে, সুৰভিত হৈ পৰে অৰণ্য। এই চন্দন কাঠৰ অৰণ্য জুৰি হেজাৰ-বিজাৰ চৰাই। চন্দন গছৰ গুটিবোৰ খাবলৈ যে চৰায়ে বৰ ভাল পায়। পাহাৰৰ তলত চাগৈ প্ৰথমতে চৰায়ে গুটি পেলাই এজোপা গছ গজালে। তাৰ পৰাই পাহাৰৰ তলে তলে গঢ়ি উঠিল এই সুৰভিত অৰণ্য। এই অৰণ্য জুৰি জাকে জাকে ম'ৰা চৰাই। এই চৰাইবোৰে নৃত্য যেতিয়া আৰম্ভ কৰে, ঝম ঝম শব্দৰ সঙ্গীতেৰে ভৰি পৰে গোটেইখন হাবি। নদীৰ পাৰে পাৰে হাতীবোৰে পানী খায়, গাত পানী মাৰে, আমলখী গছ কিজোপা, ভোমোৰা গছৰ তলে তলে পহুবোৰে ঠেলা-হেচা লগাইহি। গোটেই অৰণ্যত কেৱল চন্দন গছৰ গোন্ধ। এই গোন্ধ গাত সানি

নাচি উঠে গোটেই অৰণ্য। এনে অৰণ্যতহে এই লক্ষণীয়া হাতী জন্ম হয়। পাহাৰ লানিৰ পৰা চকু ফিৰাই বৰফান্দীয়ে এইবাৰ বনুৰা হাতীটোলৈ চালে। একে ধৰণেৰে কাণ দুখন জোঁকাৰি জোঁকাৰি থিয় হৈ আছে।

বৰফান্দীয়ে ধনীৰামক মাতি অলপ হালধি গুড়ি আনিবলৈ ক'লে। হাতীটোৰ ভৰিত ঘাঁ লাগিছে। বান্ধা মৰা বাবেই এই ঘাঁ হৈছে। এই খামাৰী বন্ধা সময়তে বনুৰা হাতীয়ে বৰ কষ্ট পায়। ধনীৰামে ৰন্ধাৰ বাবে থোৱা হালধি গুড়া অকণমান আনি দিলে। ফান্দীৰ খং উঠি গ'ল, ইয়াৰ কোনো জ্ঞান নহ'ল, এইকণ হালধি গুড়াৰে কি হ'ব? পিছ মুহূৰ্ততে খংটো জামৰি গল, সিনো কি কৰে? যিকণ আছে তাকে আনি দিছে। মৌজাদাৰৰ হাউলিত টিঙে টিঙে হালধি গুড়া মজুত আছে, হাউলিৰ আগফালে গোটেই ডৰাই হালধি খেতি। হ'ব, আজি আনিব লাগিব। বান্ধা ঢিলাব পৰা হোৱা নাই, বনুৰাই কেতিয়া বা কি মূৰ্তি ধৰে তাৰ কি ঠিক-ঠিকানা আছে? ধনীৰামক কলপাত এখন কাটি আনিবলৈ কৈ বৰফান্দীয়ে নিমখ, আঁৰৈ চাউলৰ যোগাৰ কৰিলে তাৰ পাছত কলপাতত নুৰিয়াই লৈ সেই নিমখ সনা আঁৰৈ চাউল হাতীটোৰ মুখৰ আগত থ'লৈগৈ। ফান্দী সাৱধান হৈ আছে, নাই সি একো কৰা নাই, নিমখ সনা চাউলখিনি শুঁৰেৰে তুলি মুখত ভৰাইছে। কলপাতেৰে নুৰা কৰি কৰি আঁৰৈ চাউলে-নিমখে মিলাই তাক খুৱালে। হাবিৰ পৰা অহাৰ পাছত এয়া তাৰ প্ৰথম খাদ্য। লাহে লাহে তাক তৰাবন, নলখাগৰি, দলঘাঁহ আদি খুৱাব লাগিব। হাতীটোৱে শুঁৰডাল ভৰিৰ ফালে নিবলৈ চেষ্টা কৰি আছে। এস, তাৰ ভৰিত ডেকডেকীয়া ঘাঁ হৈছে। ডিঙিটো, বুকুৰ ওচৰতো ফানে ঘাঁ কৰিছে। হাতীয়ে বান্ধাৰ ৰছীবোৰ টনা-আঁজোৰা লগাই আছে। কৰিবই, তাৰ ভয়বোৰ কেনি যাব? দিনৰ দিনটো বৰফান্দী হাতীৰ লগত লাগি থাকিল। আটায়ে জানে ফান্দী এনেকৈ হাতীটোৰ লগত দিন-ৰাতি ছেদ-ভেদ নোহোৱাকৈ লাগি থাকিব। অলপ দিনৰ পাছতে হাতী ফান্দীৰ হুকুমৰ দাস হৈ পৰিব। হাতী আৰু ফান্দী নলে লগে লগা বন্ধু হৈ পৰিব। ভাঠি খোলা অৱস্থাতো বৰফান্দীৰ হাত পৰিলে হাতী পানী হৈ পৰে। যাদু আছে বৰফান্দীৰ। আটায়ে কয় বৰফান্দীৰ হাতত গোপন মন্ত্ৰ আছে, সপোনত পাইছিল তেওঁ এই মন্ত্ৰ।

নিমখ সনা আঁৰৈ চাউল খাই সোৱাদ পাইছিল বনুৰা হাতীটোৱে। এইবাৰ তালৈ আগবঢ়াই দিলে এলডা সৈন্ধৱ লৱণ। এই বিধ নিমখে হাতীটোৰ হজম শক্তি বঢ়াব, পেটৰ ৰোগ নিৰাময় কৰিব। হাতীধুৱাত পুৰাই হুলস্থূল লাগি গ'ল। কানাইফান্দীয়ে এটা চাৰিল ধৰি আনিছে, লোদোৰ-পোদোৰ হাতী পোৱালিটো আটায়ে বেৰি-কুৰি চাইছে। বঢ়িয়া চাৰিল। এনে এটা চাৰিল পোৱা ভাগ্যৰ কথা।

মাইকী হাতী পোৱালিক প্ৰশিক্ষণ দিবলৈ আটাইতকৈ ভাল। এনেকুৱা চাৰিল বৰফান্দীয়ে কেইবাটাও ধৰিছে। কিন্তু এইবাৰ তেওঁ ধৰা এই হাতীৰ কথাই সুকীয়া। তেওঁ কাকো এই হাতীৰ পেটত থকা পদ্মফুলৰ কথা কোৱা নাই। কোৱা নাই এই হাতী যে অকল চন্দন কাঠৰ অৰণ্যতহে জন্ম হয়, এই হাতী ৰজাৰ গমনৰ বাবেহে জন্ম হয়। কাকো একো ফুটকে দিয়া নাই বৰফান্দীয়ে। নক'লেও হাতীধুৰাৰ আটায়ে বুজিছে, বৰফান্দীৰ এই হাতীৰ দাম বহুত উঠিব। আগত কোনেও কোৱা নাই, ক'লেই বৰফান্দী খঙত ৰঙা পৰি আছে। ধনীৰামেও বুজিছে এইবাৰ চিকাৰৰ পৰা আহি ফান্দী যেন কিছু বেলেগ হৈ পৰিছে। ফান্দীয়ে ধনীৰামক মছব্বৰ যোগাৰ কৰিবলৈ ক'লে। কৃমি গুচাবলৈ মিচিৰি লডাৰ দৰে তিতা দ্ৰব্য মছব্বৰ খুৱাবই লাগিব। ধনীৰামে দোকানৰ পৰা মছব্বৰ কিনি থৈছেই, আৰৈ চাউল তিয়াই থোৱাই আছে। কলপাতত নুৰিয়াই মছব্বৰৰ লডা দুটামান চাউলৰ লগত মিলাই হাতীক আগবঢ়াই দিলে। মছব্বৰ পৰিব, হাতীৰ পেটৰ কৃমিও শেষ হ'ব।

গধূলিৰ লগে লগেই হাতী ধুৰাখনলৈ কুঁৱলী নামি আহিল। লগতে ফেৰফেৰীয়া বতাহ। ধুৰাত অ'ত-ত'ত জুই জ্বলি উঠিল। বৰফান্দীয়ে গম পাই আছে আজি কোনোবা এটাই হাবিৰ পৰা বন কুকুৰা কেইবাটাও আনিছে। যোৱা ৰাতিয়ে চিটিকা পাতি থৈছিল। নহৰু, জালুক আৰু শুকান জালকীয়া দি ভজা কুকুৰা মাংসৰ গোন্ধ আৰু জুমাইৰ গোন্ধ কেউপিনে মহমহাই গৈছে। অলপ পাছতে ছেলিমে তাৰ দোতাৰা উলিয়াব চাগৈ। চাৰিল ধৰি সি বৰ ফূৰ্তিত আছে। বৰফান্দীয়ে আঁৰিয়া জ্বলাই ল'লে। আজি বনুৱাক চাজা দিব লাগিব। বনৰ জীৱ, মানুহৰ মাজলৈ আহি ক্ষণে ক্ষণে ভয় খাই থাকে। মানুহ, জুই দেখিলেই ভয় খায়, মানুহ বাৰু দেখিলেই, মানুহৰ হাতৰ পৰা খাদ্যও খালে। জুই দেখুৱাবলৈ বুলি বৰফান্দী সাজু হ'ল। ধনীৰামো আহিল, ছেলিম, ধনপুৰ আৰু কেইবাটাও ফান্দী, মাউত, ঘাছী আহি বৰফান্দীৰ পাছফালে গোট খালেহি। হাতীক এনেকৈ জুই দেখুৱাই ভয় ভঙাটো সাধাৰণতে সামূহিক কাৰ্য্য হয়। প্ৰথমতে বৰফান্দীয়ে হাতীক জুইৰ ভয় গুচাবলৈ বুলি হাতত জুইৰ আঁৰিয়া লৈ আগত থিয় দি গমগমীয়া মাতটোৰে গীত জুৰিলে—

'পৰ্বতত আছিলি বেটা
লতা-লুহৰী খাই,
ভৈয়ামলৈ আহিলি তই
ৰছীৰ বান্ধ খাই,
লালৰে লাল দুৰ্গাপুৰী লাল

তই হবি.....'

এইখিনিতে আটায়ে সমস্বৰে গালে, 'তই হবি মহাজনৰ মাল' সদায়ে হাতীক আঁৰিয়া দেখুৱাওঁতে এই গানকে গায়। আজি বৰফান্দীয়ে কথাযাৰ ঘূৰাই দিলে।

'লালৰে লাল দুৰ্গাপুৰী লাল
তই হ'বি ৰজাৰ মাল'

তাৰ পাছত আকৌ সমস্বৰে গীত জুৰিলে, ফান্দীৰ হাতত নাচি থকা আঁৰিয়া।

'ভাল হাতীৰ ভাল কাম
শিকি বুজি ল'বি নাম।'

আঁৰিয়া দেখুৱা বন্ধ কৰি আৰৈ চাউলে সৈন্ধব লবণে কলপাতত নুৰা কৰি দুবাৰ মান খুওৱা হ'ল। আকৌ গান আৰম্ভ হ'ল

'পৰ্ব্বতত আছিলি বেটা
লতা-লুহৰী খাই.....'

হাতীটোৱে প্ৰথমতে চক খাই খাই উঠিছিল, মানুহ, জুই, কেতিয়াও নেদেখা বস্তু। লাহে লাহে চক খোৱা কমি আহিল।

'হো, ল, এয়া হালধি আৰু....' ঘূৰি চাই দেখিলে কাতিয়া আৰু ধনদা। ধনদাই গুড়ি হালধিখিনি বৰফান্দীলৈ আগুৱাই দিলে। 'ধনীৰামে কৈ পঠাইছিল...।' ধনদাই আৰু এটা টোপোলা ফান্দীলৈ আগবঢ়াই দিব খুজিও নিদিলে, ইমান জাকৰ মাজত এইকিটা পিঠা, এপাচি শাকত এটা জালুক।

'হাতীক চাজা দিছো, গান এটা গা' কোনোবাই তাইক ক'লে।

'মাউতীয়া গীত দেখোন তই ধেৰ জান, 'ধনীৰামে আঁৰিয়া ডাল আকৌ ভালকৈ জ্বলাই আনিছে।

'কিয়নো নাজানিমে এ, তাহানিৰ পৰা এই ধনাদায়ে হাতি ধুৰাত চব যোগাৰ দি আছে। কত মাউতীয়া গীত-পদ শুনিলো।'

'নাগাৰ তেনেহ'লে কিয়?' বৰফান্দীৰ মাতত আদেশ।

এক্ষন্তেক ৰৈ ধনদা বায়ে গল হেকাৰি দি ল'লে,
'অ' মোৰ মাহুত বন্ধুৰে
তুই নাযান হাতীৰ বাৰী
তুই মোৰ বান্ধব মাৰিয়ে গেলে,

কি হৈবো মোৰ গতিৰে
অ' মোৰ মাহুত বন্ধুৰে'

এই মতা ডাং ছোৱালীজনীৰ মাজত ক'ত বা এই মিঠা কোমল মাতটো সোমাই আছিল।

বৰফান্দীয়ে আঁৰিয়া ঘূৰাইছে। ধনদাই আকৌ এটা গীত ধৰিলে।

'ঐ মোৰ দন্তাল হাতীৰ মাহুত ৰে,
অ' মোৰ মাখনা হাতীৰ মাহুত ৰে,
যেদিন মাহুত চিকাৰ যায়,
নাৰীৰ মন মোৰ ঝুৰিয়া যাই ৰে।'

এৰা, সকলো আচৰিত হৈছে। মতা ডাং ছোৱালীজনীৰ মাতত ইমান দৰদ।

গোটেইবোৰে হাতীক আঁৰিয়া ঘূৰাই চাজা দিওঁতে সমস্বৰে গালে— 'অ মোৰ দন্তাল হাতী......'

কাতিয়া লাহেকৈ উঠিব খুজিছিল, বৰফান্দীয়ে ধমকি মাৰি উঠিলে, 'ক'লৈ যাৰ? উঠিব নোৱৰা হ'বি অলপ পাছত। যা, মানুহজনীক আগাই দেগৈ।'

ধনদাই ঘপকৈ থিয় হ'ল, 'এই নল বাট যাবলৈ কি লগ লাগিছে অ? মই যাওঁৰেই, দেউতাই হালধিখিনি সোনকালে দিবলৈ ক'লে..'। হনহন্‌াই মানুহজনী যাবলৈ উঠিলেই, কাতিয়া যাওঁ-নাযাওঁকৈ উঠিল। ধনীৰামো উঠিল, অলপ দূৰৈৰ পৰা ধনদাই হাত-বাউল দি তাক মাতিছে। নীৰৱে তাৰ হাতত পিঠাৰ টোপোলাটো তুলি পাছলৈ এবাৰো নোচোৱাকৈ ধনদা যাবলৈ আৰম্ভ কৰিলে।

পাছদিনা বনুৱাক যোৰ ঘূৰাবলৈ নিয়া হ'ব। এই যোৰ ঘূৰোৱা হ'ল বনৰীয়া হাতীটো দুটা ঘৰচীয়া ডিপো-কুনকীৰ মাজত লৈ মানুহৰ মাজেৰে ফুৰাই অনা কামটো। ডিপো কুনকী হাতী চিকাৰী-কুনকীতকৈ পৃথক। ইহঁতক মূলতঃ বনৰীয়া হাতী প্ৰশিক্ষণৰ ক্ষেত্ৰত ব্যৱহাৰ কৰা হয়। খামাৰীত বনুৱা থাকিলে, চাজা ল'লে। এতিয়া যোৰ ঘূৰাব লাগিব। ফান্দীয়ে এই হাতীৰ নাম দিছে গণেশ, গণেশ বাবা। গণেশ বাবা, মাজে মাজে কয় বাবা গণেশ। গণেশ বাবাৰ ভৰিত ঘাঁ। ঘাঁত হালধি গুড়ি চটিয়াই চটিয়াই ঘাঁবোৰ প্ৰায় শুকনি মুৰা কৰিছে। বান্ধা ঢিলাই দিব পৰা হৈছে। বান্ধা ঢিলাইছে যদিও খুলিব পৰা হ'বলৈ দিন আছে। তথাপি খোজ মেলিব পৰাকৈ ঢিলা কৰা হৈছে। আজি বনুৱা হাতীয়ে প্ৰথম মানুহৰ মাজে মাজে খোজ কাঢ়িব। দুকাষে দুটা ঘৰচীয়া ডিপো কুনকী, তাৰ মাজত গণেশ। আগঠেং পাছঠেঙত বান্ধা

মৰা, গণেশে লাহে লাহে নৈৰ পাৰলৈ খোজ লৈছে। অকল গণেশকে নহয়, ছেলিমে ধৰি অনা চাৰিল, আৰু কেইবাটাও বনুৰা হাতীক আজি যোৰ ঘূৰোৱা হ'ব। এই যোৰঘূৰোৱা হাতীৰ সমদল চাবলৈ মৌসৰা গাঁৱৰ প্ৰায় সকলোৱে ওলাই আহিছে। প্ৰতি বছৰে দেখে, তথাপি যেন সদায়ে নতুন। মৌজাদাৰৰ হাউলিৰ আগেদি যোৰ ঘূৰোৱা হাতী কিটাক নাগ নদীলৈ নিয়া হ'ব। ছেলিমে লগৰকিটাক লৈ গান জুৰি গৈছে। যোৰ ঘূৰোৱা হাতীক সদায়ে গান গাই গাইয়ে ৰাস্তাত ঘূৰোৱা হয়। এজনে লগাই দিয়ে, বাকীবোৰে ধৰে—

'ঘচ ঘচনাৰে ভাই, ঘচ ঘচনা
গাদী-হাওদা- তোৰ গহনা
ফান্দী মাউতে শুৱাব তোৰ বহনা'

মৌজদাৰৰ হাউলি পাৰ হওঁতে গান অলপ বেলেগ হয়,

'কোন মহলেৰ হাতীৰে ভাই,
মৌ-সৰা মহলৰ হাতী,
কোন ফান্দীয়ে ধৰল ৰে ভাই,
কোন মালিকৰ হাতীৰে ভাই,
মৌজাদাৰৰ হাতীৰে ভাই,
মৌজাদাৰৰ হাতী।

যোৰ ঘূৰোৱা পৰ্বত কেঁচা বনুৰা হাতীৰ পিঠিত কোনো মাউত উঠিব নোৱাৰিব। বনৰ হাতীৰ গাত অসম্ভৱ সুৰসুৰণি থাকে। চাজা দিয়া হ'ল, যোৰ ঘূৰোৱা হ'ল, এতিয়া বনুৰাক সপ্তাই দিব লাগিব। বনৰীয়া হাতীৰ গাৰ সুৰসুৰণি মাৰিবলৈ ঘাঁহ-বনেৰে হাতীৰ গা ঘঁহি দিয়াই হ'ল এই সপ্তাই দিয়া। গণেশক বৰফান্দীয়ে নিজেই সপ্তাই দিছে। ধনীৰামে গোটাই দিয়া খেৰ, লতা, জাবৰেৰে গণেশৰ চম্পাফুল আৰু মৌ মিহলি ৰঙৰ গাটো পৰম মমতাৰে সপ্তাই দিছে। সপ্তাই দিয়া জাবৰ পেলোৱাৰ সময়ত তাত থুই পেলাই মুখেৰে 'ধাত' শব্দটো উচ্চাৰণ কৰিব লাগে। বৰফান্দীয়ে কৰিছে। একো নিয়ম, একো কথাই বাদ দিয়া নাই। গণেশৰ গা সপ্তাই থাকোতে লগত কোনোবাই ধৰক-নধৰক, নিজেই গান গাইছে,

'আই চাৰিলং ৰাপ চাৰিলং
চাৰিলং সোণাৰ বাৰী
বিবাহ কৰি চাৰি আহিলুং

অল্প বইচেৰ নাৰী.... ?

গণেশ লাহে লাহে বৰফান্দীৰ বশ হৈ আহিছে। জাতি হৈ আহিছে আশ্চৰ্য্য সুন্দৰ বিশাল জীৱটো। বৰ সোনকালে ই ফান্দীৰ শিক্ষা মানিছে।

গণেশক কেইবাদিনো যোৰ ঘূৰোৱা হ'ল। এতিয়া গণেশৰ নতুন শিক্ষা হ'ব। ইতিমধ্যে হাতী ধুৰালৈ কেইবাটাও হাতী আহিছে। প্ৰত্যেকটো হাতীৰে প্ৰশিক্ষণ আৰম্ভ হৈছে। গণেশৰ শিক্ষা চাই আটাইবোৰ অবাক হৈছে। মানুহ এটাৰ দৰে কথা বুজিবলৈ লৈছে হাতীটোৱে। আগেত, ধাত, পিছু— এইবোৰ হুকুম গণেশক মাত্ৰ এবাৰহে কোৱা হ'ল, গণেশে শিকি ল'লেই নহয়। চাওতে চাওতে বৰফান্দীৰ হাতত হাতী একচিৰীয়া হ'লেই। ঘৰচীয়া হাতীৰ সহায়ত হাতীক খুলিব-বান্ধিব পৰা হ'ল। তাৰ আগে আগে হাতত যাঠা লৈ দুজন মানুহ থাকে, কিন্তু গণেশৰ ক্ষেত্ৰত যাঠা বা কানাৰী ব্যৱহাৰ কৰিব লগা প্ৰায় নহ'লেই। যোৰ ঘূৰোৱা সময়ত এফালে থাকে ৰাধা আনফালে সীতামাই, মাজতে গণেশ। আগত হাতত যাঠা লৈ বৰফান্দী, পাছত হাতত কানাৰী লৈ ধনীৰাম। তিনিটা হাতী গৈ থাকোঁতে ফান্দীয়ে কয় 'ধাত'। ৰাধা আৰু সীতামাই ৰৈ যায়, বনুৱা ৰ'ব নুখুজিলে যাঠা লোৱাজনে হাতীৰ কপালত আঘাত কৰি তাক ৰখাই দিয়ে। তাৰ পাছত কেইবাটাও কণ্ঠৰ গান;

'হয় হয় বেটা
ইয়াকে বোলে ধাত।'

সেইদৰে পিছলৈ যাবলৈ কপালত হানি হাতীক কয় 'পিচ্চু', আগলৈ যাবলৈও কানাৰীৰে হাতীৰ তপিনাত খুচি কয় 'আগেত'। বৰফান্দীয়ে গণেশক এবাৰো নাহানিলে। দৰকাৰ হ'লে অকণমান কানাৰী বা যাঠাৰ আগটোহে লগাই দিয়ে। গণেশক আটায়ে সুৰ লগাই চাব্বাচহে দিব লগাত পৰিল,

'হয় হয় বেটা
ইয়াকে বোলে ধাত
চাব্বাচ বেটা চাব্বাচ।
ইয়াকে বোলে আগেত।
চাব্বাচ বেটা চাব্বাচ।
হয়, হয়, বেটা
ইয়াকে বোলে পিচ্চু
চাব্বাচ বেটা চাব্বাচ।'

সাধাৰণতে বনুৰা হাতীয়ে প্ৰথমতে পিঠিত উঠা মাউতক ওফৰাই পেলাব খোজে। বৰফান্দী বৰ সোনকালে গণেশৰ সখা হৈ পৰিছে। মাজতে ফান্দীয়ে এটা চাখনাও হাবিৰ পৰা ধৰি আনিলেগৈ। চাখনা উত্তম জাতৰ দঁতাল পোৱালি। চাৰিল এটাও আনিলেগৈ। এই ধৰণৰ ভাতৰ লগত মাছ খোৱাদি কাম কৰিব পাৰে অকল বৰফান্দীয়ে। দঁতাল পোৱালিটোৰ নাম দিছে মোহন, চাৰিলজনীৰ লখিমী। নাম দিলেও ফান্দীৰ মন গণেশতহে এঠা লগাদি লাগিছে। হাতী ধুৰা কাম-কাজে গমগমীয়া হৈ পৰিছে। কেইবাটাও বনুৰাক শিক্ষা দিয়াৰ কাম পূৰাদম চলি আছে। পুৱা-গধূলি মানুহ আহি হাতীধুৰা ভিৰ কৰি থাকেহি। গানে-বাজেনাই, কামে-কাজে, ৰন্ধা-বঢ়াই, খোৱা-পিয়াই হাতী ডিপো ৰজনজনাই আছে।

বৰফান্দী গণেশৰ শিক্ষাত ব্যস্ত হৈ পৰিছে। মানুহজনক যেন কিবা নিচাইহে পাইছে। গণেশক এৰিব নোখোজা হৈছে। আটায়ে চাই আছে বৰফান্দীৰ কাম-কাজ। ফান্দীয়েতো হাতী বহুত ধৰিলে, এনে অৱস্থাতো হোৱা নাছিল। সেয়া বৰফান্দীয়ে পুৱাই নাকে-কাণে কিবা অলপ গুজি গণেশক আৰৈ চাউলে নিমখে কলপাতত নুৰিয়াই নুৰিয়াই খুৱাইছে। কালিয়ে ফান্দীয়ে গুড় যোগাৰ কৰি থৈছে। যোগাৰ কৰা মানে ধনদাৰ হতুৱাই হাউলিৰ পৰা অনাই থৈছে। আজি নিমখেৰে নহয়, গুড় সানিও আৰৈ চাউল খুৱাইছে। ব্ৰহ্মপুত্ৰ নদীৰ পাৰৰ ঘৰখনত এৰি থৈ অহা বেমাৰী মানুহজনীকো, ল'ৰাটোকো ইমান চেনেহ কোনোদিনে কৰা নাই। ইমান ব্যাকুলতা অনুভৱ কৰা নাই স্ত্ৰী-পুত্ৰৰ প্ৰতি। গণেশ একচিৰীয়া হোৱাৰ পৰাই ফান্দী গণেশৰ পিঠিত উঠিছে।

বৰফান্দী গণেশৰ পিঠিত উঠি লৈছে। তেওঁ ধনীৰামক আগেয়ে ৫/৬ মাইল দূৰৈৰ ঠাই এটুকুৰালৈ পঠিয়াই দিছে। ধনীৰামে তাতে ফান্দীৰ নিৰ্দেশ ক্ৰমে বেছ ডাঙৰ ঘাঁহ এবোজা কাটি থৈছে। আজি গণেশক নতুন হুকুম শিকাব, 'চুপ' আৰু 'দলে', আৰু 'চুপ দলে'। গণেশক লৈ ফান্দী হাতীধুৰাৰ পৰা প্ৰায় ৬ মাইল দূৰৈৰ খন্দাজান নামৰ ঠাইখিনিলৈ গ'ল। তাত জান-জুৰি একো নাই, এসময়ত মানুহে নাগ নদীৰ পৰা সেই ঠাইখণ্ডত খেতি-পথাৰলৈ জান এটা খান্দিব খুজিছিল। জানটোত পানী নৰয়। মাত্ৰ জান খন্দা ঠাইত দলনি এখনৰ সৃষ্টি হ'ল। সেই দলনিৰ ঘাঁহ এবোজা ডাঙৰকৈ বান্ধি ধনীৰাম তাতে বৈ আছে। বৰফান্দীৰ হুকুমবোৰ বিনা আপত্তিৰে মানিবলৈ ধনীৰামে ভাল পায়, প্ৰতিটো হুকুমতে আছে ফান্দীৰ অগাধ জ্ঞান আৰু সুচিন্তিত ভাবনা-চিন্তা। আজি টানকৈ বান্ধি বৰ এবোজা ঘাঁহ লৈ ধনীৰাম বৈ আছে। গণেশ আহি আছে, পিঠিত বৰফান্দী। ধনীৰামে একেথৰে চাই থাকিল এয়া

যেন বৰফান্দী নহয়, ৰজা উঠি আহিছে এটা সুন্দৰ হাতীত। গণেশক বইত কৰালে ফান্দীয়ে এবাৰ ডাইনে তেৰে, এবাৰ বাইয়ে তেৰে কৰিলে। গণেশে যেনে ধুনীয়াকৈ ডাইনে তেৰে, বাইয়ে তেৰে কৰিলে যে ধনীৰাম অবাক হৈ গ'ল। আচলতে হাতীৰ এইকিটা শেষ শিক্ষা, গণেশেহে আগেয়ে শিকিলে। কোন বেছি আচৰিত হ'ব লগা প্ৰাণী? হাতী নে ফান্দী। হয়তো দুইটাই। হাতীৰ পিঠিত ঘাঁহৰ বোজাটো তুলিয়ে ফান্দীয়ে হাতী আগেত কৰালে। তাৰ পাছত গণেশক দৌৰাই দিলে। এনেকৈ দৌৰালে, এনেকৈ দৌৰালে যে হাতী ভাগৰি পৰিল। হাতীক ধুৰাৰ ফালে দৌৰাই নি ধুৰাত হাতীৰ পিঠিৰ পৰা ঘাঁহ বোজা পেলাই দিলে। পিঠিত প্ৰথমবাৰৰ বাবে ইমান বোজা লৈ দৌৰি হাতী গৰম, ভাগৰ আৰু পিয়াহত লেবেজান। ফান্দীয়ে গণেশক নাগ নদীত হৰহৰকৈ নমাই দিলে। স্বভাৱতে হাতীয়ে নদীৰ পানী মুখত ল'ব, গালৈ চটিয়াব। গণেশে শুঁৰেৰে পানী লৈ মুখত দিছে, বৰফান্দীয়ে হুকুম দিছে 'চুপ', হাতীৰ শুঁৰেৰে পানী তুলিছে। ফান্দীৰ গমগমীয়া মাতৰ হুকুম 'দলে।' এইবাৰ হাতীয়ে গালৈ শুঁৰেৰে পানী ছটিয়াইছে, ফান্দীৰ নতুন হুকুম, 'চুপ্ দলে' নদীৰ পাৰত তেতিয়া বহুত মানুহ। হাতীধুৰাৰ গাতে লগা নাগ নদীৰ পাৰত বহুত মানুহে অপলক নয়নে চাই থাকিল বৰফান্দী হাতীক দিয়া প্ৰশিক্ষণ কাৰ্য্য।

'চুপ' গণেশে মুখলৈ পানী শুহি নিলে।
'দলে', শুঁৰ দাঙি পানী ওপৰলৈ তুলিলে।
'চুপদলে', পিঠিত পানী মাৰি দিলে

বৰফান্দীয়ে গান জুৰিলে,
'কুচ কাম বাকী নাই
এয়াকে বোলে চুপ,
ইয়াকে বোলে দলে,
কুচ কাম বাকী নাই,
ইয়াকে বোলে চুপ দলে
ভাল হাতীৰ ভাল কাম
শিকি বুজি কৰা নাম।'

তেতিয়া নাগ নদীৰ পানীত বেলিটো একুৰা জুই হৈ জ্বলিছিল। কিছু মানুহে বৰফান্দীৰ হাতীৰ প্ৰশিক্ষণ চাই আছিল। মাউত, ফান্দী কেইবাটায়ো ফান্দীৰ লগতে গীত জুৰিছিল, 'কুচ কাম নাই....' খহটা মাত, খহটা সুৰ, খহটা কথা, কিন্তু গানৰ সুৰত আছে এক পৰম মমতা। সেই মমতাই নিঃসন্দেহে অবোলা বনৰ জীৱটোক চুই

গৈছে। কাণ মাৰি মাৰি সি ফান্দীৰ আদেশ পালন কৰিছে। কমলা ৰঙৰ বেলিৰ শেষ পোহৰত চম্পাফুল আৰু মৌৰ মিহলি ৰঙৰ জীৱটো বৰ সুন্দৰ লাগিছে। সুন্দৰ লাগিছে তাৰ গোলাপী আৰু বগা মিহলি কোমল দাঁতযোৰ। এই কিদিনতে যেন সি আৰু ডাঙৰ হ'ল। বৰফান্দীয়ে তাৰ পেটৰ পদ্মফুল খিনিত হাত ফুৰাই দিলে। কাকো কোৱা নাই তেওঁ, ফুটকে দিয়া নাই এই পদ্মফুলৰ কথা। বিশাল জীৱটোৰ প্ৰতি ফান্দীৰ এক ভক্তি ভাব আহিল। তেওঁ সঁচাকৈয়ে হাতযোৰ কৰিলে। আটায়ে দেখিলে ফান্দীয়ে হাতীটোক একঁকাল পানীত ডুব লৈ সেৱা কৰিছে। সেইখন ফান্দীৰ নিজা জগত। তাত কোনোৱেই সতকাই সোমাব নোৱাৰে, দূৰৈৰ পৰাহে সেৱা এটি কাঢ়িব পাৰে। এক লহমাৰ বাবে নাগ নদীৰ জুই লগাৰ দৰে ৰং ধৰা পানীত থকা বিশাল জীৱটো আৰু হাতযোৰ কৰি থকা মানুহজন ঐন্দ্ৰজালিক হৈ পৰিছিল। চুব নোৱৰা, ধৰিব নোৱৰা এক যেন ইন্দ্ৰজালে বান্ধি পেলাইছিল দুইটা জীৱক।

পৰ্বতত আছিলি লতা-লুহৰী খাই

হাতী ধুৰাত কেইবাটাও কেঁচা হাতী পকা হ'ল। কেইবাটাও বনুৰা হাতী ঘৰচীয়া হ'ল। আকৌ এই হাতীধুৰা মানুহেৰে দলদোপ-হেন্দোলদোপ হ'ল। বিহাৰৰ পৰা সদাগৰ আহিল। এই সকল বিহাৰৰ পৰা অহা সদাগৰ আছিল গাতী ধুৰাৰ প্ৰধান গ্ৰাহক। তাৰোপৰি বিভিন্ন ঠাইৰ পৰা বাট কুৰি বাই মানুহ আহিছিল এই 'ধনচুৰি' হোৱা পূৰাকৈ প্ৰশিক্ষণ লোৱা হাতী নগদ ধন দি কিনি দিবলৈ। বিদেশৰ বগা চাহাবসকলেও এই মহলৰ পৰা হাতী কিনিবলৈ আহিল। মহলদাৰ, চৰকাৰ বাহাদুৰ আটাইৰে ধনৰ মোনা ভৰি পৰিল। হাতী ডিপোৰ পৰা আমেৰিকা, ইংলেণ্ড পৰ্যন্ত হাতী চালান হ'ল।

গদাধৰ অসুখত পৰিছে। কম কষ্ট গৈছেনে তাৰ ওপৰেদি? দৈমালু, আকবৰ আৰু কেইবাটাও কুনকীৰ বিভিন্ন অসুখ হৈছে। মৌজাদাৰক বৰফান্দীয়ে স্পষ্টকৈ জনাই দিছে গদাধৰক আৰু চিকাৰ মেলিবলৈ নিনিয়ে। তাৰ বয়সো হৈছে। এই অক্টোবৰ মাহৰ পৰা মাৰ্চ মাহলৈকে হাতী ডিপোৰ কাম চলিব। ইমান দিন ধৰি গদাধৰক প্ৰবাসলৈ নি থাকিব নোৱাৰি। এই বাধ্য শান্ত হাতীটো সঁচাকৈয়ে ভাগৰি পৰিছে। এইকেইদিন বৰফান্দীয়ে এজন সুদক্ষ পশু চিকিৎসকৰ কাম কৰি আছে। এইখন হাতীধুৰাৰ পৰা বগা চাহাবে বুজন পৰিমাণৰ ৰাজহ পাইছে, বৰফান্দীয়ে ধৰি ধনচুৰি কৰা কেইবাটাও হাতীৰ পৰা হোৱা আৰ্জনেৰে মৌজাদাৰেও ভালেখিনি উপাৰ্জন কৰিছে। বনবিভাগে প্ৰত্যেকটো ধৰি অনা হাতীৰ বাবদ নিৰ্দিষ্ট মূল্য ধৰি দিছে। এই দামৰ লগত মহলদাৰে একচেটিয়া মূল্য ধৰি দিয়ে। মৌসৰা গাঁৱৰ হাতীধুৰাৰ হাতীৰ নাম ডাক বিয়পি পৰিছে।

বৰফান্দীয়ে হাতীধুৰাৰ যি কোনো এটা হাতীয়ে অকণমান লেকেচিয়ালেই তাক বৈঠাইছিল। পৰম মমতাৰে ভৰিৰ কোমল তলুৱা পানীৰে নিজহাতে ধুৱাই চাফা কৰি চাইছিল ভৰিত কাড়ী আছে নেকি। ঘৰচীয়া চিকাৰ কুনকীকেইটাৰ হাবিলৈ গৈ গৈ ভৰিৰ তলুৱাবোৰ খাই গৈছে। ভৰিৰ কোমল তলুৱা খাই খাই হাতী এসময়ত

একেবাৰে খোৰা হৈ পৰে। ফান্দীয়ে নিজে অথবা মাউত বা ঘাঁচীৰ হতুৱাই হাতীৰ তলুৱা ধুই শিহু তেল গৰম কৰি কৰি সানিছে। বৰফান্দীয়ে হাতীৰ ভৰিত খুটা গাৰিছে নেকি চাই ফুৰিছে। হাবিত ঘূৰি ঘূৰি হাতীৰ ভৰিত নানা কাঁইট, হুল সোমাই পৰে। সেই হুল অকল বৰফান্দীৰ হাততহে হাতীয়ে তলুৱাত অকণো দুখ নোপোৱাকৈ ওলাই আহে। হাতীৰ খুটা গাৰিলেই বৰফান্দীক লাগে। প্ৰতিটো গধূলি হাতীক টাটাৰ দিয়া হৈছে। চিকাৰলৈ গৈ কুনকী হাতীৰ প্ৰচুৰ গাৰ বিষো হৈছে। এই টাটাৰ প্ৰস্তুত হৈছে বৰফান্দীৰ চকুৰ আগত। আন ফান্দী, মাউত ঘাচীয়ে বৰফান্দীৰ যোগালি লৈ বিভিন্ন দ্ৰব্য বিচাৰি দৌৰা-দৌৰি কৰিছে। এই টাটাৰ প্ৰস্তুত কৰিবলৈ জানো কমখিনি বস্তু লাগে? ভোট জলকীয়া, ফিৰিঙি জলকীয়া, অগ্নি জলকীয়া— এই তিনিবিধ অতিপাত জ্বলা জলকীয়া লাগিব। তাৰোপৰি লাগিব হিং আৰু লং। অকল এয়াইনে? বিহলঙনী, পচতিয়া, কৰবী গুটিও লাগিব। এই বিষযুক্ত বস্তুবোৰ সিজাই গৰমে গৰমে হাতীৰ গাত ধালি দিয়া হয়। তাৰ পাছত মাউতে হাতীৰ গা বাৰে বাৰে গচকি দিয়ে। হাতীয়ে আৰামত চকু মুদি দিয়ে। বিচিত্ৰ গোন্ধৰ হাতীধুৰা খনত এতিয়া গধূলি গধূলি নাক জমজমাই যোৱা আন এক গোন্ধে বাকী গোন্ধবোৰক তল পেলাই দিয়ে। টাটাৰ সিজোৱাৰ কাঢ়া গোন্ধেৰে ভৰি পৰিছে হাতীধুৰা। বৈ বৈ শুনা গৈছে হেচৌ হেচৌ হাঁচিৰ শব্দ।

বৰফান্দীৰ মন ভাল নহয়। গদাধৰৰ ভৰিত কাঢ়ীয়ে ধৰিছে। গদাধৰৰ সোঁফালৰ আগ ভৰিটোত কাঢ়ীয়ে বেছ ভালকৈয়ে ধৰিছে। ফান্দীয়ে ভৰি ধুৱাই নিতৌ গৰম শিহু-তেল মালিচ কৰি আছে। বাঢ়ি যোৱা নাই, কিন্তু ঘাঁ শুকায়ো যোৱা নাই। বৰফান্দী ওচৰলৈ গ'লেই গদাধৰে নিজে নিজে কোনো আদেশ নোপোৱাকৈ বহি ভৰিখন মেলি ধৰে, বৈঠাইবই নালাগে। হাতীয়ে ফান্দীক দেখাৰ লগে লগে বহি দিয়া চাই মানুহটোৰ বুকুখন মোচৰ খাই উঠে। কম চিকাৰ খেদা হ'লনে এই হাতীৰ পিঠিত উঠিয়ে। কিমান হাতী ধৰি মোনাই মোনাই ধন ঘটি দিলে। কিমানৰ জেপ গৰম কৰিলে। বৰফান্দীয়ে গণেশৰ কিছুমান কামো ধনীৰামক দিছে। গদাধৰৰ ওচৰত দিনে-ৰাতিয়ে বহি আছে বৰফান্দী। তাতে ধনীৰামো নাই। সি গৈছেগৈ একেবাৰে খাৰুপেটীয়া ঘাটলৈ। অহাই-যোৱাই চাৰিদিন লাগিবই লাগিব। কলিকতাৰ পৰা জাহাজত কিবা এটা ঔষধ আৰু বেজি আহিব। মৌজাদাৰ দেউতাই ঠিক-ঠাক কৰি দিছে। গদাধৰে তেওঁকো কম ধন ঘটি দিয়া নাই। বৰফান্দীৰ আৰু এটা কথাৰ বাবেও মনটো গধুৰ হৈ আছে। নাগ নদীৰ পাৰত গৌৰীপুৰীয়া কোচ ৰজাৰ বংশধৰ সকলে ডাঠ টিৰ্পালেৰে সজা তম্বুবোৰ তৰিছেহি। এতিয়া নম্বেবৰ-ডিচেম্বৰ মাহত এই জাক

ৰজাঘৰীয়া মানুহ প্ৰতি বছৰে মৌসৰা মৌজালৈ আহেই। এই জাকে বগা চাহাবৰ চৰকাৰক ভালেখিনি ৰাজহ শোধাই ইয়াতে আহি বাঘ চিকাৰ মেলেহি। ইতিমধ্যে হাতীৰ পালো আহি পাইছেহি। নাগ নদীৰ পাৰৰ এইখন কাণ্ড-কাৰখানাই অকল বৰফান্দীকে নহয়, আটাইবোৰ মাউত-ফান্দীকে দুখ দিয়ে। ইহঁতবোৰ আহিলে হাতী ধুৰাৰ হাতীবোৰো টনা-টনি কৰে। বগা চাহাবক কৰ শোধালে বুলিয়ে, ৰজাঘৰৰ মানুহ হ'ল বুলিয়ে এনে অতপালি সহ্য কৰা টান। আৰু অলপ দিনৰ পাছতে সিহঁতে বাঘ চিকাৰ মেলিবহি আহি। এইবাৰ হাতী-ধুৰাৰ আটায়ে ঠিক কৰিছে সিহঁতক হাতী নিদিয়ে, কোনো মাউতো নাযায়। সেয়া দেখোন পিঠিত হাওদা বন্ধা হাতী পালে পালে আহিয়ে আছে।

ধনীৰাম আহি পালেহি, লগত কলিকতাৰ পৰা অনা ঔষধ আৰু বেজি। আচলতে এই ঔষধটো হল হাইড্ৰজেন পেৰক্সাইড। আনফালে গণেশৰ অলপ পাতল পাইখানা হৈ আছে। ধনদা আহিব এতিয়া। বিশেষ ভাজি এখন বনাব লাগিব গণেশৰ কাৰণে। নেমুটেঙা, চকলাটেঙা, কলমৌ শাক, পানী খুতুৰা শাক—আটাইখিনি সিজাই লৈ তেলত ভাজি লৈ খুৱাব লাগিব। তেতিয়াহে পেটৰ অসুখ কমিব। ধনদাক ক'লেই হ'ব, বস্তুখিনি হাউলিতে যোগাৰ কৰি বনাই আনিব। এসপ্তাহো নালাগে, তিনিদিনতে পেট চলা কমিব। ধনদাক কিবা ক'লে বৰ মন দি কামখিনি কৰি দিয়ে। ফান্দীক আন এটা চিন্তায়ো পাইছে। ফান্দীৰ ঘৰৰ পৰা ভতিজা ল'ৰাটো আহিছিল। টকা-সিকাৰ দৰকাৰ হৈছে। ৰূপেইৰ ল'ৰা পাবৰ সময়। ৰূপেইলৈ মনত পৰি ফান্দীৰ মনটো আৰু গোমা হৈ পৰিল। আগৰটো ল'ৰাৰ জাজ আছেই, এইটো দুই নম্বৰ। বাপেকটো থাকোতে তেওঁৰ সিমান চিন্তা নাছিল। মাকৰ এফাল সাৰ-সুৰ নোহোৱা, বিছনাতে পৰি থাকে। বিছনাতে শৌচ-পেচাব। পোৱাতী মানুহজনীৰ ওপৰেদি কম যোৱা নাই। ভতিজা ল'ৰাটোৱে কৈছে— মানুহজনী খেৰ শুকুৱাদি শুকাইছে, ভৰিবোৰো দুমদুমীয়া দি ফুলিছে। ভতিজাটোৰ হাতত ফান্দীয়ে প্ৰতিটো হাতী ধৰাৰ বাবদ যি সামান্য টকা পাইছিল গোটেইখিনি হাত খালী কৰি দি পঠাইছে। বগা চাহাবৰ কৰ শোধাব নোৱাৰি ফান্দীৰ গাঁওখন উছন হোৱা দি হৈছে। বৰফান্দীৰ ঘৰখন ইয়াৰ পৰা পঠোৱা টকাকিটাৰ ওপৰতে কোনোমতে তিষ্ঠি আছে।

ধনদাই মাটিৰ টেকেলি এটাত গণেশৰ বাবে বৰফান্দীয়ে কোৱা মতে সকলোখিনি ভাজি লৈ আহিছে। গণেশক সেইখিনি খুওৱা, গদাধৰক কলিকতাৰ পৰা অনা ঔষধেৰে ভৰি ধুওৱা, এইবোৰত বৰফান্দীৰ মন নিমগ্ন হৈ পৰিল। ডাঙৰ নদীৰ পাৰৰ গাঁওখন, সেই গাঁওখনৰ ঘৰ এটাত থকা খেৰ শুকুৱাদি শুকুৱা মানুহজনীৰ

ছবিখন ধূসৰ হৈ পৰিল। একো বিপদ হোৱা নাই, সৃষ্টিৰ আদি কালৰে পৰা তিৰোতাই পো-পোৱালি জনম দি আহিছে। ৰূপেই একে তিৰোতাই। সকলো ভাল হ'ব, টকা-সিকা নহ'লে নহয়, সেয়া ভতিজাটোৰ হাতত দি পঠাইছে। এই ফান্দীৰ কামটো আছে বুলিহে, নহ'লে বগা চাহাবৰ কেঁকোৰা চেপাত গাঁৱৰ মানুহে খেতি-বাতি এৰি হাবি-জংঘললৈ যোৱাদি তেওঁৰ পৰিয়ালো যাব লাগিলহেঁতেন। এতিয়াতো দুবেলা দুমুঠি খাই নিজৰ ঘৰখনতে থাকিব পাৰিছে। প্ৰবাসৰ পৰা অহা কেইবাটাও কুনকীৰ ভৰিত খুটা গাৰিছে। বাৰিষাৰ হাবিয়ে ভৰিৰ কোমল তলুৱা নেফা-নেফ কৰি তুলিছে। আজি ঐৰাবত আৰু আকবৰক টাটাৰ দিব লাগিব। ছেলিম বৈ আছে টাটাৰ বনাব লাগে। ইফালে নাগ নদীৰ পাৰৰ হাওদা বন্ধা হাতী পালৰ খবৰ আহিয়ে আছে। কথা ওলাইছে হাতী-ধুৰাৰ আটাইবোৰ হাতী বাঘ খেদাত যাব লাগিব, একেবাৰে ৰজা ঘৰীয়াই বগা চাহাবৰ পৰা হুকুম আনিছে, এই হুকুম মৌজাদাৰও পাইছে। নানানটা চিন্তাত বৰফান্দীৰ মন ডাঙৰ নদীৰ পাৰৰ ঘৰখনৰ পৰা একেবাৰে আঁতৰি আহিল। মৌজাদাৰ কটকী আহিল। হাতীধুৰাত থকা হাতীকেইটা নাগ নদীৰ পাৰলৈ নিব লাগে। আটাইবোৰ মাউত-ফান্দী নিশা জুইৰ চাৰিওকাষে বহিল। আটায়ে বৰফান্দীৰ দিহালৈ বৈ আছে। কি বা কয় তেওঁ। কাৰো এই ৰজাঘৰীয়া বাঘ চিকাৰত অংশ ল'বলৈ মন নাই। ধনপুৰকে আদি কৰি বড়ো ফান্দী, মাউতৰ মনত ভীষণ ভয় সোমাইছে। আহাম গুৰুৰ ওচৰত তেওঁলোকৰ বড়ো জাতিটোৱে শপত লোৱা আছে, লগাতকৈ কাহানিও বেছিকৈ এটাও জন্তু বধ কৰিব নোৱাৰিব। নহ'লে আহাম গুৰুৰ শাওপাত প ৰিব আৰু সেই শাওপাত? গোটেইকিটা কঁপি আছে। হ'ল বুলিয়ে ভগৱানৰ স্ৰজন এই জীৱবোৰক কেনেকৈ এনেকৈ নিধন কৰে? কি কলিজা ডেই নিয়া দৃশ্য। প্ৰায় ৪০/৫০ টা মান হাতীয়ে হাবিত সোমাই হিলডল ভাঙি খেদি যায়। হাতীৰ পিঠিৰ হাওদাবোৰত বহি থাকে ৰজা-ঘৰীয়াৰ মানুহ। হাতীৰ খেদাৰ কোবত হাবিত থকা বাঘবোৰ ওলাই ভয়ত ত্ৰাহি মধুসূদন সুঁৱৰি দৌৰিবলৈ আৰম্ভ কৰে। হাবিৰ আনটো মূৰত পাতি থোৱা প্ৰকাণ্ড প্ৰকাণ্ড ফঁইৰ ফান্দত বাঘবোৰ আহি জপটিয়াই পৰেহি। জালত সোমাই পৰে বনৰজাৰ দল। ফান্দত পৰা বাঘৰ কি আৰ্তনাদ। কোনে চাব পাৰে এই দৃশ্য?

জুইৰ চাৰিওফালে বহি থকা আটাইবোৰৰ বুকুত ঠেকা খাই খাই ক্ৰমাৎ ডাঙৰ হৈ পৰিছে সেই মৰণ কাতৰ আৰ্তনাদ। বৰফান্দীয়ে ৰায় দিলে আটায়ে নিজৰ নিজৰ হাতী প্ৰবাসলৈ নিব। আৱশ্যে কুনকীকেইটাহে। কেঁচা হাতীকিটাৰ কথা নুঠেই, আনকি ধনচুৰি হোৱাকিটাও নিয়া নহ'ব। মুঠতে হাতী ধুৰাৰ পৰা এটাও হাতী বাঘ

চিকাৰলৈ নাযায়। কথা মতেই কাম। হাতীধুৰা পুৰাই প্ৰায় খালী যেনেই হৈ পৰিল। মাত্ৰ বান্ধা মাৰি থোৱা, একচিৰীয়া হোৱা বা ধনচুৰি হোৱা হাতীকেইটাক চোৱা-চিতা কৰিবলৈহে দুজনমান ঘাচী থাকিল। আৰু থাকিল বৰফান্দী। পুৰাই আহিল ধনদা, খবৰ আনিলে মৌজাদাৰ দেউতা গৰজি আছে। এই মৌসৰা মৌজাৰ এটা হাতীও তেওঁ বাঘ চিকাৰত দিব নোৱাৰিলে। ধনদাই মুখ ফুটাই নক'লেও বৰফান্দীয়ে বুজিছে এই খঙৰ মূল লক্ষ্য তেওঁ। মৌজাদাৰৰ ৰোষত পৰিল বৰফান্দী। আকৌ হাউলিৰ পৰা খবৰ আহিল, গদাধৰক আৰু গণেশকে এই বাঘ চিকাৰত দিব লাগে। বৰফান্দীয়ে দুইটা কথাই নাকচ কৰি পঠিয়ালে। তাৰ পাছত তেওঁ গণেশৰ কাষতে মূৰে-কপালে হাত দি বহি থাকিল। কি অধিকাৰ আছে এই হাতীধুৰাৰ ওপৰত তেওঁৰ? কি অধিকাৰ আছে গণেশৰ ওপৰত? গদাধৰৰ ওপৰত? নিওঁ বুলিলেই তেওঁৰ বুকুৰ পৰা আঁজুৰি নিব। কতবাৰ নিলে, কতবাৰ নি বুকু ভাঙি বিদায় দিলে নিজৰ সন্তানৰ দৰে লালন-পালন কৰা কিমান গদাধৰ, কিমান গণেশক? কি কৰিব পাৰিলে? কি অধিকাৰত আজি আটাইবোৰ কুনকী মাউত-ফান্দীৰ সৈতে প্ৰবাসলৈ পঠিয়াই দিলে? যদি এই ফান্দীৰ কামৰ পৰা মৌজাদাৰ দেউতাই আঁতৰাই দিয়ে, কি হ'ব ৰূপেইৰ? ল'ৰাটোৰ? আহিব লগাটোৰ? বিছনাতে শৌচ-পেচাপ কৰা এফাল মৰা মাকজনীৰ? ক'লৈ যাব? বাকীবোৰ মানুহ জংঘলত গৈ হোৱাহোৰে মৰিছে, মাউৰত মৰাদি মৰিছে। অথচ এইবোৰ খেতিয়ক মানুহ, গুটি এটা গোজা মাৰি পেট ভৰাই খাব পৰাকৈ ফল গোটাব পাৰে। তেওঁ কি জানে? কেৱল হাতীৰ কাম। কি কৰিব তেওঁ? মানুহটো বিতত হৈ পৰিছে। তেওঁৰ বুকুত ঠেকা খাই খাই প্ৰতিধ্বনি উঠিছে জালত লাগি হাউৰিয়াই থকা বাঘৰ জাক।

'কি ভাবনা-চিন্তা কৰি আছনো? হাতীৰ লগত চিকৰা লগাদি লাগি থাকোঁতে নিজৰ অৱস্থাটো তং কৰিছনে? হাতী নমৰে, মৰিব হাতীৰ বৰফান্দী।' ধনদাই চিঞৰ-বাখৰ কৰি বৰফান্দীক গালি পাৰিবলৈ ধৰিলে 'খোৱা নাই, বোৱা নাই, হাতী আৰু হাতী, আহ বুলিছো নহয়, আহ।'

'ক'তনো যাব লাগে এ?' বৰফান্দীয়ে ধনদাক গেজোৰা মাৰি উঠিলে?

'আহ, ভাত কেটেমান খাই ল'বি, মই হাউলিৰ পৰা পহু মাংসৰ তৰকাৰী আনিছো। হাউলি আজি মানুহেৰে গিজ খাই আছে।'

বৰফান্দী তেওঁৰ অস্থায়ী ঘৰটোলৈ বুলি সোমাই গ'ল। সঁচাকৈয়ে ধনদাই লাহি চাউলৰ ভাত, জিৰা-জালুক, ঘিউ, গৰম-মচলা দি ৰন্ধা মাংসৰ জোলেৰে ভাত সজাই থৈছে, কাঁহীৰ কিনাৰত এচিকটা ভেদাইলতা বটা, কঁঠাল গুটি, আলু, খৰিছা দি কৰা

পিটিকা একণ, ধনীয়া-পিঁয়াজপাত দিয়া পোৰা বেঙেনা পিটিকা অলপ। ফান্দীয়ে বুজি পালে এইখিনি তাই নিজাকৈ গোটাই আনিছে। কি জানো হ'ল ঘিউ-মচলাৰে মলমলাই থকা মাংসখিনি তেওঁ আঁতৰাই থৈ পৰম তৃপ্তিৰে পোৰা-পিটিকা বটাৰে ভাতকাঁহী চুচি-মাজি খাই পেলালে। মাংসখিনি ঢাকি থৈ দিলে, ধনীৰামে খাবহি আহি।

মৌজাদাৰে মাতি পঠিয়াইছে। বৰফান্দী ধনদাৰ পাছে পাছে হাউলিলৈ বুলি খোজ ল'লে। গৈ থাকোঁতে কি জানো হ'ল মতগজ মানুহটোৰ? সেমেকা মাতেৰে এই আগে আগে গৈ থকা ছোৱালীজনীৰ আগত গুজৰি-গুমৰি থকা মনটো তামোল ফলাদি ফালি উদঙাই দিলে। খেৰ শুকুৱাদি শুকুৱা ল'ৰা পাব লগা মানুহজনী, বিছনাত পৰি থকা আধামৰা মাকজনী, ছন পৰি থকা মাটিখিনি, কৰ শোধাব নোৱাৰি জংঘলীয়া হোৱা গাঁৱৰ মানুহখিনি— আটাইবোৰ এফালৰ পৰা কৈ গ'ল। মৌজাদাৰ দেউতাই ফান্দীৰ কামৰ পৰা পঠিয়ালে সেই প্ৰাণীকিটাক লৈ কি কৰিব, চববোৰ ভাৱনা কৈ পেলালে। চিন্তাবোৰ, ভয়বোৰ কাৰোবাৰ আগত বাকি দি মানুহটো অলপ সুস্থিৰ হ'ল।

ধনদা অলপ ৰ'ল। মানুহজনীৰ মুখখন ৰঙা পৰি আহিছে। ভয়-ভীত নোহোৱা ছোৱালীজনীয়ে যেন এতিয়াই হুকহুকাই কান্দিব। তাইৰ ভিতৰতো এসোপা কুলাই-পাচিয়ে নধৰা দুখ। কাৰোবাৰ ওচৰত মনটো তামোল ফলাদি ফালিবলৈ যেন তায়ো ৰৈ আছিল।

ধনদাৰ কেওঁ-কিছু নাই। মৌজাদাৰৰ হাউলিতে ডাঙৰ-দীঘল হৈছে। কোন বা মাক-বাপেক আছিল কোনে বা ক'ব, সুধিবই বা কাক। মৌজাদাৰৰ হাউলিত এশ এটা কাম, তায়ো সৰুৰে পৰা এই কামৰ মাজতে ডাঙৰ হৈছে। অলপ দিনৰেপৰা হাউলিত ধনদাৰ আৰু মন নিটিকা হৈছে। কিবা গোটেইখন বদলি যোৱাহেন পাইছে। চুৰিয়া-পাঞ্জাবী এৰি চাহাবৰ পোছাক পিন্ধা, টেবুলত বহি ভাত খোৱা, গছৰ ওপৰৰ ঘৰত বহি ফটিকা খোৱা মৌজাদাৰ দেউতাজন তাইৰ চিনাকি নহয়। ধনদাৰ হাউলি হল বুঢ়া মৌজাদাৰৰ দিনৰ সৰুতে দেখা ঘৰখন। এইখন ঘৰত তাই দিনে দিনে জীণ নোযোৱা হৈ আহিছে।

'মই কিয় এই হাউলিত পৰি আছো জাননে? সেই মানুহজনীৰ মৰমত বান্ধ খাই আছো মই। সেইজনী মানুহৰ মৌলৈ বহুত চেনেহ ।' ধনদাই চকু হাল মচিছে, 'মোকনো চেনেহ কৰা কোন আছে?' মৌজাদাৰ বাহিৰতে বহি আছিল, তেওঁৰ চাৰিওফালে সেই অচিনাকি ৰজাঘৰীয়া মানুহবোৰ। পদূলিতো কেইবাটাও হাওদা

লগোৰা হাতী বান্ধি থোৱা আছে। বৰফান্দীক দেখি তেওঁ কোনো ভূমিকা নকৰাকৈ কথাটো কৈ পেলালে। অহা কালি গণেশক নিবলৈ নাচন-ডুবি বাগিচাৰ পৰা বাৰ্নাৰ্ড চাহাব আৰু লিয়নাৰ্ড আহিব। এই হাতী একেবাৰে স্কটলেণ্ডলৈ যাবগৈ। ভাল দাম দিব, ফান্দীয়েও ভাগ পাব, কিয় নাপাব। কাইলৈ পুৱাই গণেশক হাউলিলৈ আনিব লাগে।

বহুত কথাই মানুহটোক ভিতৰি ভিতৰি ফোপোলা কৰি থৈছিলে। জালত পৰি পৰিত্ৰাহি চিঞৰা মৰা বাঘ জাক, খেৰ হেনকৈ শুকুৱা মানুহ এজনী, এফাল মৰা বুঢ়ী এজনী, জংঘললৈ ঘৰ-দুৱাৰ এৰি পলোৱা মানুহ এজাক, ভৰিত কাঢ়ী লগা হাতী এটা, এজনী নিজৰ যত্ন ল'ব নজনা আধা পাগলী মানুহ, বুকুত কুলাই-পাচিয়ে নধৰা দুখ এসোপা ভাৰ বৈ ফুৰি হাঁহি-মাতি থকা আৰু এজনী ছোৱালী— বৰফান্দীৰ ভিতৰখন উঁই-হাফলু এটাৰ দৰে ফোপোলা হৈ আছিল। মৌজাদাৰৰ কথাত যেন একে হেঁচাতে উঁই হাফলুটো খহি পৰিল। বৰফান্দী চামৰাৰ জোতা, বগা মোজা পিন্ধা মৌজাদাৰৰ ভৰিত সঁচাকৈ খহি পৰা উঁই হাফলু এটাৰ দৰে বহি পৰিল।

'গণেশ বৰ লক্ষণীয়া হাতী, তাক আপুনি হাউলিত ৰাখক। গদাধৰ বুঢ়া হৈ আহিছে। অহাবাৰ গণেশ কুনকী হ'ব। মই চলাম তাক, বহু ধন ঘটি দিব সি।' ফান্দীৰ মাত থোকা-থুকি হৈছে, 'তাক আপুনি বিদেশলৈ নপঠাব। তাক যে আৰু কেতিয়াও নেদেখিম। বগা চাহাবৰ হাতত মোৰ বাচাক নিদিব। তাৰ পেটৰ ফালে পদ্মফুল আছে দেউতা।' কাকো নোকোৱা গোপন কথাটো এনেকৈ ৰাজহুৱাভাৱে কৈ বৰফান্দী অলপ ৰ'ল।

'গণেশক চাহাবে নিম বুলিছে যেতিয়া নিবই, দামো দিব ভাল।' মৌজাদাৰে আকৌ এবাৰ কথাষাৰ ক'লে।

'জাহাজত উঠি তোমাৰ হাতী বিলাত পাবগৈ' কোনে বা ক'লে? বৰফান্দীয়ে মূৰ তুলিব পৰা নাই।

একো নোকোৱাকৈ বৰফান্দীয়ে হনহনাই হাতী ধুৱাৰ পিনে খোজ ল'লে। গণেশৰ একেবাৰে ওচৰত থিয় হোৱা মানুহটোৱে এনেকৈ কান্দিবলৈ ধৰিলে যে ধুৱাৰ আটাইবোৰ চাপি-কুচি আহিলে। কি বা হ'ল মানুহটোৰ? ঘৈণীয়েকৰ বেমাৰ বুলি কথা উঠিছিল। মৰিলেই নেকি মানুহজনী? মাকৰে বা কিবা হ'লনে? ল'ৰাহালৰে কিবা হ'ল? মাত্ৰ ধনীৰামে বুজিলে গণেশ আৰু নাথাকিব। সি লাহেকৈ গৈ বৰফান্দীৰ কান্ধত হাত থ'লেগৈ।

'কি কৰিবি? আমাৰ কি এক্তিয়াৰ আছেনো? নিয়া বস্তু নিবই, বেচা বস্তু বেচিবই।'

ছেলিমে মাত দিলে, 'মায়া নবঢ়াবি কাইটী।' গোটেইবোৰে বৰফান্দীৰ ওচৰে-পাজৰে বৈ থাকিল। কান্দোন বন্ধ কৰি বৰফান্দীয়ে তলমূৰকৈ বহি থাকিল।

গণেশে তাৰ শঁৰডালেৰে ফান্দীৰ গাৰ কাপোৰখন পেলাই দিয়াৰ দৰে কৰিলে। বৰফান্দী লাহে লাহে গৈ তাৰ পেটত হাত দিলেগৈ।

'তহঁতক কাকো কোৱা নাই, ইয়াৰ পেটত পদ্মফুল আছে। এনেকুৱা গাৰ ৰঙৰ হাতী কেইটা দেখিছ? তাৰ দাঁতৰ ৰং চা, এই হাতী অকল চন্দন কাঠৰ হাবিতহে জনম লয়।' ফান্দীয়ে উত্তৰ দিশত ওলাই থকা ডাঠ ময়ূৰ পাখি ৰঙৰ পাহাৰ লানিলৈ আঙুলিয়াই দেখুৱালে।

'সৌ পাহাৰৰ তলতে সি জনম লৈছিল। চন্দন গছৰ হাবিত'। তেওঁ গণেশৰ শুড়ডাল দুইহাতেৰে গবা মাৰি ধৰিছে। হাতীৰ গোন্ধটো গাৰ ছালৰ তললৈকে সোমাই যোৱা মানুহকিটা তলমূৰকৈ বৈ আছে। মানুহ কিটাই ওপৰমূৰ কৰিব পৰা নাই। হেঁচা মাৰি ধৰিছে মানুহকিটাক।

'এই হাতী মেলেচক বেচিব, ই মোৰ বাচা মেলেচৰ দেশলৈ যাবগৈ, জাহাজত তুলি লৈ যাব। মোৰ বাচা, মোৰ গণেশ বাচা।' বৰফান্দীৰ চকুহাল আকৌ এবাৰ ৰঙা হৈ আহিল। ছেলিমে উঠি গৈ নাৰিকলৰ কোটোৰাত জুমাই অলপ আনি বৰফান্দীৰ আগত তুলি দিলে, 'খা এ কাইটী, শোহা মাৰি খাই থ।'

ফান্দীয়ে কোটোৰাটোৰ পৰা জুমাইখিনি সঁচাকৈয়ে একে শোহাই খাই থলে। আকৌ কোৰোকাটো ভৰি গ'ল। কোনেবা ভৰাই দিলে? আটাইৰে ক'লা ৰঙৰ কোটোৰাবোৰ জুমাইৰে ভৰি হাতে হাতে উঠিল। ছেলিমৰ হাতত দোতাৰাখন কোনোবা এটাই তুলি দিলে। তেতিয়া গধূলি হৈছিল। কুঁৱলী মিহলি ডাঠ অন্ধকাৰবোৰ ঘনকৈ নামি আহিছিল। গণেশক বান্ধি থোৱা ঠাইটুকুৰাৰ অলপ ওচৰতে একুৰা জুই জ্বলিল। হাতে হাতে জুমাই লৈ হাতী হাতী গোন্ধোৱা মানুহকিটাই বৰফান্দীক ঘেৰি বহি ল'লে। ছেলিমৰ দোতোৰাৰ টুঙটুঙনিৰ লগত তৰা বনৰ মাজেৰে বতাহে সুহুৰীয়াই যোৱা মাতটোৱে কান্দি উঠিল।

'আই চাৰিলং
বাপ চাৰিলং
চাৰিলং সোণাৰ বাৰী।
বিবাহ কৰি
চাৰি আহিলুং

পৰ্বতত আছিলি লতা-লুহৰী খাই

অল্প বইচেৰ নাৰীৰে।'

আটায়ে দোহাৰ ধৰিলে— 'আই চাৰিলং.. বাপ চাৰিলং। জুমাইৰ নিচাত চুৰ হৈ গোল হৈ বহি গান গাই থকা মানুহকিটাক কুঁৰলীয়ে ঘেৰি ধৰিছিল। হাতী, মানুহ ভালকৈ নমনা হৈছিল। তৰপে তৰপে কুঁৰলীয়ে আটাইবোৰ প্ৰায় ঢাকি পেলাইছিল। জিলিকি আছিল মাত্ৰ দপদপাই জ্বলি থকা জুইকুৰা।

নাৰীৰ মন মোৰ জুৰিয়া নাযায় ৰে

নাগ নদীৰ পাৰত ডাঠ ডাঠ ত্ৰিপালৰ তম্বু তৰা হৈছে। তম্বুবোৰত ৰজাৰ বংশধৰসকলে বাহৰ পাতিছেহি। কোচবিহাৰৰ ফালৰ পৰা আহিছে এই ৰজাৰ পৰিয়াল, উদ্দেশ্য বাঘ চিকাৰ। মৌসৰাৰ হাবি-বনৰ ওপৰত এইসকল ৰজাঘৰীয়াৰ দস্তুৰমত অধিকাৰ আছে। প্ৰতি বছৰে তেওঁলোকে কাঠৰ কুপ ডাকি লয়, পূৰঠ মূল্যবান কাঠ প্ৰতি বছৰে আহি লৈ যায়হি। বাঘ চিকাৰৰ অনুমতিও আছে। বগা-চৰকাৰৰ বনবিভাগত কৰ-কাটল শোধাই ছীল-মোহৰ মৰা কাগজ আনিছে। কোনেও টু শব্দ এটা কৰিব নোৱাৰিব। ৰজাঘৰীয়াই লগত পিঠিত হাওদা বন্ধা হাতী আনিছে। মৌসৰাৰ আটায়ে এই হাওদা বন্ধা হাতীবোৰ চিনি পায়। দেখিলেই কয়, চিকাৰ মেলিবলৈ ৰজা ঘৰৰ মানুহ আহিল।

নাগ নদীৰ পৰা উত্তৰলৈ মাটিয়ে ভূটান পাহাৰৰ ফালে ওখ ঢাল লৈছে। গোটেই ঠাইখণ্ড জুৰি এক সজীৱ অৰণ্য। এইখন হাবিতে ৰজাঘৰীয়াই ভয়ঙ্কৰ চিকাৰ মেলিব। নাগ নদীৰ পাৰত এডোখৰ মুকলি ঠাই আছে। মানুহো বহা নাই, খেতি-পথাৰো নাই। এই মুকলি ঠাইখিনিৰ মাজেৰে এটা সৰু জুৰি বৈ আহি নাগ নদীত পৰিছে। মানুহে এই জুৰিটো পানীখোৱা ডং বোলে। ডং, অৰ্থাৎ ডোং। এই ডোঙৰ পানী বৰ চাফা, অলপ দূৰৈত থকা ভুমুক এটাৰ পৰাই এই ডোং ওলাইছে। এই সৰু জুৰিটোৰ পানী নিমখীয়া। মানুহে দেখে প্ৰায়ে জীৱ-জন্তুৱে এই সৰু জুৰিটোত পানী খাবলৈ আহে। ডোঙটো শুকাই গ'লে বা পানী কমিলে তাৰ বোকাও জন্তুবোৰে চেলেকি খায়। সেই কাৰণেই এই জুৰিটো পানী খোৱা ডং হ'ল। ডং অথবা জুৰিটো কেতিয়াবা পানীৰে ভৰি পৰে। কোনোবা কোনোবাই খৰালি কালি পানীখোৱা ডঙৰ পাৰত মাহ-সৰিয়হৰ খেতি কৰে। বাৰিষা প্ৰায়ে ডঙৰ পাৰটো এনেই পৰি থাকে।

এই পানী খোৱা ডঙৰ পাৰতে ৰজাঘৰীয়াই জাল পাতে। এই পানী খোৱা ডংটো হাবি আৰু মানুহৰ বসতিৰ এক সীমাৰ দৰে হৈ আছে। আজি ডঙৰ পাৰত বিশাল মজবুত জাল তৰা হৈছে। তাৰমানে কাইলৈ হাবিত হাতীৰ পাল সোমাব।

পাছদিনা পুৱা জংঘলৰ এমূৰে প্ৰায় পঞ্চাশ/ষাঠিটা মান হাতী সোমাল। হাতীবোৰ পানী খোৱা ডঙৰ পাৰলৈ বুলি মাউতবোৰে বিশ্বাশৰদে দৌৰাই দিলে। জংঘলৰ এক মূৰৰ পৰা আনটো মূৰলৈ হাতীবোৰ একেলগে হিলদল ভাঙি হাবিবন মহটিয়াই দৌৰিবলৈ লাগিল। পাহাৰ তলীৰ জন্তু-জানোৱাৰেৰে গিজ খাই থকা অৰণ্যত ভীষণ অথন্তৰ আৰম্ভ হ'ল। য'তেই যেনেকৈ আছিল জন্তুবোৰ দৌৰিবলৈ লাগিল। হাতীয়ে খেদে জন্তুৱে দৌৰে। গোটেই অৰণ্য কঁপি উঠি, এতিয়াই যেন মহাপ্ৰলয়ৰ সূচনা হ'ব, সকলোবোৰ ধ্বংস হ'ব। মুহুমুহুঃ কঁপি উঠিছে ধৰণী। গছৰ ডালবোৰ মৰমৰাই ভাগিছে, সৰু-সুৰা গছবোৰ চেপেটা লাগিছে, মাটিত সৃষ্টি হৈছে এডোঙা এডোঙা পানী জমা ৰ'ব পৰা অসংখ্য গাত। বাঘবোৰ লুকাই থকা গহীন অৰণ্যৰ পৰা ওলাই আহিল। আহি পহুৰ জাকৰ মাজেদিয়ে লৰ ধৰিলে। বাঘে-পহুৱে একেলগে দৌৰিবলৈ লাগিল। বান্দৰবোৰে চিঞৰি চিঞৰি ইডাল গছৰ পৰা সিডাল গছলৈ জঁপিয়াবলৈ ধৰিলে। চৰাইবোৰ আকাশত চক্ৰাকাৰে ঘূৰিবলৈ লাগিল। নিশাচৰ চৰাইবোৰেও কণামুনা লাগি উৰিবলৈ চেষ্টা কৰি দুটামান ধপধপাই মাটিতে পৰি গ'ল। সেই সাধুকথাৰ শহাটোৱে ক'ব নালাগে, সঁচাকৈয়ে পৃথিৱীখন এফালৰ পৰা খহি আহিছিল। সঁচাকৈয়ে পাহাৰ, নদী, আকাশৰ সৈতে পৃথিৱীখন খহি আহিছিল। অবোলা জীৱবোৰৰ বাবে পৃথিৱীখন নখহিনো আৰু কি হৈছিল?

ডঙৰ পাৰৰ হাতী বন্ধা ফৈৰে সজা জালখনত আহি জন্তুবোৰ লাগি ধৰিছিলহি। ৰজাঘৰীয়া বাহিনী সন্তম হৈ থাকে। হৰিণকে আদি কৰি সৰু-সুৰা জন্তুবোৰ জালৰ পৰা এৰুৱাই দি কেৱল বাঘকিটাহে ৰাখিব। ভূটান পাহাৰৰ পৰা নামি অহা এই গেজেপনি পৰা হাবিত জানো কমবোৰ বাঘ আছে? কোন বিধৰ বাঘ নাই এই অৰণ্যত? বৰফান্দীয়ে গজালি চিকাৰলৈ যাওঁতে লগ পোৱা সেই থিয় দিলে গদাধৰৰ পিঠি পোৱা প্ৰকাণ্ড প্ৰকাণ্ড ঢেঁকীয়াপতীয়া বাঘবোৰ, ফুটফুটীয়া ছালৰ লতা-মাকৰি বাঘ, উজ্জ্বল হালধীয়াত চপকা-চপক ক'লা থকা নাহৰফুটুকী বাঘকিটা পো-পোৱালি লৈ অতীজৰে পৰা এই হাবিক বিচৰণ ভূমি কৰি লৈছে। কোনো কোনোৱে কয় এই হাবিত কেইটামান বগা বাঘো আছে। কেতিয়াবা কেতিয়াবা নদীৰ পাৰৰ উলু খেৰৰ মাজত শুই থকা বগা বাঘকিটাৰ অপূৰ্ব সৌন্দৰ্য্য দুই-একৰ দেখাৰো ভাগ্য হৈছে।

হাতীয়ে হুৰাই অনা জন্তুবোৰ আহি ফান্দত লাগি ধৰিলহি। গণি গণি চাৰিটা বাঘ ফান্দত পৰিলহি। দুটা লতা মাকৰি, এটা ঢেঁকীয়াপতীয়া আৰু এটা নাহৰফুটুকী। এই ৰজা-ঘৰীয়া বাঘ চিকাৰ চাবলৈ কিছু মানুহ আহি ডঙৰ পাৰত বৈছেহি। ৰজাৰ পালী-পহৰীয়াবোৰে জালৰ পৰা পহু,. নল-গাহৰিকিটা খুলি হাবিলৈ হুৰাই দিলে।

এই জালৰ পৰা খুলি দিয়া জন্তুৰ ভিতৰত শিয়াল দুটামানো আছিল। থাকিল বাঘকেইটা। বাঘকেইটাৰ কি গোজৰণি। জালৰ মাজৰ পৰা গুজৰি গুজৰি বন্দী বাঘকেইটাই আকাশ-বতাহ বাকুহি পেলালে। হাতীৰ হাওদাত উঠি কেইবাজনো ৰজাঘৰীয়াই বাঘকিটা চাই গ'লহি। আন মানুহেও দূৰৈৰ পৰা জালত পৰা বাঘ চাবলৈ আহিল। মৌসৰাৰ মানুহে জানে এই বাঘবোৰ ৰজাঘৰীয়া চিকাৰীয়ে ছালবোৰৰ কাৰণে মাৰিছে। মুখ ফুটাই একো নক'লেও আটায়ে মনে মনে ইচ্ ইচ্ আচ্ আচ্ কৰে। পায়নে এনেকৈ ভগৱানৰ সৃষ্টি ধ্বংস কৰিব। আটায়ে চিকাৰীক আঙুলি ফুটাই শাওপাত দিয়ে।

পূৰা আঠটা দিন ৰজাঘৰীয়াই মৌসৰাৰ কাষৰ হাবিত বাঘ চিকাৰ মেলিলে। যাবৰ সময়ত হাতীত লাডি লৈ গ'ল অপূৰ্ব্ব সুন্দৰ বাঘৰ ছালবোৰ। মূৰটোৰ সৈতে কিছুমান ছাল ৰাজকাৰেঙত সজাবগৈ। সৰহ ভাগ ছাল বৰ চৰা দামত বগা চাহাবৰ দেশলৈ যাবগৈ। হাওদা লগা হাতীৰ পালবোৰ বাঘৰ ছালৰ সৈতে মৌসৰাৰ পৰা গ'লগৈ।

এই পানীখোৱা ডঙৰ পাৰত আকৌ কিছুমান তম্বু উঠিল। এইসকল চিকাৰী নহয়, দূৰ-দূৰণিৰ পৰা হাতী কিনিবলৈ বুলি অহা সদাগৰ। মৌসৰাৰ হাতীডিপোৰ হাতীৰ কেউদিশে নাম আছে। বহু সদাগৰে হেঁপাহ কৰে ইয়াৰ পৰা এটা পকা কৰা হাতী কিনি দিবলৈ। ক'ৰ পৰা অহা নাই মানুহ? বিহাৰৰ পৰা আহিছে, কোচ বিহাৰৰ পৰা আহিছে, নেপালৰ পৰা আহিছে, সুদূৰ ৰাজস্থানৰ পৰা আহিছে। মখনা, মাখুন্দী, দাঁত নথকা মঘা, দঁতাল পোৱালি চাখানা, মাইকী হাতী পোৱালি চাৰিল, বাজী মাইকী হাতী বহলা চাৰিল— মৌসৰাৰ হাতী ধুৱাত পকা কৰা হাতী ভাগে ভাগে সাজু হ'ল। ভাগে ভাগ দাম উঠিল। আটায়ে টকাৰ ভাগ পালে। বগা চাহাবৰ চৰকাৰে পালে বুজন ভাগটো। এই হাতীধৰা অভিযানবোৰ বগা চাহাবৰ বাবে ভবাৰ দৰেই বৰ লাভজনক হ'ল। সকলোৰে চকু লাগিল গণেশৰ ওপৰত। এনে লক্ষণীয়া হাতী বৰ কম দেখা পোৱা যায়, চালে চকু ৰৈ যায়। বৰফান্দীৰ গণেশক কিনিবলৈ কেইবা যোৱাও গ্ৰাহকে হেতা-ওপৰা লগালে। গণেশৰ দামো হু-হুৱাই ওপৰলৈ উঠিল। অৱশেষত নাচন-ডুবি বাগিচাৰ বাৰ্নাৰ্ড চাহাবে গণেশক কিনি পেলালে। একো আচৰিত কথা নহয়, বাৰ্নাৰ্ড চাহাবে দুটা হাতীৰ দামেৰে গণেশক কিনিলে। গণেশক নাচন-ডুবিলৈ নিবলৈ ওলাল। মাউত হৈ ওলাল কাতিয়া। নাই, গণেশে কাতিয়াক কোনোমতে পিঠিত নলয়। ধনীৰামকে জোৰ-জবৰদস্তি কৰি গণেশৰ লগত পঠিওৱাৰ সিদ্ধান্ত হ'ল। ধনীৰাম নাযায়হে নাযায়, সি বৰফান্দীৰ মৰমৰ গণেশক

চাহাবৰ হাতত গতাই থৈ নাহেগৈ। বৰফান্দীয়ে সকলো গম লৈ আছে। গম পাই আছে গণেশক নাচন-ডুবিলৈ লৈ যোৱা হ'ল।

গণেশ নাচন-ডুবিলৈ গ'লগৈ। আনপিনে বৰফান্দীও যাবলৈ ওলাল। ফান্দীৰ মন মৌসৰাৰ পৰা একেবাৰে উঠি গৈছিল। কোনেও ফান্দীক একো বুজাব পৰা নাছিল। অকলশৰীয়া পালচেৰা হাতীৰ দৰে গোঁৱাৰ হৈছিল ফান্দী, চকুবোৰ ৰঙা পৰি গৈছিল, মুখৰ মাত নোহোৱা হৈছিল। এই গোঁৱাৰ মানুহটোৰ কাষ চাপিবলৈ আটায়ে ভয় কৰিছিল। মানুহটোৰ ওচৰত গৈ বহিছিল ধনদা, আগবঢ়াই দিছিল এবাতি জলপান। ধনদাই ফান্দীৰ পিঠিখনত হাত ফুৰাই দিছিল। কৰ পৰা টান হাতখনে ফান্দীক বহুত কথা কৈছিল। তাইৰ কথাবোৰ মাত্ৰ দুটা শব্দ হৈছিল 'ময়ো যাম', ফান্দী উঠিছিল আৰু শান্তিপ্ৰিয়া আইৰ ওচৰলৈ গৈ সেৱা লৈছিল। পাছে পাছে গৈছিল ধনদা। তাই একো ক'ব পৰা নাছিল, কেৱল উচুপিছিল। আই শান্তিপ্ৰিয়াই বাকচৰ পৰা উলিয়াইছিল এধাৰ দুগদুগি মণি আৰু এখন এৰীয়া চাদৰ। শান্তিপ্ৰিয়াক এইধাৰ দুগদুগি মণি আইতাকে দিছিল, এৰীয়াখন নিজহাতে বোৱা। মণিধাৰ ধনদাৰ ডিঙিত পিন্ধাই দিব খুজি ৰৈ গৈছিল শান্তিপ্ৰিয়া। কোনোবা এজনী গৈ মালতী, শাওণী আটাইকে মাতি আনিছিলেগৈ। হাউলিৰ আটাইকেইজনী মাইকী মানুহ চাপি-কুচি আহিছিল। কোনোবা এজনীয়ে শান্তিপ্ৰিয়াৰ কোঠাৰ দুৱাৰখন ভিতৰৰ পৰা মাৰি দিছিল। শান্তিপ্ৰিয়াই মণিধাৰ ধনদাক পিন্ধাই দিছিল। মালতীয়ে তাইক এটা সেন্দূৰৰ ফোট দিছিল, শাওণীয়ে তাৰে অকণমান লৈ শিৰতো সানি দিছিল। কোনোবা এজনীয়ে এজোকা উৰুলি দিছিল। বৰ চেপা আছিল সেই উৰুলি।

'যা গৈ আই' শান্তিপ্ৰিয়া আয়ে ধনদাৰ মূৰত হাত ফুৰাই দিছিল, ফান্দীৰ মূৰতো হাত থৈছিল।

'মানুহজনীক চাবি', আইৰ কথাবোৰ থোকা-থুকি হৈছিল। ধনদাই উচুপিয়ে আছিল।

'নাকান্দিবি, একেবাৰে লাৰুৱা গোপালক লৈ আহিবি, যা গৈ যা'।

উচুপনিবোৰ বন্ধ কোঠাটোত নধৰা হৈছিল। ফুটা, ফাঁক যি আছিল সেইফালেই বৈ গৈছিল।

বুলনিত মৌজাদাৰ বহি আছিল। লগত আছিল হাতী কিনিবলৈ অহা সদাগৰ কেইজনমান। মৌজাদাৰ খুচ মেজাজত আছিল। বৰফান্দীৰ নামত ডকা এইবাৰৰ হাতীমহলে তেওঁৰ হাতলৈ ভালেখিনি টকা-সিকা আনি দিলে। বৰফান্দী আৰু ধনদা বুলনিৰ চিৰিত থিয় হ'লগৈ। মৌজাদাৰে ফান্দীক ওচৰলৈ মাতিলে। তেওঁ ফান্দীক

সৰু টোপোলা এটা দিছে। ইয়াত আছে হাতীমহলৰ ফান্দীৰ ভাগৰ পাৰিশ্ৰমিক। ফান্দীয়ে ল'বলৈ হাত মেলা নাই। হাত মেলি ল'লে ধনদাইহে। ধনদাক এবাৰ চাই মৌজাদাৰ উঠি বহিল। ধনদাৰ গাত সামৰণ কাপোৰ সাজ, শিৰত সেন্দূৰ, কপালত সেন্দূৰৰ ফোঁট, ডিঙিত জিলিকিছে দুগদুগি মণি।

'ক'লৈ যাবলৈ ওলাইছ তই?' মৌজাদাৰে গৰ্জি উঠিল। ইতিমধ্যে হাউলিৰ প্ৰায় সকলো মানুহ আহি সেইখিনি পালেহি।

'আৰু ফান্দী, তোৰ হ'ল কি?'

মৌজাদাৰৰ বৰফান্দীৰ ওপৰত এনেও খং উঠি আছিলে। এইটো মানুহে তেওঁক কম ধন ঘটি দিয়া নাই। এই ধনৰ ভাগ পাই পাইকৈ হিচাব কৰি তেওঁ মানুহটোক দি আহিছে। এতিয়া পানীয়ে বালি তিয়াব নোৱৰা অৱস্থাত মানুহটোৱে তেওঁক চৌ-ঠেঙ্গীয়া কৰি যাবলৈ ওলাইছে। লগত যাবলৈ ওলাইছে এইজনী। মৌজাদাৰে নিজকে চম্ভালিব পৰা নাই। খঙত মানুহজন ৰঙা পৰি গৈছে। তেওঁ ধনদাক ধমকিয়াই উঠিল, 'মুখেৰে নামাত কিয়?'

ধনদাই এখোজ আগবাঢ়ি গ'ল,

'ফান্দীৰ গাঁৱলৈ যাম',

'তই জাননে নাই ফান্দী বিয়া-বাৰু কৰোৱা মানুহ।'

'জানো',

'সতিনী খাটিবলৈ যাবি নেকি?' মৌজাদাৰে নহয়, আন কোনোবাইহে সুধিলে।

'কিয় নিবি তাইক তই?' মৌজাদাৰে ফান্দীক সুধিছে।

'কোনেও মোক নিব খোজা নাই, মই নিজেই যাবলৈ ওলাইছো'। ধনদাই মৌজাদাৰৰ চকুলৈ পোনে পোনে চাইছে।

'যাবলৈ ওলোৱা মানুহজনী কোন সতে থৈ যাওঁ?' বৰফান্দীয়ে সেইখিনিত গোট খোৱা মানুহখিনিলৈ চালে।

'যাবলৈ দে, কোন ক'ত যায় যাবলৈ দে, খাবলৈ নাপালে এনেও ঘূৰি আহিবগৈ।' মৌজাদাৰ ভিতৰলৈ সোমাই গ'লগৈ।

বৰফান্দী আগে আগে, ধনদা এহাত পাছে পাছে। মানুহ হাল বুলনিৰ পৰা দীঘল পদূলিয়েদি ওলাই গ'লগৈ। আটায়ে সেইফালে ৰ লাগি চাই থাকিল। নেদেখা হোৱালৈকে চাই ৰ'ল।

চন্দন গছৰ অৰণ্যত ময়ূৰ নাচ

নাচনডুবি বাগিচাৰ বৰা বাংলাৰ আগৰ ছাতি এটাৰ দৰে বহলকৈ মেল খাই যোৱা ৰেইন ট্ৰিজোপাৰ তলতে গণেশক বন্ধা হ’ল। গণেশৰ দৰে হাতী এটাক এইদৰে গৰু এৰাল দিয়াদি ৰাখিব পাৰিনে? গণেশৰ ভৰিত শিকলি বান্ধি দিয়া হ’ল সেই বৰা বাংলাৰ লোহাৰ খুঁটাৰ সৈতে। সেইটো খুটাতে বান্ধি লৈ বাৰ্নাৰ্ড চাহাবে ৰাম কাঁৰা বুঢ়াক চাবুকেৰে কোবাইছিল। সেইখিনিতে ঢলি পৰিছিল ৰাম কাঁৰা। গণেশক সেই লোহাৰ খুঁটাৰে বন্ধাৰে পাছত আৰু লৰ-চৰ কৰিব নোৱৰা হ’ল। খোৱা-বোৱাৰ কোনো কম নাই, ভালৰো ভাল বস্তুটো হাতীৰ কাৰণে গোটাই থোৱা আছে। ধনীৰামো আৰামত থকাৰ ব্যৱস্থা হৈছে। গণেশক ইংলেণ্ডলৈ পঠোৱাৰ সকলো ব্যৱস্থা পকা হৈ আহিছে। ধনীৰাম হাতী জাহাজত উঠাই দিয়ালৈকে দায়িত্ব। বাকীখিনি দায়িত্ব বেলেগে ল’ব। ধনীৰামৰ হাতী নি গুৱাহাটীৰ উজান বজাৰৰ ঘাটত জাহাজত তুলি দিব লাগিব। ধনীৰামৰ ছাৰ্ভেণ্ট কোৱাৰ্টাৰত থকাৰ ব্যৱস্থা হৈছে। মৌজাদাৰৰ হাউলিত সাধাৰণ মানুহে ভাবিব নোৱৰা আলি-বুলি অৱস্থা। কিন্তু নাচন-ডুবিৰ বৰা বাংলাৰ আৰাম, প্ৰাচুৰ্য্য দেখি ধনীৰামৰ মুখৰ মাত হৰিল। ৰজাঘৰীয়া বুলি কথা, চৰকাৰ বুলি কথা। নহ’বইনো কিয়? ধনীৰামে পুৱাৰ ফালে গণেশক শিকলিৰ পৰা খুলি নৈত গা ধুৱাবলৈ নিয়ে, আনি বান্ধে। তাৰ পাছত হাতী আৰু মাউত দুয়োৰে বাবে আগত পৰি থাকে লেঙলেঙকৈ দীঘল দিন এটা। ধনীৰামে ঠিক কৰি ৰাখিছে এই কামটো শেষ কৰি সি আৰু হাউলিলৈ ঘূৰি নাযায়। হাতীধুৱালৈয়ো নাযায়গৈ। ঘৰলৈ, সেই মুগা চোমনিৰে ভৰা গাঁওখনলৈ ঘূৰি যাবগৈ। কিবা কৰি এমুঠি উলিয়াবগৈ।

যিমানে গণেশক জাহাজত উঠোৱাৰ দিন চমু চাপি আহিছে সিমানে অস্থিৰ হৈছে ধনীৰাম। যিটো দুখত বৰফান্দী হেন মানুহ ডেই-পুৰি গ’ল, সেই দুখে ধনীৰামকো দহি নিছে। এই বগা চাহাবৰ প্ৰতি ধনীৰামৰ মনত এক প্ৰচণ্ড বিদ্বেষ সোমাইছে। তাৰ বুকুখনত উজাৰ কৰি পেলোৱা মুগা চোমনিবোৰ বহলকৈ মেল খাই

পৰিছে। সকলো এৰি হাবিলৈ পলাই যোৱা আপোন গাঁওখনৰ মানুহবোৰলৈ মনত পৰি বাৰে বাৰে বুকুখন হুমহুমাই থকা হৈছে। বৰা বাংলাৰ ধৰণ-কৰণে তাৰ বুকুৰ পোৰণি দুগুণে বঢ়াই তুলিছে। গণেশক বিলাতলৈ নি ইহঁতে কি কৰিবগৈ? কাক সুধিব সি? বুকুখন তোলপাৰ লাগি থকা হৈছে। গণেশৰ কাম-কাজেও তাক চিন্তাত পেলাইছে। সি বিশেষ খাবৰ মন নকৰা হৈছে। বুট, ঘেঁহু সিজোৱা, গাখীৰ, ডাইল-চাউলৰ গুড় মিহলি খিচিৰি একোলৈকে মন-কাণ নিদিয়া হৈছে। হাতীটোৰ চকুৰ পৰা পানী পৰি থাকে। গণেশক চাই ধনীৰামৰ বুকুখন কেনেবা কৰি থকা হৈছে।

সেইদিনা গণেশক নদীত গা ধুৱাই চাহাবৰ এৰোপ্লেন নমা দীঘল বাটটোৰে নি পাহাৰত সুমুৱাই দিলেগৈ। খাই যদি খাওক গছ-পাত, লতা-পাত। সঁচাকৈয়ে গণেশে ৰং মনেৰে গছৰ ডাল ভাঙি পাত খালে। এজোপ বনৰীয়া কলগছ আছিল। তাৰো দুটা মান কোমল পুলি খালে। লাহে লাহে গণেশ হাবিৰ মাজলৈ গৈ থাকিল। ধনীৰামেও বাধা নিদিলে। অলপ দূৰৈত এখন সৰু নদীৰ পাৰত শাৰী শাৰী বাঁহ গছ। গণেশে নদীখন পাৰ হৈ বাঁহৰ জোপবোৰৰ মাজত সোমালগৈ। গণেশ গৈ আছে ধনীৰামেও একো কৰা নাই। দিনটো মূৰৰ ওপৰত আছে, জংঘলত ঘূৰা-পকা কৰক জীৱটোৱে। কথা ক'ব পাৰিলে ধনীৰামে তাৰ মনৰ ৰংখিনিৰ কথা ধনীৰামক নিশ্চয়কৈ ক'লেহেঁতেন। গণেশে নদীত নামি শুঁৰেৰে গাত পানী ছটিয়াই আছিল। ক'ৰপৰা জানো দুটামান ভূটীয়া সৈন্য আহি ওলালহি। তৰোৱাল জোঁকাৰি আদেশ দিলে সিহঁতৰ পাছে পাছে যাবলৈ। তেতিয়াহে ধনীৰামৰ সম্বিত ফিৰিল। তাৰ মানে হাতীয়ে-মানুহে আহি ভোট ৰজাৰ দেশত সোমালহি। ভয়ত ধনীৰাম কঁপিবলৈ ধৰিলে। ধনীৰাম মানুহটো বৰফান্দীৰ লগতহে মানুহ। অকলে কেঁচু। এনে অথন্তৰ হ'ব বুলিনো কেনেকৈ জানে? অলপ পাছতে গণেশক ঘূৰাই নিয়াৰ কথা আছিল। যি হ'বৰ হ'ল, এতিয়া উপায় নাই। ভোট ৰজাই হাতী, মানুহ দুয়োটাকে বন্দী কৰি থ'লে। ধনীৰামক থ'লে ভূটীয়া ৰজাৰ পোতাশালত আৰু হাতীক গছত বান্ধি থলে।

নাচন-ডুবিত খবৰ পাছদিনা পৌছিল। চাহাবে খবৰ পঠালে মৌজাদাৰলৈ। হাতী কিনিছে মৌজাদাৰৰ হাতী মহলৰ পৰা। মাউত ঠিক কৰি দিছে মৌজাদাৰে। গতিকে দায়িত্বও মৌজাদাৰৰ। হাতী চালান দিবলৈ মাজতে দহদিন বাকী। বগা চাহাবৰ চোকা তলব। মৌজাদাৰ নিজেই আহিল। মৌজাদাৰ অলপ বিপদত আছে। ভালেখিনি খাজনা বাকী পৰি আছে। মৌজাৰ ভাষাত 'কেচ ইন হেণ্ড' হৈছে। তাতে ৰায়তে খাজনা শোধাবও নোৱৰা হৈছে। কোৰোকীৰ পাছত কোৰোকী পৰিছে। কিন্তু কোৰোকীৰ পৰা অনা দুখীয়া ৰায়তৰ লাম-লাকটুৰে কি চাহাবৰ ধন আদায় দিয়া

যায়? মৌজাৰ পাছত মৌজা নিলাম হৈছে। এই হল অৱস্থা। নাচন ডুবিৰ চাহাবক এই অঞ্চলৰ আটায়ে মানে। এই চাহাবক অসন্তুষ্ট কৰাৰ কথা ভাবিবই নোৱাৰি। মৌজাদাৰ আহি নাচন ডুবি বৰা বাংলাত খাই-বৈ লিঅনাৰ্ড চাহাবক লৈ ভূটীয়া ৰজাৰ দেশ পালেগৈ। লিঅনাৰ্ডে হাতী যোগাৰ কৰি ৰাখিছিল। বাগিচাতে কাঠ টনা, গছ বগৰোৱা কামত থকা কেইবাটাও হাতী আছিল। তাৰে এটাৰ পিঠিত উঠি মৌজাদাৰ আৰু চাহাব গৈ ভোট ৰজাৰ দেশ পালেগৈ। ভোট ৰজাই নিজৰ কাৰেঙত চাহাব আৰু মৌজাদাৰক ৰাজসিক আপ্যায়ন যাচিলে। মৌজাদাৰক দেখি ধনীৰামৰ কি হাঐ-বিঐ কান্দোন। ভোট ৰজাৰ দেশৰ কাঢ়া নিয়ম- এটা মানুহৰ সলনি আৰু এটা মানুহ। অৰ্থাৎ ধনীৰামক উলিয়াবলৈ আৰু এজন মানুহে তাৰ হৈ জেলত সোমাব লাগিব। আনপিনে গণেশে মুখত একো নিদিয়া হৈছে। অচিনাকি মানুহে দিয়া খাদ্য সি নলয়। ধনীৰামক উলিয়াই নানিলে হাতী যায় এতিয়া। তজবজীয়া হাতীটো তেনেই দুৰ্বল হৈ পৰিছে। কি কৰা যায় এতিয়া? হাতীৰ কিবা হ'লে চাহাবে সুদাই নেৰিব। আন হাতীৰ দুগুণ দাম দি এই হাতী কিনি আনিছে। সেই দাম যদি চাহাবে ঘূৰাই খোজে, কি হ'ব? মৌজাদাৰে নিজেই ধনীৰামৰ সলনি জেলত সোমাল। কথা ৰ'ল ধনীৰাম গৈ হাতীক খুৱাব বুৱাব, যত্ন ল'ব। তাৰ পাছত হাতীক নি নাচনডুবিত থৈ মৌজাদাৰক মোকোলাই নিবহি। সেইখিনি সময়তে চাহাব আৰু মৌজাদাৰ মিলি আকৌ ভোট ৰজাৰ জেলত সোমোৱা ধনীৰামক মোকোলাই নিবহি। আৰু কেইবাদিনো আছে? গণেশক জাহাজত তোলাৰ দিন পালেহিয়ে। ধনীৰাম আৰু দুদিনো জেলত থাকিব নালাগিব। মৌজাদাৰ এদিন এৰাতি জেলত থাকিব। নাচন ডুবিত গণেশক থৈ আহিয়েই মৌজাদাৰৰ সলনি ধনীৰাম ভূটীয়া ৰজাৰ জেলত সোমাব। পাছদিনাই ধনীৰামক চাহাব আৰু মৌজাদাৰে মিলি মোকোলাই নিব। সকলো বন্দবস্ত হৈ গ'ল। মৌজাদাৰৰ একো কষ্ট নহয়, ৰাণীৰ ভনীয়েকে তেওঁক চোৱা-চিতাৰ দায়িত্ব লৈছে। ৰজাৰ ফালৰ পৰা এই দায়িত্ব দিয়া হৈছে।

ধনীৰামে জেলৰ পৰা ওলায়ে প্ৰথমতেই গণেশৰ কাষ পালেগৈ। গণেশ একেবাৰে দুৰ্বল হৈ আছে, একো মুখত দিয়া নাই, কাটি দিয়া কলগছ সেই ভাগেই গেলিছে। ধনীৰামে তাৰ গাত হাত ফুৰাই দি বেসুৰা গলাত গান এটা জুৰিলে,

'অকলে নাযাস মাইৰে
মহলেৰ পাশ,
মহলৰ মাউতে
খেল পাতিছে

গাৰে দিব হাত ৰে
অকলে নাযাস, মাইৰে।'

গণেশৰ গাত হাত বুলাই বুলাই ধনীৰামে ঘূৰাই-পকাই গানটো গাই থাকিল। গণেশৰ চকুহালৰ পৰা অহৰহ পানী বৈ আছে। ধনীৰামে তাক বৈত কৰালে। বৈত হৈ গণেশ আৰু উঠিব পৰা নাই। ধনীৰামে তাৰ শুঁৰডালতে গবা মাৰি ধৰিলে। সি ভাবি থাকিল বৰফান্দীয়ে কি কৰিলেহেঁতেন এতিয়া। হঠাৎ মনত পৰি গ'ল। ঠিক্ ঠিক্ বৰফান্দীয়ে এইটো কামেই কৰিলেহেঁতেন। ধনীৰামে দৌৰা-দৌৰি লগালে। জুমাই ক'ত পায় এতিয়া? ভোট ৰজাৰ দেশত জুমাই পাবনে নাই বাৰু? পোৱা গ'ল। ভূটীয়া জুমাই দুকলহ আনি গণেশৰ আগত দিলে। লাহে লাহে গণেশে জুমাই দুকলহ খাই পেলালে। পৰম সন্তুষ্টিৰে ধনীৰামে লক্ষ্য কৰিলে গণেশে মাটিত কলহৰ পৰা বাগৰি পৰা জুমাইকণো শুঁৰেৰে চেলেকি খাইছে। টাটাৰ দিব লাগিব গণেশক। ধনীৰামে হিং, লং ভোট জালকীয়া কৰবী গুটি, ফিৰিঙ্গী জালকীয়া বিচাৰি ততা-তৈয়া লগালে। পচতীয়া আৰু বিহলঙনী বা পাহাৰত পায়নে নাই? গণেশ উঠিবলৈ এদিন এৰাতি লাগিল। ধনীৰামে মৌজাদাৰৰ খা-খবৰ লৈ আছে। গণেশৰ বা-বাতৰিও দি আছে। ধনীৰাম যেতিয়াই মৌজাদাৰৰ ওচৰলৈ গৈছে, তেতিয়াই দেখিছে এজনী ৰঙা গালৰ বগী মণি-কেৰু পিন্ধা ছোৱালীয়ে তেওঁৰ আল-পৈচান ধৰি আছে। ধনীৰামে পাছতহে গম পালে সেইজনী ভূটীয়া ৰজাৰ ৰাণীৰ ভনীয়েক। তাই মৌজাদাৰক এখন থালত যতাই দিছেহি এথাল সৰু সৰু মিঁঠা ভূটীয়া কমলা। এটা এটাকৈ তাই কমলাবোৰ গুচাই তেওঁলৈ আগবঢ়াই দিছে। ভূটীয়া কমলা বাকলিটো চিকুটি চিকুটি এৰুৱাব লাগে, এঠা লগাদি লাগি থাকে। ভাত দিছে, পানী দিছে, বগী ছোৱালীজনীয়ে দিনে-ৰাতিয়ে মৌজাদাৰৰ সেৱা কৰিছে। ধনীৰামে সকলো ব্যৱস্থা চাই ল'লে। ইতিমধ্যে গণেশো সুস্থ হৈছে।

পুৱাই পুৱাই ধনীৰামে গণেশৰ পিঠিত উঠি ল'লে। মৌজাদাৰ আৰু ৰজাক আগদিনাই কৈ থোৱা আছে গণেশক নাচন-ডুবিত থৈ ঘূৰি আহিবগৈ। নাচন-ডুবি বাগিচানো কিমান দূৰ? পাহাৰটোৰ নামনিলৈ নামি গ'লেই বাৰ্নাৰ্ড চাহাবৰ উৰাজাহাজ উঠা-নমা কৰা পকী দীঘল ৰাস্তাটো চকুত পৰে। এই আহিব আৰু যাব। মৌজাদাৰক মাত দিবলৈ গৈছিল ধনীৰাম, দূৰৈৰ পৰাই দেখিলে ভোট ৰজাৰ জেলখানা খোলা। ৰঙা গালৰ বগী ছোৱালীজনীয়ে মৌজাদাৰৰ গাত এখন কাপোৰ দি দিছে। মৌজাদাৰৰ গাত এটা ভূটীয়া হলৌ চোলা। মৌজাদাৰ দেউতা গভীৰ টোপনিত। ছোৱালীজনীয়ে জেলৰ দুৱাৰ মাৰি তলা লগাই ওলাই আহিছে। তাই

ধনীৰামক দেখি হাঁহি এটা মাৰিলে। তাইৰ হাঁহিটো অলপ লাজকুৰীয়া। তাই যেন ধনীৰামক দেখি অলপ লাজ কৰিছে। ধনীৰামেও হাঁহিলে। কিয় জানো তাইৰ হাঁহিটো চাই ধনীৰামৰো কাণ দুখন গৰম লাগি আহিল। লাজে ধৰিলে হাতী মাউতক। সি গণেশক লৈ নাচন-ডুবি বাগিচাৰ ফালে নহয়, ওলোটা ফালে আগেত কৰালে। গণেশেও খৰ খোজেৰে যাবলৈ ধৰিলে। আপোন মনে গণেশ গৈ থাকিল। ঝম ঝম শব্দ এটা শুনি ধনীৰামে গণেশক ৰ'বলৈ আদেশ দিলে, 'ধাত' গণেশ ৰৈ গ'ল। গণেশক গছ এজোপাৰ আঁৰ কৰি ধনীৰামে উশাহ বন্ধ কৰি ৰৈ গ'ল। পাহাৰৰ এচলীয়া ঠাইখণ্ডত কেইটামান ম'ৰা চৰায়ে চালি ধৰি নাচি আছে। গছৰ ফাঁকেৰে ম'ৰা কিটাৰ গাত বেলিৰ পোহৰ পৰিছে। আগুৱাই-পিছুৱাই গোল গোল চালিকিখন ঘূৰাই ঘূৰাই চৰাইকিটাই নাচি আছে। ধনীৰামৰ গা সিৰসিৰাই গ'ল। তেনেহ'লে সি আৰু গণেশে বৰফান্দীয়ে কৈ থকা সেই হাবিখনত সোমালহি। কিমানবাৰ বৰফান্দীৰ মুখত সেই হাবিখনৰ কথা শুনিছে। ধনীৰামে দুই হাতযোৰ কৰি সেৱা এটা কৰিলে। ঠিক বৰফান্দীৰ দৰে। এজাক ফুটুকী হৰিণ দৌৰি আহিল, চৰাইকিটা উৰি গ'লগৈ। কেঁ কেঁ শব্দত অলপ সময় নিৰ্জন হাবিখন মুখৰ হৈ উঠিল। তাৰ পাছত আকৌ নিস্তব্ধতা। গণেশে শুঁৰডাল দাঙি দাঙি ঘূৰাই ঘূৰাই আছে। হাতীয়ে কিহবাৰ গোন্ধ পাইছে। কিন্তু ভয় খোৱা নাই। গণেশ এইবাৰ খৰখোজেৰে আগবাঢ়িবলৈ ধৰিলে। ধনীৰামৰ নাকত লাগিল সেই গোন্ধটো। শান্তিপ্ৰিয়া আয়ে শিলৰ সৰু গোল পটাখনত বগা এফালে ক্ষয় যোৱা কাঠ টুকুৰা ঘহি ঘহি পানী অকণ দি আঙুলিটোৰে কাঠ টুকুৰাৰ পৰা ওলোৱা বস্তুকণ তামৰ বাটিটোত দিয়াৰ পাছতে গোসাঁই-ঘৰ জুৰি এই গোন্ধটো ওলায়। সেই বগা বস্তুকণেৰে আয়ে গোসাঁইক ফোট দিয়ে। নিজেও ফোঁট এটা লয়। আইৰ বগা চুলিৰ মাজত বগা ফোঁটটো জিলিকি উঠে। গণেশ আগুৱাই গৈ আছে। যিমানে গণেশ আগুৱাই গৈছে সিমানে গোন্ধটো বেছি হৈ আহিছে। গণেশ গৈ আছে। ঠিক খোৱাৰত পৰা গৰু নিজে নিজে গধূলি ঘৰমুৱা হোৱাদি গণেশ গৈ আছে। সি যেন সঠিককৈ জানে ক'লৈ সি গৈ আছে। শুঁৰডাল ডাঙি সি আকৌ এবাৰ গোন্ধ ল'লে। শুঁৰডাল সি কেউফালে এবাৰ ঘূৰাই পূব দিশে যাবলৈ লাগিল। ধনীৰামক যেন কোনোবাই ভেলকিহে মাৰিলে। ইমান চৰাই এই ধৰণীতে আছে। চৰাইবোৰে আপোনমনে চন্দন গছৰ গুটি খাই উৰি ফুৰিছে। গণেশ ৰ'ল। আগত এটা সৰু জুৰি। জুৰিটোৰ ইপাৰে এপাল হাতীয়ে বাঁহৰ ঝোপ এটাত কিবা খাই আছে। বোধহয় বাঁহ গাজ। এই সময়ত এই পাহাৰীয়া বাঁহ গছবোৰে গাজ মেলে। গণেশ আৰু নাযায়, ধনীৰামে কোৱাৰ আগতেই সি বইত হ'ল। ধনীৰাম নামিল। গণেশো জুৰিত নামিল। সি ধনীৰামলৈ চাই আছে।

ধনীৰামে তালৈ চাই কৈ উঠিল, 'চুপ'
গণেশে শুঁৰেৰে পানী ল'লে।
'দলে', ধনীৰামৰ মাতটো সোপা মাৰি ধৰিছে।
গণেশে শুঁৰ ওপৰলৈ দাঙিলে।
'চুপ দলে'

গণেশে পানী খিনি পিঠিত ফিচকাৰি মাৰি দিলে। তাৰ পাছত সি গৈ থাকিল। বাঁহৰ জোপৰ পৰা হাতীৰ মাত শুনা গৈছে। গণেশে আকৌ শুঁৰ ডাঙি কেউফালে ঘূৰাইছে। বৰফান্দীয়ে কৈছিল এনেকৈ গোন্ধ ল'লে হাতীয়ে হেনো পাঁচমাইল দূৰৈলৈকে গোন্ধ পায়। লাহে লাহে চম্পাফুল আৰু মৌ-বৰণীয়া হাতীটো, বৰফান্দীৰ পেটত পদ্মফুলৰ চিন থকা লক্ষণীয়া হাতীটো হাবিৰ মাজত নেদেখা হৈ পৰিল।

ধনীৰামেও খৰধৰকৈ উত্তৰ দিশে খোজ ল'লে। আন্ধাৰ নৌহওঁতেই হাবিৰ পৰা ওলাব লাগিব। এইফালৰ ৰাস্তা এটা ধনীৰামে চিনি পায়, হাতী অহা-যোৱা কৰা গুপ্তি। এইফালেই গৈ ধনীৰামৰ নিজা মানুহ এঘৰ থকা গাঁওখন পায়গৈ। মানুহঘৰে নিজা মুগা চোমনি কাটি তহিলং কৰি থৈ বগা চাহাবৰ পিয়দাৰ ভয়ত আহি এই পাহাৰতলীত মাটি ভাঙি বাৰী-বস্তি কৰি বহিছেহি। পাহাৰৰ তলত এই মুকলি মাটিত ভাগি অহা মানুহে এখন গাঁৱেই পাতি বহিছে। তাত দিনে-পোহৰে গৈ সোমাব পাৰিলেই ধনীৰামে এটা সময়ত নিজৰ চোমনি গাঁওখন পাবগৈ। ভাগি অহা মানুহৰ গাঁওখনত সোমালে কোনো মৌজাদাৰৰ টেকেলাৰ ধনীৰামক উলিওৱাৰ সাহস নাই, উপায়ো নাই। ধনীৰামৰ ইমান ডাঙৰ কাণ্ডটো কৰি ভয় লাগি আছে। মৌজাদাৰ জেলতে থাকিল, ধনীৰামে গৈ উলিয়াই অনাৰ কথা আছিল। গণেশক নি নাচন-ডুবিত চাহাবক গতাই দি থোৱাৰ কথা আছিল। গণেশক ইংলেণ্ডলৈ নিয়াৰ সকলো বন্দবস্তী হৈ আছিল, ধনীৰামে নিজে গৈ গণেশক গুৱাহাটীৰ উজান বজাৰৰ ঘাটত জাহাজত উঠাই দিয়াৰ কথা আছিল। গণেশক নাচন-ডুবিৰ বৰচাহাবে আন হাতীতকৈ তিনিগুণ বেছি দাম দি কিনিছিল। ধনীৰামে কাৰো কথা নাৰাখিলে। হাতীয়ে বনোৱা গুপ্তিয়েদি হাতৰ মিত দাখনেৰে লতা-পাত কাটি কাটি ধনীৰাম দৌৰিবলৈ ধৰিলে। ঢাল লোৱা ৰাস্তা, ধনীৰাম দৌৰি থাকিল।

বগা চাহাব, মৌজাদাৰ কাকো কথা দি কথা নৰখা মানুহটো হাতীয়ে বনোৱা গুপ্তিয়েদি কেৱল দৌৰি থাকিল।

ধনীৰাম নিজৰ চোমনি গাঁওখন পোৱাৰ দহদিন মানৰ পাছত সেই একেটা হাতীৰ পটিয়েদি এজন ওখ-পাখ ভূটীয়া হলৌ চোলা পিন্ধা মানুহে জোৰ কদমত ঘোঁৰা চেঁকুৰাইছিল। মানুহজন যোৱা একেথৰে চাই আছিল এজনী তেজে গাল

ফুটোফুটো কৰা বগী ভুটীয়া ছোৱালীয়ে। তাই ৰঙচুৱা ওঁঠটোত এটা গোল ক'লা দাগ, হাতত লোৱা চাকিটোৰ পোহৰত জিলিকি আছিল। ক'লা দাগ পৰা ওঁঠটো কামুৰি তাই কান্দোন এটা চেপি ধৰিবলৈ চেষ্টা কৰি আছিল। মানুহজন নেদেখা হোৱাৰ পাছত ছোৱালীজনীয়ে ভুটীয়া ৰজাৰ জেলখানাৰ চাবিটো হাবিখনলৈ দলিয়াই দিছিল। তাৰ পাছত তাই বায়েকৰ কাৰেঙলৈ বুলি খোজ লৈছিল। মানুহজনে নিজৰ আঙুলিৰ পৰা খুলি তাইক দি যোৱা মাজতে বুট মাহ এটা মান হীৰা খটোৱা আঙুঠিটো তাই নিজৰ অনামিকা আঙুলিত ভৰাই চালে। জোখতকৈ বহুত ডাঙৰ হয়। জোনৰ পোহৰত হীৰাটুকুৰা চিক্‌মিকাই উঠিল। তাই আঙুঠিটো অলপ সময় দাগ পৰা ওঁঠটোত লগাই ধৰি থাকিলে। তাৰ পাছত তাই চাকিটো নুমুৱাই কাপোৰখনেৰে মুখখন ঢাকি আন্ধাৰ ফালি ফালি গুচি গ'লগৈ। আঙুঠিটো তাই বুকুৰ কাপোৰৰ ভিতৰলৈ ভৰাই দিলে, চেঁচা বস্তু এটা বুকুখনৰ মাজতে ৰৈ গ'ল।

‘গাছ লতা ছজানা, দোনৰ মাটিত খাজনা, লৰে দহ টকা দহ আনা’

বেলি ওলাও কি নোলাওতেই মৌজাদাৰ হাতীৰ গুপ্তিয়েদি আহি আহি পাহাৰৰ নামনি পালেহি। পাহাৰৰ নামনিতে আছে নাৰী এগৰাকীয়ে মেলি থোৱা আউল-বাউল চুলি একোছাৰ দৰে নৈনে নদী। এইখিনিতে প্ৰায় আধামাইল জুৰি এই যুৱতী নাৰীৰ লহপহীয়া মেলা চুলিৰ দৰে আউল-বাউল হৈ নৈনে বিয়পি আছে। পাহাৰৰ মাজেৰে বেলিটো ওলাই আহিছে। নৈনেক এখন বহলকৈ মাটিত পাৰি থোৱা ছবি যেন লাগিছে। অ'ত-ত'ত, এনি-তেনি বৈ থকা পানীৰ ধাৰবোৰে বেলিৰ কোমল গোলাপী ৰহণ লৈছে, বালিবোৰ উজ্জ্বল মাটিয়া ৰঙৰ, কোনোবা কোনোবাখিনিত শিলবোৰ একেবাৰে বগা, ক'ৰবাত ক'লা। মাজে মাজে একোজাক চৰায়ে কিচিৰ-মিচিৰ কৰি নামেহি, আকৌ উৰি যায়। আকাশত অকাই-পকাই উৰি থকা চৰাইজাক একোবাৰ বগা হয়, একোবাৰ ক'লা হয়। ঠিক যেন বতাহে কঁপাই থকা মৰলীয়া গছ এজোপা, পাতবোৰ এবাৰত সেউজীয়া হয়। বতাহে ওলোটাই দিলে আকৌ বগা হয়। ভূটীয়া হলৌ চোলা পিন্ধা মৌজাদাৰ চৌধুৰীয়ে লাহেকৈ এসোঁতা পানীৰ কাষলৈ নামি গ'ল, চকুৱে-মুখে পানী মাৰিলে। তাৰ পাছত সেইখিনিতে শিল এটাত বহি পৰিলে। তেওঁ সন্মুখৰ ৰঙুচুৱা বোল লোৱা পানীখিনিলৈ চাই ৰ'ল। ঠিক সেই গালখনৰ দৰে, ৰঙচুৱা, মিহি, কোমল। অভ্যাসবশতঃ তেওঁ বাঁওহাতৰ অনামিকাৰ আঙুঠিটো চুব খুজিলে, নাই। আঙুঠি পিন্ধা আঙুলিটোত কেৱল বগা ঘুৰণীয়া দাগ এটা। হাতখন তেওঁ চকুৰ আগত মেলি ধৰিলে। সদায় পিন্ধি থকা আঙুঠিটো নথকাৰ বাবে হাতখন খালী খালী লাগিছে।

‘দেউতা, সৌৱা দেউতা,’

‘হয়েই, সেয়া মৌজাদাৰ দেউতা।

চিনাকি মাতকিটা শুনি তেওঁ মূৰ তুলি চালে। দক্ষিণ ফালৰ পৰা মানে মৌসৰা

গাঁৱৰ পৰা অহা হাতী এটা বেলিৰ পোহৰত জিলিকি উঠিছে। তেওঁ চিনি পালে, ঘৰৰে মাখুন্দী জনী, ৰাধা। ৰাধা ওচৰ চাপি আহিছে। সেইটো কাতিয়া মাউত। আৰু দুজন ল'ৰা। ঠিক যেন ৰামায়ণৰ লৱ-কুশহে। কি সুন্দৰ-সুঠাম চেহেৰা, দীঘল দীঘল হাত-ভৰি, মূৰ ভৰ্তি ক'লা চুলি, গাৰ বৰণ বগাও নহয়, ক'লাও নহয়। ডাঙৰ ডাঙৰ উজ্জ্বল ক'লা ভোমোৰাৰ দৰে চকু। তেওঁ অপলক নয়নে সেই ফালে চাই থাকিল। কেতিয়া সেই নিশকতীয়া যঁজা ল'ৰাহাল এনে সুন্দৰ-সুঠাম হৈ উঠিল? সকলো পাহৰি তেওঁ সেইফালে চাই থাকিল। তেওঁ ল'ৰাহালক মঙ্গলদৈত থাকিবলৈ ঘৰ, স্কুলৰ খৰচ, চাউল-পাত, সকলো দি আছিল। কেতিয়া যে ল'ৰাহাল এনে সুন্দৰ হৈ পৰিল, তেওঁ গমেই পোৱা নাছিল। মৌজাদাৰ ঘৰ পালেহি। হাউলিত গোটেইখন হুলস্থূল লাগি পৰিল। কি অৱস্থা হৈছিল এইকেইদিন। চাহাবৰ হাতী গতাবলৈ বুলি, মাউত ধনীৰাম ভুটীয়াৰ জেলৰ পৰা মোকলাবলৈ বুলি মানুহজন গ'ল যি গ'লেই, মাউত ধনীৰামৰ কোনো খবৰ নাই, মৌজাদাৰৰো খবৰ নাই। কেউফালে মানুহ পঠিয়াই পিয়া পি দিয়াৰ পাছত আজি এয়া ঘৰৰ মানুহ ঘৰলৈ আহিলে। মানুহেৰে হাউলি ভৰি পৰিল। ভুটীয়া চোলা পিন্ধি ঘৰলৈ অহা মৌজাদাৰ দেউতাৰ খবৰ ল'বলৈ গাঁৱৰ মানুহ আহিয়ে আছে। আটায়ে শুনিছে সেই ৰূপকথাৰ দৰে কাহিনী। ধনীৰামে হাতী লৈ পলাই গ'লগৈ। মৌজাদাৰ এৰাতিৰ ঠাইত কত দিন ভুটীয়াৰ জেলত থাকিল। এদিন মাজনিশা হাতত চাকি লৈ এগৰাকী দেৱী আহিল। আহিয়ে এবাৰ চুয়ে জেলৰ তলটো নোহোৱা কৰি পেলালে। দেৱীয়ে হাতত ধৰি তেওঁক বাট দেখুৱাই দিলে। সেই বাটেৰে দেৱীয়ে নাচন ডুবি পাহাৰৰ তলত তেওঁক পুৱা নৈনে নদীৰ পাৰত এৰি থৈ গ'লহি। তেওঁ জেলৰ পৰা ওলায়ে দেৱীৰ নামত এভাগি পূজাৰ মানস কৰিছিল। সঁচাকৈয়ে হাউলিত পূজাৰ আয়োজন হ'ল। মানুহে ডিঙিৰ গুৰিলৈকে উগাৰি উগাৰি ভোগ খালে।

দেৱী পূজাৰ উখল-মাখল নৌ যাওঁতেই আন এটা ঘটনাই হাউলি তোলপাৰ লগালে। মালতীৰ ঘৰত চোৰে সিন্ধি খান্দি সকলো লৈ গ'ল। ল'ৰাটো লৈ মালতী সেইদিনা শান্তিপ্ৰিয়া আইৰ ঘৰত আছিলে। আইৰ গাটো বৰ ভাল নাছিলে। পুৱা আহি দেখে সিন্ধিৰে সকলো সৰকাই নিলে। বাৰীত খালী বাকচ-পত্ৰবোৰ পৰি আছে। মালতীয়ে মাক মৰাৰ দৰে বুকু ধাকুৰি কান্দিছে। তাই জানে সেই আ-অলঙ্কাৰ, পাটৰ-কাপোৰ, মুগাৰ সাজ মৌজাদাৰে তাইক আৰু নিদিয়ে। দিবলৈ ইচ্ছা থাকিলেও তেওঁৰ আৰু সেই ক্ষমতা নাই। সেইখিনি কাপোৰ, আ-অলঙ্কাৰ ল'ৰাটোৰ কাৰণে থৈছিল। সিন্ধিটো চাই তাইৰ ভাব হৈছে তাইৰ কপালখনো এই সিন্ধিটোৰ দৰেই,

সকলোবোৰ ওলাই গ'ল। বৰ পাকৈত চোৰ নহয়। চৌকাৰ ফালে সিন্ধি খন্দা নাই, ওলোটা ফালেহে খান্দিছে। কেঁচা মাটি খন্দাতকৈ চৌকাৰ কাষৰ শুকাই থকা ভূৰ-ভূৰীয়া মাটিত সিন্ধি খন্দা সহজ। নতুন চোৰ বাবেহে এনে কাম কৰিছে।

মৌজাদাৰৰ ঘৰৰ চুৰি কাৰণেহে কথাটো ৰৌজাল-বৌজাল হৈছে। আচলতে এনে চুৰি কেউফালে হ'বলৈ লৈছে। নোহোৱা-নোপজা কথা হৈছে এইবোৰ। দিনে দিনে ঘৰে ঘৰে সিন্ধি পৰিছে। চোৰে একো নেৰা হৈছে। এদিন একেলগে দহ/বাৰ ঘৰমান মানুহৰ পাইখানাৰ ঘটিবোৰ নোহোৱা হ'ল। সাধাৰণতে গাঁৱৰ মানুহখিনিয়ে পিতলৰ ঘটিকে শৌচকৰ্মৰ বাবে ব্যৱহাৰ কৰে। শেলুৱৈ ধৰি, বোকা লাগি থকা ডাঠ পিতলৰ ঘটিবোৰ চোতালৰ এচুকত পৰি থাকে। এদিন সোপাকে ঘটি উধাও। দিনে দিনে কথাবোৰ বেয়াৰ ফালে ধাল লৈছে। কানি বৰবিহে গোটেইখন আকাশী লতাই ছানি ধৰাদি ছানি ধৰিছে। আবকাৰী কানিয়ে ৰাইজক অজগৰ মেৰোৱাদি মেৰাই পেলাইছে। গোটেইখনতে মোনে মোনে আবকাৰী কানি বিক্ৰী হৈছে, পাচিয়ে পাচিয়ে ধন চপাইছে বগা চাহাবৰ চৰকাৰে। দুখীয়া ৰাইজ দিনে দিনে আৰু দুখীয়া হৈছে। এই মৌসৰা মৌজাতে এতিয়ালৈকে দহটা সিন্ধি পৰিলে, অন্যান্য চুৰিৰ মকৰ্দমাও পলাশতলী থানাত দিনে দিনে পঞ্জীভুক্ত হৈছে। যি কেইটা চোৰ ধৰা পৰিছে সিহঁতে কানিৰ বাবেই এই কাম কৰা বুলি স্বীকাৰ কৰিছে।

মালতীৰ ঘৰত সিন্ধি খন্দা চোৰ দুটা ধৰা পৰিলে। এই মৌসৰাৰে মানুহ, তিপেশ্বৰ আৰু কলিয়া। দুইটাকে গাঁৱৰ সকলোৱে চিনে। এক নম্বৰ কানিখোৰ দুইটা। দুইটাই খাজনা দিব নোৱাৰি মাটি ইস্তফা দিছে। মাটি ইস্তফা দিয়া মানুহৰ সংখ্যা দিনে দিনে বাঢ়িছে। আৰু বাঢ়িছে আবকাৰী কানি বিক্ৰীৰ ধুম। সেৰে সেৰে আবকাৰী কানি বিক্ৰী হৈছে, শয়ে শয়ে নহয়, হাজাৰৰ হিচাবত টকাৰ ৰাজহ বগা চাহাবে কোৰোণাৰে চপাইছে। ইখনৰ পাছত সিখন কানিৰ মহল হৈছে। মৌসৰা গাঁৱতে চাৰিখন কানিৰ মহল হ'ল। এই কানিৰ মহলদাৰসকলো মাটিয়ে-ঘৰে, টকাই-পইছাই গাঁৱত জিলিকি উঠিছে। কানিৰ মহলত চাকৰি কৰা সকলো আন মানুহখিনিতকৈ ভালকৈ চলিছে, বেছ খিতাপত আছে।

তিপেশ্বৰ আৰু কলিয়াই সৈ কাঢ়িলে মালতীৰ ঘৰৰ কাপোৰ, আ-অলঙ্কাৰ সকলোখিনি নি মৌসৰা গাঁৱৰ পৰা নাচন ডুবি বাগিচালৈ যোৱাৰ ৰাস্তাতে পৰা পলাশতলী থানাৰ ওচৰৰ পবন কেঞ্ৰাৰ গোলাত দি থৈ আহিলেগৈ। এই পবন কেঞ্ৰা পলাশতলীলৈ অহা বৰ বেছি দিন হোৱা নাই। লোটা কম্বল লৈ অহা পবন কেঞ্ৰা এতিয়া এই অঞ্চলৰ সৰু-সুৱা জমিদাৰ এজনেই বুলিব পাৰি। কেইবাখনো

বাগিচাৰ মাজৰ হাত মেলিলেই পোৱা সুচল ঠাইখিনিতে পবন কেঞাই গেলামালৰ দোকান পাতি বহিছিল। সেই দোকান ফুলি ফাপি উঠিছে। গেলামালৰ দোকান আছেই, পবন কেঞাৰ আচল জমিদাৰী হ'ল সুদৰ ব্যৱসায়। যিমান লাগে সিমান টকা ধাৰ দিব, সুদৰ হাৰ অতি বেছি, পবন কেঞাৰ টকা কোনেও মাৰিব নোৱাৰে। ৰাইজক ধাৰ দি সেই টকা আদায় কৰিব নোৱাৰি পবন কেঞাই দৰকাৰ হ'লে ধৰুৱাৰ পথাৰৰ শস্য চপাই লৈ যায়গৈ।

চোৰ ধৰা পৰিল, চোৰে চুৰি মাল ক'ত বেচিলেগৈ তাৰো হিচাব পোৱা গ'ল। মালতীৰ মুখত হাঁহি ওলাল, তাৰ মানে তাইৰ কপালখন হা কৈ মুখ মেলি থকা সিন্ধিটোৰ নিচিনা নহয়। তাইৰ দৃঢ় বিশ্বাস আছিল মৌজাদাৰে দিনটোৰ ভিতৰতে চুৰি মাল চব আনি তাইক গতাই দিবহি। হাউলিৰ দুই/একে পবন কেঞাৰ তালৈ যাবলৈয়ো সাজু হৈছিল। কোনেনো আৰু মাইকী মানুহ এজনীয়ে এনেকৈ বুকু ধাকুৰি থকা চাব পাৰে? তাতে পবন কেঞাৰ দৰে তেজপিয়া মহাজন কেইটাৰ ওপৰত কাৰনো খং নাই? চৰা হাৰত সুত দি খেতিয়ক ৰাইজৰ বিলাই কুলাই-পাচিয়ে নধৰা হৈছে। বগা চাহাবৰ খাজানা দিবলৈ গৈ কেঞা মহাজনৰ পৰা ধাৰ লবই লাগিব, নহ'লে মাটি ইস্তফা দিব লাগিব। মূল দূৰৈৰ কথা, সুতৰ ধাৰ মাৰিবলৈকে ৰাইজে অকল মাটি-বাৰী, গৰু-গাই, বয়-বস্তুয়ে নহয়, নিজেও বেচা গৈছিল। পেটৰ সন্তানকো ঠায়ে ঠায়ে বেচাৰ কথা শুনি থকা গৈছে।

আটায়ে মৌজাদাৰ দেউতাৰ মুখলৈ চাই আছে। আজি তেওঁ গোসাঁই-ঘৰৰ পৰা ওলাওতে প্ৰয়োজনতকৈ বেছি দেৰি কৰিছে। তেওঁ গম পাই আছে, হাউলি জুৰি এক চেপা উত্তেজনাময় পৰিবেশ বিৰাজ কৰি আছে। তেওঁৰ এষাৰ আদেশলৈ আটাইবোৰ বৈ আছে। কালিয়া আৰু তিপেশ্বৰৰ মুখত পবন কেঞাৰ নাম শুনি তেওঁ বিতত হৈ আছে। কোনেওতো নাজানে এইবাৰ পবন কেঞাই সহায় নকৰা হ'লে তেওঁৰ মৌজা নিলামত গলহেঁতেন। ইমানখিনি টকা আৰু কোনে দিলেহেঁতেন? অৱশ্যে সুতে-মূলে তেওঁ পবন কেঞাৰ সমস্ত ধাৰ মাৰি দিছে। গণেশক চাহাবক বিক্ৰী কৰি তেওঁ পোৱা টকাখিনিৰে সেই ধাৰ মৰা হৈছে। কাক ক'ব তেওঁ? কি এক বিষম ভয়ে তেওঁক কোঙা কৰি থৈছে। যিকোনো সময়তে চাহাবৰ কটকী আহিব পাৰে, আহি দুইগুণ বেছি দামত কিনি দিয়া হাতীটোৰ দাম ওভোটাই বিচাৰিব পাৰে। ধনীৰামে হাতীটো কি কৰিলে তেওঁ নুবুজাকৈ থকা নাই। তেওঁৰ কি ইচ্ছা নাছিল এনে লক্ষ্মীয়া হাতীটো হাউলিৰ আগত বান্ধি থোৱাৰ? বৰফান্দী, ধনীৰাম, ধনদা হাউলি এৰি গুচি গ'ল গৈ। তেওঁ ক'লৈ যাব? এই হাউলিৰ লগত যে তেওঁ আষ্ঠে-

পৃষ্ঠে বান্ধ খাই আছে। হাতী বন্ধা ফইতকৈ বেছি শক্তিশালী এই বান্ধোন। তেওঁ ভোৰতালযোৰ বজালে, প্ৰাৰ্থনা শেষ হোৱাৰ জাননী। তেওঁৰ গাটো ভাল নাই, ডিঙিৰ পাছ ফালৰ শিৰদাল টানি টানি ধৰিছে। তেওঁ গম পাই আছে ৰক্তচাপ উচ্চ হৈছে। নেফাফু পাতে পৰাগৈ নাই। এবাৰ ডাক্তৰক দেখুৱাব লাগিব। মঙ্গলদৈলেকে যাব লাগিব।

তেওঁ গোসাঁই-ঘৰৰ পৰা ওলাই আহিল। বাহিৰত প্ৰায় হাউলিৰ আটাইখিনি মানুহ বহি আছে, অৱশ্যে মাইকী মানুহখিনিৰ বাদে। কলিয়া আৰু তিপেশ্বৰক কোনোবাই নাৰিকল গছজোপাতে বান্ধি থৈছে। তেওঁ গল-হেকাৰি মাৰি ল'লে, ডিঙিটো কিবা সোপা মাৰি মাৰি ধৰিছে।

'কানিয়াকিটাক এৰি দে।'

আটায়ে মৌজাদাৰৰ ফালে চালে। কি ভাবি আছিল, কি হ'ল? গোটেইবোৰে পবন কেঞাৰ গোলালৈ যাব, প্ৰমাণ সহ যাব। চুৰি মাল উলিয়াই আনিব। সুদখোৰ মহাজনে কথাবোৰ বুজি যাব।

'এৰি দে বুলিছো নহয় এইকিটাক, খালে-নৰ্দমাই পৰি মৰকগৈ। কি সজাত আছে ইহঁতৰ কথাৰ?'

খৰ খোজেৰে মৌজাদাৰ তেওঁৰ ঘৰলৈ সোমাই গ'ল। আটায়ে শুনিলে মালতীৰ ঘৰৰ পৰা আকৌ বুকু ভগা কান্দোনৰ শব্দ ভাহি আহিল।

মৌজাদাৰ গৈ নিজৰ কাৰ্য্যালয়ৰ ঘৰটোত বহিলগৈ। কাৰ্য্যালয়ত তেওঁৰ কৰ্মচাৰীয়ে আগবঢ়াই দিলে দুখনমান কাগজ, সদায়ে দিয়ে। তাৰে এখন কাগজ চাই তেওঁ অলপ ৰ'ল। মঙ্গলদৈ মহকুমাৰ ৭০ হাজাৰ কৃষি ভূমি গোটৰ ২০ হাজাৰ গোট ইতিমধ্যে ইস্তফাত গ'ল। ইস্তফাত নগৈ কি হ'ব? খেতিয়কে পুৰাত ২০ মোন বা ১৫ মোন ধান উৎপন্ন কৰে। বিঘাই প্ৰতি ৪/৫ মোনো হয় কি নহয়। চাৰি-পাঁচ মোন ধান বেচি কেইটকা আহে? তাৰে খাজনা শোধায় ক'ৰ পৰা? খায় কি? দেউতাকৰ দিনত ঘৰতে ভাৰে-ভেটীয়ে খাজনা শোধায় গৈছিল। গোটেই কথাবোৰে যেন জট পকাই গৈছে। সেইখন কাগজ থৈ তেওঁ আৰু এখন কাগজ উলিয়াই ল'লে, চৰকাৰ বাহাদুৰৰ ঘৰৰ পৰা আহিছে। নতুনকৈ বঢ়েৱা খাজনাৰ হিচাবৰ কাগজখন তেওঁ হাতত ল'লে। প্ৰতি বিঘা মাটিত বঢ়াই দিয়া খাজনাৰ পৰিমাণ চাই তেওঁ কঁপি উঠিল। এই খাজনা দিব পাৰিবনে ৰায়তে? দেউতাকৰ দিনত বয়-বস্তুৰেও খাজনা দিছিল। এতিয়া চিকাৰূপ দিব নোৱাৰে। পথাৰৰ ধান বন্ধকত থৈ ৰায়তে বেপাৰীৰ পৰা ধন ধাৰে লৈ খাজনা দিব লগাত পৰিছে। যদি আশা কৰা মতে ধান নহয়

বেপাৰীয়ে খেতিয়ক জনৰ যি আছে তাকে বিক্ৰী কৰি দিয়ে। এনেইনো খাজনাৰ দায়ৰ পৰা হাত সাৰিবলৈ মৌসৰা মৌজাৰ অতবোৰ ৰায়ত গৈ ভূটান পাহাৰৰ নামনিৰ হাবি ভাঙি সোমাইছিলগৈনে?

মৌজাদাৰে ঘামি উঠা কপালখন মচিলে। অকল খেতিয়কেইনে? সকলোবোৰ বেপাৰীৰ সুদৰ খাতাত সোমাব লাগিব। মৌজাদাৰে আৰু এখন বহী উলিয়াই ল'লে। এইখন খাতাত দুটা ঘৰ আছিল। দুটা শিতান ৰঙা চিঞাহীৰে ভাগ কৰা থাকে। এভাগৰ ওপৰৰ ঘৰত ৰঙা চিঞাহীৰে দাগ মাৰি, দুদালকৈ আঁচ টানি লেখি থোৱা থাকে। 'সৰ্ব্বমুঠ পট্টা' ·গোট গোট আখৰেৰে লেখা আছে মৌসৰা মৌজাৰ পট্টাৰ হিচাব। কাষতে আৰু এটা নীলা চিঞাৰীৰে টনা ঘৰত ৰঙা চিঞাহীৰ লেখা— 'মুঠ জৰীপকৃত মাটি'। আজি-কালি এটা নতুন ঘৰ ইয়াৰ লগত যোগ হৈছে— 'ত্যাগ কৰা পট্টাৰ সংখ্যা' এই সংখ্যাটো দিনে দিনে বাঢ়ি আহিছে। এই বাঢ়ি অহা সংখ্যাবোৰ ভৰাবলৈকে চালু কাপোৰেৰে বন্ধা এইখন খাতা নিতৌ উলিয়াব লগাত পৰিছে। মহৰীয়ে নতুনকৈ আৰু এখন খাতা তৈয়াৰ কৰিছে। একেই টান সুতাৰে বন্ধা, ৰঙা চালু কাপোৰৰ বকলাৰে দীঘলীয়া বহী। তাত মহৰীয়ে দুটা ভাগ কৰিছে, এটা সৰু, এটা ডাঙৰ। সৰু ভাগটোত শিৰোনাম দিছে— 'মুঠ মাটি কালি'। নীলা চিয়াহীৰে লেখি, তলত ৰঙা চিয়াহীৰে দুডাল দুডাল আঁচ মাৰিছে। বহলকৈ ঠাই ৰখা ভাগত শিৰোনাম দিছে 'ত্যাগ কৰা শতাংশ হিচাবত'। এই ভাগটো আকৌ দুভাগত বিভক্ত কৰিছে— একেই নীলা চিয়াহীৰ লেখা, ৰঙা চিয়াহীৰ আঁচ। এভাগৰ শিৰোনাম 'পট্টা', আনভাগৰ 'অনাদায় খাজনা'। দিনে দিনে এই নতুন ভাগ, এই নতুন খাতা ভৰি আহিছে। ইস্তফা দিয়া মাটি, ত্যাগ কৰা পট্টাৰ সংখ্যা বাঢ়ি আহিছে। আৰু বাঢ়ি আহিছে অনাদায় খাজনাৰ হিচাব।

খাতা-পত্ৰ মহৰীক দি মৌজাদাৰ অলপ সময় বহি থাকিল। কেইজনমান ৰায়ত আহিছে, নিশ্চয় নতুন শিতানটো আকৌ বাঢ়িব। তেওঁ ঠিক কৰিলে আজিয়ে তেওঁ মঙ্গলদৈলৈ যাব। গাটো বৰ অস্থিৰ লাগি থকা হৈছে। মূৰৰ পাছফালে ডিঙিটো সকলো সময়তে পুৰি·থাকে। উচ্চৰক্ত চাপ তেওঁৰ বাৰুকৈয়ে হৈছে। চৰকাৰী কাগজ এখন মহৰীয়ে আগবঢ়াই দিলে, খামটোৰ তলৰ পিনে থকা ছাপা, নামটো চালে The Assam Banking Enquiry Committee কাগজ খনত এটা পৰিসংখ্যাৰ উল্লেখ আছে, অসমৰ কৃষকৰ ধাৰৰ মুঠ পৰিমাণ হৈছেগৈ ২২ কোটি টকা। ভাবিব নোৱাৰা ধৰণৰ ডাঙৰ সংখ্যাটো যেন এটা পাহাৰ হৈ তেওঁৰ আগত থিয় দি দিলেহি। পাহাৰটোৰ পৰা খহি আহিল এসোপা ডাঙৰ ডাঙৰ শিল। শিলবোৰ যেন

তেওঁৰ ফালেই বাগৰি আহিছে, এই যেন তেওঁক হেঁচা মাৰি ধৰিব। তেওঁ মৌজাৰ কাৰ্য্যালয়টোৰ পৰা ওলাই আহিল। কোনোবা দুটামান এইফালেই দৌৰি আহিছে। কি বা হ'ল? আজি-কালি তেওঁ একো ভাল খবৰ নাপায়। মাত্র বিপদ-আপদ, দুঃসংবাদ। কাতিয়াই ফোঁপাই ফোঁপাই তেওঁৰ আগত ৰৈছেহি। মৰিল নেকি তাই? চিপজৰি লৈ? নে পুখুৰীত পৰি?

‘দেউতা, দেউতা, পবন কেঞাৰ দোকান ভাঙিলে, জুই দিলে, পুলিচৰ গুলীত দুটা মানুহ মৰিল। যোৱা ৰাতি পলাশতলী তল-ওপৰ হ'ল দেউতা।’

‘কোনে কৰিলে এই কাণ্ড? কোন কোন গৈছিল?’ মৌজাদাৰৰ সঁচাকৈয়ে খং উঠিছে। এই কেইদিন তেওঁক খুলি খুলি খাই থকা ভয়টোৱে তেওঁক আকৌ এবাৰ পাই বহিল। যদি চাহাবৰ কটকী আহে, যদি হাতীৰ দাম বিচাৰেহি। পবন কেঞাই একমাত্র ভৰসা। কোনে দিব সেই টকা? পবন কেঞাক হাউলিৰ কোনে এনেকৈ জোকাই ল'লে? প্রশ্নটো সুধি মৌজাদাৰ অলপ ৰ'ল। কি কথাবোৰ শুনিছে তেওঁ? পুৱাৰ ভাগত কানিয়া দুটাই পবন কেঞাৰ নাম ল'লে এই দহ নৌ বাজোতেই হাউলিৰ মানুহ গৈ তাৰ দোকানত জুই দিবগৈ। এইটো সম্ভৱ নেকি? তেওঁ লজ্জিত হ'ল। ভাগ্যে প্রশ্নটো কাতিয়াই নুবুজিলে।

‘কোনে কৰিব আৰু? ওচৰৰ ৰাইজে।’

‘মানুহবোৰ তাৰ ওপৰত খেপি আছিল।’

‘ৰাইজখনক জোকে শোহাদি শুহিছিল’।

‘খেতিয়কৰ ঘৰৰ হালৰ গৰু, ভেটি-মাটি সৱ তাৰ খাতাত।’

‘সেইদিনা কৃষ্ণ বুঢ়াৰ ঘৰৰ ধান আধা-পকাতে পমুৱা কামলাই কাটিবলৈ আহিছিল।’

‘হালৰ গৰু টানি নিছিল।’

‘কৃষ্ণ বুঢ়া পলাশতলী গাঁৱৰ নামঘৰীয়া আছিল।’

‘পবন কেঞাৰ পমুৱা কামলাই নামঘৰীয়াৰ গাত হাত দিছিল।’

‘গোটেইখন ৰাইজ আহিছিল।’

‘যোৱা ৰাতি পবন কেঞাৰ গোলা এনেকৈ জ্বলিছিল...’

‘শুকান জলকীয়া দি লৈছিল।’

‘কোনো জুই নুমাবলৈ কাষ চাপিব পৰা নাছিল।’

‘বহুত দিনৰে পৰা ৰাইজে ভোট জলকীয়া শুকুৱাইছিল।’

‘বগা চাহাবে পুৱতি নিশা গুলী চলালে।’

'দুজন তাতে পৰিল।'

'আৰু কেইবাজনো মৰিব।'

কেইবাটাও মানুহে আহি ওপৰা-উপৰিকৈ কথাবোৰ মৌজাদাৰক ক'লেহি। এনে ঘটনা বহুকেইটা ঘটিছে, সেইবোৰ দূৰণিৰ ৰিং আছিল। তেনেহ'লে কথাবোৰ তেনেই গাৰ কাষ চাপিলেহি।

মালতীৰ ঘৰৰ পৰা আকৌ ভাহি আহিল কান্দোনৰ শব্দ। তায়ো শুনিছে এই ঘটনা। শুনিছে, ছাইৰ মাজত সোণ বিচাৰি ফুৰা মানুহক বগা চাহাবৰ চিপাহীয়ে দিয়া ধনঞ্জয় কোবৰ কথা, হাত-ভৰি ভগাৰ কথা।

আকৌ এবাৰ মালতীৰ বুকুত দাউ দাউকৈ জ্বলা জুই একুৰাত পোৰা গ'ল ভাজে ভাজে কেতেকী ফুলৰ পাহি দি ৰখা সেই মোলায়েম কাপোৰখিনি। ছাইৰ মাজত পোত গ'ল অলঙ্কাৰখিনি, চন্দ্ৰহাৰ, কপালী, গামখাৰু জোৰা....। জুইকুৰাৰ কোনো ওচৰ চাপিব নোৱাৰে, শুকাই থোৱা ভোট জলকীয়াবোৰ ফট্‌ফট্‌কৈ ফুটে ...মানুহ উশাহ ল'ব নোৱৰা হয়, হাঁচিয়াই হাঁচিয়াই লেবেজান হয়।

কান্দি গছৰ পাত সৰুৱাই থকা মানুহজনীৰ ওচৰ চাপিবলৈ মৌজাদাৰৰ ভয় হ'ল, সাহ গোটাব নোৱাৰিলে। 'যাচিখাইতী' মালতীৰ মুখামুখি হ'বলৈ তেওঁ নোৱাৰিলে।

‘ৰাইজে বোলে উঠি, দেউতা খাজনা দিবা নৰো’

চকা পাটত বহা সময়তে বৰফান্দী আৰু ধনদা গৈ সেই গাঁওখন গৈ পাইছিলগৈ। মৌসৰা গাঁৱত সদায়ে দেখাৰ দৰে আকাশৰ গুৰিত থকা নীলা ৰঙৰ পাহাৰ লানি নাই। আকাশৰ গুৰিটো কিবা উকা উকা লাগিল ধনদাৰ। গাঁওখনো কিবা নাই নাই যেন। অলপ পৰৰ পাছতেহে টং কৰিলে এইখন গাঁৱত মৌসৰাৰ দৰে জান-জুৰিবোৰ নাই, নদীবোৰো নাই। মানুহৰ ঘৰবোৰো বেলেগ ধৰণৰ। প্ৰায় সকলোৰে ঘৰৰ আগত একো একোটা পুখুৰী। মাজতে চোতাল এখন লৈ চাৰিওফালে থকা ঘৰবোৰ। ভঁৰাল-ঘৰবোৰ ওখ, ওখ খুঁটাৰ ওপৰত। ধান নমোৱা-উলিওৱা কৰিবলৈ এডাল জখলা থাকে।

বৰফান্দীৰ পাছে পাছে গৈ ধনদা সেই ঘৰটো পালেগৈ। বৰফান্দীৰ মাক, ঘৈণী আৰু সন্তানে বাস কৰা সেই ঘৰৰ পদূলিতে ধনদা ৰৈ থাকিল। ফুট গধূলি, গোটেইখন তেনেই অন্ধকাৰ হৈ আছে। এটা সৰু ল'ৰাই চাকি এটা জ্বলাবলৈ চেষ্টা কৰি আছে, পৰা নাই। সি চোতালতে বহি লৈছে। বৰফান্দী ভিতৰলৈ গ'ল। ধনদাই ল'ৰাটোৰ হাতৰ পৰা চাকিটো ল'লে। চাকিটোৰ শলিতাডাল তেনেই চুটি হৈ পৰিছে। ধনদাই ইফালে-সিফালে চাই ফটাকানি এদোখৰ দেখি বুটলি হাতৰ তলুৱাত লৈ শলিতা এডাল বটি ল'লে। চাকিটো চাফা কৰি বটলৰ তলীতে থকা কেৰাচিনখিনি ভৰাই লৈ নতুন শলিতাডাল লগাই চাকিটো জ্বলাই পেলালে। ল'ৰাটোৱে হাঁহি এটা মাৰি চকিটো হাতত তুলি ল'লে। বৰফান্দীয়ে ধনদাক ভিতৰলৈ লৈ গ'ল। এৰা-পৰলীয়া ঘৰ এখন, মজিয়াত ভেকুৰ ধৰিছে, চুকে চুকে কেঁচুমতাৰ দ'ম, পৰুৱাই তোলা মাটিৰ টিপ। সৰ্বত্ৰ এক পচা পচা গোন্ধ। তাৰ মাজতে এসোপা লেতেৰা কাপোৰৰ মাজত শুই আছে এজনী কাগজৰ দৰে শেতা মানুহ। এখন ইকৰাৰ বেৰাৰ সিফালে বিছনাত পৰি আছে এজনী বুঢ়ী মানুহ, উশাহ লৈ আছে। মৰা নে জীয়া ধৰিব নোৱাৰি। শেতা, খাগৰি বনৰ দৰে লেহুকা মানুহজনী উঠি বহিছে। লাহে লাহে মানুহজনী বাঁহৰ চাং খনৰ পৰা নামিল। দুৰ্বল কেঁচুৱা এটা শুই আছে। ফান্দীয়ে

ধনদাক দেখুৱাই লাহে লাহে ক'লে, 'এইজনী ধনদা এই ভাৰস্তত তাইৰ কোনো নাই। শেতা মানুহজনীৰ চকুৰ পৰা পানী পৰিছে। মানুহজনীয়ে নিজকে কোৱাদি অনুচ্চ মাতেৰে শুনা-নুশুনাকৈ কৈ উঠিল ঃ

'বনৰ জীৱই যাৰ ওচৰত পোহ মানে, মানুহ এজনীনো কি কথা'। 'মাই এ, ভাতৰ মাৰ কাঢ়িবৰ হ'ল', চাকি জ্বলাবলৈ চেষ্টা কৰি থকা সাত/আঠ বছৰীয়া ল'ৰাটোৱে আহি মাত দিলেহি। আকৌ মানুহজনীয়ে নিজকে কোৱাদি কৈছে, 'মানুহটো যে ঘৰলৈ আহিল।' মানুহজনী পাক-ঘৰলৈ বুলি উঠি যাব খোজোতেই হঠাৎ বাগৰি পৰিল। ধনদাই তাইক ডাঙি আকৌ বাঁহৰ চাং খনত শুৱাই দিলে, ল'ৰাটোৱে পানী অলপ আনি চকুৰে-মুখে মাৰি দিলে। 'মাইৰ এনেকুৱা হৈয়ে থাকে। ল'ৰাটোৱে ফান্দীলৈ চালে।

ধনদাই এৰা-পৰলীয়া ঘৰখন মূৰ আচন্দ্ৰাই কৰি বাগৰি পৰা খাগৰি বনৰ দৰে লেহুকা মানুহজনী ডাঙি ধৰাদি ডাঙি ধৰিলে।

বাৰীখনত ভাতকেইটা বহাই থৈয়ে খৰাহি এটা লৈ ছিঙি আনিব পৰাকৈ ভোল, জিকা, জাতিলাও, হল। ঘৰৰ মজিয়াবোৰৰ পৰা কেচুমতা, পৰুৱাৰ টিপবোৰ নোহোৱা হ'ল। শেতা মানুহজনী উঠি বহিব পৰা হ'ল, বুঢ়ী মানুহজনী বিছনাৰ পৰা উঠি আহি এক্ষন্তেকৰ বাবে হ'লেও বাহিৰত বহি পিঠিটো ৰ'দৰ ফালে দিব পৰা হ'ল। ছন পৰি থকা মাটিখিনিতো হাল চলিল। হিকটিয়াই হিকটিয়াই কন্দা কেঁচুৱাজনী মাটিত বগুৱা বাই বাই হাঁহি থকা হ'ল। আৰু ফান্দী? যেন এটা পোহ মনা হাতীহে। ধনদাই যি কয় তাকে শুনে। হাতীৰ সৈতে ঘূৰি জীৱনৰ আধাবেলা পাৰ কৰা মানুহটো ধনদাৰ ওপৰত নিৰ্ভৰশীল হৈ পৰিছে। মাহী, মাহী কৰি ফান্দীৰ ল'ৰাটোৱে তাইৰ গাতে চিকৰা লগাদি লাগি থাকিবলৈ লৈছে। আৰু ধনদা? কেওকিছু নোহোৱা মানুহজনী এসোপা সম্বন্ধৰ মাজত পৰি যেন গলি যাবলৈ ধৰিছে। ভাল লাগিছে ধনদাৰ, কোনো দিনে চুই নোপোৱা মৰমবোৰ তাইৰ ভাল লাগিছে। ভাল লাগিছে সকলো সময়তে কাষতে পোৱা পোহ মনা হাতীহেন মানুহটোৰ উত্তাপ।

অলপ দিনৰে পৰা ধনদাৰ এটা কাম কৰি বৰ ভাল লগা হৈছে। তাইৰ ঘৰুৱা কামবোৰ কমি আহিছে। শেতা মানুহজনীয়ে গাটো ভাল পোৱাৰে পৰা ধনদাই হাতত তুলি লোৱা কামবোৰ এটা-দুটা নিজৰ হাতলৈ লৈ গৈছে। দুপৰীয়া ভাত খোৱাৰ পাছত আবেলিটো গধূলি হোৱালৈকে লেংলেংকৈ দীঘল হৈ পৰে। সেইখিনি সময়তে কোনোবা নহয় কোনোবা এজনীক লৈ ধনদা গাঁওখনৰ সেই বিশেষ

ঠাইখণ্ডলৈ এপাক মাৰি বৰ ভাল পোৱা হৈছে। ধনদাই বুজি পাইছে সেই ঠাইখণ্ডই হৈছে এই গাঁওখনৰ জীউ, গাঁওখনৰ দেহলাও। গোটেই গাঁওখনে উশাহ লোৱাৰ দৰে সেই ঠাইখণ্ডৰ কথাকে সুঁৱৰি থাকে। পথাৰত বোকা দিওঁতে, হাল মাৰোতে, ধান কাটোতে মানুহবোৰে সেই ঠাইখণ্ডৰ নাম-গুণকে গাই থাকে। বিহুৰে-সংক্ৰান্তিয়ে ৰাইজে তাতে গৈ চাকি এগচ দিহে আন কামত ধৰে। এই ঠাইখণ্ডৰ কথা ধনদাই পাহাৰতলীৰ গাঁওখনত শুনিছিল, কিন্তু পাহাৰতলীৰ গাঁওখনলৈ যে কথাবোৰ বৰ দেৰিকৈ যায়, অস্পষ্ট হৈ যায়, কোনো এটা কথাৰে স্পষ্ট ধাৰণা কৰিব নোৱাৰি। তথাপি তাই শুনিছিল।

আজিও ধনদা কাষৰে ৰূপহীক লৈ সেই ঠাইখণ্ডলৈ গ'ল। বতাহ মাৰি আছে। মুকলি পথাৰখনত বতাহে সোঁ-সোঁৱাই আছে। ৰূপহীয়ে পথাৰৰ মাজ অংশলৈ আঙুলিয়াই দিছে।

'পেহী, সৌটো সৰু পুখুৰী। দেখিছনে নাই? সেইখিনিতে গছৰ পাতবোৰ কেনেকৈ ঘূৰণীয়া হৈ উৰিছে, ৰূপহীয়ে হাতযোৰ কৰিছে।

'বুজিছ পেহী, ৰাতি আহিলে শুনিবি। তাৰ পৰা এটা কান্দোনৰ শব্দ ওলাই আহে। ৰাতিৰ ৰাতিটো কান্দোনৰ শব্দটো ঘূৰি থাকে। গোটেই পথাৰখনতে ঘূৰি থাকে।' ৰূপহীৰ মাতটো ভয়ত বহি বহি গৈছে।

'ইয়াতে বগা বঙালে আমাৰ মানুহক মাৰিছিল, নহয়নে বাৰু?' বেলি পৰি আহিছে। এইখণ্ড ঠাই আন ঠাইতকৈ সোনকালে আন্ধাৰ হয়। আন্ধাৰ হোৱাৰ পাছতে তিৰবিৰ কৰি থাকে এজাক জোনাকী পৰুৱা। ধনদাই শুনিছে, এই জোনাকী পৰুৱাবোৰৰ ৰং হেনো ৰঙা। তেজৰ টোপাল হেনো সেইবোৰ। কান্দোনৰ শব্দৰ লগে লগে পথাৰ জুৰি উঠা-নমা কৰি থাকে তেজৰ টোপাল হেন ৰঙা ৰঙা জোনাকী পৰুৱা। ফেঁচা এটাই সৰু পুখুৰীত থকা পাকৰি গছজোপাৰ পৰা কুৰুলীয়াই উঠিল।

'যাওঁ বল দে', ৰূপহী উঠিছে।

'অকণমান ৰ'চোন, ইয়াত হেনো জোনাকী পৰুৱা ওলায়। তেজৰ টোপাল হেন বোলে।'

'পেহী, তই এইবোৰ কি কথা তৰিছ? যাওঁ ব'ল এতিয়া।' বাটে বাটে ৰূপহীয়ে সৰু পুখুৰীৰ শুনা কথাবোৰ কৈ কৈ গ'ল। জনাই-নজনাই, শুনাই-নুশুনাই, এই পথাৰখনৰ কথা ক'বলৈ গাঁৱৰ মানুহখিনিয়ে বৰ ভাল পায়, মাকে যেনেকৈ নিজৰ কৃতিমান সন্তানৰ কথা ক'বলৈ পালে আন কথা পাহৰি যায়। ৰূপহীয়ে কথাবোৰ

শুনিছে, গোটেই গাঁওখনৰ মানুহে যেনেকৈ শুনিছে, তেনেকৈয়ে তায়ো শুনিছে। পথাৰখনত খাজনা বঢ়াই দিব নোৱৰা মানুহবোৰক বনৰ চৰাই মৰাদি মৰা কাহিনীটো ৰূপহীয়েও অলপ জানে। গাঁৱলৈ নতুনকৈ অহা ধনদাক সেই কথা ক'বলৈ ৰূপহীৰ বৰ মন গ'ল। ইমান দিনে তাই শুনিহে আহিছে, ক'বলৈতো পোৱা নাই। কাকনো জনা কথাবোৰকে গৈ বখানিব? নতুন মানুহজনীৰ ওচৰত শুনি শুনি জমা থকা কথাবোৰ আখৈ ফুটাদি ফুটিবলৈ ধৰিলে।

গাঁৱে গাঁৱে ৰাইজ মেল বহিছিল।

ৰাইজে বগা চাহাবৰ বঢ়াই দিয়া খাজনা আৰু দিব নোৱাৰে। মাটি পিয়ল হ'ল, খাজনা আৰু বাঢ়িল।

ৰাইজ সৰু পুখুৰীৰ পাৰৰ মুকলি পথাৰত গোট খালে। তহচিলদাৰে খবৰ দিছিল বৰমূৰীয়া চাহাব আটায়ে আহিব। আহিল, তিনি বৰমূৰীয়া চাহাব আহিল।

বাৰজন বন্দুকধাৰী আহিল।

আল্লাহু আকবৰ, হৰি ধ্বনিৰে সৰু পুখুৰীপাৰ ভৰি গ'ল।

ৰাইজে ক'লে, বঢ়াই দিয়া খাজনা দিব নোৱাৰে।

চাহাবে গোজ পুতিলে, পট্টাত বন্ধা খাজনা দিবই লাগিব।

আল্লাহু আকবৰ, হৰি ধ্বনি।

ৰাইজ আগুৱাই আছে।

চাহাবে গুলী চলালে।

জাকে জাকে মানুহ বনৰ চৰাই মৰাদি মৰিল। আৰু পঞ্চাশ জন ঘোঁৰাত উঠা চিপাহী আহিল। সৰু পুখুৰীত ৰাইজৰ মৰা শবোৰ পোত খালে।

জোনাকী পৰুৱাবোৰ তেজৰ টোপাল হ'ল।

বতাহবোৰ চিৰকালৰ বাবে কান্দোন হ'ল।

ৰূপহী আহি ধনদাৰ সৈতে বৰফান্দীৰ ঘৰ পালেহি। চোতালতে বহি ফান্দীয়ে জাল গাঠি আছে, কাষতে বহি ৰূপেয়ে মাছ বাছি আছে। ধনদাক দেখিয়ে ৰূপেই মাছ বছাৰ পৰা উঠিল।

'ধনদা, মাছকিটা বাছি দে, চলিটোৱে গাখীৰৰ কাৰণে কান্দি মৰিছে।'

নীৰৱে ধনদাই মাছকিটা বাছি খৰাহিটো পুখুৰীত ধুই আনি আখলত থ'লে।

'কেনিবা যাব নেকি?' ৰূপেয়ে কেঁচুৱাক গাখীৰ দিয়াৰ পৰাই মাত দিলে।

'ৰূপহীহঁতৰ ঘৰতে ৰাতি ভাত চাইটা খাম দে, বুঢ়ীয়ে মাতিছে।' 'হয় দে মাহী, আইতাই পেহীক মাতিছে, লৈ যাওঁ দে।'

'মিতিৰ তেনেহ'লে ইয়াতো গোটালি দে।' ফান্দীয়ে অলপ হাঁহিছে।

ৰূপহীৰ লগত গৈ থাকোঁতে ধনদাৰ মনত পৰিল, আখলত চৌকাৰ ওচৰতে গোটাই থোৱা আছিল অমিতা এটা, কুমলীয়া আদাৰ পাত এমুঠি। দেখিয়ে বুজিছিল ফান্দীয়ে থৈছে। এই অমিতাত কুমলীয়া আদাপাত দিয়া সৰু মাছৰ আঞ্জাখন মানুহজনে বৰ ভাল পায়। হ'ব দে, তিৰীটো আছে নহয়, খুৱাব।

ধনদা গৈ থাকিল। তাইক এতিয়া টানিছে তেজৰ টোপাল হোৱা এজাক জোনাকী পৰুৱাই, কান্দোন হৈ গছৰ ফাঁকে ফাঁকে পাক খাই সোঁসোৱাই থকা এজাক বতাহে। ৰূপহীয়ে কৈছে আইতাকে পুখুৰীৰ পাৰৰ আৰু বহুত কথা জানে। বুঢ়ীয়ে বৰ শুৱলাকৈ নাম গুণ গাব পাৰে। সৰু পুখুৰী পাৰৰ বহুত গান জানে আইতাকে।

ৰূপহীহঁতৰ চোতালত আৰু কেইগৰাকী মান মানুহ বহি আছিল। আটায়ে কথা পাতি আছিল। ঢৰা পাৰি ফু মাৰি ভাত খাব পৰা চোতালখনত আটাইকেউজনী বহিলগৈ। মানুহ কেইগৰাকীয়ে স্বৰাজ, গান্ধীৰজা, ভলন্টিয়াৰৰ কথা পাতি আছিল। তাৰ মাজে মাজে কপাহ, সূতা কটাৰ কথা ওলাইছিল। ধনদাই কথাবোৰ শুনি থাকিল। কিবা যেন নতুন বতাহ এজাক বলিবলৈ ধৰিছে, পুৱা বেলি ওলাওঁতে নোলাওঁতেই বলা বতাহজাকৰ দৰে। নেদেখা-নজনা কিবাকিবি ফুলৰ গোন্ধ বুকুত বান্ধি বোৱা পুৱাৰ মলয়াজাকৰ দৰে বতাহখিনি ধনদাৰ গালে-মুখে লাগিলহি। তাই দীঘল দীঘলকৈ উশাহ ল'লে। পাহাৰৰ তলৰ গাঁওখনত কথাবোৰ কিবা পাহাৰলানিতে লাগি লাগি ধৰে নেকি? বতাহ হওক, খবৰ হওক আটাইবোৰ পলমকৈ সেইখিনি পায়গৈ। বৰফান্দীৰ গাঁওখনলৈ ডাঙৰ নদীখনেদিয়ে চাগৈ সকলোবোৰ কথা সোনকালে ভাহি আহে। মুকলি পাই এই বতাহজাকো ডাঙৰ নদীয়েদি হিলদল ভাঙি আহিছে, য'তে যেনেকৈ পাৰে সোমাই পৰিছেহি।

আজি ৰূপহীহঁতৰ চোতাললৈ গান্ধী ভকত আহিছিল। অলপ দিনৰে পৰা এইসকল নিশাৰ ভাগত ৰাইজৰ ঘৰে ঘৰে ঘূৰিবলৈ লৈছে। মানুহবোৰে বহুত নতুন কথা, শুনিবলৈ লৈছে— বঙা বঙাল খেদাৰ কথা, গান্ধী ৰজাৰ কথা, স্বৰাজৰ কথা, তৰহে তৰহে কথা নিশা চুপি চুপি চোতালবোৰত সোমাই পৰিছেহি। গান্ধী ভকত কেউজনে ৰূপহীহঁতৰ চোতালত আহি গোট খোৱা মানুহ কেইগৰাকীক যঁতৰ আৰু কপাহ দিয়াৰ কথা কৈ গ'লগৈ। সিফালে বৰুৱাচুবাতো এঘৰত ৰাইজ বৈ আছে। এৰীয়া কাপোৰেৰে মুখ ঢাকি ভলণ্টীয়াৰকেইজন গ'লগৈ, বাৰীৰ চুকৰ বাঁহনিডৰাৰ কাষেৰে পথাৰে পথাৰে পোনাই দিলে।

ৰূপহীৰ মাকে ভাত বাঢ়ি ধনদাক মাতিলে। ভলণ্টীয়াৰৰ কথা শুনাৰ ফাঁকে ফাঁকে ৰূপহীৰ মাকে কোমোৰা পেলাই দিয়া মাটি মাহৰ আঞ্জা এখনেৰে ভাতে ৰান্ধি থৈছিলে। ৰূপহীয়ে পিৰালি কানৰ পৰা ক'লা জাম জলকীয়া দুটামান ছিঙি আনিলেগৈ। ভাত খাই খাই মানুহকিজনীয়ে গান্ধী মহাত্মা, যঁতৰ আৰু সূতা কটাৰ কথাই পাতি থাকিলে। ঘৰৰ মুনিহকিজন পাটীত পৰাৰ পাছতো মানুহকিজনী পাটীলৈ নগ'ল। তামোল খুন্দি থকা ৰূপহীৰ আইতাকৰ ওচৰতে লডা বান্ধিলেহি। ৰূপহীয়ে লাহেকৈ কথাটো উলিয়ালে।

'পেহীয়ে সৰু পুখুৰীৰ কথা শুনিবলৈ আহিছিল'। ৰূপহীৰ আইতাকৰ মুখখন হাঁহি এটাৰে পোহৰ হৈ উঠিল। আজি গান্ধী ভকতৰ কথা শুনি আইতাৰ সেই নাম-গুণবোৰলৈ বৰকৈ মনত পৰিছিল। বুকুখনত গানবোৰে হেঁচা দি আছিল, হঠাৎ যেন বান্ধটো ভাঙি গ'ল।

'সেই একেবোৰ কথা বুজিছ, একেই বগা বঙালৰ সৈতে এঘৰি যুঁজাৰ কথা।' বুঢ়ীয়ে আটাইকে খুন্দনাৰ পৰা উলিয়াই ৰঙা ফুৰফুৰকৈ গোন্ধাই থকা তামোল এটিপা এটিপা দিলে। বুঢ়ীয়ে গল হেকাৰি দিছে।

'মহাৰাণীৰ হুকুম আহি মঙলদৈ পালা।
চাহাবে দস্তক কৰি তচিলদাৰক দিলা।
গাঁওবুঢ়াই আহি পাছে ঘৰে ঘৰে ক'লা।
গাঁওবুঢ়াই বোলে ভাই হ'ব লগা হ'ল।
পাঁচ সিকিয়া খাজনা গুচি পাঁচ টকীয়া হ'ল।'

ৰূপহীৰ আইতাকৰ মাতটোত এক পুৰুষালী ভাব আছে, গীত ধৰিলে গমগমাই যায়। বুঢ়ীয়ে থিয় নাম ধৰিলে নামতীহঁতৰ গাত যেন দেওধনী উঠে, মাটি কঁপি উঠে, কপালৰ ঘাম মাটিত পৰে। আজি বুঢ়ীৰ পুৰুষালী মাতটোত নতুন কিবা এটা যোগ হৈছে। সেই নতুন বতাহজাকে বুঢ়ীৰ মাতটোতো নতুন শকতি দি গৈছে। মাউতীয়া গীত-মাত গাব পৰা ধনদাই বুঢ়ীৰ লগে লগে ধৰিলে। ধনদাৰ মাতটো মিঠা, মাজে মাজে কোমল মাতটোৱে কান্দি থকা যেন লাগে। এনে হৈচং চেহেৰাৰ বোৱাৰীজনীৰ মাজত যে এনে চৰাইৰ দৰে কোমল মাত এটা আছে কোনেনো ধৰিব পাৰিব বাৰু? আৰু ৰূপহীৰ আইতাকজনী? তেনেই ক্ষীণ-মিন মানুহ এজনী। এইটো নহয় যে বুঢ়ীৰ এই চেহেৰা বয়সতহে হৈছে। ছোৱালী কালৰে পৰা বুঢ়ীৰ চেহেৰা এইটোৱে। মানুহে কৈছিল এইজনী কুকুৰ পেটীয়া, খালেও পেট চেপেটা লাগি থাকে। এইজনী খালেও গা নধৰা মানুহৰ মাতটো হ'ল ভোৰতাল হেন।

দুটা মাত, এটা গমগমীয়া, আৰু এটা কোমল। কাষৰ ঘৰকেইখনৰ পৰাও কোনোবা কোনোবা আহিল। ঘড়ীৰ লেখেৰে এতিয়া বেছি ৰাতি হোৱা নাই, গাঁৱৰ মানুহৰ ফুট গধূলিকে ৰাতি কৰা স্বভাৱৰ লেখেৰেহে ৰাতি হৈছে। তাৰোপৰি ভলণ্টীয়াৰ অহা ৰাতি, কাৰো টোপনি অহা নাই। এটি এটিকৈ মানুহ আহি ৰূপহীহঁতৰ চোতাল পালেহি। বহাগীৰ বাপেকে খুটিতালযোৰাকে লৈ আহিলে। যদুনাথ বুঢ়ায়ো থিৰেৰে থাকিব নোৱাৰিলে, টোকাৰিখন বেৰাৰ পৰা নমাই আনিলে। 'সৰু পুখুৰী'ৰ গীত-পদ বুলিলে এই খণ্ডৰ ৰাইজৰ মন ইচাট-বিচাট হয়। আজিও হৈছে—

'বৰাবেৰী যুগী গৈলা হাতত টোকন ধৰি
ব্যাসপেৰীয়া গণক গৈলা দীঘল ফোটা মাৰি।

....

অসংখ্যাত মানুহ গৈলা তাৰ নাই সীমা
কতো গৈলা কোচ কল্‌তা কতো গৈল হিৰা।

....

সকল ৰাইজে ওজৰ কৰে চাহাবল্লে চাই
ৰাইজে উঠি বোলে হুজুৰ খাজনা দিবা নৰো।
পাঁচটকীয়া খাজানা আমি কেনকে আদায় কৰো।
পাঁচসিকিয়া খাজানাকে দিবাৰ উপাই নাই।

....

গুৰুম গুৰুম কৰি পাচে বন্দুক মাৰিলা
কত মানুহ গুলি পৰি কেঁকাই থাকিলা
কতৰ প্ৰাণ বাহিৰ হ'ল কত গেল মৰি
গছ্ এডালত গুলি পৰি সিও হ'ল চিৰাচিৰি।

....

কিমান গুলি পৰি কিমান মৰি যায়।
কতই হাঁহা-কান্দা কৰে তাৰ সীমা নাই।'

ক'ব নোৱৰাকৈয়ে গানৰ মাজে মাজে মানুহখিনি সৰু পুখুৰী পাৰৰ সাধুকথাত মজি গ'ল। সাধুবোৰ সৰাপাতে পাক লোৱাদি সৰু পুখুৰীৰ পাৰে পাৰে পাক ল'বলৈ ধৰিছে।

'গুলী খাই মৰা খেতিয়ক ৰাইজ পথাৰতে পৰি থাকিল।'

'মিলিটেৰীয়ে তৎক্ষণাত গাঁৱৰ বাঁহ-বেত কাটি এডোখৰ ঠাই বেৰি ল'লে।'
'এদলে গৈ গাঁৱত সোমাই হাঁহ, মুৰ্গী, ছাগলী ধৰি আনিলে।'
'বগা বঙালৰ চিপাহীয়ে গাঁৱৰ বাৰীত পিয়া পি দিলে।'
'বাৰীৰ কুঁহিয়াৰ, মিঠা টেঙা ছিঙি খাবলৈ ধৰিলে।'
'নমৰাকৈ থকাবোৰক গাঁৱৰ পৰা মানুহ আনি সাঙি কৰাই মঙ্গলদৈলৈ পঠিয়ালে।'

'মৰাবোৰক পথাৰৰ মাজৰ দ খাল এটাত একেলগে দ'ম কৰি পুতি থ'লে।'
'পলাই গৈ হাবিত পৰি থকাবোৰ শিয়ালে শগুণে খালে।'
'সৰু পুখুৰী পাৰত ওলোৱা জোনাকী পৰুৱাবোৰ তেজৰ টোপাল হ'ল।'
'সৰু পুখুৰীত দ'ম কৰি পোতা মানুহবোৰে ৰাতি ৰাতি পানী পানীকৈ চিঞৰা হ'ল।'
'সৰু পুখুৰীৰ বতাহ কান্দোন হ'ল।'
'সৰু পুখুৰীৰ পাৰৰ গছবোৰৰ বাকলি চিৰাচিৰ দি থাকিল।'
'সৰু পুখুৰীৰ পথাৰত চাকি দিবলৈ গৈ ৰাইজে গছৰ বাকলিত তেজ লাগি থকা দেখা হ'ল।'

কথাৰ ওপৰত কথা। শব্দৰ ওপৰত শব্দ। গীত-পদৰ পাছত গীত-পদ। সাধুৰ পিঠিত সাধু। নতুন মানুহজনী পাই সৰু পুখুৰী পাৰৰ ৰাইজে কথাবোৰ তেনেই বাকী দিলে। আঁচল পাতি ল'লে নতুন মানুহ জনীয়েও।

চৰাইৰ মাত হেন মাতটোৰে নতুন মানুহজনীয়েও ৰাইজৰ লগতে বুকু ভাঙি গালে।

'চোৰা ভাই খেদা খোৰা ৰাইজৰ বিলাই।
কপালত পৰি আঠিয়াৰ বৈ গল, তেজ।
কান্ধত গুলি পৰি মৰিল সৰু বাপু বেজ।
তপধন ডেকাৰ গুলি পৰি বাহিৰ হ'ল নাড়ী।
বাগৰুকোচ পৰি আছেই বাপা বাপা কৰি।'

কোনে জানো মাত লগালে—
'ইমান পাপ ধৰণীয়ে নসহে।
'বগা বঙাল দেশ এৰি যাবই যাব'
'গান্ধীৰজা আহিব',
'স্বৰাজ হ'ব',
'স্বাধীনতা আহিব।'

কিয় নাহিব? আহিবই আহিব। সৰু পুখুৰীত পোত খাই থকা মানুবোৰৰ ত্যাগ অথলে যাবনে? নাযায়, যাব নোৱাৰে। স্বাধীন দেশত সৰু পুখুৰীৰ পথাৰখন ৰাইজৰ তীৰ্থ হ'ব। তাতে শই শই চাকি জ্বলিব। ৰাইজে নাম ল'ব। তেজ লগা জোনাকী পৰুৱাবোৰ আকৌ সোণবৰণীয়া হ'ব। তেজৰ টোপাল ওলোৱা গছবোৰত ফুল ফুলিব। সৰু পুখুৰীত মাছে খেলিব। নিজৰ দেশত সকলো হ'ব। সৰু পুখুৰীৰ কাষৰ গাঁওখনো ৰাইজে মূৰৰ ওপৰত তুলি থ'ব। এইখন গাঁও ৰামৰাজ্য হ'ব, ৰাইজে সৰগৰ সুখ নিজা ঘৰতে পাব। এইখন গাঁও ৰাইজৰ তীৰ্থ হ'ব।

গুণ গুণ শব্দে, নেওঠনী যঁতৰে

ধনদা ধল পুৱাতে উঠিল। ৰূপেই আজি পাগৰ বাহিৰ। ৰন্ধা-বঢ়া কৰি, ঘৰ-চোতালৰ কাম সামৰি গা ধুই ধনদা সাজু হ'ল। আজি বৰফান্দী নাই। এখন গাঁৱলৈ গৈছে, হাতী এটাক বেমাৰে ধৰিছে। তাতে দুদিনমান থাকিব। ধনদাই ফান্দীক দিহা দিছে এনেকৈ পোৱা চিকাৰূপ কেইটা খাজনাৰ কাৰণে নিলগাই থ'বলৈ। নহ'লে কোন দিনা কোৱোকী পৰেহি তাৰ ঠিক-ঠিকানা নাই। ৰাইজে থাউনি নোপোৱা হৈছে। কৰে কি? বিলৰ মাছ-পুঠিৰ পৰা বনৰ গছ-গছনিলৈকে আটাইবোৰ বগা বঙালৰ দখলত। থাপনাত চাকি এগছ জ্বলাই তাই নেদেখা ভগৱানক নহয়, দেখি থকা গান্ধী ভকতকহে সেৱা জনালে। এইসকলেই যদি এই থাউনি নোপোৱা পানীৰ পৰা উদ্ধাৰ কৰে! ৰাইজখন জাঙুৰ খাই উঠিছে, কিবা এটা হ'বই। গান্ধীভকত সৱক ৰাইজে গোসাঁই মানিছে। দুই-এটা বগা বঙালৰ চুৰা খোৱা আৰু কানিয়া-ভঙুৱা কিটাৰ বাদে আটাইৰে বাবে গান্ধীভকত সৱৰে গোঁসাই। সোণমাইহঁতৰ ঘৰত আজি গোপিনী সবাহ আছে। সোণমাইৰ ডাঙৰ ল'ৰাটোৰ আই ওলাইছিল, তেতিয়াই গান্ধী-ভকতৰ নামত শৰাই এখন আগ কৰি থৈছিল। যেই শৰাই আগ কৰিলে, ল'ৰা দিনে দিনে ভাল হৈ আহিলেই নহয়। গান্ধীভকতৰ মহিমা। আজি সেই ভাগ গোপিনী সবাহেই আছে।

সোণমাইহঁতৰ সবাহলৈ বুলি ঢেঁকীঘৰতে পকি মলমলাই থকা বাৰী-সুন্দৰী কল দুআষি ধনদাই বান্ধি ল'লে। পুলিটো ৰূপহীহঁতৰ পৰা আনি তায়ে লগাইছিল। ৰঙচুৱা বাকলিৰ সৈতে কলথোক পৰোঁতে গোটেই বাৰীখনতে ফুৰফুৰীয়া গোন্ধটো বিয়পি পৰিছিল। হওক তেওঁ, গান্ধীভকতৰ নামতে লাগিল। গোপিনী সবাহলৈ কান্ধত গামোচা লৈ চেলেং চাদৰ চুৰিয়াৰে গান্ধী ভকতো আহিল। নাম-প্ৰসঙ্গৰ লগে লগে গান্ধীভকতৰ কথাও শুনিলে গোপিনী সবাহৰ নামতীসকলে।

গান্ধীভকতে ক'লে গান্ধীৰজা অসমলৈ আহিব। প্ৰথমতে হেনো তেওঁ অসমলৈ আহিবলৈ মন কৰা নাছিলে। অসম এখন জংঘলী পাছপৰা ঠাই বুলি

ভাবিছিল। মানুহবোৰ ধোদ আৰু অসভ্য বুলি ভাবিছিল। এনে এখন ঠাইলৈ আহিলে সময়হে নষ্ট হ'ব বুলি ভাবিছিল। তেওঁ অন্ধ্ৰপ্ৰদেশ ভ্ৰমণৰ আঁচনিহে লৈছিল। কিন্তু যেতিয়া তেওঁ অসমৰ পৰা যোৱা নেতাসকলৰ পৰা গম পালে যে অসমীয়া মহিলাসকল তাঁত-সূতৰ কামত বৰ আগবঢ়া, অসমত তাঁত ব'বলৈকে বুলি কোনো 'তাঁতী' সম্প্ৰদায় নাই, অসমীয়া মহিলাই সকলো তাঁতৰ কাম নিজহাতে সামৰে, গান্ধীয়ে অন্ধ্ৰপ্ৰদেশলৈ যোৱাৰ আঁচনি বন্ধ কৰিলে। তেওঁ অসমলৈ আহিবলৈ সন্মত হ'ল।

গান্ধীভকতৰ কথা শুনি আইসকল অবাক হ'ল। কি কয় গান্ধীভকতে? কাপোৰ বোৱানো কি এনে ডাঙৰ কাম যে এইটো কথাৰ বাবেই গান্ধীৰজাই অসমলৈ আহিবলৈ মান্তি হ'ল। নোহোৱা-নোপজা কথা শুনিলে আইসকলে। তাঁত-সূত বোৱাটোনো কিবা এটা কাম হ'লনে? আজিৰ কথানে এইটো? আজো আইতাকহঁতে বৈছিল, আইতাকহঁতে বৈছিল, মাকহঁতে বৈছিল, এতিয়া নিজে বয়। কিনো নোহোৱা-নোপজা কথা হ'ল? তাঁত এখন নাথাকিলে দেখোন তিয়নী ডোখৰৰে টনা-টনি হব। ভাত ৰন্ধা, কেঁচুৱা তোলা, ঘৰ-দুৱাৰ পৰিষ্কাৰ কৰা, পথাৰত ৰোৱা তোলা এইবোৰৰ লগৰে কাম হ'ল বোৱা-কটা। আনবোৰ কামৰ দৰেই এটা ঘৰুৱা কাম। গান্ধীৰজাই এই কথাটোৰ বাবেই অসমলৈ আহিব। আইসকলে গান্ধীভকতক কথাবোৰ দুনাই সুধিলে, পেৰি পেৰি সুধিলে গান্ধীভকতেও একেখিনি কথাকে ক'লে।

গান্ধীভকতৰ কথা যোল অনাই সঁচা হ'ল। গান্ধীৰজা আহিল। ৰাইজখনে দুই-তিনি দিনৰ আগৰে পৰা খোজকাঢ়ি গুৱাহাটী পাইছিলগৈ। ৩০/৪০ মাইল খোজকাঢ়ি গৈছিল। আৰু সভাও সভা কি বিৰাট সভা। ২৫ হেজাৰতকৈ অধিক লোক আহিছিল। সৰু পুখুৰীৰ পাৰৰ গাঁৰৰ বুঢ়া-কেঁচুৱাৰ বাদে গাঁও উদং কৰি মানুহ গৈছিল। ধনদা গৈছিল, ৰূপহীৰ আইতাক গৈছিল, বৰফান্দী গৈছিল, দুৰ্বল ৰূপেইহে যাব নোৱাৰিলে।

গান্ধীয়ে কথা কৈছিল তেখেতৰ সৰু মাতটোৰে হিন্দী ভাষাত, অসমৰ ফুকন ডাঙৰীয়াই গমগমীয়া মাতেৰে অসমীয়াত ভঙাই গৈছিল। গান্ধীয়ে সুধিছিল— ৰাইজখন ভাঁহি-ভূঁহৰি তেওঁক চাবলৈকে আহিছে নেকি? যদি তেওঁক চাবলৈকে আহিছে তেন্তে তেওঁ ভ্ৰমণ চমুৱাই গুচি যাবগৈ। ৰাইজ অলপ পৰ তলকা মাৰি থাকিলে। তাৰ পাছত সমস্বৰে চিঞৰি উঠিল— 'আমি আপোনাক তেনেকৈ যাবলৈ

নিদিওঁ। গান্ধীয়ে ৰাইজক লগত থকা-বিদেশী কাপোৰ পুৰিবলৈ আহ্বান কৰিলে। কাপোৰে সৰু-সুৰা টিলা এটাৰ ৰূপ লৈছিলে। গান্ধীয়ে নিজে জুই দিছিল সেই বিদেশী বস্ত্ৰত। সেই জুই কেইবাদিনলৈকে জ্বলি আছিল।

গান্ধীভকতৰ কথা ষোল অনা প্ৰমাণ কৰি গান্ধীয়ে আইসকলৰ তাঁতখনৰ কথা কৈছিল, কাপোৰ বোৱাৰ কথা কৈছিল। 'মই শুনিছো অসমীয়া তিৰোতাসকল সূতা-কটাত বৰ পাৰ্গত; ভাৰতৰ আন আন প্ৰদেশৰ দৰে মাঞ্চেষ্টাৰ, লাংকাচায়েৰে অসমীয়া মহিলাৰ হাতৰ শিল্প নাশ কৰিব পৰা নাই। মই আশা ৰাখিছো অসমীয়া তিৰোতাসকলে হাতেকটা সূতাৰে কাপোৰ বৈ গোটেই ভাৰতৰে লজ্জা নিবাৰণ কৰিব পাৰিব। 'সৰু পুখুৰীৰ পথাৰখনৰ কাষৰ গাঁওখনৰ পৰা ধনদা, ৰূপহীহঁতে সকলোৰে লগত ৰজনজনাই যোৱাকৈ হাত-চাপৰি দিছিল।

গান্ধীৰজাক দৰ্শন কৰি গোটেইবোৰ খোজকাঢ়ি আকৌ ঘৰলৈ উভতিছিল। কিন্তু একেবোৰ মানুহ হৈ নহয়, সলনি হৈ উভতিছিল। আটাইৰে বুকুত স্বৰাজৰ জুইকুৰা ভমভমাই জ্বলিছিল। সেইকুৰা জুই সৰ্বত্ৰ বিয়পি পৰিছিল। বগা ৰজাই পুতি পেলোৱা শ্বহীদৰ তেজৰ টোপালবোৰ জোনাকী পৰুৱা হৈ উৰা সৰু পুখুৰীৰ পাৰৰ গাঁওখনতো কেউপিনে জুই জ্বলিছিল। কাৰ সাধ্য, এইকুৰা জুইত পানী ঢলাৰ?

গান্ধীৰজা অহাৰ ঠিক দুমাহৰ পাছতে সৰু পুখুৰী পাৰৰ পথাৰত মহিলাৰ এখন সভা হৈছিল। গান্ধী-ভকতকেইজনে আঁঠুৰ মূৰত ধুতি পিন্ধি অহা দেখি তিৰোতাখিনি বৰ আচৰিত হৈছিল। উত্তৰত গান্ধীভকতকেইজনে কৈছিল— গান্ধীয়ে নিজেও তেনে পোছাকেই পিন্ধে। কাপোৰ বোৱাৰ দৰকাৰৰ কথা ক'বলৈকে এনেকৈ আঁঠুৰ মূৰত চুৰিয়া পিন্ধিছে। আইসকলে নিজা নিজা তাঁতকিখনৰ মহত্ব বুজি চকুপানী টুকিছিল। গান্ধীভকতে আইসকলক যঁতৰ আৰু কপাহ দিছিল। সূতা কাটি খাদী বস্ত্ৰ ব'বলৈ কৈছিল। গান্ধীভকতসকলে গান্ধীৰজাৰ বাখৰ খটোৱা কথাবোৰ মহিলাসকলক পঢ়ি শুনাইছিল। শুনি শুনি আইসকল অবাক হৈছিল, নেওঠনী, যঁতৰ, টাকুৰি, তাঁতখনেৰেও তেনেহ'লে বৃটিছৰ লগত যুঁজিব পাৰি। গান্ধীৰজাৰ কথাবোৰ বৰ নতুন আছিল, গেবাৰি খাটি খাটি কাপোৰ বোৱা কামটো গান্ধীৰজাই যুঁজাৰ আহিলা বুলিলে। গান্ধীভকতৰ মুখত বাৰে বাৰে শুনিছিল গান্ধীৰজাৰ সেই সোণসেৰীয়া কথা, 'অসমৰ প্ৰত্যেক তিৰোতা স্বভাৱ-বোৱনী। যিবিলাক ছোৱালীয়ে ব'ব কাটিব নাজানে, তেওঁ গৃহিণী হবলৈ আশা কৰিব নোৱাৰে। অসমৰ তিৰোতাই কাপোৰত পৰীৰ কাহিনী তুলিব পাৰে।' অসমীয়া তিৰোতাৰ হাতৰ কাপোৰ দেখি গান্ধী মহাত্মাই চকুলো টুকিছিল। আৱেগত বুকু উথল-পাথল

কৰি আইসকলে গান্ধীয়ে তেওঁলোকৰ তাঁতখনৰ বিষয়ে কোৱা কথাবোৰ শুনিছিল। 'মই দেখি থকা শাৰী কাপোৰৰ লগত অসমৰ সুন্দৰ চানেকিৰ মুঠেই তুলনা কৰিব নোৱাৰি। অসমৰ দেশহিতৈষী কৰ্মীসকলে কৰ্তব্য কৰিবলৈ যদি চেষ্টা কৰে তেনেহ'লে স্বদেশী বিস্তাৰত অসম মুখ্য হৈ উঠিব পাৰিব; ইয়াৰ তিৰোতাসকলে তেওঁলোকৰ আৱশ্যকতাতকৈ বহুত বেছি কাপোৰ ব'ব পাৰে।' কোনোদিনে নুশুনা কথা শুনিছিল ধনদাইঁতে। সূতা কাটি স্বদেশী বিয়পাব পাৰি। গান্ধীৰজাৰ কথা গান হৈ, সুৰ হৈ, নাম-গুণ হৈ গাঁৱে গাঁৱে বিয়পি পৰিল।

পেৰাৰ পৰা নেওঠনী ওলাল, টাকুৰি ওলাল। মাজখিনিতে টাকুৰি পেৰাত সোমাইছিলগৈ। বগা চাহাবৰ চৰকাৰে অসমৰ মাটিত হোৱা দীঘল অহীয়া বঢ়িয়া কপাহবোৰ নিজৰ দেশলৈ পঠিয়াই দি বেয়া কপাহ আনি অসমৰ বজাৰত দিছিলহি। বগা চাহাবৰ চৰকাৰে কম দামত বিদেশী সূতাৰে বজাৰ ভৰাই দিছিল। অসমীয়া তিৰোতায়ো পেৰাত টাকুৰি ভৰাই, যঁতৰ ঢেঁকীশালত আঁৰি থৈ সেই বিদেশী সূতাৰে কাপোৰ ব'বলৈ লৈছিল। বগা চাহাবৰ চতুৰ কপাহ ব্যৱসায় অসমীয়া তিৰোতাই বুজে কি দৰে? গান্ধী ভকতসকল ওলোৱাৰ পাছতহে কথাবোৰ পৰিষ্কাৰ হ'ল। যাৰ যত বিদেশী সূতা আছিল চববোৰ পুৰিলে, নহয় পুতিলে। আনকি বিদেশী সূতাৰ কাপোৰ যাৰ যাৰ শালত আছিল, সেয়াও নষ্ট কৰি পেলালে। ৰূপেইৰ শালত থকা বিদেশী মিহি সূতাৰ চাদৰকেইখন ধনদাৰ লগ লাগি নষ্ট কৰি পেলালে। ধনদা, ৰূপহীৰ আইতাকহঁত মিলি যেতিয়াই সময় পায় তেতিয়াই তিৰোতাবোৰৰ শালবোৰ চাবলৈ ল'লে।

ৰাস্তাৰ অঘাইতং ছলিবোৰেও স্বৰাজৰ গীত গাইছিল,

'আমৰ গছত কঁঠাল লাগছি
কঁঠালৰ গছত মালা
গান্ধী ভকতে মিটিং কৰ্‌ছি
গান্ধী স্বৰাজ পালা।'

আৰু তিৰোতাবোৰে কাৰোবাৰ তাঁতত বিদেশী সূতাৰ কাপোৰ দেখিলে মনৰ দুখতে গান্ধীক গোচৰ দিছিল। গান্ধী মহাত্মা যে আইসকলৰ বুকুৱে বুকুৱে থিতাপি লৈছিল।

'মহাত্মা গান্ধী, মহাত্মা গান্ধী, কাপোৰত পাৰিছি পাৰিজাত লতা...', বিদেশী সূতাৰে বোৱা চাদৰত বছা পাৰিজাত লতাৰ চানেকিয়ে দুখহে আনিছিল। মহাত্মাক গোচৰ দিহে শান্তি পাইছিল।

গান্ধীভকতে কানীয়াৰ বিৰুদ্ধেও যুঁজত নামিছিল। গাঁৱত চ'কবোৰত থকা গছবোৰতো স্বৰাজৰ বা লাগিছিল। কানি, ভাং, ধঁপাত খোৱা চিলিমবোৰ গান্ধী ভলণ্টীয়াৰে গাঁৱে গাঁৱে ঘূৰি গোটাই আনি গছত ওলোমাই থৈছিল। হাতী ভাল পোৱা মানুহটোৱেও গান্ধী ভকতৰ লগ লৈছিল। ফান্দীয়ে আৰু দুজনমান লগত লৈ গোটেই গাঁওখনৰ কানিৰ টিকিৰা ভজা শলিবাৰীবোৰ গোটাই আনি গছত আঁৰি থৈছিল। এটা কামত ফান্দী নহ'লে নচলিছিল। সেইটো কাম হৈছে 'বস্তা-ফাটেক'। গান্ধীভকতে কানি এৰিব নোখোজা লিকটা কানিয়াকিটাক বস্তাত ভৰাই দাঙি আনি বান্ধি-কুন্ধি চাৰিআলিত পেলাই দিছিলহি। ৰাইজে চাই হাত-চাপৰি দিছিল। এই বস্তা-ফাটেকত পৰা কানিয়া কিটাক কেঁচুৱা ডঙাদি ডাঙি আনিছিল মতগজ বৰফান্দীয়ে। বস্তা-ফাটেকে বৰ কাম দিছিল। হাজাৰ কানিয়া হওক, ছলি-পলিৰ হাঁহি-মস্কৰা শুনি শুনি বস্তাত বান্ধ খাই চাৰি আলিত পৰি থাকিবলৈ কোনেনো ভাল পাব? বস্তা-ফাটেকে কানিয়াক যম দেখুৱাই দিছিল। বৰফান্দীক দেখিলেই কানিয়া দূৰতে বিদূৰ হৈছিল।

বদলি গৈছিল বিয়াই, শ্ৰাদ্ধই গোৱা ভাৱৰীয়া সকলৰ গীত-পদো। চং দেখুৱাই ভাৱৰীয়াসকলে গাইছিল কানি বৰ্জনৰ গীত

'হেৰৈই কানীয়া ভাই কি কৈ
কি কৈ বধিলি মোকে,
ধোৱা খোৱা চল কৰি বধিলি মোক।
কানীয়াই কানি খাই
গা কৰ্‌লা ঘাটি,
এনে দিনাই বেচি পেল্লা
বাপকৰ দিনৰ মাটি।
কানীয়া ভাই এ,
কানিয়াই কানি খাই
গা কৰলা মোটা,
একে দিনাই বেচি পেল্লা
বাপক্‌ৰ দিনৰ লোটা,
কানীয়া ভাই ঐ।'

ফান্দী যদি লাগিছিল কানি বৰ্জনত, ধনদা গাঁওৰ আইসকলৰ লগত উবুৰি খাই পৰিছিল সূতা কটাত। সেৰে সেৰে কপাহ নেচাই নেচাই সূতা হৈছিল। সেই সূতা

তাঁতত উঠিছিল। গান্ধীভকতে গোটাই নিছিল সেই খাদী বস্ত্ৰ। ধনদাইঁতে এঘৰ এঘৰকৈ সাউৰি খাটি সূতা কাটিছিল। সংসাৰৰ সেই পুৰাতনীয়া কাম-বন সামৰি আইসকল আজি ইঘৰত, কালি সিঘৰত গোট খাইছিলহি। সৰু পুখুৰী পথাৰৰ গাঁওখনত ৰাতিৰ ৰাতিটো শুনা গৈছিল আইসকলৰ যঁতৰ, নেওঠনী, টাকুৰিৰ গুণ গুণ শব্দ আৰু সমস্বৰে গোৱা গীত-পদবোৰ।

‘ঘূণ ঘূণি কাটো।
ঘূণ ঘূণিত পাক লাগিছে
ভলণ্টিয়াৰক মাতো’

ৰূপহীৰ আইতাকে আৰু টাকুৰি যঁতৰ ল’ব নোৱাৰে। বুঢ়ীয়ে কেৱল খুটিতালযোৰ বজাই বজাই গীত-পদবোৰ গাই থাকে। বুঢ়ীয়ে উজনিৰ গান্ধীভকতৰ পৰা উজনীয়া গীত-পদো শিকিছে। উজনীয়া গীত-পদবোৰ ধনদাৰ মাততহে বেছি ৰজিতা খাই পৰে। বুঢ়ী আৰু ধনদাই একেলগে গীত জুৰিছিল, বাকীবোৰে দোহাৰ ধৰিছিল, খিটি টিং খিটিটিঙকৈ খুটি-তাল বাজিছিল, গুণগুণকৈ যঁতৰ চলিছিল, কেৰকেৰকৈ নেওঠনী বাজিছিল, ৰিণ্‌ৰিণকৈ টাকুৰি ঘূৰিছিল—

‘গুণ গুণ শব্দে
নেওঠনী যঁতৰে
স্বৰাজ ল’ব লাগে
হাতে কটা সূতাৰে’।

গীত-পদৰ লগে লগে বাঢ়ি যায় সূতাৰ নেচা,

‘কাটিছো কাটিছে কপাহৰ জোলা
তড়িয়াই বৈ যাম খদৰৰ চোলা।’

টাকুৰিত পাক লয় সপোনে—
‘এইবেলি আঘোণত স্বৰাজ দিব
সৱে ভলণ্টিয়াৰ মুকলি হ’ব।’

নেওঠনী ঘূৰি ঘূৰি কপাহৰ গুটি বাছে; পথাৰে সমাৰে, আখলে-চোতালে কাম কৰা খহটা আঙুলিবোৰে কপাহৰ জোলা সাজে, যঁতৰত সেই কপাহৰ জোলা সূতা হৈ হৈ চেৰেকিত পাক লয়। উজনীয়া গীতে কোনোবা মণিৰামক টোকোলাই নদীৰ পাৰত বগা চাহাবে ফাঁচি দিয়াৰ সাধু কয়। ধনদাৰ কোমল মাতটোত সেই সাধু কপাহৰ পৰা ওলোৱা সূতাৰ দৰে কোমল হৈ মেল খাই পৰে,

'গুপুতে গুপুতে নিলে মণিৰামক
গুপুতে গুপুতে নিলে,
হৰদৈ চাহাবে টোকোলাই পাৰতে
গুপুততে ফাঁচি দিলে।
চালত মলঙিলে চালেদৈ কোমোৰা
বৰচাঙত মলঙিলে লোণ
হাবিৰ চুকে কোণে
সোমাই ৰৈয়ে গলে
মণিৰাম দেৱানৰ গোন্ধ।'

আকাশ পোহৰ হয়। গীত-পদবোৰ বুকুত বান্ধি আটাইবোৰ খৰধৰকৈ পুৰাতনীয়া কামৰ পাকবোৰৰ মাজত সোমাই পৰেগৈ। যাওঁতে ঠিক কৰি থৈ যায় অহা কালিনো কাৰ ঘৰৰ চোতালত বহিব।

সকলোবোৰৰ মাজতে ধনদাৰ গৰ্ভত কলাকলাকৈ বাঢ়িল বৰফান্দীৰ সন্তান।

গান্ধী ৰাজা নী মুথাছে মুথাছে মাই ৰং হী

লাৰুৱা গোপাল যি লাৰুৱা গোপাল। থোলোকা কেঁচুৱাটি যিয়ে দেখে সিয়ে একোলা ল'ব খোজে। লাহে লাহে কেঁচুৱাই চোতালত আঁঠু কাঢ়ি বগাবলৈ ল'লে। মূৰত মাথোঁ এডাল ম'ৰা পাখি গুজি দিব লাগে, সাক্ষাৎ লাৰুৱা গোপাল যেন ধৰালৈ নামি আহিছে। নামো তাৰ গোপাল। এদিন গোপালে চোতালত বগুৱাবাই থাকোঁতে হঠাৎ থিয় দঙা দি পেলালে। ধনদাই ঢেঁকী দি আছিল। কি জানো হ'ল মানুহজনীৰ। পুতেকে থৰক-বৰককৈ থিয়-দঙা দিয়া দেখি মানুহজনীয়ে য'ৰে চাউল ত'তে পেলাই বহি কান্দিবলৈ ধৰিলে। গোটেইবোৰ চাপি-কুচি আহিল, বৰফান্দীয়ে কৰৈ গছ এজোপা দলি আছিল। তেওঁ কাষ চাপি আহিল। ৰূপেই, শাহুৱেক, ফান্দী আটায়ে সোধেহে সোধে ধনদাৰ মুখৰ মাত নাই। কেৱল কান্দোন। এনেকৈনো কান্দিব লাগেনে? কাষৰ ঘৰৰ মানুহখিনিও আহিল। তাই বেছ কিছুপৰ কেঁচুৱাকণক গাখীৰ দিয়া নাই। গাখীৰেৰে তাইৰ চাদৰখন তিতি গৈছে। ৰূপহীৰ আইতাকে ধনদাৰ পিঠিত হাত থ'লে।

'কি হ'ল এ তোৰ?'

উচুপনি, চকুপানী মোহৰাৰ লগে লগে তাই পাহাৰৰ তলৰ হাউলিত এৰি অহা বগা চুলিৰ মানুহজনীৰ কথাবোৰ বাকি দিলে। সৰুৰে পৰা পাইছে সেই শান্তিপ্ৰিয়া আইক। আয়ে সেই হাউলি এৰি আহোঁতে ধনদাক কোলালৈ কেঁচুৱা আহিলে লৈ যাবলৈ কৈছিল। কোলাৰ কেঁচুৱা এতিয়া থিয়দঙা দিলে। আই বা আছেনে নাই? ইমানবোৰ সন্তাপ লৈ মানুহজনী জীয়াই আছেনে বাৰু? ঢেঁকীশালতে ঠিক হ'ল ধনদা, কেঁচুৱা লৈ পাহাৰৰ তলৰ মৌসৰা গাঁৱলৈ যাব।

ধনদাক ৰূপহী, তিলেশ্বৰী, গোটেইকিজনীয়ে কামখিনিত সহায় কৰি দিলে। ধান বানি কলহ দুটাত চাউল ভৰালে, চিৰাখিনিও কলহত সাফৰ মাৰি থ'লে, বৰা চাউল আছেই, বাৰীত শাক তৰকাৰিও আছে। এমাহৰ ৰচদ-পাতি যোগাৰ কৰি ধনদা

যাবলৈ ওলাল। বৰফান্দীয়ে ভঁৰালৰ আগখিনি শুকাই কনকনীয়া হৈ থকা খৰিৰে ভৰাই দিলে। বেমাৰী মানুহ দুজনী যেনে-তেনে হ'লেও চলিব পাৰিব।

ধনদা যেন মাকৰ ঘৰলৈ যোৱা ন-কইনাহে। ধল পুৱাতে আহি আটায়ে বিদায় দিলেহি। দিন-কাল বেয়া, কেউপিনে বগা চাহাবৰ চিপাহীয়ে পিয়াপি দি আছে। দেখা নাইনে ৰাইজখনক কি অত্যাচাৰ কৰিছে। ঘৰে ঘৰে কোৰোকী পৰিছে। ৰাইজখনেও খাজনা নিদিওঁ বুলি দাং খাই উঠিছে। সেইদিনানো কমখন কাণ্ড হ'লনে? কাছাৰীত গান্ধীৰ ভলণ্টিয়াৰে পিকেটিং চলাইছিল। এজন কেৰাণীয়ে গান্ধী-ভকতক ডেই গৈ কছাৰীত সোমাইছিলগৈ। তাৰ দুদিন পাছতে কেৰাণীৰ তমোময় জ্বৰ হ'ল। গান্ধীৰ দায় লাগিল বুলিলত কেৰাণীৰ ঘৈণীয়েকে গান্ধী মহাত্মাৰ নামত সবাহ পাতি মাহপ্ৰসাদ, কল আগবঢ়োৱাতহে যেনিবা কেৰাণী উঠি বহিল। সিদিনা ৰজা দেউতাৰ সকলো ৰাজ সম্পত্তি ক্ৰোক কৰি নি বগা চৰকাৰৰ চিপাহীয়ে কাছাৰী ঘৰৰ চোতালত দ'ম কৰি থৈছিলে। সেই ৰাজ-সম্পত্তি নিলাম হ'ল। এনেহেন সময়ত মানুহ হাল কেঁচুৱাকণ লৈ দিকচৌ বাট বুলি ওলাইছে। আটাইৰে চকুৰ পানী পৰিল। ধনদায়ো এসোঁতা কান্দিলে। ৰূপেই আহি চিৰাৰ টোপোলাটো হাতত দি ধনদাক কাণে কাণে ক'লেহি, 'চাবি মানুহটোক আকৌ হাতীয়ে নিব।' এৰা, ধনদা মাকৰ ঘৰলৈ যোৱা ন-কইনা হৈছিল, লগত নিবলৈ কোনে পিঠা-পনা দিছিল, কোনে শালৰ গামোচা দিছিল তাৰো হিচাব নাছিল।

মৌসৰা পাই ৰে'লৰ পৰা যেতিয়া ধনদা নামিল তাই হেন মানুহজনীও ভাগৰত লালকাল। আকাশৰ সীমাত থকা ময়ূৰ পাখি ৰঙৰ পাহাৰ লানি, ইফালে-সিফালে বৈ থকা সৰু সৰু জান-জুৰিৰে ভৰা ঠাইখণ্ডত ভৰি দিয়ে হাউলিলৈ বুলি গৈ থাকোঁতে বাটতে কাণত পৰিল এক সমস্বৰে গোৱা সুৰীয়া সঙ্গীত,

'শতেক হিয়াৰ জননী পূজাৰ
মাগিছো ভকতি অঞ্জলি দান
দুৱাৰে দুৱাৰে পাতিছো আঁচল
ৰাখা জননীৰ হেৰোৱা নাম।'

গান্ধী ভকত সৱে মুষ্টি ভিক্ষা কৰিছে। দুজন ল'ৰাই খাদী কাপোৰ এখন দুই মূৰে আঁচল পাতি ধৰি ঘৰে ঘৰে পদূলিয়ে পদূলিয়ে ৰৈছে, যেয়ে যি পাৰে দিছে। ধনদা আৰু ফান্দীও দলটোত সোমাই পৰিল। এগৰাকী বুঢ়ী বিধবাই নতুনকৈ পৰা কুকুৰা কণী তিনিটাকে আনি গান্ধীভকতক দিয়া দেখি ধনদাই বুজিলে পাহাৰত লাগি লাগি ধৰা এই পাছ পৰা ঠাইখণ্ডলৈয়ো স্বৰাজৰ বতাহ আহি পালেহি।

হাউলি পাই ধনদা, বৰফান্দী তভক মাৰি ৰ'ল, ধনদাৰ লাৰুৱা গোপাল কেতিয়াই কোলাতে শুই পৰিল। তেতিয়া বেলি পৰো পৰো হৈছিল। হাউলিৰ পদূলিৰ পৰা মানুহ। প্ৰায়বোৰে চিনাকি মানুহ। মৌসৰাতো ফান্দীৰ গাঁওখনৰ দৰে চোতালতে চোতাল লগা মানুহৰ গাঁও নহয়। পাহাৰতলীৰ গাঁওখনত মানুহ তেনেই পাতল। ধনদা আৰু ফান্দীক আটায়ে চাইছে, কোনো কোনোৱে হাঁহি এটাও মাৰিছে, কিন্তু আগবাঢ়ি আহি কথা-বতৰা পতা নাই। ন-কইনা হৈ কান্দি-কাটি অহা ধনদাই আশা কৰিছিল, আটায়ে তাইক বেৰি ধৰিবহি, কোলাত ল'ব তাইৰ লাৰুৱা গোপালক।

'বন্দে মাতৰম,'
গান্ধী মহাত্মাৰ জয়
ভাৰত মাতা কি জয়
কৰেঙ্গে য়্যা মৰেঙ্গে'

স্বৰাজৰ ধ্বনি শুনি ধনদা আৰু ফান্দী আগবাঢ়ি গ'ল। ঠিক মৌজাদাৰ দেউতাৰ অফিচৰ আগতে গান্ধীভকতৰ পোছাক, আঁঠুৰ মূৰত চুৰিয়া পিন্ধি শান্তিপ্ৰিয়া আইৰ যজা ল'ৰা দুটাই মাটিত দীঘল দি পৰি আছে। দুয়োৰে মুখত আখৈ ফুটাদি ফুটিছে স্বৰাজৰ বাণী। ওচৰতে খঙত ৰঙা পৰি হাতত বন্দুক লৈ থিয় দি আছে স্বয়ং মৌজাদাৰ। আৰু ল'ৰা দুটাক আগলি বহি আছে বগা চুলিৰ মানুহজনী। মানুহজনীয়ে মুখেৰে কিবা কিবি বিৰবিৰাই আছে। ধনদাই আৰু ৰ'ব নোৱাৰিলে। গৈ শান্তিপ্ৰিয়াক আগলি ধৰিলেগৈ। তেওঁৰ কোলাত তুলি দিলে গোপালক। সেইখিনি সময়লৈকে যেন ৰৈ থকা মানুহখিনি বাট চাই আছিল। খাজনা শোধাবলৈ আহি মৌজাদাৰৰ দুই পুতেকক মৌজদাৰৰ মহৰিয়ে খাজনা লোৱা অফিচৰ আগত পৰি থকা দেখি ৰায়ত হতভম্ব হৈছিল। কোনোবাই আদেশ দিলেই বুলিলেই ল'ৰাহালক ডেই গৈ খাজনা দিব পাৰিনে? লাগে ঘৰতেই কোৰোকী পৰক, বা মাটিয়েই নিলাম যাওক। মানুহখিনিয়ে আহি ল'ৰাহালক মালা এধাৰৰ দৰে ঘেৰি ধৰিলেহি। মৌজাদাৰ সেইখিনিৰ পৰা আঁতৰি গ'লগৈ।

ফান্দীক কাতিয়া মাউতে নিজা ঘৰলৈকে লৈ গ'ল। ধনদা থাকিল আই শান্তিপ্ৰিয়াৰ লগত। ৰাতি হাউলিৰ এজনী তিৰোতায়ো চকুৰ টিপ এটাও নামাৰিলে। ধনদাক ঘেৰি লৈ বহি থাকিল। ধনদাৰ পৰা সৰু পুখুৰী পথাৰৰ কাষৰ গাঁওখনৰ কথা সাধু শুনাদি শুনিলে। ধনদাই গোৱা নতুন গীত-পদবোৰ মন দি শুনিলে। আই শান্তিপ্ৰিয়ায়ো ধনদাৰ গীত-পদৰ লগে লগে নিজেও গালে। গুণগুণকৈ গীত জোৰা আইক চাই বাকী কিজনীয়েও দোহাৰ ধৰিলে।

'গুণ গুণ শব্দে......'
'গুপুতে গুপুতে.....'
'বৰাবেৰী যুগি গেল.....'
'ঘূণঘূণী কাটো.......'

ধনদাই শুনিলে আইৰ যঁজা ল'ৰা দুটাৰ কথা। মঙ্গলদৈৰ স্কুলত পঢ়ি থকা আইৰ দুই পুত্ৰ প্ৰিয়নাথ আৰু চন্দ্ৰনাথৰ কথা শুনি ধনদা অবাক হ'ল। তায়ে কোলাই বোকোচাই লৈ ডাঙৰ কৰা ল'ৰাহালৰ গাত ইমান তেজ। বাপেকে ল'ৰাহঁতে স্বৰাজ আন্দোলনত যোগ দিয়াৰ কথা গম পাই টকা-পইছা নিদিয়া হ'ল। দুইটাই এখন স্কুলত থাকে। স্কুলখন সাৰি-পুচি দিয়াৰ বাবে ৰাতিটো পৰি থাকিবলৈ দিয়ে। কি খায়, কি কৰে, কেনেকৈ চলে ভাবি ধনদা অবাক হ'ল। ইমান সুখত ডাঙৰ হোৱা ল'ৰাহালে কিহৰ কাৰণে ইমান কষ্ট গোটাই লৈছে? অকল স্বৰাজৰ কাৰণেই? ধনদাৰ হাত দুখন নিজে নিজে যোৰ হৈ গল। ল'ৰাকিটাৰ নামত তাই প্ৰণাম কৰিলে। পুৱাৰ ফালে আটাইবোৰৰ চকু লাগিছিল কি নাই, হুলস্থূলত সাৰ পাই উঠিল। প্ৰিয়নাথ, চন্দ্ৰনাথ ইতিমধ্যেই বগা চাহাবৰ খাতাত আচামীৰ নাম হৈ পৰিছে। মৌসৰা গাঁৱত আবকাৰি কানিৰ দোকানৰ আগত পিকেটিং কৰা, বিদেশী বস্ত্ৰ দাহ কৰা, ৰায়তক খাজনা নিদিবলৈ উচটোৱা— সকলো ডাঁৰৰ বাতৰি ডাঁৰে গৈ আছিল। একো আচৰিত কথা নহয়। হাউলিৰ পৰাই দুয়োকে পুৱাই পুৱাই চিপাহীয়ে ধৰি নিলেহি।

হুলস্থূলৰ মাজতে কাতিয়া আহি ধনদাক আৰু বৰফান্দীক আহি লৈ গ'লহি। কেতিয়া কি হয় ঠিক-ঠিকানা নাই। ধনদা আৰু ফান্দীৰ মৌসৰা গাঁৱলৈ অহাৰ খবৰ পলাশতলী থানাই সঠিককৈ পাইছে।

মৌসৰা গাঁও পাৰ হৈ অলপদূৰ গৈ কাতিয়াহঁতৰ গাঁওখন। গাঁও মানেনো কি? এথুপ খেৰি ঘৰ, আকৌ খেতি-পথাৰ, জংঘল, আকৌ এঠাইত কেইঘৰমান মানুহ, লগতে কিছু খেতি-পথাৰ। আকৌ জংঘল। ধনদাৰ ইমান দিনে চোতালে চোতালে লগা ফান্দীৰ গাঁওখনত থাকি কিবা কেউফালে বৰ ৰিঙা ৰিঙা লাগিছে, নিজান নিজান লাগিছে। মানুহেই যেন নাই। নায়েতো মানুহ। ইমানবোৰ মুকলি ঠাইৰ মাজত এই কেইঘৰ মানুহ। কেউপিনে কেৱল হাবি আৰু হাবি। যিমানেই গৈ আছে সিমানেই নীলা পাহাৰ লানি ওলাই আহিছে। কিমান দিন এই পাহাৰ লানি দেখা নাই। পৰম মমতাৰে ধনদাই পাহাৰ লানি চাই থাকিল। বহুত দিনৰ মূৰত যেন তাই আপোনজনক লগ পাইছে। ধনদাৰ বাৰে বাৰে মনত পৰি আছে মৌজা অফিচৰ মাটিত পৰি থকা ল'ৰাহাললৈ, ল'ৰাহালৰ কাষত বহি থকা বগা চুলীয়া মানুহজনীৰ শুকান মুখখন

মনত পৰি ধনদাৰ বুকুখন কিবা কৰি আহিছে। মানুহজনী আৰু শুকাইছে, কিবা খাইনে নাই? কোনেনো আগত দিব। কাতিয়া আৰু ফান্দী অলপ আগুৱাই গৈছেগৈ। গোপালক লৈ তাই অলপ পাছ পৰি গৈছে। কাতিয়াই ফান্দীৰ মুখলৈ চাই চাই অনৰ্গল কথা কৈ আছে।

বৰফান্দীক ক'বলৈ কাতিয়াৰ কিমান কথা জমা হৈ আছে। কথানো আৰু কি, ঘূৰি ঘূৰি সেই হাতী, সেই হাবি, সেই হাতী মাউত। এটা এটাকৈ কথাবোৰ কাতিয়াই ফান্দীক অকলশৰে পাই তেনেই বাকি দিলে,

গণেশক নাচন ডুবিৰ চাহাবে কিনিলে।

ফান্দীয়ে এইখিনি কথা জানে। ধনীৰামে গণেশক জাহাজ ঘাটলৈ লৈ যোৱাৰ কথা আছিল। গণেশক চাহাবৰ দেশলৈ নিবলৈ বুলি সকলো ব্যৱস্থা পকা হৈছিল।

'তাৰপাছত কি হ'ল?' কাতিয়াই যেন কিবা গুপুত কথাহে মেলিব খুজিছে। প্ৰশ্নটো সুধি বৰফান্দীয়ে কৌতূহলেৰে তাৰ মুখলৈ চাই ৰল।

চাহাবে গণেশক কিনিলে।
গণেশৰ মাউত হৈ ধনীৰাম নাচন ডুবিলৈ গ'ল
হাতীয়ে মুখত একো নিদিয়া হ'ল।
ধনীৰামে হাতীক পাহাৰত গছ-পাত খুৱাবলৈ লৈ গ'ল
গৈ গৈ হাতীয়ে-মাউতে ভোট ৰজাৰ দেশ সোমাল গৈ
ধনীৰাম ভোট ৰজাৰ ফাটেকত পৰিল।
চাহাবে মৌজাদাৰক মাতিলে।
তলীফুটা মৌজাদাৰ দৌৰি আহিল
চাহাবে মৌজাদাৰে ভোট ৰজাৰ দেশলৈ গ'ল।

গণেশৰ কি হ'ল?' ফান্দীৰ সেই হাতীলৈ মনত পৰি কিবাখন লাগি আহিল।

মাউত ফাটেকত পৰিল
হাতীয়ে ঘাঁহে-পানীয়ে এৰিলে.
মৰে এতিয়া, হাতীটোৱে নাখায়-নবৈ প্ৰাণ এৰে
মাউত ওলাল, মৌজাদাৰ সোমাল
ভোট ৰজাৰ নিয়ম, এটাৰ সলনি এটা
ধনীৰামে গণেশক হাবিলৈ নি এৰি দিলেগৈ।

'গণেশ, মোৰ বাচা গণেশ বিলাতলৈ নগ'ল', বৰফান্দীৰ চকু-মুখ উজ্জ্বল হৈ আহিল।

মৌজাদাৰ ভোট ৰজাৰ ফাটেকতে থাকিল

ধনীৰাম কোনোবা শদিয়া পালেগৈ।

'মৌজাদাৰ দেউতাৰ কি হ'ল? কেনেকৈ ভোট ৰজাৰ দেশৰ পৰা ওলাল? এইবাৰ ধনদাই সুধিলে। বৰফান্দীয়ে আৰু এইখিনি কথালৈ মন-কাণ কৰা নাই। অনুচ্চ স্বৰেৰে তেওঁ কৈ আছে, 'মোৰ বাচা, মোৰ বাচা গণেশ, মোৰ বাচা...।'

মৌজাদাৰক এগৰাকী দেৱীয়ে ফাটেকৰ পৰা উলিয়াই দিলে।

সেই দেৱীৰ নামত মৌজাদাৰে পূজা পাতিলে।

ধনদাই ফিচিককৈ হাঁহি দিলে। হাঁহিটো কাতিয়াৰ ঠিকেই চকুত পৰিল। ফান্দীৰহে এইখিনি কথালৈ কোনো কাণসাৰ নাছিল।

কাতিয়াহঁতৰ গাঁও পাওঁ পাওঁ হৈছেহি। ফান্দী মানুহটো কেনে ৰঙীয়াল হৈ পৰিছে। গোঙোৰা মানুহটো হাবি-জংগল পাই কোন ফালেনো কোন তলকত নোহোৰা হ'ল। ফান্দীয়ে এইবাৰ হাতীবোৰৰ খবৰ লৈছে। আত্মীয় মানুহৰ খবৰ লোৱাদি এটা এটাকৈ হাতীবোৰৰ বাতৰি লৈছে।

দৈমালুৰ ভৰিত খুটা গাৰিছিলে, ভাল হ'লনে?
আকবৰক মচব্বৰ খুৱালেনে নাই?
গদাধৰক টাটাৰ দিছেনে নাই?
ৰাধিকাৰ পোৱালিটো কেনে?

উত্তৰ দি দি কাতিয়াই বৰফান্দীৰ মুখলৈ চাই ৰৈ গৈছে, তাৰ চকুত অদ্ভুত এক মিনতি, 'আকৌ হাতী ধুৰালৈ আহিবি নে নাই?' কথাষাৰ সুধিয়েই সি বগা চাহাবে হাতীবোৰ জাহাজত উঠাই নি বিদেশলৈ চালান দিয়াৰ কথা ক'লে, হাতীয়ে পতি লোৱা সোপা সোপে চিকাৰুপৰ কথা ক'লে, যোৱাবাৰ হাতীমহলত 'মৰগাচ পেলোৱা' অৰ্থাৎ গৰ্ভপাত কৰা মাইকী হাতীকিজনীৰ কথা ক'লে। অলপ লাগি লাগি ধৰা মাতটোৰে কাতিয়াই যেন বুকুখন বাকিহে দিব। দিনটো এবাৰ নে দুবাৰ মাতষাৰ শুনা বৰফান্দীৰ কথা-বতৰাও হাবি যিমানে বাঢ়ি আহিল, সিমানেই বাঢ়ি গ'ল। কাতিয়াই আকৌ সুধিলে, 'হাতী ধুৰালৈ এইবাৰ আহিবিনে নাই? তই নাথাকিলে...' কাতিয়াৰ মাতটো লাগি ধৰিছিল। ধনদাৰ মনত পৰিলে ৰূপেইৰ মেকুৰী পোৱালি এটাৰ দৰে সৰু মুখ এখনলৈ, তাই ফুচফুচাই কোৱা কথাষাৰলৈ, 'চাবি মানুহটোক আকৌ হাতীয়ে নিব' ধনদাৰ ৰূপেইক ক'বৰ মন গল, 'এইটো মানুহ হাতীৰ লগৰে হাতী, হাতীৰ বেজাৰত ঘৰ চাপিছে, হাতীৰ বেজাৰতে ঘৰ এৰিব।'

বেলি মাৰ যোৱাৰ পাছতে ফান্দীহঁত কাতিয়াৰ গাঁওখনত সোমালগৈ। ইয়াৰ পৰা নাচনডুবিলৈ আৰু বেছি দূৰ নাই। অলপ দূৰ গ'লেই তিৰোতাৰ মেলা চুলিৰ দৰে নদীখন। নদীখন পাৰ হৈয়ে নাচন ডুবিৰ ঢৌ-খেলোৱা বাগিচাখন। তাৰ পাছতে সেই ক্রমাৎ পাহাৰৰ ওপৰলৈ উঠি যোৱা ডাঠ হাবিখন। কাতিয়াৰ পৰিবাৰে গৰমে গৰমে ৰান্ধি দিয়া ৰঙা আহু চাউলৰ ভাত আৰু লোণ-তেল দিয়া ৰঙালাও সিদ্ধ খাই ধনদাহঁত পাটিত পৰিল।

পুৰাই পুৰাই ঘৰখন সাৰ পালে এক জয়ধবনিত। 'গান্ধীৰাজা নৌ মুথাছে মুথাছে মাইৰং হৌ।'

কাতিয়াহঁতৰ ভাষাৰ কথাষাৰ জয়ধবনিৰ দৰে ৰজনজনাই উঠিছে। দুজনী তিৰোতাই এখন কাপোৰ দুইমূৰে ধৰি দুৱাৰ-মুখত থিয় দিছেহি। দুৱাৰ খুলি ওলাই অহা গৃহস্থক দেখি মানুহ কিজনে আকৌ কৈ উঠিল, 'গান্ধী ৰাজা নৌ মুথাছে মুথাছে মাইৰং হৌ'।

ধনদাই মিছাতে ভাবিছিল এই পাছপৰা উত্তৰ অঞ্চলত কথাবোৰ পাহাৰত আহি লাগি ধৰেহি, ফান্দীহঁতৰ গাঁওবোৰত হোৱাদি বিয়পি নাযায়। ভাষা বেলেগ, মানুহ বেলেগ। কিন্তু ইয়াতো, এই পাহাৰতলীৰ হাবিতলীয়া গাঁওখনতো গান্ধীভকত ওলাল। এইবোৰ গান্ধীভকতে মুষ্টি ভিক্ষা কৰি ফুৰিছে। সেৱা এটা কৰি কাতিয়া আৰু পৰিবাৰে চাদৰখনত চাউল অলপ বাকি দিলে। গান্ধীভকতখিনি ওলাই গ'লগৈ আকৌ শুনা গ'ল কেইষাৰ কথা, 'গান্দী ৰাজা নৌ...।

কাতিয়াহঁতৰ গাঁওখনৰ মানুহে আহাম গুৰুৰ সৈতে গান্ধীৰজাক একে স্থানতে ৰাখিছে। কাতিয়াই ধনদাহঁতক নি সলনি হোৱা কথাবোৰ দেখুৱালেগৈ। আগতে এইখিনিত আছিল কেৱল মুকলি পথাৰ। অলপ বেৰি-কুৰি লৈ মাটি ভাঙি ল'লেই হ'ল। ফান্দীহঁতৰ গাঁৱৰ ফালৰ পৰাও কিমান মানুহ আহি ইয়াতে মাটি ভাঙি বহিলহি। জলাহ খিনিত সোমালহি পানীৰ পোক হাড়ক মাটি কৰি, তেজক পানী কৰি কাম কৰিব পৰা মানুহখিনি। চাহাবে মৰাপাট খেতিৰ বাবে পমুৱা আনি বহুৱালেহি। এতিয়া পানীত মাছ বঢ়াদি মানুহবোৰ বাঢ়িছে, বগা চাহাবৰ চৰকাৰেই আনি আনি বহুৱাইছে। নাচন ডুবি পাহাৰ যি ফালে নামনিত মিলি গৈছেগৈ, সেই পানীৰোৱা ঠাইবোৰ সিহঁতে মৰাপাট খেতিৰে সেউজীয়া কৰি পেলাইছে। নাচন ডুবিৰ অলপ ওখ-চাপৰ ঠাইখনিত গঢ়ি উঠিছে বাগানৰ পৰা আহৰি পোৱা শ্রমিকসকলৰ এখন নতুন গাঁও। আগৰে পৰা চলি যোৱা নামটো এতিয়াও আছে, ফাটেকীয়াল গাঁও, চমুকৈ ফাটেকি গাঁও। চাহাবে পলাই যোৱা বাগানৰ শ্রমিকক ধৰি

আনি দুদিনমান ফাটেকত ৰাখি শাস্তি দি আকৌ কামত ধৰাইছিল। তাৰ পৰাই ফাটেকীয়াল বা ফাটেকি গাঁও, পাতেকি গাঁও।

কাতিয়াই ধনদাইঁতক আৰু এখন নতুন গাঁও দেখুৱালে। ধৰ্মৰ বাবে জাতি এটা দীঘলে দীঘলে ফটা শুকান ভলুকা বাঁহ এডাল হেন হ'ল। দুই ভাগে চল চাই ফুৰে কোনে কাক কি কৰিব পাৰে।

এবাৰ হ'ল কি, গামিনি বুৰাইৰ ধৰ্মৰ এজন পাদুৰি ইভাগৰ গাঁৱলৈ আহিল। উদ্দেশ্য, এই ভাগৰো মানুহকো তেওঁৰ ধৰ্মত দীক্ষিত কৰোৱা। এখন সভা পাতিলে, বাথৌ নামঘৰৰ বাহিৰত এই সভা পাতিলে। ৰাইজেও ক'লে, পাতক সভা, কি ক'ব খুজিছে কওঁক। শুনোতাই কথাবোৰ চাই-বুজি ল'লেই হ'ল। কথাও শুনিলে, চাই-বুজিও ল'লে, ভালকৈয়ে ল'লে। পাদুৰি চাহাবে এটা কথাকে ক'ব খুজিছে তেওঁৰ ধৰ্মটো ভাল, উচ্চ আৰু গছ পূজা কৰা ধৰ্মটো বেয়া। ৰাইজেও শুনি আছে। গাঁওবুঢ়াই আদেশ দি থৈছে, পাদুৰি চাহাব ৰজাঘৰীয়া মানুহ, একো আমনি কৰিব নালাগে, কৰিলে নিজৰ গালৈকে বিপদ। একোবত পাদুৰি চাহাবে সেইখিনিতে জোপোহাকৈ গজি থকা ক'লা তুলসীৰ পাত অলপ ছিঙি লৈ হাতৰ তলুৱাৰে মোহাৰি পেলালে। কিনো কৰে পাদুৰি চাহাবে? তুলসী পাতখিনি হাতেৰে মোহাৰি মোহাৰি পাদুৰি চাহাবে ক'বলৈ লাগিল, এয়া বোলে গোসাঁনী, গছ পূজা কৰাবোৰে এই গোসাঁনীকে পূজা কৰে। তেওঁ তুলসী পাতখিনি জোতাৰেও গচকি দেখুৱালে কি কৰিব পাৰিলে গোসাঁনীয়ে? কি শক্তি আছে এই গোসাঁনীৰ? এইডাল এডাল গছ মাথোন। তলকা মাৰি মানুহবোৰে পাদুৰি চাহাবৰ কথাবোৰ শুনি আছে। এটা বাঘৰ আগতেল খোৱা ডেকাই উঠি পাদুৰি চাহাবক ক'লে, এয়া সৰু গোসাঁনীহে, সৰু গোসাঁনীৰ বেছি শক্তি নাই। শক্তি আছে মাহাত্ম্য আছে যদি ডাঙৰ গোসাঁনীৰ হে। আটায়ে চুপ মাৰি শুনি আছে, কি কয় ল'ৰাই, ক'ৰ ডাঙৰ গোসাঁনীৰ কথা মেলে? সি টিপতে ওচৰতে থকা লগটোক চোৰাত পাত দুটামান আনিবলৈ পঠিয়ালে। নদীৰ পাৰতে চোৰাত গছৰ ঝোপ এটা আছিল, আনিলে নহয় তাৰে বহল বহল চাই পাত দুটামান। বাঘৰ আগতেল খোৱা অঘাইতং ডেকাই পাদুৰি চাহাবলৈ চোৰাত পাত-কেইটা আগবঢ়াই ক'লে, এয়া হ'ল বৰ গোসাঁনীৰ পাত। পাদুৰি চাহাবে বেপৰোৱা-বাবে চোৰাত পাত কেইখিলাও হাতেৰে তুলসী পাত মোহাৰাদি মোহাৰি পেলালে। চাহাবৰ বগা হাত ৰঙা হৈ পৰিল, চকুৰে পানী বাগৰিল, দেদাউৰি পাৰিব খুজি ওঁঠ কামুৰি ধৰিলে। বগা মানুহটো ৰঙা হৈ পৰিল। চাহাবৰ দশা দেখি আটাইৰে হাঁহিম

নে কান্দিম অৱস্থা। সেমেনা-সেমেনি কৰি চাহাবে ক'লে— ডাঙৰ গোসাঁনীৰ সঁচাকৈয়ে শক্তি আছে, মাহাত্ম্য আছে।

এইবোৰতো সৰু-সুৰা কথা। গামিনি বুৰাইৰ গাঁও আৰু নিচিলামাৰি গাঁৱৰ মাজত আৰু ঘটনাও ঘটিছিল। এবাৰ নিচিলামাৰি গাঁৱৰ ছোৱালী এজনী গামিনি বুৰাইৰ গাঁৱৰ ল'ৰা এটাই নিলে। তাহাতৰ গীৰ্জাত নি জনাথন চাহাবৰ হতুৱাই বিয়াও পতালে। নিচিলামাৰিৰ ৰাইজে ছোৱালীৰ ঘৰে-ঘৰোৱাহে এঘৰীয়া কৰিলে। গামিনি বুৰাইৰ গাঁৱে ঘৰখন আঁকোৱালি ল'লে। চকুৰ আগতে ঘৰখন সিখন গাঁও পালেগৈ। চিনাকি মানুহখিনি অচিনাকি হৈ গ'ল। আৰু এবাৰ হ'ল কি, ফাদাৰ জনাথন নিচিলামাৰি পথাৰৰ মাজেৰে কুনটাং বজাৰলৈ বুলি পোনাইছিল। গধূলি বেলিকা আছিল, চাহাব উঠি গৈছিল তেওঁৰ ঘোঁৰা প্ৰিঞ্চৰ পিঠিত। তেতিয়ালৈ জনাথন চাহাবৰ বয়স হৈ আহিছিল। সেইদিনা তেওঁৰ মনটো বৰ ভাল নাছিল। তেওঁৰ লগৰে ফাদাৰ থমাচ আওমৰণে মৰাৰ খবৰটো পাইছিল। ফাদাৰ থমাচ নদীৰে নাৱত আহি আছিল, তেওঁ শিৱসাগৰলৈ বুলি গৈ আছিল। হঠাৎ গছ এজোপা বাগৰি নাও খনতে পৰিল, ফাদাৰ থমাচৰ লগে লগে মৃত্যু হ'ল। প্ৰিঞ্চৰ লগত সৰু সৰুকৈ কথা পাতি তেওঁ গৈ আছিল। প্ৰিঞ্চ তেওঁৰ বহু দিনৰ সহচৰ। প্ৰিঞ্চক তেওঁ একেবাৰে নিজৰ দেশৰ পৰা জাহাজত তুলি আনিছিল। কজলা ৰঙৰ ঘোঁৰা প্ৰিঞ্চ। তাতকৈয়ো ডাঙৰ কথা, প্ৰিঞ্চে কিজানি মানুহতকৈয়ো বেছি কথা বুজিছিল। খাৰুপেটীয়া ঘাটত নামোতে প্ৰিঞ্চ পোৱালি হৈ আছিল। কষ্ট, অনিয়মীয়া জীৱন-যাত্ৰাই জনাথন চাহাবক বয়সৰ বহু আগেয়ে বুঢ়া মানুহ যেন কৰি পেলাইছিল। লাহে লাহে প্ৰিঞ্চ আৰু জনাথন চাহাব গৈ আছিল। কোনবা মানুহকিটা আছিল। চাহাবক ঘোঁৰাৰ পৰা নমাই গুৰুলা-গুৰুলকৈ পিটিলে। চাহাব পৰি যোৱা দেখি মানুহকেইটা পলাল। জনাথনে কোনোমতে প্ৰিঞ্চৰ পিঠিত উঠি ল'লে, কিন্তু পিছ মুহূৰ্ততে অচেতন হৈ পৰিল। তাৰ পাছত প্ৰিঞ্চৰ সাৱধানী যাত্ৰা। গৈ ঘোঁৰা একেবাৰে গীৰ্জ্জা পালেগৈ। আটাইৰে হুৱা-দুৱা লাগিল। ফাদাৰ জনাথন, গামিনি বুৰাই- গাঁৱৰ বুঢ়া তেজপুৰ মিছনত গৈ কেইমাহমান থাকিল, কিন্তু ঘূৰি আহিব আৰু নোৱাৰিলে। গামিনি বুৰাইৰ গাঁও এইখন। কথা-কাণ্ড, চাল-চলন, পূজা-পাৰ্বন সকলোবোৰ নতুন। মানুহ কিন্তু একে খিনিয়েই। কাতিয়াহঁতৰ ধৰ্ম আৰু ভাষাৰ মানুহ আছিল এইখিনি। এতিয়া গোটেইবোৰ চাহাবৰ ধৰ্মৰ মানুহ। নতুন ধৰ্ম লৈ মানুহখিনি একেবাৰে বেলেগ হৈ পৰিল। ৰাজধৰ্ম লোৱা মানুহৰ গাঁওখন সকলোৰে পৰা নিলগে থাকে; এইখন 'গামিনি বুৰাই'ৰ গাঁও। 'গামিনি বুৰাই' বা 'গাঁৱৰ বুঢ়া' হ'ল জনাথন চাহাব। চাহাবে কি কৰা

নাছিল এই মানুহ খিনিৰ কাৰণে। এই পাহাৰতলীৰ দুৰ্গম গাওঁবোৰত ঘূৰি ফুৰিছিল ‘গামিনি বুৰায়ে’, গাঁৱৰ বুঢ়া জনাথন চাহাবে। কাতিয়াহঁতৰ গাঁৱৰ আধা মানুহ এই নতুন গামিনি বুৰাৰ গাঁওখনলৈ আহিল। বগা চাহাবৰ চৰকাৰে হেনো এই মানুহখিনিক সা-সুবিধাও দিছে। এইখন গাঁৱৰ মানুহে কাতি বিহুৰ দিনাও পথাৰত চাকি এগছ নিদিয়ে। কাতিয়াহঁতৰ গাঁৱৰ মানুহে গামিনি বুৰাইৰ গাঁৱৰ মানুহৰ লগত খোৱা-লোৱা নকৰে, বিয়া-বাৰুৰ সম্বন্ধতো নোসোমায়। সেইখন গাৱঁৰ মানুহে আহি খৰিদাল বঢ়াই দিলেও কাতিয়াহঁতৰ গাঁৱৰ মানুহখিনিয়ে বিয়া-শ্ৰাদ্ধত পাততে ভাত এৰি যাবগৈ।

মুষ্টি ভিক্ষা কৰা গান্ধী ভকতসকলে নিজৰ কাম সামৰিছে। এওঁলোক গামিনি বুৰাইৰ গাঁৱলৈ নাযায়, গ'লেও কোনো মানুহ ঘৰৰ পৰা ওলাই নাহে।

ধনদাই সৰু পুখুৰী পথাৰৰ গাঁওখনৰ মানুহৰ কাৰণে ডাঙৰকৈ কথাৰ টোপোলা বান্ধিছিল। এদিন কাতিয়াৰ লগত নৌকা নদীখন পাৰ হৈ নাচন ডুবিৰ দুখন বজাৰ চাবলৈও গৈছিল। নাচন ডুবিৰ গান্ধীভকতসকল সৰহভাগ কাতিয়াহঁতৰ গাঁৱৰে মানুহ। বাহিৰৰ পৰা আহি ইয়াত লুকাই থকা কেইবাজনো আন মানুহো আছিল। বাগানৰ চাহাবে বনুৱাখিনিৰ বাবে মদৰ মহল, কানিৰ আবকাৰি লাইচেন্স, কানিৰ মহল সকলো ব্যৱস্থা কৰি দিছিল। দেওবাৰে দেওবাৰে বহা বজাৰত দিছিল সকলো বিদেশী বস্তু। বাৰ্মিংহামত বনোৱা কাপোৰ সীয়া সোণামুখী বেজিৰ পৰা, লাংকাচায়াৰত তৈয়াৰী কাপোৰলৈকে সকলো পোৱা গৈছিল। গান্ধীভকতসকলে গৈ চাহাবৰ বিদেশী বজাৰৰ ওচৰে ওচৰে স্বদেশী বজাৰ পাতিছিল, খাদী বস্ত্ৰ উলিয়াইছিল, সূতা কটা নেওঠনী, যঁতৰ, টাকুৰি আদিও ৰাখিছিল। তাতো বিয়পিছিল সেই ভিক্ষা, গান্ধী ৰাজা নৌ মুথাছে মুথাছে’। বাগানৰ শ্ৰমিকসকলে চাৰিঅনা পইছা দিবলৈ পালে বৰ ভাল পাইছিল। কানিৰ মহল, মদৰ মহলত পিকেটিং হৈছিল। বজাৰত ভলণ্টিয়াৰ দেখা গৈছে বুলি শুনিলেই চাহাবে বন্দুক লৈ ঘোঁৰাত উঠি সেইখিনি পাইছিলহি।

কাতিয়াই ধনদা আৰু ফান্দীক নাচন ডুবিৰ স্বদেশী বজাৰ চাবলৈ লৈ যোৱাৰ সময়ত এটা ডাঙৰ ঘটনাৰ কথা শুনিছিল। হস্পিতেলৰ কমপাউনদাৰ মুখাৰ্জী বাবুক চাহাবে কুলী লাইনত হাতে লোটে ধৰা পেলাইছিল। ভলণ্টিয়াৰক তেওঁ কুলী লাইনলৈ লৈ গৈছিল। চাহাবে পালেতো গুলিয়াই মাৰিবই মাৰিব। তেওঁক ৰাতা-ৰাতি সকলোৰে মিলি পলুৱাই পঠিয়াইছিল। পা-পৰিয়াল যতে যেনেকৈ আছে এৰি মুখাৰ্জী বাবু কলিকতা পাইছিলগৈ। তেওঁ চাহাব থকালৈকে আৰু ঘূৰি আহিব নোৱাৰিব।

সোণাপুৰত তেওঁৰ ঘৰ-মাটি আছিল। তাতে ঘৈণীয়েক ল'ৰা-ছোৱালীক ৰাখি পঢ়ুৱাইছিল। পা-পৰিয়াল এৰি তেওঁ পলাইছিল। তেওঁ যোৱাৰ পাছতহে পৰিয়াল কলিকতালৈ গৈছিলগৈ।

নাচন ডুবিৰ পৰা ঘূৰি আহোঁতে ফান্দীয়ে ধনদা আৰু কাতিয়াক এষাৰ কথা কৈছিল। বৰ জোৰ দি কৈছিল,

'স্বৰাজ আহিবই, গান্ধীৰাজ হ'বই'।

ধনদাৰ বা কি হৈছিল, তাই সৰু ছোৱালী এজনীৰ দৰে চিঞৰ মাৰি উঠিছিল, 'গান্ধী ৰাজা নৌ মুথাছে মুথাছে মাইৰং হী।'

তিৰোতাৰ মেলি থোৱা চুলিৰ দৰে নদীখনৰ পানীৰ সুঁতিবোৰে নীলা ৰং ধৰিছিল। ভিন ভিন ৰঙৰ শিলবোৰ হীৰা-মুকুতা হৈ তিৰবিৰ কৰিছিল। ধনদাক অনুকৰণ কৰি ফান্দী আৰু কাতিয়াই গলা খুলি চিঞৰিছিল, 'গান্ধী ৰাজা....।' সিহঁতৰ মাতবোৰ পাহাৰত ঠেকা খাই প্ৰতিধ্বনি হৈছিল।

ধনদাই মিঠা মাতটোৰে মাউতীয়া গীত এটা গাইছিল—

'অ মোৰ দন্তাল হাতীৰ মাহুত ৰে
অ মোৰ মাখনা হাতীৰ মাহুত ৰে
যেদিন মাহুত চিকাৰ যাই
নাৰীৰ মন মোৰ জুৰিয়া নাযায় ৰে।'

তিৰবিৰ কৰি থকা বালিছন্দাৰে ভৰা দুই সুঁতিৰ পানীৰ মাজৰ ঠাই অলপ মাখন বৰণীয়া হৈ আছিল। কোনোবাই যেন সেইখিনিতে ঘনকৈ পগোৱা সৰ উঠা গাখীৰ অলপ ঢালি থৈছে। চৰাই এটা আহি সেই সৰ উঠা গাখীৰখিনিৰ মাজতে পৰিলহি। চেকচেকী চৰায়ে হ'ব চাগৈ। তৎক্ষণাত মাখন বৰণীয়া গাখীৰখিনিত যেন উতল আহিল, লৰচৰ কৰি উঠিল। উতল আহি গাখীৰখিনি ওপৰলৈ উঠি গ'ল, বাগৰি গ'ল, ইফালে-সিফালে বৈ গ'ল। নদীৰ ওপৰলৈ উঠি আহিল সেইখিনি উতলি বাগৰি অহা ঘন মাখন বৰণীয়া গাখীৰ। তাতে তিৰবিৰ ৰ'দ পৰিল, জিলিকি উঠিল এজাক বগা ৰঙৰ পখিলা।

ধনদাই অবাক হৈ চাই থাকিল।

অলপদূৰ যোৱাৰ পাছতে কাতিয়াই দেখুৱাই দিয়া ফালে চাই ধনদা বৈ গ'ল, এসোঁতা পানীত শাৰী পাতি হৰিণ এজাকে পানী খাই আছে। সিহঁতৰ ফুটুকা-ফুটুকী গাবোৰ পানীৰ ধাৰটোত উজ্বলি উঠিছে। আইনা হেন পানীখিনিত তলে-ওপৰে

এজাক ফুটকা-ফুটুকী হৰিণ। ধনদাই হাত-চাপৰি বজাই দিলে। চাৎকৈ হৰিণা জাক নোহোৰা হ'ল। ধনদাই খিলখিলাই হাঁহি উঠিল। ধনদাক চাই কাতিয়া আৰু বৰফান্দীয়েও হাঁহি উঠিল।

নদী পাৰ হৈ কুনটাং বজাৰ পাওঁতেই ধনদাহঁতে খবৰটো পালে। বিহাৰী বেপাৰী এটাই খবৰটো দিলে। মৌসৰাৰ মৌজাদাৰৰ মৃত্যু হ'ল। মানুহজনৰ মৰিবৰ বয়স হোৱা নাছিলে। অল্পায়ু হ'ল প্ৰতাপী মৌজাদাৰ। কোনেও ভবা নাছিল তেওঁ এনেকৈ হঠাৎ ঢুকাব বুলি।

ধনদাহঁত হাউলিলৈ আহি দেখে মালতীহঁতে বগা কাপোৰ পিন্ধিছে। মৌজাদাৰ দেউতা ঢুকাল। ৰক্তচাপ বেছি হৈ থিতাতে পৰি মানুহজন ঢুকাল। গোটেইখন জৰমাৰ দি আছে। ডেকা ল'ৰাহালক চাহাবে জেললৈ নিলে, মূল মানুহজন গ'লগৈ। ধনদা আৰু বৰফান্দী পাছদিনা ৰাতিপুৱাই গ'লগৈ। শ্ৰাদ্ধলৈ আৰু নাথাকিল। বগা চাহাবৰ চিপাহী নিতৌ হাউলিলৈ আহি আছে। কাগজ এখিলাত চহী কৰি দিলেই প্ৰিয়নাথ, চন্দ্ৰনাথক জেলৰ পৰা এৰি দিয়ে। দুয়ো চহী নকৰোঁ বুলিলে। দেউতাকৰ মুখাগ্নি কৰিবলৈও ল'ৰাহালক এৰি নিদিলে।

নুমাবলৈ ধৰা চাকি শেষৰ ফালে এবাৰ দপদপাই জ্বলাদি চাহাবৰ অত্যাচাৰো বেছি হৈ আহিছে। জেলৰ মাটিত বহি, এসন্ধ্যা অন্ন মুখত দি ব্ৰত কৰি থকা ল'ৰাহালৰ বাবে গোটেই মানুহবোৰৰে মন ডেই-পুৰি আছে। দুই-এদিনতে থানা ঘেৰাও হ'ব। পলাশতলী থানাত এখন যুঁজ হ'ব। এই খবৰটো ফান্দীৰ গাঁৱৰ ফালে দিবলৈকে ধনদাহঁতক পঠিয়াই দিয়া হ'ল। মৌ-সৰা গাঁৱৰ ৰাইজ যুঁজৰ বাবে কঁকালত টঙালি বান্ধিলে। অতখন ৰাইজ থাকোঁতে বৰতীয়া ভাত খোৱা ল'ৰাহালক জেলত পৰি থাকিবলৈ দিব নোৱাৰি।

জনক মুচি বিলাতী মুচি হ'ল

ৰে'ল লাইনে চুই গ'ল, ষ্টেচন হ'ল। দিনতে বাঘ ওলোৱা হাবিতলীয়া ঠাই সোণাপুৰ সৰু-সুৰা চহৰ এখনেই হৈ পৰিল। ইতিমধ্যে সোণাপুৰৰ খনকে ধৰি উত্তৰে নাচন ডুবিলৈকে বাৰখন চাহ বাগিচা পট্টন হ'ল। সোণাপুৰৰ পৰা খাৰুপেটীয়া আৰু পাগুুঘাটলৈকে শিলগুটি দিয়া ৰাস্তা হ'ল। লাহে লাহে সোণাপুৰ ঠাইখন বেহা-বেপাৰৰ কেন্দ্ৰ হৈ পৰিল। ইয়াতে আহি মুলচান্দ আগৰৱালাই 'গুৱাহাটী গোলা' পাতিলেহি। গুৱাহাটী মঙ্গলদৈ আদি কৰি কেইবাখনো ঠাইৰ মালপত্ৰ আহি 'গুৱাহাটী গোলা'ত জমা হয়, তাৰ পাছত ৰে'লত উঠি বাহিৰলৈ যায়। অৰবিন্দ ঘোষে পাতিলে 'ঘোষ ব্ৰাদাৰ্ছ', কি নাই 'ঘোষ ব্ৰাদাৰ্ছত? মাখন চিজৰ পৰা আৰম্ভ কৰি লন-মৱাৰ, চিলাই মেশ্বিনলৈকে সকলো মজুত থাকে। তাৰোপৰি কি লাগে আনি দিবলৈ অৰবিন্দ ঘোষ মিঠা হাঁহি এটাৰে সকলো সময়তে সাজু থাকে। 'ঘোষ ব্ৰাদাৰ্ছত শনিবাৰে আবেলি বাগানৰ চাহাবহঁতৰ ফৰ্ড গাড়ীৰ লাইন লাগে। কণ্ঠিৰাম মহাজনে ধানৰ আৰু তেলৰ মিল পাতিলে। ঢাকাইপট্টিৰ দোকানবোৰো বয়ে-বস্তুৰে জিলিকি উঠিল, কেইবাখনো নতুন দোকান হ'ল। মুঠতে সোণাপুৰত বেহা-বেপাৰ সুচল হৈ উঠিল।

শম্ভু মহাজনে সোণাপুৰ গুৱাহাটী লাইনত দুখন বাছ দিলে। শম্ভু মহাজনৰ চাবেক ঘৰ বৰপেটাত। এতিয়া মঙ্গলদৈৰ বাসিন্দা। তেওঁৰ বাছৰ ব্যৱসায়। এই অঞ্চলৰ একমাত্ৰ শম্ভু মহাজনেই এখন ফৰ্ড গাড়ীৰ মালিক। হওঁতে চাহাবহঁতৰ গাইপতি আছে, কিন্তু দেশী মানুহ অকল শম্ভু মহাজনেই ফৰ্ড গাড়ীৰ মালিক হোৱাৰ গৌৰৱ অৰ্জন কৰিছিল। গাড়ী কিনো বুলি মহাজনে গাড়ীখন কিনা নাছিল। তেওঁ গাড়ী কোম্পানীৰ পৰা কেইবাখনো বাছ কিনিছিল। সন্মুখত শিৱৰ বন্ধোৱা ছবি লৈ কেইবাটা লাইনত 'মহাদেৱ ট্ৰেভেল'ছ'ৰ বাছ চলিছিল। বাছ কোম্পানীয়ে ইমান কিখন বাছ কিনাৰ বাবে তেওঁক ফৰ্ড গাড়ীখন উপহাৰ দিছিল। শম্ভু মহাজনে নিজাকৈ

গাড়ী কিনাৰ ইমান বিলাসিতা নকৰে। কঢ়া মুঠিয়া বাবেই তেওঁৰ ইখনৰ পাছত সিখন বাছ লাইনত উঠিয়ে আছে।

শম্ভু মহাজনৰ এইখন ফৰ্ড গাড়ীৰ লগত এটা কাহিনী জড়িত হৈ আছে। উলামুলা কাহিনী নহয়। এইখন ফৰ্ড গাড়ীৰ লগত জৱাহৰলাল নেহৰুৰ দৰে ব্যক্তিৰ কথা জড়িত হৈ আছে।

সেইবছৰ মঙ্গলদৈৰ 'কৰনেচন গ্ৰাউণ্ড'ত ষষ্ঠ জৰ্জৰ ৰাজ্যাভিষেক উৎসৱ পতা হৈছিল। চাহ-জলপান, বিভিন্ন অনুষ্ঠানেৰে দলদোপ-হেন্দোলদোপ হৈছিল 'কৰনেচন গ্ৰাউণ্ড'। প্ৰায় ছশ/সাতশ ছাত্ৰ তাত গোট খাইছিল। বগা চৰকাৰে কোনো ক্ষেত্ৰতে আপ্যায়নৰ সুৰুঙা ৰখা নাছিল। হঠাৎ কিবা হ'ল, প্ৰায় সকলো ছাত্ৰ সভাৰ পৰা হুৰহুৰকৈ ওলাই গ'লগৈ। সকলো ছাত্ৰ একমত হ'ল যে সাত সাগৰ তেৰ নদীৰ সিপাৰৰ দেশত ক'ৰ ৰজাৰ অভিষেক হ'ব তাতে এই দেশৰ মানুহৰ নাচিবলৈ কিটো হ'ল। কথাটো আটাইৰে গাজত লাগিল। একেবাৰে ষোল্ল অনাই সঁচা কথা। কি দৰকাৰ পৰিছে এইবোৰ ভেকো-ভাওনা কৰিবলৈ। সেই ঘটনাৰ বাবে দশম মানৰ ছাত্ৰ সেই হৃষ্ট-পুষ্ট ছাত্ৰজনক স্কুলৰ পৰা খেদিছিল, ছাত্ৰ বৃত্তি বন্ধ কৰি দিছিল। মেধাবী ছাত্ৰজনে হেলাৰঙে মূৰ পাতি লৈছিল বগা চাহাবৰ অত্যাচাৰ। স্বৰাজক নিজৰ জীৱনৰ ব্ৰত কৰি লৈছিল ল'ৰাজনে।

সেইটো বছৰৰে কথা। নেহৰু সোণাপুৰলৈ আহিব। ৰাইজৰ লগত কথা হ'ব। দিনতে বাঘ ওলোৱা ঠাই সোণাপুৰ, ক'ত নেহৰুয়ে আহি ৰাইজৰ লগত কথা হ'বহি? সেই ছাত্ৰজনে ইতিমধ্যে এজন পুৰাপুৰি স্বৰাজ কৰ্মী হৈ পৰিছে। তেওঁ দল-বল লৈ সোণাপুৰলৈ আহিল। সকলোৰে লগত লাগি হাইস্কুলৰ কাষৰ হাবিখনকে মুকলি কৰাৰ সিদ্ধান্ত ল'লে। সকলোৰে হাত-উজান দিলে। ঢাকাইপট্টিৰ ব্যৱসায়ী সকলেও টকা-সিকা ভালেমান দি সহায় কৰিলে- সোণাপুৰৰ ঢাকাইপট্টিৰ এই মুছলমান ব্যৱসায়ীসকল বৃটিছে মৰাপাট খেতি কৰিবলৈ অনা মানুহ নহয়। বহু দিনৰ মানুহ এইখিনি। কোনো কোনোৰ মতে এইখিনি মানুহ সেই মুছলমান মোগল সেনাপতিজনৰ লগত অহা মানুহ আছিল। কিছু মানুহ ঘূৰি যাবলৈ ইচ্ছা নকৰি ইয়াতে থাকি গ'ল। কোনোৰ মতে অসমৰ ৰজাই বন্দুক-বৰটোপৰ কামত পাৰ্গত কিছু মুছলমান মানুহক যুদ্ধবন্দী কৰি ৰাখি পাছত ইয়াতে মাটি-বাৰী দি থাপিছিল। এই ব্যৱসায়ীসকল সেইখিনি মানুহৰে বংশধৰ। ঢাকাইপট্টিৰ এই মুছলমান ব্যৱসায়ীসকলকো চাহবাগান, ৰে'ল-লাইন, জাহাজ ঘাট আৰু ফৰ্ড কোম্পানীৰ ৰাস্তাই চহকী কৰি তুলিলে।

বাঘ ওলোৱা হাবি মুকলি হ'ল।
হাতীয়ে গছৰ মূঢ়া চাফা কৰিলে।
ৰাইজে পথাৰ সমান কৰিলে।
নেহৰু আহিল, সভা হ'ল।
ৰাইজে স্বদেশৰ মুক্তিৰ শপত ল'লে।

নেহৰু আহোঁতে আহিছিল ৰে'লত, যাব ৰাস্তাইদি শম্ভু মহাজনৰ ফৰ্ড গাড়ীত, গাড়ী চলাব মহাজনে নিজে। কথা মতেই কাম, সভাৰ শেষত নেহৰু গাড়ীত বহিল। ওচৰত স্বয়ং নেহেৰুজীক বহুৱাই লৈ গাড়ী চলাবলৈ গৈ মহাজনৰ হাত থৰক-বৰক হৈছে, গাড়ীৰ গতি বৰ লাহে লাহে লৈছে। নেহৰুৱে আলেখ-লেখ চাই আছিল। ঘপহকৈ মহাজনৰ হাতৰ পৰা নেহৰুৱে গাড়ীৰ ষ্টিয়েৰিং নিজৰ হাতলৈ আনিলে। শিলগুটি দিয়া ৰাস্তাত নেহৰুৰ হাতত নতুন ফৰ্ড গাড়ী ঘোঁৰাৰ দৰে চেকুৰিবলৈ লাগিল।

শম্ভু মহাজনৰ ফৰ্ড গাড়ী, নেহৰুৰ গাড়ী চালনা এটা মজাৰ সাধু হৈ গ'ল। মহাজনে কতক কিমান ধৰণেৰে এই সাধু ক'লে, শুনোতাই আকৌ ৰহন চৰাই আন এজনক ক'লে। বাঢ়ন্ত চহৰ সোণাপুৰত কত ঘটনা ঘটিল, ডালৰ লগত পাত জোৰা লাগি কত সাধুকথাৰ সৃষ্টি হ'ল। জাত জাত কথা, নানা গল্প। তাৰে এটা সাধুকথা হ'ল জনক মুচি বিলাতী মুচি হোৱাৰ সাধুকথা।

জনক মুচি বিহাৰী মানুহ। বিহাৰৰ পৰা ৰে'লত উঠি আহি সোণাপুৰত নামিছিলহি। জনকৰ এটা হাতৰ বিদ্যা আছিল। সি জোতা চিলাইৰ কাম বৰ ভালকৈ জানিছিল। জনকে চিলাই দিয়া জোতা ফাটি যাব, কিন্তু তাৰ চিলাই নষ্ট নহয়। জনক আহোঁতে হাতত লোটা-কম্বলো নাছিল। সি ঢাকাইপট্টিৰ জোতাৰ ডাঙৰ দোকান এখনৰ সন্মুখত বস্তা পাৰি বহিল। লগত অনা বেজীটো উলিয়াই ল'লে। যুদ্ধৰ দামামা বাজিছে কেউফালে। গোটেইখন তল-ওপৰ হৈছে। বগা চাহাবৰ চৰকাৰে তলতীয়া দেশ ভাৰতকো যুদ্ধত সুমুৱাই ল'লে। মানুহে যুদ্ধ পুঁজিত দান-বৰঙণি দিবই লগা হ'ল। কেউপিনে চিপাহী পিনপিনাই ফুৰা হ'ল। জনকৰ কাম দিনে দিনে বাঢ়ি গ'ল, বিশেষকৈ বগা সৈন্যবোৰৰ মাজত জনকৰ কদৰ বাঢ়ি গল। চাওতে চাওতে জনকৰ ঢাকাইপট্টিত ডাঙৰ জোতা চিলোৱাৰ দোকান হৈ গ'ল। ভাগিন-ভতিজা কেইবাটাও আহি জনকক সহায় কৰিলেহি। জনকে আৰু এটা কামত হাত দিলে। যুদ্ধৰ দিন, ফটা টায়াৰ কম দামত বা একো নিদিয়াকৈয়ে বজাৰত পোৱা যায়। জনকে এই ফটা টায়াৰেৰে এবিধ তেনেই সস্তীয়া চেণ্ডেল চিলাবলৈ ল'লে। দাম কম,

দেখাত তেনেই ধপলা-ধপল, আপচু বুলিবই পাৰি। এই চেণ্ডেলবোৰ পানীয়ে, বোকাই পিন্ধিব পাৰি। পেলপেলীয়া বোকাত পিন্ধি আহি পানীত ধুই দিলেই আগৰদৰে, দিনো যায় ভাল। এই চেণ্ডেলৰ গ্ৰাহক হ'ল ৰে'লত নিতৌ মাটিয়ে-বালিয়ে বহি এই খণ্ড ঠাইলৈ আহি থকা মানুহবোৰ। চৰকাৰে এইবোৰ মানুহ এইফালৰ খালী মাটিত বহুৱাবলৈ আনিছে। যুদ্ধত খোৱা-বস্তুৰ নাটনি হৈছে, আকাল হৈছে। এইবোৰ মানুহক খাদ্য বস্তু উৎপন্ন কৰিবলৈ চৰকাৰে আনিছে। মানুহবোৰে হাবি ভাঙি ভাঙি বহিবলৈ লৈছে। এইখিনি মানুহেই হ'ল জনকৰ গাড়ীৰ পেলনীয়া টায়াৰেৰে বনোৱা চেণ্ডেলৰ মূল গ্ৰাহক। জনক মুচিৰ জোতাৰ দোকান দিনে দিনে টনকিয়াল হৈ পৰিল।

মাজতে হঠাৎ এদিন জনক মুচিয়ে ভাগিন-ভতিজাকক দোকান গতাই কেনি কাৰ লগত জানো একেবাৰে বিলাত পালেগৈ। কোনোৰ মতে জনক মুচিয়ে 'ৱাৰ ছাৰ্ভিচ'ত যোগ দিয়ে বিলাত পালেগৈ। যুদ্ধ বুলি কথা, কিমান কি কামৰ মানুহ লাগে। জনক মুচিৰ জোতা চিলোৱা বিদ্যাওনো কম বিদ্যানে? কোনোৱে কয় কোনোবা বাগানৰ চাহাবৰ লগুৱা হৈহে জনক মুচি লণ্ডন পালেগৈ। মুঠতে সোণাপুৰৰ জনক মুচি কেইবা বছৰো লণ্ডন চহৰৰ বাসিন্দা হৈ থাকিল। আৰু জনক মুচিৰ লণ্ডন বাসৰ কাহিনী! উৰহি গছৰ যদি ওৰ আছে জনক মুচিৰ কাহিনীৰ নাই।

জনক মুচি লণ্ডনত থাকোঁতে এইফালেও বহু ঘটনা ঘটি গ'ল।

ব্ৰহ্মপুত্ৰত মিলিটেৰিৰ বাবে নিয়া চাউলৰ সৈতে নাও
ডুবাই দিয়া হ'ল।
মঙ্গলদৈত এচ.ডি.চিৰ অফিচ জ্বলিল।
ট্ৰাঙ্কৰ'ডৰ ওপৰৰ কেইবাখনো দলং জ্বলিল।
অহা-যোৱা কৰি শাৰী শাৰী সৈন্যৰ গাড়ীৰ চলাচল বন্ধ হওঁ হওঁ হ'ল।
ওৰাঙত টেলিগ্ৰাফৰ তাঁৰ কাটি দিয়া হ'ল
জিলা সদৰ তেজপুৰৰ যোগাযোগ বিচ্ছিন্ন হ'ল
কহিমাত জাপানী সৈন্যৰ বোমা পৰিল।
ছাত্ৰৰ স্কুল গ'ল
চাকৰিয়ালৰ চাকৰি গ'ল।

মানুহে কাহানিও নেদেখা বগা আমেৰিকান চিপাহী, ক'লা সৈন্যৰ গাড়ীয়ে ৰাস্তাত দিনে-নিশাই ঘিটঘিটাই থকা দেখিলে। ৰাইজে আকাশত বৰ বৰ বেগী উৰা জাহাজ দেখিলে। ঘৰে ঘৰে বোমাৰ পৰা ৰক্ষা পাবলৈ গাঁত খন্দা হ'ল। যেতিয়াই-

তেতিয়াই বিকট শব্দেৰে চাইৰেণ বজা হ'ল। নিমখ, কেৰাচিন, কাপোৰৰ কণ্ট্ৰলৰ দোকানতো আকাল পৰিল। কেউপিনে আৰম্ভ হ'ল ভয়ৰ এক শ্বাসৰুদ্ধকাৰী পৰিবেশ। কেউপিনে জুইৰ ফিৰিঙতিৰ দৰে তৰহে তৰহে কথা ওলাবলৈ ধৰিলে। কথা ওলাইছিল থলুৱা গাঁওবোৰত ভয়াবহ আক্ৰমণ হ'ব। এফালৰ পৰা কচু কটা দিব। ৰাইজে পমুৱা গাঁওবোৰৰ পৰা ৰাতি ৰাতি জয়ধ্বনি শুনিছিল— 'লড়কে লেঙ্গে হিন্দুস্থান, চিনকে লেঙ্গে পাকিস্থান। শুনিছিল 'আল্লাহু আকবৰ' ধ্বনি। ৰাইজ অভাৱে, ভয়ে, বিপদে তেনেই পেঁপুৱা লাগিছিল।

সেইখিনি সময়ত জনক মুচি লণ্ডনত আছিল। তেওঁ নিজৰ দেশৰ দুৰৱস্থা দেখা নাছিল, কিন্তু নিজ চকুৰে দেখিছিল বৃটিছ সিংহৰ ফপৰীয়া অৱস্থা। যুদ্ধই বৃটিছ সিংহৰ কঁকাল একেবাৰে ভাঙি দিছিল। জনক মুচিয়ে অবাক হৈ প্ৰত্যক্ষ কৰিছিল মহাপ্ৰতাপী বৃটিছ সাম্ৰাজ্যৰ দুৰৱস্থা। ভয়ানক বেয়া অৱস্থাত পৰিছিল বৃটিছ চৰকাৰ। বৃটেইনৰ ৰাজকোষ দেউলিয়া হৈছিল। বৃটেইনৰ পাউণ্ড-ষ্টাৰ্লিং আমেৰিকান ডলাৰৰ কৃপাতহে বৰ্তি আছিল। যুদ্ধৰ পুঁজি যোগান ধৰিবলৈ লোৱা ধাৰৰ ধন ঘূৰাই দিবলৈ বৃটিছ ৰাজকোষৰ আৰু ক্ষমতা নাছিল। দুই নিযুততকৈ বেছি বৃটিছ যুৱক নিবনুৱা হৈছিল। গোটেই দেশতে ইটোৰ পাছত সিটোকৈ কল-কাৰখানা বন্ধ হৈছিল। সৰ্বত্ৰ এক হতাশা আৰু চূড়ান্ত খেলি-মেলিৰ সৃষ্টি হৈছিল। জনক মুচিয়ে নিজ চকুৰে দেখিছিল সেইখিনি সময়ত লণ্ডন চহৰত প্ৰতিদিনে কিছু অংশত লাইট নোহোৱা হৈ গভীৰ আন্ধাৰত ডুব গৈ আছিল। কয়লাৰ অভাৱৰ বাবেই এনে হৈছিল। দেশখনৰ ভয়াবহ দুৰৱস্থা জনক মুচিয়ে নিজেই দেখিছিল। মানুহৰ বৰ অভাৱ হৈছিল। তাতে জনক মুচিয়ে বুজিছিল এইখন দেশৰ আৰু আন দেশক তলতীয়া কৰি ৰখাৰ ক্ষমতা নাই।

জনক মুচি 'বিলাতী মুচি' হৈ ঘূৰি আহিল। কথাই কথাই গুডমৰ্ণিং, গুডইভিনিং, থেঙ্ক ইউ কোৱা, চুট-টাই মাৰি থকা জনক মুচি বিলাতী মুচি হোৱা চাবলৈ মানুহে আহি জনকৰ জোতাৰ দোকান পাইছিলহি। আগৰ ধূতী আৰু ফতুৱা পিন্ধা, গাত আলোৱান লোৱা জনক মুচি নোহোৱা হ'ল। বিলাতৰ পৰা অনা চুট-টাই, জোতা-মোজা, টুপিৰে জনক মুচি একেবাৰে পাক্কা 'বিলাতী' হৈ পৰিল। মৰাৰ আগলৈকে হেনো বিলাতী মুচিয়ে বিলাতী টুপি, কোট-টাই লগাই নদীৰ পাৰে পাৰে মৰ্ণিংৱাক কৰিছিল। যাকেই লগ পাইছিল তাকে চাহাবী কায়দাত মূৰ দোৱাই গুডমৰ্ণিং জনাইছিল।

জনক মুচি বিলাতী মুচি হোৱা ঘটনাটো এটা সাধু গৈ গ'ল। কোৱাই ক'লে, শুনাই শুনিলে, কাণ বাগৰিলে, বিয়পি গ'ল সেই সাধু।

স্বৰাজ আহিল

দেশ স্বাধীন হ'ল। ৰাইজে আশা কৰি থকা স্বৰাজ আহিল। গোটেইবোৰ মানুহ সপোনেৰে টলমল। সকলো দুখ-বেজাৰ শেষ হ'ব। এই স্বৰাজৰ বাবে কিমানে নিজৰ জীৱন দান কৰিলে, কিমান ঘুণীয়া হ'ল। কিমানে ফাঁচীকাঠত ওলমিলে, কত পৰিয়াল উজাৰ হ'ল, কিমান মেধাবী ছাত্ৰই পঢ়া-শুনা আধাতে সামৰিলে, কিমান গৃহিণীয়ে স্বামীক স্বাধীনতা যুঁজৰ সৈনিক কৰি পঠিয়াই দি বৰণ কৰি ল'লে অশেষ ক্লেশ আৰু যন্ত্ৰণা। স্বৰাজ আহিল। ৰাইজে দুখ-তাপ সকলো পাহৰিলে।

মৌসৰা মৌজাৰ হাউলিতো স্বৰাজৰ উৎসৱ হৈছিল। মৌজাদাৰ প্ৰিয়নাথ চৌধুৰীয়ে সুগৰীজানৰ পাৰে পাৰে, গোটেই দীঘল পদূলিটোত কলপুলি পুতিছিল। বাঁহৰ কামি কাটি টুকুৰা-টুকুৰ কৰি আগবোৰ জোঙা কৰি কলপুলিবোৰত খুচি তাতে এথোপা এথোপা ৰঙা মাটি দিয়াইছিল। দিনতে সাজু কৰা হৈছিল শয়ে শয়ে চাকি। বাৰীৰ দীঘল অহিয়া কপাহেৰে শলিতা বটা হৈছিল, সাজু কৰা হৈছিল ঘৰৰে সৰিয়হেৰে পেৰা মিঠাতেল। হাউলিৰ মানুহেই নহয় মৌসৰাৰ ৰাইজো আহি এই কামত হাত উজান দিছিলেহি। আন্ধাৰ নমাৰ কিছু পাছত চাকিবোৰ জ্বলোৱা হৈছিল। প্ৰিয়নাথে আদেশ দিছিল, মাজনিশালৈকে চাকিবোৰ জ্বলি থাকিব লাগিব। চন্দ্ৰনাথে অনা বেটেৰি চালিত ৰেডিঅ' বুলনিত সাজু কৰিছিল। কলিকতাৰ পৰা অনা হৈছিল এই ৰেডিঅ' আৰু বেটেৰি। মৌসৰা গাঁৱৰ প্ৰায় সকলো মানুহ আহি মৌজাদাৰৰ বুলনি চোতালত সন্ধিয়াৰে পৰা বহি আছিলহি। কেউপিনে ধ্ৰুৱতৰা একোটা হেনকৈ চাকিবোৰ জ্বলিছিল। মাজনিশা ৰেডিঅ'ত নেহৰুৰ মাত ভাহি আহিছিল। জেনেৰেল মাউণ্টবেটেনে ঘোষণা কৰিছিল ভাৰতৰ স্বাধীনতা প্ৰাপ্তিৰ খবৰ। গোট খোৱা মানুহবোৰে প্ৰায়খিনিয়ে কান্দি পেলাইছিল। তেনেকৈ ৰেডিঅ'ত বাতৰি শুনোৱাৰ বাবে মৌজাদাৰ বোপা আৰু সৰু বোপাক ৰাইজে ধইন ধইন বুলিছিল। নেহৰুৱে কৈছিল, প্ৰিয়নাথে অসমীয়ালৈ তৰ্জমা কৰি দিছিল, 'বহু বছৰ ধৰি ভাগ্যক লৈ টনা-আঁজোৰা কৰাৰ পাছত আজি সেই ক্ষণ সমাগত। মাজনিশাৰ সময় সংকেতৰ লগে

লগে যি সময়ত বিশ্ব গভীৰ নিদ্ৰাত নিমগ্ন ভাৰতবৰ্ষ নৱজীৱন আৰু স্বাধীনতা লাভৰ জাগৰণেৰে জাগৃত।'

চাকিৰ পোহৰৰ মাজত প্ৰিয়নাথে ভাৰতৰ জাতীয় পতাকা উত্তোলন কৰিছিল। সকলোৱে জয়ধ্বনি দিছিল। শঙ্খ-ঘণ্টা বাজিছিল, উৰুলিৰে ৰজনজনাই গৈছিল। সকলোৱে থিয় হৈ জাতীয় সংগীত গাইছিল।

'গান্ধী মহাত্মা অমৰ হওক'
নেহৰুজী কি জয়'
'স্বাধীন ভাৰতৰ জয়।'

বিভিন্ন গাঁৱৰ পৰা একেধৰণেৰে ৰাইজ ওলাই আহিছিল। বিপুল উচাহেৰে ৰাইজে মঙ্গলদৈত ডাঙৰকৈ আয়োজন কৰা সভাখনলৈ আহিছিল।

মৌসৰাৰ পৰা যোৱা দলটোত সোণাপুৰৰ আন ৰাইজৰ লগতে এজন বিশেষ মানুহে যোগদান কৰি গলাখুলি হৈ ধ্বনি দিছিল। তেওঁ হ'ল নাচন ডুবি বাগানৰ সেই কমপাউনদাৰ মুখাৰ্জী বাবু। মুখাৰ্জী বাবুৱে ভলণ্টিয়াৰক 'কুলী-লাইন'লৈ লৈ যোৱাৰ বাবে চাহাবে বন্দুক লৈ বিচাৰি ফুৰিছিল। সকলোৱে মিলি মুখাৰ্জী বাবুক ৰাতা-ৰাতি নাচন ডুবিৰ পৰা পলুৱাই পঠাইছিল। সোণাপুৰৰ ভাৰা ঘৰত থকা পৰিবাৰ আৰু ল'ৰা-ছোৱালীৰ কথা পাছতহে আহিছিল। ইমান দিনে কলিকতাত কিবা টুক-টাক কাম কৰি পৰিয়ালটো চলাই থকা মুখাৰ্জী কমপাউনদাৰে পাহৰিব পৰা নাছিল নাচন ডুবিৰ সেউজীয়া সৌন্দৰ্য্য। তেওঁৰ বাবে ঘৰ আছিল আহল-বহল চৌহদেৰে টিলা এটাৰ ওপৰত থকা বঙলাটো। মুখাৰ্জী বাবুৱে ৰোৱা কমলা দুজোপা, মধুৰি কিজোপা, গোলাপী জামুজোপা, নাৰিকল তিনিজোপা লোমা-লোমে লাগিছে। আগফালে লগোৱা বিভিন্ন ৰঙী পঞ্চমুখী জবা ফুল জকমকাই ফুলি আছে। ঘৰটোত তলা এটা ওলমি আছে। ভিতৰত থকা আচবাব-পত্ৰও আছে। কোনো হানি-বিঘিনি হোৱা নাই। ভাৰত স্বাধীন হ'ল, মুখৰ্জী বাবু অসম পালেহি। তেওঁৰ নাচন ডুবিৰ হস্পিতেলৰ চাকৰিটোৱো আছে। দুৰ্গম নাচন ডুবিত ক'ত পাব মুখাৰ্জী বাবুৰ দৰে এজন ডাক্তৰৰ কাম হেলাৰঙে কৰিব পৰা কমপাউনদাৰ? থিয় দিলেগৈয়ে হ'ল, নাচন ডুবিয়ে মুখাৰ্জী বাবুক সামৰি ল'ব। এয়া বহুত আনন্দ আৰু উল্লাস লৈ মুখাৰ্জী বাবুয়ে চিঞৰিছে, 'বন্দে মাতৰম'।

সোণাপুৰৰ বহু মানুহৰ লগত আৰু এজনে যোগ দিছে। তেওঁ হ'ল 'বিলাতী মুচি'। বিলাতী মুচি আজি আৰু বিলাতী পোছাকত নাই। একেবাৰে খদ্দৰৰ দেশী

পোছাকত। মুখত বিলাতী শব্দ নাই, কেৱল স্বৰাজৰ জয়ধ্বনি, 'জয় ভাৰত মাতা কি জয়'।

মাজনিশাই যাত্ৰা কৰিছিল সৰুপুখুৰীপাৰৰ গাঁওখনৰ ৰাইজে। সৰুপুখুৰীৰ পাৰৰ খোলা পথাৰত সেইদিনা ৰাইজে পতাকা তুলিছিল ধূপ-ধুনাৰে উপাসনাথলী যেন হৈছিল সৰুপুখুৰীপাৰ। কোনোকালে ভৰি নিদিয়া জয়াৰ সৰুপুখুৰী পাৰত দা-কোৰ লৈ ভৰি দিছিল ৰাইজে। কালিকা লগা বুলি ভবা গছ-গছনিবোৰৰ ঠাল-ঠেঙুলি, লতা-পাত কাটি পৰিষ্কাৰ কৰিছিল। মানুহে কয় সেইদিনাৰে পৰাই সৰুপুখুৰী পাৰত ওলোৱা জোনাকী পৰুৱাবোৰ আকৌ সোণবৰণীয়া হ'ল। সেই দেখিলেই গা চমচমাই যোৱা তেজৰ টোপালৰ দৰে ৰঙচুৱা জোনাকী পৰুৱাবোৰে আকৌ সোণবৰণীয়া ৰংটো ঘূৰাই পালে। চাকি-বন্তি জ্বলাই ৰাইজে পৰিষ্কাৰ সৰু পুখুৰীৰ পাৰত আঁঠু লৈছিল। ৰাইজে কৈছিল ইয়াত আৰু কোনেও নাকান্দে। বতাহ পাক খাই খাই ইয়াত আৰু উচুপনি নহয়। সৰু পুখুৰীপাৰৰ পথাৰখনলৈ মানুহে আৰু ভয় নকৰা হৈছিল।

গোটেই অঞ্চলৰ মানুহ আহি মঙ্গলদৈৰ মুকলি পথাৰখনত গোট খাইছিলহি। চন্দ্ৰনাথ আৰু প্ৰিয়নাথেও তাত বক্তৃতা দিছিল। মৌসৰাৰ ৰাইজৰ বুকু এহাত ওখ হৈছিল। সভা চলি থাকোঁতেই কিন কিন কৈ বৰষুণ পৰিছিল। তাৰ পাছতে ৰাইজে দেখিছিল আকাশত এখন বিশাল ৰামধেনু ওলাইছে। ৰাইজে ভাবিছিল এয়া আনকালে ওলোৱা দেখি ল'ৰাই ৰং পোৱা ৰামধেনু নহয়। এই ৰামধেনু ভগৱান প্ৰেৰিত এক মঙ্গলময় চিহ্ন, ৰাইজে সেই ৰামধেনুকো সেৱা জনাইছিল। সকলোৱে ভাবিছিল মানুহৰ দুখী আৰু ক্লেশময় জীৱনবোৰো ৰামধেনুৰ ৰঙেৰে ৰঙীন হৈ পৰিব।

চন্দ্ৰনাথ কলিকতালৈ গৈছিলগৈ। প্ৰিয়নাথে মৌজা আৰু হাউলিৰ এশ এবুৰি সমস্যা কান্ধ পাতি লৈছিল। গোটেই মৌসৰা মৌজাটোৱেই যেন ভাগি-ছিগি এই ডেকা ল'ৰাজনৰ মুখলৈ চাই আছিল। বনমালী চৌধুৰীয়ে সকলোবোৰ শেষ কৰি থৈ গৈছিল। মৌজা নিলাম হওঁ হওঁ হৈছিল, ব্যক্তিগত ধাৰো দেধাৰ হৈছিল। সকলোৱে ভাবিছিল, এই হাউলি, এই মৌজা চব শেষ হৈ যাব। বনমালী চৌধুৰী ঢুকাইছিল, প্ৰিয়নাথ-চন্দ্ৰনাথ জেলত। হাউলিত দিনে-নিশাই চুৰি হৈছিল। হাউলিৰ সকলো বাচন-বৰ্তনৰ তলীৰ পিনে লেখা থাকে 'চৌধুৰী'। এই বাচন মৌসৰা নালাগে, বেলেগ ঠাইৰ মানুহৰ ঘৰতো দেখা গৈছিল। কোনে কেনেকৈ কি নিছিল, কি নিবলৈ পাং পাতিছিল তাৰ ঠিক-ঠিকানা নোহোৱা হৈছিল। কোনোবা এজনে গোহালিৰ গাই

এজনী পোৱালিৰ সৈতে খুলি লৈছিল। ৰাতি নহয়, দিন-দুপৰতে। মানুহজন কোনোপধ্যে চোৰ নাছিল। তেওঁৰ নিজা যুক্তি আছিল, এইবোৰ গৰু-গাই এনেও বাঘে খাই শেষ কৰিব, তেওঁৰ ঘৰত অন্ততঃ বাচি থাকিব, দানা-পানী পাব। মৌজাদাৰৰ প্ৰায় আশীবিঘা মাটিৰ বাৰীত মানুহ সোমাই দিনতে হৰিণা মাৰিছিল, চিটিকা পাতি ডাউক, পৰঘুমা ধৰিছিল। বাহৰ পাৰ, গৰালৰ হাঁহতো হাত দিছিল। সকলোৱে নহয়, কিছুমানে হাউলিৰ বিপৰ্য্যয়ৰ সম্পূৰ্ণ সুযোগ লৈছিল। বৰতীয়া ভাত খাই, মাটিত শুই, স্বামীৰ শ্ৰাদ্ধ-শান্তিৰ আয়োজনত নীৰৱে ভাগ লৈ থকা বগা চুলিৰ মানুহজনী শোৱনি-কোঠাৰ পৰা ওলাই আহিছিল। হাতে হাতে পাক-ঘৰৰ পৰা থাল-বাচন লৈ ওলাই যাব খোজা মানুহ দুজনীমানক পদুলি-মুখৰ পৰা ঘূৰাই পঠাইছিল। মানুহ গৰাকী এনেকৈ ওলাই অহা দেখি কাতিয়া, আঘোণা, ৰম্ভাবাই, ধনীৰামহঁতো অ'ত-ত'ত জুপুকা মাৰি বহি থকাৰ পৰা উঠি আহিছিল। হাতৰ বাচন পাক-ঘৰৰ যথাস্থানত থৈ সেমেকা-সেমেনিকৈ মানুহকিজনী ঘূৰি গৈছিলগৈ। কাতিয়াই দেখি আছিল পুৰা দুসেৰ, গধূলি এসেৰে গাখীৰ দিয়া গৰুজনী হাউলিৰ কাষৰে মিনেশ্বৰে খেদি নিয়া। একেকোবেই উঠি গৈ কাতিয়াই গৰুজনী লৈ আহিছিল গৈ। বগা চুলিৰ মানুহজনী ৰাতিও নোশোৱা হৈছিল। জুই একুৰা জ্বলাই কাতিয়া, আঘোণা, ৰম্ভা বাইহঁতৰ লগত বহি আছিল। শান্তিপ্ৰিয়াই গোসাঁই-ঘৰত সোমোৱা নাছিল, এসন্ধ্যা বৰতীয়া ভাত খাইছিল। জুইৰ কাষত বহি শান্তিপ্ৰিয়া আয়ে নিৰ্ভুলভাৱে ইকুটৰ পাছত সিকুট ঘোষা গাইছিল। তেওঁ উলিয়াই লৈছিল সৰু সৰু খুটিতালযোৰ। শান্তিপ্ৰিয়া আইৰ সৈতে, হাউলিৰ আটাইবোৰ সাৰে আছিল। হাউলিৰ চুৰ-চাৰি কমি গৈছিল। গৰু-গাই গধূলি গোহালিত বন্ধা হৈছিল, হাতী কেইটাৰ আগত নতুন কলগছ পৰিছিল, হাঁহ-পাৰৰ গৰালবোৰ সময়মতে খুলি সময়ত বন্ধা কৰা হৈছিল। মৌজাদাৰৰ গাড়ীখন আকৌ সুগৰীজানৰ পাৰত পানী মাৰি ধোৱা হৈছিল। কোন তলকত জানো ড্ৰাইভাৰে গাড়ীখন দুপৰীয়া উলিয়াই লৈ গৈছিল। পুৰা সাতটা দিন গাড়ী হাউলিলৈ ঘূৰি অহা নাছিল। ড্ৰাইভাৰ-হেণ্ডিমেনে দুটা বিয়াৰ ভাড়া মাৰিছিল। আঘোণা গৈ ড্ৰাইভাৰৰ ঘৰ ওলাইছিলগৈ, গাড়ী ঘৰৰ মুখৰ জৰী গছজোপাৰ তলতে থৈ দিয়া আছিল। শান্তিপ্ৰিয়া আয়ে গাড়ীয়ে মানুহে লগতে লৈ যাবলৈ কোৱা কথা কওঁতে ড্ৰাইভাৰ যোগেন বিছনাৰ পৰা জাপ মাৰি উঠিছিল, যোৱা নিশা ভালকৈ পানীটুপি পি লৈ এই দুপৰীয়াখনলৈকে সি বিছনাত পৰি আছিল। পাছত যোগেনেও গা-পা ধুই আই শান্তিপ্ৰিয়াৰ লগত ৰাতি বহি ঘোষাৰ লগত সুৰ মিলাইছিল। মৌজাদাৰৰ শ্ৰাদ্ধ-শান্তি ৰাইজে ধৰাধৰিকৈ পাতি পেলাইছিল, কাৰো আন্তৰিকতা তেনেকৈ নাছিল, কৰ্তব্য পালনহে কৰিছিল। আটাইৰে চেৰেং চেৰেংকৈ সকলো

সময়তে মনত পৰিছিল ফাটেকত থকা ল'ৰাহাললৈ। মৌজালৈ চমন আহিছিল, দিব লগা ধনৰ কাঢ়া হিচাব আহিছিল। মহৰীক শান্তিপ্ৰিয়া আয়ে উলিয়াই দিছিল মাকৰ ঘৰৰ পৰা দিয়া মূল্যবান অলঙ্কাৰখিনি। খাজনা শোধোৱা হৈছিল। অভিজ্ঞ মহৰী শৰ্মাই সকলো কাম নিয়াৰিকৈ কৰিছিল। আৰু এটা কাম কৰিছিল শান্তিপ্ৰিয়াই, মঙ্গলদৈৰ জেলত থকা ল'ৰা দুটালৈ আঘোণাৰ হাতত মাজে মাজেই কিবা-কিবি দি পঠাইছিল। আগতেও বাপেকে ত্যাজ্যপুত্ৰ কৰি থোৱা স্কুল এখনত পৰি থাকি পঢ়া-শুনা কৰা ল'ৰাহাললৈ আঘোণাই মানুহজনীয়ে দিয়া বস্তুবোৰ নিছিল। সকলোবোৰৰে মাজে মাজে নীৰবে ঘূৰি ফুৰিছিল বগা চুলিৰ এজনী শীৰ্ণ মানুহ।

মানুহজনীয়ে একো গম নাপায় কেনেকৈনো ল'ৰাহাল জেলৰ পৰা ওলাল, ক'ত ক'ত গৈ কেনেকৈ পলাই আছিলগৈ, ক'তনো আছিল, কি খাইছিল, কি পিন্ধিছিল। মাত্ৰ শেন চকুৰে মানুহজনীয়ে হাউলিৰ কেউফালে ঘূৰি ফুৰিছিল আৰু ল'ৰাহাললৈ বুলি আঘোণাৰ হাতত দিবলৈ বয়-বস্তু টোপোলা বান্ধিছিল। আঘোণাই বয়-বস্তু নি ল'ৰাহালক ক'ত দিছিলগৈ বা সঁচাকৈয়ে দিছিলনে নাই সেইবোৰ কথাৰ একো খেয়াল নাছিল। মানুহজনী দিনে দিনে শীৰ্ণ হৈছিল, চকুৰ গুৰিবোৰ ক'লা পৰি আহিছিল। মালতী, শাওণীয়ে বা ৰম্ভাবাই আহি মুখৰ আগত কিবা এটা দিলে কেতিয়াবা খাইছিল, কেতিয়াবা যেনে বস্তু তেনে পৰি ৰৈছিল। মাজে মাজে ল'ৰাহাল আহিছিল, কেইদিনমান থাকি আকৌ গুচি গৈছিলগৈ। এনেকৈ ল'ৰাহাল আহিলে শান্তিপ্ৰিয়াই পুতেকহঁতলৈ পলক নেপেলোৱাকৈ চাই থাকিছিল। প্ৰতিবাৰে শান্তিপ্ৰিয়াই ল'ৰাহালক প্ৰথমতে কোন ধৰিব নোৱাৰে। ল'ৰাহাল যে লাহে লাহে একোজন ডেকা হৈ উঠিছিল।

স্বৰাজ আহিল, শান্তিপ্ৰিয়াই সকলো সময়তে পলক নেপেলোৱাকৈ ল'ৰাহাল চাই থাকিবলৈ পোৱা হ'ল। সিহঁতক আৰু বগা বঙালৰ চিপাহীয়ে বিচাৰি নুফুৰা হ'ল। চাই থাকোঁতেই দুইটা ল'ৰা গজগজীয়া ডেকা হৈ পৰিল, সকলো কথা একহাতে সামৰি ল'ব পৰা হ'ল। বগা চুলিৰ মানুহজনীয়ে ৰাতি ৰাতি সাৰে নথকা হৈছিল। গুণগুণকৈ নাম গাই গোসাঁই-ঘৰ, পাক-ঘৰ কৰি ফুৰা মানুহজনীৰ মুখখনত হাঁহি এটা মাজে মাজে দেখা গৈছিল। হাঁহিলে মানুহজনীক বেলেগ মানুহ যেন দেখি। হাউলিত ইমান দিনে মানুহজনীৰ মুখত হাঁহিটো বছেৰেকত এমাহ দেখে কি নেদেখে।

প্ৰিয়নাথৰ হাতত মাকে চন্দুক কেউটাৰ চাবি দিছিলে। গৰ্ভ চন্দুক কেইটা লোহাৰ পাট বহুৱাই মাটিত গাঁত কৰি ককাকৰ দিনতে সজা হৈছিল। খুলি চাই

দেখিছিল সৰু আৰু ডাঙৰ চন্দুক দুইটাই খালী। সৰু চন্দুকটোত আছিল এডাল চন্দ্ৰহাৰ আৰু এডাল লকেট থকা চেইন। চেইনডাল উলিয়াই মাকৰ হতুৱাই মাহীমাক মালতীক দিয়াইছিল; চুৰি হোৱা অলঙ্কাৰখিনিৰ বাবে হা-হুতাহ কাঢ়ি থকা মানুহ এজনীক হাউলিত চাই থাকিব খোজা নাছিল প্ৰিয়নাথে। সকলো নতুন কৰিব খুজিছিল স্বাধীন দেশত। কলিকতাৰ পৰা শাক-পাচলিৰ গুটি মগাই আনিছিল। নিজে খন্তি-কোৰ লৈ বাৰীত সেই গুটি লগাইছিল। প্ৰিয়নাথে আৰু এটা বস্তু মগাইছিল, নাৰ্জিফুলৰ গুটি। কমলা আৰু হালধীয়া ৰঙৰ কমলা টেঙা এটা মান ফুলবোৰ হাউলিৰ কেউফালে লগাইছিল। আন্ধাৰতো এই ফুলৰ শাৰী জিলিকি উঠিছিল। পুৱাতে উঠি সূতা কটা, নিজে দা-কোৰ লৈ বাৰীত কাম কৰা, তামোল, ধঁপাত বিড়ি-চিগাৰেট, মদ-পানী হাতেৰে নোচোৱা ডেকা মৌজাদাৰ সোনকালেই মানুহৰ মুখত পৰি এজন প্ৰবাদ পুৰুষ হৈ পৰিছিল।

ধানখোলাৰ টোকোৰা জাক

দেউতাক বনমালী চৌধুৰীৰ পৰা একেবাৰে ভিন্ন প্ৰকৃতিৰ আছিল তৰুণ মৌজাদাৰ প্ৰিয়নাথ। চেহেৰাটো কিন্তু সাইলাখ দেউতাকৰ দৰে আছিল। একেই গাৰ বান্ধ, উজ্জ্বল গৌৰ বৰ্ণ, একেই সৰ্বসাধাৰণতকৈ চকুত পৰাকৈ ওখ ডাঙৰ চেহেৰা। প্ৰিয়নাথৰ যমজ ভ্ৰাতৃ চন্দ্ৰনাথো একেবাৰে ককায়েকৰ দৰেই আছিল। প্ৰিয়নাথে পঢ়া-শুনা সামৰিছিল, মানে সামৰিবলৈ বাধ্য হৈছিল। চন্দ্ৰনাথ কলিকতালৈ গৈছিলগৈ।

হাউলিৰ আটায়ে বুজিছিল কথাবোৰ একেবাৰে বেলেগ হ'ব। সদায়ে সহজে হৈ থকা কামবোৰ সলনি হৈ গৈছিল। এদিন মাউতে হাবিৰ পৰা হাতীৰ পিঠিত পুলিয়ে-পোখাই উভালি বতা, খাগৰি আৰু তৰাগছ লাদি আনি চোতালত নেকেহকৈ পেলাইছিলহি। আৰু আনিছিল গুৰিতে কাটি অনা ডিমৰুগছ। প্ৰিয়নাথে মাউতক চুই কিলাবলৈহে বাকী আছিল। হাতীক খুৱাবলৈহে লাগে, এনেকৈ পুলিয়ে-পোখাই কিয় আনিব লাগে? ডিমৰুৰ ডাল-পাত হাতীক খুৱাবলৈ লাগে, কিন্তু গছবোৰ কিয় কাটিব লাগে? হাউলিৰ আটাইবোৰ আচৰিত হৈছিল। কিয় ইমান খং খাইছে ডেকা মৌজাদাৰে? কেউপিনে গছেই গছ, হাবিয়ে হাবি। তাৰে দুজোপা কাটিলে যেনিবা, কি হ'ল তাতে? আৰু তৰা, বতা, খাগৰি এইবোৰ পথাৰ একোখন যেন হৈ আছে। ইমান দিনেতো এনেকৈয়ে চলি আছিল। শিপা ৰাখি তৰা গছ কাটোতে, ডিমৰু গছৰ অকল ডাল-পাতহে কাটোতে আটায়ে বুজিছিল, কথাবোৰ বেলেগ হ'ব।

এইবাৰ পথাৰৰ পৰা লখিমী আদৰি আনিলে প্ৰিয়নাথে নিজে। ভঁৰালৰ আগ মচি-কাচি পেলোৱা হ'ল। গা ধুই শুদ্ধচিত্তে শুদা গাত ধূতী এখন ছাতি মাৰি পিন্ধি খালী ভৰিৰে পথাৰলৈ গ'ল। কেউপিনে ডাঙৰি জমা কৰি থোৱা হৈছে। প্ৰিয়নাথে মূৰত তুলি ল'লে এচিৰা পকাধান, তাৰ পাছত সেইচিৰা ধান সেৱা এটা কৰি আনি ভঁৰালত সুমুৱালেহি। ধানখোলাত গৰুৰ গাড়ীৰে পকা ধানৰ ডাঙৰিবোৰ আনি জমা কৰিবলৈ ধৰিলে। ধানখোলাৰ মুধচ চুই গ'ল সেই সোণালী ধানৰ ডাঙৰিৰে। তৰাবনেৰে বান্ধি অনা ডাঙৰিবোৰৰ পৰা এটা ফুৰফুৰীয়া গোন্ধ ওলায়। ধানখোলাতে

ডাঙৰিবোৰ শুকায়, তাৰ পাছতহে ভঁৰালত ভৰোৱা হ'ব। কোনেনো খবৰ বিলায় জানো? তৰাবনৰ গোন্ধে নে ধানৰ ৰঙে? হেজাৰ হেজাৰ টোকোৰা চৰাই আহি ধানখোলা ভৰাই পেলায়হি। কি কিচিৰ-মিচিৰ এই চৰাইবোৰৰ। হাউলিৰ প্ৰতিজোপা তামোল বা নাৰিকল গছতে টোকোৰা চৰাইৰ ধুনীয়া বাহবোৰ ওলমি থাকে। অকল কিবা হাউলিৰ গছ কিজোপাতনে? গোটেই অঞ্চল জুৰি তামোল বা নাৰিকল গছ এজোপা পালেই হ'ল। খৰখেদাকৈ ওলোমাই দিলেই নহয় বাহবোৰ। বাহবোৰ সাজোতে কতনো কি কাণ্ড-কাৰখানা। মতা চৰাইকিটাই মাইকী চৰাইকিজনীক আকৰ্ষণ কৰিবলৈকে বাহ সাজে। সাজে, আকৌ ভাঙে, আকৌ সাজে।

এবাৰ হাউলিৰে কুঁৱাৰ পাৰত থকা গছজোপাত দুপৰীয়া চিঞৰ-বাখৰ কৰি চৰাইবোৰে চক্ৰাকাৰে ঘূৰি আছিল। টোকোৰা চৰাইবোৰৰ চিঞৰত আটায়ে তাল গছজোপালৈ চাইছিল। কিবা এটা সোমাইছে নিশ্চয়। প্ৰিয়নাথে বন্দুকটো লৈ আনিছিল। বন্দুকৰ এটা শব্দ হৈছিল আৰু তালগছৰ পৰা সৰি পৰিছিল এটা মুগা ফেটী। চৰাইবোৰৰ ভয়াৰ্ত চিঞৰবোৰ বন্ধ হৈছিল। আকৌ চৰাইবোৰ নিজা নিজা কামত ব্যস্ত হৈ পৰিছিল।

সৰুতে প্ৰিয়নাথ-চন্দ্ৰনাথক মাকে টোকোৰা বাহৰ সাধু কৈছিল। কোনোবাই যদি এডালো কুটা নিছিগাকৈ টোকোৰা চৰাইৰ বাহ এটা খুলি পেলাব পাৰে তেওঁ পাব বাহৰ ভিতৰত থকা এটা সোণৰ বেজী। বৰফান্দীৰ নে কাতিয়াৰ মুখতো শুনিছিল একেই সাধু। এডালো কুটা নিছিগাকৈ টোকোৰা বাহ এটা খুলি পেলাব পাৰিলে ভিতৰত সোণৰ অলঙ্কাৰ পায়। আ-অলঙ্কাৰ পাব, সোণৰ বেজী এটা পাব। চৰ্ত এটাই এডালো কুটা নিছিগাকৈ বাহটো খুলিব লাগিব। বহুত দিনৰ মূৰত প্ৰিয়নাথৰ সাধুটো মনত পৰিল। এৰা, মানুহে কিবা ধুনীয়া বস্তু এটা দেখিলে, নিজে সাজিব নোৱৰা কিবা এটা দেখিলে তৎক্ষণাত সাধু এটা জুৰি দিয়ে। ধান খোলা জুৰি হাজাৰ হাজাৰ টোকোৰা চৰাইৰ ভিৰ। যিমান ধান খায়, সিমানেই নষ্ট কৰে। হাউলিৰ লগুৱা-হালোৱাৰ এইকিটা বৰ সুখৰ দিন। সৰু জাল এখন পাতি থলেই এশটা মান চৰাই লাগি থাকে। পাখি গুচালে পুঠি মাছটো হেন হয়। তেলত জলকীয়া দি ভাজিলে এথাল হয় কি নহয়। হ'লেও জুমাইৰ লগত এই টোকোৰা ভজা বৰ পাগত উঠে। প্ৰিয়নাথে এদিন উঠি কাতিয়া মাউতক জালৰ পৰা চৰাই এৰুৱাই থকা দেখিলে। সেইদিনা কাতিয়া থৰথৰকৈ কঁপিছিল। তৰাবন উঘালি অনা মাউতত-কৈয়ো বেছি কঁপিছিল কাতিয়া। পাঁচোটাকৈ হাঁহ কাতিয়াহঁতক দিছিল, কিমান মাংস খাব খা, সৰু চৰাইকিটালৈ লোভ। জাল নাই বাধা নাই। নিতৌ হাজাৰ হাজাৰ

টোকোৰা চৰাই আহি ধান খোলা ভৰাই দিয়েহি। কম ধান নষ্ট হোৱা নাই, চৰাই কিটাই খায় যিমান নষ্ট কৰে তাৰ বেছি। ঘৰৰে হালোৱা ভদীয়াক দিনটো টিং কোবাই চৰাইবোৰ হুৰাই থাকিবলৈ দিয়া হৈছে। অলপ দিন ভয় খালে, তাৰ পাছত টিঙৰ শব্দলৈ কেৰেপেই নকৰা হ'ল। তাৰ পাছত তেওঁ কলিকতাৰ 'ৰড্ডা কোম্পানী'লৈ লেখি সেই বাগানৰ বস্তু অনা ডাকোটা প্লেনতে কিছুমান চাৰাগুলী আনিলে। ভদীয়াই কোনোমতে বন্দুকটো হাতত ল'ব নোৱাৰে, তাৰ পুতেকেহে পাৰিলে। তাৰ নাম নকুল। নকুলে তাতে বহি বহি ধান খোলালৈ চেৰাগুলী কিছুমান গুলীয়াই থকা হ'ল। এইবাৰ টোকোৰাই ভয় খালে। ধান শুকাল, মৰণালৈও নিয়া হ'ল। কাতিয়াহঁতে একো বুজা নাছিল। হাজাৰ হাজাৰ চৰাই, বৰযুণত শিল পৰাদি আহি ধান খোলাত পৰেহি, তাৰে দুটামান যেনিবা ভাজি খালেই, কিনো ক্ষতি হ'ল তাতে। মাইল কি মাইল জোৰা তৰাণি তাৰে দুই-এজোপা যেনিবা শিপাৰে সৈতে আনিলেই, কি বা দোষে চুলে। কাতিয়াহঁতে মাত্ৰ এটা কথাই বুজিছিল। কথাবোৰ সলনি হৈছে। সলনি নোহোৱা হ'লে ৰাতি সেইটো ঘটনা নঘটিলহেঁতেন।

তেতিয়া প্ৰিয়নাথে ভায়েকক কলিকতালৈ পঠাই দি নিজে মৌজাৰ কাম হাতত লৈছিল মাত্ৰ। কেউফালে খেলি-মেলি হৈ আছিল। গোটেই হিচাবৰ বহীবোৰে হা কৰি চাই আছিল। কেউপিনে কেৱল শূন্য। সমাজখন অস্থিৰ হৈ আছিল। প্ৰিয়নাথে এটা এটাকৈ সমস্যাবোৰ হাতত লৈছিল। সেইখিনি সময়ৰে কথা। কাটি দুভাগ কৰা দেশ দুখনৰ তেজৰ ছিটিকনি আহি উত্তৰ অঞ্চলৰ একেবাৰে পাছ পৰা, কথাবোৰ আহি পাহাৰত লাগি লাগি ধৰা এই আওহতীয়া ঠাইখণ্ডতো পৰিছিলহি। ক'ৰ পৰা জানো কিছুমান মানুহ আহিল, হাতী লৈ আহিল। কোনোৱে ক'লে এইবোৰ গোৱালপাৰাৰ ফালৰ পৰা অহা মানুহ। গোৱালপাৰা অঞ্চলৰ পৰা অহা মানুহ এই মৌ-সৰা বা সোণাপুৰত অচিনাকি নহয়। বেছি ভাগ বড়ো মানুহ, এই ফালে 'প্ৰজা' হ'বলৈ আহে। তেওঁলোকৰ মাইকী মানুহ খিনিয়ে লাংগা পিন্ধে। মৌসৰা অঞ্চলৰ বড়ো মানুহখিনিৰ দুখীয়া তিৰোতা খিনিয়ে বুকুত মেথনি মাৰি মেখেলা এখন পিন্ধে, সম্পন্নখিনিয়ে পাটৰ-মুগাৰ মেখেলা চাদৰ পিন্ধে। বুকুত মৰা মেখেলাখন এই অঞ্চলৰ খাটি খোৱা মাইকী মানুহখিনিৰ বাবে সুবিধাজনক পোছাক। মৌজাদাৰৰ ঘৰলৈ বিহুৰে-সংক্ৰান্তিয়ে ফুৰিবলৈ আহোঁতে হচপিতেলৰ ডাক্তৰ ডাঃ চামুৱেল বড়োৰ পৰিবাৰে পাটৰ বা মুগাৰ মেখেলা-চাদৰেই পিন্ধি আহে। এই অঞ্চলৰ বড়ো তিৰোতাখিনিয়ে লাংগা বা দখনা পিন্ধি অহা বড়ো তিৰোতা দেখিলে কয়, গোৱালপাৰাৰ 'প্ৰজা' আহিছে। এওঁলোক আহি মৌজাদাৰক কয়হি, 'প্ৰজা' ধৰিবলৈ

আহিছো। তাৰমানে পতিত মাটিত খেতি কৰি আকৌ যাবগৈ, মৌজাদাৰৰ অনুমতি লাগে।

কিন্তু হাতী লৈ অহা এইখিনি গোৱালপাৰাৰ ফালৰ মানুহক এই অঞ্চলৰ মানুহে চিনি নাপায়। প্ৰিয়নাথে ঠিক খবৰ পাইছে এইখিনি মানুহে লগত হাতী আনিছে। একে ৰাতিতে সোণাপুৰৰ ঢাকাইপট্টি উজাৰ। তাত থকা আটাইখিনি মুছলমান মানুহক একে ৰাতিতে সোণাপুৰৰ ৰে'ল ষ্টেচনত উঠাই দিয়া হ'ল। মাৰ-পিট বা জীৱনৰ হৰণ-ভগন হোৱা নাই। মাত্ৰ জীৱটো লৈ লৈ ৰে'লত উঠি গুচি গৈছেগৈ। চহকী ব্যৱসায়ী ঢাকাইপট্টিৰ মানুহখিনিৰ সকলো সা-সম্পত্তি ৰাখি থোৱা হ'ল। সোণাপুৰৰ মানুহে সেই সা-সম্পত্তি ভগাই ল'লে। চুপি চুপি খবৰ ওলাইছে। হাতী লৈ অহা গোৱালপাৰাৰ ফালৰ মানুহবোৰে মুছলমানৰ ঘৰ হাতী লগাই ভাঙিছে ঠিকেই, মানুহবোৰক খেদি ভয় খুৱাই ৰে'লত উঠাই দিয়াও হয়। কিন্তু এইখিনি মানুহে লুট কৰা নাই, সা-সম্পত্তিও নিয়া নাই। মাটি-সম্পত্তি ভগাইছে স্থানীয় মানুহে। লুট কৰিছে ইয়াৰে মানুহে। প্ৰচুৰ সোণ আৰু টকা পোৱাৰ কথা বতাহত উৰিছে। হাতী লৈ অহা মানুহখিনিক কোনেও বাধা দিয়া নাই। প্ৰশিক্ষিত এক বাহিনীৰ দৰে এইখিনি মানুহে এফালৰ পৰা মুছলমান মানুহৰ ঘৰবোৰ বাছি বাছি ভাঙি আহিছে, মানুহখিনিক ৰে'লত উঠাই 'নিজৰ দেশলৈ' খেদাই দিছে। সোণাপুৰৰ পৰা মানুহখিনি হাতী লৈ মৌ-সৰাৰ ফালে আহি আছে। য'তে মুছলমানৰ ঘৰ পাইছে, ভাঙি আহিছে।

ৰাতি জামাল ৰুটিৱালা আৰু কেইটামান মুছলমান পৰিয়াল আহি হাউলিত উঠিলহি। লগত বান্ধি অনিছে জীৱনৰ সমস্ত সঞ্চয়। প্ৰিয়নাথে আগতেই গম পাইছিল জামাল ৰুটিৱালাই বন্দুক লৈ নাচন-ডুবিৰ কাষৰ মিএগ্ৰা গাঁওখনৰ পৰা মানুহ আনি এইখিনি মানুহক বাধা দিব খুজিছিল। মাটি কামুৰি থাকিব খুজিছিল জামাল ৰুটিৱালাই, এনেকুৱা ঘৰ, ইমান খেতি-পথাৰ, এনেকুৱা দপদপাই চলা ৰুটি-বিস্কুটৰ কাৰখানা, কেনেকৈ এৰি যায়। মোহত পৰি জামাল ৰুটিৱালা মৰসাহসী হৈছিল। জামালৰ কাৰখানাত সোমাই থকা মানুহকিটাৰ কথা ঠিকেই ফাদিল হৈছিল। জামালৰ ডেকা পুতেকক কাটি দুটুকুৰা কৰি তেওঁৰে ধাননিত পেলাই থোৱা হ'ল। সেই ৰাতিয়ে জামাল ৰুটিৱালাই তেওঁ ভতিজা ভাই আৰু ভাগিনৰ পৰিয়াল লৈ আহি প্ৰিয়নাথৰ ওচৰ পালেহি। হাউলিৰ তিনিটা গুটি ধানৰ ভঁৰালৰ এটা প্ৰায় আধা খালী হৈ পৰিছিল। ৰাতি নিজে ভঁৰাল খুলি মানুহখিনি ভঁৰালত ভৰাই বাহিৰৰ পৰা তলা মাৰি থৈ প্ৰিয়নাথ বুলনিত বহি আছিল, ওচৰতে বহি আছিল আই শান্তিপ্ৰিয়া।

প্ৰিয়নাথে দ্বিখণ্ডিত দেশখনত কি হৈছে সকলো গম পাইছিল। ৰাতি দেউতাকৰ আৰামী চকীখনত বহি থাকোঁতে বাৰে বাৰে চকুৰ আগত ভাহি উঠিছিল কলিকতাৰ হাওৰাত সোমোৱা সেই খালী ৰে'ল গাড়ীখন। আটাইবোৰ হিন্দু, পাকিস্তানৰ পৰা ঘূৰি আহিছিল। কিন্তু কোনোৱে আহি ভাৰত নাপালেহি। এখন খালী ৰে'ল সোমাইছিলহি। ৰেলখনত কেৱল খমলা বন্ধা তেজ, ছিগা চেণ্ডেল আৰু তিৰোতা মানুহৰ ছিগা টুকুৰা টুকুৰ কাপোৰ। প্ৰিয়নাথৰ চকুৰ আগত সেই ৰে'লখন অগা-দেৱা কৰি আছিল। প্ৰিয়নাথক আই শান্তিপ্ৰিয়াই যাচি আছিল এটা কল, অথবা এগিলাচ গাখীৰ। জামাল ৰুটিৱালাৰ পুতেক প্ৰিয়নাথৰ প্ৰায় কান-সমনীয়া। বৰ ভাল ল'ৰা আছিল। আই শান্তিপ্ৰিয়াই মন কৰিছিল প্ৰিয়নাথৰ চকুহাল সেমেকা।

হাতী তোৰণেদি সোমাই আহিছিল কেইবাটাও মানুহ। হাতৰ বন্দুক লৈ প্ৰিয়নাথ গিৰিপকৈ উঠিছিল। মানুহবোৰৰ ভাষা, কথা-বতৰা, আব-ভাব চব বেলেগ আছিল, অচিনাকি আছিল। মানুহকিটাই আহিয়ে 'পাকিস্তানী'কিটাক বিচাৰিছিল। প্ৰিয়নাথে কৈছিল— ইয়াত কোনো নাই। মানুহকিটাই কেউপিনে হাউলিত অলপ সময় পিয়াপি দি গুচি গৈছিলগৈ।

পুৱা আটায়ে দেখিছিল জামাল ৰুটিৱালাৰ ঘৰ-দুৱাৰ হাতীয়ে মহটিয়াই থৈ গৈছে, যেন এজাক ধুমুহাত একে ৰাতিতে সৰবোৰ মাটিত শুই পৰিল। ৰুটিৱালাৰ ধাননি পথাৰ, কাৰখানা সকলোবোৰ ধ্বংসস্তূপত পৰিণত। তিনিদিন তিনিৰাতি ধানৰ ভঁৰালত সোমাই থাকিল পোন্ধৰটাকৈ মানুহ। চাৰিদিনৰ দিনা ৰাতি ৰে'লত উঠাই দিলে মানুহকেইটাক। প্ৰিয়নাথে তেওঁৰ হাতত জমা দিয়া সোণ, টকা-পইচা যেনেকৈ দিছিল তেনেকৈয়ে ঘূৰাই দিছিল। অলপ টকাত বাদে গোটেইখিনি সোণ-ৰূপ জামাল ৰুটিৱালাই প্ৰিয়নাথক আকৌ ঘুৰাই দিলে। প্ৰিয়নাথে কথা দিছিল কেতিয়াবা কোনোবা আহিলে এইখিনি অলঙ্কাৰ যেনে আছে তেনেকৈয়ে পাব। মাটিত পোত খাই থকা গোপন কুঠৰিৰ সৰু চন্দুকটোৰ আধা এই গধুৰ অলঙ্কাৰখিনিৰে ভৰি গৈছিল। হাউলিৰ আটায়ে খবৰ পাইছিল সোণাপুৰ ৰে'ল ষ্টেচনতে ৰুটিৱালাৰ হাতৰ সমস্ত বস্তু লুট কৰা হৈছিল। মানুহকিটা নিৰাপদে আছিল।

আঘোণৰ আবেলিটো কুঁৱলীয়ে ঢাকি পেলাওঁ পেলাওঁ কৰিছিল। প্ৰিয়নাথ দেউতাকৰ আৰামী চকীখনত বহি আছিল। ভিতৰৰ পৰা বন কৰা ছোৱালী মিলিকিয়ে তেওঁলৈ কাঁহৰ থাল এখনত কল আৰু অমিতা লৈ আহিছিল। 'দেউতা, খাওঁক', মিলিকি আৰু প্ৰিয়নাথৰ বয়সৰ ব্যৱধান কিমান হ'বনো, এই দুই-তিনি বছৰ। তথাপি এই ডেকা ল'ৰাজন এই ছোৱালীজনীৰ দেউতাক। এই ডেকা ল'ৰাটোৰ

নিজতকৈ ডাঙৰ আৰু কেইবাজনো 'ল'ৰা-ছোৱালী' আছে। এইটো বংশ পৰম্পৰা। খুৱাব পিন্ধাব নোৱৰা, দায়িত্ব ল'বলৈ অপাৰগ মাক-বাপেকবোৰে ল'ৰা-ছোৱালীবোৰ আনি মৌজাদাৰ দেউতাক 'বাপদায়' দি সমৰ্পণ কৰি থৈ যায়হি। অলপ দিনৰে পৰা 'বাপদায়' দিয়া বেছি হৈছে। তেওঁ মৌজাৰ দায়িত্ব লোৱাৰে পৰা সাতটা 'বাপদায়' লব লগা হ'ল। আচলতে দিন বৰ টান হৈছে। সাধাৰণ মানুহে থাউনি নোপোৱা হৈছে। বিশেষকৈ আধিয়াৰ প্ৰথাই খেতিয়কক জুৰুলা কৰি পেলাইছিল। যিমান ফচল হ'ব আধা মাটিৰ মালিকে পাব, বাকীখিনিহে খেতিয়কে পাব। আধিয়াৰ প্ৰথাৰ নামত প্ৰিয়নাথে ৰায়তক কেঁকোৰা চেপা দিব খোজা নাছিল। মৌসৰাত ৰায়তে যি পাৰে খাজনা শোধাই আছিল। তেওঁ খবৰ ঠিক পাইছে। সোণাপুৰৰ দক্ষিণে এজন চৰকাৰী বিষয়াই বহু মাটি বেলেগ বেলেগ খাটত ভগাই নিজৰ নামত কৰি লৈছে। সেইফালে কেইবাখনো খাট সৃষ্টি হৈছে, লতাখাট, সোণাখাট, ৰূপাখাট। বিষয়াজনৰ পুত্ৰই তাতে দুই মহলাৰ চাংঘৰ সাজি খেতিয়কৰ পৰা ফচল গোটাইছে। আধা ফচল খেতিৰ পৰাই কটাই নিছে। ৰাইজে ভাবিছিল বগা চৰকাৰ যাব, স্বাধীন দেশত নিজৰ মাটিৰ অধিকাৰ পাব। মাটিৰ অধিকাৰৰ ঠাইত পথাৰৰ পৰা আধা ধান লৈ যোৱাৰহে নিয়ম হ'ল। অকল সোণাপুৰতে নহয়, কেইবা ঠাইতো জমিদাৰ সকলে আধিয়াৰ ব্যৱস্থা আৰম্ভ কৰি দিলে। এজন ছাব-ডেপুটি কালেক্টৰে সোণাপুৰৰ পৰা পশ্চিমে মঙ্গলদৈলৈকে এক বৃহৎ অঞ্চলৰ মাটি নিস্পিখেৰাজ কৰি নিজৰ নামত কৰি ল'লে। জমিদাৰ আৰু মাটিৰ মালিক সকলে নিজা নিজা এলেকাতে অস্থায়ী ভঁৰাল সাজিছে, কাষতে চাংঘৰ সাজি মহৰী ৰাখিছে। পকা-পকি ব্যৱস্থা। খেতিয়ক বগা চাহাবৰ দিনতকৈয়ে চেপেটা লাগিছে। মানুহক অন্নমুঠি যোগোৱা এই মানুহ কিটাৰ ভাগ্যতহে যেন ভাৰস্তৰ দুখবোৰ লেখি থোৱা আছে।

আজি প্ৰিয়নাথৰ মনটো গধুৰ হৈ আছে। কোচবিহাৰৰ ৰজাঘৰীয়া মানুহৰ এইফালে কাঠৰ কূপ আছে। কাঠৰ কূপ ডাকি লয় আৰু আহি কাঠ কাটি নিয়েহি। এয়া বহুকাল ধৰি চলি আছে। এইবাৰ কাঠ নিবলৈ আহোঁতে ৰজাঘৰীয়া মানুহে হৰিণ চিকাৰ মেলিছিলে। অৰণ্য জুৰি নানা জাতৰ হৰিণা। দুই-এটা মানুহে মাৰি খাবই, কিন্তু এই কাঠ ব্যৱসায়ীসকলে হৰিণ চিকাৰৰ নামত যি কাৰ্য্য কৰিলে সেয়া সহ্য কৰা টান। ৰাতি বেটেৰী লগোৱা চাৰ্চ লাইট জ্বলাই প্ৰথমতে পহুবোৰ ভেলেঙা লগাই লৈ এফালৰ পৰা গুলীয়াই মাৰি পেলালে। হাতীত লাদি অনা ডিঙিবোৰ ওলমি ওলমি অহা পহুবোৰ দেখি প্ৰিয়নাথ খঙত একোনাই হৈছিল। ডেকা মৌজাদাৰৰ খং দেখি আটাইবোৰ তবধ মানিছিল। লাদি অনা পহুবোৰৰ সৈতে কাকো হাউলিৰ ভিতৰ

সোমাবলৈ নিদিলে প্ৰিয়নাথে। একো বাক্য বিনিময় নকৰাকৈ কাঠ ব্যৱসায়ী সকলে হাতী হাউলিৰ পদূলিৰ পৰা ঘূৰাই লৈছিলে।

গধূলি বেলা পা-পৰিয়াল লৈ ভূটীয়া 'কুৰমা' তপজে আহি হাউলি সোমালহি। তপ্‌জে ডেকা ল'ৰা, প্ৰিয়নাথৰ বংশানুক্ৰমে চলি অহা কুৰমা, বান্ধৱ সখি। তপজেৰ দেউতাক, ককাক আটাইবোৰ এই হাউলিৰ 'কুৰমা'। তেওঁলোকৰ বাবে সদায়ে এটা ঘৰ আছুতীয়াকৈ তাহানিৰ দিনৰে পৰা থোৱা আছে। আজি তপজেৰ লগত আহিছে তেওঁৰ ঘৈণীয়েক, দুটা ল'ৰা-ছোৱালী, ভাই-ভনী আৰু তেওঁলোকৰ পৰিয়াল। তপ্‌জেই সখিলৈ ভূটানৰ পৰা আনিছে জাব্ৰাং, আখ্ৰোট, জলকীয়া আৰু ঠঙা। আৰু এটা বস্তু আনিছে। হলৌ চোলাৰ জেপত ভৰাই অনা দুটা ভূটীয়া কুকুৰ পোৱালি। হাতৰ তলুৱাতে লৈ থাকিব পাৰি। এটা শুধ বগা, আনটো ক'লা আৰু বগা। এই জাতৰ কুকুৰবোৰ ভূটানত পুৰোহিত সকলে মন্দিৰৰ ভিতৰত ৰাখে। এই কুকুৰবোৰে ভিতৰৰ পৰা বাহিৰৰ বস্তুবোৰৰ গোন্ধ পায়। মন্দিৰৰ ভিতৰত ইহঁতক চায়েই গম পায় বাঘ-ঘোং কিবা আহিছে নেকি। বা বাহিৰত ডকাইতে খাপ পিটি আছে নেকি। ডাঙৰ হ'লে এইবিধ ভূটীয়া কুকুৰ খুব বেছি মাইকী মুৰগি এজনীমান ডাঙৰ হয়। পুতলা হেন কুকুৰহাল, তপ্‌জেৰ ভঙা ভঙা মৰমসনা কথাবোৰ, তাৰ উপহাৰবোৰ, থোলোকা কেঁচুৱা হালে হাউলিৰ লগতে প্ৰিয়নাথৰ মনটোৰো সজীব কৰি তুলিলে। তপ্‌জে তেওঁৰ পৰিয়াল লৈ দহ/পোন্ধৰ দিনমান থাকিব। বেছি দিনো থাকিব পাৰে। ভৈয়ামত বেহা-বেপাৰ সামৰি যাবগৈ।

শুবলৈ যোৱাৰ আগতে প্ৰিয়নাথে সদায় মাকৰ ঘৰটোত এভুমুকি মাৰি যায়, আজিও সোমাল। মাকে সদায়ে কৰাৰ দৰে আজিও সেই শহুৰেকৰ হেলনীয়া লেখাৰ আসনখন লৈ ঢাৰি এখনত বহি দোৱাতত কলম জুবুৰিয়াই জুবুৰিয়াই কিবা লেখি আছে। ভায়েকে নে তেঁৱেই জানো পেলাই দিয়া নিব লগা কলমটোকে মচি-কাচি লৈছে। কলিকতাৰ পৰা ভায়েকক ভাল নিবৰ কলম এটা আনিবলৈ ক'ব লাগিব। সি আনে মানে সোণাপুৰৰ 'ঘোষ ব্ৰাদাৰ্ছ'ৰ পৰাই আনি দিব লাগিব। মাকে অলপদিনৰে পৰা গোসাঁই ঘৰত থকা প্ৰায় উৰলি যাবলৈ ধৰা পুৰণি সাঁচিপাতৰ পুথিবোৰ নতুনকৈ লেখি আছে। প্ৰথমতে পুতেকহঁতৰ পেলাই দিয়া বহীৰ নিলিখা পাতবোৰত লেখিছিল। পুতেকে 'ঘোষ ব্ৰাদাৰ্ছৰ' পৰা আনি দিয়া বগা, মিহি পোহৰত দাঙি ধৰিলে বাঘ এটাৰ ছবি ওলোৱা কাগজখিনি দেখি শান্তিপ্ৰিয়াই সেই শিশুৰ হাঁহিটো মাৰিছিল। প্ৰিয়নাথে চাইছে মাকৰ আখৰবোৰ গোট গোট, পৰিষ্কাৰ।

শান্তিপ্ৰিয়াই পুতেকক দেখি লাহেকৈ টোপোলা এটা আনি হাতত দিলেহি।

কেইযোৰ মান হাতেবোৱা ফুল-জালি তোলা মেখেলা-চাদৰ। মেখেলা-চাদৰ কেইযোৰ চাই প্ৰিয়নাথৰ তৰুণ মুখমণ্ডল ৰঙছুৱা হৈ পৰিল। মাকে সেইখন মুখৰ ফালে চাই কেঁচুৱাৰ দৰে হাঁহিটো মাৰিলে। মানুহজনীৰ গাল-মুখবোৰ যেন আগতকৈ অলপ ভৰা-ভৰা হৈছে। আই শান্তিপ্ৰিয়াই আজিকালি বিৰবিৰাই নাথাকে, চুলি মেলি পাৰ জাকৰ মাজত বহি নাথাকে। নিমাতী মানুহজনীৰ দুই-এটা মাতো মানুহে শুনে। আগৰ দৰে য'তে-ত'তে বহি বিশেষকৈ পাক-ঘৰৰ বাৰাণ্ডাত বহি খাবলৈ নবহে। ভিতৰত পুতেকক খুৱায় নিজেও খায়। প্ৰিয়নাথে ধৰিব পাৰে এই নিমাতী মানুহজনীক ভৰসা কৰিব পাৰি।

সদায়ে কৰাৰ দৰে আজিও শোৱাৰ আগতে প্ৰিয়নাথে বুলনিত যঁতৰটো উলিয়াই ল'লে। আঁঠুৰ মূৰত চুৰিয়া আৰু হাতে বোৱা খদ্দৰ কাপোৰৰ চোলা এটা পিন্ধি সূতা কাটি থকা ডেকাজনক দূৰৈৰ পৰা এজন গম্ভীৰ বয়সস্থ মানুহ যেন লাগিছিল। যঁতৰ সামৰি ভিতৰলৈ যাব খোজোতে চকুত পৰিলে 'ভূটীয়া ঘৰ'ৰ বাহিৰত জুইৰ পোহৰত জিলিকি আছে দুটা মানুহ, নহয় তিনিটা। তপ্‌জে, ঘৈণীয়েক আৰু তাই গাখীৰ খুৱাই থকা কেঁচুৱাটো। অলপ সময় সেইফালে চাই প্ৰিয়নাথ ভিতৰলৈ সোমাই গ'ল।

মানুহে মানুহলৈ ভয় কৰিলে

এই অঞ্চলবোৰ ৰে'লেৰে যেতিয়া সামৰি লৈছিল তেতিয়া মানুহে অবাক হৈ লোহাৰ চিৰিত শব্দ কৰি গৈ থকা শাৰী শাৰী কাঠৰ দবাবোৰ চাইছিল। ৰে'লগাড়ী গৈ থাকিলে কাষৰ মাটি গুমগুমাই যায়। ৰাতিৰ আন্ধাৰ ফালি বেলি ওলোৱাদি জ্বলা ৰে'লৰ লাইটটো চাই মানুহৰ মুখৰ মাত হৰিছিল। ৰে'লৰ দবাবোৰ প্ৰায় খালীয়ে আছিল। ৰে'লখনৰ দবাবোৰ বেলেগ বেলেগ আছিল। প্ৰথম শ্ৰেণী আছিল বগা চাহাবৰ বাবে, দ্বিতীয় শ্ৰেণী চৰকাৰী অফিচাৰ আৰু ৰে'লৰ অফিচাৰ সকলৰ বাবে। ইণ্টাৰ ক্লাছত ব্যৱসায়ী আৰু শিক্ষিত মধ্যবিত্ত মানুহখিনিয়ে অহা-যোৱা কৰে। তৃতীয় শ্ৰেণী চাহ বাগিচাৰ বনুৱাৰ বাবে। বাকীখিনি দবা প্ৰায়ে খালী পৰি থাকে, হেঁচা-ঠেলা থাকে তৃতীয় শ্ৰেণীতহে। বহুত মাইকী মানুহে ৰে'লত উঠা বুলিলেই ভয় কৰিছিল। ৰে'লখন এনেকৈ ভয়ঙ্কৰ জোকাৰণি মাৰি মাৰি চলিছিল যে মাইকী মানুহবোৰে নিজকে প্ৰায় ছিটৰ সৈতে বান্ধি থব লাগিছিল। প্ৰায় সকলো মাইকী মানুহে, কিছুমান মতা মানুহেও, ৰে'লত উঠিলে বমি কৰিছিল।

এইখন ৰে'লেই পাছলৈ যে এনে ৰূপ ধাৰণ কৰিব কোনে ভাবিছিল? দেশ দুভাগ হ'ল আৰু এই ঠাইখণ্ডলৈ অহা ৰে'লে এক বিকট মূৰ্তি ধৰিলে। মানুহ, মানুহ আৰু মানুহ। ৰে'লৰ দবাৰ ভিতৰত শিলগুটি এটা থবলৈ ঠাই নোহোৱা ভিৰ, ৰে'লৰ দবাৰ ওপৰতো মানুহ। এবাৰ নে? ৰে'ল যেইবাৰ আহিছে সেইবাৰ ৰে'লখন তলে-ওপৰে ভৰ্তি হৈ আহিছে। ৰাতিটোৰ ভিতৰতে নতুন গাঁও বহি গৈছে। এই নতুনকৈ গাঁও পাতি বহা মানুহখিনি হিন্দু বঙালী মানুহ। পূব পাকিস্তানৰ পৰা ভাগি অহা মানুহ। অসম চৰকাৰেই এইখিনি মানুহক এইফালে বহিবলৈ দিছে। বহু জনজাতীয় মানুহে এইখিনি মানুহক মাটি-বাৰী বেচি পাহাৰৰ কিনাৰলৈ গুচি গ'লগৈ। মাটি দুকঠা এৰি দিলেই হাতলৈ চিকাৰূপ আহে। জনজাতীয় মানুহখিনিয়ে এই সুযোগ পূৰা মাত্ৰাই লৈছিল। সোণালী সুযোগ বুলি লৈছিল।

মৌজাদাৰৰ হাউলিত এটা নতুন কাম ওলাইছে। মানুহক নতুন মাটিৰ পট্টা দিব

লগা হৈছে। চৰকাৰৰ ঘৰৰ আদেশ। পৰিশ্ৰমী মানুহবোৰে খালী মাটিবোৰত সৰু সৰুকৈ ভাগ কৰি কৰি এফালৰ পৰা বহি গৈছে। প্ৰায়বোৰ ঘৰৰ আগতে একোটা সৰু পুখুৰী। পুখুৰী খন্দা মাটিৰেই ঘৰৰ ভেটি তুলিছে। চকুৰ আগতে ঘৰবোৰৰ আগত একো জোপা নাৰিকল গছ, দুজোপা তামোল গছ উঠিছে। তেনেই সৰু সৰুকৈ ভাগ কৰা কোঠাবোৰৰ বিছনাৰ তলখনেই যেন ভঁৰাল। মাইকী মানুহবোৰৰ হাতবোৰত যেন কিবা যাদুহে আছে। ফটা শাৰীকিখনেৰে বেজী-সূতা লৈ চিলাই পেলাইছে একোখন গাত লোৱা কাপোৰ। সূতাবোৰ কাপোৰখনত একোটা মাছ হৈছে, একোপাহ পদুম ফুল হৈছে, এটা ম'ৰা চৰাই হৈছে। গিৰীয়েক, পুতেকহঁতৰ ফটা ধূতীবোৰৰ কাষে কাষে ফটা শাৰীৰ পাৰিবোৰ লগাইছে। মাজে মাজে পাৰিবোৰ টুকুৰা-টুকুৰ কৰি একোপাহ ফুলৰ দৰে লগাই দিছে। সেই দীঘল কাপোৰখন বিছনাখনত চাৰিওফালে কোঁচ দি দি এনেকৈ লগাই দিলে যে তলত থোৱা বস্তুবোৰতো চকুত নপৰা হ'লেই, গোটেই ঘৰটোৱে ধুনীয়া হৈ পৰিল। ঘৰত ডাইল দুটামান আৰু আলু কেইটামান হ'লেই হ'ল, হাত চেলেকি চেলেকি খাব পৰা ভাত এসাজ ৰান্ধি দিব পাৰে। দিনৰ দিনটো মানুহবোৰে পৰুৱাৰ দৰে কাম কৰি থাকে। মাইকী মানুহবোৰে পটাত মাটি মাহ বাটি ডাইলৰ বৰা কৰি শুকুৱাই, সৰু সৰু খৰি একোডালত গোবৰ সানি সানি ৰ'দাই থয়, কাথা চিলাই কৰে, এটা এটাকৈ গোটাই লোৱা মুৰ্গী, হাঁহ, ছাগলীবোৰ আছেই, তাৰোপৰি মুৰি ভাজে, আখৈ উলিয়ায়, চিৰা-মুৰিৰ লাডু বনায়। ঘৰৰ ভিতৰবোৰ যদি মাইকী মানুহ খিনিয়ে কৰে, বাহিৰখিনি কৰে মতা মানুহবোৰে। পূব পাকিস্তানত এৰি থৈ আহিছে বোপা-ককাৰ দিনৰ ঘৰ-দুৱাৰ খেতি-পথাৰ। চববোৰ আকৌ কৰিব লাগিব, নতুনকৈ কৰিব লাগিব। কঁকালত টঙালি বান্ধি লৈছে। খেতিৰ মাটি সৰহভাগৰে নাই। সম্পত্তি সলনি কৰিনো কেইঘৰ আহিব পাৰিলে? প্ৰায়খিনিয়ে সৰু-সুৰা বেপাৰত মন দিছে। দুজনমানে বজাৰ বাৰে গৈ জেলেপি ভূজিয়া ভাজে, কোনোৱে মুৰি বেচে, কেইজনমানে গামোচাৰ পোহাৰ মেলে, কোনোৱে আকৌ ৰে'ল-ষ্টেচনতে চাহ বিক্ৰী কৰে, ৰে'লৰ ভিতৰলৈ টিং এটাত কয়লাৰ চৌকাটো লৈ মন খুলি চিঞৰে 'গৰম চাই...', কিছুমানে বাদাম ভাজি বিক্ৰী কৰে। বিশেষকৈ দেশ ভাগ কৰা সময়ত বিধৱা হোৱা বহু মাইকী মানুহে এই বাদাম ভজাৰ কামটো লৈছে। কেইবাজনীও একেলগে জুম বান্ধি হাটবোৰলৈ বজাৰ বাৰৰ দিনা যায়, টিপ চাকি একোটা জ্বলাই গধূলিলৈকে বাদাম বেচে। মানুহবোৰ চলি গৈছে। যিকন মাটি পাইছে, তাতে মৰ কামোৰ দি শিপা মেলিবলৈ যত্ন কৰিছে। পাৰিছেও, চাওতে চাওতে মানুহখিনিয়ে চুৰি-ডকাইতি নকৰাকৈয়ে মূৰৰ ঘাম মাটিত পেলাই দুবেলা দুমুঠি খাব পৰা হৈ গ'ল। নাৰিকল গছবোৰ, তামোল গছ

কেইজোপাও বাঢ়িবলৈ ধৰিছে। আৰু বাঢ়িছে বাহ ভগা মানুহখিনিৰ জীয়াই থকাৰ আশা।

এই মানুহখিনিয়ে চাহাবে অনা মুছলমান বঙালী মানুহখিনিৰ দৰে পানীয়ে-হাবিয়ে থাকিব নোৱাৰে। গাঁও পাতি মানুহৰ বসতিৰ ওচৰে-পাজৰে থাকিবলৈ বিচাৰে। মৌসৰা গাঁৱৰ চেহেৰাই সলনি হৈ গ'ল। এসময়ত ৰে'লত তলে-ওপৰে অহা মানুহবোৰ কমি আহিল। মৌসৰাৰ কাষে কাষে থকা খালী ঠাইবোৰ ভৰি ঘন বসতিৰে গাঁও হৈ পৰিল। মানুহবোৰে খাজনা দিয়াত অকণো হেলা নকৰে। খাজনাৰ ৰচিদখিনি কাপোৰৰ বাকচত ভালকৈ বান্ধি-কুন্ধি থৈ দিয়ে। মানুহবোৰৰ বাৰ মাহত তেৰটা পূজা। ঘন ঘন ঘৰবোৰৰ মাজতে এটা কালী মন্দিৰ পাতিছে। মতাই-মাইকীয়ে কৰবালৈ যাওতে মন্দিৰত মূৰ দোঁৱাইহে ওলায়। পৰুৱা এবাহৰ দৰে লাড়ু বান্ধি থকা মানুহখিনি বৰ ভয়াতুৰ। কিবা অকণমান হ'লেই চিঞৰ-বাখৰ লগাই দিয়ে। চিঞৰ-বাখৰ মানে পৰিত্ৰাহি চিঞৰ। শুনিলে এনে লাগে এটা নৰখাদক বাঘে যেন এফালৰ পৰা মানুহবোৰ ঘাইল কৰি আহিছে। ওচৰ চাপিলেহি গম পায় একো নাই, ফুটুকাৰ ফেন।

মৌসৰাৰ মানুহে সেইখন গাঁৱৰ নাম দিছে বঙাল পাৰা। মানুহখিনিয়ে দি লোৱা 'ৰাম-কৃষ্ণ কলনি' নামটো নোহোৱাই হ'ল বুলিব লাগে। হাউলিৰ পৰা বঙাল-পাৰা অথবা ৰামকৃষ্ণ কলনি বৰ বেছি দূৰৈত নহয়। আচলতে ৰামকৃষ্ণ কলনি গঢ়ি উঠা ঠাইখিনি আছিলে দেৱোত্তৰ ভূমি। সত্ৰাধিকাৰ পঞ্চানন গোস্বামী ডাঙৰীয়াক বৃটিছে এইখিনি মাটি দিছিলে। খাজনা ভৰি থকাটো সত্ৰৰ বাবে দিনে দিনে টান হৈ আহিছিল। পঞ্চনন গোস্বামীৰ ইতিমধ্যে মৃত্যু হৈছে। ডেকা সত্ৰাধিকাৰে এই মাটিখিনি এই মানুহখিনিক বিক্ৰী কৰি দিছিল। বহু দেৱোত্তৰ ভূমি পতিত হৈ পৰি আছিল, এই মানুহখিনিক পাই এই দেৱোত্তৰ ভূমিৰ মালিক সকলে বৰ ৰক্ষা পালে। ইতিমধ্যে আন এখন সত্ৰৰ গোসাঁয়ে গুৱাহাটীৰ ফটাশিল আমবাৰীত থকা সত্তৰ বিঘা মাটি এনে হিন্দু বঙালীক বিক্ৰী কৰিছে। কম দাম হ'লেও মানুহখিনিয়ে হাতৰ-কাণৰ, ঘটি-লোটা বেচিও দাম আদায় দিছিলে। লেন-দেনৰ ক্ষেত্ৰত মানুহখিনি বৰ ভাল। কাৰো ধাৰ নাখায়, খাজনা হওক বা আন দিব লগাখিনি যেনে-তেনে আদায় দিব।

এই ৰাম-কৃষ্ণ কলনি অথবা বঙাল পাৰাত ৰাতি নৌ পুৱাওতেই এক হুলস্থূল আৰম্ভ হ'ল। মানুহখিনিয়ে নৈৰ কাষৰ বৰগছজোপাৰ তলত আহল-বহল চালি এখন দি লৈছে। বেৰা-কুৰা নাই, তলত ধান-খেৰ পাৰি তাৰ ওপৰত ত্ৰিপাল পাৰি বহাৰ ব্যৱস্থা কৰা হৈছে। বাৰ মাহত তেৰ পাৰ্বণ থকা মানুহখিনিয়ে ইয়াতে প্ৰায়ে কিবা-

কিবি কৰে। যোৱাবাৰ দুৰ্গা পূজাত ইয়াতে নাট মেলিছিলে। 'চাজাহান' ৰজাৰ কাহিনী। অস্থায়ী মঞ্চত কি কায়দাৰে স্ক্ৰীণ টানি টানি গানে-বাজেনাই ভৰা নাটক কৰিছিল। মৌসৰা গাঁৱৰ মানুহ নালাগে সোণাপুৰ, মঙ্গলদৈ, পলাশতলীৰ ওচৰে-পাজৰে থকা বাগানৰ মানুহ আটায়ে ভাহি-ভুঁহৰি আহিছিল। হাঁহি-কান্দি নাটক চাই ৰাতি পুৱাই দিছিল। প্ৰিয়নাথেও চাইছিল। তেওঁৰ বহা ঠাইত দুটা গোল গাৰু পাতি দিছিল, মাজে মাজে আনি দিছিল আদা দিয়া ৰঙা চাহ, মুৰিৰ লাড়ু। নাটক মেলাত আটাইতকৈ উৎসাহী হ'ল শ্যামল ঘোষ। তেওঁ আহিয়ে বজাৰে বজাৰে গামোচা বিক্ৰী কৰিছিল, এতিয়া মৌসৰাৰ নামঘৰৰ ওচৰতে এখন সৰু কাপোৰৰ দোকান দিছে। 'ঢাকা বস্ত্ৰালয়'। প্ৰিয়নাথেও তাৰ পৰা ধূতী, বনিয়ন পাঞ্জাবী কিনিছে। পূজাত তেওঁ দুটা কাজ কৰা পাঞ্জাবী প্ৰিয়নাথক উপহাৰ দিছিল।

এই শ্যামল ঘোষেই ৰাতি হাউলিলৈ আহিল। লগত আহিল কানু চক্ৰৱৰ্তী। দুইজন বৰ ভয়ত আছিল। শ্যামল ঘোষে বেছি ভয় খাইছিল। তেওঁ পাকিস্তানত ঘাতকৰ হাতত পৰিয়ালৰ সকলোকে হেৰুৱাই থৈ আহিছে, লগত আহিছিল পৰিবাৰ আৰু কোঁচৰ ল'ৰাটো, তেওঁৰ ডাঙৰ কাপোৰৰ দোকান আছিল। বৰ কষ্ট কৰি নাটক কৰি ভাল পোৱা মানুহজন আকৌ থিয় দিছে, যোৱাবাৰ পূজাত তেঁৱেই চাজাহান ৰজাৰ ভূমিকা লৈছিল। কানু চক্ৰৱৰ্তীয়ে অলপ থিত লৈ আছে। তেওঁ পূব পাকিস্তানত স্কুলৰ মাষ্টৰ আছিল। বহুতে চাকৰিবোৰ এৰি অহাদি তেঁৱো আহিছিল। তেওঁৰ এটা বৰ ডাঙৰ চখ হ'ল অভিধান খোচৰা। শব্দৰ প্ৰতি বৰ টান তেওঁৰ। কাষলতি তলত অভিধান দুখন বান্ধি তেওঁ প্ৰায়ে আহি প্ৰিয়নাথৰ লগত গধূলি গধূলি বুলনিত বহেহি। তেওঁ আহি প্ৰথমতে ৰে'ল ষ্টেচনত চাহ বিক্ৰী কৰিছিল, তাৰ পাছত শ্যামল ঘোষৰ কাপোৰৰ দোকানৰ ওচৰতে চালি এখন তুলি চাহৰ দোকান এখন দিছে। তেওঁ সকলো হেৰুৱাই আহিছে, ডাঙ্গাত তেওঁৰ ল'ৰা-ছোৱালী, পৰিবাৰ সকলো শেষ। অকল মানুহটো কিবা কৰি এইখিনি পালেহি। চাহ-বিস্কুট বেচি তেওঁৰ ভাতমুঠি ওলাই থাকে। বাকীখিনি সময় কাটে অভিধান লৈ। প্ৰিয়নাথে এওঁক লৈ মৌসৰাত এখন স্কুল খোলাৰ কথা ভাবি আছে। মাটি নিজৰে দিব, ঘৰটো সজাৰ দায়িত্বও ল'ব, কিন্তু শিক্ষক ক'ত পাব? কোনে চলাব এই স্কুল? কানু চক্ৰৱৰ্তীৰ লগত কথা হৈছে, তেওঁ বৰ সুখী। প্ৰায়ে দুয়ো বহি স্কুলখনৰ পৰিকল্পনা কৰে। মাটি ডৰাৰ চাৰিওফালে বেৰা দিয়া হৈছেই, গছ পুলিও ৰোৱা হৈছে। চক্ৰৱৰ্তীয়ে আবেলি আবেলি মাটিখিনিত খোজ কাঢ়ে। মানুহে চাহৰ দোকানতকৈ তেওঁক মাটিখিনিতহে দেখা হৈছে। জাৰ নাই, জহ নাই, গৈ গছ পুলিৰ আপডাল কৰি থাকে।

এই শ্যামল ঘোষ আৰু কানু চক্ৰৱৰ্তী আহি আন্ধাৰে আন্ধাৰে মৌজাদাৰক শোৱাপাটীতে জগালেহি। অলপ পাছতে আৰু দুজনমান মানুহ আহি সেইখিনি পালেহি, মিঞাকেইটা সাৰ পাইছে, ক'ত শুইছিলনো, শোৱাৰ ভাও ধৰি আছিল। সিহঁতে কোৰ-কুঠাৰ চপাই লৈছে। এইখিনি খবৰকে আনিলে মানুহ কিজনে। আটাইবোৰ মানুহ উঠি আহি বৰগছৰ তল পাইছেহি, মিঞা কিটা পলাব নোৱৰাকৈ ঘেৰি থকা হৈছে। মানুহে স্পষ্টকৈ দেখিছে সিহঁতৰ হাতত কেৰাচিন তেল আছে, জোঁৰো আছে। কেৰাচিন তেল, জুই, কোৰ, দা, বেলচা। মানুহ কিজনক এৰি অহা ভয়ঙ্কৰ সময় কিছুমানে ঘেৰি ধৰিলে, পাহৰিব খোজা ছবিবোৰে চেপি পেলালে। যিমানে ছবিবোৰ স্পষ্ট হ'ল, সিমানে মানুহখিনিক আৰু ভয়াতুৰ কৰি তুলিলে।

ৰাম-কৃষ্ণ কলনি অথবা বঙাল পাৰালৈ পুৱতি নিশা বিছনাৰ পৰা উঠি প্ৰিয়নাথ শোৱা সাজেৰেই হাতত বন্দুক লৈ, ঘোঁৰাটোকে লৈ ওলাল। হাউলিৰ আটাইবোৰ মুনিহে তেওঁৰ পিছ ল'লে, হাতত যিয়ে যি পাৰে তুলি ল'লে। ওচৰে-পাজৰে থকা আৰু মানুহো আহি পালেহি। মৌজাদাৰক দেখি গোটেইবোৰ মানুহ কাষ চাপি আহিল। মানুহবোৰৰ ভয়ত মুখৰ মাত নোলায়। বৰগছৰ তলৰ নাট মেলা ঠাইখিনিত হাতত কোৰ, খন্তি, কুঠাৰ লৈ লুঙি পিন্ধা, মুখত দাড়ি থকা দহ/বাৰটা মানুহ বহি আছে। কোনোবাই কোনোবাই মানুহকিটাক চিনি পালে। নাচন ডুবি বাগিচাৰ উত্তৰ ফালে থকা মিঞা গাঁওখনৰ মানুহ। সেই মৰগান চাহাবৰ দিনতে অহা পাট খেতি কৰিবলৈ অনা মানুহবোৰৰ গাঁওখনৰ মানুহ। এইখিনি মানুহকণো এই অঞ্চলত কোনে চিনি নাপায়? নিজৰ পাটখেতি সামৰি মৌসৰা গাঁও, গামিনি বুঢ়াৰ গাঁও, সোণাপুৰ গোটেইবোৰ অঞ্চলতে হাজিৰা অথবা ঠিকাৰ হিচাবত কাম কৰি ফুৰে। ক'বলৈ গ'লে এই মিঞা গাঁওখনৰ মানুহ খিনিয়েই এই অঞ্চলৰ হাড় ভঙা টান কামখিনি কৰে। এইখিনি মানুহক কাম কৰাবলৈকো আহুকাল নাই। দিব লগা খিনি লৈয়ো দাবী-দাবা নাই। খোৱা-লোৱাৰো আহুকাল নাই। পুৱা ফিকা চাহ অলপ নিমখ দি দিলেই হ'ল, লগত টেকেলি পিঠা দুটামান পালে কথাই নাই। দুপৰীয়া ভাত খুৱালেও হ'ল, নুখুৱালেও আপত্তি নাই। চিৰা অলপ জলকীয়া, নিমখেৰে দিলেই হৈ গ'ল। লগত নাৰিকল দুটা ৰুকি দিলে মহা খুচি। আৰু কামো কাম, একেবাৰে নিৰহ-নিপানী কাম। বেলি পৰি নমনা হোৱালৈকে কাম কৰিয়েই থাকিব, গৃহস্থই কাম সামৰিবলৈ ক'বহে লাগে। চেংচেঙীয়া ৰ'দত মানুহে যেতিয়া হাঁ পানী, হাঁ ছাঁ কৰি ছাটি-ফুটি কৰি থাকে, তেতিয়া ৰ'দজাক পিঠিতে লৈ মানুহখিনিয়ে খেতিত নিৰানি কৰি থাকি নিজে নিজে কৈ উঠে. আৰু 'ৰ'দ আহক, আল্লাই আৰু টানকৈ ৰ'দ দিয়ক,

তেতিয়াহে বন-বাতবোৰৰ বংশ নির্মূল হব।' এটা মানুহে দুটা মানুহৰ কাম উঠাই লয়। ইহঁতৰ হাত পৰি পতিত মাটিবোৰ শস্যৰে ভৰপূৰ হৈ পৰিছে। বঙাল-পাৰাৰ দৰে গাঁও পাতি বহা হিন্দু-বঙালী খিনিয়ে এই মুছলমান বঙালীৰ হাতৰ শস্য বজাৰত বিক্ৰী কৰি ভাত মুঠি উলিয়াব পাৰে। স্থানীয় মানুহৰো কম কষ্টতে হাতলৈ দুটামান পা-পইছা আহে। ঢোকাতে কল ৰয়, কলতে ঢোকা ৰয়, সিটোৱে সিটোৰ গাত ভেজা দি চলি থাকে।

নাচন ডুবি বাগিচাৰ উত্তৰে থকা মিএগ্র গাঁওখনৰ কিছু মানুহ ৰে'ল খনতে উঠি গৈছিলগৈ, আকৌ আহিল। বৰ কমেইহে পাকিস্থানত থাকি গল। বেছিখিনিয়ে যোৱা নাছিল। যোৱাৰ ভিতৰত মূল মানুহকিটা আছিল জামাল ৰুটীৱালাৰ ঘৰত খাপপিটি থকা সেই মানুহকেইটা। নগৈ সিহঁতৰ উপায়ো নাছিল। বাকীখিনি মাটি কামুৰি থাকি গ'ল। সেইখন গাঁৱৰে মানুহ কেইটামানে সোণাপুৰত এঘৰত পুখুৰী এটা খন্দাৰ ঠিকা লৈছিলে। পুখুৰী খান্দি, পাৰ বান্ধি তাতে গছ লগাই কাম শেষ কৰি টকা-সিকা দুটামান লৈ আজি পোন্ধৰ দিনৰ মূৰত নিজা নিজা জুপুৰিবোৰলৈ উভতি আহিছিল। বাটতে বতাহ-বৰষুণে পালে। এনেই বতাহ বৰষুণলৈ কেৰেপ কৰা মানুহ নহয় ইহঁত, মূৰত জাপিকিটা লৈ গৈ থাকিলেহেঁতেন। পিছে খবৰ পালে যে 'টেমচ ক্লাব'ৰ ওচৰতে পাল চেৰা হাতী এটাই তাণ্ডব লীলা চলাই আছে। ঘৰ ভাঙিছে, এটা মানুহো মাৰিছে। সেয়েহে বঙাল পাৰাৰ নাট মেলা চালিখনতে আহি ৰাতিটোৰ কাৰণে আশ্ৰয় ল'লেহি। মানুহকিটাৰ ভৰিবোৰ বোকাৰে চেলেকা-চুবুৰিয়া হৈ আছিল। লগত অনা কোৰ, বেলচা, চিপৰাং দা-কুঠাৰবোৰতো বোকাৰে ছাপ আছিল। দা-কুঠাৰবোৰ এফালে থৈ মানুহকিটা শুই পৰিছিল। ভাগৰুৱা দেহা, চিপচিপকৈ বৰষুণ নামি বতাহ শীতল হৈ পৰিছিল। মানুহকিটাৰ টোপনি গধুৰ হৈ আহিছিল।

তাৰ পাছতে আৰম্ভ হল ত্ৰাস। দা-কুঠাৰ লৈ শুই থকা মানুহকেইটা দেখি বঙাল-পাৰাৰ মানুহখিনিয়ে হাতত লাঠি-জোং লৈ মানুহকেইটাক ঘেৰি ধৰিলেহি। অলপ পিছতে মানুহ কিটা গ'লেইহেঁতেন। নদীত জাল পেলাই থৈ চাবলৈ অহা মাছ খকুৱা শ্ৰীধৰ কুণ্ডুই নেদেখা হ'লে মানুহকিটা আন্ধাৰে আন্ধাৰে গ'লগৈহেঁতেন। শ্ৰীধৰ কুণ্ডুৰ সেইদিনা জালত লগা বৰালি মাছটোৰো চাবৰ সময় নাছিল। মানুহকিটাৰ খবৰটো কুণ্ডুৱে প্ৰথমতে কানু চক্ৰৱৰ্তীকে দিছিলগৈ। তেওঁ তৎক্ষণাত হাতত মামৰে ধৰা দেউতাকৰ দিনৰে তৰোৱালখনকে লৈ ওলাই আহিল। আহোঁতে এইখন তৰোৱালেই তেওঁৰ হাতত আহি এইখিনি পাইছিলহি। শ্যামল ঘোষক লগত

লৈ তেওঁ আন্ধাৰৰ মাজে মাজে আহি হাউলি ওলাইছিলহি। নোচোৰাকৈয়ে বুজিছিল মানুহকিটা কোন আৰু ক'ৰ, এটা কথাই বুজা নাছিল কিয় আহিছে, কি মতলব।

প্ৰিয়নাথ ঘোঁৰাত, পাছে পাছে হাউলিৰ আটাইকেইটা মুনিহ, আগলৈ-পাছলৈ নাচাই কেৱল দৌৰিছে। একো নজনাকৈ মৌসৰাৰ আৰু মানুহো এই সমদলত সোমাই পৰিল। যিয়ে যি পাৰে হাতত তুলি লৈছে। নিশ্চয় ক'ৰবাত বাঘ-ভালুক ওলাইছে। নহ'লে মৌজাদাৰৰ হাতত বন্দুক কিয়? আটাইবোৰ গৈ দেখিলে যোৰাবাৰ পূজাত নাটক চোৰা চালিখনৰ পৰা কিছু দূৰে দূৰে বঙাল পাৰাৰ মানুহবোৰ থিয়া-থিয়ি কৰি আছে আৰু ধানখেৰৰ গাদিত আঁঠুত মূৰ গুজি বহি আছে মিএগ্ৰা গাঁৱৰ মানুহকেইটা। ক'ত কি আছে! চিকাৰ খেদাৰ উত্তেজনা এটা লৈ যোৱা মানুহবোৰ চৰম হতাশ হ'ল। মানুহবোৰ আচৰিত হ'ল, একেবাৰে অবাক হৈ গ'ল। হাতীৰ ভয়ত বতাহ-বৰষুণৰ ভয়ত মানুহকিটাই আহি যেনিবা ৰাতি চালিখনত শুলেহিয়ে, কিটো হ'ল? হাতত কোৰ-কুঠাৰ থাকিবই, কাম কৰা মানুহ। কিনো ভয় কৰিবৰ হ'ল? বঙাল-পাৰাৰ মানুহবোৰক এইকিটা মানুহে কিনো কৰিব? আৰু এই একোলৈকে কেৰেপ নকৰা শিলহেন মানুহকেইটা? ইহঁতৰনো কিহৰ ইমান ভয়? কিহলৈ ভয় কৰিছে? ক্ষীণ-মিন বঙাল-পাৰাৰ মানুহকেইটাৰ হাতৰ বাঁহৰ লাঠি কিডাললৈ? নে কানু চক্ৰৱৰ্তীৰ হাতৰ মামৰে খোৱা ভঙা তৰোৱালখনলৈ?

মানুহবোৰ আচৰিত হ'ল। কি বা হ'ল? মানুহে মানুহলৈনো এনেকৈ ভয় কৰেনে? আৰু ভয় কৰা মানুহ কেইটাৰ চিৰি-চেহেৰা চোৱা। সোধা-পোছা কৰি গম পালে সিহঁতকিটাই সোণাপুৰত পুখুৰী খন্দাৰ কাম লৈছিল। হাতী ওলোৱাৰ খবৰ পালে, ৰাতিও বেছি হৈ আহিল, বৰষুণো পৰিল। সেইকাৰণে আহি চালিখনতে ৰাতিটো কটাই যামগৈ বুলি ভাবিছিল। সিহঁতৰ ভৰিবোৰত বোকা লাগি আছিল। হাতৰ দা-কুঠাৰবোৰো লেতেৰা হৈ আছিল। বেলচা আৰু কোৰবোৰ একোণত জমা কৰি থোৱা আছিল।

মৌসৰা গাঁৱৰ মানুহবোৰে মানুহে মানুহলৈ ভয় কৰাৰ কাৰণ বিচাৰি নাপাই হায়ৰাণ হৈছিল। লুঙি পিন্ধা মানুহকিটা ভয়তে থৰথৰকৈ কঁপিছিল আৰু এক অদ্ভুত ভয়ত কঁপিছিল গোটেই ৰামকৃষ্ণ কলনি অথবা বঙাল পাৰা। মাত্ৰ প্ৰিয়নাথে বুজিছিল মানুহে মানুহক ভয় কৰাৰ কথা। তেওঁ মানুহখিনিৰ মাজৰ পৰা মুখিয়াল মানুহ দুজনমানক ওচৰলৈ মাতিছিল। তেওঁলোকৰ ভিতৰত আছিল কৃষ্ণ বিশ্বাস, কানু চক্ৰৱৰ্তী, শ্যামল ঘোষ, অৰবিন্দ বসু।

প্ৰিয়নাথে সৰু সৰু কিন্তু গহীন মাতেৰে তেওঁলোকক ক'লে, 'আপোনালোকে যি ভয় খাইছে. সেয়া আমাৰ ইয়াত নহয়'। আটাইবোৰে তলমূৰ কৰি শুনি আছে।

'আমাৰ ইয়াত বাঘ-ভালুকলৈহে ভয়, মানুহে মানুহক ভয় নকৰে।'

এক অসম্ভৱ কথা শুনাদি মানুহবোৰে সুদৰ্শন ডেকা ল'ৰাজনলৈ মূৰ তুলি চালে। প্ৰিয়নাথে মাতটো সুস্থিৰ কৰি ৰাখিব খুজিছিলে। তেওঁৰ চকুৰ আগত ভাহি উঠিছিলে জামাল ৰুটিৱালাৰ ল'ৰাটোৰ ধাননি পথাৰত পৰি থকা মৃতদেহটো। মনলৈ আহিছিল ভোট নমাৰ ভয়ত, ডফলাৰ ভয়ত এই অঞ্চলৰ মানুহে উত্তৰ ফালে কেতিয়াও জুই নধৰাৰ কথা। তেওঁৰ মাতটো আকৌ আত্মবিশ্বাসেৰে ভৰি আহিছিল, 'দেশ স্বাধীন হ'ল, স্বাধীন দেশত মানুহে মানুহলৈ ভয় নকৰে।'

গোটেইবোৰ মানুহৰ মুখবোৰ পোহৰ গৈ আহিছিল। এৰা, স্বাধীন দেশত মানুহে মানুহলৈ ভয় নকৰে।

'ৰাতিৰ ৰাতিটো বৰষুণত তিতি আহিছে, মানুহকিটাক নিমখ চাহ একোকাপ দিব লাগিছিল।' ভিৰৰ মাজৰে পৰা কোনেবাই ক'লে? দা-কোৰ সামৰি মানুহ কিটা যাবলৈ ওলাইছিল।

নিমখ, আদা, জালুক দিয়া ৰঙা চাহ আহিল, মুৰি আহিল। আটায়ে চাহ খাবলৈ বহিল। প্ৰিয়নাথলৈ পিৰিচ-পিয়লাত চাহ আহিল, লগতে মুৰিৰ লাড়ু। আটাইবোৰ ঘৰা-ঘৰি যাবলৈ ওলাল। মিঞা গাঁৱৰ মানুহকিটাই আহি মৌজাদাৰক সেৱা ল'লে।

'যা গৈ যা, মই এইবাৰ হাউলিৰ আগৰ মাটি খিনিত আলু খেতি কৰিম। খবৰ দিম, আহিবি।'

পৃথিৱীৰ আটাইতকৈ ভাল খবৰটো শুনাৰ দৰে মানুহকিটা উচ্ছসিত হৈ পৰিল। আটাইকেইটাই মূৰ দুপিয়াই আনন্দেৰে সন্মতি জনালে।

প্ৰিয়নাথে লক্ষ্য কৰিলে ৰাম-কৃষ্ণ কলনিৰ মানুহখিনিয়ে আটাইবোৰ চাহ খোৱা কাপ-গিলাচ সামৰি পেলালে। মাত্ৰ মানুহ কিটাৰ খোৱা চিচাৰ গিলাচ কেইটা এচুকত থুপ খাই থাকিল।

বাগৰি থকা গিলাচ কেইটা কেৰাহিকৈ চাই প্ৰিয়নাথ যাবলৈ বুলি ঘোঁৰাত উঠিল।

তেওঁৰ ৰাগি লাগিছিল

চন্দ্ৰনাথ কালি আহিছে। আজি এয়া চন্দ্ৰনাথ আৰু প্ৰিয়নাথ হাউলিৰ বুলনিত বহি চাহ খাইছে। চন্দ্ৰনাথে ককায়েকৰ বাবে সদায়ে গুৱাহাটীৰ পৰা লালমোহন আনে। চন্দ্ৰনাথে জানে মুখেৰে ভাল-বেয়া একো নোকোৱা মানুহটোৱে এই ৰঙা মিঠাই কিটা হেপাঁহেৰে খায়। সুগৰী জানৰ পাৰতে মাউতে ৰাধিকা আৰু লখিমীক গা-ধুৱাই আছিল। চাওতে চাওতে লখিমী এজনী পূৰ্ণ বয়স্ক মাখুন্দী হৈ পৰিল। এইজনী লখিমী হাবিৰ হাতী নহয়, ঘৰৰে হাতী। ৰাধিকাজনীনো কম উৎপতীয়া আছিল নে? ৰাধিকা আছিল চন্দ্ৰনাথ-প্ৰিয়নাথৰ খেলাৰ লগৰী। এবাৰ চন্দ্ৰনাথ আৰু প্ৰিয়নাথে খেলি আছিল। হঠাৎ ৰাধিকাই দুয়োকে শুঁৰেৰে পকাই লৈ অলপ দূৰৈত নমাই দিলেগৈ। ওচৰত থকাখিনিয়ে দেখিলে প্ৰিয়নাথহঁত খেলি থকা ঠাইখিনিৰ জোপোহা এটাৰ মাজৰ পৰা চৰচৰাই ওলাই গৈছেগৈ এডাল কিচ্‌কিচ্‌কৈ ক'লা মচোৱাগোম। চন্দ্ৰনাথে গদাধৰৰ খবৰ সুধিছিল। নিচিলামাৰীৰ ফালে এজাক হাতীয়ে বৰ উৎপাত কৰিছে। ফৰেষ্টৰ মানুহে বৰফান্দীকে গদাধৰকে লৈ গৈছে। হাতীজাক খেদি পাহাৰলৈ পঠিয়াই দিব লাগে। প্ৰিয়নাথে ভায়েকক এই অঞ্চলত বাঢ়ি যোৱা হাতীৰ উৎপাতৰ কথা কৈছিল। চন্দ্ৰনাথে বুজিছিল ককায়েকে এই অঞ্চলৰ সমস্যাৰ কথা ক'বলৈ আৰম্ভ কৰিলে আচল কথাখিনি পতাই নহ'ব। অলপ পাছতে মানুহ আহি ভৰি পৰিব। ককায়েকৰ লগত কথা পতা আৰু সম্ভৱ নহ'ব।

প্ৰিয়নাথে হাতীৰ কথা বন্ধ কৰিছে। ভায়েকে ডিঙিটো অকণমান বেঁকা কৰি চুলিখিনি চুই আছে। তাৰমানে কিবা এটা ক'ব খুজিছে। প্ৰিয়নাথে ভায়েকলৈ চালে, সেই ক্ষীণ লেংপেঙকৈ ওখ ল'ৰাটো এজন সুপুৰুষ হৈ পৰিল। চন্দ্ৰনাথে ওকালতিতো বৰ নাম কৰিছে। অলপতে ভাল ঠাইত মাটি এবিঘাও ল'লে। প্ৰিয়নাথে মাটিখিনি চাই আহিছেগৈ। ওখ মাটি, সৰু টিলা এটাই বুলিব পাৰি। কাষতে ডাঙৰ জলাশয় এটা, ফটফটীয়া পানী, বিভিন্ন চৰায়ে জলাশয়টো ৰঙিয়াল কৰি ৰাখে। ঘৰ সজাৰ কথাও ভাবিছে। এৰা, চন্দ্ৰনাথ লেখৰ মানুহ হৈ পৰিল। তাৰ বিয়াখনো পাতিব

লাগিব। ককায়েকে কথা বন্ধ কৰা দেখি চন্দ্ৰনাথে কথাটো নিজেই উলিয়ালে। গুৱাহাটীৰে ধৰণী হাকিমৰ ছোৱালীজনীৰ প্ৰস্তাৱ আহিছে। হাকিমে চন্দ্ৰনাথৰ ছিনিয়ৰ উকীল মন্মথ বৰুৱাৰ হাতত খবৰ দিছে। ছোৱালী চন্দ্ৰনাথৰ পছন্দ হৈছে। পিছে ককায়েকৰ বিয়া আগতে হ'ব লাগিব। চন্দ্ৰনাথৰ প্ৰস্তাৱত প্ৰিয়নাথ ৰৈ গৈছিল। এৰা, চাওতে চাওতে সময় বহুত পাৰ হৈ গ'ল। প্ৰিয়নাথে মৌজাৰ কাম ভালেখিনি চিজিল কৰি আনিলে। হাউলিৰ কাম-কাজো চিজিল লাগিল। প্ৰিয়নাথৰ নিজৰ পঢ়া-শুনা বেছি আগনাবাঢ়িল। কিন্তু চন্দ্ৰনাথ এজন প্ৰতিষ্ঠিত নামী উকীল হৈ পৰিল। এনেহেন ল'ৰা এটালৈ হাকিমে কিয় নিজৰ ছোৱালী যাচি নিদিব? শিয়ান মানুহ ধৰণী হাকিম, প্ৰিয়নাথেই ভাবিব লাগিছিল। কিন্তু ইটোৰ পাছত সিটো ঘটনাই তেওঁক আন কথা ভাবিবলৈকে সময় দিয়া নাছিল। ভায়েকে কৈছে ভালেই হৈছে। ইমান ডাঙৰ হাকিমৰ ছোৱালী চন্দ্ৰনাথক যাচি দিছেহি, চন্দ্ৰনাথৰো ছোৱালী পছন্দ হৈছে, কথাবোৰ আগবাঢ়িছেই, বিয়াখনো সোনকালে হওক, মাকেও আনন্দ পাব, চিন্তিত হৈছে ভায়েকৰ আন এটা কথাতহে। ককায়েকে বিয়া নপতালৈকে চন্দ্ৰনাথেও নিজৰ বিয়াৰ কথাত এখোজো আগনাবাঢ়ে। ভায়েকে বিচাৰিছে দুয়োৰে বিয়াখন অগা-পিছাকৈ হওক।

যোৱা মাহত প্ৰিয়নাথৰ বাবে এটা প্ৰস্তাৱ আহিছিল। প্ৰস্তাৱটো আহিছে মঙ্গলদৈৰ দক্ষিণে থকা বিজুলীবাৰী গাঁৱৰ বিনন্দ হাজৰিকাৰ ঘৰৰ পৰা। বিনন্দ হাজৰিকাৰ কন্যাৰ বাবে তেওঁলৈ প্ৰস্তাৱ আহিছিল। এনেধৰণৰ প্ৰস্তাৱ প্ৰিয়নাথে বেছ কিছুদিনৰ পৰা পাই আহিছে। কথাবোৰলৈ মন-কাণহে দিয়া হোৱা নাছিল। আজি ভায়েকৰ কথাত মনত পৰিল। স্বাধীনতাৰ যুঁজখনৰ সময়ত প্ৰিয়নাথ হাজৰিকাৰ ঘৰত ভালেকেইদিন আছিলগৈ। বৰ পবিত্ৰ আছিল ঘৰখনৰ পৰিবেশ। হাজৰিকা নিজে এজন স্বাধীনতা যুঁজৰ কৰ্মী আছিল। প্ৰিয়নাথৰ মনত পৰিল এজনী শান্ত সৰু ছোৱালীলৈ। চকুহাল প্ৰায়ে তললৈ নমাই ৰাখে। চকুহালৰ পতাৰ দীঘল দীঘল ঘোৰখোৱা নোমখিনিৰ গালত ছাঁ পৰি যায়।

আচৰিত লাগিল প্ৰিয়নাথৰ, কিমান দিন হ'ল, চকুহাললৈ ইমান স্পষ্টকৈ মনত আছে, একেবাৰে পাহৰা নাই। তাই চাগে ডাঙৰ হ'ল। বিয়াৰ প্ৰস্তাৱ দিব পৰাকৈ ডাঙৰ হ'ল। প্ৰিয়নাথ বিনন্দ হাজৰিকাৰ ঘৰত থকা দিন কেইটাত শান্ত ছোৱালীজনীয়ে তেওঁক সদায়ে পুৱা মুখ ধুবলৈ পানী-গামোচা যতাই দিছিল। প্ৰিয়নাথে কথাবোৰ জুকিয়াই পেলালে। প্ৰস্তাৱ লৈ অহা মৌসবাৰে নৰেন হাজৰিকাক গৈ ক'লৈগৈ প্ৰিয়নাথ এদিন বিজুলীবাৰীলৈ যাব। মনে মনে সিদ্ধান্ত ল'লে ভায়েকক

লৈয়ে বিনন্দ হাজৰিকাৰ ঘৰলৈ যাব। সকলো কথা ঠিকে-ঠাকে থাকিলে ছোৱালীক আঙঠি পিন্ধাই একেবাৰে বিয়াৰ দিন-বাৰ ঠিক কৰিয়ে আহিব। স্বাধীনতা যুঁজাৰু কৰ্মী সেইজন মানুহক শহুৰ দেউতা হিচাবে পালে ভাল লাগিব। সেইজন মানুহৰ শিক্ষা পাই ডাঙৰ হোৱা ছোৱালীজনীও নিশ্চয় জনা-বুজা ছোৱালী হ'ব। ভায়েকক লৈয়ে এদিন যাব সেইখন ঘৰলৈ। ভায়েক নিশ্চয় যাব। বিয়াত বেছি ধুম-ধাম নকৰে। মৌসৰাৰ ৰাইজক ভালকৈ এসাজ খুৱাব লাগিব। কন্যা ঘৰলৈ দৰাঘৰীয়া বুলি এজাক মানুহ নিনিয়ে, কেইজনমান মানুহ গৈ ছোৱালীজনী আনিবগৈ। কইনাক পাট-মুগাৰে নহয়, হাতে কটা সূতাৰ কাপোৰ এসাজ পিন্ধাই আনিব। তাই নিশ্চয় মান্তি হ'ব।

ইতিমধ্যে মৌজা অফিচলৈ মানুহ আহিবলৈ আৰম্ভ হৈছে, ঘোঁৰা বন্ধা দাৰত তিনিটা ঘোঁৰা বন্ধা হৈছেই। ঘোঁৰা বন্ধা বাঁহডাল সলাবৰ হৈছে। আজি কোনোবা এটাক কৈ সলাই দিব লাগিব। বাৰীৰ উত্তৰ দিশৰ ভলুকাজোপাৰ বাঁহকিডাল বৰ পোন হয়। তাৰে দুডাল কাটিবলৈ দিব লাগিব। গাঁও বুঢ়াহঁতৰ কমবোৰ ঘোঁৰা এইডাল দাৰত বন্ধা হয়নে? হাউলি আৰু হেজাৰটা কামে প্ৰিয়নাথৰ মন টানি নিছিলে। ভায়েকৰ মাতত আকৌ আগৰ কথালৈ ঘূৰি আহিল।

দুয়ো ভাই-ককাই মাকৰ ওচৰলৈ বুলি উঠি গ'ল। প্ৰিয়নাথে কথাবোৰ মনৰ ভিতৰতে জুকিয়াই চাইছে। এনেকৈ যি কোনো কথাকে জুকিয়াই চোৱাৰ অভ্যাস হৈ গৈছে প্ৰিয়নাথৰ। কিমানবোৰ সমস্যা অকলে অকলে সমাধান কৰিলে। ছোৱালীক মাকৰ হাতৰ কাপোৰ এসাজেৰে ঘৰলৈ আনিব। বেছি বাহুল্য নকৰে। ভায়েকৰ বিয়াখন তাৰ পাছতে হ'ব। হাকিমৰ ছোৱালী আনিব, বিয়া নিশ্চয় ধুম-ধামকৈ হ'ব। প্ৰিয়নাথে চন্দ্ৰনাথক কথাটো ক'লে। চন্দ্ৰনাথে ককায়েকৰ লগত যাব নোৱৰাৰ কথা ক'লে। কৰ্ট-কেচাৰিৰ কামৰ লেঠা কিবা এটানে? দুয়ো যজীয়া ভায়ে মাকক কথাবোৰ কলে। কি বা বুজিলে মানুহজনীয়ে। মুখত জিলিকি উঠিল কেঁচুৱাৰ দৰে হাঁহিটো, তেওঁ জপাটো আনিছেগৈ। তাত জাপি-কুঁচি থোৱা আছে হাতেবোৱা এৰী চাদৰ, দুযোৰমান হাতে-কটা সূতাৰ মেখেলা-চাদৰ, কেইখনমান ফুলতোলা গামোচা। মানুহজনীয়ে জপাটো খুচৰি আছে। চন্দ্ৰনাথে গৈ সহায় কৰি দিলেগৈ। জপাৰ তলত কাপোৰৰ সৰু মোনা এটাৰ ভিতৰত এটা সৰু চাবি। তেওঁ এইবাৰ চাবিটো হাতত লৈ বাকচৰ পৰা উলিয়াই আনিছে সৰু হাতৰ তলুৱাতে লৈ থাকিব পৰা এটা হাতীৰ দাঁতৰ টেমা। চাবিটোৰে টেমাটো খুলিবলৈ অলপ সময় লাগিছে। এবাৰত কিটিককৈ শব্দ এটা কৰি খোল খালে। ভিতৰত দুটা ডালিম ৰঙা বাখৰ পতোৱা জেঠীপতা আঙুঠি। টেমাটোৰ সৈতে তেওঁ আঙুঠিকিটা প্ৰিয়নাথলৈ আগবঢ়াই দিলে। তাৰ

পাছত প্ৰিয়নাথে গৈ মাটিত পকী গাঁত কৰি থোৱা গৰ্ভ চন্দুক দুটাৰ ওপৰৰ লোহাৰ পাট চটা খুলিলে। সৰু চন্দুকটো খুলিলে, গধুৰ গধুৰ সোণৰ আ-অলঙ্কাৰখিনি চিক্‌মিকাই উঠিল। 'ইমানখিনি সোণ!' চন্দ্ৰনাথ আচৰিত হৈ কৈ পেলালে। 'জামাল ৰুটিৱালাৰ', কৈ চন্দুকৰ আনটো খাপৰ পৰা সৰু টেমা এটা আনিলে, তাতে এডাল মিনাকৰা শিলিখা মণি আছে। বাকীবোৰ ঠাই খালী। জামাল ৰুটিৱালাৰ সোণখিনি নথকা হ'লে চন্দুকটো একেবাৰে খালী পৰি গ'লহেঁতেন। শিলিখা মণিধাৰ নীৰৱে প্ৰিয়নাথে চন্দ্ৰনাথৰ হাতত তুলি দিলে।

এদিন মাকৰ হাতেবোৱা কাপোৰ সাজ আৰু আঙঠিটো লৈ প্ৰিয়নাথ খুব পুৱাই ৰে'লত উঠিল। বহুদিন হ'ল প্ৰিয়নাথ মৌসৰাৰ পৰা ওলোৱা নাই। মৌজাৰ কামবোৰ চিজিল কৰোঁতে বহুত সময় ল'লে।

এতিয়াও যে সকলো সমস্যা সমাধান হৈছে, এনে নহয়, তথাপি বহুত চিজিল হ'ল। মানুহটোৱে সকলোবোৰ শেষ কৰি থৈ গৈছিল। দেউতাকলৈ মনত পৰি প্ৰিয়নাথৰ মনটো কিবা লাগি আহিল। পাৰে, একোজন মানুহে এনেকৈয়ো জীৱনটো কটাই দিব পাৰে। এইবাৰ প্ৰিয়নাথৰ চকুত ভাহি উঠিল শিশুৰ দৰে এটা হাঁহি। প্ৰিয়নাথে যেন ধূপ-ধূনাৰ গোন্ধ পালে। মনৰ তিক্ততাখিনি নোহোৱা হৈ গ'ল। এইজনী মানুহৰ কাৰণেই প্ৰিয়নাথে সকলো আৰম্ভ কৰিব পাৰিলে। ভাবিলে আচৰিত লাগে কোনখিনি শক্তিৰে এই দুৰ্ব্বল ক্ষীণ মানুহজনীয়ে ইমানখিনি আগুৰি থব পাৰিলে। দুই ভাই ত্যাজ্য-পুত্ৰ হৈ মঙ্গলদৈৰ স্কুলখনত পৰি আছিলগৈ। তাৰ পাছত জেললৈ গ'ল। দেউতাকৰ অকাল মৃত্যু হ'ল। প্ৰিয়নাথে শুনিছে কেনেকৈ মানুহে দিন-দুপৰতে হাউলিৰ সা-সম্পত্তি লৈ যোৱা হৈছিল।

প্ৰিয়নাথৰ চকুৰ আগত থিয় হ'লহি সেই শান্ত ছোৱালীজনী। কেনেকুৱা হ'ল বাৰু তাই? একেই আছেনে চকুহাল? খবৰ লৈ ঘূৰি অহা মানুহজনলৈ প্ৰিয়নাথ বাট চাই আছিল। হাউলিৰ দুৱাৰ-মুখত তেওঁক দেখি প্ৰিয়নাথে নিজৰ বুকুৰ শব্দ নিজেই শুনিছিল, আহি ক'ব নেকি ছোৱালীজনীৰ বিয়া হৈ গ'ল। বেছি দূৰ নহয়, মৌসৰা ষ্টেচনটোকে ধৰি চাৰিটা ষ্টেচন পাৰ হ'ব লাগিব। ষ্টেচনৰ পৰা ঘৰখনলৈকে বেছি দূৰ নহয়। দীঘল পদূলিটোৰ দুইকাষে নাহৰ গছ, জপনাখনৰ দুইফালে দুজোপা বকুল, বকুল দুজোপাকে খুঁটা কৰি সাজি থোৱা আছে এখন বাঁহৰ তোৰণ, তোৰণখন জুৰি এজোপা মাধৈ মালতী। তামোল-পাণৰ বাৰী এখনৰ মাজত এখন খেৰ-বাঁহৰ ঘৰ। ভঁৰালৰ ধান, হাঁহ পাৰ, গৰু ছাগলী, পুখুৰীৰ সৈতে এখন ঘৰৰ আটাইকেইটা প্ৰাণীক টাকুৰি ঘূৰোৱাদি ঘূৰাই থাকিব পৰা ঘৰখন। ঘৰখনত অনবৰতে হাতত কিবা বন

এখন লৈ ঘূৰা-পকা কৰি থকা ছোৱালীজনী। তাইৰ বা পঢ়া-শুনা কিমান আগবাঢ়িলে। তাইক দেখা সময়ত স্কুলত পঢ়ি আছিল। বৰ শান্ত আছিল তাই। মুখৰ মাত নুশুনিয়ে। দিনৰ দিনটো ঘৰত থাকিলে কিবা নহয় কিবা এখন বন লৈ ব্যস্ত থাকিছিল। গধূলি তাই গোসাঁই-ঘৰত চাকি দি সদায়ে একুট ঘোষা পঢ়িছিল। বৰ কোমল আৰু মিঠা আছিল তাইৰ মাতটো। তাই বাৰু এতিয়াও বৰগীত গাইনে? সেই মতগজ মানুহজন আহিলেই তাই তেওঁৰ পৰা বৰগীত শিকিছিল। পুৰা দেউতাকৰ লগত বহি তাই গীতবোৰ গাইছিল। আচৰিত কথা, প্ৰিয়নাথে একো পাহৰা নাই। আনকি তাই বৰগীত গাওঁতে বজোৱা খুটিতাল যোৰলৈকে মনত আছে। মনত আছে খুটিতাল যোৰৰ লগে লগে নাচি থকা তাইৰ দীঘল দীঘল আঙুলিবোৰ। তাই কিতাপ-কাগজ পঢ়ি বৰ ভাল পাইছিল। সময় পালেই তাই কাগজ-কিতাপ লৈ বহিছিল। তাইক দেউতাকে 'আইজনী' বুলি মাতিছিল, মাকে 'মাজনী', আইতাকে মাজে মাজে 'মোৰ গোঁসানী জনী' বুলি মাতিছিল। এৰা, ঘৰখনৰ গোঁসানী আছিল তাই। সেই বকুল নাহৰৰ পদূলিৰে ঘৰখনত তাইক সকলোৱে আটোল-টোলকৈ ৰাখিছিল। দেউতাকৰ চকুৰ মণি তাই। সকলো সময়তে জীয়েকৰ খবৰ লৈ থাকে 'আইজনী, ভাত খালিনে?... আইজনী, আজি কি মাছ খাবি? আইজনী... আইজনী... আইজনী..' মানুহজনে জীয়েকক বৰ মৰমেৰে ডাঙৰ কৰিছিল, গোটেই মৰমবোৰে তাইক এনেকুৱা শান্ত আৰু কোমল কৰিছিল নেকি?

ৰে'লখন এঠাইত ৰৈছিল, এনেকৈয়ে ঘেটলেং-মেটলেঙকৈ গৈ গৈ ৰে'লখনে দিনটো লগাবগৈ। জীয়েকক মৰমেৰে ডুবাই ৰখা মানুহজনে সকলোকে বৰ চেনেহ কৰিছিল। স্কুলখনৰ ল'ৰা-ছোৱালীবোৰ, গাঁওখনৰ মানুহবোৰ, স্বাধীনতা যুঁজৰ কৰ্মীসকল— সকলোৱে মানুহজনৰ মৰমৰ ভাগ পাইছিল। মানুহজনৰ ওখ-পাখ তেজগোৰা চেহেৰাটো চকুৰ আগত ভাহি উঠিল প্ৰিয়নাথৰ। একেবাৰে এলাহ ভাব নাই, চৰাইৰ লগতে উঠে। পথাৰে-সমাৰে, স্কুলে, সভাই-সমিতিয়ে দৌৰি ফুৰি ৰাতি ঘৰৰ দুৱাৰ-খিৰিকী বন্ধ কৰিহে শুবলৈ যায়। মানুহজনৰ মেদহীন দেহাটো বৰ পোন আছিল, ঠিক যেন এজোপা পূৰঠ শালগছহে। কেনেবা আছে মানুহজন? তেওঁলোকৰ গাঁৱতে কম খন ঘটনা ঘটি যোৱা নাই। প্ৰিয়নাথে খবৰ পাইছিল তাতে মাটিৰ মালিকৰ ধানৰ গুদামত ৰাইজে জুই লগাইছিল, ৰাইজে হেনো পুলিচৰ লগত এঘড়ি যুঁজিছিল। পুলিচে হেনো সেইফালে বৰ অত্যাচাৰ কৰিছিল, বহুত মানুহক নি জেলত ভৰাইছিলগৈ। এইবোৰৰ মাজতে মানুহক ভালপোৱা মানুহজন বা কেনে আছে? নাহৰ গছৰ শাৰীটোৰ সৈতে ঘৰটোত লগ পোৱা মানুহবোৰলৈ প্ৰিয়নাথৰ এজন

এজনকৈ মনত পৰিবলৈ ধৰিলে। বিশেষকৈ সেই পাহকটা চুলিৰ মতগজ মানুহজনলৈ মনত পৰি প্ৰিয়নাথৰ মনটো ভাল লাগি আহিল। ৰে'লখন কুঁ-কুঁ-কুঁ খছ-খছ, গছ-গছ কৈ গৈ আছে। প্ৰিয়নাথৰ কাণলৈ ৰে'লখনৰ শব্দবোৰ যেন কঢ়িয়াই আনিলে সেই উদ্দাম কণ্ঠস্বৰ, 'বিশ্ব বিজয়ী ন জোৱান, বিশ্ব বিজয়ী...' মানুহজনৰ গমগমীয়া কণ্ঠৰ গানবোৰে প্ৰিয়নাথক যেন খুন্দিয়াবলৈ ধৰিলে,

'বিশ্বৰ ছন্দে ছন্দে... মহানন্দে আজি...'

নাই, এষাৰ কথাও পাহৰা নাই, এটা শব্দও মনৰ পৰা মচ খোৱা নাই। আচলতে সকলোবোৰ সোমাই আছিল, মনৰ চুকে চুকে সোমাই আছিল। মানুহজনৰ গমগমীয়া মাতটো, বুকুখুলি মৰা হাঁহিটো ৰে'লখনৰ শব্দৰ লগে লগে যেন ভিতৰলৈ সোমাই আহিল, তেজৰ সোঁতত মিলি গ'ল, বুকুখন ভৰাই তুলিলে। প্ৰিয়নাথে গুণগুণাই উঠিল,' বিশ্বৰ ছন্দে ছন্দে...'। হয়তো শব্দখিনি ডাঙৰকৈয়ে ওলাইছিল। এজনে কৈ উঠিল, 'ডাঙৰীয়া, গানটো ডাঙৰকৈয়ে ধৰকচোন' আৰু এজনে হয়ভৰ দিলে। দবাটোৰ মানুহখিনি ওচৰ চাপি আহিল। প্ৰিয়নাথে সঁচাকৈয়ে মুখ ফুটাই গানটো গাবলৈ লাগিল।

প্ৰিয়নাথে শুনিছিল এইজন মানুহেই সেই অঞ্চলৰ খেতিয়ক খিনিৰ চৰকাৰৰ সৈতে হোৱা যুঁজখনৰ সেনাপতি আছিল। মানুহখিনিয়ে প্ৰিয়নাথক আৰু এটা গান গাবলৈ ক'লে। দবাটোত থকা মানুহখিনিয়ে প্ৰিয়নাথক চিনি পোৱা নাছিল। পৰিষ্কাৰ খাদীৰ ধূতী-পাঞ্জবী পিন্ধি গাত হাতে বোৱা চেলেং চাদৰ এখন লৈ অহা সুন্দৰ যুৱকজনৰ প্ৰতি এটা সন্মান আৰু সমীহৰ ভাব হৈছিল। প্ৰিয়নাথেও না কৰা নাছিল। এজন যুৱকৰ উদ্যম প্ৰাণশক্তিৰে তেওঁ গানকিটা গাইছিল।

'অ' অসমীয়া ডেকা দ'ল...'

'খোলা খোলা দেউলৰ দুৱাৰ খোলা...'

হাউলিৰ 'দেউতা'জন ৰে'লখনত উঠি বহুদিনৰ মূৰত এজন ডেকা ল'ৰা হৈছিল। প্ৰিয়নাথৰ মনটো সঁচাকৈয়ে বৰ ৰঙিয়াল হৈ পৰিছিল। আচলতে আজি বহুতদিনৰ মূৰত প্ৰিয়নাথৰ মনটো এনে মুকলি লাগিছে। কিহৰ কাৰণে? প্ৰশ্নটো সুধি তেওঁৰ কাণ দুখন গৰম লাগি আহিল। প্ৰিয়নাথৰ মন পখিলা এটাই লাহে লাহে পাখি দুখন মেলি দিয়াৰ দৰে চকুহালত এবাৰ চকু থ'বলৈ ব্যাকুল হৈ উঠিল। কাকোতো ক'ব নোৱাৰে মৌসৰাৰ সেই মানুহেৰে গিজ্‌গিজাই থকা হাউলিটোত তেওঁ কিমান অকলশৰীয়া। সকলো সময়তে নানা সমস্যাই প্ৰিয়নাথৰ মাজৰ ডেকাজনক হেঁচা মাৰি থয়। আজি যেন এই পুৱাবেলা সকলো হেঁচা আঁতৰি গৈছে, মনৰ মাজত কেৱল

পখিলাৰ পাখি হেন এহাল চকুৰ নিমন্ত্ৰণ। ৰে'লখন ৰৈছে, প্ৰিয়নাথৰ গন্তব্যস্থল এই ষ্টেচনটো। কিয় জানো ভাব হ'ল, ভায়েকে যেন ইচ্ছা কৰি আজি লগত নাহিল। প্ৰিয়নাথে বুজি পাইছে নিশ্চয় কোনোবাই ভায়েকক এইখন গাঁৱলৈ আহিবলৈ মানা কৰিছে। মাষ্টৰ বিনন্দ হাজৰিকাৰ নামটো শুনিও চন্দ্ৰনাথৰ মনটো কোঁচ খাই অহা যেন পাইছিল। কোনে হাক দিছে ভায়েকক? ভাবী হাকিম শহুৰেকে। হ'ব পাৰে, এইখন গাঁৱৰ কথা হাকিমে নিশ্চয় তন্নতন্নকৈ জানে। উফৰি উফৰি অহা দুই-এষাৰ কথা নহয়, ভালকৈ জানে। প্ৰিয়নাথেও এইবাৰ কথাবোৰ জানি আহিব। কেনেকৈ সম্ভৱ হ'ল? মানুহবোৰে কেনেকৈ যুঁজ দিছিল? কিমান বল আছিল এই যুঁজত? জমিদাৰসকলে আধিয়াৰ ধান তোলা বন্ধ কৰি দিবলৈ বাধ্য হ'ল। ধেমালি কথা নেকি? আগৰ সেই খাজনা তোলাতে সন্তুষ্ট থাকিব লগা হ'ল। কেনেকৈ হ'ল? কথাবোৰ জানি আহিব লাগিব।

প্ৰিয়নাথ ৰে'লৰ পৰা নামিল। দুজন মানুহ থিয় দি আছিল। মানুহৰ মাজেৰে দুয়ো আগবাঢ়ি আহিল। এজন ক্ষীণ দুৰ্ব্বল আৰু শেতা মানুহ, তেওঁ বৰ লাহে লাহে খোজ কাঢ়িছে। আনজনৰ স্বাস্থ্য পাতি ভাল, চাপৰ গাঠলু চেহেৰা, দুৰ্ব্বল মানুহজনৰ কান্ধৰ তলতে থাকে। প্ৰিয়নাথে চাপৰ গাঠলু চেহেৰাৰ মানুহজন চিনি পাইছে। বিনন্দ হাজৰিকাৰ ঘৰতে সেই স্বাধীনতা আন্দোলনৰ দিনবোৰতে লগ পাইছিল। এই কৃষক-জন বৰ মুখ চোকা বিধৰ মানুহ আছিল। কিবা এটা কাম এই মঘা ৰাভাক পাচিলে সেই কাম হ'বই হ'ব। কোনো বাধা-বিঘিনিয়ে সেই কামৰ বাধা হ'ব নোৱাৰিব। মঘা ৰাভা সেই অঞ্চলৰ এজন সম্পন্ন কৃষক। তেওঁৰ খেতি-বাতি সম্পৰ্কে বিস্তৰ জ্ঞান আছিল। কথাবোৰ নিৰহ-নিপানীকৈ বুজাই দিয়াত তেওঁ সিদ্ধহস্ত আছিল। ক'বলৈ গ'লে গোটেই অঞ্চলটোৰে দিহা-পৰামৰ্শৰ বাবে ভৰষা এই মঘা ৰাভা। প্ৰিয়নাথে শুনিছিল সেই গান গোৱা মানুহজনৰ সোঁহাত আছিল এই মঘা ৰাভা। মঘা ৰাভা পুলিচৰ বাবে এক ভয়ানক নাম হৈ পৰিছিল। উফৰি উফৰি অহা কথা আছিল সেইবোৰ।

প্ৰিয়নাথ মঘা ৰাভাৰ ওচৰ চাপি গ'ল, অলপ হাউলি ভৰি চুই সেৱা এটা কৰিলে। 'আহিলা বোপা? বাটত কিবা কষ্ট পালা নেকি?' চিনাকি সেই গভীৰ মাতটো শুনি প্ৰিয়নাথ চক খাই উঠিল। মঘা ৰাভাৰ কান্ধত হাত থৈ অলপ অলপ ফোঁপাই থকা দুৰ্ব্বল ক্ষীণ অলপ কুঁজা মানুহজনলৈ তেওঁ চাই ৰ'ল। মানুহৰ ইমান পৰিৱৰ্তন হ'ব পাৰেনে? চকুৰ আগত ভাঁহি উঠিল তেজগোৰা, শালগছৰ দৰে পোন সেই অতীব সুন্দৰ স্বাস্থ্যবান মানুহজন। সকলো শেষ হৈ গ'ল, মাত্ৰ গভীৰ মাতটো

আছে। মাতটো নথকা হ'লে কোনোপধ্যেই মানুহজনক চিনি পোৱা নহ'লহেঁতেন। প্ৰিয়নাথৰ অবাক মুখলৈ চাই তেওঁ এটা শেতা হাঁহি মাৰিলে। নীৰৱে প্ৰিয়নাথ মানুহজনৰ পাছ ল'লে। তেওঁ আৰু এটা কথাত অবাক হ'ল, মঘা ৰাভাই এযাৰো মাত মতা নাই। ইমান নীৰৱে আছে মানুহজন। কথা চহকী মানুহজনে বিভিন্ন ধৰণৰ কথা কৈছিল, বিশেষকৈ খেতি-বাতি শস্য-পথাৰৰ কিমান কথা কৈছিল তেওঁ। প্ৰিয়নাথৰ বুকুখন গধুৰ হৈ আহিল। এজন সুন্দৰ মানুহ জীৱটো লৈ ফুৰা দুৰ্ব্বল ভেল এটা হৈ পৰিল, কথা-চহকী, ৰঙিয়াল মানুহ এজনৰ মুখত নিবোকা চামোনে বাঁহ ল'লে। মনৰ সকলো উচাহ, আনন্দ তেনেই পানী হৈ পৰিল। যন্ত্ৰবৎ প্ৰিয়নাথে মানুহ দুজনৰ লগে লগে গৈ থাকিল।

তাৰ পাছত সেই নাহৰৰ শাৰীৰে সৈতে দীঘল পদূলিটো। পদূলিটোত ভৰি দিয়েই প্ৰিয়নাথে নাহৰ ফুলৰ গোন্ধ পালে। ফুলৰ গোন্ধটো কঢ়িয়াই অনা মৃদু বতাহ এজাকে চুই গ'ল। ডেকা ল'ৰাজনৰ তৰুণ মনটো এই সুগন্ধী বতাহজাকে আকৌ সজীৱ কৰি তুলিলে। প্ৰিয়নাথক আগবঢ়াই নিবলৈ সেই মানুহজন, সেই গান গোৱা, হোঁ-হোৱাই হঁহা মানুহজন মুখত এমোকোৰা হাঁহি লৈ আগবাঢ়ি আহিল। তেওঁ প্ৰিয়নাথক সাবট মাৰি ধৰিলেহি।

বিনন্দ হাজৰিকাৰ চ'ৰা-ঘৰত আৰু কেইবাজনো মানুহ বহি আছিল, ভিতৰতো বেছ কিছু তিৰোতা মানুহৰ আহ-যাহৰ উমান পালে। গোটেই পদূলি, চোতাল গোবৰ পানীৰে মচি থোৱা আছে। চ'ৰা-ঘৰটো প্ৰিয়নাথৰ চিনাকি। সেই আত্ম গোপন কৰি থকা দিনকেইটাত সেই খিৰিকী কাষৰ চকীখনতে বহিছিল, কিতাপ-কাগজ চাইছিল। সেই সৰু কাঠৰ টেবুলখনো একে ঠাইতে আছে। আজি টেবুলখন এখন কুৰচাৰে গোঠা টেবুল ঢাকনিৰে ঢাকি থোৱা আছে। তাই সময়ে সময়ে আহিছিল, সেইখিনিতে থিয় হৈছিল, চকুহাল তললৈ নমাই বৈ আছিল, গালখনত তাইৰ চকুৰ পাহিৰ ছাঁ পৰিছিল, টেবুলখনত থৈ গৈছিল তপতাই অনা এগিলাচ গাখীৰ, বাৰীৰে গছত পকা দুটা কল...। আজি টেবুলখনত সৰু পিতলৰ লোটা এটাত সজাই থোৱা আছে তিনিপাহ কপৌ ফুল। প্ৰিয়নাথ অলপ সময় আনমনা হৈ পৰিছিল। গমগমীয়া মাতষাৰ শুনি চক খাই উঠাদি মূৰ তুলি চালে, সেই পাহ কটা চুলিৰে পাহোৱাল মানুহজন। তেওঁ ডাঙৰ ডাঙৰ মাতেৰে ভিতৰলৈ চাই চিঞৰি উঠাদি কৈছে, 'সোণতৰা, কি হ'ল? ল'ৰাজন পুৱাৰে পৰা মুখত একো এটা নিদিয়াকৈ এইখিনি পাইছেহি, পিঠা-পনাবোৰ কি হ'ল?' কৈ মানুহজনে আকৌ হোঁ-হোঁৱাই 'হাঁহি উঠিল। 'সোণতৰা', এৰা, তাইৰ নাম সোণতৰা আছিল, দুগৰাকীমান মানুহৰ লগত

তাই সোমাই আহিল। প্ৰিয়নাথে মূৰ তুলি চালে। তাই আগতকৈ বহুত ওখ-ডাঙৰ হ'ল। তাইৰ হাতত এখন ঢাকি অনা কাঁহৰ থাল। তাই এসাজ ঘিউ বৰণীয়া কপাহী কাপোৰ পিন্ধিছে। কাপোৰ সাজত ৰঙা-হালধীয়া বুটা। তায়ো প্ৰিয়নাথলৈ মূৰ তুলি চালে। সেই দীঘল দীঘল ঘোৰ খোৱা আখি-পল্লবৰ সৈতে চকুহাল একেই আছে। মাত্ৰ আৰু অলপ বেছি স্পষ্ট হৈছে। গাৰ ৰং আগতকৈ পোহৰ হ'ল। তাই আজি এটা খোপা বান্ধিছে। সেই সৰু সৰু বেণী দুডাল খোপা বান্ধিব পৰা একোছা চুলি হৈ গ'ল। চাপি আহিছে তাই, টেবুলত থালখন থৈছে। প্ৰিয়নাথৰ চকুত পৰিল খোপাটোত একাষৰীয়াকৈ গুজি থোৱা আছে এপাহ ডাঙৰ তগৰ ফুল। প্ৰিয়নাথে ফুল পাহৰ গোন্ধ পালে। কোনেবা বিয়ানামষাৰ গাই উঠিলে? কোন হ'ব আৰু? সেই সৰু সৰু চকু, পাহ কটা চুলিৰে পাহোৱাল মানুহজন। মানুহজনৰ সুৰীয়া গলাৰ আৱাজেৰে চ'ৰা-ঘৰটো ভৰি পৰিল, 'ফুল আছে ফুলি, কদম আছে হালি, কিয় আইদেউ চিন্তা কৰা দৰা নাহে বুলি।' তিৰোতাখিনিৰ মাজৰ পৰা উৰুলিৰ শব্দ এটা ভাহি উঠিল। প্ৰিয়নাথে লাহেকৈ ঘৰৰ পৰা অনা টৌপোলাটো আগবঢ়াই দিলে। তাইৰ কাষতে ৰৈ থকা তিৰোতাগৰাকীয়ে টোপোলাটো খুলিলে। কাপোৰ সাজ খুলি তাইৰ গাত দিলে, তাৰ পাছত সৰু হাতীদাঁতৰ টেমাটো খুলিলে, ৰ'দ পৰি জেঠিপতা আঙুলিটোৰ ডালিম গুটি হেন বাখৰবোৰ চিক্-মিক কৰি উঠিল।

'এস, কিনো ডেকা ল'ৰাহে তুমি, আঙঠিটো পিন্ধাই দিয়া।' এখন জেতুকা বোলোৱা হাতৰ কোমল-কুহুমীয়া স্পৰ্শ। আকৌ সেই মানুহজনৰ সুৰীয়া গলা,

'কাম চৰাইৰ ৰঙা ঠোঁট...'

'সেৱা এটা কৰ', ওচৰৰ তিৰোতাগৰাকীয়ে তাইক ক'লে। সেৱা এটা কৰি তাইৰ জানো কি হ'ল? ফেকুৰি ফেকুৰি কান্দিবলৈ ধৰিলে। ছোৱালীজনীৰ কান্দোন শুনি প্ৰিয়নাথ বিব্ৰত হৈ পৰিল। 'নাকান্দিবি আই', দেউতাকৰ মাতটো শুনি তাইৰ কান্দোনৰ তীব্ৰতা আৰু বেছি হৈ আহিল। তাইৰ কান্দোনখিনিয়ে প্ৰিয়নাথক কৈ গল ঘৰখনৰ ওপৰেদি বাগৰি যোৱা এজাক কাল-ধুমুহাৰ কথা। এই কান্দোন অকল ছোৱালীয়ে মাকৰ ঘৰ এৰাৰ কান্দোন নহয়। এই কান্দোনত তাইৰ বহুত কথা আছে। প্ৰিয়নাথৰ সেইখিনি কথা বুজাত অকণো কষ্ট নহ'ল। তীব্ৰ এক দুখবোধত জৰ্জৰিত হৈ প্ৰিয়নাথ তলমূৰকৈ ৰৈ থাকিল।

প্ৰিয়নাথ এৰাতি থাকি গুচি অহাৰ কথা আছিল। কিন্তু পূৰা-পুৰি চাৰিটা দিন থাকিল। সোণতৰাৰ কাৰণে? কিছু হয়। শুই উঠিয়ে চকুহালে বাট চাই থাকে তাইক এবাৰ চাবৰ বাবে, অস্বীকাৰ কৰা নাই। কিন্তু বেছি ডাঙৰ কথাটো হ'ল, কথাবোৰ

এবাৰ চালি-জাৰি চোৱাৰ, তাৰোপৰি তেওঁ প্ৰিয়নাথ থকালৈকে এইকেইদিন বিনন্দ ডেকাৰ ঘৰতে থাকিব। তেঁৱো জোৰ কৰিলে। কেনে ধৰণৰ মানুহ যে এইজন। সেইদিনা কি যে কাণ্ডটো কৰিলে। মানুহজন জুমাইৰ নিচাত আছিল। নিচানো কি, জুমাইৰ পুখুৰীত গা ধুই আহিলেও চাগৈ মাতাল নহয়। জুমাই পি লৈ মানুহজনৰ গানবোৰ কথাবোৰ আৰু প্ৰাণবন্তহে হয়। বৈশাগু মেলা হৈছিল। ৰাতিটো নাচ-গান। গোটেই গাঁওখনৰ ৰাইজে কিবা নহয় কিবা এটা গাম বুলি, এপাক নাচিম বুলি শিমলু তক্তাৰে বনোৱা চাংখনত উঠিছিল। এদল মানুহে চেৰজা, খামঢোল, চিফুংবাঁহী লৈ এই পৃথিৱীৰ স্ৰজনৰ কাহিনী মেলিছিলে।

'... আহাম গুৰুৱে সৰগৰ বাসিন্দা, চৰাই, পোক-পৰুৱা আটাইকে মাতি পাতালপুৰীৰ পৰা মাটি আনিবলৈ পাচিলে। কোনেও পাতালপুৰীৰ নিশ্চিদ্ৰ বেহু ভেদ কৰি মাটি আনিব নোৱাৰিলে। এইবাৰ প্ৰভু আহামগুৰুৱে সৰগৰ বয়সস্থ দম্পতী 'মাগুৰ-মাগুৰী'ক পাতালপুৰীৰ মাটি আনিবলৈ পাচিলে। মনে মনে পাতালপুৰীৰ পৰা মাটি লৈ ঘূৰি আহিব খোজোতেই মাগুৰ-মাগুৰী ধৰা পৰিল...'

মানুহখিনিৰ হাতৰ চেৰেজা, খাম ঢোল, চিফুঙৰ সুৰ আৰু উদ্দাম হৈছে। দাং ফুৰদা, বুং ফুৰদা, ব্ৰুংফুৰদা মাদল বাজিছে, থৰি ৰি ৰি- ৰি ৰি ৰি ৰিৎ থৰ ৰি ৰি ৰিৎ চিফুং বাজিছে। ...আহাম গুৰুৱে সকলো পশু-পক্ষীক মাতি মাগুৰ-মাগুৰীক বিচৰাৰ দায়িত্ব দিলে। প্ৰথমতে কাউৰী চৰায়ে মাগুৰ-মাগুৰীক মৰি ওপঙি থকা দেখা পালে। ...'

তেওঁ গানৰ সুৰে সুৰে দুলিবলৈ আৰম্ভ কৰিছে। গোটেই সুৰবোৰ যেন তেওঁৰ ভিতৰলৈ সোমাই আহিছে। মানুহজনে নিজেও গুণগুণাবলৈ আৰম্ভ কৰিছে।

প্ৰিয়নাথ আৰু তেওঁক কোনোবাই দুখন চকী আনি দিছিলেহি। প্ৰিয়নাথে মন দিয়ে সেই গান-বাজনা চাইছিল। অলপ সময়ৰ পাছত আমনি লাগিবলৈ ধৰিলে। মৌ-সৰা অঞ্চলৰ কেউফালে এই গান-বাজানা হৈয়ে থাকে, চিনাকি সুৰ, চিনাকি সঙ্গীত। আজন্ম দেখি আহিছে। কেতিয়াও বৰ বিশেষ গুৰুত্ব দিয়া নাই। কিন্তু মানুহজন যেন উদবাউল হৈ পৰিছিলে। লগে লগে তাল দি গানবোৰ গাইছিলে, বাজনাৰ সুৰে সুৰে যেন মানুহজন নাচি উঠিছিলে। প্ৰিয়নাথে অনুষ্ঠান চোৱাতকৈ তেওঁকহে পৰম কৌতূহলেৰে চাবলৈ ধৰিছিল। মানুহজন নিজেই যেন এটা গম গমকৈ বাজি উঠা মাদল হৈ পৰিছিল। অকল প্ৰিয়নাথেই নহয়, ওচৰে-পাজৰে থকা প্ৰায়বোৰ মানুহেই তেওঁক পৰম কৌতূহলেৰে চাবলৈ আৰম্ভ কৰিছিল। তেওঁৰ একোলৈকে ভ্ৰুক্ষেপ নাই। এইবাৰ তেওঁ থিয় হৈছে, আকৌ বহি পৰিছে। একোবাৰ

হাত দুখন ওপৰলৈ তুলি ধৰিছে। তেওঁৰ মুখত একেষাৰ কথাই বাৰে বাৰে লুটি-বাগৰ খাইছে 'জনগণেই আচল শিল্পী, জনগণেই আচল শিল্পী।' শিমলু তক্তাৰ ষ্টেজত পূৰাদম চেৰজা, চিফুংখাম ঢোল বাজিছে আৰু আগুৱাইছে সাধু।

'আহাম গুৰুয়ে মৰা টাঙোন, জীয়া টাঙোন আনিবৰ বাবে নেউলক পঠিয়ালে। শালিকাক পঠিয়ালে দুখ বিচনী আৰু সুখ বিচনী আনিবলৈ, ভাটৌক পঠিয়ালে তৰাগছ আনিবলৈ...' ৰাগি লগা মানুহজনে ক'ত চকীত বহে। উঠি লৈ লগে লগে গাবলৈ লাগিলে। তেওঁ মজি গ'ল পৃথিৱী স্ৰজনৰ গানত,

'আহাম গুৰুৱে মাগুৰ-মাগুৰীক তৰাপাতত শুৱাই থৈ মৰা টাঙোনেৰে কোবালে। তাৰ পাছত জীয়া টাঙোনেৰে কোবাই লৈ দুখ বিচনীৰে বা দিলে। সুখ বিচনীৰে বিচি মাগুৰ-মাগুৰীৰ গাৰ বিষ নোহোৱা কৰিলে।...'

যিমানে সাধু আৰু গান আগবাঢ়িছে সিমানে চঞ্চল হৈ পৰিছে মানুহজন। তেওঁ বহিবলৈ বাদেই দিলে, একেবাৰে ঊৰ্দ্ধবাহু হৈ থিয়-দঙা দিয়েই ৰ'ল। এইবাৰ মানুহবোৰে ফিচিঙা-ফিচিং বাদ দি হাঁহিবলৈ ধৰিলে। 'জুমাই কেইকলহ পিলে? আৰু একলহ মান দি দে ঐ।' আদি নানা তৰহৰ কথা আহিবলৈ ধৰিলে। প্ৰিয়নাথ লাজত তলমূৰ কৰি আছে। এওঁ জুমাই পানীৰ দৰে খাব পাৰে, নিচা নালাগে। আজি বা কি হৈছে? মানুহজনে ষ্টেজৰ মানুখিনিৰো দৃষ্টি আকৰ্ষণ কৰিছে। 'এই জনতা, এই খাটি খোৱা মানুহ, এই জনগণ। বুজিছা প্ৰিয়নাথ, এই সকলেই আচল শিল্পী, কিমান শিকিবলগীয়া আছে এওঁলোকৰ পৰা।' কথাখিনি কৈ তেওঁ শিমলু তক্তাৰ চাং অথবা ষ্টেজৰ ফালে আগুৱাবলৈ ধৰিলে। কি বা কৰে তেওঁ? প্ৰিয়নাথে ষ্টেজলৈ চালে, সেউজীয়া গামোচা পিন্ধা ৰ'দে-বৰষুণে কোবোৱা মানুহ কেইজনমান বহি আছে। গাত পৰিশ্ৰমৰ দাগ, হাত-ভৰিত কঠোৰ শ্ৰমৰ আভাস। তেওঁলোকে পিন্ধি থকা পৰিষ্কাৰ ফুলজালি তোলা চোলা কিটা কিবা যেন খাপ খোৱা নাই। দেখিলেই গম পায় ৰজাৰ পোছাকৰ দৰে এই গান-বাজনাৰ পোছাক এইটো। তেওঁ গৈ একেকোবেই শিমলু তক্তাৰ চাংখনত উঠিলগৈ। মতগজ মানুহজনে গেমেহা-গেমেহ খোজেৰে গান গাই, ঢোল বাই থকা মানুহখিনিৰ ওচৰ চাপিলেগৈ। কি কৰে? কি কৰিব খুজিছে তেওঁ? শিমলু তক্তাৰ চাঙৰ তলৰ ধানখেৰৰ গাদীত বহি থকা মানুহখিনিয়ে কৌতুক মিশ্ৰিতভাৱে মানুহজনক চাই আছে। প্ৰায় সকলোৱে এওঁক এই অঞ্চলত চিনি পায়, সকলোৱে অহৌবলীয়া মানুহজনক ভাল পায়, সমীহো কৰে। আটাইতকৈ ডাঙৰ কথা সকলোৱে মানুহজনক নিজৰ বুলি ভাবে। তেওঁ গৈ

গায়ক কিজনৰ ভৰিতে দীঘল দি পৰিলেগৈ। বেছ কিছু সময় তেওঁ মানুহ কিজনক সাষ্টাঙ্গে প্ৰণাম কৰি থাকিল। গান-বাজনা কৰি থকা মানুহকিজন অলপ বিমূঢ় হ'ল। ভাবিলে চাগৈ মানুহটোৰ ভালকৈয়ে জুমাইৰ ৰাগি লাগিল। খাম ঢোল বজোৱা আটাইতকৈ বয়সীয়া মানুহজনে তেওঁৰ মূৰত হাত থৈ আশীৰ্বাদৰ ভঙ্গী কৰিলে। তেতিয়াহে তেওঁ উঠি আহিল।

উভতি আহোঁতেও তেওঁ ৰাগি লগা মানুহ এজনৰ দৰে আচ্ছন্ন হৈ আছিল। গাঁও অঞ্চলৰ নটা/চাৰে নটাৰ ৰাতিটো গহীন হৈ আহিছিল। ব'হাগ মাহৰ ৰাতিটোত বতাহত উটি ফুৰিছিল বনৰীয়া ফুলৰ গোন্ধ, মাজে মাজে আহিছিল কেতেকীৰ তীব্ৰ সুঘ্ৰাণ, মাধৈ মালতী আৰু নাহৰ ফুলৰ সুবাসৰ বোকোচাত উটি উটি ভাহি ফুৰিছিল হেজাৰ হেজাৰ জোনাকী পৰুৱা। ফুলৰ সুবাস, জোনাকীৰ টিপ্‌টিপকৈ জ্বলি-নুমাই থকা পোহৰৰ মাজে মাজে প্ৰিয়নাথ তেওঁৰ লগে লগে আহি থাকিল। তেওঁ বৰ আৱেগিকভাৱে উচ্ছল কণ্ঠেৰে কেৱল সেই মানুহকিজনৰ গান-বাজনাৰ কথা কৈ আহিছিল।

'বুজিছা প্ৰিয়নাথ, মই সেই সঙ্গীতৰ স্বৰলিপি তৈয়াৰ কৰিম, আজিয়েই কৰিম।'

'মানুহকিজনৰ বয়সবোৰ চালানে? দুখে-কষ্টই, ভোকে-শীতে থকা মানুহ, আৰু কিমান দিন থাকিব?'

'এওঁলোকে সেই তাহানি দিনৰ এই সঙ্গীত পুৰুষাণুক্ৰমে কঢ়িয়াই ফুৰিছে, মুখে মুখে লৈ ফুৰিছে। এদিন চব নোহোৱা হৈ যাব, মানুহকিজনৰ লগতে এই সাধু, এই কাহিনী, এই সঙ্গীত নোহোৱা হৈ যাব।'

'মই ধৰি ৰাখিম, এই সুৰ মই ধৰি ৰাখিম, ভৱিষ্যতৰ বাবে থৈ যাম।'

তেওঁ গমগমীয়া মাতটোৰে সুৰবোৰৰ লহৰ তুলি আছিল। জোনাকীৰ খুদ খুদ পোহৰ, ফুলৰ গোন্ধ আৰু তেওঁৰ মাতৰ যাদু সববোৰ মিলিমিছি এখন দুকূল ওপচা নদী হৈছিল। সেই নদীয়ে প্ৰিয়নাথকো উটাই নিছিল।

নাহৰৰ শাৰীৰ সৈতে দীঘল পদূলিটোৰ সন্মুখৰ বকুল গছ দুজোপা দুটা ধোঁৱা বৰণীয়া দৌলৰ দৰে থিয় দি আছিল। দৌল দুটাত জিলিক-মিলিক কৰি আছিল এজাক জোনাকী পৰুৱা। কোনোবাই যেন নিপুণ হাতেৰে দৌল দুটাত খাজি দিছে এসোপা মণি-মৰকত, সোণ-হীৰা মুকুতা পান্না। প্ৰিয়নাথে দীঘল পদূলিটোৰে চাই পঠিয়াইছিল। নাহৰৰ শাৰীৰ শেষত সৌৱা বুলনিখনত হাতত টিপচাকি এটা লৈ তাই

থিয় দি আছে। বতাহত নুমাই যায় বুলি এহাতেৰে চাকিটো ঢাকি ৰাখিবলৈ চেষ্টা কৰিছে।

জোনাকী, ফুলৰ সুবাস, সোণৰ টুকুৰা খাজি থোৱা দুটা দৌল, গমগমীয়া কণ্ঠৰ এক সুৰৰ লহৰ নে বুলনিত আধা পোহৰ, আধা ছাঁত বৈ থকা এজনী উদ্বিগ্ন যুৱতীৰ মুখৰ ছবিয়ে জানো প্ৰিয়নাথক কাবু কৰি পেলালে। মানুহজনৰ দৰে প্ৰিয়নাথেও কাহানিও অনুভব নকৰা এক ৰাগিত আচ্ছন্ন হৈ উঠিল।

তেওঁ গুণগুণাই থকা সুৰৰ লহৰৰ মাজে মাজে ৰাগি লগা মাতটোৰে একেখিনি কথাকে কৈ আছিল।

'বুজিছা প্ৰিয়নাথ, মানুহৰ জীৱনৰ পৰা উঠি অহা শিল্পই আচল শিল্প,... মই এইখিনি সুৰৰ স্বৰলিপি কৰিম,... এই সুৰত গানো গাম ... এই সাধুবোৰো লেখিম, নোৱাৰিম নে?'

'কিয় নোৱাৰিব? নিশ্চয় পাৰিব।'

প্ৰিয়নাথৰ মাতটোৱো বৰ উচ্ছল আছিল।

মঘা ৰাভাই আকৌ এবাৰ পথাৰত হাল জুৰিলে

প্ৰিয়নাথ বিনন্দ হাজৰিকাৰ ঘৰত পূৰা দুটা দিন থাকিল। কাইলৈ যাবগৈ বুলি ভাবিছে। প্ৰিয়নাথ বৰ দোধোৰ-মোধোৰত আছে। কি কৰা যায়? এইখন ঘৰত এখন বিয়াৰ বোজা দিবলৈ একেবাৰে মন যোৱা নাই। দেউতাকে কৈছে সোণাপুৰত তেওঁলোকৰ আত্মীয় আছে, তালৈকে ছোৱালী নি বিয়া দিব, গাঁৱৰ মানুহে কৈছে হ'বই নোৱাৰে। মৌসৰাৰ মৌজাদাৰ বোপা আহি ছোৱালীক ওপজা ঘৰৰ চোতালৰ পৰাই নিবহি লাগিব, ৰাইজে সকলো ব্যৱস্থা কৰিব। মাষ্টৰৰনো এই দশা কিয় হ'ল? কিয় ৰঙাঘৰৰ ভাত খাব লগা হ'ল? কিয় পুলিচৰ অত্যাচাৰত দেহা ঘুণীয়া হ'ল? নিজৰ কাৰণেনে কিবা? মাষ্টৰ আৰু তেওঁৰ লগ সকল, তেওঁ, মঘা ৰাভা আটায়ে মৰ কামোৰ দি নধৰা হ'লে এই গোটেই অঞ্চলটো জমিদাৰসকলে লাওলোৱা কৰিলেহেঁতেন। কৰিছিলেই, পথাৰৰ পৰা আধা ধান জমিদাৰৰ মানুহে চকুৰ আগতে লৈ গৈছিল। কোনে কি কৰিব পাৰিছিল? জমিদাৰসকলৰ হাতত আইন আছিল। মানুহখিনিয়ে পুলিচ জমিদাৰৰ বিৰুদ্ধে মাৰ বান্ধি থিয় নিদিয়া হ'লে এই আইন অমান্য কৰাৰ কাৰ সাধ্য আছিল? ৰজাঘৰীয়া শক্তি বাধ্য হ'ল। ৰাইজৰ ৰুদ্ৰমূৰ্তি দেখি আধিয়াৰ আইন বাদ দি আগৰ বাৰ্ষিক খাজনা লোৱাতে জমিদাৰ সকল সন্তুষ্ট থাকিবলগীয়া হ'ল।

বিনন্দ হাজৰিকাৰ বুলনিত ৰাইজ গোট খাইছিল। মানুহখিনিয়ে কৈছিল কি কাৰণে আজি দপদপীয়া স্বাস্থ্যৰ মানুহজনে নিজৰ ছোৱালীৰে বিয়াৰ আয়োজন কৰিবলৈ ভয় কৰিছে? কিহৰ কাৰণে তেওঁৰ গাত সামান্য কাম এটা কৰাৰো শক্তি নোহোৱা হ'ল? ৰাইজৰ যুঁজখনত গা-পাতি নিদিয়াহ'লে আজি তেওঁৰ এই অৱস্থা হ'লহেঁতেননে? কলিজাৰ বেমাৰ হ'বলৈ তেওঁ মদেই খায়নে ভাঙেই খায় নে খাবলৈ নাপাই লঘোণে থাকে? পুলিচে নি মঙ্গলদৈৰ জেলত সুমুৱাই নৰক যন্ত্ৰণা দিলে। জমিদাৰৰ আধিয়াৰ তোলা নীতিৰ বিৰুদ্ধে যোৱা এই অঞ্চলৰ নেতৃস্থানীয় খেতিয়ককেইজনক নি মঙ্গলদৈৰ জেলত সুমুৱাই ৰাখি পুলিচে নিৰ্মম অত্যাচাৰ

কৰিলে। পুলিচৰ নিৰ্যাতনত ঘুণীয়া হোৱা খেতিয়ককেইজন জেলৰ পৰাই ওলাই আৰু বেছি দিন বাচি নাথাকিল। টিবি জাতীয় কলিজাৰ ৰোগত মৰি থাকিল। হাজৰিকা বাচি থাকিল যদিও চিৰকালৰ বাবে ঘুণীয়া হ'ল। তেওঁ জে'লৰ পৰা ওলাই বহুদিনলৈকে তেজ বমি কৰি আছিল। চাওতে চাওতে মানুহটোৰ পিঠিত দূৰৈৰ পৰা চকুত পৰা ভাজ এটা পৰিল, গাৰ ৰং একেবাৰে শেতা হৈ গ'ল। এফালৰ পৰা মহটিয়াই কাম সামৰি আনিব পৰা মানুহজনে বজাৰৰ মোনা এটাকে দাঙি আনিব নোৱৰা হ'ল। আহি আহি আজি এয়া ছোৱালীজনীৰ বিয়াখন তুলিবলৈ ভয় কৰা হ'ল। প্ৰিয়নাথে কথাবোৰ শুনি আছিল। তেওঁ মাজে মাজে মঘা ৰাভালৈ চাইছিল। সকলোতে দিহা-পৰামৰ্শ দিয়া মানুহজনৰ মুখৰ পৰা টু শব্দ এটা সৰি পৰা নাই। প্ৰিয়নাথৰ মনটো কিবা খচখচাই আছে, কিয় যে মানুহটোৰ মুখত নিবোকা-চামোনে বাহ লৈছে।

মানুহবোৰে মিছা কথা কোৱা নাই। প্ৰিয়নাথে শুনা উফৰি উফৰি অহা কথাবোৰ ইয়াত আহি নিজ চকুৰে দেখিলেহি। প্ৰিয়নাথক তেওঁ এদিন লতাখাটৰ ফালে লৈ গৈছিল। লতাখাট, ৰূপখাট, সোণাখাট, মহিয়াখাটকে আদি কৰি এই অঞ্চলৰ মাটি মঙ্গলদৈৰ চাহাবৰ দিনতে থকা গোঁসাই চাব-ডেপুটি কালেক্টৰজনে নিস্পিখেৰাজ কৰি নিজৰ নামত ৰাখি থৈছিল। বৃহৎ এলেকাৰ মাটি তেওঁ বিভিন্ন খাটত বিভক্ত কৰি নিজৰ সম্পত্তি কৰি পেলাইছিল। সেইজন গোঁসাই চাব-ডেপুটি কালেক্টৰ মৰিল, তেওঁৰ পুতেকে একেধৰণেৰে খাটবোৰ চলাই আছিল। এই গোঁসাই পৰিয়ালৰ বাদেও মঙ্গলদৈৰ এজন শৰ্মা বাপুৰো এই অঞ্চলত কেইবাখনো খাট আছিল। তেওঁলোকক নিয়মিত খাজনা দি এই অঞ্চলৰ ৰাইজে সেই খাটবোৰত খেতি-বাতি কৰিছিল। এনেকৈয়ে চলি আছিল। ৰাইজে আশা কৰিছিল চাহাব গ'ল, দেশত গান্ধীৰাজ হ'ল। নিজা চৰকাৰৰ দিনত জমিদাৰী খবৰদাৰি আৰু নচলিব, ৰাইজে বোপা-ককাৰ দিনৰ পৰা খেতি কৰি থকা মাটি একেবাৰে নিজাকৈ পাব। কিন্তু ভবা কথা সিদ্ধি নহ'ল।

তেওঁ প্ৰিয়নাথক লতাখাটত থকা এটা পৰিত্যক্ত আধা জুয়ে পুৰি ধ্বংস কৰা চাংঘৰ দেখুৱাইছিল, চাং ঘৰটো এফালে বহি গৈছিল। এই বৃহৎ এলেকাটোত সেই গোঁসাই জমিদাৰৰ পৰিয়ালৰ ডাঙৰ ডাঙৰ ভঁৰালবোৰ আছিল। স্বাধীনতা পোৱাৰ পাছত নতুন নিয়ম হ'ল। ৰায়তী খেতিয়কে খাজনা দিলে আগৰ দৰে নহ'ব, আধিয়াৰ হিচাবত ধান দিব লাগিব। খেতিৰ সম্পূৰ্ণ আধা অংশ মাটিৰ মালিকে নিবলৈ ধৰিলে। গোঁসাই জমিদাৰৰ চাং ঘৰ উঠিল, লগতে ডাঙৰ ডাঙৰ ভঁৰাল। চাং ঘৰত জমিদাৰৰ

মহৰি, আৰু আন আন মানুহ থকাৰ ব্যৱস্থা হ'ল। খেতিৰ দিনত পথাৰৰ আধা ধান কৃষকৰ পৰা নি ভঁৰাল-ঘৰবোৰত মজুত কৰাৰ ব্যৱস্থা কৰা হ'ল। ৰাইজে পেঁপুৱা খালে। এইবোৰ কি হ'ল? স্বৰাজ মানে এয়াই আছিল নেকি?

প্ৰিয়নাথ আৰু তেওঁ বইত কৰা হাতী এটাৰ দৰে পৰি থকা চাং ঘৰটোৰ কাষত ৰৈছিল গৈ। কেউফালে ফুটুকলা আৰু জাৰ্মেনি গছৰ জোপোহাৰ হাবিয়ে ছানি ধৰিছে। খহি পৰা ভঁৰাল-ঘৰবোৰত শিয়ালে বাহ লৈছে। ৰাইজে এই এৰাবাৰীখনৰ কাঠ-কুঠটো নালাগেই, লহপহকৈ গজি উঠা ঢেঁকীয়া অথবা চৰায়ে গুটি খাই পেলোৱা বগৰীজোপাৰ বা ক'লা জামুজোপাৰ পকি সৰি থকা ফলবোৰো হাতেৰে নোচোৱে। সকলোৱে এইখিনি ঠাইক অপবিত্ৰ বুলি গণ্য কৰে, অভিশপ্ত বুলি ভাবে, অমঙ্গলীয়া বুলি ঠাৱৰ কৰে। এইখন এৰাবাৰীৰ লগত সাঙোৰ খাই আছে এখন থৈয়া-নৈথৈয়া ৰণৰ কাহিনী। তেওঁ কাহিনীবোৰ প্ৰিয়নাথক এটা এটাকৈ শুনাইছিল। তেওঁৰ গমগমীয়া গলাৰ কাহিনী শুনা মানে, কথাবোৰ একেবাৰে ভিতৰলৈ সোমাই যোৱা। তেওঁ নিজেই এইখন যুঁজৰ প্ৰধান সেনাপতি আছিল।

জমিদাৰী উচ্ছেদ আন্দোলনৰ ভৰপক সময় আছিল। বিনন্দ হাজৰিকা, তেওঁ, মঘা ৰাভাকে আদি কৰি সকলোৱে এই অঞ্চলত আন্দোলন জোৰদাৰ কৰি তুলিছিল। সেই সময়ৰে কথা। মাহটো মাঘ মাহ আছিল। এই চাং ঘৰটোলৈ নিশা গাঁৱৰ বহুত মানুহ আহিছিল। হাতে হাতে জোঁৰ লৈ মানুহবোৰ আহি চাং ঘৰটোত জুই লগাই দিলে। ভঁৰালৰ আটাইবোৰ ধান উলিয়াই ৰাইজে ভগাই ল'লে। জমিদাৰৰ মানুহে থানাত গোচৰ দিলেগৈ। পাছদিনা এঘাৰজনীয়া পুলিচ বাহিনী আহি লতাখাট অঞ্চল পালেহি।

তেওঁ প্ৰিয়নাথক ফুটুকুলা জোপোহাৰ মাজে মাজে লৈ গৈছিল। মানুহজনে আগত কি আছে কি নাই ক'ব নোৱৰা হৈছে। তেওঁ এনেদৰে আগবাঢ়িছে যেন এতিয়াই চাং ঘৰটোত জুই দিবগৈ, হাতত একুৰা মশাল লৈ তেওঁ আগবাঢ়িছে। প্ৰিয়নাথে চাং ঘৰ, ভঁৰাল, জুই, জমিদাৰ, ধান— সব এক্ষন্তেকৰ বাবে পাহৰি গৈছিল। তেওঁক চাই আছিল মাত্ৰ। সেই গান-বাজনা শুনি যেনেদৰে নিচাই ধৰা মানুহৰ দৰে হৈছিল আজিও এয়া একে অথিৰ-অবিৰ অৱস্থা হৈছে। মানুহজনৰ ভিতৰত যেন সকলো সময়তে মজুত আছে একুৰা দপদপীয়া মশাল, যেতিয়াই তেতিয়াই জ্বলি উঠে। প্ৰিয়নাথৰ মাজলৈও বগাই আহিল সেই উত্তাপ।

'তাৰ পাছত কি হ'ল? কি হ'ল তাৰ পাছত? পুলিচ আহি কি কৰিলে? এঘাৰজনৰ বাহিনী এটা অহা বুলিছিল?'

তেওঁ প্রিয়নাথৰ কথালৈ কাণ দিয়া নাই, 'চোৰা প্রিয়নাথ, চোৰা, মানুহবোৰ সৌফালে সোমাইছিলহি, প্রথমতে জুই সেইফালেই লাগিছিল। তাৰ পাছতে সেইফালে গৈ ভাগে ভাগে ভঁৰালত জুই দিছিল। জনগণৰ সাহস বুজিছা, তাৰ লগত একোৰে তুলনা নহয়।'

প্রিয়নাথে বুজিছিল, মানুহজনে ক'ব নোৱৰা হৈছে, কেনেকৈ ঘোৰ লগা মানুহৰ দৰে জার্মেনি বনবোৰৰ ভিতৰত সোমাই পৰিছেগৈ, ক'ৰবাত সাপ-সুপতে ভৰি দিব এতিয়া। প্রিয়নাথে তেওঁৰ হাতত ধৰিব খুজি এনে লাগিল যেন এডাল মোটোহা গছৰ মজবুত ডালতহে হাত দিছে।

'তাৰ পাছত কি হ'ল? কওঁক আকৌ, সেইফালে নাযাব, দেখা নাইনে সৌডাল সাপৰ মোট কেনেকৈ কাঠদালত দুলি আছে, সেইটো ডাইল সাপৰ মোট', প্রিয়নাথে তেওঁক আৰু যাবলৈ দিয়া নাই। দুয়ো এৰাবাৰীখনৰ পৰা ওলাই আহিল। প্রিয়নাথে বুজিলে, তেওঁ এতিয়া অনর্গল কথা কৈ যাব। প্রিয়নাথ তেওঁৰ গমগমীয়া মাতটোৰ লগে লগে গৈ থাকিল।

পুলিচ বাহিনী আহি লতাখাট সোমোৱাৰ সময়ত কৃষকসকলৰ এখন সভা চলি আছিল। সভা চলি থকা অৱস্থাতে খবৰ ওলাল যে দুজনমান কৃষকক চিপাহীয়ে ধৰি-বান্ধি লৈ গৈছে। ৰাইজে গৈ সেই খেতিয়ককেইজনক পুলিচৰ হাতৰ পৰা মোকোলাই আনিলেগৈ। ৰাইজে পুলিচ-চিপাহী কেইজনকো লপা-থপা দি খেদি পঠিয়ালে। পুলিচ-চিপাহীৰ গাত হাত উঠালে হোজা খেতিয়কে। নগৰত জগৰ লাগিল। লাগিবৰে কথা। এইবাৰ আহিল এটা পূৰা কাহিনী। গোটেই ঠাইখণ্ডৰে অজস্র কৃষকক ধৰি-বান্ধি অত্যাচাৰ আৰম্ভ কৰিলে। বিনন্দ হাজৰিকা, মঘা ৰাভাকে আদি কৰি নেতৃস্থানীয়খিনিক জেলত ভৰাই পুলিচে অকথ্য অত্যাচাৰ চলালে। বাকীখিনিক সোনাখাটত অস্থায়ী জেল সাজি এমাহলৈ আবদ্ধ কৰি ৰাখিছিল। মুঠতে ৰাইজখনৰ ভালেখিনি নগুৰ-নাগতি হ'ল। তেওঁকো চৰকাৰে ৰাষ্ট্রদ্রোহৰ অপৰাধত জে'লত ভৰাই থৈছিল। তেওঁক নগাঁৱৰ জে'লত সুমুৱাই থৈছিল। প্রিয়নাথে জুইৰ আঙনি হেন মানুহজনলৈ চাইছিল। এনে এজন মানুহলৈ ৰজাৰ গাদী চলোৱা মানুহেনো ভয় নকৰিব কিয়? এশবাৰ কৰিব। পাছৰখিনি প্রিয়নাথে নিজেই দেখিছিল।

চাংঘৰ থকা অমঙ্গলীয়া ঠাইখণ্ডৰ পৰা প্রিয়নাথ আৰু তেওঁ বিনন্দ হাজৰিকাৰ ঘৰলৈ উভতি আহোঁতে বেলি প্রায় ডুবিছিলেই। দুয়ো দুইপাৰে পথাৰ থকা কেঁচা

আলিটোৰে আহি আছিল। পথাৰত খেতিয়কসকলে হাল চলাবলৈ ধৰিছেই। পথাৰৰ বহু অংশত ইতিমধ্যে হালবোৱা হৈ গৈছিলেই। তেওঁৰ কণ্ঠ গমগমাই উঠিছিল।

'জাগ্ জাগ্ জাগ্, জাগ্
মজদুৰ ন জোৱান...'

তেওঁ প্ৰিয়নাথৰ কান্ধতে হাতখন থৈছে, 'আমি কষ্ট খালো হয়, কিন্তু জমিদাৰ-সকলেও আধিয়াৰ ধান তোলা নীতি এৰিব লগা হ'ল; এইটো বৰ ডাঙৰ কাম হ'ল নহয়নে?'

প্ৰিয়নাথে দেখিছিল মঘা ৰাভাই গৰুহাল ঘৰমুৱা কৰি লৈ গৈ আছিল। অকল মঘা ৰাভাই নহয়, বহু কেইজন খেতিয়ক ঘৰলৈ ঘূৰিছিল। মঘা ৰাভাক দেখি তেওঁ আগবাঢ়ি গ'ল। বোকাই-মাটিয়ে লেটি লৈ অহা মানুহজনক সেয়া তেওঁ গবা মাৰি ধৰিছে। কিন্তু দুয়োৰে মাজত এষাৰ কথাৰো বিনিময় হোৱা নাই। মঘা ৰাভাই গৰুহাল লৈ গ'লগৈ। তেওঁ মঘা ৰাভাক চাই থাকিল। আকৌ মানুহজন অথিৰ-অবিৰ হৈছে, জ্বলি উঠিছে, তেওঁৰ ভিতৰৰ উমি উমি জ্বলি সকলো সময়তে থকা জুইকুৰাৰ উত্তাপ বাঢ়ি গৈছিল। শিমলু তক্তাৰ চাঙত বহি গান-বাজনা কৰা মানুহখিনি, এৰাবাৰী হোৱা চাংঘৰ, ভঁৰাল-ঘৰ দেখি ৰাগি লগা মানুহৰ দৰে হোৱা তেওঁৰ আকৌ একে অৱস্থা হৈছে। তেওঁ মঘা ৰাভাক নেদেখা হোৱালৈকে চাই থাকিল। তেওঁ আহি প্ৰিয়নাথৰ ওচৰত ৰ'লহি। মানুহজনৰ চকুহাল ঢুল-ঢুলীয়া হৈছে। প্ৰিয়নাথে ধৰিব পাৰিছে প্ৰচণ্ড এক আৱেগে তেওঁক মথিত কৰিছে। তোলপাৰ লাগিছে তেওঁৰ ভিতৰত। প্ৰিয়নাথে তেওঁৰ কান্ধত হাত থলে 'মঘা কায়ে এইবাৰ মোক এষাৰ মাতো দিয়া নাই। ইমান পাগ লগাই কথা কোৱা মানুহজনক এইবাৰ এষাৰ কথাও কোৱা শুনা নাই।' তেওঁ অলপ ৰৈছে, 'মঘাই তোমাক কেনেকৈ মাত দিব? শব্দবোৰ তাৰ মুখৰ পৰা পতান উৰাদি উৰি গ'ল বুজিছা।' তেওঁ এজোপা বৰগছৰ তলৰ শিপা এডালত বহি পৰিছে। সন্মুখত বহল বোকা দিয়া পথাৰখনৰ সিপাৰে চকা পাটত বহিবলৈ লৈছে। পথাৰখনত কমলা ৰঙৰ ৰহণ এটা ধৰিছে। তেওঁ লাহে লাহে কৈ গ'ল মঘা ৰাভাৰ মুখত নিবোকা চামোনে বাহ লোৱাৰ কাহিনী।

সেইদিনা আছিল মাঘ মাহৰ পোন্ধৰ তাৰিখ। বাৰ তাৰিখে জমিদাৰৰ চাংঘৰত জুই দিয়া হৈছিল, ভঁৰাল ঘৰবোৰ ৰাইজে লুট কৰিছিল। পোন্ধৰ তাৰিখে এঘাৰজনীয়া পুলিচ বাহিনী আহি গাঁও সোমাইছিলহি। সেইদিনা হোৱা কৃষক সভাখনলৈ মঘা ৰাভা যাব পৰা নাছিল, তেওঁৰ মাকৰ গা বৰ বেয়া হৈছিল, আলৰ বুঢ়ী মানুহ তাতে মাঘ মাহৰ শীত, বুঢ়ীৰ উশাহৰ কষ্ট হৈছিল। মঘা ৰাভাই তেতিয়া

মাকৰ বিছনাৰ তলত নাল ভগা কেৰাহিখনত দলদলীয়া অঙঠাখিনি দি বুঢ়ীক সেক-পোতক দি আছিল। পুলিচ আহি সেইখিনিৰ পৰাই ৰাভাক লৈ গ'লহি। তাৰ পাছত পুলিচৰ অত্যাচাৰ, নানা ৰকম জেৰা, কোনে কেনেকৈ জমিদাৰৰ সা-সম্পত্তিত হাত দিলে, কোন আছে ইয়াৰ আঁৰত। লগে লগে অত্যাচাৰ। মঘা ৰাভাই এক অসম্ভৱ কাণ্ড কৰি পেলালে। পুলিচ-চিপাহী সকলো হতভম্ব হৈ পৰিল।

কি কৰিলে মঘা ৰাভাই? কি কৰিলে যে সকলো ৰৈ গ'ল, আনকি পুলিচৰ অত্যাচাৰো লগে লগে বন্ধ হৈ গ'ল। মঘা ৰাভাই নিজৰ জিভা নিজেই কাটি পেলালে। কিজানি পুলিচৰ অকথ্য অত্যাচাৰত মুখৰ পৰা কিবা কথা ওলাই পৰে, কিজানি মুখৰ পৰা ওলোৱা এষাৰ কথাৰ বাবেই ৰাইজৰ কিবা ক্ষতি হয়। মঘা ৰাভা বোবা হৈ গ'ল। কথা ক'লে কিছুমান অস্পষ্ট কথাহে ওলাই আহে।

এইবাৰ তেওঁ নহয়, প্ৰিয়নাথহে অধিৰ-অবিৰ হৈ পৰিল। মানুহে এনেকুৱা কামো কৰিব পাৰে। পাৰেতো, মঘা ৰাভাই কৰি দেখুৱালে। তেওঁ প্ৰিয়নাথৰ মনটো ধৰিব পাৰিছে, বুজিছে এই ডেকা ল'ৰাটোৰ ভিতৰখন কিবাখন হৈ আহিছে। বগা মানুহটো একেবাৰে ৰঙা হৈ পৰিছে।

পথাৰৰ শেষ সীমাত থকা পাহাৰটোত বেলিটোৱে মুখ লুকুৱাই পেলালে। এখন্তেকৰ বাবে সোণালী হৈ পৰা পথাৰখন লাহে লাহে ধূসৰ হ'বলৈ আৰম্ভ কৰিছে। তেওঁ আৰু প্ৰিয়নাথ উঠিল। বৰগছজোপালৈ চৰাইবোৰ উভতি আহিছে, কিচিৰ-মিচিৰ শব্দত কাণ তাল মৰা অৱস্থা। গোটেই বিশাল গছজোপা জুৰি এজাক চৰাইৰ বাহ, তাতে আছে শালিকাৰ বিশাল এটা পৰিয়াল। শালিকাক চিঞৰিবলৈ কিনো আৰু কাৰণ লাগে? হকে-বিহকে চিঞৰ-বাখৰ কৰিয়ে থাকে। এতিয়া দিনৰ দিনটো ভ্ৰমি বাহলৈ উভতি আহিছে, নিচিঞৰিবনে? গোটেই ঠাইখণ্ড সিহঁতৰ কিচিৰ-মিচিৰেৰে ভৰাই পেলাইছে। কামকণ শেষ কৰিয়ে পেলাওঁ বুলি থকা দুই-এজন খেতিয়ক পথাৰতে আছিল, তেওঁলোকো ঘৰমুৱা হ'ল।

তেওঁ আৰু প্ৰিয়নাথ ঘৰমুৱা খেতিয়ক কিজনৰ পাছে পাছে গৈ থাকিল, এটা বোকা বোকা গোন্ধ বিয়পি পৰিছে।

'বুজিছা প্ৰিয়নাথ, মঘা ৰাভাহঁতে বৰ ডাঙৰ কাম এটা কৰিলে। আধিয়াৰ তোলা নিয়মটো থাকোঁতে এওঁলোকৰ বৰ দুখ হৈছিল। চকুৰ আগতে জমিদাৰৰ মানুহে আধা ফচল লৈ গৈছিল। সেই সন্তাপ বৰ ডাঙৰ সন্তাপ, বুজিবলৈ বৰ টান। তেওঁ এটা গান গাইছিল।

'ব'ল ব'ল কৃষক শক্তি দল
অ বনুৱা সমনীয়া আগবাঢ়ি যাওঁ ব'ল...',

বকুল দুজোপা সোণখটোৱা দৌল হৈছিল। প্ৰিয়নাথ আৰু তেওঁ নাহৰৰ শাৰীটোৰ তলেদি খোজ লৈছিল। কাইলৈ তেওঁ যাবগৈ। দিহিঙে-দিপাঙে ঘূৰি ফুৰা মানুহ, হেজাৰটা কামে টানি থাকে। বুলনিত হাতত লেম এটা লৈ তাই ৰৈ আছে।

তেওঁ প্ৰিয়নাথক বৰ সৰু সৰু মাতেৰে সুধিলে, 'তুমি তাইক চুই চাইছানে?' আন্ধাৰত ধৰিব নোৱাৰি, প্ৰিয়নাথ ৰঙা হৈ পৰিল। দুয়ো গৈ বুলনিত উঠিলগৈ। হঠাৎ তেওঁ ৰৈ থকা তাইৰ হাতৰ পৰা লেমটো লৈ ভিতৰলৈ সোমাই গ'লগৈ। জোনাকীৰ মাজত দুইটা অকলশৰীয়া হৈ গ'ল। প্ৰিয়নাথে তাইৰ হাতখন নিজৰ হাত দুখনৰ মাজত তুলি ল'লে। এপাহ তগৰ ফুল বা এপাহ কপৌ ফুল ধৰাদি অলপ সময় হাত দুখন ধৰি থাকিল। কুহুমীয়া খহটা, নোচোৱাকৈয়ে বুজিলে হাতখন ফাটিছে। এদিন দেখিছিল আকাশ পোহৰ নৌ হওঁতেই উঠি তাই কুঠাৰখন লৈ কেইচিটামান বাঁহ সৰু সৰু কৰিছে। প্ৰিয়নাথৰ বুকুখন বিষাই উঠিছিলে, এইকিচলা খৰিৰেই তাই এতিয়া চাহ-জলপান কৰিব। দেউতাকেনে সৰু ভায়েক দুটাই? কোনেনো তাইক সহায় কৰি দিব?

'তোমাক কেইদিমানৰ পাছত আহি একেবাৰে লৈ যামহি।'

প্ৰিয়নাথে গম পাইছিল তাইৰ চকুৰ পৰা পানী টোপ টোপকৈ পৰিছে। কিয় জানো প্ৰিয়নাথৰ মনটোৱো গধুৰ হৈ আহিল। ক'ৰবাত লক্ষী ফেঁচা এটাই দীঘল দীঘলকৈ উৰুলি দি উঠিল।

তাই ভিতৰলৈ সোমাই গ'ল। ফেঁচাৰ উৰুলিবোৰৰ মাজত প্ৰিয়নাথ সেইখিনিতে অলপ সময় ৰৈ থাকিল।

ভূটীয়া কুৰমা বিয়া খাবলৈ আহিল

প্ৰিয়নাথে ভাবিছিল একেবাৰে সৰুকৈ বিয়াখন পাতিব। ভাত এসাঁজ খুৱাই সামৰি থ'ব। আৰু কোননো বিয়ালৈ আহিব? নিজৰ ঠাই, আত্মীয়-স্বজন এৰি প্ৰিয়নাথহঁতৰ পূৰ্বপুৰুষৰ বংশ এই পাহাৰতলীৰ দুৰ্গম ঠাইখনলৈ আহিছিল। এই অঞ্চল এৰি গুচি যোৱা পা-পৰিয়ালৰ লগত যোগাযোগ প্ৰায় নোহোৱাই হ'ল। ককাক, দেউতাকৰ জীৱন ইয়াতে শেষ হ'ল। প্ৰিয়নাথৰো হ'ব। প্ৰিয়নাথে ভুল ভাবিছিল। বিয়া নহয় যেনিবা এক যজ্ঞহে হ'ল। কোনে কি কৰিলে, কোনে কি আনিলে, কোনে ৰান্ধিলে হিচাব নোহোৱা হ'ল। শই শই মানুহে তৃপ্তিৰে খালে। প্ৰিয়নাথে মাত্ৰ দেখিলে এজাক মানুহে ৰাতিয়ে-দিনে কাম কৰিছে। কোনখন গাঁৱৰ মানুহ কেনেকৈ ধৰিব পাৰেনো? ৰজাৰ যজ্ঞ যেন বিয়াখন দেখি কইনাই নালাগে, প্ৰিয়নাথো আচৰিত হ'ল। এই সাধাৰণ গাওঁৰ ৰাইজৰ প্ৰতি তেওঁ অনুভৱ কৰিলে এক গভীৰ চেনেহ আৰু আত্মীয়তা। প্ৰিয়নাথে মন বান্ধি পেলালে, স্কুলখন খুলিবই লাগিব। এই সকলো মানুহৰে ল'ৰা-ছোৱালীয়ে পঢ়িব, শিক্ষিত হ'ব, বহল পৃথিৱী এখনৰ অংশীদাৰ হ'ব। সৰল-সহজ মানুহখিনিৰ প্ৰতি প্ৰিয়নাথে এক ধৰণৰ দায়িত্ব অনুভৱ কৰিলে। আচলতে এই অনুভূতিয়েই গহীন ডেকাজনৰ মাজত এক প্ৰধান অনুভূতি হৈ পৰিছে। সকলোৰে মুখলৈ চাই থাকে। মৌজাদাৰ দেউতা আছে কিবা এটা হ'ব, চিন্তাৰ কাৰণ নাই। হাউলিৰ বাহিৰত থকা মাহীমাক দুগৰাকীৰ পৰিয়াল, বাপদায় লোৱা ল'ৰা-ছোৱালীবোৰ, মৌজা আৰু হাউলিৰ বিভিন্ন কাম কৰা মানুহবোৰ, গোটেই মৌজাখন সকলোতে কেৱল সমস্যা। কিবা এটা হ'লেই উধাতু খাই আহিব, আছে, মৌজাদাৰ দেউতা আছে। বেমাৰ-আজাৰ হ'লেও ল'ৰাই-পোৱালিয়ে আহি এইখিনি পাবহি। চখ কৰি প্ৰিয়নাথে হোমিঅপাথিৰ কিতাপ-পত্ৰ পঢ়িছিল। 'মেটেৰিয়া মেডিকা'খন লগত থাকেই। সৰু-সুৰা বেমাৰত দৰবে কাম দিয়ে। আৰু এখন মৌজাৰ মানুহক দৰব দিয়াৰ ক্ষমতা প্ৰিয়নাথৰ নাই। এখন হচপিতেল লাগে। স্বাধীন দেশৰ নাগৰিকে এইখিনি সুবিধা পাবই লাগে। বেমাৰ-

আজাৰ বিধিৰ-বিধান বুলি লোৱা মানুহখিনিৰ বাবে প্ৰিয়নাথৰ বুকুখন ডেই-পুৰি আহিল। কৰিব, যি পাৰে শক্তিয়ে কুলাই মানে কৰিব।

হঠাৎ ৰাতিপুৱাতে আহি ওলালহি তপজে। প্ৰিয়নাথৰ ভূটীয়া সখি। তপজেৰ ককাক আৰু প্ৰিয়নাথৰ ককাকে সখি বান্ধিছিল। তপজেৰ দেউতাক তাৰ পাছত তপজে প্ৰিয়নাথৰ সখি। বহু দিনৰে পৰা তপজেহঁতৰ পৰিয়াল এই হাউলিৰ কুৰমা, হাউলিত এটা 'ভূটীয়াঘৰ' তাহানিৰে পৰা আছে। ভূটীয়া নমাৰ আগে আগে 'ভূটীয়া ঘৰ' চাফ-চিকুণ হয়, লেপা-কোচা হয়, কাপোৰ-কানি ধুই ৰ'দোৱা হয়। বছৰি পুহ-মাঘ মাহত সপৰিয়ালে ভূটীয়া কুৰমা আহি হাউলি পায়হি। লগত আনে জাব্ৰাং, আখৰোট, জলকীয়া, কস্তুৰী, চোঁৱৰ। হাউলিৰ মানুহ আহি কুৰমাৰ বস্তু-বেহানিবোৰ চায়হি। দেখাত বুঢ়া তামোলৰ দৰে কস্তুৰীৰ ফুৰফুৰীয়া গোন্ধ গোটেইখনতে ভৰি হৈ পৰে। ভূটীয়া কুৰমাই হাউলিলৈ আনন্দ আনে। এমাহ মান থাকি বেহা-বেপাৰ সামৰি কুৰমাই বিদায় লয়। একো একোটা ভূটীয়া পৰিয়ালৰ ভৈয়ামত বন্ধা সখি থাকে। ভৈয়ামৰ সখিৰো ভূটীয়া কুৰমালৈ পুহ-মাঘ মাহত চেৰেং চেৰেংকৈ মনত পৰে। কি বা হ'ল কুৰমাৰ? এইবাৰ দেখোন দেৰি কৰিলে। নে কিবা ঘটিলেই? মনুষ্য জীৱন, কচু পাতৰ পানী। বাৰীৰ চুকৰ 'ভূটীয়া ঘৰ'ৰ জা-জঞ্জাল পৰিষ্কাৰ কৰে, বেৰাকেইখন লেপি দিয়ে, মেৰামতি কৰে। ঘৰৰ বুঢ়াজনে হাজিৰা কেইজনক আদেশ দিয়ে, 'ডাঠকৈ লেপি দে, এইবাৰনো কম ঠাণ্ডা পৰিছেনে? কুৰমা আহি কষ্ট পাব। ঘৰৰ গৃহিণীয়ে হাজিৰাক সেইখিনিতে চাহ দিয়ে, বুঢ়াকো দিয়ে। বুঢ়াই হাজিৰাৰ সৈতে ভূটীয়া কুৰমাৰ গল্প জোৰে। ভূটীয়া কুৰমাৰ সৈতে সম্পৰ্ক আজিৰ নহয়, বুঢ়াৰ ককাদেউতাকৰ দিনৰে। বুঢ়াৰ এইখন ন-গৃহস্থী। পুতেকহঁত ঘাই ঘৰৰ পৰা উঠি আহিছে। ভূটীয়া কুৰমা যোৱাবাৰ আহি ঠিক-ঠাক ভৈয়ামৰ কুৰমাক বিচাৰি উলিয়ালে। এইবাৰো আহিব, বুঢ়া সখি নাহিলে, পুতেকটোৱে আহিব। ঘৰৰ গৃহস্থ নন্দেশ্বৰ বৰাৰ দেহা হটি আহিছে, তেওঁৰ অত বছৰৰ সেই ভূটীয়া কুৰমাক এবাৰ চাবৰ কাৰণে বৰ হেঁপাহ হৈছে। আকৌ অহা বছৰ পুহ-মাঘ। কোনে জানে কি হয়? চাহ খাই উঠা হাজিৰা কেইজনক বাটি কিটা সামৰি নিবলৈ আহোঁতে ঘৰৰ গৃহিনী বুঢ়ীয়ে নিৰ্দেশ দিয়ে— চৌকাটো ভাঙি গৈছে, ভালকৈ লেপি দিবলৈ। ভূটীয়া কুৰমাই ভাত ৰান্ধি খাবহি। বুঢ়ীয়েও হাজিৰাৰ লগত গল্প জোৰে, ভূটীয়া কুৰমাৰ জলকীয়া দি ৰঙা কৰা আঞ্জাৰ কথা কৈ আঁচল সোপা দি হাঁহে। পুহ মাহ পৰো কি নপৰোতেই ভূটীয়া কুৰমাৰ বাবে ঘৰবোৰত আয়োজন চলে। কুৰমাহঁতো ঠিক-ঠাক আহি পায়হি।

এইবাৰ হাউলিলৈ অসময়ত আহিল 'ভূটীয়া কুৰমা'। তপজে আহি হাউলিৰ আগচোতালতে বহিল। প্ৰিয়নাথ ওলাই আহিল। ভূটীয়া সখি তপজে বহি আছে। বিধ্বস্ত অৱস্থা। গাৰ কাপোৰ ফাটি গৈছে, ভৰিহাললৈ চাবই নোৱাৰি। ফাটি চৌ-চিৰা। ঘাঁ লগা ভৰি হালত ঠায়ে ঠায়ে তেজ মৰি আছে। এতিয়া ব'হাগ মাহ, বতাহ-বৰষুণৰ দিন, শিল-বৰষুণৰ দিন। এনে দিনত ভোট নানামে। এনেকৈ অকলশৰীয়াকৈ তপজে কেতিয়াও অহা নাই। তপজেৰ দেউতাক এবাৰ পুহ মাহত ভৈয়ামলৈ আহিছিল। লগত আহিছিল সেই সময়ৰ সৰু তপজে। আহি কৈছিলহি 'এইটো আমাৰ ছাৱা', নতুন কেঁচুৱাটোক আই শান্তিপ্ৰিয়াই ৰূপৰ চেইন এডাল দিছিল। এনেকৈতো অসময়ত কেতিয়াও অকলশৰে কোনো ভূটীয়া কুৰমা অহা নাই। প্ৰিয়নাথক দেখি কুৰমাই কোনোমতে উঠি গবা মাৰি ধৰিছিল, 'আমাৰ দিগি এটা মাউত গৈছিলে, তোৰ ছাদি হ'ব কেনকে থাকো, আহি গ'লো।'

বিয়া বুলি অহা ধনদাই ভূটীয়া কুৰমাৰ শুশ্ৰূষাৰ দায়িত্ব লৈছিল। সকলো জানে ধনদাই, একো ক'ব নালাগে। তপজেক চাফা কাপোৰ দি ভৰি ধুবলৈ বুলি এচৰিয়া গৰম পানী দিছিল, তাতে দিছিল এজেবা নিমখ। প্ৰিয়নাথে বুজাই দিয়া মতে মুখত দিছিল আৰ্নিকাৰ টোপাল, ভৰিত লগাবলৈ কেলেণ্ডুলাৰ সৈতে কপাহ দিছিল। খাবলৈ দিছিল এবাটি গৰম চাহ আৰু আখৈ-মুৰি। মুখত হাঁহি এটা লৈ তপজেই সখিৰ বিয়া খাবলৈ অহাৰ কাহিনী কৈছিল, আটায়ে ভূটীয়া কুৰমাক বেৰি-কুৰি শুনিছিল। এই ব'হাগ মাহৰ বতাহ-ধুমুহাৰ মাজত গিৰিপথ পাৰ হৈ আহি ভৈয়াম পোৱা মুখৰ কথা নহয়। ধনদাই ভূটীয়া ঘৰ চাফ-চিকুণ কৰি তপজেক জিৰণি ল'বলৈ কৈছিল। ভূটীয়া সখিৰ ফাটি চিৰলা-চিৰিলি হোৱা ভৰিহাল চাই ধনদাৰ চকুহাল ভৰি আহিছিল। প্ৰিয়নাথে ধনদাৰ খুঁত ধৰিব নোৱৰা কামখিনিৰ প্ৰক্ৰিয়াটো লক্ষ্য কৰি আছিল। সেন্দূৰে ফোটে তাইক কিবা বেলেগ বেলেগ লাগিছিল, একেই আছিল। একেই ভৰিৰ সৰু গাঁঠি ওলাই থকা মেখেলাখন। ভৰিৰ বাকী অংশতকৈ সৰু গাঠি-কিটা অলপ ক'লা বৰণৰ। চাদৰখন কঁকালৰ ওচৰতে ভাজ এটা অলপ তললৈ সদায় থকাদি খহি আছে, ওখকৈ বন্ধা খোপাটোৱো একে। তথাপি যেন বেলেগ। কিমান ভৰসা কৰিব পাৰি এই মানুহজনীক। আৰু বৰফান্দী? ফান্দী থকা মানে বহু কথাত প্ৰিয়নাথ নিচিন্ত। গদাধৰৰ ভৰিত খুটা গাৰিছে, এইকেইদিন ফান্দী লাগি আছে। চিন্তাৰ কাৰণ নাই, ফান্দী থকা মানে হাতীকেইটা নিৰোগী হৈ থকা। প্ৰিয়নাথে তাৎক্ষণিক এটা সিদ্ধান্ত লৈ পেলালে। ধনদা আৰু ফান্দীক ঘূৰি যাবলৈ নিদিয়ে। হাউলিৰ পশ্চিম ফালে থকা মাটিখিনি ফান্দীকে লেখি দিব, ঘৰ এটা সাজিও দিব। কোননো আছে

ফান্দীৰ গাঁৱত? মাক মৰিল, প্ৰথম ঘৈণীয়েকজনী ঢুকাল, এনেও বেমাৰী মানুহ আছিল। ধনদাৰ তালাপিৰ বাবে কিছুদিন বাচিল। ল'ৰা-ছোৱালীহাল মোমায়েকে নিলে। তাতনো থাকিল কি ফান্দীৰ? এইহাল মানুহৰ হাউলিত বৰ প্ৰয়োজন। ধনদা এইখন ঘৰৰে ছোৱালীৰ দৰে। মাকক জানো তাই কম কৰে? লগত একো এটা নিদিয়াকৈ তাইক উলিয়াই দিয়া হ'ল। অলপ ৰূপিত মাটি লেখি দিব লাগিব।

ধনদাই আনি দিয়া হাতীখুজীয়া বাটিটোত তপজেই মহা ৰঙেৰে জলপান খাইছে। চুঙাত দিয়া বৰাচাউল ভূটীয়া সখিৰ বৰ হেপাহৰ বস্তু। ধনদাই কম সময়তে যোগাৰ কৰি পেলালে চুঙা চাউল। চুঙা পিঠা নুখুৱালে ভূটীয়া সখিয়ে যে বৰ বেজাৰ পায়। কইনা সোণতৰাই তপজেক পাণ-তামোল দি গামোচাৰে মান ধৰিলে। ভূটীয়া কুৰমাই দুখ-তাপ সকলো পাহৰিলে। প্ৰিয়নাথে তপজেৰ ওচৰতে বহি মানুহটোৰ ভৰিহাল চাই আছে। মানুহে মানুহক কিমান ভাল পালে এনে কাম কৰিব পাৰে। বতাহ-বৰষুণৰ সময়, বাটতে পাহাৰৰ গিৰিপথত ধুমুহাই পালে। উঠি অহা খচ্চৰটো মৰি থাকিল। লগত অহা মানুহটো খৰি কাটিবলৈ অহা স্বজাতিৰ মানুহখিনিক পাই ঘূৰি গুচি গ'লগৈ। ইমানখিনি আহিল, অলপ দূৰ গ'লৈই নাচন ডুবিৰ বাগিচা ওলাবগৈ। তপজেই গছৰ ঠানি এডাল কাটি লাঠি কৰি খোজকে কাঢ়িবলৈ আৰম্ভ কৰিলে। তাৰ পাছত ক্ষত-বিক্ষত এহাল ভৰি লৈ এয়া তপজে আহি এইখিনি পালেহি।

তপজে হাউলিত দহদিনমান থাকিল। তেওঁ অনা ভূটীয়া মণি কিধাৰ এদিন সোণতৰাই পিন্ধি দেখুৱালে। তাকে দেখি ভূটীয়া সখিৰ কি আনন্দ। মানুহটোক দেখিলে ভাব হয় পৃথিৱীলৈ অকল আনন্দ কৰিবলৈকে আহিছে। এইখন ধৰাত ৰঙৰ বাদে আৰু একো নাই। তামোল পকটিয়াব আৰু সৰু সৰু চকুহাল জপাই হাঁহিব।

গদাধৰৰ ভৰি বৰফান্দীৰ হাতত পৰি ইতিমধ্যে শুকাই গৈছিল। প্ৰিয়নাথে ভাৰে-ভেটীয়ে ভূটীয়া কুৰমাক নাচন ডুবি বাগান পাৰ কৰি পাহাৰৰ ভিতৰত থৈ আহিবলৈ বৰফান্দীক নিৰ্দেশ দিলে। সেইখিনি পালেই খচ্ছৰৰ দল লৈ অহা-যোৱা কৰি থকা স্ব-জাতিক লগ পাই যাব। ভূটীয়া কুৰমা শীত পৰিলেই আকৌ আহিব।

হাড়ি মোনাত যা-যোগাৰ লৈ বৰফান্দী, কাতিয়া আৰু মাজতে ভূটীয়া কুৰমাক ভৰাই লৈ পাহাৰৰ পিনে যাত্ৰা কৰিলে। বহুদিনৰ মূৰত হাতী আৰু জংঘল পাই বৰফান্দী আত্মহাৰা হৈ পৰিছিল। ভূটীয়া কুৰমাক বেছ ভিতৰলৈকে বৰফান্দীয়ে আগুৱাই দিলে। কুৰমাই স্ব-জাতিৰ মানুহক লগো পাই গ'ল। গদাধৰক লৈ ফান্দী গহীন হাবিৰ ফালে গৈ থাকিল। কাতিয়াই ফান্দীৰ মনটো বুজি পাইছে। নদীত

গদাধৰক গা ধুবলৈ দি বহি থকা বৰফান্দীক চাই কাতিয়াই কৈ উঠিল, 'এতিয়া গজালি চিকাৰৰ সময়, নদীৰ পাৰৰ তৰাগছবোৰত নতুন গজালি ওলাইছে'। ভূটীয়া কুৰমাক থৈ ফান্দী আৰু কাতিয়াই গদাধৰক লৈ চিনাকি গুপ্তি এটাইদি নামনিলৈ নামি আহিল। হয়েতো, নদীৰ পাৰে পাৰে তৰা গছবোৰ নতুন গজালিৰে ভৰি পৰিছে। বৰফান্দীয়ে সেই তৰাগছৰ মাজলৈ গদাধৰক লৈ গ'ল। গদাধৰে মনৰ আনন্দত তৰা গছৰ নতুন গজালিবোৰ খাবলৈ ধৰিলে। হঠাৎ বৰফান্দীয়ে বুকু ফটা চিঞৰ এটা মাৰিলে গণেশ। গোটেই হাবি জুৰি শব্দটো ৰিণৰিণাই গ'ল। হেৰোৱা পুত্ৰক বিচাৰি যেন এজন দুখী পিতৃয়ে বুকুভাঙি ৰাউচি জুৰিছে। হাতী আৰু মানুহ হাবিত সোমাইছেহি, এনেও জন্তু-জানোৱাৰৰ মাজত চাঞ্চল্যৰ সৃষ্টি হৈছে, চৰাইবোৰে বিপদ সঙ্কেত দি কেউপিনে চি-চিয়ঁনি আৰম্ভ কৰিছে। বান্দৰবোৰে এডাল গছৰ পৰা আন ডাললৈ জঁপিয়াবলৈ আৰম্ভ কৰিছে। কাতিয়াই বুজি পালে বৰফান্দী আজি এই হাবিতে থাকি যাব। সি নৈৰ পাৰৰ মুকলি ঠাই এটুকুৰাত খৰি গোটাবলৈ আৰম্ভ কৰিলে, হাড়ি মোনাত সকলো আছে। যা-যোগাৰ ধনদাই নিজে চাই দিছে, কোনো ঘাটি নাই। এই পাহাৰ আৰম্ভ হোৱা নদীৰ পাৰখন এখন সৰগ যেন লাগে কাতিয়াৰ। নদীৰ দুয়োপাৰে বাঁহৰ জোপ, তৰাবনেৰে বাঁহৰ গুৰিবোৰ তেনেই ঢাকি থৈছে। তাৰ মাজে মাজে কতনা কিচিমৰ গছ। কাতিয়াই খৰি গোটোৱা মুকলি ঠাইখিনিত নদীখনে নাচনীয়ে কঁকাল ঘূৰোৱাদি ঘূৰণ এটা লৈছে। সেইখিনিতে এজোপা ডাঙৰ আঁহত গছ। শাখা-প্ৰশাখা মেলি বেছ কিছু ঠাই আগুৰি লৈছে। কাতিয়াই গছজোপালৈ চাই আৰু চকু ঘূৰাব নোৱৰা হ'ল। গোটেই গছজোপা জুৰি কেৱল ওলমি ওলমি ফুলিছে কপৌ ফুল। হাবিত এই গছজোপা হাতী চিকাৰত আহোঁতে কাতিয়াই কেইবাবাৰো দেখিছে। হাতী-চিকাৰবোৰত আহোঁতে এই ফুলবোৰতো কাহানিও দেখা নাছিল। কপৌফুলবোৰৰ পৰা এটা মৃদু সুগন্ধ বিয়পি পৰিছে। এহাত এহাত দীঘল কপৌফুলবোৰ চাই কাতিয়াৰ মনটো কিবা লাগি গ'ল। এজোপা আইদেউলৈ নিব লাগিব। এৰা, আইদেউজনী হাউলি সোমোৱাৰ পৰা গোটেইবোৰ বদলি গ'ল। ইমান মৰমীয়াল আইদেউজনী। ব'হাগ মাহৰ ফুলাম আঁহতজোপা চাই কাতিয়াৰ ভিতৰত গুমগুমাই ঢোল-পেঁপা বাজি উঠিল।

কাতিয়াই জুই ধৰিলেই। হাড়ি মোনাৰ পৰা বয়-বস্তু নামিল। বৰফান্দীৰ যে আজি কি হৈছে। ফান্দীৰ যেন জুমাই নোখোৱাকৈয়ে নিচাই ধৰিছে। গমগমীয়া খহটা মাতটোৰে মাউতীয়া গীত জুৰিছে। কাতিয়াই মাজে মাজে উজান দিছে। কাতিয়াৰো বৰ ভাল লাগিছে। ফান্দী যোৱাৰ পৰা কাতিয়ায়ো হাতী ধুৰালৈ যোৱা বাদ দিছে। ঔ

কেইফুলামান পেলাই দিয়া মাটিমাহৰ আঞ্জা বকবকাবলৈ ধৰিলে। 'ককাই, এইবাৰ মেলা-চিকাৰলৈ আহিবিনে?'

উত্তৰত ফান্দীয়ে গমগমীয়া মাতটোৰে গাই উঠিল এটা মাউতীয়া গীত ঃ

'হয় হয় বেটা
ইয়াকে বোলে ধাত।
চাব্বাচ বেটা, চাব্বাচ
ইয়াকে বোলে 'আগেত'
চাব্বাচ বেটা চাব্বাত
হয় হয় বেটা
ইয়াকে বোলে পিছু। চাব্বাচ বেটা চাব্বাচ।'

কাতিয়াই মাটিমাহৰ আঞ্জা নমাইছে, এইবাৰ ভাত বহাইছে। তৰাবনৰ গজালিৰে পেট ভৰাই কাণ লৰাই লৰাই আঁহতৰ তলত ৰৈ থকা গদাধৰ সষ্টম হৈ উঠিল। ওপৰলৈ শুঁৰ ডাঙি কাউটকৈ শব্দ এটা কৰিলে। তাৰমানে ক'ৰবাত ওচৰে-পাজৰে বনৰীয়া হাতীৰ জাক আছে বা আহিছে। অৱশ্যে তৰাবনৰ নতুন গজালি ওলোৱাৰ সময়ত প্ৰায়ে হাতীৰ জাক নদীৰ পাৰলৈ পাহাৰৰ পৰা নামি আহে। তাৰোপৰি এইখিনি সময়তে নৈৰ পাৰে পাৰে গেজেপনি খাই থকা বাঁহগছবোৰে গাজ মেলে। বাঁহ গাজবোৰ হাতীৰ প্ৰিয় খাদ্য। গদাধৰে আকৌ শান্ত ৰূপ ধাৰণ কৰিছে। একে ধৰণেৰে কাণ দুখন লৰাই লৰাই কাতিয়াই সন্মুখত কাটি দ'মাই থোৱা কলগছখিনি খাবলৈ লাগিল।

একেবাৰে পুৱতি নিশা আকৌ গদাধৰ চঞ্চল হৈ পৰিল। কাতিয়া আৰু বৰফান্দীয়ে দেখিলে এটা প্ৰকাণ্ড হাতী আহি আঁহতৰ তলত ৰৈ আছেহি। চিনাত অকণো ভুল হোৱা নাই, হ'বই নোৱাৰে। সেই আশ্চৰ্য্য সুন্দৰ চম্পাফুল আৰু মৌ ৰঙৰ হাতীটো, পুৱাৰ কোমল পোহৰত জিলিকি উঠিছে। গোলাপী আৰু ঘিঁউ বৰণৰ দাঁতযোৰ ঘোৰ খাই পৰিছে। এৰা, এইটো ৰজাই গমন কৰা হাতী। 'গণেশ ..মোৰ বাবা গণেশ..?' বৰফান্দী উঠি দৌৰ মাৰিব খোজোতে কাতিয়াই হাতখন টানি ধৰিলে, 'বন-ঘৰচীয়া জীৱ ককাই, ইহঁত বৰ টেঙৰ হয়, নাযাবি অ, কি বা কৰে, ওচৰ নাচাপিবি বনৰ জীৱৰ কি সঁজাত আছে?' বৰফান্দীয়ে তাৰ কথালৈ কাণ দিয়া নাই। তেওঁ গৈ গণেশৰ ওচৰ পালেগৈ, 'মই জানো তই আহিবি, ৰাতিটো তই ওচৰতে আছিলি নহয়? জুই দেখি ভয় খাইছিলি? নে চব পাহৰিলি? বৰ এটা হলি অ তই।' শুঁৰডালত ধৰি খহটা মাতেৰে ফান্দীয়ে গান জুৰিলে।

'লালৰে লাল/দুৰ্গাপুৰী লাল/তই হ'বি ৰজাৰ মাল।'

গণেশ একেথৰে ৰৈ আছে। প্ৰকাণ্ড হাতীটো লাহে লাহে বহি দিছে। বৰফান্দী পিঠিত উঠিল। একো ক'ব লগা হোৱা নাই। সি উঠিল 'আগেত'— ফান্দীয়ে ক'বলৈ পালে কি নাপালে গণেশ নৈৰ ফালে আগুৱালে। তাৰ পাছত হাতী মাউতৰ নদীৰ মাজত ধেমালি। ব'হাগৰ পুৱাটো সুগন্ধী কপৌৰে ভৰি পৰিছিল। পাহাৰৰ মাজেৰে বেলিটো আহি তৰাবনৰ মাজত সোপা-সোপে ৰূপৰ টুকুৰা পেলাই দিছিলহি। নদীখনৰ ঘুলিবোৰত ক'লা ক'লা জাউৰিয়া মাছবোৰে থুপ পাতিছিলহি। নদীৰ পানীৰ মাজত হাতী আৰু ফান্দীৰ খেল চলিছিল।

'গণেশ চুপ' হাতীয়ে পানী খাইছিল, শুঁড়েৰে পানী টানি লৈছিল।

'দলে' বৰফান্দীৰ ফুৰ্তিবাজ মাতটো কেউপিনে গমগমাই উঠিছিল। হাতীয়ে শুঁৰ দাঙি পানী ওপৰলৈ তুলিলে।

'চুপ দলে', হাতীটোৱে পিঠিত পানী মাৰি দিলে। ৰ'দৰ পোহৰত সেই পানী চিক্‌মিক কৰি উঠিল।

ফান্দীয়ে আকৌ মাউতীয়া গীত ধৰিছিল,

'কুচ কাম বাকী নাই
ইয়াকে বোলে চুপ
ইয়াকে বোলে দলে
কুচ কাম বাকী নাই,
ইয়াকে বোলে চুপ দলে।
ভাল হাতীৰ ভাল কাম
শিকি বুজি কৰা নাম।'

কাতিয়াই একেথৰে ফান্দী আৰু হাতীক চাই আছিল। অকল কাতিয়ায়ে নহয়, গোটেই অৰণ্যই চাই আছিল সেই দৃশ্য। অলপ আঁতৰত তৰা বনৰ মাজত গা ঢাকি ৰৈ থকা হাতীৰ জাকটোৱে চাই আছিল সিহঁতৰ দলপতিক। গদাধৰ ৰ লাগিছিল। বান্দৰবোৰে জঁপিয়াবলৈ এৰিছিল, চৰাইবোৰ নিস্তব্ধ হৈছিল। বেলি উঠি আহিছিল। গণেশ পানীৰ পৰা উঠি আহিছিল। ফান্দীয়ে কোনো নিৰ্দেশ দিয়া নাছিল। সি আহি পাৰত লৈ বইত কৰিলে, ফান্দী তাৰ পিঠিৰ পৰা নামিল। তাৰ পাছত গদাধৰৰ ওচৰত গৈ হাতীটো অলপ সময় ৰ'ল। ফান্দীয়ে চাউল আৰু নিমখ মিলাই কলপাত এখিলাত লৈ হাতীটোৰ কাষত ৰ'লগৈ। কাতিয়াই চাউলে নিমখে সানি কলপাতত

সজাই থৈছিল। গণেশে যে নিমখ সনা আৰৈ চাউল খাই বৰ ভাল পাইছিল। চাউলকিটা খাই হাতীটোৱে পাহাৰ ওখ হৈ ঢাল লোৱা ফালে যাবলৈ লাগিল। কাতিয়া আৰু ফান্দীয়ে দেখিলে প্ৰায় সোণালীৰ ফালে যোৱা তাৰ চকুহালৰ চাৰিওকাষ তিতি গৈ এটা ক'লা ৰং ধৰি গৈছে। তৰাবনৰ মাজত হাতীটো নোহোৱা হ'ল।

উভতি যোৱাৰ আগে আগে গদাধৰৰ পিঠিৰ পৰা কাতিয়াই বৰ এজোপা কপৌফুলৰ গছ ছিঙি ল'লে। নাচনীৰ খোপাত দুপাক মেৰ দিব পৰা এই সুগন্ধী কপৌ ফুল অকল এইখন হাবিতহে ফুলে। এইখন হাবিত, এই পাহাৰৰ তলৰ বিশাল জংঘলখনত যে কি নাই। গণেশ আছে, গণেশহঁতৰ প্ৰাচীন পৰিয়ালবোৰ আছে, হাজাৰ হাজাৰ চৰাই, নদীখনৰ বিধ বিধ মাছ, জাকে জাকে ম'ৰা, সুগন্ধী চন্দন কাঠৰ অৰণ্য, ৰং-বিৰঙৰ শিলৰ বুকুৰে সৰু সৰু নদীবোৰ, কি নাই এই অৰণ্যত? জাক জাক ফুটুকী পহু, সৰু সৰু গাহৰি, ক'লা-হালধীয়া বাঘবোৰ। ভৰপূৰ অৰণ্য এখন পাহাৰৰ ঢালটোত সাম্ৰাজ্য পাতি বহিছে। গদাধৰক কোনো নিৰ্দেশ দিব লগা হোৱা নাই। চিনাকি গুপ্তিবোৰেদি পাহাৰৰ ঢালুৰেদি নামি আহিছে। গোটেই যাত্ৰাটো কাতিয়াই বান্ধি অনা কপৌ গছজোপাৰ সুগন্ধেৰে সুৰভিত হৈ থাকিল।

হাউলি পাই কাতিয়াই ন-আইদেউক ফুলগছজোপা দিলেগৈ। এপাহ ছিগো ছিগো হৈ থকা ফুল সোণতৰাই খোপাত পকাই ল'লে। তাৰ পাছত ফুলজোপা কেইবা ভাগো কৰি বুলনিৰ আগৰ গছ কেইজোপাত বান্ধি দিলে। গছত ফুল গছবোৰ বান্ধি থকা কাতিয়াৰ কামখিনিক হাউলিৰ আটায়ে আহি চালেহি। প্ৰিয়নাথ ঘৰলৈ আহি দেখিলে বুলনিৰ আগৰ গছ কেইজোপাত ৰমক-জমককৈ ফুলি আছে এহাত দীঘল কপৌফুল। গোটেইখনতে বিয়পি পৰিছে এক মৃদু গোন্ধ।

প্ৰিয়নাথে ধনদা আৰু বৰফান্দীক ভাবি থোৱা কথাটো ক'লে। দুয়ো ৰাজী হ'ল। বৰফান্দীয়ে এমাহ সময় ল'লে। ধনদা আঁহতৰ তলত নতুন ঘৰৰ তদাৰকীত লাগিল। এইহাল মানুহ অহাৰে পৰা প্ৰিয়নাথ বহু ঘৰুৱা জঞ্জালৰ পৰা হাত সাৰিল। এইবাৰ তেওঁ স্কুল আৰু হচপিতেলৰ কামত বেছি সময় দিবলৈ ঠিক কৰিলে। মাটিৰ অভাৱ নাই। অভাৱ কাম কৰা মানুহৰ। কোন আহিব। এই ঘোকোট হাবিতলীয়া ঠাইখনলৈ চাকৰি কৰিবলৈ? কোনে পঢ়াব? কোনে চিকিৎসা কৰিব? প্ৰিয়নাথে ঠিক কৰিলে তেওঁ এখন বাছ কিনি মৌসৰাৰ পৰা সোণাপুৰ হৈ গুৱাহাটীলৈ চলাব। ৰাস্তা আছেই, ডাঙৰ ডাঙৰ চকাৰ গাড়ী, শিলগুটি ৰাস্তাৰে চলিব, দলং নোহোৱা নদী কিখনো পাৰ হ'ব। নদীনো আৰু কি? এসোঁতা এসোঁতা পৰিষ্কাৰ পানী। চাহাবহঁতৰ

গাড়ীবোৰ দেখোন এই পানী আৰু শিলগুটি দিয়া ৰাস্তাৰেই চলিল। বহু চাহাব বাগানবোৰৰ পৰা গ'লগৈ, গাড়ীবোৰো কমি আহিল। এতিয়া চাহাব বুলিবলৈ সোণাপুৰৰ ডনবস্ক স্কুলখনতে আছেগৈ, ছোৱালীৰ মিছন খনতো কেইগৰাকী মান মেম চিষ্টাৰ আছেগৈ। প্ৰিয়নাথে গম পাইছে দক্ষিণ ভাৰতৰ ফাদাৰ আৰু ছিষ্টাৰৰ হাততে সোণাপুৰৰ ল'ৰা মিছন আৰু ছোৱালী মিছনৰ দায়িত্ব দি বগা চাহাব মেম যাবগৈ। প্ৰিয়নাথে ভাবি আছিল শ্যামল ঘোষহঁতক লৈয়ে স্কুলখন আৰম্ভ কৰিব। তেওঁলোকে বঙালী মাধ্যমৰ স্কুল এখন ইতিমধ্যে নিজা গাঁৱতে আৰম্ভ কৰিছে। গোটেইখিনি মানুহে খোজা স্কুলখনৰ বাবে দেহে-কেহে খটিছে। প্ৰথমতে তেওঁলোক প্ৰিয়নাথে পাতিব স্কুলখনৰ লগতে আছিল। কিন্তু মানুহবোৰ লাহে লাহে গেঠেলা মাৰিলে। তেওঁলোকে দাবী ৰাখিছিল স্কুলখনত বঙালী এটা বিষয় কৰি ৰাখিব লাগিব। বিনা বেতনে শ্যামল বাবুৱে এই বিষয়টো পঢ়াব। এই কথাটোৱে মৌসৰাৰ বাকী মানুহখিনিৰ মাজত কাউৰী বাঁহত দলিচপৰা হেনকৈ পৰিল। গোটেইবোৰে দাং খাই উঠিল। অসমীয়া ভাষাৰ ঠাইত বঙালী ভাষা চলাইছিল, পৰা হ'লে ৰাখিলেইহেঁতেন। নোৱাৰিলে বুলিহে, এতিয়াও আশা এৰা নাই। এইবোৰ বাৰে-বঙালৰ কোনো বিশ্বাস নাই। এদেওঁ দুদেওঁ লোটা নিয়াৰ চেওঁ। এটা বিষয় বিচাৰিছে, তাৰ পাছত ক'ব মাধ্যমটোকে লাগে। দেখা নাই কেনেকৈ কাকতী ফৰিঙৰ জাক অহাদি আহিল। আহি গাঁও পাতি বহিল। দোকান-পোহাৰ দি কেনেকৈ গজগজীয়া হ'ল। আগৰ জুপুৰি ঘৰবোৰ নাই, বগী টিঙৰ ঘৰ উঠিল। সিহঁতৰ হাতে হাতে বোলে জমা হৈছে সোণ। কাপোৰ-কানি কি চাবা? কলিকতাৰ শাৰী, ধুতীহে পিন্ধে। বঙাল পাৰাৰ অনুষ্ঠানবোৰত কি সাত ব্যঞ্জনেৰে খুৱায়, পাৰিব ইয়াৰ মানুহে? কিহত পাৰিব সিহঁতক? সিহঁতৰ ল'ৰাই কেনেকৈ কৰ্ট-কেছাৰিৰ, বাগানৰ চাকৰিবোৰ লৈ আছে দেখা নাই? এইবোৰক চল দিব নোৱাৰি। প্ৰিয়নাথ গঞ্জনাৰ সন্মুখীন হ'ল। এজনেতো আঙুলি জোঁকাৰি জোঁকাৰি অভিশাপ দিলে— মৌজাদাৰে এই কাম কৰিলে ক্ষয় ৰোগত মৰিব। এতিয়া প্ৰিয়নাথৰ ভৰসা একমাত্ৰ বাছখন। বাছখন চলিলে মানুহ পাম বুলি আশা কৰি আছে।

সঁচাকৈয়ে বাছ এখন আহি হাউলিৰ পদূলিত ৰ'লহি। ড্ৰাইভাৰ হেণ্ডিমেনৰ বাবে হাউলিত ঘৰ তোলা হ'ল। পুৱাই বাছখন গুৱাহাটীলৈ গৈ ৰাতি সাত মান বজাত ঘূৰি অহা হ'ল। সঁচাকৈয়ে বাছখন চলাৰ পাছত স্কুলখনৰ বাবে মাষ্টৰ পালে। হচপিতেলৰ বাবে এজন কমপাউনডাৰ পালে। এইবাৰ এজন ডাক্তৰ বিচাৰি প্ৰিয়নাথে কেউফালে খবৰ পঠালে। উত্তৰটো আহিল তেজপুৰ মিছনৰ পৰা। মিছনেই

পঢ়াই-শুনাই ডাক্তৰ কৰি অনা ডাঃ চামুৱেল বড়ো আহিল। হচপিতেলৰ কাষতে ডাক্তৰৰ বাবে ঘৰ সজা হ'ল। শিৱসাগৰৰ জীয়াৰী প্ৰেমলতা মিনজ প্ৰেমলতা বড়ো অথবা সহজ ভাষাত ডাক্তৰণী হৈ মৌসৰালৈ আহিল। পৰিপাটীকৈ মেখেলা-চাদৰ পিন্ধা ডাক্তৰণীক মৌসৰাই আপোন কৰি ল'লে। মৌসৰাৰ ৰাইজে চামুৱেল বড়ো আৰু তেওঁৰ পৰিবাৰ ডাক্তৰণীক বৰ ভক্তিৰে অন্তৰত থাপিলে।

স্কুলত পঢ়িবলৈ ভাল পোৱা ছোৱালীজনীক দুছেও কৰিলে

ক'ৰপৰা যে কি খন হ'ল। কেউপিনে বতাহ উতলা হৈ পৰিল। প্ৰিয়নাথে পাতিব খোজা স্কুলখন লাহে লাহে হৈছিলগৈ আৰু কেইবছৰমানৰ পাছতে মেট্ৰিক দিব পাৰিব। শিক্ষক তিনিজন হাউলিতে খোৱা-বোৱা কৰে, থাকেও। তিনিওজন মৌসবাৰ বাহিৰৰ পৰা আহে। প্ৰতি শনিবাৰে বাছত গৈ সোমবাৰে উভতি আহে। অৱশ্যে স্কুল উদং কৰি নাযায়গৈ, এজন থাকে। বাছত অহা-যোৱাও বিনা ভাড়াত। চলি আছিল, হ'লগৈহেঁতেন। অষ্টম শ্ৰেণীত দহজন ল'ৰা আছে। ভাল ৰিজাল্ট কৰিলে চৰকাৰী সাহায্য পোৱাৰ আশা আছে। এম ই পৰীক্ষাত মৌজাৰ ভিতৰত প্ৰথম হৈছিল বসন্ত শইকীয়া। বসন্তৰ দেউতাক মৰিল, সি ঘৰৰ ডাঙৰ ল'ৰা। মাকৰ বেমাৰ আৰম্ভ হ'ল। মাকেই অ'ত-ত'ত কাম কৰি ভাতমুঠি যোগাৰ কৰিছিল। পঢ়া এৰি বসন্তই গৰু চৰাবলৈ লৈছিল। গৰু চৰাই ভাই-ভনী কিটাৰ মুখত ভাত দিছিল। প্ৰিয়নাথে কেউটা ল'ৰা-ছোৱালীৰে 'বাপদায়' ল'লে। এটাই উদ্দেশ্য, চোকা ল'ৰা বসন্তই মেট্ৰিকত ভাল ৰিজাল্ট কৰক। বসন্তক হাউলিৰে ঘৰ এটাত থাকিবলৈকো ঠিক কৰি দিলে। আচলতে স্কুলখন চলোৱাটো দিনে দিনে টান হৈ আহিছিল। প্ৰিয়নাথে মাজে মাজে টানিব নোৱৰা যেন হৈ পৰে। চৰকাৰী সাহায্য পালে ৰক্ষা পৰে। মৌজাদাৰৰ ঘৰ বুলি প্ৰিয়নাথৰ হাউলিত কোনো ধৰণৰে বিলাস নাই। সকলো সাধাৰণ মানুহ চলাদি চলে। প্ৰিয়নাথ পত্নী সোণতৰাৰ ওচৰত কৃতজ্ঞ। বহুত কৰিছে মানুহজনীয়ে। অলপ দিনৰে পৰা স্কুলৰ অৱস্থা দেখি প্ৰিয়নাথ বৰ শংকিত হৈ পৰিছে। আন্দোলনৰ নামত সোপাই পঢ়া-শুনা বাদ দিছে। ছাত্ৰৰ গাত স্কুলীয়া পোছাক, ভাত-পানী খাই ঘৰৰ পৰা পঢ়িবলৈ স্কুললৈ আহে। কিন্তু ক্লাছৰ ডেস্কতে বহী-কিতাপ পেলাই শোভাযাত্ৰাত যোগ দিবলৈ লৰ ধৰে। আন্দোলনে ল'ৰাবোৰক তেনেই উতলা কৰিলে।

সাতজোৰা মাৰি স্কুলখন হৈছে, এতিয়া স্কুল ভাগেই নেকি। প্ৰিয়নাথে নিজা

মৌজাৰ প্ৰত্যেকজন ৰায়তৰ পৰা এটকাকৈ বৰঙণি তুলিছিল, কোনেও নাই-নুই নকৰিলে। কিন্তু ইমানবোৰ সমস্যা, কোনফালে কেনেকৈ তৰে? তিনিওজন মাষ্টৰকে মাটি দি বাৰীৰে খেৰ-বাঁহেৰে ঘৰ তুলি দিয়া হৈছে। তাৰ মাজত দেশৰ অৱস্থা এইখন হৈছে। বিভিন্ন খবৰ— আজি অমুক মৰিল, আলিপুৰত বঙালীয়ে তমুকক কাঁচি কাঁচি কাটিলে, লামডিঙৰ ৰে'লৰ দবাত সশস্ত্ৰ আক্ৰমণ... গুৱাহাটীৰ ৰে'ল-ষ্টেচনত ভৰি দিবলৈ ঠাই নাই, জাকে জাকে বঙালী মানুহ পলাইছে। প্ৰিয়নাথ এইকেইদিন পলাশতলী থানালৈ অহা-যোৱা কৰি আছে, পুলিচৰ পেট্ৰলিঙৰ ব্যৱস্থা কৰিছে। এতিয়ালৈকে মৌসৰাৰ পৰা কোনো পলোৱা নাই। বঙাল-পাৰাৰ মানুহখিনিৰ লগত সততে যোগাযোগ ৰাখিছে, তেওঁলোকেও পহৰাৰ ব্যৱস্থা কৰিছে। প্ৰিয়নাথৰ মাজে মাজে খং উঠে,. এনেকৈ মৌবাহ এটাৰ দৰে লডা বান্ধি কিয় মানুহবোৰ থাকিব লাগে, থুপতে পাই পিটিকি পেলাবলৈ কিমানপৰ। পিছ মুহূৰ্ততে বুজে, বৰ ভয়ত থাকে এই মানুহ জাক, অকলে থাকিলে তিষ্ঠিবই নোৱাৰিলেহেঁতেন।

প্ৰিয়নাথ বুলনিত বহি আছিল। নানা সমস্যাত ডেকা ল'ৰাটো কেতিয়াবাই এজন বয়সস্থ মানুহ হৈ পৰিল। অলপ পাছতে বিভিন্ন সমস্যা লৈ মানুহেৰে বুলনি ভৰি পৰিবহি। প্ৰিয়নাথে গা-পা ধুই বুলনিতে বহি সূতা কাটে। এই কামটো কৰি শান্তি পায়, দিনটোৰ কাৰণে সাজু হয়। ক'ৰবাত যেন কিবা এটা আছে, সাহ দিয়ে, বিশ্বাস দিয়ে। নামঘৰত প্ৰাৰ্থনা কৰাদি প্ৰিয়নাথে সভক্তিৰে এই কামটো কৰে। তাৰ পাছতে সোণতৰাই নেমু দিয়া ৰঙা চাহ একাপ লৈ আহে। সোণতৰাই চাহ কাপ শেষ নোহোৱালৈকে দক্ষিণৰ মূঢ়াটোত অকণমান সময় বহে। কাটি উলিওৱা সূতাখিনি সভক্তিৰে সামৰি নিয়ে। এইখিনি সময়তে দুয়ো মিলি টুকি-টাকি ঘৰুৱা কথা পাতে।

প্ৰিয়নাথে সূতাখিনি সোণতৰাক দিব খুজি মন কৰিলে সোণতৰা সদায় বহাদি বহা নাই, থিয় হৈ আছে। তাইলৈ চাই প্ৰিয়নাথে অকণমান হাঁহিলে।

'কিবা ক'বা?'

'আইৰ গাটো বৰ ভাল নাই।'

প্ৰিয়নাথৰ কপালখন কোঁচ খাই আহিল। প্ৰিয়নাথৰ কপালত দুডাল ৰেখা পৰিছে। কিবা চিন্তা হ'লে কপালখন কোঁচ খাই ৰেখাকেইডাল আৰু স্পষ্ট হৈ পৰে। এৰা, মাকৰ গাটো আজি-কালি প্ৰায়ে বেয়া হৈ থাকে। মাজে মাজে উশাহ ল'ব নোৱৰা হয়। গৰম কালি অলপ ভালে থাকে, জাৰকালি বেছি হয়। এইবাৰ বৰ জাৰ পৰিছিল, অৱশ্যে এই পাহাৰ তলীৰ ঠাইবোৰত এনেও জাৰ বৰ বেছি। বিছনাৰ তলত সদায়ে কেৰাহীত অঙঠা দি মাকক শুৱাব লগা হৈছিল। বেছিকৈ উশাহটো ঘূৰাব

নোৱৰা হ'লে হচপিতেলৰ ডাক্তৰ চামুৱেল বড়ো আহি বেজী দি থৈ যায়হি। চামুৱেল বড়ো তেওঁলোকৰ মাজৰ প্ৰথম ডাক্তৰ। জনাথন চাহাবে গীৰ্জাৰ ফালৰ পৰা চামুৱেলক পঢ়াইছিল। আচল নাম আছিল ৰংজালু বড়ো। চাহাবে আনি খ্ৰীষ্ট ধৰ্মত দীক্ষিত কৰাই মিছনতে ৰাখি পঢ়াই-শুনাই ডাক্তৰ কৰিলে। গীৰ্জাৰ অনুৰোধ মৰ্মে তেওঁ এইখন ঠাইৰ হচপিতেলত চাকৰি লৈছে। নহ'লে বেৰী হোৱাইটৰ এল.এম. পি ডাক্তৰৰ চাকৰিৰ অভাৱ নাই। বাগানৰ চাকৰি বঙলাই, গাড়ীয়ে-মটৰে, চাকৰে-নাকৰে যাচি থাকে। ডাক্তৰৰ পৰিবাৰো বৰ সাদৰী মানুহ। মানুহগৰাকী ভাল শিপিনীও। ধুনীয়া ধুনীয়া ফুল-জালি তুলি মেখেলা-চাদৰ ব'ব জানে। পিন্ধেও বৰ সুন্দৰ সুন্দৰ মেখেলা-চাদৰ। বিয়া-বাৰুত ৰিহাও পিন্ধে। তেওঁৰ হাতৰ ৰিহাখনো বৰ ভাল হয়। মানুহ গৰাকী সোণতৰাৰ বৰ লগ।

'আইক গৰম-পানীৰ বেগটোৱে বৰ কাম দিছে', সোণতৰাই যেন আৰু কিবা ক'ব খুজিছে। ডাক্তৰে যোৱা মাহত মাকক সেক দিব পৰা গৰম-পানীৰ বেগ এটা আনি দিছে। মাকেও বেগটো লৈ আৰাম পাইছে। বেগৰ সেক লোৱাৰ পৰা দেখদেখকৈ কঁকালৰ বিষটো অলপ হ'লেও কমি আহিছে।

সোণতৰাই কওঁ-নকওঁকৈ কৈ উঠিল, 'বসন্তৰহে মনটো বৰ বেয়া, সি অনবৰতে মন মাৰি থাকে।'

'কি হৈছে তাৰ?' প্ৰিয়নাথ আচৰিত হৈছে। সোণতৰা মনে মনে আছে। কিতাপ-পত্ৰ লৈ ব্যস্ত থকা ল'ৰাটোৰ কি হ'ল?

'তাক লগৰ ল'ৰাই বঙাল-পাৰাত জুই লগাবলৈ আৰু দলঙৰ খুঁটা কাটিবলৈ লগ ধৰিছিল', সোণতৰাৰ মাতটো কঁপিছে।

'সি কি ক'লে?'

'নাযাওঁ বুলি কোৱা কাৰণে তাক ভয় পাদুৰা বুলি হাঁহিছিল। তাৰ নামেই হেনো ভয় পাদুৰা হৈছে। সি আজি-কালি স্কুললৈ যাবলৈ মন নকৰা হৈছে।'

কেইবাজনো মানুহ এইফালেই কোৱা-কুবিকৈ আহিছে। বঙালী-পাৰাৰ মানুহ। কি বা হ'ল? শ্যামল ঘোষকে আদি কৰি প্ৰায় কেইজন মুখিয়াল মানুহ আহিছে, ডাঃ বড়ো আহিছে, আই শান্তিপ্ৰিয়াৰ দৰব লৈ। স্কুলৰ মেনেজিং কমিটিৰ মেম্বাৰ প্ৰায় কেইজনেই আহিছে। আটাইৰে মুখবোৰ গহীন। বৰ চিন্তিত হৈ আছে মানুহবোৰ। ৰম্ভা বায়ে আহি আটাইকৈ চাহ দি গ'লহি। অলপ পাছতে দেখা গ'ল এমং বুঢ়াৰ ডাঙৰ পুতেকজনো আহিছে।

কেইদিনমানৰ আগতে মৌসৰাৰ দক্ষিণৰ গাঁওখনত হোৱা ঘটনাবোৰত

মানুহখিনি পেঁপুৱা খাই আছে। সেই কেইখন গাঁও মৌসৰা মৌজাত নপৰে, সোণাপুৰ মৌজাতহে পৰে। সোণাপুৰৰ বঙালী মানুহখিনিৰ ওপৰত ভয়ংকৰ আক্ৰমণ হ'ল। ক'ৰ মানুহ, ক'ৰ পৰা আহিল গমেই নাপালে। ৰাতিৰ ৰাতিটো আক্ৰমণ চলিল। সোণাপুৰৰ কাষৰ বঙালী গাঁওকিখনত হেনো কুকুৰ-মেকুৰী এটাও দেখিবলৈ নাই। আজি চাৰিদিন হ'ল গোটেইখন ধোঁৱাময় হৈ আছে। স্বাধীনতাৰ পাছতে চৰকাৰে সেই হিন্দু বঙালী মানুহখিনিক সোণাপুৰৰ দক্ষিণে থকা পতিত মাটিখিনিত বহুৱাইছিল। মৌসৰালৈ অহা বঙালী মানুহ খিনিয়ে বেছিকৈ বেহা-বেপাৰত ধৰিলে। মৌসৰা মৌজাত চাহাবৰ দিনতে অহা পমুৱা মুছলমানখিনিয়ে বেছিখিনি খেতিৰ মাটিয়ে নিজা দখলত ৰাখিছে। কিন্তু সোণাপুৰৰ গাতে লগা কোনো চাহ-বাগান নাছিল। চাহাবে পমুৱা মুছলমানখিনি সোণাপুৰত বহুৱাবলৈ সুবিধা নাপালে। সোণাপুৰৰ দক্ষিণে ভালেখিনি পতিত মাটি আছিল। তাতে দেশ-বিভাজনত অহা মানুহখিনি বহুৱাইছিল। সেই পতিত মাটি এই কেইবছৰতে তেনেই সেউজীয়া হৈ পৰিল। এনেই সোণাপুৰৰ গুটি এটা পৰিলেই লহপহকৈ গছ গজি উঠা মাটি, তাতে মানুহখিনিৰ পৰিশ্ৰমী কুশলী হাত। সেইফালে থকা জনজাতীয় মানুহখিনিয়ে নতুনকৈ অহা মানুহখিনিক মাটি বেচি বেচি পাহাৰৰ তল পালেগৈ। এনেও এই অঞ্চলৰ পুৰণি মানুহবোৰে গৈ গৈ পাহাৰৰ তল পাইছেগৈ। মাটি এডৰা বেচিলেই যদি এমাহৰ মদ আৰু গাহৰি মাংসৰ খৰচ ওলায় তেনেহ'লে আৰু কিহৰ চিন্তা? আগতে মাটি মানে হাড়মাল আছিল। মাটি মানেই খাজনা, খাজনা মানেই কোৰোকী। কাজিয়া লাগিলে, গালাগালিয়ে হৈছিল, 'ৰ' তোৰ নামত মোৰ আঁহতৰ তলৰ মাটিখিনি লেখি দিম', মাটি লেখি দিয়াতকৈ ডাঙৰ শত্ৰুতা আৰু কি হ'ব পাৰেনো? এই মাটি বেচিলে যে চিকাৰুপহে ওলোটাই পায় এই কথা জনজাতীয় মানুহখিনিৰ বাবে নতুন কথা, সুখৰ কথা, আনন্দৰ কথা। বাহিৰৰ পৰা কৌশলী, নিপুণ মানুহবোৰে এই মানুহখিনিক সৰল পাই অঁকৰা পাই কেনেনো ঠগন দিলে। এই ঠগনৰ কত কাহিনী, কতনো কলা-কৌশল। মাত্ৰ কেইটামান বছৰ। গোটেই কথাবোৰ বদলি গ'ল। সোণাপুৰৰ দক্ষিণফালে গঢ়ি উঠিল ঘৰে-দুৱাৰে, খেতিয়ে-পথাৰে 'সুভাষ কলনী'। বেলি উঠাৰ পৰা ডুবালৈকে পৰুৱাৰ দৰে মানুহজাকে অহৰহ কাম কৰি থাকে। মঙ্গলদৈৰ কেইবাজনো চহকী বঙালী মানুহেও তাতে বহলকৈ মাটি কিনি কমলা বাগান, তামোল বাগান, লেচু বাগান খুলিছে। সেই ফল ট্ৰাকে ট্ৰাকে গুৱাহাটী, মঙ্গলদৈ, ছিপাঝাৰ, তেজপুৰলৈ চালান গৈছে। বজাৰত বেপাৰীয়ে চিঞৰে— সোণাপুৰৰ কমলা, সোণাপুৰৰ লেচু, সোণাপুৰৰ আনাৰস। সোণাপুৰৰ নামতে চব বস্তু শেষ হৈ যায়।

সেই সোণাপুৰৰ দক্ষিণ ফালটো তেনেই ছাই হৈ পৰিল। লাগনী গছবোৰ লেৰেলি গ'ল। গুটি ধানৰ ভঁৰালবোৰ চাৰি-পাচ দিনলৈ ধোঁৱাই ধোঁৱাই জ্বলি আছিল। ধাননি আৰু খেতি পথাৰত পৰি আছিল পৰুৱাৰ দৰে কাম কৰা মানুহবোৰ। সোণাপুৰৰ দক্ষিণলৈ যোৱা দলংবোৰৰ খুঁটা কৰতেৰে কাটি থোৱা আছিল। এখনো আৰ্মিৰ গাড়ী সোমাব পৰা নাছিল। আৰ্মিয়ে দলংবোৰ মেৰামতি কৰি থাকোতেই ৰায়তকাৰিবোৰ পলাইছিল। অসমীয়া ভাষাটো ৰাজ্যভাষা কৰিব খোজাৰ বাবেই বড়ো, খাচী, গাৰো, মিজো, নগা, বঙালী আটাইবোৰ জাঙুৰ খাই উঠিছিল। সৰ্বত্ৰ জ্বলা জুইকুৰাত সোণাপুৰৰ দক্ষিণৰ ঠাইখণ্ড দপদপাই জ্বলিছিল।

মৌজাদাৰৰ বুলনিত বহি মানুহবোৰে এইবোৰ কথাকে পাতি আছিল। লুটপাটৰ কথা, হত্যা-হিংসাৰ কথা মৌসৰাৰ মানুহে নুশুনা নহয়, শুনিছে। মৌসৰাৰ ইতিহাসৰ লগত হত্যা-হিংসাৰ কাহিনী জড়িত হৈ আছে।

ভূটানৰ কৰিয়াপাৰাৰ সাতৰজাৰ কাহিনী এই অঞ্চলৰ মানুহে জানে, মুখে মুখে বাগৰি আহিছে এই কাহিনী। কৰিয়াপাৰা দুৱাৰ এই অঞ্চলৰ মানুহৰ বাবে অভিশাপ আছিল। কৰিয়াপাৰাৰ সাতৰজা আহিছে বুলিলে মানুহে হাবিয়ে-জংঘলে পলাইছিল। নিশা নামিলেই জুই ধৰা বন্ধ কৰিছিল। জুইৰ পোহৰ দেখি যদি সাতৰজা নামি আহে। এই অঞ্চলৰ মানুহে সেই নৃশংস হত্যাকাণ্ডৰ কথা জানে। কৰিয়াপাৰা আৰু চাৰিদুৱাৰৰ সাতৰজাৰ মানুহ আহি ওৰাং মৌজাৰ পাটগিৰী জীৱৰাম শইকীয়াক হত্যা কৰিছিলহি। সাতৰজাৰ খোপটো আছিল চাহাবৰ ওপৰত। নিয়ম আছিল ভূটীয়া ৰজাই এই অঞ্চলৰ মানুহৰ প্ৰতি দহঘৰৰ পৰা নিৰ্দ্ধাৰিত বস্তু 'পচা' হিচাপে তুলিব পাৰে। চাহাব আহি এই বস্তুৰ পৰিমাণ কমাই দিলেহি। আনকি ভূটীয়া ৰজাৰ মানুহ আহি নিজেও ৰাইজৰ পৰা 'পচা' তুলিব নোৱৰা হ'ল। চাহাবৰ চৰকাৰে পাতি দিয়া পাটগিৰীৰ পৰা 'পচা' নিব লগা হৈছিল। চাহাবৰ এই ব্যৱস্থাত খঙতে ভূটানৰ সাতৰজা আহি ওৰাং মৌজাৰ পাটগিৰী জীৱৰাম শইকীয়াক নিজা ঘৰতে হানি-খুচি মাৰি থৈ গ'লহি। সেই ভয়াবহ হত্যাৰ কাহিনী এই অঞ্চলৰ মানুহে বিতংকৈ জানে।

অহা-যোৱা কৰোঁতে দেখি থকা ডফলা পোতা টিলাটো আছেই, আৰু আছে মৰগান চাহাবক পিটি নদীৰ পাৰত পেলাই থোৱাৰ কাহিনী, জনাথন চাহাবক পেলাই থোৱাৰ কাহিনী, জনাথন চাহাবৰ ঘোঁৰা প্ৰিন্সে চাহাবক মিছনলৈ নিয়াৰ কথা, নাচন ডুবিত কোবাই মৰা ৰাম বুঢ়াৰ কথা। এইবোৰ কথা মানুহে জানে। জামাল ৰুটিৱালাৰ ধাননি পথাৰত পৰি মৰি থকা ল'ৰাটোৰ কথাও কোনেও পাহৰা নাই।

কিন্তু আজি প্ৰিয়নাথৰ বুলনিত বহি মানুহবোৰে যিবোৰ শুনিছে সেইবোৰ

ভয়ানক কথা মানুহবোৰে কল্পনাও কৰিব পৰা নাছিল। ভঁৰালবোৰ জ্বলিছিল, কাটি পেলোৱা হৈছিল লাগনী গছবোৰ, ধাননি পথাৰ, নদীৰ পাৰত পৰি আছিল শিশু আৰু মাইকী মানুহৰ মৰা-শবোৰো। আহি আহি কথাবোৰ সেই ধুনীয়া অকণমানি ছোৱালীজনীৰ ওপৰত পৰিছিলহি। ডাংগাকাৰিবোৰৰ ওচৰত তাই আঁঠুকাঢ়ি লৈছিল, হাতযোৰ কৰিছিল তাই, তাই মিনতি কৰিছিল, 'মোক নামাৰিব, মই স্কুলত পঢ়ি বৰ ভাল পাওঁ', সেইটো ডাংগাপাৰ্টিৰ অস্ত্ৰ এক্ষন্তেকৰ বাবে ৰৈ গৈছিল। সিহঁতৰ চকুৰ আগতে এফালৰ পৰা তহিলং কৰি অহা আন এক ডাংগাকাৰী দলে তাইক থিতাতে দুছেওঁ কৰি পেলাইছিল।

বুলনিখন নিথৰ হৈ পৰিছিল। কোনেও চাহ-জলপানত হাত দিয়া নাছিল। বসন্ত সোমাই আহিছিল। তাৰ মুখখন বৰ শুকান। বসন্তৰ সৈতে বুলনিলৈ আহিছিল সোণতৰা।

'কোৱা বসন্ত, তোমাক লগৰ ল'ৰাই কি কৈছিল কোৱা', ল'ৰাটো তলমূৰকৈ ৰৈ আছিল।

'কি হ'ল বসন্ত? কিবা ক'ব খুজিছা নেকি?' প্ৰিয়নাথে ভয় খাই থকা ল'ৰাটোক অভয় দিব খুজিছিল।

অলপ সময় ৰৈ ল'ৰাটোৱে কৈছিল, 'আমাৰ লগৰ ল'ৰাবোৰে সোণাপুৰত গাঁও জ্বলোৱা মানুহখিনিক আমাৰ গাঁৱলৈকো মাতিব। বঙালপাৰাত জুই দিব। সোণাপুৰত কৰাদি দলঙৰ খুঁটাবোৰ কাটিবলৈ সিহঁতে কৰত গোটাইছে, কোনে কোন কিখন দলঙৰ খুঁটা কাটিব দাগ কাটি থৈছে।'

কথাখিনি কৈ যেন ল'ৰাটোৱে বৰ শান্তি পাইছে। তাৰ কোমল মুখখন ৰঙা পৰি গৈছিল, 'মই সিহঁতৰ লগ নোলোৱা বাবে মোক ভয়পাদুৰা বুলি কৈছে, মোক মাৰিম বুলিও কৈছে। মাৰিলেও মাৰক, মই মানুহ মাৰিব নোৱাৰোঁ, মানুহৰ ঘৰত মই কিয় জুই দিম?'

বসন্তৰ কথা কিটা বুলনিৰ আটায়ে মন দি শুনিছিল। প্ৰিয়নাথে বহাৰ পৰা উঠিল আৰু স্পষ্টকৈ কৈ উঠিল, 'আমি মৌসৰাত এইবোৰ ঘটনা হ'বলৈ নিদিওঁ', সিদ্ধান্ত হ'ল মৌসৰাত এইবোৰ হ'বলৈ নিদিয়ে। সঁচাকৈয়ে মৌসৰাত একো নহ'ল। মৌসৰাত কোনো নিজা ভেটিৰ পৰা উছন নহ'ল। কোনো ভগনীয়া নহ'ল।

ডেকা মৌজাদাৰ প্ৰিয়নাথ লাহে লাহে মানুহৰ মাজত ভগৱান যেন হৈ পৰিবলৈ লৈছিল। লগে লগে চুপে-চাপে ক্ষয়ৰোগ হৈ মৰিবলৈ অভিশাপ দিয়া মানুহখিনিৰো সংখ্যা বাঢ়ি গৈছিল।

কাতিয়া মাউত ধন বিচাৰি গ'ল

প্ৰিয়নাথে মৌজাৰ অফিচতে বহি বহী-পত্ৰবোৰ চাই আছিল। মৌসৰা মৌজাৰ মাটি-কালিৰ হিচাপটো বহুতদিনৰ মূৰত উলিয়াই ল'লে।

১। পূবে— সোণাপুৰ মৌজা

পশ্চিমে— নাগনদী

উত্তৰে— ভূটান পাহাৰ আৰু নাচনডুবি বাগিচা

দক্ষিণে— ৰে'ল লাইন

২। মৌসৰা মৌজাৰ মাটিকালি— ৯০,০৭৪১/১৪ (৯০ হাজাৰ ৭৪ বিঘা, ৪ কঠা, ১৪ লেচা মাটি।)

৩। মৌসৰা মৌজাৰ জনসংখ্যা— ৩০,১৫৭ জন।

৪। মৌসৰা মৌজাৰ চাহ বাগিচাসমূহ—

(১) পলাশতলী চাহ বাগিচা

(২) নাচন ডুবি চাহ বাগিচা

(৩) কদমতলী চাহ বাগিচা

(৪) বতাহবাৰী চাহ বাগিচা

(৫) নাহৰ বাৰী চাহ বাগিচা

(৬) ভিক্তৰীয়া চাহ বাগিচা

(৭) টেমচ্ চাহ বাগিচা

প্ৰিয়নাথে বহীখন আকৌ এবাৰ চালে। এসময়ত অগাইধনীয়া হাবি মৌসৰা এতিয়া ৩০ হাজাৰ মানুহৰ বাসস্থান। বৃটিছে ককাকক ইয়াত থাপোতে ইয়াত একো নাছিল, গোটেইখন হাবি আৰু হাবি। জন্তু-জানোৱাৰেৰে ভৰা এখন অটব্য অৰণ্য। দেউতাকৰ দিনতহে মৌসৰাত চাহ-বাগিচাবোৰ হ'ল। ইমান মানুহ ক'ৰপৰা আহিল? ইয়াত মাত্ৰ জনজাতীয় মানুহখিনি আছিল। নাচন ডুবিৰ কাষে কাষে চাহাবৰ দিনতে

গঢ়ি উঠিল সেই পমুৱা মুছলমানৰ গাঁওবোৰ, সেইবোৰ গাঁও এতিয়া মানুহে-দুনুহে, খেতিয়ে-পথাৰে গিজ্ গিজ্। তাৰ কাষতে গামিনি বুৰাইৰ গাঁওখন । তাৰ কাষতে কাতীয়াহঁতৰ পুৰণি গাওঁখন। সেই তিনিখন চাহাবৰ দিনৰে গাঁও। এতিয়া গঢ়ি উঠিল নতুন গাঁওবোৰ। সত্ৰাধিকাৰৰ দেবোত্তৰ মাটিত সেইখন বঙাল-পাৰা। বাহিৰৰ পৰা অহা মানুহেৰে গোটেইখন ভৰি পৰিল। চাহাবৰ দিনতে পানী জমা নোহোৱা মাটিবোৰ চাহ বাগিচাই পালে, দ-মাটিবোৰত মৰাপাট পানী-মাগুৰি ধানৰ খেতি কৰি বহিল পমুৱা মুছলমান। চাহ বাগানৰ কাষত চাহ বনুৱাৰ পাতেকি গাঁও কিখন। দোকান-পোহাৰ থকা সুচল ঠাইখিনিত হিন্দু বঙালীখিনি বহিল। জনজাতীয় থলুৱা মানুহখিনিৰ কাৰণে ক'ত মাটি থাকিল? প্ৰিয়নাথে খাজনাৰ হিচাবৰ বহীখন চালে। খাজনা ঠিকমতে ভৰি আছে, চৰকাৰকো নিয়মিত শোধোৱা হৈছে। তথাপি প্ৰিয়নাথৰ কপালৰ ৰেখাকেইডাল স্পষ্ট হৈ পৰিল। প্ৰিয়নাথে বুজি পাইছে ক'ৰবাত কিবা এটা গড়মিল হৈছে, এইবাৰ কথা ভাললৈ হোৱা নাই। এই মানুহখিনি ভিতৰি ভিতৰি বৰ অসন্তুষ্ট হৈছে। হোৱাৰ কথাই। নতুন মানুহবোৰে থলুৱা মানুহবোৰক পানীয়ে খেদাদি খেদিলে।

মৌজা অফিচত থকা ৰেডিঅ'টো প্ৰিয়নাথে অন কৰি দিলে। সদায়ে এইখিনি সময়ত মৌজাৰ অফিচত বহি তেওঁ ন বজাৰ বাতৰিটো শুনে। খবৰ-কাগজ আহে মানে সকলো বাতৰি বাহি হৈ পৰে। ৰেডিঅ'ৰ বাতৰি শুনিবলৈ নিয়মিত কেইবাজনো মানুহ আহে। স্কুলৰ তিনিওজন শিক্ষক আহে। ডাঃ চামুৱেল বড়ো আহে, অৰবিন্দ পাল, শ্যামল ঘোষকে আদি কৰি কেইবাজনো মানুহ আহে। আজিও আহিছে। ৰেডিঅ'ৰ প্ৰথম খবৰটোত আটাইবোৰ উঠি বহিল, প্ৰিয়নাথো। চীনে ভাৰত আক্ৰমণ কৰিছে। প্ৰিয়নাথে খবৰ ৰাখিছে. নেহৰুৰ 'মাৰ্চ ফৰোৱাৰ্ড' পলিচীৰ খবৰ ৰাখিছে, খবৰ ৰাখিছে চীন-ভাৰতৰ বিবাদৰ কথা। কিন্তু এনেকৈয়ে চীনে হঠাৎ ভাৰত আক্ৰমণ কৰিব বুলি ভবা নাছিলে। কেউফালে কেৱল নভবা কথাবোৰেই ঘটি আছে।

তাৰ পাছৰ কথাবোৰ মৌজাদাৰৰ হাতী গদাধৰ পাহাৰৰ পৰা ঢালু ৰাস্তাইদি নামনিলৈ নামি অহাৰ দৰে। নামিছে যি নামিছে, হুৰহুৰাই নামিছে, ৰ'বলৈ নাই। ইটোৰ পাছত সিটো খবৰ। চকুৰ আগতে নাটকৰ দৰে পট পৰিৱৰ্তন। ৰেডিঅ'টো মৌজা অফিচৰ পৰা বাহিৰলৈ উলিয়াই বুলনিত থোৱা হৈছে, দিনে দিনে শ্ৰোতা বাঢ়িছে। প্ৰথমতে সোণতৰাহঁতে ফিকা চাহ হ'লেও যাচিছিল। এতিয়া বন্ধ কৰি দিছে। আচলতে আৰু কাৰো চাহ-তাহত মন নাই। মানুহবোৰ অথিৰ-অবিৰ হৈছে। সকলো কথা তল পৰিল। ডাঃ চামুৱেল বড়োৱে হচপিতেলত অকল তেওঁৰ ধৰ্মৰ মানুহ

লোৱাৰ কাৰণে বাকী বথৌ ধৰ্মৰ বড়ো মানুহখিনিৰ খং-ৰাগ, কাতিয়াহঁতৰ গাঁওখনৰ লগত গৰু এটা লৈ, পথাৰৰ সীমাতে থকা খেজুৰ গছ দুজোপা লৈ, হেৰোৱা ম'হ এজনী লৈ, পথাৰৰ কাটি থোৱা ধানৰ ডাঙৰি কিটা লৈ পমুৱা গাঁওখনৰ লগত হৈ থকা কাজিয়াবোৰ, গামিনি বুৰাইৰ গাঁওখনৰ গীৰ্জালৈ পাতেকি গাঁৱৰ খ্ৰীষ্টান আদিবাসীখিনিক বৰদিনত আহিবলৈ নিদিয়াক লৈ হোৱা কাজিয়াখন,— মানুহবোৰে সববোৰ পাহৰি গ'ল। আটাইবোৰ কথা তল পৰিল। বাৰিষা নাগ নদীত বিশাল বিশাল ড্ৰাম একোটাৰ দৰে পাহাৰৰ পৰা নামি অহা পানীৰ ঢৌবোৰৰ দৰে নামি অহা নতুন খবৰবোৰ হিল-দল ভাঙি নামি আহিল। নেফা পাহাৰৰ টাৱাং, বমডিলা, ৰূপা, ফুট-হিলচৰ পৰা জলপ্ৰপাতৰ দৰে নামি আহিল। সকলোবোৰ উটাই নিলে। গোটেইখন বহলি গ'ল। কোনে ৰাখে? কোনে ধৰে?

নেফাৰ পৰা নামি অহা মনপা মানুহেৰে তেজপুৰ চহৰখন ভৰি পৰিল। ওদালগুৰিলৈকে পাহাৰৰ পৰা নামি অহা মানুহবোৰ বিয়পি পৰিল।

ভূৰ বন্ধা ঘাটত ব্ৰহ্মপুত্ৰ পাৰ হ'বলৈ মানুহৰ মাজত হেচা-তেপা লাগি গৈছে। শিলঘাট আৰু ভূৰবন্ধাৰ মাজত ফেৰী চলিয়েই আছে।

তেজপুৰৰ ইম্পেৰিয়েল বেংক অব ইণ্ডিয়াৰ মেনেজাৰে ৭৫ লাখ টকাৰ নোট জ্বলাই দিলে। পদুম পুখুৰীত খুচুৰা পইছাবোৰ পেলাই দিয়া হ'ল।

শালনিবাৰী বিমান কোঠত পৰি আছিল চাহ-বাগানৰ মেনেজাৰৰ দামী দামী গাড়ীবোৰ। দুখনমান গাড়ীত চাবি লাগিয়ে আছিল।

তেজপুৰ পগলা ফাটেকৰ পৰা ৫০ জন ৰোগীক মোকোলাই দিয়া হ'ল।

বিদ্যুৎ কেন্দ্ৰত বোমা দি উৰুৱাই দিবলৈ সাজু। সাজু জলকেন্দ্ৰ উৰুৱাই দিবলৈ।

শালনিবাৰী বিমান কোঠৰ ওচৰতে জ্বলাই দিয়া হৈছিল সৈন্যবাহিনীৰ ট্ৰাক আৰু গাড়ী।

তেজপুৰৰ সকলো চৰকাৰী কৰ্মচাৰীক একেলগে তিনি মাহৰ দৰমহা দি দিয়া হৈছিল।

চীনা সৈন্য ৰূপা পাইছিলহি। পৰাজিত ভাৰতীয় সৈন্য মাত্ৰ পিছ হুহুকি আহিছিল। এই তেজপুৰ পাবহি, তাৰ পাছত গোটেই অসম চীনা সৈন্যৰ দখললৈ আহিব।

ভাৰত চৰকাৰ সাজু হৈ আছিল চীনা সৈন্য আৰু অলপ আগুৱাই আহিলেই

সকলো জ্বলাই ছাৰখাৰ কৰি পেলাব। জ্বলাই দিয়া হ'ব দলংবোৰ, বিমানকোঠ, চাহ ফেক্টৰী, উজনি অসমৰ তেলখাদ। নাচন ডুবি বাগিচাৰ ওচৰৰ পমুৱা গাঁৱত হেনো পাকিস্তানৰ পতাকা উৰিল।

এৰা, মেলা চুলিৰ দৰে নদীখনতকৈয়ো বেছি বহল হৈ মেল খাই পৰিছিল কথাবোৰ। এনি-তেনি শাখা-প্ৰশাখা মেলি বহল হৈ পৰিছিল কথাবোৰ।

প্ৰিয়নাথৰ বুলনিত মানুহেৰে ঠাহ খাই পৰিছিল। সেইদিনা গধূলি আটায়ে নেহৰুৰ ভাষণ শুনিছিল। ইংৰাজীত শুনা ভাষণ প্ৰিয়নাথে সকলোকে তৰ্জমা কৰি শুনাইছিল। 'Now what has happened is very serious and very saddening ....'

নেহৰুৱে প্ৰকাৰন্তৰে অসমক বিদায় দিছিল... 'যিবোৰ ঘটিছে সেয়া বৰ দুখজনক কথা। মই অসমৰ ৰাইজৰ মনত কি হৈছে ভালকৈ বুজি পাইছো। ঘটনাবোৰ যে তেওঁলোকৰ পাছ চোতালতে ঘটিছে। মই তেওঁলোকক কওঁ, আমি তেওঁবিলাকৰ কাৰণে বৰ দুখ পাইছো। আমি যিখিনি পাৰো তেওঁলোকক সহায় কৰিম।' এয়া দায়সৰা কথা— সকলোৱে বুজি পাইছিল।

প্ৰিয়নাথে ভাবিছিল মাক আৰু সোণতৰাক চন্দ্ৰনাথৰ ঘৰলৈকে গুৱাহাটীলৈ পঠিয়াই দিয়াই ভাল হ'ব নেকি? তেজপুৰৰ পৰা মৌসৰা আৰু কিমান দূৰ? ৰঙালপাৰা আধা-আধি খালী হ'লেই, যিখিনি আছে সেইকিটা মতা মানুহহে আছে। সেইদিনা গধূলিয়ে তেওঁ আহিছিল। কি অৱস্থা মানুহজনৰ। ধূতী পাঞ্জাবীত ধূলিৰে তৰপ বান্ধি গৈছে, চুলিবোৰ বগা হৈ গৈছে, জোঁকাৰ মাৰি দিলেই ধূলি সৰি পৰিব। ভৰিহাল আঁঠুলৈকে ধূলি-মাকতিৰে পোত খাই পৰিছে। ভৰিহাল ফটুৱে ধৰিছে। মানুহজনে অকণ অকণ লেঙেৰাইছে। গম ধৰিব পাৰি ভৰিৰ ফাঁটবোৰ খোজ দিওঁতে বিষাইছে, গাৰ কাপোৰৰ গতি নাই। প্ৰিয়নাথে মানুহজনক ভিতৰ চ'ৰালৈ লৈ গ'ল। সোণতৰাই প্ৰিয়নাথৰে কাপোৰ এসাজ উলিয়াই দিলে। তপত পানীৰে গা ধুই তেওঁক চৰিয়া এটাত এচৰীয়া নিমখ মিলোৱা কুহুমীয়া পানী দি সোণতৰাই চাহ-জলপানৰ ব্যৱস্থা কৰিবলৈ পাক-ঘৰলৈ গ'ল। হাউলিৰ বাৰীৰ সীমাত কাতিয়া আৰু বৰফান্দীয়ে পোৰা গাহৰিৰ লগত জুমাই খাই জুই পুৱাই আছিল। সোণতৰাই ধনদাক কৈ কাতিয়াক জুইৰ গুৰিৰ পৰা মতাই অনালে। ধনদাই তেওঁ ভৰি ডুবাই থোৱা চৰিয়াটোৰ কাষতে মিঠাতেলৰ চাকি এগছ আৰু ঠাৰিৰে সৈতে পাণ অলপ থৈ গ'লহি। সোণতৰাই কাতিয়াক নিৰ্দেশ দিলে— তেওঁৰ ভৰিৰ ফাঁটবোৰত পাণ-ঠাৰি তেল দি দিবলৈ। খুন্দনা মাৰিদালেৰে পাণৰ ঠাৰিটো অলপ থেতেলা কৰি তেলত

জুবুৰিয়াই লৈ চাকিগছতে পুৰি সেই তেল টোপ টোপকৈ ফাঁটবোৰত দি দিলে কাতিয়াই। তেওঁ আৰাম পাই চকু মুদি দিলে। সোণতৰাই জলপান লৈ আহি দেখিলে তেওঁ নাই। কাতিয়াৰ লগতে গৈ জুইৰ ওচৰত বৰফান্দীৰ ওচৰত বহিলগৈ। আজি তেওঁ আৰু জুমাইৰ খোলাৰ পৰা নাহে।

কাতিয়াহঁতৰ জুইৰ ওচৰৰ পৰা ভাহি আহিল তেওঁৰ গমগমীয়া গলা, 'অলিয়া-বলীয়া কৃষ্ণাই ক'লীয়া...' হাউলিৰ আটায়ে ওলাই গৈ তেওঁক ঘেৰি ধৰি বহিছে, আটায়ে হাত-চাপৰি বাইছে— 'অলিয়া-বলীয়া...।' সোণতৰাই তালৈকে জা-জলপানৰ কাঁহীখন পঠিয়াই দিলে।

প্ৰিয়নাথে সকলোকে মাতি হাউলিৰ কেউফালে ভালকৈ চকু ৰাখিবলৈ ক'লে। তেওঁ মানেইতো ভয় আৰু শঙ্কা। তেওঁ কৰা কাম মানেই বিদ্ৰোহ। এইবাৰো তেওঁ ৰাজদ্ৰোহত অচিৰতে পৰিব। প্ৰিয়নাথে ঠিক বুজিছে। গোটেই তেজপুৰখনতে নহয়, এই গোটেই অঞ্চলতে তেওঁ ৰাইজক অভয় দান কৰি ফুৰিছে চীনে ৰাইজৰ একো অপকাৰ নকৰে। চীনাসকলৰ পৰা ৰাইজৰ কোনো বিপদ নহয়, ৰাইজ পলাব নালাগে। সঁচাকৈয়ে তেজপুৰ নালাগে, মৌসৰা মৌজাৰো বহুত পলাবলগীয়া মানুহ ৰৈ গ'ল। ৰাতি গৈ প্ৰিয়নাথে তেওঁক জুমাইৰ খোলাৰ পৰা মাতি আনিলে গৈ। সোণতৰাই তেওঁৰ প্ৰিয় হাতৰ তলুৱা মান চটা চটা, ৰঙচুৱা বোল লোৱা কাৰৈ মাছ সৰিয়হ বটা দি ৰান্ধি থৈছে। খাবলৈ বহি মানুহজনে টকালি পাৰি উঠিলে। সোণতৰাই লাহেকৈ মাত দিলে, 'ক্ৰীমো আছে', জুলীয়া গুড়েৰে সৈতে ঘৰতে তোলা ডাঠ ক্ৰীমখিনি দেখি তেওঁ হাঁহি পেলালে। খোৱাৰ ধৰণ দেখিয়েই প্ৰিয়নাথে গম পালে মানুহজনে, বহুতদিন ভালকৈ এসাঁজ খোৱা নাই। গোটেইখনতে চীনাই একো নকৰে বুলি মানুহক অভয় দিবলৈ, পলৰীয়া নহ'বলৈ সকীয়াই ফুৰিছে।

পুৱা উঠি সকলোৱে দেখিলে তেওঁ হাউলিত নাই, বোধহয় ৰাতি নৌ পুৱাওঁতেই গুচি গৈছে গৈ। তাৰ ঠিক দুদিন পাছতে খবৰ ওলাল তেওঁক ভাৰত চৰকাৰে কঁকালত ৰছী বান্ধি ৰাস্তাইদি নি জে'ল-হাজোতত ভৰাই থ'লেগৈ। তেওঁৰ দোষ? মানুহক কৈ ফুৰিছিল যে পলাব নালাগে, চীনা সৈন্যই একো নকৰে।

এইবোৰৰ মাজতে সুৰুক কৈ কাতিয়াই হাউলিৰে হালোৱা আঘোণাক সঙ্গী কৰি ৰে'লত উঠি তেজপুৰ পালেগৈ। কোনেও ফুটকে নাপালে। দিনটোৰ কথাহে, যাব আৰু উভতি আহিব। ৰাতিটো ৰে'লতে থাকিব। পুৱানিশা তেজপুৰ পাই মোনা কেইটা ভৰাওঁতেনো কিমান পৰ লাগিব? আকৌ উভতি আহি পোহৰে পোহৰে ঘৰ পাবহি। যেনে কথা তেনে কাম। আনকি লগতে থকা বৰফান্দীয়েও কথাটো গম

নাপালে। কাতিয়া আৰু আঘোণাই হাতত দুখন মোনা লৈ ৰাতি ষ্টেচন পালেগৈ। দুইটাই এৰীয়া চাদৰেৰে মুখ-চুখ ঢাকি লৈছে। কি ঠিক-ঠিকনা আছে। কোনে বা দেখে? কি আচৰিত কথানো? দেখিবও পাৰে। দেখিলেই গোটেইখন ৰৌজাল-বৌজাল। কাক ভাগ দিব, নিজলৈ কি ৰাখিব? সদায়ে যুদ্ধ নাথাকে। চৰকাৰৰ মানুহে আজিহে চীনাৰ ভয়ত য'ৰে বস্তু ত'তে পেলাই পলাইছে। কাইলৈকে ঘূৰি আহি সব চমজি ল'বহি। তেতিয়া আঘোণা-কাতিয়াক জেলত নভৰাবনে? ভৰাবই ভৰাব। এশবাৰ ভৰাব, দেখা নাই সেইজন ইমান নামজাদা মানুহ, তেওঁকেই গৰু বন্ধা পঘাৰে বান্ধি জে'লত ভৰাই থ'লেগৈ।

ৰে'ল আহিল। ৰে'ল প্ৰায় শূন্যই বুলিব লাগিব। দুইটা উঠিল, পুৱা গৈ তেজপুৰ পালেগৈ। আৰু বিশেষ কাম নাই। গৈ টকা ভৰাই মোনা লৈ ঘৰ পালেগৈয়ে হ'ল। কাৰ পৰা বা কাতিয়াই খবৰ সংগ্ৰহ কৰিছিল, ট্ৰেজাৰি, বেঙ্ক খোলা, ৰাতিয়ে চব পলাল। ঠাক ঠাক টকা তেনেই মুকলি হৈ পৰি আছে, গবা-গব মোনাত ভৰালেই হ'ল, আঘোণাই ঠিকেই প্ৰশ্ন সুধিছিল। টকাবোৰ তেনেকৈ পৰি আছে, কোনোৱে নিয়া নাই কিয়? কাতিয়াৰ উত্তৰো আছিল বঢ়িয়া— এইবোৰ কাম কৰিবলৈ সাহ-পিত লাগে। দুটা সাহিয়াল মানুহে ভোকে-লঘোণে তেজপুৰ চহৰ ভ্ৰমিলে। বাটত দুটামান পগলা লগ পালে। কেইটামান উদঙীয়া গৰু আৰু ৰাস্তাৰ ফপৰা কুকুৰৰ বাদে কাকো নেদেখিলে। চাহ একাপ খাবলৈকো কেনিও দোকান এখন নাই। কেউপিনে নানা ধৰণৰ তলা ওলমি থকা বন্ধ দুৱাৰ। মোনা কিটা পাৰি দুয়ো ৰাস্তাতে বহিল, ওচৰৰ নদীৰ পৰাই পানী খালে। কাতিয়াৰ পদুম পুখুৰীলৈ গৈ ডুব দুটামান মাৰিবৰ মন আছিল। পদুম পুখুৰীতে বোলে বস্তাই বস্তাই খুচুৰা পইছাবোৰ পেলাইছিল, কি ঠিক খুচুৰা পইছাৰ লগতে দুই-এটুকুৰা সোণ-ৰূপো পৰিব পাৰে। দিনটোত তিনিথাল ভাত খোৱা আঘোণা কাইৰ ভোকে গৈ ব্ৰহ্মতালুত ধৰিছিলেগৈ। কাতিয়াৰ প্ৰস্তাৱত জাকজকাই উঠিলে। ক'তা? ক'ত বেঙ্ক খোলা আছে? ক'ত উদঙীয়া হৈ পৰি আছে ঠাক ঠাক টকাৰ বাণ্ডল? কথাৰ লগৰ কথা। গৈ মোনা ভৰাই আনিলেই হ'ল। কোনটো বেঙ্ক খোলা আছে? সকলোতে ডাঙৰ ডাঙৰ তলা, লোহাৰ পাট, দাং। এতিয়াই চীনা সৈন্য আহিব, আহি সিহঁত দুটাকে পাব। ধৰি নি ওলোটাই বান্ধি থ'বগৈ। কাতিয়াই তলমূৰকৈ আঘোণাৰ পাছ ল'লে। তাতে ষ্টেচনলৈ ঘূৰি অহাৰ ৰাস্তাটো পৰুৱাই পালে। তিনি পাকমান মাৰিহে ষ্টেচন পালেহি। তাৰ পাছত যেনিবা মৌসৰা ষ্টেচন। আন্ধাৰ হৈ থাকোঁতেই সুৰুৎকৈ আহি চোৰৰ দৰে হাউলি সোমালহি। পুৱালৈকে ভাতৰ খকটো বান্ধিব পৰা হ'লে কথাবোৰ

গুপুত হৈয়ে ৰ'লহেঁতেন। আঘোণাই আৰু পাৰেনে? ধনদাক শোৱাৰ পৰা উঠাই চৰুত যি ভাত আছিল আনি নিমখ, জলকীয়া ভোহাৰি খাইহে শান্তি। কথাবোৰ আৰু ক'ত লুকাই থাকে? ভৰভৰকৈ ওলাই আহিল।

চীনা সৈন্য বমডিলা পাৰ হৈ আহিও ঘূৰি গ'লগৈ। পলোৱা মানুহবোৰ ঘূৰি গ'লগৈ। মৌসৰা অঞ্চলৰ মানুহৰ মুখে মুখে বাগৰি থকা জাত-জাত সাধুকথাৰ মাজত কাতিয়া, আঘোণাৰ ধন বিচাৰি যোৱাৰ কাহিনীও টুপ কৈ পৰি মিলি গ'ল।

যুদ্ধৰ পাছতে এদিন এমং বুঢ়াৰ ঘৰত হুৱা-দুৱা লাগিছিল। এমং বুঢ়া মৰা আজি কিমান দিন হৈ গ'ল। বুঢ়াৰ চাৰিটা ল'ৰা কেন্দু তলতে চাৰিখন ঘৰ পাতি বহাই আজি কিমান সময় পাৰ হ'ল। আজি কেন্দুতলত গোটেইখন হুৱা-দুৱা লাগিল। এমং বুঢ়াৰ পুতেকহঁতক চীনা বুলি, বিদেশী বুলি চৰকাৰৰ ঘৰৰ মানুহ আহি চীন দেশলৈ পঠিয়াই দিব খুজিছে। মৌসৰাৰ ৰাইজ ভাহি-ভুহৰি আহিল। নিয়ে, মানুহকিটাক ধৰি-বান্ধি নিয়ে এতিয়া। ৰাইজে কথাবোৰ ধৰিব পৰা নাই। ঘৈণীয়েক কিজনীক নিনিয়ে। সিহঁতবোৰ ইয়াৰে মানুহ, মতা কিটাহে নিব। সিহঁতবোৰহে বিদেশী, বিদেশীৰ তেজ আছে সিহঁতৰ গাত। গোটেইখনতে হুৱাও-হুৱাও কান্দোন। গছৰ পাত সৰা কান্দোনত গোটেইখন তল গ'ল। ৰাইজে আৰু চাই থাকিব নোৱাৰিলে। চৰকাৰী টেকেলাক হুদু খেদা দি এমং বুঢ়াৰ পুতেকহঁতক নি লুকুৱাই থ'লেগৈ। ইমানবোৰ গঞাৰ মাজৰ পৰা চাৰিটা মানুহ উলিয়াই অনা সহজ কথানে? লুকাই থওঁ বুলিলে কাৰ সাধ্য আছে উলিয়াই নিবলৈ? বৰপুতেকক বৰফান্দীয়ে নি কাতিয়াহঁতৰ গাওঁ পোৱালেগৈ। সিয়ে এমং বুঢ়াৰ চেহেৰাটো পাইছে, শালৰ মাজত শিঙি হৈ থাকে, বাকী কিটাক ধৰিব নোৱাৰি। এজাক কাৰৈ টিলিকাৰে মাজৰে এটা হৈ পৰে।

গ'ল কথা গ'ল। কেন্দুতলতে এমং বুঢ়াৰ পৰিয়ালটো থাকি গ'ল। এতিয়াও আছে। এমং বুঢ়াৰ এটা নাতি, বৰটো নে মাজুটোৰ ফালৰে জানো দেখিবলৈ সাইলাখ ককাকে হৈছে, তাৰ কাঠৰ কামৰ হাতখনো বৰ পোন। সি এখন কাঠৰ আচবাব-পত্ৰৰ দোকান দিয়াৰ কথা ভাবিছে। দোকানখনৰ দুৱাৰ-মুখতে হেনো সি ককাকে সজা মুখেৰে জুই ওলাই থকা ঘঁৰিয়ালৰ দৰে জীৱটোৰ কাঠৰ মূৰ্তিটো সজাই থ'ব। ইতিমধ্যে সি জীৱটোৰ কাঠৰ মূৰ্তিটো চুচি-মাজি পলিচ কৰি উলিয়াইছেই হেনো। হ'ব, তাৰ কাঠৰ কামো ককাকৰ দৰে হ'ব। কিয় নহ'ব? তেজ বুলি কথা এটা আছে নহয়।

জুই, জুই আৰু জুই

প্ৰিয়নাথৰ চিলমিলকৈ টোপনি আহিছিল কি নাই, বাহিৰত হোৱা এক হুলস্থূলত ধহমহকৈ বিছনাত উঠি বহিল। অভ্যাস হৈ গৈছে, এনেকৈ নিশা যেতিয়াই-তেতিয়াই বিছনাত ধৰফৰাই উঠি বহাটো প্ৰিয়নাথৰ অভ্যাস হৈ গৈছে। সেই যে দেউতাক ঢুকাল, ভায়েকে ওকালতি পঢ়িবলৈ কলিকতালৈ গ'ল, নিজে এজাক মানুহৰ 'বাপদায়' লৈ মৌজা অফিচত বহিল, তেতিয়াৰে পৰা এনেকৈ প্ৰায়ে বিছনাত জঁপ মাৰি উঠিব লগা হৈছে। কিবা নহয় কিবা এটা ঘটিয়ে থাকে। দিন বৰ টান হৈছে। চৰকাৰে ইমানবোৰ মানুহ পাণ জপাদি জাপি আনি এই অঞ্চলত এৰি দিলেহি। মানুহবোৰৰ ঠেং দুটাই হাত দুখনে আছে বুলিয়ে এনেকৈ মাক নোহোৱা মুৰগী পোৱালিৰ দৰে এৰি দিব লাগেনে? একো এটাই ব্যৱস্থা নল'লে। মানুহবোৰে ঠেং দুটাৰে খোজ কাঢ়িছে, হাত দুখনেৰে আঁজুৰিছে। খেতিৰ মাটি কমি গ'ল, হাবি পাতলি আহিল। কেউপিনে কেৱল হাহাকাৰ। চুৰি-ডকাইতি বৰ বাঢ়িছে। আজি বা কি হ'ল? থাউনি নোপোৱা মানুহবোৰে ক'ত কি কৰে তাৰ ঠিক-ঠিকনা নোহোৱা হৈছে। নিজৰ মাজতে খোৱা-কামোৰা, দবৰা-দবৰি। সেইদিনা গোবৰ এচুবা লৈ বঙালপাৰাত কমখন কাজিয়া গ'লনে? কাতিয়াহঁতৰ গাঁও নিচিলামাৰীৰ গৰু গৈ পমুৱা গাঁৱত খোৱাৰত পৰিল। তাকে লৈ দুইপক্ষ যুযুধান। পাতেকি গাঁৱৰ পথাৰৰ ধান নৌ পকোতেই কোনোবাই কাটি নিলে, ৰৌমাৰী গাঁৱৰ পথাৰলৈ পানী নহা হ'ল, পমুৱা গাঁৱৰ মানুহে নৈখন তাতে ভেটা মাৰি দিলে। লাগি গ'ল এখুন্দা। অভাৱে মূৰত ধৰা মানুহবোৰে কি কৰে ধৰিব নোৱৰা হৈছে।

প্ৰিয়নাথে গাতে আলোৱানখন ছাটি মাৰি লৈ বুলনিলৈ ওলাই গ'ল। কোনেও একো ক'ব লগা নহ'ল, দক্ষিণ দিশৰ আকাশ ৰঙা হৈ পৰিছে। হাউলিলৈকে উৰি আহিছে কুকুহা। দক্ষিণ দিশে হচপিতেলখন। ডাক্তৰৰ কোৱাৰ্টাৰ, নাৰ্চৰ কোৱাৰ্টাৰ, কমপাউনদাৰৰ কোৱাৰ্টাৰ ক'ত বা কি হ'ল? অলপতে খিৰিকিৰ ৰড ভাঙি কমপাউন

দাৰৰ ঘৰত ডাঙৰ চুৰি এটা হৈ গৈছেহে মাত্ৰ। আকৌ বা কি হ'ল? কাকো সুধিব লগা নহ'ল, খবৰটো নিজে নিজে আহিল। হচপিতেলত জুই লাগিছে।

প্ৰিয়নাথ ওলাল, লগতে হাউলিৰ কেইবাটাও মানুহ ওলাল। মৌসৰাৰ মানুহ যিয়ে গম পাইছে সিয়ে হচপিতেলৰ ফালে দৌৰিছে। চামুৱেল বড়োৱে কেঁচুৱা ডাঙৰ কৰাদি হচপিতেলখন গঢ়ি আনিছে। এই অঞ্চলৰ মানুহেনো কম তত পাইছেনে? হচপিতেলৰ বিছনা চাৰিখনৰ পৰা পঁচিছ খন হ'ল। নাৰ্চ ছগৰাকী, দুজন কমপাউনদাৰ, ডাক্তৰে দিনে-নিশাই লাগিয়ে থাকে। হচপিতেলখন চালে চকুৰোৱা হৈ আহিছিল। চৰকাৰী অনুদানো আহিছে। প্ৰিয়নাথে নিজৰ মাটিয়ে দিয়া নাই, টকা-সিকাও দিছে। তথাপি মূল মানুহজন ডাঃ বড়ো। কেনেকৈ হচপিতেলখনত জুই লাগিলে? মানুহৰ ঘৰনে কিবা— যে চৌকাতে পকা অঙঠা, জ্বলি থকা চাকি এটা ভুলতে বেয়া ঠাইত এৰি থৈ আহিব? কোনোবাই আহি জুই দিবহি লাগিব। প্ৰিয়নাথৰ বাৰে বাৰে ডাক্তৰৰ মুখখন মনত পৰিছে। কি অৱস্থা হৈছে চাগৈ মানুহটোৰ। সেইবাৰ হচপিতেলৰ কাষতে ভিতৰত খোলোং হৈ যোৱা পাকৰি গছজোপা কাটোতে তাৰে ডাল এটা পৰি টিং এখন বেঁকা হৈছিল। কি খং উঠিছিল মানুহটোৰ। গছ কটা মানুহকিটাক উধাই-মুধাই গালি পাৰিছিল। জুই লগা হচপিতেলখন চাই সেই মানুহটোৱে কি কৰিছে? প্ৰিয়নাথে বেগ বঢ়াই দিছিল। হচপিতেলখনেই মানুহটোৰ জীউটো। প্ৰিয়নাথৰ ঘোঁৰা কদমত চুটিছিল।

প্ৰিয়নাথৰ মনলৈ আহিছিল ডাঃ চামুৱেল বড়োৰ জীৱনৰ তিতা-কেঁহা অভিজ্ঞতাবোৰ। বৰ কষ্ট পাইছিল মানুহটোৱে। আজন্ম শ্ৰদ্ধা, সমীহৰ স্থান পোৱা মানুহ এজনে এই দুখ এই শূন্যতাৰ গভীৰতা বুজিব নোৱাৰে। চামুৱেল বড়ো পাহাৰতলীৰ পাছপৰা গাঁও এখনত অনাই-বনাই গৰু চৰাই থকা ল'ৰা এটা আছিল। তেনেই দুখীয়া ঘৰৰ ল'ৰা আছিল। সি ডাঙৰ হৈছিল কিছুমান অনাখৰী মানুহৰ মাজত। মানুহবোৰে জুমাই খাইছিল আৰু জন্তুৰ দৰে পৰিশ্ৰম কৰিছিল। সেই পাহাৰতলীৰ হাবিৰ মাজৰ গাঁওখনত জনাথন চাহাবৰ মিছনে খেৰ-বাঁহৰ গীৰ্জা এটা সাজি ধৰ্ম প্ৰচাৰ কৰিছিল। একেবাৰে বৃদ্ধ হৈ পৰা এজন ফাদাৰ তাত অলপদিন আছিলগৈ। ফাদাৰে গধূলি চাৰি-পাঁচ দিনৰ বাহি খবৰ-কাগজ লৈ পঢ়িবলৈ বহিছিল। ফাদাৰে খবৰ-কাগজ পঢ়া চাবলৈ আহিছিল সৰু সৰু চকুৰ এটা জপৰাচুলীয়া ল'ৰা। স্কুল, পঢ়া চিনি নোপোৱা ল'ৰাটোৱে ফাদাৰৰ পৰা কম দিনৰ ভিতৰতে বৰ্ণমালা শিকি পেলালে। ফাদাৰে যাওঁতে মাক-দেউতাকক কৈ ল'ৰাটো লৈ গ'ল। মিনেশ্বৰ চামুৱেল হৈছিল। তেজপুৰ মিছন পাৰ হৈ বিজ্ঞান লৈ গুৱাহাটীৰ বিখ্যাত কলেজখনত

পঢ়িবলৈ বুলি হোষ্টেলত সোমাইছিলগৈ। কথাবোৰ কৈ কৈ এদিন ডাক্তৰে প্ৰিয়নাথৰ ওচৰত কান্দি পেলাইছিল। ঘৃণা, এক বিষম ঘৃণাত কিশোৰ ল'ৰাটো পোত খাই পৰিছিল। একেলগে ভাত খাব নোৱাৰিব, এঘৰীয়া থকাদি থাকিব লাগিব। যিদিনা কলেজ সপ্তাহত প্ৰখৰ মেধাবী ল'ৰাটো কবিতা এটা গাবলৈ কলেজৰ ষ্টেজৰ ওপৰত উঠিছিল তলৰ পৰা কোনোবাই চিঞৰিছিল, 'কাছৰী, মাতব নালগে।' হোষ্টেল এৰি ল'ৰাটো মিছন পাইছিলগৈ। তাৰ পাছতো সি জীৱনৰ বিভিন্ন স্তৰত একে ঘৃণাৰ ছিটিকনি। একেলগে থাকিব নোৱাৰিব, একেলগে খাব নোৱাৰিব। এই ঘৃণাৰ সৈতে যুঁজি যুঁজিয়ে ল'ৰাটো ডাঃ চামুৱেল হৈছিল। কোটৰ জেপত বন্দুকটো ভৰাই কদমত ঘোঁৰা চুটাইছিল প্ৰিয়নাথে। লুঙী এখন পিন্ধি শুদা গাৰে পুহমহীয়া ঠাণ্ডাত ডাক্তৰে হায় হায় কৈ চিঞৰি বাকী ৰাইজৰ লগত পানী ঢালি জুই নুমুৱাবলৈ চেষ্টা কৰি আছিল। ওচৰত থিয় হৈছিলগৈ প্ৰিয়নাথ। লাহেকৈ কোটৰ ওপৰত ছাটি মাৰি লোৱা এৰীয়া চাদৰখন ডাক্তৰৰ সুদা গাৰ ওপৰত দি দিছিল। প্ৰিয়নাথক দেখি ডাক্তৰ ভাগি পৰিছিল। পুৱতি নিশালৈ জুই কমি আহিছিল। পথাৰৰ ফালৰ ডাক্তৰে ৰোগী চোৱা কোঠাটো জুইত জাহ গৈছিল। তাত গোট খোৱা ৰাইজে চামুৱেল ডাক্তৰক অভয় দিছিল, এইখিনি সোনকালে মেৰামতি হৈ যাব।

এমং বুঢ়াৰ কাঠৰ আচবাব-পত্ৰৰ দোকান দিয়া মাজু ল'ৰাটোৱে ফাৰ্ণিচাৰ খিনিৰ দায়িত্ব লৈছিল।

প্ৰিয়নাথে হাউলিৰ বাৰীত শুকাই থকা শিশু গছডালৰ কথা কৈছিল।

বঙাল পাৰাৰ মানুহখিনিয়ে টিংখিনি দিয়াৰ কথা কৈছিল। বহুতে উপযাচি গা খাটি দিম বুলি কৈছিল।

ডাঃ চামুৱেল বড়োৱে অলপ থিত লৈছিল।

থিত ল'ব পৰা নাছিল প্ৰিয়নাথে। অকল দক্ষিণ দিশে নহয় কেউদিশতে জুই দপদপাই জ্বলি থকা দেখা পাইছে তেওঁ। কেউপিনে তুঁহ জুইৰ দৰে ধোঁৱাই আছে, সামান্য বতাহতে দপদপাই জুই জ্বলি আটাইবোৰ সংহাৰি নিব। ইমান বছৰে মৌজা চলাইছে প্ৰিয়নাথে। তলা-নলা চব বুজে। আচলতে একো বুজিব নালাগে, জলজল-পটপটকৈ কথাবোৰ চাফা হৈ ওলাই আছে। অলপ তলকি চালেই হ'ল। মাটি-কালিতো বঢ়া নাই, বাঢ়িছে মানুহ। অলপ অলপ বাঢ়িলেও এক কথা, জাঁপ মাৰি মাৰি বাঢ়িল। চৰকাৰে মানুহহে বহুৱালে, একো সা-সুবিধা নকৰিলে। হাত দুখন আছে বাবে মানুহবোৰে আঁজুৰি খাইছে। স্বাধীনতাৰ পাছত যে গোটেইখন অসম ৰাজ্য এনে জংঘলীয়া মুলুক হৈ আছে নহয়। উন্নতি হৈছে। বাট-ঘাট, স্কুল-কলেজ, কল-

কাৰখানা সকলো হৈছে। কিন্তু এই উত্তৰ অঞ্চল দিনে দিনে ভাগি-ছিগিহে গৈছে। চাহাবৰ দিনৰ ফৰ্ডগাড়ীৰ কোম্পানীয়ে বনোৱা ৰাস্তা জহি-খহি গ'ল। এডুইন চাহাবে নিজে জৰিপ কৰি এটা ৰাস্তা বনাইছিল। নাচন ডুবি চাহ বাগিচাৰ পৰা পোনে পোনে মৌসৰা হৈ সোণাপুৰৰ পৰা মঙ্গলদৈ ওলাব পাৰি। চাহাবৰ কি আচৰিত কাৰিকৰী জ্ঞান। ৰাস্তাটো একেবাৰে পোন, ক'তো এখন দলং সাজিব লগা হোৱা নাই। সেই 'এডুইন ৰ'ড' ৰাস্তাটোত এতিয়া হাঁহ চৰিব পৰা গাঁত। গৰুগাড়ী কিখন কোনোমতে হেলেক-পেলেককৈ যাব পাৰে। কেউফালে কেৱল হা-হুতাহ আৰু অভাৱ। কাক ক'ব প্ৰিয়নাথে? তেঁৱেই যে এই অঞ্চলৰ ভগৱান। কেতিয়াবা প্ৰিয়নাথৰ নিজকে প্ৰকাণ্ড মাটিৰ টিপ্ এটা আঁতৰাবলৈ চেষ্টা কৰি থকা এটা সৰু পৰুৱা যেন লাগে।

হচপিতেল পোৰাৰ খবৰ পাই চন্দ্ৰনাথ আহিছিল। চন্দ্ৰনাথে আজিকালি পৰিয়াল নানে। দলং নোহোৱা, ৰাস্তা নোহোৱা এই ঘোকোট ঠাইখনলৈ চন্দ্ৰনাথৰ নতুন গাড়ী নচলে। চন্দ্ৰনাথ নিজে ৰে'লতে আহে। গোটেই ৰে'লখন যেন এখন বজাৰহে। কিমান কিচিমৰ বস্তুৰে ৰে'লখন ভৰি আহে। এই বস্তুবোৰ কিনা-বেচা কৰিয়ে মানুহবোৰে দুবেলা-দুমুঠি খাই আছে। আজি-কালি চন্দ্ৰনাথৰো ৰে'লখনত অহা-যোৱা কৰিবলৈ দিগদাৰী লাগে। ভেকেটা-ভেকেট গোন্ধটো বহুত সময়লৈকে নাকত লাগি থকা যেন পায়। এই ভয়ঙ্কৰভাৱে পাছ পৰি থকা অঞ্চলটোৰ হেজাৰটা সমস্যা বুকুত বান্ধি লৈ ফুৰা ককায়েকলৈ চন্দ্ৰনাথৰ মনটো আজি-কালি বৰকৈ পুৰিবলৈ লৈছে, আৰু বৌৱেকজনী? হাউলিৰ এশ এটা সমস্যা সামৰি ফুৰে, অথচ মুখৰ হাঁহিটো নাতৰে। আলোক আৰু কুসুমো যেন বয়সতকৈ বহুত ডাঙৰ, বেছি বুজন। কোনো দাবী নাই। লাগ বুলিলে লগা নিজৰ ল'ৰা-ছোৱালী হালতকৈ কিমান বেলেগ। এতিয়াৰ পৰাই ল'ৰা-ছোৱালীহালে লোকৰ দুখ ইমান বুজে। চন্দ্ৰনাথে এইবাৰ বৌৱেক, ভতিজাক আৰু মাকক গুৱাহাটীলৈ লৈ যোৱাৰ কথা ভাবিছে। ডাঙৰ ঘৰ সাজিছে, উদং হৈ নিমাও-মাও হৈ পৰি থাকে। ললিতায়ো বৰকৈ কৈ পঠাইছে। বৌয়েকে নাযাওঁ বুলিলে। বুজিলে ককায়েকক অকলে এৰি নাযায়গৈ। আলোকও নাযায়, কাৰণটো একেই, দেউতাক অকলশৰীয়া হ'ব, মাক নগ'লে কুসুমো নাযায়। বাকী থাকিল মাক। মাকৰ উশাহ লোৱাৰ সমস্যাটোৰ চিকিৎসা বৰ জৰুৰী, আটায়ে শান্তিপ্ৰিয়াক জোৰকৈ চন্দ্ৰনাথৰ লগত পঠিয়াই দিলে।

সকলো কথা তল পেলাই কেউপিনে হোৱা ডকাইতিয়ে প্ৰিয়নাথক বৰ বিব্ৰত কৰি ৰাখিছে। চন্দ্ৰনাথে এইবাৰ আধুনিক বন্দুক গুলীৰ সৈতে ককায়েকক দি গৈছে।

বন্দুকৰ লাইচেঞ্চ আগৰে আছে। বন্দুক আৰু গুলী হাউলিত সেই তাহানিৰে পৰা আছে, নতুন কথা নহয়। নতুন কথা হ'ল এই আধুনিক বন্দুকটোহে। নতুন বন্দুকটো অনাৰ পৰা প্ৰিয়নাথৰ বুকুখন অলপ ডাঠ হৈছে। হওঁতে হাউলিলৈ ডকাইত আহিবলৈ সাহ নকৰে। কিন্তু খাজনাৰ টকা জমা দিবলৈ যোৱাটোৱে বৰ টান কথা হৈ পৰিছে। ইমান দিনে মহৰি-পিয়দাই গৈ মঙ্গলদৈৰ ট্ৰেজাৰীত খাজনাৰ টকা নি সুকলমে জমা দি আহিছিল। অলপ দিনৰে পৰা নোৱৰা হৈছে। বাটতে ডকাইতে ধৰে। ছমাহৰ খাজনা গৰ্ভ চন্দুকত পৰি আছে। কোনেও সাহ কৰা নাই। প্ৰিয়নাথ নিজে নতুন বন্দুকটো লৈ যাব বুলিলতো কোনো নাযায়। কেইবা ঠাইতো ডকাইতে গৰু-গাড়ী আগচি আগচি ধৰে। কেঁচা টকাৰ প্ৰতি মানুহৰ বৰ লোভ হৈছে। এই অঞ্চলত কেঁচা টকা আৰ্জনৰে বা সুবিধা কি আছে। প্ৰিয়নাথে ভাবে, এইবোৰ মানুহে ডকাইতি নকৰি কোনে কৰিব?

গৰ্ভ চন্দুক থকা কোঠাটোলৈ প্ৰিয়নাথে নিজৰ বিছনাখন লৈ আহিছে। এইটো কোঠাতে আজি-কালি বৰফান্দীও থাকিবলৈ লৈছে। শোৱেনো ক'ত? ৰাতিৰ ৰাতিটো সাৰে থাকে। ছমাহৰ খাজনা চন্দুকত ভৰি গৈছে। ডকাইতে কি গম পোৱা নাই? এই কিমাহ টকাৰ মোনা লৈ যোৱা গৰু-গাড়ী যোৱাও দেখা নাই। আৰু বেলেগে কিবা ক'ব লাগে নেকি? তাতে মোহন ডকাইতেও ৰাইজখনক ভয়ত কঁপাই ৰাখিছে। মোহন ডকাইতৰ এটা বেয়া নাম আছে, সি গৃহস্থৰ ঘৰত সোমাই লৈ হাতৰ ছুৰীৰে যাকে পায় তাকে ৰেপ মাৰে। মোহন ডকাইতৰ ছুৰীৰ ৰেপ খাই নিতৌ মানুহ হাউলিলৈ আহিবই লাগিছে। প্ৰিয়নাথে থানাতো খবৰ দিছে। থানাৰ মানুহ কিটাইনো কৰে কি? এইকিটা মানুহে ডকাইতৰ সৈতে কিহৰ সাহত যুঁজত নামিব? অসম্ভৱ এক অৱস্থা হৈছে।

প্ৰিয়নাথ এদিন গৈ মঙ্গলদৈৰ ট্ৰেজাৰী ওলালগৈ। গুৱাহাটীৰ পৰা চন্দ্ৰনাথো আহিল। কি কৰে? ডকাইৰ ভয়ত খাজনা সোধোৱা বাদেই দিয়ে নেকি? নে মৌজাকে চলোৱা বন্ধ কৰে? নোহোৱা-নোপজা পৰিস্থিতি। ট্ৰেজাৰীৰ অফিচাৰেই বুদ্ধিটো দিলে। মানুহে শুনিলে বিশ্বাস নকৰা সেই বুদ্ধিকে সৰোগত কৰি দুই ভাই দুই দিশে গ'লগৈ।

দুই ভাই-ককায়ে দুইফালে যোৱাৰ আগতে চন্দ্ৰনাথৰ মঙ্গলদৈৰ ঘৰত অলপ জিৰাবলৈ বুলি বহিল। আচলতে এই ঘৰটো কিনাৰ চন্দ্ৰনাথৰ একেবাৰে মন নাছিল বা ভবাও নাছিলে। এজন বঙালী ব্যৱসায়ীয়ে তেনেই পানীৰ দৰত ঘৰটো বিক্ৰী

কৰিছিল। শহুৰেকে চন্দ্ৰনাথক ঘৰটো কিনিবিলৈ ঠিক-ঠাক কৰি দিছিল, সম্পত্তি এটা হৈ থাকক। দুই ভাই-ককায়ে সিদ্ধান্ত ল'লে হাউলিৰ পৰাই কাৰোবাক আনি ইয়াত ৰাখিব লাগিব। ঘৰটো চাই-চিতি দেখিলে দুই-এটা খুঁটা ঘুণে খোৱাৰ বাদে ঘৰটো ভালেই আছে। মঙ্গলদৈত ঘৰ এটা নহ'লে মৌজা চলোৱাই টান হ'ব। ককায়েকৰ কপালত ৰেখা পৰা মুখখন চাই চন্দ্ৰনাথৰ ক'বৰ মন গৈছিল, 'এই মৌজা-তৌজা বাদ দে মৌসৰা এৰি আহ, যি য'ত আছে তই বাপদায় লোৱাবোৰকে দি আহ। সেইবোৰ সা-সম্পত্তিৰ একো মূল্য নাই, এনেও সেইবোৰ লোকে কাঢ়ি খাব।' নক'লে, জানে এইবোৰ কথা কৈ লাভ নাই। মানুহটোৰ শিপা মৌসৰাৰ মাটিত দিনে দিনে তললৈ গৈছে, হাজাৰ বতাহ-ধুমুহায়ো কেত-কুত কৰিব নোৱাৰে। চন্দ্ৰনাথে ঠিক কৰিছে যি পাৰে মানুহটোক সহায় কৰিব। প্ৰিয়নাথৰ হাতখনত ধৰি চন্দ্ৰনাথে প্ৰায় থোকা-ঠুকি মাতেৰে কৈ উঠিল, 'খবৰ দিবি, খাজনা শোধোৱাৰ দিনা মই সদায় আহিম।'

হাউলি পাই প্ৰিয়নাথে দেখিলে মৌজা অফিচৰ সন্মুখত এজাক মানুহ। আজি-কালি আৰু প্ৰিয়নাথৰ বুকু ধক্ কৰি নুঠে। কিবা এটা হ'লে সাধ্যমানে সমাধানৰ উপায় বিচাৰে। ওচৰ চাপি দেখিলে, মানুহ এটাক মাজত লৈ মানুহখিনি উত্তেজিত হৈ গোট খাই আছে। মৌজাদাৰক দেখি কোনোবাই চিঞৰ মৰাদি কৈ উঠিল 'ইয়াক আজি ধৰিলো। পহু ধৰা জাল পেলাই ধৰিলো।'

প্ৰিয়নাথ আৰু ওচৰ চাপি গৈ দেখিলে বেছ মতগজ চেহেৰাৰ গাঠলু মানুহ এটা গামোচা এখন পিন্ধি শুদাগাৰে বহি আছে। তাৰ ডিঙিত আঁৰি থোৱা আছে এযোৰ টায়াৰৰ ছিগা চেণ্ডেল।

'ইয়াৰ ডকাইতি কৰি কৰি জিভা বাঢ়ি গৈছিল।'

'মানুহক ৰেপি থৈ আহিলেহে তাৰ শান্তি।'

'মানুহ শুব নোৱৰা হৈছিল।'

'মোহন ডকাইত বুলিলেহে ছলি টোপনি যোৱা হৈছিল।'

মানুহবোৰ জকি আছে। মোহন ডকাইতৰ কাষতে পৰি আছে এখন চিক্‌চিকাই থকা ধাৰাল ছুৰী।

প্ৰিয়নাথে চায় থাকোঁতেই কোনোবা এটাই হাতৰ কাচিখনেৰে মোহন ডকাইতৰ পিঠিত ৰেপ মাৰি দিলে। মানুহটোৱে হাউৰীয়াই উঠিল

'তই কিমান মানুহক ৰেপিলি!'

'পা তই গম'।

'নিজৰ গাত ৰেপ পৰিলে কেনে লাগে?'

মোহনৰ পিঠিৰ পৰা তেজ বাগৰিছে। প্ৰিয়নাথে মাত্ৰ এষাৰ কথাই ক'লে 'কোনেও তাৰ গাত হাত নিদিবি।' মনে মনে ভাবিছিল তাক পুলিচ মাতি গতাই দিব। ভাবোতেই দেখিলে থানাৰ ডাৰোগা আহিছে। হাতকেৰেয়া লগাই পুলিচে মোহন ডকাইতক লৈ গ'ল।

মৌসৰাত ফালিলে মঙ্গলদৈত যোৰালে

গৰ্ভ চন্দুক ভৰি গ'ল, ছয়মাহৰ খাজনাৰ টকা গোট খাইছে। অহা কালি মঙ্গলদৈৰ ট্ৰেজাৰীত জমা দিবলৈ যাব। টকাৰ মোনাকেইটা গধূলিৰ ফালে প্ৰিয়নাথে উলিয়াই দিলে। আলোক, ধনদা, মালতীৰ ল'ৰাটো, ভদীয়াৰ ল'ৰাটো আটাইকেউটাকে গান্ধীৰ ছাপ থকা ন'টবোৰ দুফাল দুফালকৈ ফালিবলৈ লগাই দিলে। প্ৰিয়নাথেও অলপ ফালিলে। তাৰ পাছত দুচিৰাকৈ ফলা ন'টবোৰ মোনাত ভৰাই বান্ধি-কুন্ধি টেবুলখনতে থৈ দিলে। দুচিৰাকৈ ফলা ন'ট এইবোৰ ফটা কাগজৰ দৰে, কোনো মূল্য আৰু নাই। গৰ্ভ চন্দুক, বাকচত থোৱাৰ কোনো কাৰণ নাই। পুৱাই গৰুৰ গাড়ী সাজু হ'ল। আঘোণাৰ ল'ৰা কনক, ভদীয়াৰ ল'ৰা নকুল দুইটাকে প্ৰিয়নাথে মঙ্গলদৈৰ ঘৰত থোৱাৰ ব্যৱস্থা কৰিছে। দুইটাৰে বাপদায় লৈছে, দায়িত্ব আছে। পিছে ঠেলি-হেচুকিও সিহঁত দুটাক স্কুলৰ চাৰি নে পাঁচটা শ্ৰেণীৰ পাছত জানো স্কুলৰ চাৰিসীমালৈ পঠাব নোৱৰা হ'ল। এলজেব্ৰা, জ্যামিতি অহাৰ লগে লগে দুইটাই স্কুল এৰিলে। দুইটা এতিয়া মতগজ ডেকা একোটা হৈ পৰিছে। দিনটো নদীত মাছ মৰা, হাউলিত থকা সময়খিনিত ফাই-ফৰমাচ খটা— এয়াই কাম। দুইটাকে মঙ্গলদৈৰ ঘৰৰ দুৱাৰ-মুখতে এখন গেলামালৰ দোকান পাতি দিয়াৰ পৰিকল্পনা কৰিছে। নকুল সাহ-পিত থকা বুকুডাঠ ল'ৰা, আঘোণাৰ ল'ৰাটো পৰিশ্ৰমী আৰু নিৰ্জু। দুইটাই দোকানখন চলাই খাব পাৰিব। ঘাই আলিৰ কাষতে ঘৰ, দোকানখন চলিব। বাৰীখনো একেবাৰে সৰু নহয়, শাক-পাত লগাই খাব পাৰিব।

এখনত প্ৰিয়নাথ, নকুল আৰু কনক। আনখনত মাল-পত্ৰ। ফটা টকাৰ মোনা-কিটা বৰফান্দীৰ হাতত। গোসাঁই-ঘৰত সেৱা কৰি প্ৰিয়নাথে বন্দুক দুইটা লৈ ল'লে। চন্দ্ৰনাথে দিয়া পিষ্টলটো নিজৰ হাতত। একো বাধা-বিঘিনি নহ'ল। প্ৰিয়নাথ সাজু হৈ আহিছিল, মানুহে-দুনুহে বন্দুকে-বাৰুদে, ফালি লোৱা টকাৰে। একো নহ'ল। মাত্ৰ ডফলাপোতা টিলাৰ ওচৰ পাওতে আটায়ে ভগৱানৰ নাম লৈছিল। অথচ এনে অৱস্থা হৈছিল যে খাজনা নিয়া গাড়ীত প্ৰতিবাৰে হামলা হৈছিল। কিমান বাৰ হতা-

হতি হৈছিল। ভাগ ভাগকৈ নিয়াৰ বাবে বেছিঁকৈ টকা নিব নোৱাৰিলেও, নিছিলতো। প্ৰিয়নাথৰ কপালৰ ৰেখাকেইডাল স্পষ্ট হৈ পৰিল। খবৰ যায় নেকি? কেইবাবাৰো একেই প্ৰশ্নই তেওঁক গভীৰভাৱে চিন্তিত কৰি তুলিছে একো আচৰিত নহয়। হ'ব পাৰে। আজি-কালি বুজিব নোৱৰা, সমাধান কৰিব নোৱৰা কথাবোৰ প্ৰিয়নাথে বাদ দিয়ে। আগত যিটো কাম আছে সেইটো সুচাৰুৰূপে সমাপন কৰাটোহে বেছি দৰকাৰী বুলি ভাবে। আজিও তাকেই কৰিলে।

চন্দ্ৰনাথ গুৱাহাটীৰ পৰা আহিছিল। যা-যোগাৰ কৰি আনিছিল। যা-যোগাৰ মানে আঠা। ভাল আঠা মৌসৰা নালাগে, মঙ্গলদৈতো পাবলৈ নাই। ৰাতি গোটেইবোৰে ফলা টকা কৌশলেৰে আঠা দি দি জোৰা লগাইছিল। প্ৰিয়নাথ আৰু চন্দ্ৰনাথে বাৰাণ্ডাত বহি ওৰে ৰাতি বিভিন্ন সমস্যাৰ কথা আলোচনা কৰিছিল। পুৱা দুয়ো লগ লাগি ফালি আৰু আঠা দি যোৰাই পেলোৱা টকাখিনিৰে খাজনা শোধাইছিল। চন্দ্ৰনাথ গুৱাহাটীলৈ গৈছিল, প্ৰিয়নাথ মৌসৰালৈ। সেই ৰাতিয়ে দুয়ো মঙ্গলদৈৰ ঘৰখনত নকুল আৰু কনকক থাপি থোৱাৰ পাকাপাকি ব্যৱস্থা কৰি পেলালে।

এই যাত্ৰাৰ পাছতো একে ব্যৱস্থাৰে খাজনা শোধোৱা হৈ থাকিল। মৌসৰাতে ফালি নিয়ে মঙ্গলদৈৰ ঘৰত ৰাতি যোৰাই, পুৱা ট্ৰেজাৰীত জমা দিয়ে। মঙ্গলদৈৰ ঘৰখনো নকুল আৰু কনকৰ হাতত ঠন ধৰি উঠিছে। দোকানখনো ভাল চলিছে। নকুলে গেলামালৰ লগতে আন বস্তুও ৰাখিবলৈ লৈছে। প্ৰিয়নাথ এফালৰ পৰা নিচিন্ত হৈছে। ককায়েকে অলপ সকাহ পোৱা দেখি চন্দ্ৰনাথৰো ভাল লাগিছে।

স্কুলখনে চৰকাৰী অনুদান পালে। প্ৰিয়নাথে এইবাৰ চেষ্টা কৰিছে স্কুলখনৰ কাষতে এখন কলেজ পাতিবলৈ। মাটি নিজৰ ফালৰ পৰাই দিব। প্ৰিয়নাথৰ হাতত কিছু পইছা জমা হৈছে। যোৱাবাৰ হাতী ধুৱাত ফান্দীয়ে চাৰিটা চাৰিল ধৰি ধনচুৰি কৰি দিলে। ভাল দাম পালে হাতীকিটাৰ। মৌজাৰ পৰাও হোৱা আৰ্জনো অলপ জমা হৈছে, ধান-মাহৰ পৰা কিছু জমিছে। চন্দ্ৰনাথে জোৰ দি আছে, গুৱাহাটীত মাটি-ঘৰ কৰিব লাগে। এটা ঘৰৰ কথা প্ৰায় ঠিক কৰিয়ে পেলাইছিল। শেষত প্ৰিয়নাথে না কৰিলে। কি কৰিব গুৱাহাটীত ঘৰ-মাটি কৰি? চন্দ্ৰনাথৰ সেইখন বিৰাট ঘৰ আছেই, তাৰোপৰি আছে নকুল আৰু কনকে দিনে দিনে তুলি ধৰা মঙ্গলদৈৰ সেইখন ঘৰ। আৰু হাউলিটো আছেই দেখোন। মানুহনো কেইটা? কি কৰিবলৈ ইমানবোৰ ঘৰ? প্ৰিয়নাথে ঠিক কৰি পেলাইছে কলেজখনৰ কাম আৰম্ভ কৰি দিব। মাটিখিনি দিবই,

ঘৰটোৰো যিখিনি পাৰে কৰি দিব। কাইলৈকে স্কুলতে মিটিং এখন দিব লাগিব। সিদ্ধান্তটো লৈ প্ৰিয়নাথে বৰ শান্তি অনুভৱ কৰিলে।

স্কুলত অফিচ কোঠাতে মিটিংখন আৰম্ভ হ'ল। মৌসৰাৰ প্ৰায়খিনি মানুহেই আহিছে। মানুহখিনি এনেকৈ একেলগে দেখি প্ৰিয়নাথৰ মনটো ভাল লাগি আহিল। ৰাইজে নখ জোকাৰিলে নৈ আপোনা-আপুনি ব'ব।

হৰিনাথ শৰ্মা এই অঞ্চলৰ মাটি-বাৰী থকা এজন সম্পন্ন মানুহ। তেওঁৰ ল'ৰা দুটাৰ এটাই ডাক্তৰি, আনটোৱে এম.এ. পঢ়ি আছে। এই অঞ্চলত তেওঁক মানুহে সমীহ কৰে। হৰিনাথ শৰ্মাহঁত মৌসৰাৰ পুৰণি পৰিয়ালৰে এটা। দেউতাক শ্ৰীনাথ শৰ্মা। চাহাবৰ দিনতে পলাশতলী বাগানলৈ চাকৰি লৈ আহিছিল। হৰিনাথ শৰ্মায়ে পঢ়া-শুনা কৰি পোষ্ট অফিচৰ পোষ্ট মাষ্টাৰৰ চাকৰিৰ লগতে দেউতাকৰ বিস্তৰ মাটি-বাৰীৰ দায়িত্বও গ্ৰহণ কৰাৰ বহুদিন হৈ গ'ল। প্ৰিয়নাথে শৰ্মাৰ ওপৰত বৰ ভৰসা কৰি আহিছে। মৌসৰাত কলেজ পতাত আটাইতকৈ সহায় কৰিব পৰা ক্ষমতা আছে এই শৰ্মাদেৱৰ।

শৰ্মাই মিটিঙত কথা ক'বলৈ আগতে উঠিল। প্ৰিয়নাথে মন কৰিলে আজি প্ৰায় কেইজন বামুণ-কলিতা মানুহ একে থুপতে বহিছে। শৰ্মাই কথাবোৰ চিঞৰি চিঞৰি কোৱা নাই, তেওঁৰ মাতটো শান্ত আৰু গম্ভীৰ। তেওঁ কলেজ পতাৰ ঘোৰ বিৰোধিতা কৰিলে উচ্চ বাচ্য নকৰা শান্ত মাতটোৰে, 'আমাৰ এই অঞ্চলত কলেজৰ কোনো প্ৰয়োজন নাই। স্কুল এখন হৈছে ভাল হৈছে। মৌসৰাত দলং আৰু ৰাস্তা-ঘাটহে লাগে।'

'কিয় নালাগে কলেজ পাতিব?' কেইবাজনেও প্ৰশ্ন সুধিলে।

'আমাৰ ল'ৰা-ছোৱালীক আমি বাহিৰত পঢ়ুৱাইছো। মৌসৰাৰ কেইটাৰনো কলেজ পঢ়াৰ মূৰ আছে? যি কিটাৰ আছে এনেও বাহিৰতে পঢ়িব।'

'আমি পাৰিছো কাৰণে পঢ়ুৱাইছো। নোৱৰাখিনিয়ে কি কৰিব?' প্ৰিয়নাথে প্ৰশ্ন সুধিলে।

'নোৱৰাখিনিয়ে নপঢ়িব। এই বড়ো-কছাৰীবোৰৰ ল'ৰাই কিহৰ কাৰণে কলেজত পঢ়িব লাগে? মৌসৰাত কলেজ পাতিলে এই বড়ো-কছাৰী ল'ৰামখাইহে পঢ়িব। আমাৰ খেতি কৰিবলৈ হালোৱা ক'ত পাম? গৰু চৰাবলৈ গৰখীয়া ক'ত পাম? বন্ধা হ'বলৈ কোন আহিব? হাইস্কুল হোৱাৰে পৰা আগৰ বড়ো-কছাৰী গৰখীয়া পাবলৈ নোহোৱা হৈছে। মৌজাদাৰে কলেজ পতা মানে আমাৰ খেতিৰ মাটি

ছন পৰা। বড়ো-কছাৰীক পিতৃ পুৰুষৰ ভেটি গতাই আমি লাওলোৱা হৈ এই মৌসৰা এৰিব লাগিব।'

প্রিয়নাথ স্তম্ভিত হৈ পৰিল। মানুহে এনেকৈয়ো ভাবিব পাৰে। প্রিয়নাথে মূৰ তুলিব নোৱৰা হ'ল। মূৰ তুলিলেই তেওঁৰ যে চকুৰে চকুৰে পৰিব সেই মানুহখিনিৰ। হাউলিত নহ'ব পাৰে, এই বড়ো-কছাৰী মানুহখিনিক শৰ্মাহঁতে এতিয়াও পিৰালিতো বহিবলৈ নিদিয়ে, চাহ-ভাত খাই থাল ধুই সামৰি থৈ যাব লাগে। এবাৰ শৰ্মাৰ ঘৰত গোসাঁই-ঘৰৰ কাষৰ আছুতীয়া কুঁৱাৰ পৰা এজন বড়ো হালোৱাই পানী তুলি খাইছিল। শৰ্মাৰ গোঁসাই-ঘৰত পূৰ্ব পুৰুষৰ শালেগ্ৰাম শিলা আছে, দেউতাকে বাগানৰ চাকৰি কৰিবলৈ আহোঁতে লগতে লৈ আহিছিল। শৰ্মাই এই কুঁৱাৰ পানীৰে নিতৌ শালেগ্ৰাম ধোৱে। সেই কুৱাৰে পানী খালে বলোৰাম বসুমতাৰীয়ে। কুঁৱাৰ পৰা চল্লিছ বাল্টি পানী পেলাই দি সেই শালেগ্ৰাম ধুউৱা কুঁৱাৰ পানী পুনৰ পবিত্ৰ কৰিছিল। প্রিয়নাথে গান্ধীৰজাৰ ডাঙৰ ফটোখন বুলনিৰ শৰ পছুৰ শিংটোত আঁৰি দিয়াৰ আগলৈকে হাউলিতো বড়ো-কছাৰীৰ কাৰণে সুকীয়া থাল-বাতি আছিল, পিৰালিতে চাহ দিছিল, ঢেঁকীঘৰত ভাত খাইছিল। প্রিয়নাথে মূৰ তুলিব নোৱৰা হ'ল। আজিৰ এই সভালৈ কেইবাজনো বড়ো মানুহ আহিছে।

'আপোনালোকৰ বাবেই আমাৰ মানুহখিনি আজি আঁতৰি যাব খুজিছে।' স্কুলৰ তেনেই শান্ত আৰু নিমাখিত শিক্ষক কিনাৰাম দৈমাৰীয়ে দমদমাই উঠিল। প্রিয়নাথে চক খাই উঠিল। সৰু সৰু মাতেৰে কথা কোৱা এইটো মানুহৰ মাজত ক'ত এই মাতটো লুকাই আছিল? আছিল, লক্ষ্য কৰা হোৱা নাছিল। পিয়ন বাহাদুৰে চহী কৰা খাতাখন নীৰৱে আগুৱাই দিলে। প্রিয়নাথৰ মনত পৰিল সোণতৰাই কোৱা কথাষাৰ, আজি-কালি বড়ো মাইকী মানুহবোৰে মেখেলা-চাদৰ নিপিন্ধে, লাংগা পিন্ধে। প্রিয়নাথেও তেওঁলোকৰ দাবীবোৰৰ কথা, আন্দোলনৰ কথাৰ খবৰ ৰাখিছে। আজিৰ কলেজ পতাৰ মিটিংখন নহ'লে কথাবোৰ এনেকৈ স্পষ্ট হৈ ওপৰলৈ উঠি নাহিলেহেঁতেন।

বঙালপাৰাৰ এজনে প্রশ্ন তুলিছে— কলেজখনৰ মাধ্যম কি হ'ব? বঙালী ভাষা-সাহিত্যৰ অনাৰ্চ থাকিবনে নাই?

ভাষাৰ কথাটো উঠাৰ লগে লগে গোটেই হুলস্থূল লাগি পৰিল। বড়ো ভাষা থাকিব লাগিব। বিশেষ বিষয় ৰূপে থাকিব লাগিব, বড়ো মানুহে চাকৰি পাব লাগিব।

শৰ্মাহঁতৰ গ্ৰুপটোৱে কৈছে প্রথমতে অসমীয়াৰ অনাৰ্চ হ'ব, বাকীবোৰ পাছত হ'ব। চৰকাৰী নিয়মমতে মাধ্যম অসমীয়াই হ'ব লাগিব। চাকৰি যোগ্যতা চাই হ'ব।

তাৰ পাছত কোনেও কাৰো কথা নুশুনা অৱস্থা। প্ৰিয়নাথ উঠিল আৰু বৰ লাহে লাহে কৈ উঠিল, 'আগতে কলেজখন হওকচোন, তাৰ পাছত কথাবোৰ দেখা যাব।' তেওঁ কথাষাৰ কৈ সভাপতিৰ আসনৰ পৰা সভা ভঙ্গ দি ঘৰলৈ বুলি ঘূৰিল। পাছলৈ নোচোৱাকৈয়ে প্ৰিয়নাথে বুজিছে তৰ্ক আৰু তীব্ৰতৰ হৈছে। তেওঁ এবাৰো ঘূৰি নাচালে।

হাউলি পাই প্ৰিয়নাথে সদায়ে কৰাদি সুগৰী জানত ভৰি-হাত ধুলে। এচলু পানী মুখে-চকুৰে মাৰি দি অলপ ৰ'ল। বুলনিত সোণতৰাই লেম্প এটা আঁৰি দিছে। চৰকাৰী কাৰেণ্ট নাথাকেই, বেটেৰিটো বেয়া হৈ পৰি আছে। সময়ে দিব পৰা নাই। সাধাৰণতে বুলনিত গোল চিমনিৰ ডাঙৰ পিতলৰ লেম্পটো থয়। হাৰিকেন কিটা বেলেগ বেলেগ ঠাইত ওলোমাই ৰাখে। লেম্পটো ভিতৰৰ গৰ্ভ চন্দুক থোৱা কোঠাটোৰ টেবুলখনত থৈছে। তাৰ মানে আজি টকা ফলাৰ দিন। কাইলৈ খাজনা জমা দিব লাগিব। মহৰী, পিয়দা আটাইকেউটা বহি আছে। প্ৰিয়নাথলৈকে বাট চাই আছে। প্ৰিয়নাথে টকাখিনি উলিয়াই দিলে। আটায়ে বহি টকাবোৰ ফালিবলৈ ধৰিলে। ফলা মানে চৌচিৰা কৰি নহয়, মাজতে দুটুকুৰা কৰি। বৰ সাৱধানেৰে, গৈ লগাব লাগিব গৈ, মহৰীহঁত এই কামত ওস্তাদ হৈ পৰিছে।

প্ৰিয়নাথ বুলনিত বহিলহি। বাহিৰখন অন্ধকাৰ হৈ আছে। আগতে বুলনিত এনেকৈ বহিলে এনে লাগিছিল যে তৰাৰ ৰাজ্যখনহে নামি আহিছে, জোনাকী পৰুৱাৰে গোটেইখন জলমলাই থাকে। সৰু থাকোঁতে অমিতাৰ ঠাৰি এডাল ভাঙি অলপ সময় বাহিৰত বৈ থাকিলেই হ'ল, ঠাৰিডাল জোনাকী পৰুৱাৰে ভৰি পৰে। পাতল অমিতাৰ ঠাৰিৰ ভিতৰত জোনাকীবোৰে জ্বলি নুমাই হৈ হ'ল টৰ্চ এটা। ইমানবোৰ জোনাকী পৰুৱা যে ক'লৈ গ'ল। একেবাৰে নোহোৱা নহয় কিন্তু বহুত কমি গ'ল। ধান খেতিত, মাহ-পাচলি, আটাইবোৰতে দৰববোৰ দিয়া হ'ল। ক'ৰপৰা পোক-পৰুৱা থাকে। গছ-গছনি কমি আহিছে। জোনাকী পৰুৱাবোৰ লুকাই থাকিবলৈ জোপোহা লতাবোৰে আগৰ দৰে নাই। নকমি কি হ'ব? হাউলিত গছ-লতাবোৰ আগৰ দৰেই আছে। সেই কাৰণেই সৰু-সুৰাকৈ হ'লেও তৰাৰ ৰাজ্যখন আছেগৈ। জোনাকী পৰুৱা থকা ঝোপ-ঝাৰবোৰ কমি আহিছে। মানুহ বাঢ়িল, কিন্তু খেতিৰ মাটি একেই থাকিল। এই মাটিয়ে আৰু মানুহবোৰক খুৱাব নোৱৰা হৈ আহিছে। মানুহে কৰে কি? উপাৰ্জনৰ ৰাস্তাও নাই। কি কৰি খায়? উজনিৰফালে হোৱাদি যদি এইফালেও কল-কাৰখানা হ'লহেঁতেন। আন নালাগে, চেনি-কল এটাকে হোৱা হ'লে। এই অঞ্চলত ইমান ভাল কুঁহিয়াৰ খেতি হয়। একো নাই, কেউপিনে কেৱল

শূন্যতা আৰু ভাঙোন। মাজে মাজে এই ভয়ঙ্কৰভাৱে পাছপৰা অঞ্চলটোৰ কথা ভাবিলে প্ৰিয়নাথৰ বুকু কঁপি উঠে। কি হ'ব? কেনেকৈ চলিব এই মানুহবোৰ? কেনেকৈ আগুৱাব এই অঞ্চল? এই অঞ্চলটোৰ কথা ভাবিলেই প্ৰিয়নাথৰ চকুলৈ আহে এখন শুকান খেৰণি। ৰস নাই, ৰং নাই, গোন্ধ নাই। কেৱল এখন শুকাই থকা খেৰণি। জ্বলিবলৈ ৰৈ আছে। সৰু এটা ফিৰিঙতি পৰিলেই হ'ল। গোটেইখন দাওদাওকৈ জ্বলিব। ৰক্ষা নাথাকিব। এফালৰ পৰা দহি নিব।

ভিতৰৰ পৰা টকা ফলাৰ চেৰেক চেৰেক শব্দটো প্ৰিয়নাথৰ কাণলৈ আহি আছে। বোধহয় ভাগৰ লাগি আছিল, আৰামী চকীখনতে প্ৰিয়নাথৰ চিলমিলকৈ টোপনি আহিল। হটাৎ চেৰেক চেৰেক শব্দটো যেন ঢোল কোবোৱাৰ দৰে ডাঙৰ হৈ আহিল। কিহৰ শব্দ এইবোৰ? টেবুলত ধম্‌ধম্‌কৈ ভুকুৱাৰ শব্দ, হাত দাঙি দাঙি খেদি যোৱা খঙাল মানুহৰ ধমধমীয়া মাতৰ শব্দ, একেলগে ডাঙৰ ডাঙৰ মাতেৰে আক্ৰমণ কৰি ইজনে সিজনক গালি-গালাজ কৰাৰ শব্দ। তাৰ লগত মিলি পৰিছে ক্ৰমাৎ ডাঙৰ হৈ পৰা চেৰেক্ চেৰেক শব্দটো। শব্দবোৰে প্ৰিয়নাথৰ ক্লান্ত মগজুত ভোৰতালৰ শব্দৰ দৰে গুমগুমাই উঠিছে, তল-ওপৰ হৈছে, ইটোৰ গাত সিটো বাগৰি পৰিছে, জোটাপুতি খাইছে।

'দেউতা হ'ল', মহৰিয়ে আহি প্ৰিয়নাথৰ ওচৰত থিয় দিলেহি। 'বেগত ভৰোৱা হ'ল?' টোপনিত থকা মানুহৰ দৰে অস্পষ্ট মাত প্ৰিয়নাথৰ' 'কাইলৈ নি যোৱা দিবগৈ লাগিব নহয়', নিজৰ মাতটোকে প্ৰিয়নাথৰ বহুদূৰৰ পৰা শুনা যেন লাগিছে। বহু দূৰৈৰ পৰা ভাঁহি অহা যেন লাগিছে নিজৰে মাত।

'এৰা দেউতা, যোৱা দিবগৈ লাগিব।'

'কিন্তু মানুহবোৰ ... মানুহবোৰ...।' কলা ঘুমতিৰ পৰা সাৰ পাবলৈ চেষ্টা কৰি থকা প্ৰিয়নাথে নিজৰ মুখৰ ভিতৰতে বিৰবিৰাই কথাকিটা কৈ উঠিল।

'কিবা কৈছে দেউতা' মহৰিৰ প্ৰশ্নত প্ৰিয়নাথে হাতেৰে যাবলৈ ইঙ্গিত দি চকীখনৰ পৰা উঠিল। সোণতৰাই ভাত খাবলৈ মাতিব এতিয়া। ভূটীয়া ঘৰৰ বাৰাণ্ডাত বোধহয় গৰু বান্ধি থৈছে, আন্ধাৰত চকুহাল চিক্‌মিকাই আছে। প্ৰিয়নাথে সেইফালে অলপ সময় চাই থাকিল। আন্ধাৰৰ মাজতে যেন এখন ৰঙচুৱা গোল মুখৰ এমোকোৰা হাঁহি। জোন জিলিকাদি জিলিকি উঠিল। তপ্‌জে, ভূটীয়া কুৰমালৈ কিয় জানো প্ৰিয়নাথৰ চেৰেং চেৰেংকৈ মনত পৰিলে। মানুহটোৰ মৰমৰ উত্তাপত, নিভাঁজ চেনেহৰ উত্তাপত ডুব দি সোমাই থাকিবলৈ বৰ মন গ'ল। এবাৰ তপজেক লগ

পাবলৈ মনটো আকুলি-বিকুলি কৰি উঠিল। ভোট নমাৰ সময় হৈছে, আহিব আৰু বেছিদিন নাই।

'ভাত দিছো, আহক', সোণতৰা কাষত থিয় দিছেহি!

'আমাৰ ভূটীয়া কুৰমাৰ ঘৰটো পৰিষ্কাৰ কৰিব লাগিব। ভোট নমাৰ সময় হৈছে।' প্ৰিয়নাথে ভিতৰলৈ খোজ লৈছে।

'মই সেই দিনা চাইছিলো, চৌকাটোহে একেবাৰে ভাগি গ'ল।' কথাষাৰ কৈ সোণতৰাই শব্দ কৰি হাঁহি দিলে। লগতে প্ৰিয়নাথেও। দুয়োৰে একেলগে মনত পৰিছিল সৰল-সহজ মুখখনৰ হাঁহিটো, আধা মাত ফুটা শিশুৰ দৰে কথাবোৰ... আমাৰ দিগি... ছাৰাটো কত? ... এই দিগি....'

প্ৰিয়নাথৰ মনটো পাতল হৈ আহিল। এখন সৰল-সহজ গোল ৰঙচুৰা মুখে বতাহ এচাটিৰ দৰে প্ৰিয়নাথৰ মনৰ জাৱৰবোৰ চিটিকাই পঠালে।

'তপজেক চুঙা চাউল খুৱাব লাগিব'
'ৰাজালাগা কুৰমা বুলি মাতিব লাগিব'
'এৰী চাদৰ এখন দিব লাগিব'
'মূৰত ধৰা তামোলৰ থোক কিটাও দিব লাগিব।'

প্ৰিয়নাথ আৰু সোণতৰাই একেলগে হাঁহি উঠিল।

আলোকে কুনটাং বজাৰ গৰকিলে

আজি চাৰিমাহ হ'ল প্ৰিয়নাথ চৌধুৰীৰ একমাত্ৰ পুত্ৰ আলোক ঘৰতে আছেহি। স্কুল-কলেজবোৰ প্ৰায় বন্ধ হোৱাৰ দৰেই হৈছে। প্ৰায় নহয়, বন্ধই হৈ পৰিছে। ল'ৰা-ছোৱালীবোৰ আন্দোলনত নামিছে, সোণৰ অসম গঢ়িব। নিতৌ শোভাযাত্ৰা, ন ন পদ্ধতি, এদিন ৰাতি হাতত জোৰ লৈ সমদল, এদিন আকৌ নিশা শব্দৰ জাল। বাটি-ঘটি, ঢোল-পেঁপা লৈ কেউফালে শব্দ সৃষ্টি। হুলস্থূলত গছৰ চৰাই-চিৰিকতি ওলাই আহিল, কাউৰীয়ে নিশাৰ আকাশত ৰমলীয়াবলৈ ধৰিলে। জীৱ-জন্তু ভয়তে পেঁপুৱা লাগিল, কুকুৰবোৰে ৰাউচি জুৰিবলৈ ধৰিলে। কেউফালে নানা উৰা-বাতৰি। মানুহবোৰৰ অৱস্থাও নিশাৰ আকাশত চক্ৰাকাৰে উৰি ফুৰা কাউৰীজাকৰ দৰে ভয়াৰ্ত, বিমূঢ়, দিগ-বিদিগ শূন্য। প্ৰিয়নাথ আৰু সোণতৰাৰ সময় এইকেইদিন ভৰি গৈছে আলোকৰ সৈতে। অসম আন্দোলন আৰম্ভ হৈছে, স্কুল-কলেজবোৰ প্ৰায় বন্ধ হোৱাৰ দৰে হৈছে। আলোক বেছ দীঘলীয়াকৈ এইবাৰ ঘৰত আছেহি। ভনীয়েক কুসুম অসমৰ বাহিৰৰ স্কুল এখনত পঢ়ে। তাইৰ পঢ়া-শুনা চলি আছে। আলোকৰহে ঘৰত ইমান দিন একেলগে থাকিব পৰাকৈ সময় ওলাইছে। আন্দোলন বুলি এই সুযোগত আলোকে ঘৰতে কিতাপ-পত্ৰ পঢ়া-শুনা কৰি আছে, পঢ়া-শুনাতো সি সকলো সময়তে কৰিয়ে থাকে। আৰু এটা কাম কৰিছে সি, কাহিনী শুনিছে। পাৰিলে যেন একে ৰাতিতেই গোটেই মৌসৰাৰ কাহিনী শেষ কৰি শুনিব।

সেই বাঘটোৰ কাহিনী।

গোসাঁই-ঘৰত ভোগজৰা বাটিত থকা বালিমুঠিৰ কাহিনী।

মৰগান চাহাব মৰাৰ দিনা ওলোৱা ফেঁচা দুটাৰ কাহিনী।

ককাদেউতাকক ভূটীয়া দেৱীয়ে কাৰাগাৰৰ পৰা উলিয়াই অনাৰ কাহিনী।

মৰগান চাহাব আৰু অপ্সৰা কন্যাৰ প্ৰেমৰ কাহিনী।

ডফলা পোতা টিলাৰ শহাকেইটা, জনাথন চাহাবৰ তিনি দিন তিনি ৰাতি লঘোণে থকাৰ কথা, পেটত পদ্মফুলৰ চিন লৈ থকা হাতীটো, ধনীৰাম মাউতে

ককাদেউতাকক জে'লতে এৰি হাতী লৈ পলোৱাৰ কথা। কাতিয়া মাউতে ধন বিচাৰি যোৱাৰ কথা। আলোক মজি গৈছে। চুপি চুপি শুনিছে সেই যাচি দিয়া ভাতৰ থালৰ কথা, সুগৰী জান আহি চোতাল পোৱাৰ কথা, সেই জয়াৰ জুইবোৰৰ কথা। ফুটুকা হৰিণ এটাৰ দৰে আলোক এবাৰ দেউতাক, এবাৰ আইতাক, এবাৰ বৰফান্দী, এবাৰ কাতিয়া কৰি হাউলিত জঁপিয়াই ফুৰিছে। গধূলি গধূলি বুলনিত গীটাৰ বজাই গান গাইছে, হাউলিৰ আটায়ে আহি বহিছে। সদায়ে খুড়াকৰ ছোৱালীৰ লগত জয়পুৰত পঢ়ি থকা ভনীয়েকলৈ চিঠি লেখিছে, কাহিনীবোৰ কৈছে। দেউতাকৰ লগত এই অঞ্চলটোৰ দুৰৱস্থাৰ কথা আলোচনা কৰিছে।

আলোকে শিপা মেলিছে। মৌসৰাৰ মাটিত এই শিপা ভৰভৰকৈ সোমাই গৈছে। কাৰ সাধ্য আছে বাধা দিয়াৰ?

সেই তাহানি দিনৰে পৰা হাউলিত খাজনা তোলাৰ নিয়ম এটা আছে। বজাৰ বাৰ এটাত গৈ মৌসৰাৰ বিভিন্ন ঠাইত মৌজাৰ পৰা মহৰি পিয়দা কাগজ-পত্ৰ লৈ ওলায়গৈ। হাতী লৈ যায় লগতে তম্বু, সিধা-পত্ৰ। হাউলিৰে কোনোবা এজন প্ৰতিনিধি ৰূপে লগত ওলায়। ৰাইজেও ভাল পায়, খাজনা দিয়াৰ কামটো সহজতে হয়। মৌসৰাৰ মৌজা অফিচত গৈ খাজনা দিয়াৰো কম আহুকাল নে? ৰাস্তা-ঘাট নাই বুলিবই লাগে, বগা চাহাবৰ দিনৰে দলংবোৰ হেলেক-পেলেক হৈ পৰিছে, দুখন মানৰ মূৰবোৰ বহি গৈছে। ৰাইজৰ বিলাই-বিপত্তিৰ শেষ নাই, এনে অৱস্থাত ঘৰৰ পৰা ৰিং মাৰিলেই শুনা বজাৰখনতে খাজনা শোধাব পাৰে, কম সুবিধাৰ কথানে? মৌসৰাৰ বহু খাজনা এই বজাৰবোৰতে উঠে।

আজি এই খাজনা তোলা দলটো নাচনডুবিৰ কাষৰ বহু বছৰৰ পুৰণি কুনটাং বজাৰলৈ যাব। কুনটাং বজাৰ পাওতে এদিন লাগে। গোটেইখিনি মিলি মুঠতে চাৰিদিনৰ কাম। আলোকে দেউতাকৰ ওচৰত জেউৰ ধৰি আছে, কুনটাং বজাৰলৈ খাজনা তুলিবলৈ যাব। বৰফান্দী যাব, কাতিয়া যাব, পিয়দা, মহৰি আছেই, ধনদাহঁতে হাড়িমোনা ভৰাই দিলেই। দেউতাকে পুতেকৰ আগ্ৰহ দেখি যাবলৈ অনুমতি দিলে। সোণতৰাই হেহোঁ-নেহোঁ কৰি আছে। মাকৰ কুনটাং বজাৰলৈ পুতেকক যাবলৈ দিবলৈ একেবাৰে মন নাই। মানুহজনীয়ে ইয়াতে আহি আদহীয়া হ'লহি, পুতেক-জীয়েকক ডাঙৰ কৰিলে। তথাপি এই ঠাইখনত জীণ নগ'ল। সকলো সময়তে ভয়, এই কিবা এটা হ'ব, এই কিবা ঘটিব। প্ৰিয়নাথে লক্ষ্য কৰিছে জীয়েক-পুতেক ঘৰলৈ আহিলে মানুহজনী কিবা উচাটন হৈ থাকে, ভালকৈ নাখায়, শুব নোৱাৰে, সকলো সময়তে এক উদ্বিগ্নতা। ৰাতি উঠিও শুই থকা ল'ৰা-ছোৱালীহালক এবাৰ চাই

আহেগৈ। কিন্তু সিহঁত বাহিৰত থাকিলে মানুহজনী শান্ত হৈ থাকে। গুণগুণকৈ গান গাই গাই কাম কৰি ফুৰে। প্ৰিয়নাথে বুজি পায় মানুহজনীৰ শিপা এই ঠাইখণ্ডত গোন্ধাই মালতী ফুল এজোপাৰ দৰে। থোপা বান্ধি থকা এই শিপা আঁজোৰ মাৰিলেই উঠি আহিব। মানুহজনীয়ে অহাৰ পৰা জানো কম দেখিছে? অলপ থিত লয়, লাগেই নহয় কিবা এখন ধৰ-ধৰ মাৰ-মাৰ। মাকে যে পুতেক ইয়াৰ পৰা আঁতৰি বেলেগ ঠাইত থাকিলে ভাল পায় সেই কথা প্ৰিয়নাথে ভালকৈ বুজে।

অৱশেষত দেউতাকৰ জোৰতে আলোক খাজনা তোলা দলৰে এজন হৈ কুনটাং বজাৰলৈ চাৰি দিনৰ বাবে ওলাল। ইমানটো হ'লহি আলোক, নাচন ডুবিৰ ফালে অহা নাই। সাধাৰণতে এইফালে উজাই অহাৰ কাম নাথাকে, ভটিয়াই সোণাপুৰ হৈহে বেছিকৈ যোৱা হয়। হাতীৰ পিঠিত উঠি গোটেইবোৰ ওলাল। আলোক বিমোহিত হৈ পৰিছে। যিমানে আগবাঢ়ি গৈছে ময়ূৰ বৰণৰ পাহাৰ লানি বেছি স্পষ্ট হৈ পৰিছে। কেউপিনে গছ-গছনি, সৰু সৰু জান-জুৰি। লাহে লাহে নাচন ডুবি বাগিচা এখন ঢৌ খেলোৱা চাদৰৰ দৰে সন্মুখত মেল খাই গ'ল। আলোকৰ ভাল লাগিছে। কিমান কাহিনী শুনিছে এই নাচন ডুবি বাগিচাৰ। বৰফান্দীয়ে কৈছে নৈৰে নদী পাৰ কৰি হাতীৰ পিঠিত উঠাই নাচন ডুবি চাহ বাগিচা দেখুৱাই আনিবগৈ। কুনটাং বজাৰৰ একাষত মৌজাৰ ঘৰ এটা আছে। গাঁওবুঢ়াই চাফা কৰি থৈছে। মৌজা অফিচৰ কাষতে তম্বু তৰা হ'ল। চাহাব চিকাৰ কৰিবলৈ গ'লে এইটো তম্বুকে হেনো ককাকে লৈ গৈছিল। জাহাজত বাৰ্মিংহামৰ পৰা অনাইছিল। অকণমান ঠাই নিগনিয়ে নষ্ট কৰিলেও বাকীখিনি ঠিকেই আছে। জহা চাউলৰ ভাত আৰু জিৰা-জালুক দি ৰন্ধা-মুৰ্গী মাংসৰ গোন্ধত গোটেইখন মহমহাই গ'ল। আলোকৰ খোৱা-বোৱাত মন নাই। সি নাচনডুবিলৈ সাধু বিচাৰি আহিছে। কুনটাং বজাৰ নামটোৰ বিষয়ে আলোকে জানিব খুজিছে। কোনে ক'ব এই নামৰ ৰহস্য? মহৰিয়ে গৈ নিধিৰাম চৰ্দাৰক মাতি আনিলেগৈ। নিধিৰাম চৰ্দাৰ আৰু আলোকৰ আড্ডা বৰ সোনকালেই জমি গ'ল। বিশেষকৈ আলোকৰ গীটাৰ আৰু গানে বুঢ়াক বৰ আনন্দ দিলে। আলোকৰ নেভি ব্লু ৰঙৰ ব্লেজাৰটো বুঢ়াৰ বৰ ভাল লাগিছে, কেইবাবাৰো চুই চালে। একোবত আলোকে ব্লেজাৰটো খুলি বুঢ়াক পিন্ধায়ে দিলে। তাৰ পাছত বুঢ়াই এই নাতিক আৰু গল্প নক'বনে? আলোকে বুঢ়াক ককাদেউতা ককাদেউতা কৰি ৰাতিটো সাধু কোৱালে। নিধিৰাম চৰ্দাৰে কঢ়িয়াই লৈ ফুৰিছে ককাদেউতাক দেউতাক আৰু নিজৰ জীৱনৰ দীঘে-বাণিয়ে থকা নানানটা ঘটনা। মৌজাদাৰৰ মৰম লগা ল'ৰাটোৰ আগ্ৰহ দেখি কথাবোৰ কঠীয়া গজাদি গজি উঠিল। চাহাবৰ দিনত

নদীৰ নদীৰ উত্তৰ পাৰতে এটা খোৱাৰ সাজি তাতে কলেৰা লগা শ্ৰমিকখিনি ৰাখিছিল। বাকীখিনি বাগানে বাগানে চালান দিছিল। কেইজন শ্ৰমিকনো আহি এইখিনি পাইছিলহি? সৰহভাগ বাটতে মৰি-হজি শেষ হৈছিল। ষ্টীমাৰৰ ওপৰত কোনো চাল-বেৰ নোহোৱা ওপৰ মহলাত গৰু-ছাগলী লাদি অনাদি আনিছিল। কলেৰাক আদি সোঁচৰা বেমাৰ ধৰি শ্ৰমিকসকল বেমাৰ লগা মুৰ্গীৰ দৰে দলে দলে মৰিছিল। এবাৰ কলেৰা হোৱা বুলি গম পাই 'বাৰ্মা' নামৰ জাহাজৰ পৰা চাৰিজন অসুস্থ শ্ৰমিকক বাটতে ঘন জংঘলৰ মাজত নমাই দিছিল। জৰে-তাপে বহুত শ্ৰমিকে পানীত জঁপিয়াই দি আত্মহত্যা কৰিছিল। জাহাজবোৰত শ শ শ্ৰমিক মৰিছিল। চাহাবৰ চৰকাৰেই চাহাব চাহ-খেতিয়কক শ্ৰমিক অনাৰ নিয়ম বান্ধি দিব লগা হৈছিল। জাহাজৰ ষ্টীমাৰৰ ওপৰত চালত কুলী আনিব নোৱাৰিব, ষ্টীমাৰ বিলাকৰ চুলাৰ প্ৰচণ্ড উত্তাপৰ কাষত কুলী অনা নচলিব। পানীত জঁপিয়াই আত্মহত্যা কৰা বন্ধ কৰিবলৈ ষ্টীমাৰবোৰৰ চাৰিওফালে চৌকাষে ওখকৈ ৰেলিং সাজিবলৈ নিৰ্দেশ দিছিল।

গুৱাহাটী উজান বজাৰ ঘাটতে কিছুমান শ্ৰমিকক নমাইছিল, এইফালে অহাখিনিক খাৰুপেটীয়া ঘাটত নমাইছিল। নাচন ডুবি, পলাশতলী, টেমচ গাৰ্ডেন, গাৰ্ডেন ভিক্টৰীয়া আদি এই অঞ্চলৰ বাগানলৈ অনা শ্ৰমিকবোৰক আনি এই কুনটাং বজাৰৰ ওচৰতে খোৱাৰত ৰখা হৈছিল। বৰ কাঢ়া আছিল নাচন ডুবিৰ মেডিকেল অফিচাৰ ফৰ্ড উইলিয়াম চাহাব। খোৱাৰত থৈ শ্ৰমিক খিনিক ঔষধ মিহলোৱা পানীত উলঙ্গ হৈ গা ধুবলৈ দিয়া হৈছিল, খোৱাৰৰ ভিতৰলৈ দলিয়াই দিয়া হৈছিল গোল গোল ঢেলা চাবোন। তাৰ পাছত খোৱাৰৰ পৰা আটাইবোৰে উলঙ্গ হৈয়ে বাহিৰলৈ আহিব লাগিছিল। আহি বাগানৰ পৰা নিয়া কাপোৰ পিন্ধিহে বাগানত সোমাব পাৰিছিল। যিবোৰৰ গাত বেমাৰ আছিল, সিহঁতক বেলেগ ঠাইত ৰখা হৈছিল। সিহঁতবোৰে পিন্ধি অহা কাপোৰবোৰ জ্বলাই দিয়া হৈছিল। বাগানে দিয়া কাপোৰহে পিন্ধিছিল। এই বজাৰ বহা ঠাইখিনিত শ্ৰমিকবোৰৰ কাপোৰ দ'ম বান্ধি জ্বলোৱা হৈছিল।

আলোকে হঠাৎ ফূৰ্তিত জঁপিয়াবলৈ লাগিছিল, ইউৰেকা, ইউৰেকা... পাই গ'লো..পাই গ'লো।

নিধিৰাম চৰ্দাৰ, মহৰী, পিয়দা আটায়ে অবাক হৈ আলোকলৈ চাই থাকিল।

কৱ্যাৰ্যানটাইন, ইয়াৰ পৰাই কুনটাং। আলোকৰ মুখলৈ চাই থকা আটাইকে আলোকে বুজাইছিল চাহাবে ইয়াতে খোৱাৰ পাতি শ্ৰমিকক আঁতৰাই থৈছিল। মুৰ্গীৰ

বেমাৰ হ'লে যেনেকৈ বেমাৰী মুৰ্গীকিটা সুস্থকিটাৰ পৰা আঁতৰাই থোৱা হয়। বেমাৰী শ্ৰমিকবোৰক নৈনে পাৰ হোৱাৰ আগতেই সিহঁতক এই নৈৰ এইপাৰে নিলগাই ৰখা হৈছিল, চাহাবৰ ভাষাত 'কৱ্যাৰ্যানটাইন'। তাৰ পৰাই কুনটাং বজাৰ। চাহাবৰ ভাষাত দাঁত ভঙা শব্দই বৰ সোনকালেই যে সাধাৰণ মানুহৰ মুখত পৰি অদ্ভুত ৰূপ লৈ উঠে।

আলোকে এই আবিষ্কাৰ প্ৰথমতে কৈছিল নাচনডুবি বাগিচাৰ চফল ডেকা মেনেজাৰ মনজিত সিঙক। মনজিতে বহুত দিনৰ মূৰত এনেকৈ মনখুলি কথা পাতিবলৈ ল'ৰা এটা পাই বৰ ভাল পাইছিল। নিজৰ জীপত উঠাই মনজিতে আলোকক গোটেই বাগানখন দেখুৱাইছিল। হেলিপেডখনলৈ লৈ গৈছিল। পাঞ্জাবৰ উচ্চশিক্ষিত ল'ৰাটোৱো নাচনডুবিলৈ আহি ইয়াত গছত লতা মেৰোৱাদি মেৰ খাই থকা মুখে মুখে বাগৰি অহা নানা সাধুকথাৰ অংশীদাৰ হৈ পৰিছে। বৰষুণ অহাদি, গছ গজাদি, ব'হাগত বুঢ়া আঁহতজোপাত ওলমি ওলমি কপৌ ফুল ফুলাদি, চাহগছলৈ এটি কলি দুটি পাত অহাদি কোনোবাই এই অঞ্চলত ভৰি দিলেই সাধুবোৰ পকাই ধৰেহি, কেউকাষে গিজ খাই গজি উঠে। মনজিতকো ধৰিছে। তাৰ পাছত সাধুবোৰে জিভাত লক্লকাই থাকে। ক'ব নোৱৰাকৈয়ে শুনিবলৈ হেঁপাহ কৰা জনৰ ওচৰত হৰ্হৰকৈ ওলাই যায়। আজি আলোকক পাই মনজিতৰো হৈছে।

নাচনডুবিৰ হেলিপেডখনত উঠি আলোক ৰৈ গ'ল। বাগানখন অলপ ওপৰলৈ উঠি গৈছে। ঢৌ খেলি মেল খাই গৈছে। বাগানখন য'তে শেষ হৈছে তাতে আৰম্ভ হৈছে এখন বিশাল অৰণ্য। গছ-গছনিয়ে, জন্তুৱে-জানোৱাৰে গেজেপনি মাৰি আছে।

ভূটীয়া অহা এইখনেই সেই ৰাংচু দুৱাৰ, সৌফালেই কৰীয়াপাৰা, এইফালে দিয়ে ৰাজলাগা ভূটীয়া আহি পাটগিৰীক শোৱা পাটীতে মাৰি থৈ গৈছিলহি। এই হাতীৰ গুপ্তীয়েদিয়ে ককাদেউতাক আহিছিল। ভূটীয়া দেৰীয়ে কাৰাগাৰৰ পৰা মুকলি কৰি দি ভৈয়ামৰ ৰাস্তা দেখুৱাই দিছিল সেই সুদৰ্শন পুৰুষক। প্ৰতি বছৰে দেউতাকৰ ভূটীয়া সখী তপজে এই ৰাস্তাৰে নামে।

তেতিয়া বেলি লহিয়াইছিল। বাগান পাৰ হৈ ওপৰলৈ উঠি যোৱা অৰণ্য এক্ষন্তেকৰ বাবে সোণালী-সেউজ হৈ পৰিছিল। সেই অৰণ্যত এতিয়াও আছে বৰফান্দীৰ গণেশ, পেটত পদুমফুল থকা মৌ-বৰণীয়া হাতী গণেশ।

মৰগান চাহাবৰ ভায়েক বাৰ্নাৰ্ড আৰু লিঅনাৰ্ড চাহাবৰ প্লেন এই হেলিপেডতে হাতীয়ে ঘেৰি থকা কাহিনীটো, চাহাবে প্লে'ন নমোৱাৰ সময়ত জ্বলোৱা জোঁৰ আৰু টৰ্চৰ কাহিনী এটা এটাকৈ মনজিতে আলোকক শুনালে। আলোকক নি দেখুৱালে

সেই এলিজা মেমে ৰোৱা ৰেইন ট্রি জোপা। শাখা-প্রশাখা মেলি বিশাল হৈ পৰা চিৰ-সেউজীয়া গছজোপাৰ তলৰ স্মৃতি স্তম্ভ কেইটাৰ মাৰ্বলৰ ফলককেইখন। মাৰ্বলৰ ফলককেইখনৰ ওপৰত এজোপা বুঢ়া গুলচ ফুল। গা-গছবোৰ হৰিণৰ শিঙৰ দৰে বেঁকা-বেকী হৈ পৰিছে। আলোকে কুঁজা হৈ এখন এখনকৈ ফলক কিখনৰ নামবোৰ চালে।

মৰগান লংফেলচ

বাৰ্নাৰ্ড জুনিয়ৰ (প্রিঞ্চ)

লিঅনাৰ্ড লংফেল,

বাৰ্নাৰ্ড লংফেল,

এলিজা লংফেল,

বৰা বাংলোৰ দীঘল নেটেৰে ঘেৰা বাৰাণ্ডাখনলৈ আঙুলিয়াই মনজিতে কৈছিল, সেইফালে ৰাতি ৰাতি জোতাৰ শব্দ আহে, কুকুৰে ভৌ-ভৌৱাই, নাচি থকা ভৰিৰ শব্দ শুনি, গানৰ শব্দ আহে, কোনোবাই কান্দে।

আলোকে সুধিছিল পাখিত দুচমকা পোহৰ লৈ ওলোৱা ফেঁচা এহাল কেতিয়াবা দেখিছিলে নেকি? মনজিতে মূৰ জোঁকাৰিছিল, নাই দেখা।

জীপেৰে ননৈ পাৰ কৰি খাজনা তোলা শিবিৰত থ'বলৈ মনজিত সিঙে আলোকক লৈ ওলাইছিল। ননৈত জীপ নমাব খুজি দেখিছিল নদীত পানী আহিছে। বগা বগা ড্রাম কিছুমান বাগৰি অহাৰ দৰে পানী আহিছিল। মনজিত সিঙে এইবাৰ এই অদ্ভুত নদীখনৰ গল্প জুৰিছিল। এবাৰ ......।

আলোকে চটফটীয়া পাঞ্জাবী ডেকাজনক এৰি দিব খোজা নাছিল। মনজিতো তম্মুত থাকি গৈছিল। আলোকৰ গীটাৰখনে মনজিতক টানিছিল। মনজিতেও বৰফান্দীয়ে ৰন্ধা জহা চাউলৰ ভাত আৰু বন কুকুৰাৰ জ্বলা দি ৰন্ধা মঙহৰ জোলেৰে ভাত খাইছিল। খোৱা আৰু গানৰ ফাঁকে ফাঁকে আকৌ গল্প ওলাইছিল। এই গল্প ৰুধিব কোনে পাৰে? ননৈৰ পাহাৰৰ পৰা বাগৰি অহা পানীৰ ঢৌবোৰৰ দৰে বাগৰি বাগৰি আহে, সকলোকে উটাই নিয়ে।

বুকুৰ পৰা জিভালৈ আহিবলৈ লক্‌লকাই থকা সাধু এসোপা লৈ আলোক হাতীৰ পিঠিৰ পৰা নামিছিল। নাই, সাধুবোৰ আলোকে কাকো ক'বলৈ নাপালে। ভয়ংকৰ এক ত্ৰাসত হাউলি পোত খাই আছিল। দেউতাকৰ আলোকক মাতিবলৈও সময় নাছিল। তেওঁ হাউলিৰে বাছখনত মানুহখিনিক উঠাই ক'ৰবালৈ যোৱাৰ ব্যৱস্থা

কৰি দিছিল। বাছখনত পুলিচ আছিল। আলোকে গম পাইছিল যোৱা ৰাতিয়ে ক'ৰবাৰ মানুহ কিছুমান আহি বঙাল-পাৰাত জুই দিলে। জুই দিবলৈ অহা মানুহকিজনক খেদি যোৱা চাৰিজন মানুহ নাট্য মন্দিৰৰ ওচৰতে গুলী লাগি মৰি থাকিল। বিভিন্ন উৰা বাতৰি, সঁচা বাতৰিৰে মৌসৰা উত্তাল হৈ আছে। বাছখনত ঠেলা-হেঁচাকৈ, উঠি-বহি বঙালপাৰাৰ বহুখিনি মানুহ মৌসৰাৰ পৰা ওলাই গৈছিল গৈ। মানুহখিনি ওলাই যোৱাৰ পাছত দেউতাকে বুলনিত বহি একাপ চাহ খাইছিল।

আলোকে শুনিছিল কেনেকৈ দেউতাকে হাতত বন্দুক লৈ হাউলিত আশ্রয় লোৱা মানুহখিনিক ৰখি আছিল। কেনেকৈ পুলিচ একেবাৰে পুৱাৰ ফালেহে আহিছিল। কেনেকৈ হাতী দুটাই দেউতাকৰ দুইফালে থিয় দি আছিল। ৰাধা নামৰ মাখুন্দীজনী এতিয়াও ৰাতিটো ৰৈ থকা ঠাইখিনিৰ পৰা আঁতৰা নাই।

দেউতাকে আলোকক মাতিছিল আৰু কৈছিল, আজি আবেলি আলোক তেওঁৰ লগত গুৱাহাটীলৈ যাব লাগিব। খুড়াকে সি দিল্লীৰ কলেজ এখনত পঢ়াৰ সকলো ব্যৱস্থা কৰিছে। তেওঁ আলোকক কিতাপ-পত্ৰ বান্ধিবলৈ কৈছিল। আলোকে নিজৰ কোঠাত গৈ দেখিছিল গৈ মাকে আটাইবোৰ বান্ধি-কুন্ধি থৈছে, গামোচা এখনো বাকী নাই।

জিভাত লকলকাই থকা সাধু এসোপা লৈ আলোক সেই বান্ধি-চিতি থোৱা বস্তুবোৰৰ ওচৰতে বহুসময় ৰৈ আছিল, নীৰৱে।

আন্ধাৰ এখন আকাশ

আলোক যোৱাৰ পাছত হাউলি ভৰ্তি মানুহৰ মাজতো প্ৰিয়নাথ আৰু সোণতৰাৰ বৰ ৰিঙা ৰিঙা লাগিছে। হাউলিটো যেন খালী হৈ পৰিল, এজাক মানুহ যেন ওলাই গ'ল গৈ। শূন্যতাৰ মাজত তাৰ গীটাৰৰ শব্দবোৰে কেউপিনে যেন ঘূৰি ফুৰে। গুৱাহাটীত থাকোঁতে সি তেও মাজে মাজেই মৌসৰালৈ আহিব পাৰিছিল, এতিয়া দিল্লীলৈ যোৱাৰে পৰা আহিবলৈ সময়ে নোপোৱা হ'ল। আলোক চন্দ্ৰনাথৰ দেহলাও, ভতিজাকক বৰ মৰম কৰে। ভতিজাকৰ প্ৰখৰ মেধাক লৈয়ো খুড়াকৰ গৰ্বৰ অন্ত নাই। আলোক উজ্জ্বল খোজেৰে আগুৱাই গৈ আছে। মনে মনে পুতেকক লৈ দেউতাকৰো এক গৰ্ব আছে। মানুহক ইমান ভাল পাব পাৰে ল'ৰাটোৱে। তাৰ চেহেৰাটো একেবাৰে ককাকৰ দৰে হৈছে। চাওতে চাওতে সি ডেকা হৈ পৰিল। সিফালে কুসুমজনীও ডাঙৰ হৈ আহিল। তায়ো পৰীক্ষাবোৰ ভালকৈয়ে পাছ কৰি গৈছে। থাকক জয়পুৰৰ স্কুলখনতে, তাৰ পাছত কি হ'ব দেখা যাব। এইকেইদিন সোণতৰা আৰু প্ৰিয়নাথে ল'ৰা-ছোৱালী বিশেষকৈ আলোকৰ কথাই পাতি আছে। সোণতৰাৰ প্ৰথম দুই সন্তান জন্মৰ আগতেই মৃত আছিল। প্ৰথমজনী ছোৱালী আছিল, সেইবাৰ কুঁৱাৰ পাৰত পিছলি পৰি প্ৰথম সন্তানটো মৃত হৈ অকালতে প্ৰসৱ হ'ল, দ্বিতীয় সন্তান ল'ৰাটো পেটতে মৰি আহিছিল। দুয়োৰে মন ভাঙি গৈছিল। তৃতীয় বাৰ চন্দ্ৰনাথে আগৰে পৰা নি গুৱাহাটীত ৰাখিছিল। একো অসুবিধা নোহোৱাকৈ আলোকৰ জন্ম হৈছিল। কুসুমৰ বেলিকা প্ৰিয়নাথে নিজেই গৈ সোণতৰাক ভায়েকৰ ঘৰত থৈ আহিছিল। মৌসৰাৰ হচপিতেল আৰু চিকিৎসাৰ ওপৰত প্ৰথম দুবাৰ ভৰসা কৰাৰ বাবে প্ৰিয়নাথে মাজে মাজে তীব্ৰ দোষবোধত ভোগে। ইমানবোৰ মানুহে এই হচপিতেলতে সন্তান জন্ম দিছে, সোণতৰাও ব্যতিক্ৰম নহ'ব বুলিয়েই ভাবিছিল। সেই দুই ঘটনাই সোণতৰাৰ স্বাস্থ্য বহুখিনি দুৰ্বল কৰিলে। আলোকৰ জন্মই দুয়োলৈকে বৰ আনন্দ আনিছিল। চন্দ্ৰনাথৰ হেজাৰটা অনুৰোধ নেওচা দি আলোকক মাকে আৰু বহুখিনি দেউতাকেও হাইস্কুলৰ সময়ছোৱা লগতে

ৰাখিব খুজিছিল। আলোকে মৌসৰাৰ হাইস্কুলৰ পৰাই অসমৰ ভিতৰতে দ্বিতীয় হৈ মেট্ৰিক পাছ কৰিছিল। সেইদিনা হাউলিত সেই স্বাধীনতাৰ দিনৰ দৰেই চাকি-বন্তি জ্বলিছিল, গোটেই হাউলি জুৰি উৎসৱ হেন পৰিবেশ হৈছিল। মানুহেই মানুহ, চোতালত চামিয়ানা তৰি দিছিল। চন্দ্ৰনাথে গুৱাহাটীৰ পৰা ডাঙৰ ডাঙৰ টিঙত ৰসগোল্লা আনিছিল। বহুত কথা পাহৰি সেইদিনা প্ৰিয়নাথেও মন খুলি আনন্দ কৰিছিল। মেট্ৰিক পাছ কৰি কলেজত নাম লিখাইছিলহে, দেশত এইবোৰ আৰম্ভ হ'লেই নহয়। চন্দ্ৰনাথে এইবাৰ হেচামাৰি ধৰিলে, এনেকৈ নহ'ব। ইমান চোকা ল'ৰাটো টোপোলা বান্ধি থৈ দিলে নহ'ব। সোণতৰা আৰু প্ৰিয়নাথেও না নকৰিলে। আলোক দিল্লীলৈ গুচি গ'লগৈ। তাতো সি বৰ নাম কৰিছে।

আজি এযোৰা আলহী আহিব। প্ৰিয়নাথ আৰু সোণতৰাৰ গোমা মনটো ভাল লাগিছে। দুয়ো বুলনিতে বহি আলহীৰ কাৰণে বাট চাই আছে। কোনোদিনে নহা আলহী, বিশেষ অতিথি। সোণাপুৰৰ নতুনকৈ চৰকাৰীকৰণ হোৱা কলেজখনলৈ অহা দুজন অধ্যাপক আহিব। এওঁলোক স্বামী-স্ত্ৰী। দুয়ো বুৰঞ্জী বিভাগৰ অধ্যাপক-অধ্যাপিকা। এওঁলোকক লৈ আহিব কলেজৰে উপাধ্যক্ষ বুদ্ধ বৰুৱাই, বৰুৱা এই অঞ্চলৰে মানুহ। তেওঁ জনাজাত বাঁওপন্থী কৰ্মী। এই অঞ্চলত তেওঁৰ দৰে ইমান ভাল কেৰিয়াৰৰ মানুহ নাই বুলিবই পাৰি। তেওঁ জনমটো ঠাইখনতে থাকি গ'ল। তেওঁ সোণাপুৰ কলেজখনৰ এজন গুৰি ধৰোতা। ইমান দিনে কম টকাতে খাটিলে। সৌ সিদিনাৰ পৰাহে পূৰা দৰমহা পাইছে। বুদ্ধ বৰুৱাৰ যোগাযোগতে এই হাল মানুহ ইয়ালৈ আহিছে। দুয়ো হেনো বৰ ভাল ছাত্ৰ-ছাত্ৰী আছিল। এই অধ্যাপক দম্পতীৰ কথা প্ৰিয়নাথেও শুনিছে। দুয়ো বুদ্ধ বৰুৱাৰ সৈতে একে মতাদৰ্শৰ। দুয়ো আন্দোলন বিৰোধিতা কৰি সমাজখনৰ ৰোষত পৰিছে। বহুত কথা শুনিছে এই মানুহ হালৰ বিষয়ে। মানুহ গৰাকীয়ে বিশেষকৈ সোণতৰাক লগ ধৰিবলৈ আহিব। তেওঁ সোণতৰাহঁতৰ অঞ্চলৰ সেই জমিদাৰ বিৰোধী আন্দোলনটোৰ ওপৰত কিবা কাম কৰি আছে। অধ্যাপকে প্ৰিয়নাথ চৌধুৰীৰ কথা বহুত শুনিছে। তেওঁক লগ পাবলৈ আহিব।

প্ৰিয়নাথে বুদ্ধ বৰুৱাৰ কথা চিন্তা কৰা নাই। এইটো অঞ্চলৰ মানুহ, সকলোৰে চিনি পায়, ভুলে-শুদ্ধই নিজৰ মানুহ বুলি ভাবে। চিন্তা কৰিছে এই বাহিৰৰ পৰা অহা মানুহ হালৰ কাৰণেহে। বুদ্ধ বৰুৱাহঁতৰ দৰে মানুহবোৰক এতিয়া মানুহে চিটিকা পাতি পাতি এন্দুৰ ধৰি মৰাদি মাৰিবলৈ লৈছে। প্ৰিয়নাথে গম পাই আছে অসম জুৰি এই কাণ্ড ঘটিছে। সিদিনা কাগজত আহিছে, সেই বিখ্যাত প্ৰফেছাৰজনক গুৱাহাটীতে

ঘৰৰ পৰা বজাৰলৈ যাওঁতে বাটতে মূৰ ফালি পেলাই দিলে। ভাগ্যে আয়ুসত চাউল আছিল। সোণতৰাহঁতৰ ঘৰখন সমাজে এঘৰীয়া কৰাদি ৰাখিছে, ৰাতি ৰাতি ঘৰৰ চালত শিলগুটি পৰে, এদিন গোহালি-ঘৰটোত কোনোবাই জুই দিছিল। সোণাপুৰৰ পশ্চিম ফালে আশ্ৰয় শিবিৰবোৰতো কমখন ঘটনা ঘটি থকা নাই। গুৱাহাটীৰ পৰা এদল মানুহ এই আশ্ৰয় শিবিৰবোৰৰ মানুহখিনিক সাহায্য দিবলৈ আহিছিল। তেওঁলোকৰ লগতে অহা বৰুৱাহঁতৰে মতাদৰ্শৰ মানুহ এগৰাকীয়ে শিবিৰত ডাক্তৰসকলে চিকিৎসা প্ৰদান কৰোঁতে জাত-পাত-ভাষা ভাগ কৰাৰ বাবে ৰূদ্ৰমূৰ্তি ধাৰণ কৰিছিল। প্ৰিয়নাথে কথাটো গম পাইছিল বঙালপাৰাৰ মানুহ এজনৰ পৰা। মানুহগৰাকীৰ হেনো পানীত হাঁহ নচৰা অৱস্থা হৈছে, চাকৰিৰ পৰাও খেদা খালে। যোৰহাটৰ সেই ল'ৰাটোক ঘৰতে গুলীয়াই থৈ গ'ল। নলবাৰীৰ ছবি অঁকা ল'ৰাটোৰ আঙুলি কিটাকে কাটি পেলালে। বুদ্ধ বৰুৱাই নিজেও কম ভোগা নাই। তেওঁ ক্লাছত সোমালেই হেনো ল'ৰা-ছোৱালীবোৰ ওলাই যোৱা হৈছিল। স্কুল-কলেজবোৰ বন্ধ হৈ যোৱাৰ বাবে যেনিবা কথাটো বেছি হৈ যোৱা নাই। মানুহগৰাকীয়ে সেই সোণতৰাহঁতৰ গাঁৱৰ কৃষক আন্দোলনটোৰ কিবা কথা সুধিবলৈকে তেওঁ আহিব। সোণতৰাই আলহী সুধি ভাল পায়, জা-জলপান পিঠা-পনা সাজু কৰি ৰাখিছে। প্ৰিয়নাথে লক্ষ্য কৰিলে সোণতৰাই পোছাকী মেখেলা-চাদৰ এযোৰ পিন্ধিছে। ল'ৰাজনে বোলে ইতিমধ্যেই কেইবাখনো কাজিয়া কৰিছে। সিদিনা আন্দোলনকাৰী ল'ৰাৰ লগত তৰ্কা-তৰ্কি হওতে তেওঁ হেনো কলেজৰ মুকলি চোতাললৈ গৈ ল'ৰাবোৰক প্ৰত্যাহ্বান জনাইছিল। বুদ্ধ বৰুৱাই প্ৰিয়নাথক ল'ৰাজনে কোৱা কথাবোৰো কৈছিল। আন্দোলনকাৰী ছাত্ৰবোৰক তেওঁ মুকলি পথাৰত অকলশৰে থিয় দি চিঞৰি উঠিছিল, 'তহঁতে অসমীয়া জাতিটো ভাঙি পেলালি। জাতিৰ নামত এচামে ৰাজভোগ খাবলৈ গৈছে।' ল'ৰাজনে হেনো আন্দোলনৰ নেতৃত্বক গুৱাল-গালি দিছিল, কৈছিল অসমখনক নৰ্দমাত পেলাই সিহঁতে নিজেও নোহোৱা হ'ব। ভুল হৈছে, সৱ কথা ভুল হৈছে। এই ভুলৰ পৰিণতি অসমবাসীয়ে ভুগিবই লাগিব। অসম আন্দোলনৰ নেতৃত্বত থকা বুদ্ধিজীৱীবোৰকো তেওঁ তুলা-ধুনা দিছিলে। বুদ্ধ বৰুৱাই প্ৰিয়নাথক কৈছিল ল'ৰাবোৰে নতুন প্ৰফেছাৰৰ গাত সেইদিনা হাত তোলা নাছিল। বাকীখিনি অধ্যাপকে গৈ তেওঁক আগুৰি ধৰিছিলগৈ। কিন্তু গোটেই আন্দোলনকাৰীবোৰ জঁকি আছে। নতুন প্ৰফেছাৰৰ বিৰুদ্ধে ইতিমধ্যে চহৰৰ দেৱালবোৰত লেখা আৰম্ভ হৈ গৈছে। মানুহ হাল ওলালেই কোনোবাই লুকাই লুকাই চিঞৰ ধৰে, 'বদন', 'চি.পি.এম.'। তেওঁলোকে লোৱা ভাড়াঘৰতো নিতৌ শিলগুটি পৰে। বুদ্ধ বৰুৱাই সকলো কথা ভাঙি-পিতি কৈহে তেওঁলোকক হাউলিলৈ

অনাৰ অনুমতি লৈছিল। প্ৰিয়নাথে তেওঁলোকক মাতিছিল, হাউলিত তেওঁলোকৰ সুৰক্ষা নিশ্চিত কৰিছিল। কিন্তু অহা-যোৱাৰ বাটছোৱাৰ দায়িত্ব ল'বলৈ মান্তি হোৱা নাছিল। নতুন মানুহ হালৰ কথা অকল বুদ্ধ বৰুৱাৰ মুখতে নহয়, আন বহুতৰ মুখতে শুনিছে। ল'ৰাজনৰ ঘৰৰ কথাও শুনিছে। ল'ৰাজনৰ বিশ্বাসৰ বাবেই ঘৰখনেও বৰ ভুগিছে। অলপতে তেওঁৰ দেউতাকে সজা ঘৰৰ কাষৰে ভাড়াঘৰটোত কোনোবাই জুই দিছিল। সমাজে পৰিয়ালটোক প্ৰায় এঘৰীয়া কৰাৰ দৰে হৈছে। ল'ৰাজনৰ আন্দোলন বিৰোধী স্থিতিৰ বাবেই ভনীয়েকৰ হোৱা বিয়া ভাগি গ'ল। ছোৱালীজনীও হেনো মাকৰ ঘৰলৈ যাব নোৱৰা হৈছে। মানুহহাল যেনি যায় বিপদে খেদি ফুৰে। এদিন হেনো বজাৰতে কোনোবাই বদনক ধৰ, বদনক ধৰ বুলি চিঞৰ ধৰিছিল। যৰে বজাৰ ত'তে পেলাই নতুন প্ৰফেছাৰে চিঞৰ অহাফালে চোঁচা লৈছিল। ভাগ্যে কোনো কতো ওলাই নাহিল। নানা গুজব আৰু ৰটনা হৈছে মানুহ হালক লৈ।

সুগৰীজানৰ ওচৰত ৰ'লহি বুদ্ধ বৰুৱা। লগত এহাল ডেকা-গাভৰু। এইজনেই তেনেহ'লে ভয়ঙ্কৰ নতুন প্ৰফেছাৰ। ডেকাজনক দেখি প্ৰিয়নাথৰ মুখৰ পৰা হাঁহি ওলাই গ'ল। কি কল্পনা কৰি আছিলে, কি দেখিলে। কল্পনাত আছিল এটা হৈ চং পালোৱান মানুহ। এইটো দেখোন তেনেই কোমল বয়সৰ ল'ৰা এটা। ওখ পাতল আটিল চেহেৰাৰ কম বয়সীয়া ল'ৰা এটা। চকুহাল উজ্জ্বল, এযোৰ ক'লা ফ্ৰেমৰ চশমা পিন্ধিছে। এই ল'ৰাটোৱে কেইবাৰ সেই ভয়াবহ শক্তিৰ সৈতে সন্মুখ সমৰত নামিছে। ছোৱালীজনী ওখ-পাখ, চুলিকোছা দীঘল, গাৰ হাড়ৰ গঠনো ডাঙৰ। ছোৱালীজনীৰ হাতে-কাণে কোনো ধৰণৰ অ-অলঙ্কাৰ নাই, পিন্ধনত একেবাৰে সাধাৰণ সূতাৰ কাপোৰ এসাঁজ। ভাবিছিল চৌখিন পোছাক-পাতিৰে উজনিৰ ধনী ঘৰৰ ছোৱালী নতুন প্ৰফেছাৰণী দূৰৈৰ পৰা জিলিকি থাকিব। ভবা কথাবোৰ, মনৰ মাজত থকা ছবিবোৰ একেবাৰে ওলোটা হ'ল। তেওঁলোকৰ লগত আহিছিল ৰঙা ফ্ৰক এটা পিন্ধি মূৰতো ৰঙা কিলিপ, ফিতা মাৰি এজনী ফুটফুটীয়া ছোৱালী। তাই খোজ লৈছে মাথোন। মাক-দেউতাকৰ হাতৰ পৰা হাত এৰুৱাই বাৰে বাৰে নিজে খোজ কাঢ়িবলৈ বিচাৰিছে।

খোলা চোতাল, জাকে জাকে পাৰ চৰাই, ফুল গছ, হাতী, ঘোঁৰা এইবোৰ দেখি কণমানি ছোৱালীকণে ক'ব নোৱৰা হ'ল। তাইক ৰাখিবই নোৱৰা হ'ল। পখিলা এটাৰ দৰে তাই উৰিবলৈ ধৰিলে। এনি যায়, তেনি যায়, খিলখিলকৈ হাঁহে, এবাৰত উজুটি খাই পৰি কান্দিবলৈ ধৰিলে। মাক-দেউতাক হাল তাইৰ পিছে পিছে দৌৰি হায়ৰাণ হৈ পৰিল। এই তপজেই দিয়া কণমানি কুকুৰ জিগমা দৌৰি আহিল, তায়ো পিছে

পিছে লৰ ধৰিলে। পাৰ এজাক উৰি আহিল, তায়ো তলে তলে লৰ ধৰিলে। পখিলা দুটা আহি থোপাথোপাকৈ ফুলি থকা অশোক গছ জোপাৰ ওপৰত উৰিবলৈ ধৰিলে, তায়ো সেই ফালে দৌৰ মাৰিলে। হাত দুখন লৰাই লৰাই নিজা ভাষাৰে কলকলাই ছোৱালীকণে হাউলিৰ বহল চোতালখনত জিএগ্রা এজনী হ'ল, ৰঙা জিলমিলীয়া পাখি দুখন মেলি তাই কেৱল উৰিলে। প্রিয়নাথ, সোণতৰা আৰু বুদ্ধ বৰুৱাই একান্ত মনে সেইফালে চাই থাকিল। কণমানিজনীৰ পাছে পাছে দৌৰি ফুৰিছে মানুহ এহাল। মানুহহালকো ৰঙা জিএগ্রাজনীৰ উল্লাসে আবৰি পেলাইছে। তাই যিমানে হাঁহে, মানুহ হালেও হাঁহে, তিনিও যেন ক্ষন্তেকৰ বাবে জগত-সংসাৰ পাহৰি গৈছে। সুগৰী জানৰ পানীত ভাহি থকা হাঁহকেইটাৰ ওচৰৰ পৰা তাই নাতৰা হল। হাঁহ চাই থাকোঁতেই বাপেকে তাইক কোলাত তুলি ল'লে। তাই ভাগৰি পৰিছিল। বাপেকৰ কান্ধতে মূৰটো পেলাই দিলে। দুয়ো লৰা-লৰিকৈ ভিতৰলৈ আহিল। লগত অনা বেগৰ পৰা টাৱেল এখন উলিয়াই মাকে সোণতৰাক খুজি গৰম পানী আনি তিয়াই চেপি বাপেকক দিলে। দেউতাকে টাৱেলেৰে তাইৰ গাটো বৰ আলফুলে মোহাৰি দিলে, এজোৰ কোমল কাপোৰ উলিয়াই পিন্ধাই দি বেবী-পাউদাৰৰ টেমাটো লৈ অকণমান গাত ছটিয়াই দিলে। কেঁচুৱা আৰু বেবী-পাউদাৰৰ গোন্ধত বুলনিখন ভৰি গ'ল। সোণতৰাই ভিতৰৰ পৰা গাখীৰ অলপ চেঁচা কৰি বাটি এটাত আনি দিলে। ঘৰৰে গাখীৰ, হালধীয়া ৰং ধৰি ওপৰত সৰ পৰি গৈছিল। দেউতাকে মাকে উলিওৱা গাখীৰৰ টেমাটো আঁতৰাই থ'লে।

'মাজনীয়ে এনেকুৱা গাখীৰ খায়ে পোৱা নাই।' মাকে সোণতৰালৈ চাই কৈ উঠিল। মাকে গাখীৰখিনিত তাইৰ জলপান গুলিছে।

'বুঢ়া এজনে আমাক বৰ ভাল গাখীৰ দিছিল। ঘৰৰে গাখীৰ, এটোপাও পানী নিদিয়াকৈ দিছিল।' অভ্যস্ত হাতেৰে তাইৰ ডিঙিত গোলাপী ৰঙৰ কাপোৰ এখন বান্ধি বাপেকে প্রিয়নাথলৈ চাই ক'লে, 'বুঢ়াক আমাক গাখীৰ দিয়াৰ বাবে বাটতে দেশপ্রেমিকহঁতে কোবালে। আমাক মাছ দিয়া মাছুৱৈজনেও মাৰ খালে।'

'সৰু ছোৱালী এজনীয়ে পুৱাই আমাক ঢেকীয়া শাক, ৰঙালাওৰ ফুল, পুৰৈ শাক, খুতুৰা শাক আনি দিছিল, তায়ো নহা হ'ল, তাইকো চাগে সিহঁতে কিবা কৰিলে'। মানুহগৰাকীয়ে জলপানৰ বাটিটো আগবঢ়াই দিছে।

'তোমাক কোৱাই নাই, ছোৱালীজনীৰ ঘৰত গৈ সিহঁত জাকে ধমকিয়াই থৈ আহিছেগৈ, বদনৰ ঘৰত পাচলি বিক্রী কৰিলে সিহঁত ইয়াৰ পৰা যাব লাগিব।' বঙালী মানুহ ঘৰে বৰ ভয় খাইছে, সিদিনা ছোৱালীজনীৰ দেউতাকক লগ পাইছিলো। তেওঁ

মোৰ লগত কথা পাতিবলৈকে ভয় কৰিছিল।' দেউতাকে ছোৱালীকণক জলপান খুৱাইছে। মুখ মেলি মেলি তাই জলপান খাইছে।

'তাই কেনেকৈ আজি জলপান খাইছে, এনেই আমি তাইক ঘটি-বাটি বজাইহে খুৱাব লাগে।' ছোৱালীজনীয়ে হেঁপাহ কৰি জলপান খোৱা দেখি মাকে বৰ আনন্দ পাইছে।

'তাই মুকলিকৈ দৌৰিব পাৰিলে, তাইৰ ভোক লাগিছে',

'গাখীৰখিনিও ভাল পাইছে, টেমাৰ গাখীৰ তাই খাবই নোখোজে',

'কিতাপত দেখা বস্তুবোৰ নিজ চকুৰে দেখিলে',

'তাই বৰ আনন্দ পালে',

জলপান খাই তাই বাপেকৰ কান্ধতে শুই পৰিল। এইবাৰ মাকে ছোৱালীকণক কোলাত তুলি লৈ সোণতৰালৈ চাইছে,

'মাহী, তাইক ভিতৰতে শুৱাই দিমনে?'

'আঁঠুৱাখন তৰি দিবা',

মাকৰ কোলাত তাই অকণমান কান্দি উঠিল, দেউতাকে আকৌ তাইক নিজৰ কোলালৈ নিলে।

'এইৰ সৱ কাম দেউতাকে কৰিব লাগে',

'এবাৰ এওঁৰ অসুখ হৈছিল, মাজনী সৰু তেতিয়া। তাইৰ কামবোৰ ময়েই কৰিছিলো।'

'আমাৰ ওচৰলৈ কোনো নাহে, দূৰে দূৰেহে খবৰ লয়।'

'তেতিয়াৰ পৰাই অভ্যাস হৈ গ'ল, তাতে এওঁৰো বহুত কাম, কলেজ, ঘৰৰ কাম। ওচৰৰে মানুহ এগৰাকী আহি সহায় কৰি দিছিলহি, তাইকো ভয় খুৱালে।' অধ্যাপকে অভ্যস্ত হাতেৰে পিঠিত থপৰিয়াই থপৰিয়াই কেঁচুৱাকণক শুৱাই দিলে।

প্ৰিয়নাথে পৰম মমতাৰে মানুহ হালক চাই থাকিল। পাহাৰত বৰষুণ দিয়াৰ পাছত নাগ নদীত অহা প্ৰকাণ্ড প্ৰকাণ্ড টৌবোৰৰ বিৰুদ্ধে এই ল'ৰা-ছোৱালীহালে সাঁতোৰ মেলিব খুজিছে। কি বিচাৰি এই ল'ৰা-ছোৱালীহালে হাবিতলীয়া অনগ্ৰসৰ ঠাইখনত আহি এনেদৰে যুদ্ধ ঘোষণা কৰিছেহি? দুয়ো ডাঙৰ চাকৰি লৈ বিলাসী জীৱনত থাকিব পাৰিলেহেঁতেন, ডাঙৰ চহৰত নিৰাপত্তাৰ মাজত, পৰিয়াল-পৰিজনৰ মাজত থাকিব পাৰিলেহেঁতেন। সিহঁতৰতো এই অঞ্চলত কোনো আত্মীয়-স্বজন নাই, ঘৰ-দুৱাৰ নাই। প্ৰিয়নাথৰ এই মানুহহালৰ প্ৰতি এক তীব্ৰ কৌতূহল হ'ল।

মাকে সোণতৰাকং কৈ ছোৱালীকণক ভিতৰত শুৱাই থৈ আহিলগৈ।

'তাইক আঁঠুৱা এখন দিছানে নাই?' বাপেকে সুধিছে।

'দিছো' উত্তৰটো সোণতৰাই দিলে।

'তাই আজি ইমান আনন্দ পালে,' মাকজনীয়ে কৈ উঠিল। তাইৰ মুখতো প্ৰতিবিম্বিত হৈছে জীয়েকৰ আনন্দখিনি, হঠাৎ বা কি হ'ল মানুহজনীৰ, মুখখন গোমা হৈ আহিল। মানুহজনীয়ে নিজকে কোৱাদি হৈ উঠিল 'তাইক অকল কিতাপৰ সাধুবোৰৰ মাজতে আমি ডাঙৰ কৰিছো। তাইক বাহিৰলৈ নি জোনবাইটোৱো দেখুৱাবলৈ ভয় হয়, বাকচত ভৰাই থোৱাদি তাইক আমি ডাঙৰ কৰিছো। কেৱল ভয়হে চিনি পাইছে তাই।'

বুলনিৰ পৰিবেশটো থমথমীয়া হৈ পৰিল।

ল'ৰাজনে গমগমীয়া মাতটোৰে গাই উঠিল।

'উই উইল কিল অল দ্যা বাৰ্ডচ

ক্ৰাইড দ্যা ৰেইভ্যানচ ইন দ্যা ডাচ্‌ক।'

'বুজিছে সিহঁতবোৰে আমাক ভয় খুৱাবলৈ চাবই, আমি যে সিহঁতৰ আচল মতলব বুজি পাইছো।'

'তোমালোকে এই আন্দোলনটোৰ কিয় ইমান বিৰোধিতা কৰিছা? প্ৰাণকো নেওচা দি কিয় মূল সমাজখনৰ লগত এনেকৈ ফেপেৰি পাতি লৈছা?' প্ৰিয়নাথে দুয়োকে সুধিলে।

'ডাঙৰ ভুল হৈছে, অসমীয়া জাতিটো এই আন্দোলনে ভাঙি-ছিঙি টুকুৰা-টুকুৰ কৰিব। আপুনি চাই থাকিব, এই আন্দোলন শেষ হ'ব এক লানি গোষ্ঠী সংঘৰ্ষত। ইট উইল এণ্ড আপ ইন এ চিৰিজ অব ৰাইয়্যাটচ।' ল'ৰাজন উত্তেজিত হৈ পৰিছে।

'অসম আৰু অসমীয়া জাতিটো ভাল পাওঁ বাবেই এই উন্মাদনাৰ বিৰুদ্ধে থিয় দিছো।' ছোৱালীজনী ৰঙা পৰি গৈছে, ভিতৰৰ পৰা অহা এটা খঙে তাইক ৰঙা পেলাই দিছে, তাইৰ কপালত বিন্দু বিন্দু ঘাম বিৰিঙি উঠিছে।

বুদ্ধ বৰুৱা, নতুন প্ৰফেছাৰ আৰু প্ৰফেছাৰণী আটায়ে ওপৰা-উপৰিকৈ কথা ক'বলৈ ধৰিলে।

'আন্দোলনটোৰ চৰিত্ৰ বুজি ইয়াৰ বিৰোধিতা নকৰিলে আমাক পাপে চুব।'

'এই আন্দোলনে অসমীয়া মানুহখিনিৰ পৰা প্ৰত্যেকটো জনগোষ্ঠীক আঁতৰাই নিব।'

‘এই আন্দোলনে অসমলৈ সন্ত্রাসবাদ আনিব।’

‘অসম আন্দোলনেই বিছিন্নতাবাদী দলৰ জন্ম দিব।’

‘প্রত্যেক জনগোষ্ঠীৰে নিজা নিজা সন্ত্রাসবাদী দল ওলাব।’

‘গোষ্ঠী সংঘৰ্ষত অসমত তেজৰ বন্যা ব’ব,’

‘সৰ্ব্বসাধাৰণ ৰাইজক ভুল পথে নি আন্দোলনৰ নেতৃবৃন্দই ৰাজপাট খাব, ভ্ৰষ্টাচাৰত নিমগ্ন হ’ব।’

‘এই নেতৃবৃন্দ, এই ৰাজনৈতিক দল নাথাকে, নিঃশেষ হৈ যাব,’ অকল আৱেগৰ ওপৰত গঢ় লোৱা কোনো আন্দোলন সফল নহয়।’

‘ৰাইজক চৰম বিশ্বাসঘাতকতা কৰি এই ৰাজনৈতিক দলে সুবিধাবাদৰ ৰাস্তা ল’ব। বিদেশী খেদাৰ নামত ৰাজপাট ল’ব।’

‘কেতিয়াবা কেতিয়াবা মানুহে সমজুৱাকৈ দল বান্ধি ভুল কৰে, অসমীয়া জাতিয়েও কৰিছে।’

সোণতৰা আহি ভাত খাবলৈ নমতা হ’লে এই তিনি ‘বদন’, তিনি ‘দেশদ্রোহী’ৰ ওপৰা-উপৰি কথা কিজানি ইমান সোনকালে শেষ নহ’লহেঁতেন। আলহীয়ে ভাত খাই থাকোঁতেই প্রিয়নাথক কোনোবা এজনে আহি খবৰ দি গ’ল। তেওঁ ভাল কৰা নাই, তিনিটা ‘বদন’ক ঘৰত চকী পাৰি বহিবলৈ দি ভাল কৰা নাই। ল’ৰাবোৰ জঁকি আছে, মৌজাদাৰৰ হাউলি বুলিহে সোমাই অহা নাই। ভাত কিটা খাই উঠাৰ পাছতে প্রিয়নাথে নিজে গৈ তিনিওকে ৰে’লত উঠাই থৈ আহিলেগৈ। যাবৰ সময়তো কণমানিজনী উঠা নাছিল। টোপনিতে তাইক কোলাত তুলি লৈ যাব লগা হ’ল।

তেওঁলোকে প্রিয়নাথক লগ ধৰিবলৈ অহাৰ এমাহ পাছতে খবৰ পালে, সোণাপুৰৰ কলেজলৈ অহা নতুন প্রফেছাৰ আৰু প্রফেছাৰণী গৰাকী ইয়াৰ পৰা গ’লগৈ। তেওঁলোকক কেঁচুৱাটোৰ সৈতে অপহৰণ কৰাৰ বাৰে বাৰে ভাবুকি পাইছিল। বাৰে বাৰে পাইছিল হত্যাৰ ভাবুকি। তেওঁলোকক ৰখাৰ বাবে ঘৰৰ মালিকেও হেনো বৰ অত্যাচাৰৰ সন্মুখীন হৈছিল। মানুহহালক বৰ অত্যাচাৰ কৰি খেদি পঠিওৱা হ’ল। তেওঁলোক যোৱাৰ পাছত বহুতেই কৈছিল কামটো ভাল নহ’ল। মানুহহালক ৰাখিব পৰা হ’লে এই অঞ্চলটোৰে উন্নতি হ’লহেঁতেন। দুয়ো বৰ ভাল শিক্ষক আছিল, বৰ ভাল পঢ়াইছিল। কলেজখনে এনে দুগৰাকী শিক্ষক আৰু সহজে নাপায়। তেওঁলোকে হেনো কোনো ভাবুকিতে মূৰ তল কৰা নাছিল। যেতিয়া কণমানিজনীকো উঠাই নিয়াৰ ভাবুকি পালে তেওঁলোক আৰু নাথাকিল। বহুতেই

কথাবোৰ বেয়া পালে। কিন্তু মুখ কেনেকৈ খুলিব? বুদ্ধ বৰুৱাকো এবাৰ ৰাস্তাত এনেকৈ মাৰিলে যে তেওঁ বাচিল ঠিকেই, কিন্তু জনমলৈ ভৰি এটা লেঙেৰা হ'ল।

প্ৰিয়নাথে এবাৰ বুদ্ধ বৰুৱাৰ খবৰ এটা কৰিবলৈ সোণাপুৰলৈ গৈছিল। বুদ্ধ বৰুৱাই হাতত লাখুটি এডাল লৈ ঘৰৰ দুৱাৰ-মুখত ল'ৰা কেইটামানৰ লগত তৰ্ক কৰি আছিল। ল'ৰাকিটাৰ লগত পাচলিৰে বোজাই এখন ঠেলা। প্ৰিয়নাথে শুনিছে বিদেশী খেদাই আন্দোলনকাৰী ল'ৰাবোৰে ইমান দিনে বিদেশী বহিৰাগতই কৰি অহা কামবোৰ নিজে নিজে কৰিব। চুলি কাটিব, ৰিক্সা-ঠেলা চলাব, মাটি কাটিব, ৰাস্তা-দলং সজাৰ মজদুৰ হ'ব, খেতি কৰিব, বেপাৰ কৰিব। প্ৰথম পদক্ষেপ হিচাবে সিহঁতে পাচলি বেচাৰ কাৰ্য্যপন্থা হাতত লৈছে। গাঁৱৰ মানুহে বজাৰত বেচিবলৈ অনা শাক-পাচলি সিহঁতে দাবি-ধমকি দি কম মূল্যত অথবা একো নিদিয়াকৈয়ে লৈ আহে। একোখন ঠেলাত ভৰাই শিঙা বজাই বজাই মানুহৰ ঘৰৰ আগে আগে ৰয়হি। দাম লৈ, পাচলি ভাল-বেয়া, শুকান গেলা লৈ একো কথা ক'ব নোৱাৰিব। মুঠতে কিনিবই লাগিব। দেশপ্ৰেম বুলি কথা আছে, দেশ বুলি, জাতি বুলি কথা আছে। মৌসৰাত অৱশ্যে এনে স্বাৱলম্বী কাৰ্য্যক্ৰমণিকা এতিয়ালৈকে হোৱা নাই। মৌসৰাৰ মানুহে খৰাহি এটা লৈ বাৰীত এপাক ঘূৰিলেই এসাজৰ যোগাৰ হৈ যায়, কিহৰ দুখত লোকে অনা শুকান টেটেৰা মৰা পাচলি কিনিব। এনেও এই স্বাৱলম্বী কাৰ্য্য চহৰবোৰতহে বেছিকৈ হৈছে।

প্ৰিয়নাথে গাড়ীতে বহি অলপ সময় ল'ৰাহঁতৰ লীলা-খেলা চালে। তাৰ পাছত নামি গ'ল। বৰুৱাই ল'ৰাকিটাৰ লগত তৰ্কা-তৰ্কি কৰি আছে। ভিতৰৰ পৰা শ্ৰীমতী বৰুৱা ওলাই আহিছে, হাতত এটা পাচি। ল'ৰাহঁতৰ ঠেলাৰ পৰা কিবা-কিবি অলপ পাচিত ভৰাই তেখেতে সিহঁতক এশ টকাৰ ন'ট এখন দিছে।

'খুড়ী, খুচুৰা নাই নহয়',

'হ'ব দিয়া নালাগে', মানুহগৰাকীয়ে ল'ৰাকিটাৰ হাত সাৰিব খুজিছে।

'কিয় নল'লা পইছা? পইছা কি এনেই আহে? দিব মোক কোনোবাই মুখ চাই টকা দহটা?' বুদ্ধ বৰুৱাই ঘৈণীয়েকক উধাই-মুধাই গালি পাৰিছে। ইতিমধ্যে শিঙা ফুঁকি ফুঁকি ল'ৰাকিটা আঁতৰি গ'ল। এটাই বৈ বুদ্ধ বৰুৱাৰ শ্ৰীমতীৰ ফালে চাই কৈ গ'ল।

'খুড়ী, খুড়াক কৈ দিব, এইবোৰ বাদ দিবলৈ। আমি বাৰু ছাৰ বুলি একো নকৰোঁ। বাকীবোৰ আছে নহয়, ইখন ঠেঙো ভাঙি থৈ যাবহি।'

তাৰ পাছত ল'ৰাজাকে উকি মাৰি উঠিল। লেঙেৰা ভৰিৰে বুদ্ধ বৰুৱাই ল'ৰাকিটাক খেদি যাব খুজিলে। ঘৈণীয়েকে প্ৰিয়নাথক দেখি কাওঁ-বাওঁ কৰি উঠিল, 'তেখেতক মানা কৰকচোন, সেইকিটাক জোকাই ল'বলৈ মানা কৰকচোন।'

প্ৰিয়নাথে বুদ্ধ বৰুৱাক ধৰি ভিতৰলৈ লৈ গ'ল, 'আহক, বৰুৱা, আহক, আপোনাৰ খবৰ এটা লওঁ বুলি আহিলো।'

ল'ৰাজাকে শিঙা বজাই বজাই চিঞৰিছে।

'জয় আই অসম'

আহ ঐ আহ ওলাই আহ।'

'দেশদ্ৰোহী বদনৰ বংশ হুচিয়াৰ'.

'চি.পি.এম মুৰ্দাবাদ'

'জয় আই অসম',

বুদ্ধ বৰুৱাই ঘৈণীয়েকে আগবঢ়াই দিয়া পানী গিলাচ খাইছে, 'বদনৰ বংশক হুচিয়াৰ কৰে' বুদ্ধ বৰুৱা খঙে-ৰাগে উতলি আছে, 'শেষ, বুজিছে মৌজাদাৰ, ইহঁতে ইমান ধুনীয়াকৈ গঢ় লৈ অহা জাতিটো শেষ কৰিলে, অসমৰ ভৱিষ্যত একেবাৰে অন্ধকাৰ।'

বৰুৱানীয়ে চাহ-জলপান আনিছে। মানুহ গৰাকীৰ মুখখন তেনেই কন্দনামুৱা, 'পাৰে যদি এখেতক বুজাওকচোন। যমৰ দুৱাৰ-ডলিৰ পৰা আহিলগৈ; তেওঁ শিকনি নহ'ল।'

'কি শিকনি ল'ব লাগে? সিহঁতৰ ভৰিত পৰিব লাগে?' বুদ্ধ বৰুৱাই আকৌ খেংখেঙাই আহিল, 'দেখা নাই সিহঁতে কিমানক মাৰিলে, জুইত পুৰি মাৰিলে, গুলীয়াই মাৰিলে, গাঁতত পুতি মাৰিলে, কোবাই মাৰিলে। মোকো মাৰিব। ল'ৰা ডাঙৰ হৈছে, ঘৰ-দুৱাৰ আছে, খেতি পথাৰ আছে, চলি যাবা।'

'শুনিছে কথাৰ চিৰি,' মানুহজনীয়ে কান্দিয়ে পেলালে।

'বৰুৱা মোক এটা কথা কওঁকচোন, বলিয়া হাতীৰ দৰে এই উজানৰ বিৰুদ্ধে আপুনি অকলে কি কৰিব পাৰিব? মৰিব পাৰিব, এই মানুহজনীৰ কপালৰ ফোঁট মচিব পাৰিব, আৰু কি কৰিব পাৰিব?' প্ৰিয়নাথে বৰুৱালৈ চাই সুধি পেলালে।

বুদ্ধ বৰুৱাৰ মাতটো একেবাৰে শান্ত হৈ পৰিল,

'চাওঁক মৌজাদাৰ, আপুনি পঢ়া-শুনা কৰা মানুহ, বুজা মানুহ, পৃথিৱীৰ

ইতিহাসলৈ এবাৰ চাওঁকচোন, প্ৰয়োজনত মানুহে অকলেই মাত মাতি আহিছে, প্ৰতিবাদ কৰি আহিছে।'

'আহিছে বৰুৱা, নাই অহা বুলি মই ক'বলৈ নাযাওঁ।'

'মই মোৰ জাতিটো ভাল পাওঁ, মোৰ নিজৰ ঠাইখনক ভাল পাওঁ। সেইকাৰণেই উন্মাদনাৰ বিৰুদ্ধে মাত মতাটো মোৰ ঐতিহাসিক কৰ্তব্য বুলি ভাবিছো। মানুহ মৰিবই, মৰণলৈ মই ভয় কৰা নাই, মৌজাদাৰ। আপুনি জানো কৰিছিল? আপোনাৰ দেউতাকে বন্দুক টোঁৱাই খেদি অহা নাছিল? সেই ল'ৰা কালতে বগা চাহাবে জে'লত ভৰোৱা নাছিল? ভয় কৰিছিল আপুনি?'

প্ৰিয়নাথ মনে মনে আছে। বৰুৱাণীয়ে আৰু একাপ একাপ চাহ আনিছে, লগতে গৰম গৰম বৰপিঠা। বৰুৱানীয়ে শৰাই এখনত ফুলাম গামোচা এখন আনি প্ৰিয়নাথক বোৱাৰীয়েকৰ হতুৱাই মান ধৰালে। মানুহ গৰাকীৰ মাতটো কান্দোনেৰে ভাঙি আছে।

'আহিব মাজে মাজে, এদিন মৌজাদাৰনীকো আনিব। বৰ ভাল পাম। ভাত এসাঁজ খোৱাকৈ আহিব। আমাক বদন বুলি সমাজে ঘিণাই, কুকুৰ এটাও আমাৰ ঘৰলৈ নাহে।'

'দুখ নকৰিব, বৰুৱানী, দিন সমানে নাযায়, সকলোবোৰ সলনি হ'ব, ধৈৰ্য্য ধৰক।'

মানুহজনীয়ে যেন অলপ থিত ল'লে।

প্ৰিয়নাথে সেই মানুহহালৰ কথা উলিয়াইছে, কেনে আছে সুধিছে। বুদ্ধ বৰুৱাই ভিতৰলৈ গৈ এখন চিঠি আনিছে। ল'ৰাজনে লেখা দুটামান শাৰী বৰুৱাই প্ৰিয়নাথক পঢ়ি শুনালে।

'... সোণাপুৰত কটোৱা সময়খিনি মোৰ বাবে বৰ শিক্ষাপ্ৰদ। মোৰ জীৱনৰ এছোৱা সাৰ্থক সময়, এক বিশেষ অভিজ্ঞতা। ...আমাৰ ছোৱালী লীলা ডাঙৰ হৈছে। তাইক মাজে মাজেই মৌসবাৰ মৌজাদাৰৰ ঘৰটোৰ সাধুকথা ক'ব লাগে। এটা কথাও এৰিব নোৱাৰি। কুকুৰটো, হাঁহ, হাতীকিটা, ঘোঁৰা— আটাইবোৰৰ কথা ক'ব লাগে। সময়-সুবিধা কৰিব পাৰিলে আপোনাক দেখা কৰিবলৈ যাম। লীলাকো মৌসবাৰ মৌজাদাৰৰ ঘৰখনলৈ লৈ যাম।'

'এৰা, মানুহহাল এনেকৈ যাব লগা হ'ল।' প্ৰিয়নাথৰ সাঁচাকৈয়ে সৰু পৰিয়ালটোলৈ চেৰেং চেৰেঙকৈ মনত পৰিবলৈ ধৰিলে। ইমান অপমান, কষ্ট আৰু

বিদ্বেষ পাই গ'ল। তথাপি তেওঁলোকে ভাবিছে, সেই ছোৱা সময় এছোৱা সাৰ্থক সময়।

'ভালৰেই গ'ল বুলি ধৰক। মই পাছত গম পাইছিলো, একেবাৰে ওপৰৰ পৰা ইয়াৰ কৰ্মী সকললৈ জৰুৰী আদেশ আহিছিল। তেওঁলোক দুজন কেনেকৈ বাচি আছে তাৰ কৈফিয়ত তলব কৰা হৈছিল।'

প্ৰিয়নাথ আৰু বুদ্ধ বৰুৱা দুয়োজনকে এক গভীৰ নীৰৱতাই মেৰাই ধৰিছিল। দুয়ো একেবাৰে চুপ-চাপ হৈ গৈছিল। প্ৰিয়নাথ উঠি যাবলৈ নোলোৱালৈকে দুয়ো তেনেকৈয়ে বহুপৰ বহি আছিল।

ঈশান কোণৰ পৰা ধুমুহা আহিল

শান্তিপ্ৰিয়া চন্দ্ৰনাথৰ ঘৰতে ঢুকালে। এনেও শেষৰ ফালে মানুহজনী ঘৰ আৰু হচপিতেল কৰিয়ে কটাইছিল। শ্ৰাদ্ধ-শান্তি তাতে হ'ল। নিমন্ত্ৰিত আটাইবোৰ চন্দ্ৰনাথৰে চা-চিনাকি। আলোক, কুসুম এটাও আহিব নোৱাৰিলে, চন্দ্ৰনাথৰ হালো নাহিল। প্ৰিয়নাথ আৰু সোণতৰাই গোটেই অনুষ্ঠানবোৰত আলহী থকাদি ইফাল-সিফাল কৰি থাকিলে। চন্দ্ৰনাথে বহুত মানুহৰ সৈতে ককায়েকক চিনাকি কৰি দিলে, সোণতৰাকো। স্বাভাৱিকতে প্ৰশ্ন আহে ক'ত থাকেনো? মৌসৰাৰ নাম শুনিলে প্ৰায়বোৰে সোধে— ক'তনো এইখন গাঁও? এজনে এটা আচৰিত কথা সুধিছিলে, সেই অঞ্চলত বোলে মানুহে পথাৰত গাড়ী-মটৰ চলায়, পানীয়েদি বাছ চলে। প্ৰিয়নাথে উত্তৰত কৈছিল 'আপুনি ঠিকেই শুনিছে।' প্ৰায়বোৰেই আৰু এটা প্ৰশ্ন সোধে 'সেইফালে ইমান গণ্ডগোল, মানুহ কেনেকৈ থাকে?' প্ৰিয়নাথৰ এনে লাগিল তেওঁ যেন আন্দামান দ্বীপৰ পৰা অহা এজন অদ্ভুত মানুহ। মানুহ থাকিব নোৱৰা গণ্ডগোল, পানীয়েদি বাছ চলা, ভঙা ৰাস্তা-ঘাটৰ মাজত জীয়াই থকা এক অদ্ভুত জীৱ। কিমান দূৰ মৌসৰা গুৱাহাটীৰ পৰা? আঙুলিৰ মূৰতে হিচাবটো থাকে, এশ দহ কিঃমিঃ। প্ৰিয়নাথে হাউলিত শ্ৰাদ্ধ পাতিলে কোনো আত্মীয়-স্বজন নগ'লেহেঁতেন। কেনি যাব? গুৱাহাটীৰ পৰা মৌসৰালৈ যোৱা ৰাস্তাটোত গোটেইখনতে হাঁহ চৰিব পৰা গাত। চাহাবে সজা দলংবোৰৰ মূৰবোৰ বহি গৈছে, সৰু গাড়ী নালাগে, বাছেই পাৰ হ'ব নোৱাৰে। অলপ দিনৰে পৰা 'ফেৰী'ৰ ব্যৱস্থা চলিছে। গুৱাহাটীলৈ যাব পৰালৈকে বাছবোৰ যায়, মাজতে ওলমি থকা দলং, সিফালৰ পৰা বাছ আহে, মানুহবোৰে দলং পাৰ হৈ এইখনৰ পৰা সিখন বাছত উঠে। লাহে লাহে বাছৰ ঠাই লৈছে কিছুমান সৰু গাড়ীয়ে। চলি আছে, এনেকৈয়ে চলি আছে। বেমাৰী মৰিছে, মাইকী মানুহৰ ঠেকেচনিত গৰ্ভপাত হৈছে— হৈ আছে। এনেকৈয়ে চলি আছে। মৌসৰাৰ ৰাইজৰ লগতে প্ৰিয়নাথেও ভাবিছিল, নতুন চৰকাৰ হৈছে, ইমানটো আন্দোলন কৰি গাদী পাইছে। ক'বলৈ গ'লে তেজৰ নৈ বোৱাই শাসন ভাৰ পাইছে।

মানুহে কম ত্যাগ কৰা নাই। শুনিছিলে ৰাস্তা আৰু দলং কিখন হ'ব, টকা আহি গৈছে। অলপ দিনৰ পাছতে আটায়ে শুনিলে সেই কথাষাৰ— 'তাতে টকা ঢালি কি হ'ব? তাত কোন ভাল মানুহ থাকে? যিবোৰ আছে গামোচা পিন্ধি খোজকাঢ়িয়ে ফুৰে। ৰাস্তা আৰু দলং সিহঁতক কেলেইনো?' সঁচাও হ'ব পাৰে, মিছাও হ'ব পাৰে। মন্ত্ৰী এজনৰ নামৰ লগত সাঙোৰ খাই এই কথাষাৰ ওলাল। এটা কথা কিন্তু সঁচা হ'ল, এই অঞ্চলত ৰাস্তা আৰু দলঙৰ নামত অহা টকা, আনফালে লৈ যোৱা হ'ল। বোধহয় 'ভাল মানুহৰ' বসতি কোনোবা ঠাইলৈ। 'ভাল মানুহৰ' মাজত থকা এই 'গামোচা পিন্ধা' মানুহখিনিৰ প্ৰতি ঘৃণা কঢ়িয়াই ফুৰে এই ওলোমা দলংবোৰে, ভঙা ৰাস্তাবোৰে। এই 'গামোচা পিন্ধা' ল'ৰা এটাই জাতিটোৰ হৈ ৰাজপাট খাই থকা 'ভাল মানুহ'ৰ ৰজাজনৰ ওচৰলৈ গৈছিল। 'গামোচা পিন্ধা' অভং জাতিটোৱে 'ভাল মানুহৰ' বিশ্ব কঁপাই থকা আন্দোলনৰ অংশীদাৰ হৈছিল। দেহে-কেহে খাটিছিল। মনে-প্ৰাণে যুঁজিছিল, সকলো বিদেশী খেদি সোণৰ অসম গঢ়িবই, মৰণ-পণ লৈছিল মানুহখিনিয়ে। জাতিটোৰ কাৰণে সামান্য কিছু বিচাৰিছিল 'গামোচা পিন্ধা' মানুহবোৰৰ মাজৰ পৰা অহা শান্ত ল'ৰাটোৱে। পানীয়ে খেদাদি সেই তাহানিৰে পৰা খেদা খাই অহা, কেৱল ভাল মানুহৰ পৰা লেই-লেই চেই-চেই পোৱা মানুহখিনিৰ দুখখিনি বুকুত বান্ধি ল'ৰাটো নেতাসকলৰ ওচৰলৈ গৈছিল। কোনো বেলেগ ৰাজ্য বিচৰা নাছিল, অসমক ভাগ কৰাৰ শ্ল'গান আওৰোৱা নাছিল, সামান্য কেইটামান দাবী আছিল। আচলতে মানুহখিনি সকলোৰে লগৰে হৈ মিলিমিচি থাকিব খুজিছিল। মানুহ যেনেকৈ জীয়াই থাকে তেনেকৈয়ে জীয়াই থাকিব খুজিছিল। শান্ত ল'ৰাটোক ককৰ্থনা কৰা হ'ল, একো কথালৈকে কাণ দিয়া নহ'ল। ল'ৰাটো একুৰা জুই হৈ ডেকা ৰজাৰ ওচৰৰ পৰা ঘূৰি আহিছিল। প্ৰিয়নাথে বুজিছে, হাড়ে হাড়ে বুজিছে, এইকুৰা জুই তুঁহজুইৰ দৰে মানুহখিনিৰ মাজত উমি উমি জ্বলি আছে। মাত্ৰ এজাক জোৰকৈ বলা বতাহৰ অপেক্ষাত আছে।

প্ৰিয়নাথে নোৱাৰে, য'তেই যাওক, য'তেই নাথাকক, মৌসৰাৰ মানুহবোৰে খেদি ফুৰে। কোনোবা কোনোবাই তেওঁক সুধিছে, 'আপুনি সেই গামোচা পিন্ধা সোপাৰ লগতে থাকিবনে? চিৰ জীৱন থাকিবনে? ... সেই কছাৰীবোৰৰ মাজতে থাকি চকু মুদিবনে? ... কোনে চাব তাত আপোনাক? ... ইয়াতে মাটি-বাৰী কিনক...।' প্ৰিয়নাথে হাঁহি এটা মাৰি কৈছে, 'মই তাতেই থাকিম, তাৰ মানুহেই মোক চাব।' মৌসৰাৰ পৰা আঁতৰি থকা এই দিনকেইটাই মৌসৰাক তেওঁৰ আৰু বুকুৰ মাজলৈ সুমুৱাই আনিছে। ঘূৰি যাবলৈ তেওঁ উদগ্ৰীৱ হৈ পৰিল।

শ্ৰাদ্ধ-শান্তি হৈ যোৱাৰ পাছতে চন্দ্ৰনাথেই ক'লে, মৌসৰাৰ পৰা ওলাই আহিছে যেতিয়া একেবাৰে অকণমান ফুৰি-চাকি যাওক। চন্দ্ৰনাথে মিছা কোৱা নাই, মৌসৰালৈ গ'লেই কথাবোৰে বজ্ৰলেপ দি ধৰিব। লেঠাৰি-নিছিগা সমস্যাই আকৌ ঘেৰি ধৰিব। তাতে সোণতৰায়ো ইচ্ছা কৰিছে। চন্দ্ৰনাথে দিল্লীলৈ যোৱা ৰে'লৰ টিকট কাটি দিলে, চন্দ্ৰনাথে পৰিয়াল লৈ কিমানবাৰ কিমান ঠাইলৈ গ'ল। ককায়েকটোৱে আজিলৈকে অসমৰ পৰা ওলায়ে নাপালে, তাতে আলোকে এইবাৰ বি.এ. ফাইনেল দিয়েই দিল্লী এৰিব চাগৈ। বৰ ভাল ফল দেখুৱাই আছে আলোকে। চন্দ্ৰনাথে বিচাৰিছে আলোকে বাহিৰৰ ইউনিভাৰচিটি এখনলৈ যাওক। চন্দ্ৰনাথৰ ল'ৰাটো পঢ়া-শুনাত মজলীয়া হ'ল। তাক কিবাকৈ কোম্পানী এটাত সুমুৱাই দিয়াৰ চেষ্টাত আছে। বুজন পৰিমাণৰ ধন দি তাক বাঙ্গালোৰৰ অনুষ্ঠান এটাত সুমুৱাই দিছে, তাৰ পৰা এম. বি.এ ডিগ্ৰীটো লৈ আহিলেই কোম্পানী এটাত সুমুৱাই দিব, ঘৰ-দুৱাৰ আছে, চলি যাব। প্ৰিয়নাথৰ ছোৱালী কুসুম আৰু চন্দ্ৰনাথৰ ছোৱালী নীলাই নিজা নিজা বিষয় লৈ বাঙ্গালোৰতে আছে। প্ৰিয়নাথে বুজে এসময়ৰ প্ৰখৰ মেধাবী ছাত্ৰ চন্দ্ৰনাথৰ আলোকক ঘেৰি আছে বহুত আশা। কেতিয়াবা এনেকুৱা হয়। কোনোবা এজনক ঘেৰি লৈ বগাই যায় সপোনৰ লতা। নিজে নিজে, বাৰিষা ন পানী পাই লহপহকৈ বাঢ়ি উঠাৰ দৰে। কেতিয়াবা এনেকুৱা হয়। একো আচৰিত কথা নহয়।

আলোকে সকলো ব্যৱস্থা কৰি থৈছিল। সোণতৰা আৰু প্ৰিয়নাথে দিল্লী হৈ একেবাৰে চিমলা, কুলু, মানালি গোটেইখন ফুৰি আহিলে। সোণতৰাক চাই প্ৰিয়নাথ অবাক হ'ল, সদায় পিন্ধি থকা মেখেলা-চাদৰযোৰৰ ঠাইত বেলেগ পোছাক পিন্ধা সোণতৰা যেন এজনী সৰু ছোৱালী। কাৰণে— অকাৰণে হাঁহিছে, ক'ৰবাত ঘাঁহৰ মাজত ফুলি থকা হালধীয়া ফুলপাহ চুলিত গুজি লৈছে, বুটলি লৈছে ধুনীয়া নাচনী নদীখনৰ পৰা শিলগুটি দুটামান, আলৈ কিবা এটা কিনিছে, তালৈ কিবা এটা কিনিছে, নিজলৈ বুলি হেঁপাহেৰে কিনিছে এখন মাখন বৰণীয়া তাতে ৰঙা-নীলা ভমকা ফুল তোলা গৰম চাদৰ। মানুহজনীৰ মাজত ফুলবোৰৰ প্ৰতি, ৰঙৰ প্ৰতি ইমান হেঁপাহ আছিল। প্ৰিয়নাথে এবাৰো ভাবি চোৱা নাছিল। প্ৰিয়নাথে দেখিছে, মানুহজনীয়ে য'তেই গৈছে, তাতেই কিনিছে বিভিন্ন ধৰণৰ খাৰু। এই ৰঙা-নীলা, বিভিন্ন ধৰণৰ খাৰুবোৰ মানুহজনীয়ে নিজৰ কাৰণে কিনা নাই। তেনেহ'লে কাৰ কাৰণে কিনিছে? প্ৰিয়নাথৰ চকুৰ আগলৈ আহিল এজনী বগা-নিকা হৈচং ছোৱালী, আলোকৰ লগত কেইবাদিনো হোটেললৈ আহিছিল। তাই উত্তৰ-পূৰক বিশেষ পেপাৰ হিচাপে লৈ আলোকৰ লগতে পঢ়ি আছে। আলোকে বহু কেইজন বন্ধু-বান্ধবী লৈ আহিছিল।

অৱশ্যে তায়ে বেছিকৈ আহিছিল, প্ৰিয়নাথক বিভিন্ন প্ৰশ্ন সুধিছিল। তাই সোণতৰাৰ লগতো কথা পাতিছিল। আলোক দোভাষী হৈছিল। প্ৰিয়নাথৰ এইবাৰ স্পষ্টকৈ মনত পৰিল ডাঙৰ কজ্জিৰ গোল বগা ৰঙৰ শক্তিশালী হাত এখন, অসমৰ বহু মতা মানুহৰ এনে হাতৰ কজ্জি নাই। তাই আ-অলঙ্কাৰ বেছি নিপিন্ধে। বেছি মানে নিপিন্ধিয়েই বুলিব লাগে। মাত্ৰ কাপোৰৰ ৰঙৰ সৈতে মিলাই হাতত এজোকা এজোকা খাৰু পিন্ধে। দোভাষীৰ সহায় নোহোৱাকৈয়ে তাইৰ লগত সোণতৰাই কথা পাতিব পৰা হৈছিল। বুদ্ধিমতী ছোৱালী, সোণতৰাৰ মুখতে ধৰি তাই কথা পাতিব পাৰে। এদিন দুইজনীয়ে তাইৰ খাৰুবোৰৰ কথা পাতি খুব হাঁহিছিল। .তাইলৈকে এই ডাঙৰ চাইজৰ খাৰুবোৰ সোণতৰাই কিনি ফুৰিছে? তেনেহ'লে..., প্ৰিয়নাথ অলপ সময় ৰৈ গৈছিল। প্ৰিয়নাথ সোণতৰাই উত্তৰ ভাৰতৰ কেইবাখনো ঠাই ফুৰিলে। য'লৈকে গ'ল তাতেই প্ৰিয়নাথৰ এষাৰ কথাই মনত খুন্দিয়াই থাকিল। একেখন দেশ, একে হিচাবতে মানুহে দিব লগা কৰ-কাতল শোধায়, তেনেহ'লে ইমান বৈষম্য কিয়? মৌসৰাৰ মানুহবোৰ প্ৰাগঐতিহাসিক যুগতে আছে। কি পাইছে সেই মানুহখিনিয়ে? একো পোৱা নাই, মাত্ৰ নিজৰ মাজতে কটাকটি-মৰামৰি কৰি আছে। অসমৰ পৰা আহিছে বুলি শুনিয়ে হোটেলৰ কৰ্মচাৰী, মেনেজাৰ, হাউচ্-বয় আটায়ে বিভিন্ন ধৰণেৰে এষাৰ কথাই সুধিছিল, অসম তাৰমানে মাৰ কাট হোৱা ঠাইখিনি, ইমান মাৰ-কাট হোৱা ঠাইখিনিত মানুহ কেনেকৈ থাকে? এৰা, অসমত, মৌসৰাত জীয়াই থকাটোৱে এক ডাঙৰ কথা। মৌসৰাত যে তেওঁ জীয়াই আছে সেইটোৱে অষ্টম আশ্বৰ্য্যৰ কথা। মিছা কথা নহয়, মৌসৰাত মানুহবোৰ নমৰি বাচি আছে সেয়াই ডাঙৰ কথা।

আলোকে ফাইনেল পৰীক্ষা দি খুড়াকে কোৱাৰ দৰে বাহিৰলৈকে যাইনে দিল্লীতে পঢ়ে পাছে-পৰে ঠিক কৰিব। প্ৰিয়নাথে আলোকক নিজৰ জীৱনটো নিজৰ ইচ্ছা মতে চলাবলৈ দিছে। আলোকৰ ওপৰত অপাৰ বিশ্বাস আছে প্ৰিয়নাথৰ। ভৰা মন লৈ সোণতৰা প্ৰিয়নাথ গুৱাহাটীলৈ ঘূৰিল। প্ৰিয়নাথে সোণতৰাক সুধিব খুজিছিল, খাৰুবোৰ কি কৰিলে। নুসুধিলে, থাকক, মন গ'লে, ক'ব লগা বুলি ভাবিলে নিজেই ক'ব। গুৱাহাটীত প্ৰিয়নাথ নৰল, নকুলহঁতৰ তাত এৰাতি থাকি পাছদিনা ৰে'ল ধৰিব। গাঁত গাঁত ৰাস্তাছোৱা গাড়ী-মটৰেৰে যোৱাৰ কথা ভাবিব নোৱাৰিলে। তাতে প্ৰিয়নাথৰ কঁকালৰ বিষ এটাই লগ লৈছে। বয়সো একেবাৰে নোহোৱাকৈ থকা নাই। বয়সতকৈয়ো ডাঙৰ কথা— এই ভঙা ৰাস্তাবোৰ। বিভিন্ন কামত এই ৰাস্তাবোৰেদি কম অহা-যোৱা কৰা নাই নহয়। প্ৰিয়নাথৰ ফিয়েট গাড়ীখন আচলতে চন্দ্ৰনাথৰ

আছিল, নতুন এখন কিনি ককায়েকক পুৰণাখন দি দিলে। সেইখন গাড়ী লৈ কত ভয়ঙ্কৰ ৰাস্তাৰে অহা-যোৱা কৰিছে। মানুহে ঠিকেই কয়— মানুহ এনেবোৰ ঠাইত কেনেকৈ জীয়াই থাকে? থাকে, প্ৰিয়নাথ আছে, সোণতৰা আছে আৰু বহুত মানুহ আছে। এবাৰ নাগ নদীত খুব পানী হৈছিল। পাহাৰত ক'ৰবাত বান্ধ ভাঙিছিল। নাগ নদী পাৰ নহ'লে সোণাপুৰেই উঠিবগৈ নোৱাৰি। মৌসৰা দ্বীপ হেন হৈ পৰিল। চৰকাৰৰ ফালৰ পৰা লোহাৰ পাট চাৰিটা পাৰি দিলে। প্ৰিয়নাথে সেই লৰক-ফৰক লোহাৰ পাটেদি কেইবাৰ গাড়ী পাৰ কৰাইছে। কেইবাৰ কঁপি থকা বাঁহৰ খুঁটাৰ, বাঁহৰ দলঙৰ ওপৰেদি গাড়ী পাৰ কৰিছে। একোতো হোৱা নাই, পাৰ হৈ আহিছে। হ'ব পাৰে জীৱটো হাতৰ মুঠিত লৈ পাৰ হৈছে। জীৱটো হাতৰ মুঠিতে ৰৈছে, ওলাই উৰা মৰা নাই নহয়। এই গোটেই ঘটনাবোৰে প্ৰিয়নাথৰ ভিতৰখন দিনে দিনে মজবুত কৰি আনিছে। পূৰঠ শালকাঠৰ দৰে টান সাহ এটা দিনে দিনে প্ৰিয়নাথৰ ভিতৰত গঢ় লৈ উঠিছে। সেইদিনাও প্ৰিয়নাথে জীৱটো হাতৰ মুঠিত লৈছিল, অকল নিজৰ জীৱটোনে কিবা? এজাক ভয়ত কঁপি থকা মানুহৰ জীৱবোৰো প্ৰিয়নাথে হাতৰ মুঠিত লৈ ৰাতিৰ ৰাতিটো হাতত বন্দুক লৈ বুলনিত বহি আছিল। বৰফান্দী, মহৰী, কাতিয়াৰ হাততো বন্দুক আছিল। প্ৰিয়নাথৰ হাতৰ বন্দুকটো আধুনিক, সম্পূৰ্ণ সাজু। মহৰীহঁতৰ হাতৰকেইটা ককাক, দেউতাকৰ দিনৰে। সেইকিটা মাত্ৰ মানুহখিনিক অভয় দিবলৈকে হাতে হাতে আছিল। তথাপি আছিল। বঙালপাৰাৰ ফালৰ আকাশ জুইৰে ৰঙা হৈ আহিছিল, ফট্‌ফট্‌কৈ বাঁহ ফুটিছিল। কোনে জানে পৰি ৰোৱা চাৰিটা মৃতদেহ সেই জুইতে কিজানি জাহ গৈছিল। পুৱা পুলিচ আহি প্ৰিয়নাথে দিয়া হাউলিৰ বাছখনতে গোটেইবোৰ মানুহ সোণাপুৰৰ ফালে সজা আশ্ৰয় শিবিৰলৈ লৈ গৈছিল। সোণাপুৰ আৰু মঙ্গলদৈৰ মাজৰ দুখন মান গাঁও ৰাতা-ৰাতি বিখ্যাত হৈ উঠিছিল। ৰেডিঅ' বি.বি.চিত বাৰে বাৰে উচ্চাৰিত হৈছিল সেই কিখন গাঁৱৰ নাম। সেই কিখন গাঁৱত বোলে ঢেকুৰা কুকুৰ এটাও বাচি থকা নাছিল। বাঁহৰ খুঁটাৰ লৰক-ফৰক দলং, কঁপি কঁপি থকা লোহাৰ পাটকেইটাৰ ওপৰেদি গাড়ী চলোৱা আৰু সেইদিনবোৰত মানুহ বাচি থকা একে কথা আছিল। তথাপি গাড়ী পাৰ হলতো, প্ৰিয়নাথ বাচি থাকিলতো, সেয়াই ডাঙৰ কথা। আৰু আটাইতকৈ ডাঙৰ কথা— এই বেয়া দিনবোৰে প্ৰিয়নাথৰ বুকুত প্ৰোথিত কৰা শালকাঠৰ খুটাটো। এনে খুঁটাৰ ওপৰতে বৰ্তি থাকে একোটা ঘৰ। ৰ'দ-বৰষুণ, ধুমুহা, উঁইপোক, ঘুণপোকৰ আক্ৰমণ নেওচি আশ্ৰয়দাতা হৈ স্থিৰ হৈ ৰৈ থাকে।

নকুল আৰু কনকৰ ঘৰত সোমাই প্ৰিয়নাথ আচৰিত হ'ল। নকুলহঁতে ক'ৰবাত

আলাদিনৰ চাকিটো পাই গ'ল নেকি? নকুলে আজি কিছুদিনৰ আগতে প্ৰিয়নাথক কৈছিল— দোকানখন অলপ ডাঙৰ কৰিব। মঙ্গলদৈ চহৰখন আগৰ দৰে হৈ থকা নাই। মানুহক কিচিম্-কিচিম বস্তু লাগে, হাতলৈ টকা অহা মানুহো দেধাৰ হ'ল। ঘৰটোৱো পুৰণা হৈছে, অলপ ভাল কৰিব লাগে। পা-পৰিয়াল লৈ দুঘৰ মানুহ থকা এইটো ঘৰত সম্ভৱ নহয়। প্ৰিয়নাথে নিজকে দোষ দিছিল, বাপদায় লৈছে, অথচ ল'ৰা দুটাৰ বিয়াৰ কথা চিন্তা কৰা নাই। কৰোঁ বোলাখিনি কৰি লওক। তাৰ পাছত ঘূৰি আহি দেখা যাব। প্ৰিয়নাথে কথাটো চন্দ্ৰনাথকো কৈছিল। চন্দ্ৰনাথে একো কোৱা নাছিল। ইমান ডাঙৰ ঘৰ, এনেকুৱা ঘৰ-দুৱাৰ, গাড়ী-মটৰ, প্ৰিয়নাথ কেৱল অবাক হৈছিল। কথাবোৰ বেলেগ বেলেগ লাগিছিল। ৰাতি মৌসৰা, নাচন ডুবিৰ ফালৰ পৰা মাল লৈ ট্ৰাক আহে, ৰাতিটো নকুলহঁতে সজা চাৰি-পাঁচখন গাড়ী থ'ব পৰা শ্বেডটোত ৰয়, পুৱাই গুচি যায়গৈ। কিছু বস্তু নকুলহঁতে ইয়াতে নমাই থয়। বিশেষকৈ চাহপাত, আনাৰস, কমলা, কল, শাক-পাচলি। এইবোৰ বস্তু প্ৰিয়নাথে চিনি পায়, নাচন ডুবিৰ পৰা একেবাৰে মৌসৰা, সোণাপুৰ জুৰি থকা এই অঞ্চলৰ সাৰুৱা মাটিৰ ফচল এইবোৰ। এই ফলমূল, শাক-তৰকাৰী, চাহপাত আৰু ক'ত হ'ব? নকুলহঁতে দোকানত এইবোৰৰ পোহাৰ পাতে। সঁচাকৈয়ে মঙ্গলদৈৰ মানুহে আহি উবুৰি খাই কিনে। নকুলহঁতে আৰু কিছুমান নতুন পৰিকল্পনাৰ কথা প্ৰিয়নাথক ক'লে। কথাবোৰ দেখাত একেবাৰে সহজ। খোলা কিতাপৰ দৰে, কিন্তু প্ৰিয়নাথে বুজিছে। ক'ৰবাত আউল আছে। ট্ৰাকবোৰে কিয় ৰাতি মাল নমাব লাগে? কিয় দিনত আহিলেও ট্ৰাকৰ তিৰপালৰ ঢাকনি নুগুচায়? খু-দুৰনিৰে ভৰা মন এটা লৈ প্ৰিয়নাথ মৌসৰালৈ ঘূৰি গ'ল।

প্ৰিয়নাথ-সোণতৰাক মৌসৰাই হাত মেলি আগুৱাই নিলে। চাৰিজনী গাই জগিল। পোৱালিকেইটা চেঁকুৰি ফুৰিছে। ছাগলী দুজনীয়ে গাইপতি তিনিটাকৈ পোৱালি দিলে। পাঁচথোক কল পকি আছে, বৰকৈ ৰহ দিয়াখিনিৰে ধনদাই কল পিঠা বনাই থৈছে। তগৰৰ শাৰীটো জক্‌মক্‌াই ফুলিছে, গোটেই হাউলি জুৰি এটা মিঠা গোন্ধ, নাহৰ কিজোপা ৰঙা ৰঙা কুঁহিপাতেৰে তেনেই ঢাকি পেলাইছে। বুলনিৰ সন্মুখত সুগন্ধী কপৌবোৰ লোমালোমে ফুলিছে। তাৰো এটা মিঠা গোন্ধ। ধনদাহঁতে লগ লাগি এযুতি তাঁত লগাইছে, গামোচাত নতুন চানেকি তুলিছে। গধূলি বুলনি মানুহেৰে ভৰি গ'ল। ইমান দিনৰ মূৰত মৌজাদাৰ দেউতাক ওচৰত পাইছে। থাউকতে যেন গোটেইবোৰে মৌসৰাৰ সব খবৰ একেলগে বাকী দিব।

চৰকাৰে দিয়া টিং আৰু সাহায্য লৈ প্ৰায়খিনি মানুহেই বঙালপাৰালৈ ঘূৰি

আহিল। নতুনকৈ আকৌ সাজি পেলালে আধাপোৰা ঘৰবোৰ। ৰাইজে লগ লাগি নাগ নদীৰ ওপৰৰ দলংখন মেৰামতি কৰিলে। লাহে লাহে ৰাস্তাছোৰা ঠিক কৰিবলৈও পাঙি আছে।

চহৰৰ পৰা কিছুমান ল'ৰা আহিছে। বৰ জ্ঞানী ল'ৰা। মৌসৰাত মেটেকাৰে ঢাক খাই থকা পুখুৰী কিটা চাফা কৰি বৰ ডাঙৰ ফিচাৰি পাতিছে। মাছৰ পোনা সিহঁতেই দিছে। ৰাইজেও হাত উজান দিছে।

মৌসৰাৰ পৰা এখন নতুন বাছ গুৱাহাটীলৈ চলিব। মালিক নকুল, হাউলিৰে ল'ৰা।

বাদুলীপাৰাৰ ওচৰৰ শ শ বাদুলি ওলমি থকা জৰী গছজোপাৰ ধুমুহাত ডাল ভাগিল। বহুত বাদুলি মৰিলে।

এদিন কুনটাং বজাৰৰ ওচৰত তাৰ ৰাইজে এজাক ভোট নমা দেখিছিল। অসময়ৰ কুৰমা দেখি ৰাইজে আহি দেখিলে সেইবোৰ কুৰমা নহয়, ডেকা ল'ৰা। অসমীয়াতে কথা পতা ডেকা ল'ৰা। সিহঁতৰ হাতে হাতে অস্ত্ৰ আছিল। অলপ পাছতে গধূলি হোৱাৰ পাছত ল'ৰাবোৰক এখন গাড়ীয়ে আহি তাৰ পৰা লৈ গ'লহি। ৰাইজৰ লগত বৰ ভালকৈ মাতবোল কৰিছিল ল'ৰাবোৰে। পাহাৰৰ ৱাংচু দুৱাৰেদি আহি নাচন ডুবি হৈ নৈৈ পাৰ হৈ কুনটাং বজাৰ পাইছিলহি। কুনটাং বজাৰতে হেম বাই, প্ৰমীলা বাইহঁতৰ পৰা টেকেলি পিঠা আৰু চাহ খাই এখন এহেজাৰ টকাৰ ন'ট দি গৈছিল। ন'টখনৰ কথা নিচিলামাৰী, কাৱৈমাৰী, পাতেকী গাঁও, পমুৱা গাঁও সকলোৱে গম পাইছিল।

হচপিতেলৰ কমপাউনদাৰ ৰবীন বড়োৰ নাৰ্চ মাইনাওৰ লগত বিয়া হ'ল। কইনাৰ কেওঁকিছু নাই, ডাক্তৰেই কন্যাদান কৰিলে। সোণাপুৰত এটা বেঙ্ক ডকাইতি হ'ল, বেঙ্কৰ চকিদাৰ আৰু চিকিউৰিটি দুটাই মৰিল।

দুদিন বাঘে দুটা গৰু নিছে।

নাগ নদীত এদিন কাৱৈ মাছৰ উজান উঠিছিল।

থানাৰ অফিচাৰ ডাৰোগাই ঘৰে ঘৰে বন্দুকবোৰ তুলি ফুৰিছে। যাৰ যাৰ ঘৰত বন্দুক আছে জমা দিব লাগে। কিমানবোৰ খবৰ প্ৰিয়নাথৰ বাবে বৈ আছিল।

ব'হাগ মাহ, আকাশৰ গুৰি ক'লা হৈ আহিছে। ধুমুহা দিব। বুলনিৰ ৰাইজ ঘৰা-ঘৰি উঠিল। বতাহ সোঁ-সোঁৱাই উঠিছে। ধুমুহা আহিব। 'হৰ্ হৰ্ মহাদেৱ, বাত বৃষ্টি হৰং দেৱ' সৰুতে নাহৰ পাতত এইযাৰ কথা লেখি ব'হাগ বিহুৰ দিনা ঘৰৰ চুকে-

কোণে গুজি থৈছিল। বতাহ-বৰষুণ আহিলেই মনত পেলাইছিল মন্ত্ৰপূত নাহৰ পাতবোৰলৈ। নাহৰ পাত গুজি থোৱা আছে, কিহৰ চিন্তা। সৰু কালৰ সেই সৰল বিশ্বাসৰ কথা মনত পৰি প্ৰিয়নাথৰ অলপ হাঁহি উঠিল। তেনে বিশ্বাসেৰে গোটেই জীৱনটো চলি যাব পৰা হ'লে!

ঈশান কোণৰ পৰা প্ৰবল বেগে বতাহ মাৰি আহিল। প্ৰিয়নাথে বুলনিতে ৰৈ চাই থাকিল। তামোল আৰু নাৰিকল গছবোৰত ওলমি ওলমি থকা টোকোৰা চৰাইৰ বাহবোৰ দুলিবলৈ লাগিল। কেউপিনে ক'লা হৈ আহিল। চকুৰ আগতে মেৰ মেৰকৈ চাৰি জোপা তামোল ভাগি পৰিল। উৰি আহিল টিঙৰ মেটুৰা-মেটুৰি চাল, গছৰ ভঙা ডাল।

প্ৰিয়নাথে গাই উঠিল 'হৰ হৰ মহাদেৱ...'।

ড্ৰাইভাৰ যোগেনে কি দেখিলে?

নিশা আঠমান বজাত থানাৰ অ.চি. আহিছিল। কাৰণটো হ'ল হাউলিৰ বন্দুককিটা থানাত জমা দিব লাগে। প্ৰিয়নাথৰ বন্দুক কিটা হাতচাৰা কৰিবৰ মন নাছিল। কিন্তু অ.চিৰ কথাত দি দিলে। অ.চি. কৰুণা শইকীয়া বেছ খামিডাঠ মানুহ, ভয়-ভীত অলপ কম। প্ৰিয়নাথে মৌসৰাত ভৰসা কৰা মানুহকেইটাৰ ভিতৰত এজন হ'ল শইকীয়া অ.চি.। হেহোঁ-নেহোঁ কৰা দেখি শইকীয়া অ.চি.য়ে ক'লে, এইকেইটাই কাল হ'ব পাৰে। তেওঁৰ মাতত স্পষ্ট ভয়ৰ চিন। প্ৰিয়নাথৰ অনুমতি থকা বন্দুকটোৱো ৰাখিবলৈ ক'বলৈকে শইকীয়াই ভয় খাইছে। দুয়ো আগত চেঁচা হৈ পৰা চাহ দুকাপ লৈ চুপচাপ বহি থাকিল।

আজি এমাহ আগতে সোণাপুৰত সেই বেঙ্ক ডকাইতিটো হৈ গ'ল। অ.চিয়ে প্ৰিয়নাথৰ আগত বৰ্ণনা কৰিছিল, ডকাইতি কৰিবলৈ অহা ল'ৰাকিটাৰ মিলিটেৰী কায়দা-কানুনৰ কথা। নিচান কিমান পোন সিহঁতৰ। কেনেকৈ শূন্যতে তিনি পাক খাই খাই সিহঁতবোৰ কাম শেষ কৰি ট্ৰাকখনত উঠিছিল। একেই পদ্ধতিৰে নামিছিল সিহঁত। বেঙ্ক উজাৰ কৰি টকা-পইছা লৈ গ'ল। পুলিচে গম পাইছিল, চুপচাপ থানাৰ ভিতৰত সোমাই থাকিল। লাঠি কিডালেৰে সেইকিটা আওপুৰণি বন্দুকেৰে সিহঁতৰ একে, ফৰাটি চেভেন স্নাইপাৰৰ আগত কি কৰিব। অ.চিয়ে বেঙ্কৰ ওচৰৰ ট্ৰেফিক পুলিচজনলৈ বৰ দুখ কৰিলে। সি বেচেৰাই একো নাজানিছিল, হুলস্থূল শুনি বেঙ্কৰ ভিতৰলৈ গ'ল। হাতত সেই টোকোন। হ'লেও পুলিচৰ পোছাক। সি দুৱাৰ-মুখতে ঢলি পৰিল। আৰু লগে লগে পৰি গৈছিল বেঙ্কৰ চিকিউৰিটি গাৰ্ড ল'ৰাটো। অ.চি. শইকীয়াই একেবাৰে হাত দাঙি দিছিল, এই প্ৰশিক্ষিত সংগঠিত, অত্যাধুনিক অস্ত্ৰ-শস্ত্ৰৰে সজ্জিত এইজাকৰ আগত পুলিচ বাহিনী হাতীৰ আগত বেং-ভেকুলী। শইকীয়াই সঁচাকৈয়ে ভয় খাইছিল। বন্দুক কিটা জমা দিবলৈ কাতৰে অনুৰোধ কৰিছিল। এই বন্দুকৰ বাবেই এই অঞ্চলতে কেইটা ঘটনা হৈ গ'ল। পাছদিনা প্ৰিয়নাথে গোটেইকিটা বন্দুক থানাত জমা দি আহিছিলগৈ। অ.চি. শইকীয়াই কৈছিল

এছ্. পিৰ. হতুৱাই লেখাই বন্দুক কিটা উলিয়াই নিয়াৰ অনুমতি-পত্ৰ এখন অনাই থ'বলৈ। লাগিলে লৈ যাব। মৌজাদাৰ মানুহ, এছ.পিয়ে বুজিব। মৌজা চলোৱা দিনে দিনে কিমান টান হৈ আহিছে এছপিয়ে ভালকৈ জানে।

হঠাৎ চন্দ্ৰনাথে ললিতাক লৈ আন্ধাৰ-পোহৰ হৈ থাকোতেই পুৱতি নিশাতে হাউলিত সোমালহি। চন্দ্ৰনাথে নিজেই নতুন গাড়ীখন চলাই আহিছে। আৰু কোনো নাই, ললিতা আৰু চন্দ্ৰনাথ। মূল পথটোৰে আহিবই নোৱাৰি, সোণাপুৰ আৰু মঙ্গলদৈৰ মাজত থকা দলং দুইখনে এফালে এফালে বহি গৈছে। কেনি বা আহিলে, গাড়ীখনৰ ওপৰৰ আইনাখনলৈকে বোকা, ওৱাইপাৰ দুডালত বোকাৰ থোপা, গাড়ীখনৰ মাখন ৰংটো ধৰিবই নোৱাৰি, নাম্বাৰ প্লেটখন নাই, বোধহয় ক'ৰবাত বোকাত লাগি থাকি আহিল। চন্দ্ৰনাথে সেই মথাউৰিৰ ৰাস্তাটো ধৰিছে, এতিয়া মৌসৰা, সোণাপুৰৰ আটাইবোৰ মানুহে সৰু গাড়ীৰে যাব লগা হ'লে সেই মথাউৰিৰ ওপৰে ওপৰে মাৰি দিয়ে, মথাউৰিৰে কেই কিঃমিঃমান গ'লেই মঙ্গলদৈৰ হাই-ৱেত উঠিব পাৰে। বৰষুণ নিদিলে যাব পাৰি। বৰষুণ দিলে লেপলেপীয়া বোকা হয়। এই কেইদিন বৰ বৰষুণ দি আছে। চন্দ্ৰনাথ কিয় এনেকৈ আহিল? গাড়ীৰ পৰা নামি অহা চন্দ্ৰনাথ আৰু ললিতাক দেখি প্ৰিয়নাথ কঁপি উঠিল।

ললিতাই বেছ গধুৰ বেগ এটা প্ৰিয়নাথক দিলে, গৰ্ভ চন্দুকত থ'ব লাগে। গা-পা ধুই চন্দ্ৰনাথ আৰু প্ৰিয়নাথে বুলনিতে চাহ খাবলৈ বহিলে। কাতিয়া আৰু আঘোণাই চন্দ্ৰনাথৰ গাড়ী চিক্‌চিকীয়া কৰি দিলে। চন্দ্ৰনাথে দুইটাকে জোকালে, 'মোনাত অনা টকাবোৰ আছে যদি ঘৰত থ'ব নালাগে, বেঙ্কত থ'ব লাগে, নহ'লে মাটি কিনিব লাগে। দিন-কাল বেয়া।' দুইটাই লাজ কৰিলে, সেই কথাটো ওলালে দুইটাৰে বৰ লাজ লাগে। 'সৰু দেউতাইনো কিবোৰ কয়' বুলি দুইটা সেইখিনিৰ পৰা ফৰিং ছিটিকা দিলে। চন্দ্ৰনাথে সহজ হ'বলৈ যত্ন কৰিছে, কিন্তু প্ৰিয়নাথে ধৰিব পাৰিছে, কিবা ডাঙৰ বিপদত পৰিছে চন্দ্ৰনাথ। কি হ'ব পাৰে চন্দ্ৰনাথৰ? নিজেও ধনে-বিতে, ঘৰে-দুৱাৰে গুৰি শকত মানুহ এজন হৈ উঠিছে, তাৰোপৰি ইমান ডাঙৰ পদবীত থকা হাতদীঘল শহুৰেক আছে। খাৰঘুলিৰ ফালে টিলা এটাত হাকিম শহুৰেকৰ কি সুন্দৰ ঘৰ-দুৱাৰ। পাপী মন, সুখ খাব নজনা মন প্ৰিয়নাথৰ। সেই সুন্দৰ বঙলাত বহি আৰাম কৰিব নোৱাৰে। বেছি বৈভৱ, বেছি সুখ, বেছি আৰামৰ মুখামুখি হ'লেই প্ৰিয়নাথৰ মনত পৰে গৰু-ছাগলী ধন বেছি হ'লেও নিয়মমতে খাজনা শোধোৱা মৌসৰাৰ গামোচা পিন্ধা মানুহখিনিলৈ। হাউলিত চাহ খাই বাটি ধুব নালাগে, পিৰালিত বহি চাহ খাব নালাগে, ভিতৰৰ বাৰাণ্ডাত পীৰা বা মুঢ়া পাৰি চাহ

দিয়া হয়। মাত্ৰ এইখিনি, এইকণ পালেই মানুহবোৰ কেনেকৈ কৃতজ্ঞ হয়! চন্দ্ৰনাথৰ শহুৰেকে প্ৰায়ে প্ৰিয়নাথক ঠাট্টা-মস্কৰা কৰে, 'আপুনি তাৰ পৰা ইলেকচনত উঠকহে, আপোনাৰ বান্দৰ বাহিনীয়ে জিকাই দিব।' উত্তৰত প্ৰিয়নাথে হাঁহিবলৈ চেষ্টা কৰে।

'দাদা', চন্দ্ৰনাথে কিবা ক'ব খুজিছে। এইটো সৰুকালৰে অভ্যাস, 'দাদা' বুলি কৈ এনেকৈ চুলিখিনি চুই চুই তলমূৰ কৰিলেই বুজা যায়, কিবা এটা খুলি ক'ব খুজিছে। প্ৰিয়নাথ ওচৰ চাপি গ'ল, মানে বহি থকা চকীখন ওচৰ চপাই নিলে। এইটোৱো সৰু কালৰে অভ্যাস। ভায়েকৰ কিবা কথা শুনিব খুজিলে এনেকৈয়ে ওচৰ চাপি যায়। তাৰ পাছতে আৰম্ভ হয় এক গভীৰ অন্তৰঙ্গতা। লাহে লাহে প্ৰিয়নাথ ভায়েকৰ ভয়াৰ্ত ভিতৰখনলৈ সোমাই গ'ল।

আজি অলপদিন হ'ল, চন্দ্ৰনাথলৈ কাগজ আহি আছে। উদিত সূৰ্য্যৰ ছাপ থকা কাগজ। এক ডাঙৰ অঙ্কৰ টকা লাগে। ইতিমধ্যে ললিতাৰ দেউতাকে ভাল অঙ্কৰ টকা সিহঁতৰ হাতত দিছেই। চন্দ্ৰনাথৰ টকাৰ গছ নাই। ঘৰ সাজিছে, ল'ৰা-ছোৱালী পঢ়াইছে, তাত হাত টান হ'ব নোৱাৰে। লাগ বুলিলেই ইমান বৃহৎ অঙ্কৰ টকা ক'ৰ পৰা উলিয়াই দিয়ে। শহুৰেকে কিছু দিলে, নিজৰো জাৰি-জোঁকাৰি যি আছে দিলে। সিহঁতে বিচৰা আধাতকৈ কিছুহে বেছি হ'ল। তথাপি হৈ গ'ল। ললিতাহঁতৰ পৰিয়ালৰ মানুহবোৰৰ একৰ পাছত এক বিপদ আহিছে। মহাক টেক্স কমিছনাৰক সেয়া ধৰি নি কি অৱস্থাত পাহাৰৰ জংঘলত এৰি দিলে, বৰদেউতাকৰো একে অৱস্থা। সেইবোৰ বিপদ তথাপি চম্ভালি ল'ব পাৰি। অলপ দিনৰে পৰা আৰু এটা ডাঙৰ বিপদ হৈছে। চন্দ্ৰনাথৰ ঘৰটো এটা সৰু টিলাৰ ওপৰত, কাষতে এখন পিটনি। শহুৰেকেই মাটিখিনি চাই-চিতি দিছিল। বৰ সুন্দৰ ঠাই। গধূলি পিটনিখনত জ্বলি নুমাই উঠে হেজাৰ হেজাৰ জোনাকী পৰুৱা। চন্দ্ৰনাথৰ ঘৰৰ বাৰাণ্ডাত বহি জোনাকী পৰুৱা চাবলৈ বৰ ভাল লাগে প্ৰিয়নাথৰ। আজি অলপ দিনৰে পৰা পিটনিখনত মাজনিশা জোনাকী পৰুৱাৰ লগতে জ্বলি উঠে একোটা শক্তিশালী টৰ্চৰ পোহৰ। মাজনিশা ভাহি আহে মানুহৰ মৰণ-কাতৰ চিঞৰ। কেতিয়াবা সকলো নিশব্দ, মাত্ৰ দুখনমান গাড়ী আহে, পিটনিত টৰ্চৰ পোহৰ পৰে। আৰু একো নাই। এতিয়ালৈকে তাত চাৰিটা মৃতদেহ দেখিলে মানুহে। এতিয়া পিটনিৰফালে নিতৌ আৰ্মিৰ গাড়ী আহে, মাজে মাজে গোলা-গুলীৰ শব্দ শুনি, কিবা গধুৰ বস্তু চোঁচোৰোৱাৰ শব্দ আহে। ডাঙৰ পিটনিখন চুবুৰীটোৰ কাৰণে উশাহ ল'ব পৰা হাওঁ-ফাওঁ আছিল, ৰাতি জোনাকী উৰিছিল, বতৰত নানা পৰিভ্ৰমী চৰায়ে গোটেইখিনি ঠাই মুখৰিত কৰি ৰাখিছিল, গৰমৰ দিনত এইখিনিলৈকে মানুহখিনি খোজ কাঢ়িবলৈ আহিছিল। এতিয়া পিটনিখন হৈ পৰিছে এক ভয়ানক ত্ৰাসৰ কাৰণ, কোনো সেইফালে নাযায়, মানুহে

সোধে কেনেকৈ আছে পিটনিখন আগত লৈ? আছিল, ভয়ে-ভীতে হ'লেও চলি আছিল। সেইদিনাৰ পৰা চলিব পাৰিম বুলিও ভাবিব নোৱৰা হ'ল। ৰাতি ললিতা আৰু চন্দ্ৰনাথে দেখিলে কেইটামান ল'ৰা আহি ওৱাল পাৰ হৈ চৌহদৰ ভিতৰত সোমাইছেহি, সিহঁতে পলিথিনেৰে মেৰোৱা এটা মৃতদেহ চোঁচোৰাই লৈ আহিছিল। মৃতদেহটোৰ জীনচ্ আৰু জোতা পিন্ধা ভৰি এটা পলিথিনৰ আৱৰণ ভেদি ওলাই আহিছিল। জকমকাই ফুলি থকা নাৰ্জী ডৰাৰ ওপৰেৰে মৃতদেহটো চোঁচোৰাই নিছিল। ফুলবোৰ মাটিত শুই পৰিছিল। চন্দ্ৰনাথ আৰু ললিতাই বাথৰুমৰ খিৰিকিৰে চাই আছিল। ল'ৰাকিটাৰ উদ্দেশ্য বুজাত একো অসুবিধা হোৱা নাছিল। পশ্চিম দিশে ড্ৰাইভাৰ যোগেনে বাট এটা কাটি পিটনিখনলৈ বাঁহৰ দলং এখন দি লৈছিল। দলঙখনত বহি আজৰি সময়ত যোগেনে বৰশী বায়। বেছ মাছ উঠে। ডেড-বডিটো সেইফালে নি পিটনিত পেলাব খুজিছিল। এনেতে সদায় অহাদি আৰ্মিৰ তহলদাৰী গাড়ী আহিল, ল'ৰাকেইটাই ডেড-বডিটো যোগেনৰ ঘৰত সুমাই থৈ পলাল। যোগেনৰ ঘৰৰ চাবি লৈ গ'ল। যোগেন দৌৰি দৌৰি আহি চন্দ্ৰনাথৰ ওচৰ পাই মুখেৰে ফেন উলিয়াই পৰি গৈছিল। বিহুনাম গাই গাই বৰশী বাই ভাল পোৱা ল'ৰাটোৱে বৰ ভয় খাইছিল। তাৰ পাছত চন্দ্ৰনাথে যোগেনক শহুৰেকৰ ঘৰলৈ পঠিয়াই দি নিজে মৌসৰালৈ বুলি গাড়ী দৌৰাইছিল। সৰুৰে পৰা হাতী, বাঘ, ভালুকৰ লগত ডাঙৰ হোৱা খামিডাঠ মানুহ দুই ভাই। বিপদক বিপদ নোবোলে। এইবোৰতো আৰু বন্দুক এজাই ফুটালেই লৰ ধৰা বাঘ-ভালুক নহয়। মুখামুখি হোৱাতকৈ পলাই অহাই ভাল। আজি ৰাতি সিহঁত আকৌ আহিব, চাবি লৈ গৈছে, ডেড-বডিটো পিটনিত পেলাবহি।

কথাবোৰ কওঁতে চন্দ্ৰনাথ কঁপিছিল। প্ৰিয়নাথে লাহেকৈ ভায়েকৰ গাত পেলাই দিছিল নিজৰ গাৰ উমেৰে উমাল হৈ থকা কোমল এৰী চাদৰখন। বৰযুণ এজাক পৰিলে পাহাৰতলীৰ এই ঠাইখণ্ডত এই ব'হাগ মাহতো শীত নামি আহে। ভায়েকক ওচৰত পাই প্ৰিয়নাথে নিজৰ বুকুখনো তামোল ফলাদি ফালি সববোৰ কথা বাকী দিছিল। এইফালে কথাবোৰ দিনে দিনে জটিল হৈ পৰিছে। বড়ো আন্দোলনটো বিভিন্ন ভাগত বিভক্ত হৈ পৰিল। এভাগে আলফাৰ লগ লাগি ভূটানত আছে গৈ, আন ভাগ ইয়াতে আছে। মানুহে কোৱা-কুই কৰিছে ইয়াত থকা ভাগৰ লগত আৰ্মি আছে। বোধহয় ইহঁতেই ক্ষমতা পাবগৈ। দুইটা ভাগেই পইছা ডিমাণ্ড কৰি ৰাইজক হাৰাশাস্তি কৰিছে। দুই ভাগৰ হাততে প্ৰচুৰ অস্ত্ৰ-শস্ত্ৰ। দুই ফৈদে ইটোৱে সিটোক সাপ নেউল হেন জ্ঞান কৰে। প্ৰিয়নাথে সকলো সময়তে মনে-প্ৰাণে বড়ো আন্দোলনটোৰ সমৰ্থন কৰে। এই আন্দোলনটোৱে জাতিটোক এটা পৰিচয় দিলে।

হাউলিত চাহ খাই বাটি ধুব নালাগে, পিৰালিত বহিব নালাগে, ভিতৰত বহি সন্মানেৰে চাহ খাব পাৰে, এইখিনি পালেই কৃতাৰ্থ মনা মানুহবোৰ উঠি বহিছে, নিজস্ব পৰিচয়েৰে আগবাঢ়িব খুজিছে। গোৱালপাৰাৰ পৰা 'প্ৰজা' ধৰিবলৈ অহা বড়ো মানুহখিনিয়ে কোনোমতে পাক-ঘৰত বহি চাহ নাখায়, আগৰ দৰে বাহিৰতে বহিব। প্ৰিয়নাথে এদিন সিহঁতক ধমধমনি দিব লগা হৈছিল, আগতে যি হ'ল হ'ল, এতিয়া কথাবোৰ তেওঁৰ মতে চলিব লাগিব। চাহ-জলপান নাখালে নাই, খালে ভিতৰত বহি খাব লাগিব। তাৰ পাছৰ পৰাহে পাক-ঘৰত পীৰা পাৰি বহি চাহ-জলপান খোৱা হ'ল। প্ৰিয়নাথে আজি তেওঁৰ কথা বহুদিনৰ মূৰত মনত পেলালে। তেওঁ কেনেকৈ খাম ঢোল, চেৰজা, চিফুং বজাই পৃথিৱী সৃজনৰ সাধু কোৱা মানুহখিনিৰ ভৰিতে পৰিছিলগৈ। সেই জাতিটো ধৰ্মৰ নামত দুফাল হ'ল, ক্ষমতাৰ বাবে টুকুৰা-টুকুৰ হ'বলৈ গৈ আছে। প্ৰিয়নাথে দৈমালুৰ সাধুটো মনত পেলাইছিল। বীৰ দৈমালুক নিজৰ জ্ঞাতি-গোষ্ঠীৰ মানুহেই চৰম বিশ্বাসঘাতকতা কৰি মাৰি পেলাইছিল, দৈমালুৱে অভিশাপ দিছিল 'এই জাতিৰ মাজত কোনোধৰণৰ একতা নাথাকিব, নিজৰ মাজতে এই জাতিটোৱে খোৱা-কামোৰা কৰি থাকিব। দিনে দিনে এই জাতিৰ অধোগতি হ'ব। এইটো জাতিৰ মাজত একো উন্নতি নাথাকিব। গোটেই জাতিটো খণ্ডখণ্ড হব। এই অভিশাপৰ পৰা জাতিটো কেতিয়াও মুকলি নহ'ব। যিদিনা কাউৰী বগা হ'ব বগলী ক'লা হ'ব, ভুলংবুতুৰ নদী ওলোটাই ব'ব, সেইদিনাহে এই জাতিটো অভিশাপৰ পৰা মুক্ত হ'ব।'

চন্দ্ৰনাথে ককায়েকৰ চিন্তাত মোলান পৰা মুখখনলৈ চাইছিল। মানুহহে, কিমান সহিব আৰু? বহুত বেছি হৈছে। চন্দ্ৰনাথে ককায়েকৰ হাতখনতে ধৰিছিল, 'দাদা, ব'ল, ইয়াৰ পৰা ব'ল, মোৰ ঘৰৰ ওচৰতে বিহাৰী ব্যৱসায়ী এজনে ঘৰ এটা বিক্ৰী কৰিব, ডাঙৰ ঘৰ। ব'ল, দাদা, এইবোৰ মৌসৰাৰ সা-সম্পত্তি সিহঁতেই খাব। তই একো কৰিব নোৱাৰিবি।' প্ৰিয়নাথে বিতত হৈ পৰা ভায়েকলৈ চাই হাঁহিছিল, 'ক'ত পলাই সাৰিবি? পাতাললৈকে তোক খেদিব।'

পাছদিনা নকুল আহিল। নকুলৰ কাপোৰ-কানি, কথা-বতৰাৰ ঢং দেখি চন্দ্ৰনাথ অবাক হ'ল। বাছৰ কামত আহিছিল। তাৰ বাছখন আজি-কালি কুনটাং বজাৰৰ পৰা গুৱাহাটীলৈ চলে। মানুহে নানানটা কথা কয়। সেইখন বাছ আচলতে সিহঁতৰহে মাল কঢ়িওৱা বাছ, বিভিন্ন অস্ত্ৰ ভূটানৰ পৰা বাংচু দুৱাৰেদি আহি মঙ্গলদৈ হৈ গুৱাহাটী পায়গৈ। আৰ্মিয়ে বাছখন তলতহে চায়, ওপৰত আনাৰস, কমলাৰ খাঙৰ মাজত থকা বস্তুবোৰ চায় কোনে? নকুল মৌসৰালৈ অহাৰ কাৰণটো হ'ল চন্দ্ৰনাথক লগ ধৰা।

চেক বহী লৈ আহিছে, পৰিষ্কাৰ একো নিলিখা তাৰ তেৰা-বেঁকা আখৰেৰে কৰা চহীৰ সৈতে চেক্ নকুলে প্ৰিয়নাথলৈ আগুৱাই দিলে। যি সংখ্যাই লেখে আপত্তি নাই, মাত্ৰ তাক মঙ্গলদৈৰ ঘৰ-মাটি লাগে। ঘৰ-মাটি মানে, মাটিখিনি। ঘৰ বুলিবলৈতো একো নাছিলেই, সিহঁতেই গোটেইখিনি কৰিছে। ইচ্ছা কৰিলে সি বহুত ঠাইত মাটি কিনিব পাৰে, কিন্তু ইমানখিনি টকা খটুৱাৰ পাছত এইখিনি মাটি এৰি দিয়াৰ কোনো যুক্তি নাই। আৰু চন্দ্ৰনাথেনো এই টুকুৰা মাটি কি কৰিব? তাৰ মাত-কথা, বহাৰ ভঙ্গী, পোন পোন দাবী, সকলোবোৰতে এক ধৰণৰ দাম্ভিকতা আছিল। এক বে-পৰোৱা ভঙ্গিমা আছিল। চন্দ্ৰনাথে লক্ষ্য কৰিছিল ককায়েকৰ কপালৰ মাজৰ শিৰডাল ওলাই গৈছে, মানুহটো ৰঙা হৈ পৰিছে, টিক্ টিক্কৈ কঁপিছে গৌৰবৰ্ণ মুখৰ সেই নীলা শিৰ। চন্দ্ৰনাথে নকুলক আঁতৰাই লৈ গ'ল। যিমান পাৰে সিমান কোমলকৈ ক'বলৈ যত্ন কৰিলে, হ'ব, মাটি-বাৰী কি হয় দেখা যাব, ঘৰৰ মানুহেই আছে। বাহিৰৰ মানুহটো থকা নাই। মাটিখিনিত সিহঁত দুটাই কি কি কৰিছে সকলোৱে জানে। কিয়নো ইমান আইন-কানুন, কাগজ-পত্ৰ লৈ যাব লাগিছে? থাককচোন, ঘৰৰ ভিতৰৰে, পৰিয়ালৰ ভিতৰৰে কথা, কিহৰ ইমান টকা-পইছাৰ হিচাব-পত্ৰ। কথাখিনি কওঁতে চন্দ্ৰনাথৰ বাৰে বাৰে মনত পৰিছিল মুখেৰে ফেন উলিয়াই বাগৰি পৰা ড্ৰাইভাৰ যোগেনলৈ। কি দেখি ইমান ভয় খাইছিল, ৰাতিয়ে-দিনে সৰুৰে পৰা গাড়ী চলাই মহটিয়াই ফুৰা খামিডাঠ ল'ৰাটোৱে? কি দেখিছিল? সোধাতো নহ'ল।

নকুলে যোৱাৰ আগে আগে এটা সুদৃশ্য কাঠৰ বাকচ প্ৰিয়নাথ আৰু চন্দ্ৰনাথলৈ আগুৱাই দিছিল। তাৰ পাছত নিজে বাকচ খুলি দেখুৱাইছিল। বাকচটোত এটা আধুনিক ৰিভলভাৰ। চন্দ্ৰনাথ প্ৰিয়নাথৰ বাবে বন্দুক নতুন বস্তু নহয়। বিশেষকৈ প্ৰিয়নাথৰ হাতৰ নিচান বৰ পোন। এতিয়া থানাত জমা থকা ডাবল-বেৰেলৰ বন্দুক লৈয়ে কিমান বাৰ চিকাৰত ওলাল, কিমান বিপদ পাৰ কৰালে। কিন্তু এই অত্যাধুনিক ৰিভলভাৰটোত হাত দিবলৈ সঙ্কোচ কৰিছে, আচলতে প্ৰয়োজনো বোধ কৰা নাই। নকুলে আৰু এটা সৰু বাকচ উলিয়াইছে, মাইকী মানুহৰ আ-অলঙ্কাৰ থোৱা বাকচৰ দৰে। এইটো গুলীৰ বাকচ। নকুলে শক্তিশালী ৰিভলভাৰটোৰ কথা কৈছে, কেনেকৈ দূৰৈৰ পৰা সঠিক নিচান লগাব পাৰি। কেনেকৈ এই ৰিভলভাৰ আছে বুলি জানিলে 'এনিমি' কেঁচু গাঁতত সোমোৱাদি সোমায়। নকুলে প্ৰিয়নাথলৈ চাইছিল, 'এইটো ৰাখক। আপোনাৰ হাত এনেয়ে পোন, কিবা অসুবিধা হ'লে বাছতে ল'ৰা এটা পঠাই দিম, চাই-চিতি দিব।'

প্ৰিয়নাথে একো কোৱা নাছিল। নকুলে আজি-কালি কিবা বেলেগ ধৰণৰ পোছাক এযোৰ পিন্ধে, কাবুলীৱালাবোৰে পিন্ধাৰ দৰে হলৌ পাইজামা আৰু হলৌ চোলা। তাৰ হলৌ চোলাৰ ভিতৰত মাৰণাস্ত্ৰ। উঠোতে-বহোতে ধৰিব পাৰি। সি তাৰ খবৰ দিছিল, নাচন ডুবিৰ ফালে ফৰেষ্ট ডাকি লৈছে, গছ কটা আৰম্ভ হ'ব, কুনটাং বজাৰতে কাঠফলা কল এটা বহুৱাব, ট্ৰাকো দুখন লৈছে, কাঠ টানিবলৈ লাগিব। যাবলৈ বুলি উঠি সি প্ৰিয়নাথৰ ফালে চাইছিল, তাৰ বিয়াৰ খবৰ দিছিল, মঙ্গলদৈৰ নাৰায়ণ উকীলৰ নাতিনীয়েকৰ লগত তাৰ বিয়াৰ কথা পতা হৈছে। প্ৰস্তাৱ ছোৱালী ঘৰৰ পৰাই আহিছিল। আৰু এটা কথা কৈছিল সি, মাক-দেউতাকক হাউলিৰ পৰা লৈ যাবহি। বিয়াৰ কথা আছে। নকুল যাবলৈ বুলি উঠিছিল, প্ৰিয়নাথে সি দিয়া ৰিভলভাৰটো ঘূৰাই দিছিল। চন্দ্ৰনাথে কফিয়ৎ দিয়াৰ ভঙ্গীত কৈছিল, এইবোৰ ৰাখিলে বিপদহে হ'ব। নকুলে প্ৰিয়নাথক কৈছিল, ৰাখিলে ভাল আছিল, কেতিয়া কি হয় ক'ব নোৱাৰি, তাতে হাউলিত ভুটীয়া, বিহাৰীসোপাই গিজগিজাই থাকেহি। সাৱধানে থকা ভাল। এইটো আছে বুলি জানিলে এনিমিয়ে সহজে কাকো জোকাই নলয়। প্ৰিয়নাথে একো কোৱা নাছিল, মাত্ৰ তেওঁৰ কপালৰ শিৰডাল আকৌ জক্‌জক্‌কৈ ওলাইছিল।

নকুল যোৱাৰ পাছত দুই ভাই-ককায়ে বহি বহু সময় ধৰি নকুলৰ কথাকে পাতি থাকিল। ই কেতিয়া আলফা হ'ল, কেতিয়া ছালফা হ'ল কোনেও গমকে নাপালে। গম নোপোৱাকৈ, ধৰিব নোৱৰাকৈ কিমান কি কথা ঘটি থাকে। চকুৰ আগতে চিনেমাৰ দৰে পট পৰিৱৰ্তন হৈ আছে।

অলপ পাছতে মৌসৰাৰ ৰিক্সাৱালাখিনিৰ সংকীৰ্তন পাটিটো আহি পালেহি। গোটেইকিটা বিহাৰী ৰিক্সাৱালা আৰু ঠেলাৱালা। আজি অলপ দিন ধৰি সিহঁতে এনেকৈ আহি ৰাতি ৰাতি হাউলিৰ বুলনিত ধুলকি বজাই সংকীৰ্তন কৰেহি। কেতিয়া কেনেকৈনো এই সংকীৰ্তন কৰাটো আৰম্ভ হ'ল মনত নাই। হাউলিৰ আটায়ে ভাল পায়। হাতীৰ মহল বন্ধ হোৱাৰ পৰা বৰফান্দী, কাতিয়াহঁতে ঘৰৰ হাতীকিটাই তদাৰক কৰে, হাউলিতে থাকে, সিহঁতো বহেহি। প্ৰিয়নাথেও ভাল পায়, মনটো পাতল লাগে। অতএব সংকীৰ্তন চলি থাকে।

প্ৰিয়নাথে বুজে সিহঁতৰ ভিতৰত এক ভয়ানক ভয় সোমাইছে। মৌসৰাত হোৱা নাই, কিন্তু বাকী ঠাইবোৰত বিহাৰী মানুহবোৰ ইটাৰ ভাতাত মিলবোৰত কেতিয়াবা সিহঁতৰ জুপুৰীবোৰত মাৰি আছে। হাউলিত এনেকৈ সময় কটালে সিহঁতৰ ভয় কমে, সাহস পায়।

কুৰমা চিৰকাললৈ গ'লগৈ

হাউলিৰ এক নিজস্ব পৃথিৱী আছে, এটা নিজৰ জীৱন আছে। এই নিজা পৃথিৱীখন উখল-মাখল লাগি থাকে। নানানটা ঘটনা ঘটিয়ে থাকে। আজি পুৱাই হুলস্থূল লাগিছে লখিমী নাই। নাই যি নায়েই, কেনিও নাই। লখিমী হাউলিতে জন্ম পোৱা মাখুন্দী, মাক আছিল ৰাধিকা। বৰফান্দীৰ হাততে ডাঙৰ হৈছে লখিমী। সদায় থকাদি সুগৰী জানৰ পাৰৰ শিশু গছডালৰ তলতে আছিল, ভৰিত বান্ধ আছিল। একো চিন নাই, বৰফান্দীয়ে আঙুলিয়াই দিলে ঠাইখিনিত আৰু এটা হাতীৰ খোজ, ডাঙৰ ডাঙৰ খোজৰ চিন। ফান্দীয়ে কৈ আছিল ৰাতি ৰাতি দঁতাল এটা আহে, আহি ৰাতিতে নোহোৱা হয়। কোনোবা কোনোবাই দেখিছে হাউলিৰ শেষ প্ৰান্তত থকা গেজেপনি মৰা তৰাণিখনতে দিনত সোমাই থাকে। সিয়ে আহি লখিমীক লৈ গলহি। প্ৰিয়নাথে বিভিন্ন দিশে মানুহ পঠালে, ফান্দী ওলাল কুনটাং বজাৰৰ পিনে। সেইফালেইতো আছে হস্তীকুলৰ আদিম অহা-যোৱা কৰা ৰাস্তা। নদৈ পাৰ হৈয়ে পাহাৰলৈ উঠি যোৱা অৰণ্য, সেয়াইতো হাতীৰ বাসস্থান। সোণতৰাই গোঁসাই-ঘৰত চাকি দিলে, প্ৰিয়নাথেও প্ৰণাম কৰিলেগৈ সেই ভোগজৰা বাটি। প্ৰিয়নাথৰ কিয় জানো এই বাটিটো দেখিলে মনত পৰে এটা বিশাল বাঘলৈ, ডুবন্ত সুৰুযৰ পোহৰত উজ্বলি উঠা এটা প্ৰকাণ্ড বাঘলৈ। আইতাকে কৈছিল সেই বাঘটো দেৱতা আছিল, তেঁৱেই হাউলি ৰক্ষা কৰি আছে। ভোগজৰা বাটিটো দেখিলে প্ৰিয়নাথে কিবা এক ধৰণৰ সাহস পায়, কোনেওতো নাজানে আজি-কালি কিমান ঘটনাই তেওঁৰ ভিতৰৰ শালকাঠৰ স্তম্ভত কেনেকৈ কোবাই থাকে, ৰেপি থাকে, বটালি মাৰি থাকে। নিজৰ বুকুতে তেওঁ শুনে অহৰহ সেই শব্দবোৰ, ধুম ধুম... কেৰেচ-কেৰেচ... ঠুক-ঠুক।

আজি-কালি প্ৰিয়নাথৰ কিবা এটা ঘটিলেই অতীতটোৱে টানি নিয়ে। আজিও নিলে। লখিমীক দেখিলে আটাইৰে ৰাধিকালৈ মনত পৰে, তেনেই একে চেহেৰা। ৰাধিকাৰ লগতে খেলি-ধুলি ডাঙৰ হৈছিল প্ৰিয়নাথহঁত। নেজেৰে বগাই পিঠিত উঠিছিল, শুঁৰেৰে নামিছিল। এই ৰাধিকাক লৈয়েতো প্ৰিয়নাথৰ সেই কাণ্ডটো

হৈছিল। ৰাধিকা ধনচুৰি হৈছিল মাত্ৰ। সেইদিনাও জন্ম-মৃত্যুৰ হিচাব দিবলৈ আৰু আন আন কামত গাঁওবুঢ়াসকল মৌজা-অফিচলৈ আহিছিল। গাঁওবুঢ়াসকল অহা মানে বিভিন্ন জাতৰ ঘোঁৰা। তাৰে একোটা লৈ দুই ভায়ে এক চক্কৰ মাৰি আহে। উঠিয়ে কয়, 'নল নল নল', কোনোবা এজন গাঁওবুঢ়াই শিকাইছিল। ঘোঁৰাত উঠিয়ে এনেকৈ নল দেৱতাক মাতিব লাগে। নল ৰজা অশ্ব প্ৰশিক্ষক আছিল। এজন গাঁওবুঢ়াৰ কজলা ৰঙৰ ঘোঁৰাটো পছন্দ কৰি দুই ভায়ে ভাল এক চক্কৰ মাৰি আহিলে, 'নল নল নল' বুলিও ক'লে। তাৰ পাছত আহি ৰাধিকাৰ ওচৰ পালেহি। হাউলিৰ চোতালত নহয়, ঘৰৰ কাষেৰে বৈ থকা সুগৰী জানত ৰাধিকাক কাতিয়া মাউতে গা ধুৱাই আছিল। ৰাধিকাই বেছ কিছু কথা বুজি পোৱা হৈছিল। দুই ভায়ে ৰাধিকাক হুকুম দিলে, 'চুপ', ৰাধিকাই পানী শুঁৰেৰে ল'লে, 'দলে' পানীভৰা শুঁৰডাল দাঙিলে, 'চুপ-দলে' গোটেই গাতে পানী মাৰি দিলে। দুই ভায়ে হাত-তালি দি হাঁহি উঠিল। কোনটোৰ মূৰত বা খেলালে, হাতীত উঠা যাওঁক। তাতে কাতিয়াই খবৰ দিলে নাগ নদীৰ পাৰতে গৰু এজাকৰ মাজত শিঙাল পহু এটা চৰি আছে। গাঁওবুঢ়াহঁতৰ ঘোঁৰাত উঠি 'নল নল নল' বুলি কৈ কৈ প্ৰিয়নাথ, চন্দ্ৰনাথৰ আমনি লাগিছিল। প্ৰিয়নাথ ভিতৰলৈ গৈ কেইটামান 'টোটা', কাৰ্টুজৱালা বন্দুকৰ গুলী আনি কাতিয়াৰ হাতত দিলেহি। একোবত দুনলীয়া বন্দুকটো আনিলেগৈ। দুয়োৰে ইতিমধ্যে কাৰ্টুজৱালা আৰু খাজি মাৰা বন্দুক চলাবলৈ শিকিছে। দুইটাই বন্দুক চলাবৰ সময়ত দেউতাকৰ শিক্ষা মনত ৰাখে, কান্ধৰ সমানে বন্দুক কেতিয়াও টোৱাব নালাগে, হয় গছলৈ, নহয় মাটিলৈ টোৱাব লাগে। ইতিমধ্যে প্ৰিয়নাথে তামোল-নাৰিকল নষ্ট কৰা কেৰ্কেটুৱা বহুকেইটা মাৰিছে। এইবাৰ বাৰীত বহল বহল চেপেটা বগা ৰঙৰ উৰহী চাং ভৰি লাগিছে। পিছে কি হ'ব কোনেও খাবলৈ নাপায়, গোটেইবোৰ উৰহীৰ গুটিবোৰ কেৰ্কেটুৱাই খাই দিয়ে, তাৰ পাছত উৰহীবোৰ তেনেই শুকাই যায়। প্ৰিয়নাথৰ এইকেইদিন কামেই হৈছে কেৰ্কেটুৱা মৰা। উৰহী চাঙৰ তলত হয় খাজিমৰাটো, নহয় কাৰ্টুজৱালাটো লৈ দুই ভায়ে পোহৰ হওঁ হওঁ সময়তে অৱস্থান লয়। পুৱাই উৰহী দুটি খাবলৈ অহা কেৰ্কেটুৱালৈ নিচান কৰে। সেইবাৰ বাৰীত তামোল-নাৰিকলো বেছি নষ্ট নহ'ল, উৰহীও খাবলৈ পালে, আতলচ আৰু অমিতাও আটায়ে হেঁপাহ পূৰাই খাবলৈ পালে। আৰু লগতে চন্দ্ৰনাথ, প্ৰিয়নাথে দুইটা বন্দুক চলোৱাৰ, লগত ৰখাৰ অধিকাৰো হাচিল কৰিলে। টোটা, বন্দুক লৈ ৰাধিকাৰ পিঠিত উঠি দুই ভাই চিকাৰলৈ ওলাল। চিকাৰ মানেনো কি, নাগ নদীৰ পাৰতে চৰি থকা এটা শিঙাল পহু। গৰু এজাকৰ মাজতে আছে। কাতিয়াই এজোপা পাকৰিৰ তলতে হাতীটো ৰখাই দিলে। সঁচাকৈয়ে গৰু এজাকৰ মাজত পহু এটা আছে। সেইখিনিতে

এজোপা আমলখি গছ আছিল, বহুত পুৰণি গছ, ডাল ভৰি ভৰি আমলখি লাগি তলখন ভৰি থাকে। এই আমলখী খাবলৈকে পহু আহে, পহুৰে যে আমলখীৰ সোৱাদ বৰ ভাল পায়। আগতে জাকে জাকে পহু এইখিনিতে আহি চৰি আছিল। মানুহ বহাৰ পৰা কদা কাচিৎ এনেকৈ একোটা পহু দেখা যায়। প্ৰিয়নাথ কাতিয়াৰ পাছতে, কাতিয়াই হাতীটো এনেকৈ ৰাখিছিল বন্দুকে-পহুৰে একে শাৰীত থাকে। প্ৰিয়নাথে বন্দুক টোৱাই চাই ৰ'ল। উঠি অহা বেলিটোৰ পোহৰত পহুটো জিলিকি উঠিছে। গাটো সোণালী-মুগা মিহলি ৰঙৰ, চকুহালত যেন কোনোবাই আলফুলে কাজলহে সানি থৈছে। গাত আকৌ বগা ফুট ফুট। শিংটো ঠিক ক'লাও নহয়, মুগাও নহয়, গুলচৰ ডাল হেনকৈ ফেৰেঙণি মেলি আছে। শিংটোত কিবা লতা কিছুমান লাগি আছে, বোধবয় ভেবেলি লতা। লতাবোৰে যেন শিংটোত কাৰুকাৰ্য্যহে খটাইছে। পহুটোৱে এইবাৰ ওপৰ মূৰ কৰিছে। কাতিয়াই ফুচফুচাই কৈ আছে, 'এৰা গুলী, দিয়া এৰি, মাৰা মাৰা'। প্ৰিয়নাথ যেনে আছে তেনেকৈয়ে থাকিল। লাহেকৈ বন্দুক নমাই কাতিয়াক ক'লে, 'হাতী ঘূৰাই ল কাতিয়া কাই', হাতী ঘূৰিল, পহুটোও দৌৰি দৌৰি নোহোৱা হ'ল, গৰু জাকহে থাকিল। হাউলিৰ ওচৰ চাপি হাতীৰ পৰা নমাৰ আগতে প্ৰিয়নাথে নিজকে কোৱাদি ক'লে, 'পহুটো বৰ ধুনীয়া।'

প্ৰিয়নাথৰ এতিয়াও মনত আছে ৰাধিকাৰ পিঠিৰ পৰা দেখা সেই সুন্দৰ পহুটো, লতাৰে মেৰ খাই থকা তাৰ ফেৰেঙণি মেলা শিংযোৰ। ৰাধিকা নামৰ শান্ত হাতীজনী, তাইৰ পোৱালি লখিমী। সকলোবোৰ ফটফটীয়া হৈ মনত আছে। সেইজনী লখিমী, ৰাধিকাৰ পোৱালিজনী, দাওদাওকৈ বাঢ়ি পাঁচ ফুট ওখ হোৱা হাতীজনী- নাই, বুলিলতে নোহোৱা হ'ল। লখিমী হাতীজনী হাবিৰ হাতী নহয়, মানুহৰ মাজতে ডাঙৰ হোৱা হাতী। কেনে দুষ্ট আছিল তাই। কিখন যে কৰি ফুৰিছিল। তাইৰ বয়স কম। গাটো কিন্তু প্ৰকাণ্ড, মানুহৰ মাজত ডাঙৰ হ'লে কি হ'ব? তাইতো এজনী হাতীয়েই দিনে দিনে বাঢ়ি অহা এজনী মস্ত হাতী। এদিন ধনদাই সুগৰী জানত খৰাহিত চাউল ধুই আছিল। আহিল লখিমী, ধনদা বাইক ঠেলা এটা মাৰিলে। তাৰ পাছত চাউলখিনি খাই দে দৌৰ। লখিমীয়েতো নাজানে তাইৰ গাত কিমান জোৰ। ধনদা গৈ মাজ পানীত পৰিলগৈ। পিছলৈ চাউল ধুবলৈ গ'লেই কাতিয়া বা বৰফান্দী লগত নগ'লেই নহৈছিল। এবাৰ প্ৰিয়নাথ-চন্দ্ৰনাথক বিচাৰি পালেঙত উঠিবলৈ গৈছিল, কি আৰু হ'ব নেকেহকৈ পালেংখন তিনি টুকুৰা হ'ল। প্ৰিয়নাথ, চন্দ্ৰনাথ আৰু লখিমী তিনিওৰে এটা প্ৰিয় কাম আছিল, আবেলি অহা ৰে'লখনৰ পৰা খবৰ-কাগজ কিখন অনাগৈ। লখিমীৰ পিঠিত প্ৰিয়নাথ, চন্দ্ৰনাথ, লখিমীক একো ক'ব নালাগে। চিধাই ৰে'ল ষ্টেচন পায়গৈ, কাগজ ল'লে, আকৌ লখিমী হাউলিমুৱা।

সেইজনী লখিমী গৈ হাবি পালেগৈ। তাইনো আৰু হাবিত ক'ত থাকিব পাৰিবগৈ, নিমখ নাপাব, দানা নাপাব। কোনে তাইৰ আগত নিমখ মিহলোৱা চাউল দিব? তাইৰ ভৰিত হুলে বিন্ধিব, তাইৰ ভৰিত কাড়ী হ'ব। বনৰীয়া দঁতালে তাইক হাবিলৈ লৈ গ'ল। তাই মানুহবোৰ পাহৰি যাব নেকি? যাবও পাৰে। প্ৰিয়নাথৰ মনটো গধুৰ লাগি আহিল। গোঁসাই-ঘৰৰ পৰা ওলায়ে সদায় হাতীকিটাক কিবা এটা খুৱাইহে তেওঁ নিজে আহাৰ গ্ৰহণ কৰে। কাণ জোঁকাৰি জোঁকাৰি কেনেকৈ লখিমী ৰৈ থাকে। দঁতালে লৈ গৈছে, ক'ত আৰু ঘূৰাই পাব? ইতিমধ্যে চাগৈ হাবিৰ ভিতৰ পালেগৈ। প্ৰিয়নাথ বহুত সময় আৰামী চকীখনতে বহি আছিল। চিলমিলকৈ টোপনি আহিছিল।

'কুৰমা আহিল, কুৰমা আহিল, ভূটীয়া কুৰমা আহিল।' হুলস্থূল শুনি প্ৰিয়নাথ উঠিল। খচ্চৰৰ সৈতে মতা-মাইকী মিলি ভূটীয়া কুৰমাৰ দলটো সোমাই আহিল। আটায়ে নামি সুগৰী জানত হাত-ভৰি ধুলে। বাহিৰৰ পৰা গোঁসাই-ঘৰত সেৱা কৰিলে, তাৰ পাছত গৈ ভূটীয়া কুৰমাৰ বাবে পৰিষ্কাৰকৈ থোৱা 'ভূটীয়া ঘৰত' সোমালগৈ। খচ্চৰ, ঘোঁৰা কিটা বান্ধি থলে। একেবাৰে কোমল মুখৰ ভূটীয়া পোছাক পিন্ধা ল'ৰা-ছোৱালী এহাল আহি প্ৰিয়নাথ, সোণতৰাক সেৱা কৰিলেহি। ল'ৰাটো সেই তাহানিৰ তপজে। অকণো হেৰফেৰ নাই। মাত্ৰ তপজেৰ মুখৰ বয়সৰ ৰেখাবোৰ নাই, চুলিতো বগা ৰং নাই। এখন পুৰণি কিতাপ যেন কোনোবাই নতুনকৈ ছপা কৰি উলিয়াই দিছে। কাগজবোৰ নতুন, আখৰবোৰ নতুন। এটা শব্দও বদলোৱা নাই। নতুন তপজে ডেকা তপজেৰ ঘৈণীজনী কিন্তু বেলেগ, আগৰ বুঢ়া তপজেৰ ঘৈণীয়েকৰ লগত নিমিলে। নতুন ছোৱালীজনী আগৰ বুঢ়ীতকৈ পৰিপাটী। চুলিখিনিও বুঢ়ীৰ দৰে খাপ খাপকৈ কটা নহয়, তাই ওঁঠত ৰঙা লিপষ্টিক নে তামোল ধৰিব নোৱাৰি, ওঁঠটো টিক্‌টিককৈ ৰঙা। এটা কথা বুঢ়ীৰ সৈতে একে। বুঢ়ীয়েও হাতৰ পৰা সূতা কটা টাকুৰিটো নেৰে, এইয়ো নেৰে। প্ৰতিজনী ভূটীয়া মহিলাই মালা জপ কৰাৰ দৰে হাতৰ টাকুৰিটো লৈ সকলো সময়তে সূতা কাটি থাকে। তামোল খাই মুখেৰে সেলেঙি বৈ থাকে আৰু টাকুৰি ঘূৰি থাকে। সেই সূতাৰে বনাই পেলাই একোখন গাত লোৱা ভূটীয়া ঠঙা, একোটা ধুনীয়া কান্ধত লোৱা মোনা। তপজেৰ বোৱাৰীয়েকে টাকুৰি ঘূৰোৱা চাই সোণতৰা অবাক হ'ল, ইমান বেগাই কাম কৰে। অকল কিবা তপজেৰ বোৱাৰীয়েনে? আটাই কেউজনীৰ হাততে সূতা কটা টাকুৰিয়ে নাচোন ধৰি থাকে। সিহঁতৰ কেঁচুৱাটো বৰ মৰম লগা, থোলোকা। দুয়ো ভৈয়ামৰ কুৰমালৈ অনা জাব্ৰাং আখ্ৰোট, জলকীয়া আগবঢ়াই দিলে। আৰু এটা

চেমনীয়া ল'ৰাই কোলাত তুলি আনিলে উলেৰে বনোৱা হেন এটা ক'লা-বগা ভূটীয়া কুকুৰ পোৱালি। নেজডাল বগা, কোনোবাই যেন এথোপা কঁহুৱা বনহে আনি গুজি থৈছে, আকৌ কপালতো এচমকা বগা। 'জিগমা আছে' বুলি ডেকা তপজেই চকুকিটা সৰু সৰু কৰি হাঁহি পেলালে। জিগমা, জিগম্‌া বুলি হাউলিতো কুকুৰ পোৱালিটো লৈ উৎসাহ আৰম্ভ হৈ গ'ল। সোণতৰাই বাটি এটাতে গাখীৰ অকণমান আনি দিলে, জিগমাই শুঙা মাৰি থৈ দিলে। ল'ৰাটোৱে ক'লে কুকুৰছানাই শুকান মাছ পুৰি তাৰে ভাত খায়, অন্য একো নাখায়। প্ৰিয়নাথৰ ওচৰতে বহি তপজেৰ পুতেকে দেউতাক বুঢ়া হোৱাৰ কথা ক'লে, কঁকালৰ বিষৰ কথা ক'লে, এইবাৰ কুৰমা খাবলৈ আহিব নোৱাৰি কিমান দুখ পাইছে সেয়া ক'লে, ঘৰৰ খা-খবৰ এটা এটাকৈ সব দিলে। তপজেৰ পুতেকে আৰু এটা খবৰ দিলে ৰাংচু দুৱাৰৰ পৰা গৈ ভূটানৰ হাবিত এই ফালৰ ছাৰা কিছুমান গাঁও পাতি আছেগৈ। 'এইদিগিৰ ছাৰা' বোৰৰ হাতত বহুত টকা-পইছা। বহুত ভূটীয়াই এই ছাৰাবোৰৰ কাৰণে কাম কৰি ভালকৈ চলিছে। আনকি ৰজায়ো এই ছাৰাবোৰক খাতিৰ কৰে। সিহঁতবোৰৰ হাতত ধেৰ বন্দুক, সবদিনে ছাৰাবোৰে কুছ-কাৱাজ কৰে। বহুত ডাঙৰ গাঁও পাতিছে সিহঁতে হাবিৰ মাজত। তপজেৰ পুতেকৰ মুখৰ সৰল কথাকেইষাৰ শুনি প্ৰিয়নাথৰ ভিতৰলৈকে কঁপনি এটা পাৰ হৈ গ'ল। 'এইদিগিৰ ছাৰা' বোৰৰ কথা এই নিমাখিত, সৰল ল'ৰাটোৱে কি বুজিব। পৰম তৃপ্তিৰে বৰা চাউলৰ জলপান খাই ভূটীয়া কুৰমা 'ভূটীয়া ঘৰত' শুবলৈ গ'ল। মৌসৰাৰ প্ৰায়কিঘৰ মানুহৰ ঘৰতে ভূটীয়া কুৰমাই আশ্ৰয় লৈছিলহি। বেহা-বেপাৰ কৰিব। আকৌ ঘূৰি যাবগৈ। কত কি ঘটনা গ'ল, ভূটীয়া কুৰমাৰ ভৈয়ামৰ কুৰমাৰ লগত পুৰুষানুক্ৰমে মিতিৰৰ সম্পৰ্ক থাকি গ'ল। তপজে কুৰমাই পুতেকৰ হাতত ভৈয়ামৰ কুৰমা আৰু কুৰমানীলৈ দুটা বেগ দি পঠাইছিল। হাতেৰে কটা সূতাৰে বনোৱা ধুনীয়া কান্ধত লোৱা মোনা দুটা হাতত লৈ সোণতৰা আৰু প্ৰিয়নাথৰ মাত নোহোৱা হৈছিল। সোণতৰাৰ গভীৰ আৱেগে মথিত কৰা মুখখন চাই প্ৰিয়নাথে পৰম মমতাৰে ভবিছিল মানুহজনীৰ শিপা আৰু আঁজোৰ মাৰিলেই উঠি অহা নাৰ্জি ফুলৰ শিপা হৈ থকা নাই, ক্ৰমে মাটি বিচাৰি বিচাৰি শিপা তললৈ গৈ আছে।

পুৰা সোণতৰাই কপাহ ৰ'দাই আছিল। এইবাৰ বহুত কপাহ হৈছে। প্ৰিয়নাথেই এই কপাহ গছখিনি লগাইছিল। আগতে এজোপা নে দুজোপা আছিল। গোঁসাই-ঘৰৰ চাকিৰ শলিতা বাতিবৰ কাৰণে খাং এটাত গোঁসাই-ঘৰতে থৈ দিয়া থাকে। দেৱালীৰ চাকিও সেই কপাহেৰে হৈ যায়। প্ৰিয়নাথে লগোৱা কপাহ গছবোৰৰ পৰা এতিয়া বস্তা হিচাবত কপাহ ওলায়। কি কৰে ইমান কপাহ? কেইবাখনো লেপ বনোৱা হ'ল।

প্ৰতিবছৰেতো লেপ নালাগে। তথাপি ইমান ধুনীয়া কোমল কোমল কপাহৰ জোলাবোৰ, আলাই-আথানি কৰিবৰ মন নাযায়। তপজেৰ বোৱাৰীয়েকে পুৱাই তাইৰ বেহাখন আৰম্ভ কৰিছে। বেহা মেলে প্ৰথমতে এই হাউলিতে, তাৰ পাছতহে গাঁৱৰ ফালে গৈ আৰম্ভ কৰে। দোন হিচাবত ধান লয়, বিনিময়ত দিয়ে শুকান জলকীয়া, জাব্ৰাং, লা, গন্ধ কলাই, হিং, বেত, কস্তৰী, মাকৈ, ধূনা, আখ্ৰোট, ভূটীয়া ঠেঙা, চোঁৰৰ। এপোৱা ভূটীয়া শুকান জলকীয়া, এদোন ধান, এখন ঠেঙা, পাচদোন ধান। এইদৰে বেহা-বেপাৰ কৰি দুমাহ মান থাকি গৰমৰ চাট পৰিলেই যায়গৈ। যোৱাৰ আগতে গোটখোৱা ধান হাউলিৰ চোতালতে ৰ'দায়, চাউল উলিয়াই লৈ গুচি যায়গৈ। হাউলিৰ ফালৰ পৰা যোৱাৰ সময়ত ভূটীয়া কুৰমাক সদায়ে ভালেখিনি চাউল দি পঠায়। হাঁহিমুখে এই উপহাৰ গ্ৰহণ কৰে। এৰীচাদৰ, পিঠা-সান্দহো টোপোলা বান্ধি দিয়া হয়। সোণতৰাই জনা হৈছে ভূটীয়া কুৰমাৰ হাউলিৰ এটা বস্তুৰ প্ৰতি বৰ লোভ। গুটি ধানৰ ভঁৰাল দুটাৰ মাজত দুজোপামান তামোল আছে, গোল গোল তামোল কেইটাৰ এটা বিশেষত্ব আছে, খালে বৰ মূৰত ধৰে। পাগ উঠি আহে ঠিকেই, কিন্তু অলপ পাছতে এনে ধৰণেৰে মূৰ আচন্দ্ৰাই কৰি আনে যে নিমখ-পানীয়ে খায় নে মূৰত পানীকে ঢালে তেনেকুৱা অৱস্থা হয়। তামোল কিজোপা ডাঠ কমলা ৰং এটা লৈ লাগেও গছ ভৰি। কোনেও সেই তামোল ভুলতো মুখত নিদিয়ে। সেই কিটা তামোললৈকে লোভ ভূটীয়া কুৰমাৰ। সেইখিনি তামোল পাহাৰৰ কুৰমালৈকে থোৱা হয়। বৰ হেপাহেৰে তামোলখিনি সামৰি লয়। আটায়ে হাঁহে। ভূটীয়া কুৰমাইয়ো হাঁহে।

কপাহ ৰ'দোৱা দেখি ভূটীয়া কুৰমাহঁত কাষ চাপি আহিল। কপাহখিনি দেখি বৰ খুচি হৈছে কুৰমাহঁত। সোণতৰাক সুধি গম পালে কপাহখিনি কোনো বিশেষ কামৰ বাবে ৰ'দোৱা নাই, এনেইহে ৰ'দাই আকৌ বস্তাত ভৰাই থৈ দিব। কুৰমাহঁতৰ কপাহখিনিৰ প্ৰতি আগ্ৰহ দেখি সোণতৰাই সিহঁতকে দি দিলে। এনেই বস্তাতে পচি যাব, কিনো কৰা হ'ব? নিয়ক ইহঁতেই, কিবা কামত আহিব। কপাহ পাই কুৰমাহঁতৰ ৰং চায় কোনে? বেহা নকৰাৰ সময়ত গোটেইবোৰ কপাহখিনিতে উবুৰি খাই থাকে। সেই কপাহ নেওঠনীৰে নেওঠি পেলালে, ধনুৰে ধুনিলে, তাৰ পাছত পাজি সাজিলে। টাকুৰিত সেই পাজিবোৰৰ পৰা সূতা কাটিবলৈ আৰম্ভ কৰিলে। ভাগৰ-জুগৰ বোলা কথাযাৰ নাই, ইহঁতে যেন আৰাম কাক কয় নাজানেই, কেৱল দুই হাতেৰে বন আঁজুৰি থাকে। এনেকৈ দুই হাতে নাআজুৰিলে কোনে সিহঁতক ভাত দিব। কামেই এই মানুহখিনিৰ জীৱন আৰু পৃথিৱী। চকুৰ আগতে ভালেখিনি সূতা জমা হ'ল। এখন ঠেঙা, দুটা মোনাও সেই সূতাৰে বনোৱা হৈ গ'ল।

বৰফান্দী ঘূৰি আহিল। লখিমীক দেখিছিল, বাংচু দুৱাৰৰ পৰা আৰু ওপৰলৈ গৈছিল বৰফান্দী আৰু কাতিয়া। বৰফান্দী আৰু কাতিয়াই লখিমীক সদায় গা ধুৱাওতে পিন্ধা চোলা দুটাকে পিন্ধি আছিল। লখিমী যোৱাৰ আগদিনা নাগ নদীত নি দুয়ো হাতীজনীক খেৰেৰে ঘঁহি ঘঁহি গা ধুৱাইছিল। চোলা দুটা ঘামি ঘামি গোন্ধাই গৈছিল, তথাপি বৰফান্দী-কাতিয়াই গাৰ পৰা খোলা নাছিল। হাতীজনীৰ সম্ভেদ পোৱাৰ লগে লগে দুয়ো তাই থকা দিশে উজনি বতাহৰ সোঁত চাই বহু সময় বৈ আছিল। লখিমীয়ে বতাহে উজাই নিয়া গোন্ধটো পাব। পাইছিল, তাই নামি আহিছিল। আজি বহু দিনেই হ'ল, হাতী ধৰা নিষেধ। হাতীধুৱা কোন কাহানিয়ে বন্ধ হ'ল। লখিমীৰ লগে লগে আহিছিল সেই প্ৰকাণ্ড দঁতাল হাতীটো। কাণ দুখন জপাই খেদি আহিছিল। বৰফান্দী, কাতিয়াই বেগেৰে নিজৰ হাতীক দৌৰাইছিল। হাতী ধৰা নিষেধ, নহ'লে বৰফান্দীয়ে দঁতালটো ধৰাৰ চেষ্টা এটা কৰিলেহেঁতেন। লখিমীক মুকলি কৰি তাক এৰি দিলেহেঁতেন। দঁতালে লখিমীক লৈ গ'লগৈ। ফান্দীহঁত ঘূৰি আহিল।

কি কাৰণত বা বিহাৰী ৰিক্সাৱালাখিনি কীৰ্ত্তন গাবলৈ সেইদিনা অহা নাছিল। কোনোবা এজন মৰিছিল হ'বপাই। আঁউসীৰ নিশা আছিল। গোটেই খন আন্ধাৰ আছিল। কেৱল ইফাল-সিফাল কৰি আছিল কেইটামান বাদুলি। প্ৰিয়নাথৰ টোপনি অহা নাছিল, একেবাৰে পুৱতি নিশা চকুহাল জাপ গৈছিল কি নগৈছিল, ধহমহকৈ বিছনাত জাঁপ মাৰি উঠিছিল।

ভূটীয়া কুৰমাৰ ঘৰৰ ফালৰ পৰা ভাহি আহিছিল বন্দুকৰ শব্দ। প্ৰিয়নাথ ঘপকৈ উঠিছিল, অভ্যাস অনুসৰি বিছনাৰ কাষতে ৰখা বন্দুকটো বিচাৰিছিল, নাই, থানাতে আছে। অ.চি. শইকীয়াই বাৰে বাৰে কৈছিল, নিনিব, এইটোৱে কাল হ'ব। কি কাল হ'ল, কি নহ'ল। ভূটীয়া কুৰমাই দিয়া পাটাংখনকে হাতত ল'লে। আটাইবোৰ ভূটীয়া ঘৰৰ ফালে দৌৰ মাৰিলে। গোটেইখন চিঞৰ-বাখৰ আৰম্ভ হৈ গৈছে। আটাইবোৰ ভূটীয়া কুৰমা তেজৰ ডোঙাত মুখ থেকেচি পৰি আছে, দুই-এজনে তেতিয়াও ধপধপাই আছিল, তাৰ পাছত সৱ নিসাৰ-সাৰ। কান্দোনত গোটেই হাউলি তালগছ কেইজোপাৰ মূৰলৈকে ডুব গ'ল। সোণতৰাই এবাৰ তেজেৰে ৰাঙলী তপজেৰ বোৱাৰীয়েকৰ ধপধপাই থকা ভৰিহাল ধৰিব খুজি ঠাচ্‌কৈ পৰি গ'ল। প্ৰিয়নাথৰো মূৰ আচন্দ্ৰাই কৰিছে। কোনে কৰিলে এই কাম? কাক কি কৰিছিল এই হোজা জীৱকেইটাই। এৰী চাদৰ এখন পালে, গামোচা এখন পালে, মূৰত ধৰা তামোল দুটামান পালে, কপাহ কেইজোলা মান পালে হাততে সৰগ পোৱা হেন এই

মানুহকিটাই কাক কি ক্ষতি কৰিছিল। কি বুজে এই কিটা মানুহে? কেঁচুৱাৰ কান্দোনত আটায়ে উচাপ খাই উঠিল। থোলোকা কেঁচুৱাটোৰে কাপোৰৰ তলৰ পৰা কান্দোন আৰম্ভ কৰিছে। পৰিয়ালটোৰ এই কেঁচুৱাকণেই বাচি থাকিল। কোনে জানো থোলোকা কেঁচুৱাকণক গাখীৰ খুৱাবলৈ হাউলিৰ ভিতৰলৈ লৈ গ'ল।

থানাৰ পৰা অ.চি. শইকীয়া আহিল, ডেডবডি কিটা থানালৈ নিলে। অ.চিয়ে প্ৰিয়নাথক খবৰ দিলে বিভিন্ন ঘৰত থকা আৰু ভুটীয়া মানুহ মাৰি পেলোৱা হৈছে। যিখিনি আছে, পুলিচৰ সুৰক্ষা দি পাহাৰলৈ ঘূৰাই পঠোৱাৰ ব্যৱস্থা কৰিছে। অ.চি. শইকীয়াৰ মুখ চকু ৰঙা হৈ পৰিছিল। প্ৰিয়নাথে কুৰমাখিনিৰ মৃতদেহখিনি সৎকাৰৰ ব্যৱস্থা কৰিলে। পাহাৰলৈ কোনে বৈ নিব এই মৃতদেহবোৰ? তপজেৰ পুতেকৰ মুখাগ্নি কৰিবলৈ যাওঁতে প্ৰিয়নাথ ভাগি পৰিল। ভাগি পৰিল প্ৰিয়নাথৰ বুকুৰ মাজৰ শাল কাঠৰ স্তম্ভ, ভাগি বাগৰি পৰিল। সাতখন চিতা সজা হ'ল। মুখাগ্নি কৰিবলৈ গৈ প্ৰিয়নাথ একেবাৰে বিহ্বল হৈ পৰিল। কেউপিনে কেৱল কান্দোনৰ ৰোল উঠিল। কোনেও চাব পৰা নাছিল এই সহজ-সৰল মানুহখিনিৰ আওমৰণে মৰা চিতাজুই। কি ভয়ঙ্কৰ আছিল সেই মৃত্যু। অকল কিবা এই সাতখনেই নে? আৰু কেইবাখনো চিতাৰ জুই ৰুৰুৱাই জ্বলিছিল। সেইদিনা গোটেই মৌসৰা জ্বলিছিল ক্ষোভ আৰু অসীম এক যন্ত্ৰণাত।

হাউলিৰ বাহিৰত খেৰৰ জুমুঠি, চাকি সকলো থোৱা আছিল। সেই খেৰৰ জুমুঠিৰ জুইত হাত সেকি প্ৰিয়নাথ গা-ধুবলৈ গ'ল। ভুটীয়া ঘৰৰ আগত লেপিকুচি সাতগছ চাকি জ্বলাই দিয়া হৈছে, এটুকুৰা ফলত গুজি দিয়া হৈছে একোছা ধুপ, ধূনা মলাত ভুটীয়া কুৰমাই অনা ধূনাখিনি জ্বলি ফট্‌ফট্‌কৈ শব্দ এটা হৈছিল, এটা কোমল গোন্ধ কেউপিনে বিয়পি গৈছিল। প্ৰিয়নাথে গা ধুই গৈ সেইখিনিতে সেৱা এটা কৰিলেগৈ। তেওঁ ঠিক কৰিলে সকলো বিধি ব্যৱস্থা মানি শ্ৰাদ্ধ-শান্তি কৰিব। তেওঁ গৈ শুই পৰা ল'ৰাটো চালেগৈ। পাহাৰৰ পৰা কোনোবা আহি লৈ নোযোৱালৈকে এই অনাথ শিশুটিৰ 'বাপদায়' ল'ব তেওঁ। কিমানৰ ল'লে, এই অনাথ শিশুটিৰ লোৱাটোনো কি কথা?

বৰফান্দী আহি সেইখিনি পালেহি, ফান্দীয়ে উত্তেজনাত কথা ক'ব পৰা নাই, 'আহিল, আহিল,' মাত্ৰ এই দুটা শব্দ কৈয়ে ফান্দী সেই সুগৰী জানৰ পাৰৰ পাকৰি গছজোপাৰ ওচৰ পালেগৈ। পাছে পাছে গ'ল প্ৰিয়নাথ, সেইখিনি পালেগৈ। গদাধৰ, লখাইতৰাৰ মাজত সোমাই আছে লখিমী। কাতিয়াই কলপাতেৰে নুৰিয়াই অনা নিমখ দিয়া আৰৈ চাউল খিনি প্ৰিয়নাথে লখিমীলৈ আগুৱাই দিলে। সেইখিনি খোৱাৰ

আগতে তাই শুঁৰডাল প্ৰিয়নাথৰ কপালতে লগাই দিলে। আটায়ে স্পষ্টকৈ দেখিলে লখিমীৰ চকুহালৰ কাষতো ভিজি ডাঠ ক'লা ৰং এটা লৈছে। প্ৰিয়নাথে লখিমীৰ শুড়্ডাল অলপ সময় ধৰি থাকিলে। অবোলা জীৱটোৰ বুকুত তেনেহ'লে তাইৰ গাটো মান মৰম আছিল।

প্ৰিয়নাথে হাতীজনী বৈঠাইছিল তাৰ পাছত তাইৰ ভৰিৰ কোমল তলুৱা পানীৰে ধুই চাফা কৰি টিপি টিপি চাইছিল। বনে-জংঘলে ঘুৰি ফুৰিছিল। কিজানি ভৰিৰ তলুৱাত কিবা সোমাই আছে। তেওঁ ফান্দীক মাতি আনি কৈছিল, লখিমী গাৰ বিষে-কোপে একাকাৰ হৈ আহিছে, ভালকৈ টাটাৰ দিব লাগিব। সোঁ ভৰিটো টিপি চাই তেওঁ প্ৰায় চিঞৰ মৰাৰ দৰে কৈছিল, 'খুটা গাৰিছে', অৰ্থাৎ লখিমীৰ এটা ভৰিত এডাল কাঁইট সোমাই আছে। উঠি লৈ তাই আকৌ প্ৰিয়নাথৰ মূৰত শুঁৰডাল লগাই দিছিল। আবোলা জীৱটোৰ চেনেহত বৰফান্দী, কাতিয়া, সেইখিনিত আহি থিয় হোৱা সোণতৰা আৰু বাকী হাউলিৰ মানুহখিনি, সুগৰী জান, পাকৰি গছজোপা লাহে লাহে ডুব গৈছিল। মৈ দিয়া কোমল পথাৰ এখনৰ দৰে হৈছিল ঠাইখণ্ড। কঠীয়া এগছ গোজ মাৰি দিলেই লহপহকৈ বাঢ়ি আহিব পৰা কোমল পথাৰখনে আটাইকে আলফুলে আবৰি ধৰিছিল। এইবাৰ লখিমীয়ে সোণতৰাৰ মূৰত শুঁৰডাল লগাইছিল।

প্ৰিয়নাথৰ বুকুৰ মাজৰ শালস্তম্ভ যেন অকণমান থিয় হ'ল। লখিমীয়ে শুঁৰেৰে টানি সেই শালস্তম্ভ তুলিব খুজিছে। প্ৰিয়নাথে বহু সময় ধৰি শুঁৰডালৰ খহটা স্পৰ্শটো অনুভৱ কৰি থাকিল।

মৌসৰাত একেলগে একে দিনাই কেইবাখনো শ্ৰাদ্ধ হ'ল। প্ৰিয়নাথে কৈছিল হাউলিতে সমজুৱাকৈ শ্ৰাদ্ধভাগ পতা হওঁক। আটাইকেউঘৰে ক'লে মৃতসকল পুৰুষানুক্ৰমে অত বছৰ ধৰি কুৰমা আছিল, ঘৰতে একো ভাগকৈ শ্ৰাদ্ধ পাতিব, লাগে মৌজাদাৰে সমজুৱাকৈ হাউলিতে নাম এযাৰ পাতক। তেনেদৰেই কাম হৈ গ'ল। যাৰ যাৰ ঘৰত কুৰমাহঁত মৰিছিল, প্ৰতি ঘৰেই সাধ্যানুসৰি শ্ৰাদ্ধ-শান্তি কৰিলে, হাউলিত সমজুৱাকৈ নাম এভাগো হৈ গ'ল। প্ৰতিখন শ্ৰাদ্ধতে মানুহে চকুলো টুকিলে। সকলোৱে আঙুলি ফুটাই ফুটাই অভিশাপ দিলে— হত্যাকাৰীবোৰ আওমৰণে মৰক, সিহঁতক বাঁকে নি ওলোটাই পোতা পুখুৰীত পুতি থওঁক, সিহঁতৰ ভেটিত তিতালাও গজক, পোক লাগি মৰক।

ভূটীয়া কুৰমা গ'ল যি গ'ল একেবাৰেই গ'ল। একেবাৰে সূত ছিঙি গ'লগৈ। সেইদিন ধৰি মৌসৰা অঞ্চললৈ পাহাৰৰ পৰা কুৰমা নহা হ'ল। শীত আহে, কিন্তু ভূটীয়া কুৰমা নাহে। ভৈয়ামৰ কুটুমে কেৱল পাহাৰটোলৈ চাই থাকে। ভৈয়ামৰ

কুটুমৰ ঘৰে ঘৰে থকা 'ভূটীয়া ঘৰবোৰ' আৰু কোনেও মেৰামতি নকৰা হ'ল। কোনো গৃহিণীয়ে আৰু 'পাহাৰৰ কুৰমা'ৰ চৌকাবোৰ শীত পৰিলেই লেপি-কুচি নোথোৱা হ'ল। ঘৰে ঘৰে থকা ভূটীয়া কুৰমাৰ ঘৰবোৰ জহি-খহি গ'ল। কোনোবাই আকৌ কোবাই ভাঙিয়ে পেলালে, ভাঙি খৰি খালে। হাউলিত থকা ভূটীয়া ঘৰটো ভাঙি পেলোৱা হ'ল। সেইখিনি ঠাইতে প্ৰিয়নাথে সৰুকৈ গোঁসাই-ঘৰ এটা সজাই দিলে। গধূলি সেই 'ভূটীয়া মন্দিৰত' কোনোবাই নহয় কোনোবাই চাকি এগছ জ্বলাই দিয়ে। এটা হত্যাকাৰীও ধৰা নপৰিল। সাতাম পুৰুষীয়া ভূটীয়া কুৰমাহঁত পাহাৰৰ পৰা শীতকালি ননমা হ'ল।

ভূটীয়া কুৰমাহঁত সাধু হৈ গ'ল। 'এসময়ত শীত পৰিলেই পাহাৰৰ পৰা...' এৰা, সাধুৰেই হৈ গ'ল।

টোকোৰা বাহৰ সোণৰ বেজী

বাঙ্গালুৰুৰ পৰা কুসুম, দিল্লীৰ পৰা আলোক, গুৱাহাটীৰ পৰা চন্দ্ৰনাথ-ললিতা আটায়ে আহি মৌসৰা পালেহি। প্ৰিয়নাথৰ বৰ জ্বৰ, জ্বৰ নামে, আকৌ উঠে। সোণতৰাৰ গাৰ কাপোৰ সোলোক-ঢোলোক হৈ পৰিছে। ৰাতি ৰাতি প্ৰায়ে চিঞৰ মাৰি মাৰি সোণতৰা বিছনাত জাঁপ মাৰি মাৰি উঠে। মানুহ হালক চাই আটাইবোৰ স্তব্ধ হৈ গ'ল। এজাক ধুমুহাই যেন নিষ্ঠুৰভাৱে কোবাই গ'ল মানুহহালক। সকলো সময়তে লাগ বুলিলেই যিহকে যাৰ যি প্ৰয়োজন আজিলৈকে দি অহা, কাকো কেতিয়াও আমনি দিব নোখোজা মানুহ হালক আটায়ে আবৰি ধৰিলে। বিশেষকৈ কুসুমে মাকক আৰু আলোকে বাপেকক তুলি ধৰিলেহি। কুসুমে লক্ষ্য কৰিলে মাকে প্ৰায় একো নাখায়ে, ৰাতিটো খোৱাৰ নামত পানী এগিলাচ। হাউলি ভৰ্তি গাখীৰ, মাছ, কণী, মৌ, শাক-পাচলি অথচ মানুহ এজনী প্ৰায় অভুক্ত। কুসুমে নিজে ৰান্ধি-বাঢ়ি মাক-দেউতাকক খুৱালে। অকলে অকলে থাকি পঢ়িলে, এতিয়া চাকৰি কৰিও থাকে কোম্পানীয়ে দিয়া ঘৰটোত অকলশৰীয়াকৈ। তাই ঘৰুৱা কামত পাকৈত হৈ উঠিল, কিন্তু হাউলিৰ মেলা কামৰ মাজত তাই উৱাদিহ নাপায়। হাউলিৰ কেউফালে কেৱল তলা মাৰি মাৰি থোৱা মস্ত মস্ত কোঠা। তাৰে এটা খুলি কুসুমে পাতি ল'লে এটা সৰু পাক-ঘৰ। তাইৰ বাঙ্গালুৰুৰ ফ্লেটটোৰ দৰে নহ'লেও ওচৰে-পাজৰে যায়। এখন এপ্ৰন কঁকালত বান্ধি তাই মাক-দেউতাকলৈ বুলি ভাত ৰান্ধে, চাহ কৰে, গধূলি আগবঢ়াই দিয়ে তাই বাঙ্গালুৰুৰ পৰা অনা একোকাপ কফি। তাইৰ কাম-কাজ চাই সোণতৰাই হাঁহে। তাই মাকৰ লগত মনে মনে শিৱসাগৰীয়া ডেকা কল্যাণ বৰদলৈৰ কথা কয়। কল্যাণেও তাইৰ কোম্পানীতে কাম কৰে। সিয়ো তাইৰ দৰেই স্থপতিবিদ, দুইটাৰে একেলগে এখন ফাৰ্ম খোলাৰ ইচ্ছা আছে। কল্যাণ বৰদলৈৰ চকুহালৰ কথা কয়, তাৰ মিঠাবৰণীয়া ওখ-পাখ চেহেৰাটোৰ কথা কয়, ডাঙৰ ডাঙৰকৈ হঁহা তাৰ স্বভাৱটোৰ কথা কয়। মাকে কেৱল অবাক হৈ চাই থাকে, সেই খীণ-মিন অকণমানি ছোৱালীজনী, কিতাপত সকলো সময়তে মূৰ গুজি থাকিবলৈ ভাল পোৱা

ছোৱালীজনী। চাওতে চাওতে এজনী দায়িত্বশীল গাভৰু হৈ পৰিল। তাই মাকক দুদিনমানৰ বাবে বাঙ্গালুৰুলৈ লৈ যাব, মাকৰ দেহাটো এবাৰ ভাল ডাক্তৰক দেখুৱাব লাগিব। অনিয়মীয়া মাহেকীয়া আৰু অধিক ৰক্তস্ৰাবত মাকে কষ্ট পাই আছে। কাকো নকয় মাকে, কেৱল মুখ বন্ধ কৰি সহ্য কৰি থাকে। সদায়েতো মাকজনী এনেকুৱাই, কাকো একো নকয়। কুসুমৰ বেছি ছুটী নাই, তাই মাকক বাঙ্গালুৰুলৈ লৈ যোৱাৰ প্ৰস্তাৱ দিলে। প্ৰথমতে নাযাওঁ-নথওঁ কৰিছিলে, প্ৰিয়নাথেই বেছি জোৰ দিলে, আলোকেও ক'লে। কুসুমে দেউতাকক মাকৰ অসুখবোৰৰ কথা খোলা-খুলিকৈ ক'লে। তাইৰ মাতত প্ৰিয়নাথে এটা চেপা অভিযোগ পালে। কথাবোৰ শুনি প্ৰিয়নাথৰো মনটো বেয়া লাগিল, মানুহজনীৰ প্ৰতি বাৰু তেওঁ অবিচাৰ কৰিছে নেকি? নেযাওঁ-নথওঁ কৰা মানুহজনীক যাবলৈ তেঁৱেই বেছি জোৰ দিলে। প্ৰিয়নাথক আলোক আৰু চন্দ্ৰনাথে নি গুৱাহাটীৰ পৰা ডাক্তৰক দেখুৱাই আনিলেগৈ। চন্দ্ৰনাথে আকৌ পুৰণি কথাষাৰকে দোহাৰিলে, বিহাৰী ব্যৱসায়ীজনৰ ঘৰটো ধাৰ-ধুৰ কৰি কিনি থৈছে। এইবোৰ কাণ্ড হোৱাৰ পাছত আৰু ইয়াত পৰি থাকিব নালাগে, মৌজা চলিব, মাজে মাজে আহিবই নহয়, কিমাননো দূৰ? দিনটোত দুবাৰ অহা-যোৱা কৰিব পাৰি। উত্তৰত প্ৰিয়নাথৰ একেই কথা, একেই নীৰৱতা, একেই দৃঢ়তা।

বিহুৰ পাছতে সোণতৰা জীয়েকৰ লগত কেইদিনমান থকাকৈ বাঙ্গালুৰুলৈ যাব। ভিতৰি ভিতৰি সোণতৰা উত্তেজিত হৈ আছে। সেই যে বিয়া হৈ আহি মৌসৰাত সোমালহি। তাৰ পৰানো কিমান বাৰ ইয়াৰ পৰা ওলাব পাৰিছে? শাহুৱেকৰ শ্ৰাদ্ধৰ সময়তে গুৱাহাটীৰ পৰা গৈ আলোকে সাজু কৰা ভ্ৰমণৰ দিন কেইটাৰ বাদে আৰুনো ক'ত ওলোৱা হৈছে। এইবাৰ ভালেকেইদিন থাকিবগৈ। জীয়েকৰ লগত এখন নেদেখা-নুশুনা চহৰত থাকিবগৈ। আৰু এটা কথাই সোণতৰাক বৰ কৌতূহলী কৰি ৰাখিছে। বাৰে বাৰে চকুৰ আগলৈ আহিছে সেই ওখ-পাখ,ডাঙৰকৈ হঁহা শিৱসাগৰীয়া ডেকা এজনলৈ। সোণতৰাই কাপোৰ-কানি ইটো-সিটো সামৰি আছে। জীয়েকৰ হাতত প্ৰিয়নাথে ভালেখিনি টকা-পইছা দিছে, সোণতৰাক ভালকৈ দেখুৱাই মেলি আনিবলৈ কৈছে। সোণতৰাই বাকচৰ চুকত এখন ডাঙৰ ফুলৰ নিজহাতে বোৱা গামোচা লৈছে; চাৰিখন শালত বোৱা ৰুমাল লৈছে। সোণতৰাই জীয়েকৰ হাতত ধৰি এখন ধুনীয়া ঠাইলৈ যাবলৈ সাজু হৈছে। দিনে-ৰাতিয়ে লাইট থকা, চৰকাৰে দুইবেলা পানী দিয়া, ৰাস্তা থকা, দলং থকা এখন ঠাই। তাত হেনো কোনোবাই আহি ঘৰতে গুলীয়াই থৈ যাবহি বুলি কোনেও ভয় কৰি থাকিব নালাগে, কোনেও কাগজ এখন লৈ কেতিয়াবা তাকো নথকাকৈ টকা এগাল লাগে বুলি অহা

বন্দুক লোৱাবোৰ নাহে। এৰা, সেইখন সাধুকথাৰ দেশ নহয়নো কি? সোণতৰা সঁচাকৈয়ে উত্তেজিত হৈ আছে। জীয়েকে কৈছে তাইৰ ঘৰৰ তলতে বজাৰ আছে, মাকে তাতে নিজে বজাৰ কৰিব পাৰিব, গাখীৰ আনিব পাৰিব। তাই হেনো গৈয়ে মাকক চুৰিদাৰ-কামিজ চিলাই দিবগৈ। চুৰিদাৰ-কামিজ পিন্ধি দিনে-নিশাই জ্বলি থকা লাইটৰ পোহৰত ভাল ৰাস্তাৰে, ভাল দলঙেদি মানুহ এজনীয়ে বজাৰ কৰে, গাখীৰ আনে। সোণতৰাৰ আগেদি মানুহজনী অহা-যোৱা কৰি থাকে। প্ৰিয়নাথে লক্ষ্য কৰিছে সোণতৰা ৰাংঢালী হৈ পৰিছে, অনবৰতে জীয়েকৰ লগত কথা পাতি হাঁহি থাকে, ছাঁৰ দৰে লাগি থাকে জীয়েকৰ লগত। প্ৰিয়নাথে ঠিকেই ধৰিছে জীয়েকে সোণতৰাৰ শিপাত হাত দিছে, বৰ মৰমেৰে আলফুলে আঁজুৰি আছে, আৰু অলপ আঁজুৰিলেই এই শিপা উঠি আহিব। সোণতৰাক চাই কেতিয়াবা প্ৰিয়নাথৰ বেয়া লাগে। মানুহজনীয়ে শিপাডাল মাটিলৈ মাৰি পঠিয়াব খোজে কি নোখোজে এজাক ধুমুহা আহি উভাল খুৱাই দিয়ে। জীয়েকৰ লগত বস্তু সামৰি থকা সোণতৰাক চাই প্ৰিয়নাথৰ মনলৈ কোনোদিনে নহা প্ৰশ্ন এটা মনলৈ আহিল, তেওঁ মানুহজন এই মানুহজনীৰ শিপা হ'ব পাৰিলেনে? ইমান দিন একেলগে কটালে, তেওঁৰ কোনো কথাৰে টু শব্দ এটাৰে প্ৰতিবাদ নকৰিলে, নিজৰ ভাল-লগা, বেয়া-লগা কেতিয়াও এবাৰলৈকো নক'লে। সেইজনী মানুহৰ মনত তেওঁ মৌসৰাৰ মাটিত এডাল শিপা হ'ব পাৰিলেনে? হঠাৎ প্ৰিয়নাথৰ বৰ অকলশৰীয়া লাগিল। আজি-কালি প্ৰায়ে এনে হয়, হাউলি ভৰ্তি গমগমাই থকা মানুহ এজাকৰ মাজতো তেওঁৰ বৰ অকলশৰীয়া লাগে। সকলোৰে কাৰণে কেৱল কৰিব লাগে, সকলোকে দিব লাগে। কিন্তু এই অকলশৰীয়া মানুহজন? তেওঁৰ প্ৰতি কাৰো একো কৰিব লগা নাইনে? আলোক আৰু পঢ়া-শুনা কৰিবলৈ বিদেশলৈ যাবগৈ, চন্দ্ৰনাথে ভতিজাকৰ যোৱাৰ বাবে যা-যোগাৰ কৰি আছে। ইমান আনন্দ পাইছে মানুহটোৱে! কোন বিদেশত পঢ়িবলৈ যাব? আলোক নে চন্দ্ৰনাথ? চন্দ্ৰনাথৰ এই আনন্দৰ মাজত যেন প্ৰিয়নাথে তেওঁৰ প্ৰতি এক চেপা অভিযোগ পালে। মৌজা আছিল, ইমানবোৰ মাটি-বাৰী আছিল, খেতি-বাতি আছিল, চন্দ্ৰনাথে আৰু পঢ়িবলৈ বাহিৰলৈ যাব নোৱাৰিলেহেঁতেন নে? বৰ মেধাবী ছাত্ৰ আছিল চন্দ্ৰনাথ। মনত আছে, এবাৰ নে দুবাৰ চন্দ্ৰনাথে উনুকিয়াইছিল, সেইখিনি সময়ত প্ৰিয়নাথ ব্যস্ত হৈ পৰিছিল দেউতাকে সকলো ফালে উদং কৰি থৈ যোৱা, শূন্য একোটা পাতি থৈ যোৱা ঘৰবোৰ পূৰাওতে। তেওঁ নিজেও ভাল ছাত্ৰ আছিল, কিয় কোনেও তেওঁৰ কথা নাভাবিলে? প্ৰশ্নটো কৰি নিজেই আচৰিত হ'ল প্ৰিয়নাথ। সেই দুই হাতে চাৰিওফালে আঁজোৰা কম বয়সীয়া ল'ৰাটোৰ কথা কোনোবাই ভাবিছিলনে? কোন আছিল ভাবিবলৈ? মাত্ৰ এজনী

আপোনমনে বিৰবিৰাই থকা শুকুলা চুলিৰ মানুহ। প্ৰতাপী বাপেকে ত্যাজ্য পুত্ৰ কৰা ল'ৰাহাল স্কুল এখনত পৰি থাকে। মানুহজনীয়ে মনে মনে হাউলিৰে কোনোবা এটাৰ হাতত পঠাই দিয়ে পাৰ এযোৰ, কণী কেইটামান, চাউল অলপ, শাক-পাত অলপ, দুটামান পইছা, হয় কণীবেচা নহয় পাৰ বেচা। সেইজনী মানুহে প্ৰিয়নাথৰ কথা ভাবিব লাগিছিল?

বুলনিৰ আৰামী চকীখনতে প্ৰিয়নাথ বহি আছিল। কুসুমে চাৰিকাপ কফি আৰু তাই কালি নিজে বনোৱা একপ্লেট কেক আনি মাক, দেউতাক, ককায়েকক মাতিলে। এই কেক বনোৱাক লৈ যোৱা আবেলি কি কাণ্ড, বাহিৰৰ পানী গৰম কৰা চৌকাত অঙঠা, মাজৰ লোহাৰ কেৰাহী এখনত তেল সানি তাতে কেকৰ মিশ্ৰণটো, তাৰ ওপৰত টিং এটুকুৰা, টিঙৰ ওপৰত অঙঠা। তাৰ পাছত কেক, কেক নহয় যেনিবা উকমুকৰ পোৱালি। সোণতৰাই কাঁহী এখনত কেইটামান টেকেলি-পিঠা লৈ আহিছে। পিঠা কিটা ৰম্ভাবাইহঁতে বনোৱা চিধা-চিধি টেকেলি-পিঠা নহয়। পিঠা কিটা দুখলপীয়া, এখলপত নাৰিকল আৰু গুড়, আন খলপত গুড় আৰু তিল। মালভোগ ধানৰ কোমল পিঠাকিটাৰ ওপৰত আকৌ ৰঙা ৰঙা পাত ফুল। তাই কালি বাৰীতে হোৱা টেঙামৰাৰ ৰঙা ৰঙা গুটিবোৰেৰে জেলি বনাইছিল। সেই জেলিৰে সজাই আনিছে বগা পিঠাকিটা।

জীয়েকৰ হাতৰ কেক, কফি আৰু পিঠা খাই প্ৰিয়নাথে হাঁহিছে, 'তুমি বাৰু বাঙ্গালুৰুত ঘৰ-দুৱাৰ সজাৰ কথা পঢ়িছানে ৰন্ধা-বঢ়াৰ কথাহে পঢ়িছা? মোৰ সন্দেহ হৈছে।'

'দেউতা, ঘৰ-দুৱাৰ সজা মোৰ পেচা আৰু কুকিং মোৰ হবি, মোৰ পাষ্ট-টাইম, দাদাৰ যেনেকৈ হবি হ'ল আৰ-তাৰ পৰা কাহিনী শুনি ফুৰা'। কুসুম জাঁপ মাৰি উঠিছে। তাইৰ ভিতৰত সকলো সময়তে তগবগ কৰি আছে এক প্ৰাণশক্তি। তাই যেন পাৰিলে খোজেই নাকাঢ়িব, উৰিহে ফুৰিব। য'ৰে কেক, পিঠা, কফি তাতে এৰি তাই এইবাৰ দৌৰ মাৰিছে চোতাললৈ।

'দিয়া দিয়া, কি ধুনীয়া, কি মৰম লগা, সঁচাকৈয়ে ইহঁতেই হ'ল মাষ্টাৰ আৰ্কিটেক্ট। চোৱানা, কি ধুনীয়া, কিমান পাৰফেক্ট', কুসুমে যেন পৃথিৱীৰ ভিতৰত আটাইতকৈ দামী হীৰা-মুকুতাখিনিহে পাই গ'ল। টোকোৰা চৰাইৰ বাহকেইটা বুকুত সাবটি কুসুম উচ্ছাসময় হৈ পৰিছে। 'জানে দেউতা, মই এই বাহকেইটা মোৰ ফাৰ্মৰ অফিচত সজাই থ'ম। ঠিক মোৰ কাম কৰা টেবুলখনৰ ওপৰতে ৰাখিম।' তাই

এইবাৰ দৌৰ মাৰি ভিতৰলৈ গৈ বাহকিটা গোটাই দিয়া কাতিয়াক টকা অলপ আনি দিছেহি, নাই-নুই কৰিলেও কাতিয়াই বৰ ভাল পাইছে।

কুসুমে বাহকিটা টেবুলখনতে থৈছে, এখন ডাঙৰ গোল টেবুল। এই টেবুলখন কুসুমৰ ককাকৰ দিনতে এমং বুঢ়া নামৰ চীনা মিস্ত্রীজনে বনাইছিল, ঘৰৰে গমাৰি কাঠ আছিল। এতিয়াও মোহাৰ এটা মাৰি দিলেই চিকমিকাই উঠে, জিলিকি উঠে কাঠৰ অপূৰ্ব ৰঙ। টেবুলখনত চাৰিটা টোকোৰা চৰাইৰ বাহ। মাজখিনি অলপ শকত, ওপৰফালে সৰু, তলফালে চুঙা এটাৰ দৰে। কোনোবা পাকৈত, কাজী শিপিনীয়ে পাজিসেৰীয়া আঙুলিৰে যেন বৈ পেলাইছে এই বাহৰ আস্তৰণ। কি সুন্দৰ বাহটোৰ আকৃতি। ভাবিলে বৰ আচৰিত লাগে, এটা কণমান চৰায়ে এই বাহটো ঠোঁটেৰে তৈয়াৰ কৰিছে। বুলনিৰ দক্ষিণে থকা তাল গছজোপাত ওলমি ওলমি আছে এসোপা টোকোৰা চৰাইৰ বাহ, বতাহ-ধুমুহাত কেতিয়াবা তাৰে দুই-এটা সৰি পৰে। সেই সৰি পৰা বাহকে কাতিয়াই বুটলি আনি কুসুমক গোটাই দি পুৰস্কাৰ আদায় কৰি এতিয়া গোটেইখনকে গৰ্বেৰে এশটকীয়া ন'টখন দেখুৱাই ফুৰিছে। আটাইবোৰে কাতিয়াৰ সৌভাগ্যক হিংসা কৰিছে আৰু মৌজাদাৰ দেউতাৰ গোঁসানীহেন ছোৱালীজনীক হাঁহিছে। এনেও তাইৰ কাণ্ড-কাৰখানাই আটাইকে আমোদ দিয়ে। পখিলা এটাৰ দৰে অ'ত পৰিব, ত'ত পৰিব। ঘনচিৰিকা চৰাই এজনীহে যেন হাউলি জুৰি চিক্‌চিকাই ফুৰিছে। কি খন যে কৰি ফুৰিছে, হাউলিৰ গোটেই জাক মানুহকে তাই দৌৰাই ফুৰায়। গহীন-গম্ভীৰ আলোক বোপাৰ পৰা তাই একেবাৰে বেলেগ। অনবৰতে কিতাপ এখনত মূৰ গুজি বহি থকা আলোক বোপাকো তাই টানি আনে। তেনেই মিছা কথা এটা ক'ব, ধনদাই বঢ়িয়া সাধুকথা এটা জানে, এবাৰ নাগ নদীৰ পাৰত এজনী ছোৱালী ম'ৰা চৰাই হৈ পৰিছিল। কিতাপ জপাই আলোক উঠি আহে, জানিবওতো পাৰে। এই অঞ্চলজুৰি কিমান সাধুকথা, মাটি এচপৰা খান্দিলেই সাধুকথা এটা ওলাই পৰে। কাগজে-কলমে ক'তো নাই, কিন্তু গছৰ ডাল এটা ভাঙি চালেই ভিতৰত এটা সাধুকথা লুকাই থাকে। তাৰ পাছত কুসুমৰ খিলখিল হাঁহি। লাজত আঁচল সোপা দি হাঁহে ধনদাই। কি যে পাগলী ছোৱালী এইজনী। কি যে কথাবোৰ কয়, ধনদাই ছোৱালী এজনী ম'ৰা চৰাই হোৱাৰ কথা জানে, ধনদাৰ নামটো জুৰি ফাকি এটা দিলেই হ'ল। তাৰ পাছত তাইৰ বক্-বক্, তাইৰ কামটো দেখুৱাই নানানটা কথা, কিনো কাম তাইৰ? হাউলিৰ কাম কৰা মানুহবোৰক লৈ সুগৰী জানৰ ওপৰেদি এখন দলং সাজিছে, নিচেই সৰু পুতলা দলং হেন। সেই তাহানিতে তাইৰ খঙাল ককাকে সুগৰী জানৰ ধাৰা এটা হাউলিৰ মাজেৰে বোৱাই

পেলাইছিল, পানী বৈ বৈ সেই সৰু জলধাৰা এতিয়া কিছু বহল হৈ পৰিছে, অলপ দ হৈয়ো পৰিছে। সেই. বুলি সেইকণ পানী পাৰ হ'বলৈনো দলং লাগেনে? দলঙো দলং, কি দলং। ধেনুখনৰ দৰে বেঁকা, আকৌ কিনাৰত বাঁহ-কাঠৰ বেৰা, অকল কিবা বেৰাইনে? বেৰাখনত বাঁহ-বেতৰ ফুলজালি। হাতত দলং খনৰ ছবি লৈ তাই কাম কৰাই হাউলিৰ মানুহ জাকক হাৰাশাস্তি কৰিছে। দেউতাকে এমং বুঢ়াৰ সৰু পুতেকক মাতি পঠিয়ালে, তাৰ পাছতহে তাইৰ শান্তি। পাকৈত হাতেৰে এমং বুঢ়াৰ পুতেকে তাই ছবিৰ দলংখন সাজি উলিয়ালে। অকল দলঙেই নে কিবা, হাউলিৰ গেটৰ মুখৰ পৰা বুলনিলৈ এটা ৰাস্তা বনাই পেলালে। জৰী গছ জোপাৰ তলতে এসোপা পুৰণা ইটা আছিল, ইটা সোপাৰ সৰু সৰু টুকুৰাবোৰ ভঙালে। ভালে থকাবোৰ টুকুৰা-টুকুৰ কৰিলে। ৰাস্তাটোত পাৰি দিলে ৰঙা ৰঙৰ ইটা গুড়াবোৰ, কিনাৰে কিনাৰে কোণীয়া-কুনিকৈ পাৰি দিলে টুকুৰা ইটাবোৰ। অকল কিবা সেয়াইনে? কোণীয়াকৈ পৰা ইটাবোৰত বগা চূণ দি পেলালে। বগা চূণ দিয়া কোণীয়া-কুনিকৈ পতা ইটাৰ বগা টুকুৰা, ৰঙচুৰা ৰাস্তাটো, চাই আটায়ে অবাক হ'ল, কেনে ধুনীয়া হৈ পৰিছে ৰাস্তাটো। ইটাৰ কিনাৰে কিনাৰে অ'ত-ত'ত হাবি হৈ গজা বৃন্দাবনবোৰ আনি লগাই দিলে। আন নেলাগে, মৌজাদাৰ দেউতাও আচৰিত হৈ গ'ল। ঘনচিৰিকা এজনীৰ দৰে এইখন কাণ্ড কৰি হাউলি জুৰি চিক্‌চিকাই জাঁপিয়াই ফুৰা ছোৱালীজনীকনো চাই কোনেনো আমোদ নাপাব? কাতিয়াক দিয়া টকা শ লৈয়ো হাউলিৰ মানুহখিনিয়ে আমোদ পাইছে। টোকোৰা চৰাইৰ বাহকিটা লৈ তাইৰ উচ্চাস চাই আমোদ পাইছে। বতাহ-বৰষুণৰ পাছ দিনা কোনোবা নহয় কোনোবাই দ'ম বান্ধি জ্বলাই দিয়া টোকোৰা চৰাই বাহতনো এনে কি আছে যে মৌজাদাৰ দেউতাৰ জীয়েকে অতখন তল-ওপৰ কৰিব লাগে।

বুলনিত বাহকেইটা লৈ জঁপিয়াই থকা তাইক চাবলৈ হাউলিৰ প্ৰায়খিনি মানুহেই হাতৰ বন পেলাই দৌৰি আহিল। এশ টকা পোৱাৰ আনন্দত কাতিয়াই আৰু দুটামান বাহ আনি দিলে। কি বা কৰে এই টোকোৰা চৰাইৰ বাহ কেইটাৰে? কিবা এটা কৰিব চাগৈ। আচলতে টোকোৰা চৰাইৰ বাহকেইটা আচিলাহে। এনেকৈ মৌজাদাৰ দেউতাৰ ল'ৰা-ছোৱালীহাল, আইদেউ, সকলো লগ হৈ বাহিৰত বহিলেহি আটাইৰে ওচৰত বহিবৰ মন যায়। বিশেষকৈ ভূটীয়া কুৰমাহঁতৰ ঘটনাটোৰ পৰা হাউলিৰ আটায়ে থুপ খাই থাকিবলৈ ভাল পোৱা হৈছে। কিবা এটা ভয়ে যেন মানুহবোৰক খেদি ফুৰে, একেলগে থাকিলে ভয়টো কমে।

'মাজনী, টোকোৰা চৰাইৰ বাহত এটা সোণৰ বেজী থাকে, জানানে?'

মৌজাদাৰ দেউতাৰ কথাত আটাইবোৰ চাপি-কুচি আহিল, টোকোৰা চৰাইৰ বাহত সোণৰ বেজী একোটা থাকে? আলোকে সাধুকথা খুচৰি ফুৰা কাৰণেই নেকি আজি অলপ দিনৰে পৰা প্ৰিয়নাথৰ পুৰণা সাধুকথাবোৰ সঘনাই মনত পৰিবলৈ লৈছে। মনত পৰিলেই কাৰোবাক ক'বৰ মন যায়।

'কি দেউতা, টোকোৰা চৰাইৰ বাহত সোণৰ বেজী থাকে। এইটো সাধুকথা নহয়নে বাৰু?' কুসুমে কিতাপ জপাই, চশমা খুলি দেউতাকৰ কাষলৈ নিজৰ চকীখন টানি আনি বহা ককায়েকলৈ চাই ফিচিককৈ হাঁহিলে।

'এইটো সাধু মোক তহঁতৰ আইতাৰ, মোৰ মায়ে কৈছিলে। মায়ে সাধুটো আকৌ তেওঁৰ আইতাকৰ পৰা শুনিছিলে।'

প্ৰিয়নাথৰ বৰকৈ মনত পৰিছে সেই শুকুলা চুলিৰ মানুহগৰাকীলৈ। সেই কেঁচুৰাৰ দৰে হাঁহিটোলৈ! পাৰ এজাকৰ মাজত সোমাই চাউল ছটিয়াই থকা মানুহজনীৰ ছবিখনে প্ৰিয়নাথৰ মনটো সেমেকাই পেলালে। কিমান দুখ সহ্য কৰিলে ভৰ যৌৱনতে এজনী মানুহৰ মূৰৰ চুলিবোৰ সম্পূৰ্ণ বগা হৈ পৰিব পাৰে? কিমান ভাৰ সহিলে এজনী তজবজীয়া ছোৱালী ভৰ বয়সতে আপোন মনে বিৰাবিৰাই ফুৰা 'মাথা বেয়া' মানুহ এজনীলৈ ৰূপান্তৰিত হ'ব পাৰে? প্ৰিয়নাথৰ মনটো মোলান পৰি আহিলে। হ'ব, তথাপি শেষৰ দিনকেইটাত মানুহগৰাকী সুখে-সন্তোষে থাকিলে। হঠাৎ মনত পৰিলে প্ৰিয়নাথৰ গোঁসাই-ঘৰৰ পেৰা এটাত মানুহগৰাকীয়ে উৰঁলি যোৱা সাঁচিপাতৰ পুথিখিনিৰ পৰা গোট গোট আখৰেৰে টুকি পেলোৱা বহীবোৰলৈ। একো হোৱা নাই, ভাল হৈ আছে। এইবাৰ আলোককে দি পঠিয়াব লাগিব। তাৰো যাবৰ হ'বই, মাক-ভনীয়েকক বাঙ্গালুৰুত থৈ সি দিল্লীলৈ উভতি যাবগৈ, তাৰ কেম্ব্ৰিজৰ স্কলাৰশ্বিপটো হ'বগৈ চাগে।' প্ৰিয়নাথৰ মনতো যুগপৎ দুখ আৰু আনন্দই ভৰাই নিলে। এই আওঘোকোট ৰাস্তা-পদূলি নোহোৱা, ঠাইখনৰ পৰাই ল'ৰা-ছোৱালী হালে বাহিৰৰ পৃথিৱীলৈ ভৰি মেলি দিছে। চন্দ্ৰনাথৰ ল'ৰাই হাজাৰ চেষ্টাৰ পাছতো পৰা নাই, একো এটা ডিগ্ৰীয়ে সি ভালমতে ল'ব পৰা নাই, কেৱল হাকিমী ঢং শিকিছে আৰু দেউতাকৰ টকাবোৰৰ শ্ৰাদ্ধ কৰিছে। চন্দ্ৰনাথে গুৱাহাটীৰ এঠাইত তাক কিবা দোকান এখন পাতি দিব বুলি ঠিৰাং কৰিছে। চন্দ্ৰনাথৰ এতিয়া আশা ছোৱালীজনী।

'কি হ'ল দেউতা, সাধু কি হ'ল?' কুসুম অধৈৰ্য্য হৈছে।

'ৰ'বা, কৈছো'। আজিকালি সদায়ে এনেকুৱা হয়, কিবা এটা কথা ক'ব খুজিলে,

ইটোৰ পিঠিত সিটো উঠি লানি নিছিগা কথাবোৰে ঘেৰি ধৰেহি, আচল কথাটো পোত খাই পৰে।

'দেউতা! আপোনাক দুজন ল'ৰাই মাতিছে, মটৰ চাইকেলত আহিছে।'

'ক'ত আছে?' প্ৰিয়নাথ গিৰিসকৈ উঠিছে'।

আলোক, কুসুম, সোণতৰাকে ধৰি আটাইবোৰ আচৰিত হ'ল। সকলোৱেতো দেখি আহিছে হাউলিলৈ যিয়ে আহে সিয়ে সুগৰীজানত হাত-ভৰি ধুই বুলনি অথবা অফিচ য'তে থাকক আহি মৌজাদাৰক সেৱা জনাই অহাৰ কাৰণ কয়হি। কোনেওতো মৌজাদাৰক আজিলৈকে পদূলিলৈ মাতি নিয়াৰ সাহস কৰা নাই। হাউলিত এনে ঘটনা আজিলৈকে ঘটা নাই।

'যা চোন কাতিয়া, কোন আহিছে অলপ পাছত আহিবলৈ ক'বি'। কুসুমৰ মাতত স্পষ্ট খং।

'দেউতা, সোণৰ বেজীৰ...'

প্ৰিয়নাথে কুসুমৰ মুখখনলৈ চাইছে, হাঁহি থকা কোমল মুখ এখন, ভয়-ভীতৰ লেশ মাত্ৰ নাই, তাৰুণ্যৰ জ্যোতিৰে ডগমগাই আছে।

'বেছি ডাঙৰ সাধু নহয় মাজনী', প্ৰিয়নাথৰ মনত এতিয়া আৰু ইটোৰ ওপৰত সিটো উঠা কাহিনীবোৰ নাই। মনটো চিকাৰী কুনকী অহাৰ উমান পোৱা বনৰীয়া হাতীৰ দৰে হৈ পৰিছে। ভয়াৰ্ত, সতৰ্ক, খঙাল আৰু ক্ষীপ্ৰ।

কুসুমৰ মুখখন অকণমান মোলান পৰি আহিছে, আলোকে আকৌ কিতাপ মেলি লৈছে, কাতিয়াহঁত এজন এজনকৈ উঠিব খুজিছে, সোণতৰা যাবলৈ ওলাইছিলেই, জীয়েকে টানি ধৰি থৈছে।

'মায়ে এবাৰ মোক কৈছিলে কোনোবাই যদি টোকোৰা চৰাইৰ বাহ এটা আনি কুটাবোৰ এটুকুৰাও নিছিগাকৈ এৰুৱাই পেলাব পাৰে...'

'বাহটো কি চৰাইবোৰে এডাল কুটাৰে বৈ পেলায় নেকি? কুসুমে বাহ এটা লিৰিকি-বিদাৰি আছে।'

'হয় চাগৈ, কিন্তু এডাল কুটাৰে সাজক বা বহুকেইডাল কুটাৰে সাজক বাহটো খোলোতে এডাল কুটাও ছিগিব নোৱাৰিব, তেতিয়াহে তাতে এটা সোণৰ বেজী পাব। সৰু সোণৰ বেজী এটা চিক্‌মিকাই থাকিব।'

'সেইটো বেজীৰে চৰায়ে বাহটো সীয়ে নেকি?' কোনে বা সুধিলে, কাতিয়া নে আঘোণাই জানো।

'নৰমনিচে আজিলৈকে সেই বেজী দেখা নাই।' প্ৰিয়নাথৰ মাতটো আচৰিত ধৰণেৰে গধুৰ হৈ পৰিছে. 'কিন্তু বেজী এটা হেনো প্ৰতিটো বাহতে থাকে, কুটা এডালৰ দৰে তেনেই মিহি অকণমানি বেজী এটা। খালী·চকুৰে নেদেখি, হাতৰ তলুৱাত ল'লে ৰ'দত চিক্‌মিকাই উঠে, তেতিয়াহে দেখি হেনো। বেজীটো ৰ'দত এনেকৈ তিৰ্‌বিৰ্ কৰে যে বালি, বোকা য'তেই পৰি থাকে তাতেই চকুত পৰে, এনল আঁতৰৰ পৰা এই জিকমিকনি দেখে। বেজীটো আকাশৰ তৰা হেনকৈ জিলিকে।' প্ৰিয়নাথ উঠিছে।

'না দেউতা, সম্ভৱেই নহয়।' কুসুমে অধৈৰ্য্য হৈ কৈ উঠিছে, 'কুটা এডাল নিছিগাকৈ বাহটো কেনেকৈ খুলিব পাৰিম, চোৰাচোন চোৱা। চুৰেটাৰ গোঁঠাৰ দৰে কেনেকৈ ইডাল কুটাৰে সিডাল কুটা সী পেলাইছে। এডাল নালাগে, চুলেই গোটেইবোৰ কুটা ছিগি পৰে।'

'তেতিয়াহ'লে সোণৰ বেজীও নোপোৱা।' আলোকে মাত দিছে। কুসুমে কুটা ছিঙিব খোজোতে গোটেই বাহটো এসোপা জাবৰ হৈ টেবুলখনতে সিঁচৰতি হৈ পৰি ৰ'ল। তাই হা হা কৈ হাঁহিছে।

'নাই, সোণৰ বেজী পোৱা অসম্ভৱ কথা।' কুসুমে বাকী কিটা বাহ সামৰি লৈ ভিতৰলৈ উঠি গ'ল। তেতিয়াও তাই হাঁহিয়ে থাকিল।

লাহে লাহে আটাইবোৰ সেইখিনিৰ পৰা উঠি নিজা নিজা কামলৈ গুচি গ'লগৈ। আটাইৰে চকুৰ আগত জান-নেজানকৈ চিক্‌মিকাই থাকিল এটা কণমান সোণৰ বেজী। টোকোৰা চৰাইৰ ধুনীয়া বাহ এটা এডাল কুটা নিছিগাকৈ খুলি পেলাব যিজনেই পাৰিব তেঁৱেই পাব এটা সোণৰ বেজী। খালি চকুৰে নেদেখি, হাতৰ তলুৱাত ল'লে বেলিৰ পোহৰত চিক্‌মিক কৰি উঠে। এনেকৈ চিক্‌মিক কৰে, এনেকৈ জিলিক মাৰি মাৰি উঠে যে বালিত, বোকাত য'তেই পৰি নাথাকক এনল আঁতৰৰ পৰাই চকুত পৰিব।

প্ৰিয়নাথে লাহে লাহে সুগৰীজান পাৰ হৈ কুসুমে সজোৱা ধেনুভিৰিয়া দলংখনৰ ওচৰলৈ গৈছে। সেইখিনিতে দুটা ল'ৰা বৈ আছে। দুইটাৰে গাত এই ব'হাগ মাহতো দুটা হলৌ জেকেট, পিঠিৰ ফালে জেকেট কিটা ফিন্দ খাই আছে, ভৰিত দামী উদলেগুৰ জোতা, লিভাইচ কোম্পানীৰ জিনচৰ পেণ্ট, মটৰ চাইকেল খনো বেছ দামী, 'য়ামাহা' কোম্পানীৰ। দুইটাৰে চকুৰ চাৰনি একেই, ঠিক যেন এটা নেউলহে বাঁহৰ তলৰ গাঁতৰ পৰা ওলাই আহিব খুজিছে। সিহঁত দুটাই প্ৰিয়নাথ আৰু অলপ দূৰে দূৰে অহা আলোকক দেখি মটৰ চাইকেলখনত জাঁপ মাৰি উঠি ল'লে,

এখন কাগজ প্ৰিয়নাথলৈ আগবঢ়াই দি নিমিষতে নোহোৱা হ'ল। দুইটা বড়ো ল'ৰা, দেখিলেই ধৰিব পাৰি।

আলোকে কাগজখন দেউতাকৰ পৰা ল'লে। ১৫ লাখ টকা বিচাৰিছে, নিদিলে মৃত্যুৰ খোলা-খুলি ভাবুকি। এক বিশেষ সংগঠনৰ নাম থকা চিঠিখন আলোকৰ হাতৰ পৰা থাপ মৰাদি আনি প্ৰিয়নাথে মুচৰি পেলালে। তেওঁ মাত্ৰ দুটা শব্দই উচ্চাৰণ কৰিলে, 'টকা লাগে।' আলোকে দেউতাকৰ খঙত ৰঙা পৰা মুখখনৰ কপালত ওলোৱা কঁপি থকা শিৰ কেইডাললৈ চাই থাকিল। কি কৰিব, কি নকৰিব কৰি আলোকে দেউতাকৰ কান্ধত হাতখন থ'লে। বাপেক-পুতেক দুয়ো সেইখিনিতে অলপ সময় ৰৈ থাকিল।

মাছৰ নাম ৰাঙাপাখা

কুসুম আৰু সোণতৰাৰ যাবৰ হৈ গ'ল। কথা আছিল আলোকে গৈ মাকহঁতক থৈ দুদিনমান কুসুমৰ ঘৰত থাকি তাৰ পাছতহে দিল্লীলৈ ঘূৰি যাব। হঠাৎ স্কলাৰশ্বিপৰ খবৰটো আহি গ'লে হুৱা-মুৱা খন লাগিব। ভিছাৰ কামটোৱো কৰি থোৱাৰ কথা। তাৰোপৰি কুসুমৰ চাকৰি আছে, এইকেইদিনৰ চুটি মিলাওতে তাইৰ বহুত কষ্ট হ'ব। মাকৰ চিকিৎসাৰ বাবে সময়ো লাগিব। টকা-পইছাৰ বাবে চিন্তা নাই, দেউতাকে দিছে, কুসুমে নিজেও ভাল উপাৰ্জনেই কৰে। তাইৰ সময়হে বৰ কম। আলোকে গৈ দুদিনমান মাকৰ চিকিৎসাত সহায় কৰিলে, তাই বৰ তত পাব। ঘনচিৰিকাৰ দৰে জঁপিয়াই জঁপিয়াই হুলস্থূল কৰি কাম কৰি থকা ভনীয়েকজনীলৈ আলোকৰ বুকুখনত এসোপা মৰম। আলোক দেউতাকৰ দৰে হ'ল, মুখত একো ফুটি নুঠে, মাত্ৰ বুকুখনত উথল-পাথল লগাই থাকে। বস্তু-বেহানি বান্ধি থকা কুসুমৰ চুলিখিনিত আলোকে লাহেকৈ হাত ফুৰাই দিলেগৈ, 'মই তোৰ তাত সাত/আঠ দিনমান থাকিম, জোঁৱাইক খবৰ দিবি, একেলগে এসাঁজ ভাত খাম।' হুলস্থূলীয়া ছোৱালীজনী তেনেই জঁয় পৰি গ'ল, গাল দুখন ৰঙা পৰি গ'ল। তাইৰ ৰঙচুৰা মুখখন চাই আলোকে লাহেকৈ ক'লে, 'অহাবাৰ আহোঁতে দেউতাক কৈ বিয়া-বাৰুৰ দিন-বাৰ ঠিক কৰিম, তই তোৰ অসুবিধা-সুবিধাৰ কথা জনাবি।'

আলোক আহি বুলনিত ৰ'লহি। কেউপিনে সুগন্ধী কপৌফুলবোৰ জকমকাই ফুলিছে। এটা মৃদু সুগন্ধ কেউপিনে বিয়পি পৰিছে। হাউলিৰ নাহৰ গছবোৰলৈ জাকি মাৰি নতুন পাত আহিছে। কুলি কেইটামানে ৰীতি মত হুলস্থূল আৰম্ভ কৰিছে। হঠাৎ অহা তীব্ৰ সুঘ্ৰাণত আলোক অলপ সময় থৰ লাগি বৈ গ'ল। বহুতদিনৰ মূৰত এই তীব্ৰ গোন্ধটো পালে। সুগৰীজানৰ পাৰৰ জৰী গছ জোপাৰ তলত কেতেকী ফুলিছে। সৰুতে সেইখিনিলৈ যাবলৈ মাক-দেউতাকে বাৰে বাৰে বাধা দিছিল। কেতেকী ফুলৰ জোপোহাবোৰত মেৰ খাই থাকে ৰব ৰব ফেটী সাপ। এবাৰ দূৰৈৰ পৰা এটা শিলগুটি মাৰি পঠিয়াইছিল, সঁচাকৈয়ে চকুত পৰিছিল ওপৰত দুটা চকু আঁকি থোৱাৰ

দৰে এখন ফণা, পাতৰ মাজত দুলি আছে। আজি বহুত দিনৰ মূৰত সেই দুলি থকা আঁক-বাঁক চকু অঁকা ফণাখনলৈ মনত পৰিল।

হঠাৎ কাহৰ শব্দ শুনি আলোকে ঘূৰি চালে। দেউতাক, মানুহজনৰ গাত এখন পাতল আলোৱান, কুসুমে আনি দিছিল। মানুহজন যেন অলপ কুঁজা হৈছে, ডিঙিটোৰ ওচৰতে ভাজ এটা পৰিছে, কপালত বহু দূৰৈৰ পৰাই চকুত পৰে স্পষ্ট বলিৰেখা। দেউতাক এজন বুঢ়া মানুহ যেন হৈ পৰিছে। অথচ চুট-টাই পিন্ধি চুলিত ৰং লগাই ঘূৰি ফুৰা খুড়াকজন ডেকা হৈ আছে, আজি অলপ দিনৰে পৰা খুড়াকে পুৱা পুৱা নদীৰ পাৰে পাৰে দীঘল দীঘল উশাহ লৈ খোজ কাঢ়ে। সিয়েই এযোৰ নীলা ৰঙৰ ট্ৰেক-চুট দিল্লীৰ পৰা আনি দিছে, লগতে কিনি লৈছে এযোৰ বঢ়িয়া বগা ৰঙৰ ৰকিং শ্বু। তজবজীয়া খুড়াক আৰু দেউতাকৰ মাজত পাঁচ নে ছয় মিনিটৰ ব্যৱধান। ক'লে কোনেও বিশ্বাস নকৰিব।

'তোমাক পা-পইছা কি লাগিব?' দেউতাকৰ প্ৰশ্নটোত আলোকৰ অলপ বেয়া লাগিল। সিটো ইমান দিন দেউতাকৰ ওপৰতে চলি আহিছে। এম.এ.পাছ কৰিয়ে এম্ ফিলত ছিট পাই পঢ়িবলৈ লাগিল। গৱেষণাৰ বাবে বিদেশৰ বিশ্ববিদ্যালয়বোৰৰ পৰীক্ষা দিওঁতেই আৰু এটা বছৰ গ'ল। যোৱা হ'লে আৰু এসোপা খৰচ আছেই। সদায়ে দেউতাকে কোমল মাতেৰে ইমান দিনে একেটা প্ৰশ্নই সুধি আহিছে, 'তোমাক পা-পইছা কি লাগিব?' উত্তৰত সদায়ে এটা সংখ্যাৰ কথাহে কৈ আহিছে।

'হ'ব, দেউতা, যাবৰ সময়ত ক'ম।'

দেউতাকৰ চকুহাল বহি আছে। কালি নিশ্চয় দেউতাক শোৱা নাই। আলোকৰো যোৱা নিশা টোপনি অহা নাই। গোটেই নিশাটো আলোকৰ চকুলৈ অহি আছিল নেউলৰ দৰে সতৰ্ক ল'ৰা দুটাৰ ধাতৱ শীতল চকু কেইটা। এইখন ঘৰ, এই হাউলি মৌসৰা মৌজাৰ মানুহে ইমান দিনে পবিত্ৰ পীঠস্থান হেন জ্ঞান কৰি আহিছিল, আৰু মৌজাদাৰ প্ৰিয়নাথ চৌধুৰী এজন দেব পুৰুষলৈ ৰূপান্তৰিত হৈ পৰিছিল। ল'ৰা-ছোৱালী জন্ম হ'লে কিমান ভক্তিৰে মানুহ আহি দেউতাকৰ আশীৰ্ব্বাদ বিচাৰেহি, নতুন দৰা-কইনাবোৰ আহে, দেউতাকক সেৱা কৰেহি। মাকে এবাকচ গামোচা সকলো সময়তে মজুত ৰাখে। সকলোকে একোখন গামোচা মাকে দি যায়হি, মাকৰ ভৰিতো পৰি মানুহখিনিয়ে সেৱা কৰে। সৰুৰে পৰা দেখি দেখি অভ্যস্ত হৈ পৰিছে আলোক। মানুহখিনিয়ে আলোককো একেই শ্ৰদ্ধা-ভক্তি আগবঢ়াবলৈ লৈছে, আলোক হৈ পৰিছে সকলোৰে 'সৰু দেউতা'। 'সৰু-দেউতা' শব্দটোত থকা সীমাহীন ভালপোৱা, ভক্তি আৰু শ্ৰদ্ধাৰ উত্তাপ আলোকে পৰিষ্কাৰকৈ

উপলব্ধি কৰিব পৰা হৈছে। এই ভয়ানক ধৰণেৰে পাছ পৰা একো সা-সুবিধা নোপোৱা মানুহখিনিৰ প্ৰতি দেউতাকৰ দৰে ক্ৰমে ক্ৰমে আলোকৰো এক মায়া হ'বলৈ ধৰিছে। দেউতাকে লাগি-যুঁজি স্কুলখন নপতা হ'লে এনেকুৱা এখন ডাঙৰ চৰকাৰী স্কুলত এই অঞ্চলৰ ল'ৰা-ছোৱালীবোৰে কেতিয়াও পঢ়িবলৈ নাপালেহেঁতেন। চৰকাৰে স্কুলখন লোৱাৰ সময়লৈ প্ৰায় দহ বিঘা মাটিত গছে-গছনিয়ে, ঘৰে-দুৱাৰে এখন পূৰ্ণাঙ্গ স্কুল হৈ পৰিছিল। আলোকে অসমৰ ভিতৰতে দ্বিতীয় স্থান পোৱাৰ পাছতে স্কুলখন চৰকাৰে লৈছিল। স্কুলখন বুলিলেই একেলগে বহু কেইখন ছবিয়ে আলোকৰ চাৰিওফালে মেল খাই পৰে। প্ৰতিখন ছবিয়ে স্পষ্ট, তাত এক বিন্দু অস্পষ্টতা নাই।

তেওঁ আগে আগে। মানুহজনৰ মূৰত একমূৰ ঘন ক'লা চুলি, উজ্জ্বল গাৰ ৰং, পিন্ধনত এযোৰ খদ্দৰৰ ধূতী-পাঞ্জাবী। মানুহজনে হাত দুখন পাছফালে দি খোজ কাঢ়ে। ওখ মানুহজনে এটা বেঙাতে বহুখিনি ঠাই অতিক্ৰম কৰি যায়, এনেও খোজৰ গতি বৰ বেছি। পাছে পাছে চুটি-চাপৰ মানুহ এজন, আঁঠুৰ মূৰত ধূতীখন, বনিয়ন এটা। ধূতীখন সাধাৰণতে মলিয়ন, বনিয়নটো বেছি বগা, হাতত এটা ডাঙৰ বগা ৰঙৰ কেটলি, বেছ ডাঙৰ, আনহাতে এটা টোপোলা। পাছে পাছে যোৱা মানুহজনে প্ৰায় দৌৰি যায় বুলিব লাগে। দুয়ো প্ৰায় একেলগেই গৈ স্কুলত সোমাইছে, স্কুলৰ দুপৰীয়া পানী খোৱা ছুটিৰ সময়। আটাইকেউজনে শিক্ষকেই পৰম তৃপ্তিৰে মৌজাদাৰ দেউতাই নিজে লৈ যোৱা চাহ-জলপান খাইছে।

এজন শিক্ষকে মৌজাদাৰ দেউতাৰ ভৰিতে পৰি হুকহুকাই কান্দিছে, তেওঁৰ অগ্ৰিম ধন নি নি দৰমহা প্ৰায় নাপায়ে। ঘৈণীয়েক আসন্ন প্ৰসবা, টকা-পইছাৰ বৰ দৰকাৰ। তেওঁ নিজা তহবিলৰ পৰা পইছা উলিয়াই দিছে, দৰমহা হিচাবত ধৰিবলৈ মানা কৰিছে।

পথাৰত গৰু চৰাই থকা এম.ই বৃত্তি পাই পঢ়া-শুনা বাদ দিয়া দুখীয়া ঘৰৰ বড়ো ল'ৰা এটাৰ 'বাপদায়' লৈ স্কুলত পঢ়িবলৈ বুলি লৈ আহিছে।

স্কুলৰ ভঙা চকী বেঞ্চবোৰ বাৰীৰে গমাৰি কেইডালমান কাটি মেৰামতি কৰাই দিছে, গঢ়াই দিছে কেইবাযোৰাও নতুন ডেস্ক-বেঞ্চ।

স্কুলৰ এজন শিক্ষকে তেওঁক উৰাই-ঘূৰাই গালি পাৰিছে। কাৰণটো টকা-পইছা। তেতিয়াও চৰকাৰীকৰণ নোহোৱা স্কুলখনলৈ মাতি আনি জীৱনটো ধ্বংস কৰাৰ অভিযোগ তুলিছে ডেকা শিক্ষকজনে। তেওঁ তলমূৰ কৰি শুনি আছে, কেৱল শুনি আছে।

গধূলি হাউলিৰে কামলা দুটামান লৈ স্কুলখনৰ চৌহদ পৰিষ্কাৰ কৰাইছে, আন্ধাৰ ঘন হৈ আহিছে, শুকান ডাল-পাতবোৰত জুই দিয়া হৈছে। জুইৰ পোহৰত জিলিকি উঠিছে গৌৰবৰ্ণৰ ওখ মানুহজন। জুই কিকুৰাৰ পোহৰত তেওঁক কিবা মায়াবী লাগিছে, এইজন যেন এই পৃথিৱীৰ মানুহ নহয়।

স্কুলখন চৰকাৰীকৰণ হোৱাৰ খবৰ পাই মানুহজনে সৰু ল'ৰা এটাৰ দৰে হাত-তালি দি জঁপিয়াই উঠিছে।

ছবিবোৰে ইখনৰ পাছত সিখনকৈ আলোকৰ চাৰিওকাষে ভিৰ কৰি ধৰিছেহি।

'তুমি নক'লা দেখোন কি পা-পইছা লাগিব। দেউতাকৰ মাতত আলোক ছবিবোৰৰ মাজৰ পৰা ওলাই আহিল। ছবিবোৰৰ কেন্দ্ৰবিন্দুত থকা মানুহজন মাত্ৰ তেজ-মঙহৰ ৰূপত আলোকৰ আগত থিয় দি থাকিল। জাকে জাকে মানুহবোৰ আহি আছে, বিভিন্ন সমস্যাৰ মাজত এতিয়াই মানুহজন ডুব যাব। কোনেওতো নাজানে এই মানুহজনে যে যোৱা ৰাতি চকুৰ টিপ এটাও মাৰিব পৰা নাই। তেওঁক অহৰহ নেউলৰ দৰে সতৰ্ক ল'ৰা দুটাৰ শীতল চকুকেইটাই খেদি ফুৰিছে। আলোকৰ এই অকালতে বৃদ্ধ হোৱা আদি-অন্ত নমনা পথাৰ এখনৰ দৰে মনৰ মানুহজনলৈ বৰ মায়া হ'ল। কাইলৈ মাক-ভনীয়েকে যাবগৈ, সিয়ো যাবগৈ। এই প্ৰকাণ্ড হাউলিটোত মানুহজন থাকি যাব। অহৰহ খেদি থাকিব নানা সমস্যাই। উঠোতে কঁকালত হাতখন দি উঠা মানুহজনৰ যেন এখন সহায়ৰ হাতৰ বৰ প্ৰয়োজন হৈছে। হঠাৎ আলোক উঠি গৈ দেউতাকৰ ওচৰ পালেগৈ। মানুহজনক অলপ পাছতে এসোপা মানুহে আহি ঘেৰি ধৰিবহি, তাৰ পাছত মৌজা অফিচ, নাকে-কাণে ভাতকিটা খায়ে ওলাই যাবগৈ, কিমানখন সভা-সমিতিয়ে যে মানুহজনৰ কাৰণে বৈ থাকিব, স্কুলৰ মেনেজিং কমিটীৰ মিটিং, কলেজৰ বৰ দৰকাৰী গৱৰ্নিংবডিৰ মিটিংখন, বিহু কমিটীৰ মিটিং। ঘূৰি আহিও বুলনিত বহুপৰ বহি থকা মানুহখিনিৰ কথা মন দি শুনি বহি... মাকে আনি দিয়া গৰম পানীৰ বেগটো কঁকালত লৈ বিছনাত পৰা মানুহজনক আৰু একো কোৱাৰ অৱকাশ নাথাকে।

কোনো ভূমিকা নোহোৱাকৈ আলোকে দেউতাকৰ ওচৰলৈ গৈ কৈ উঠিল, 'দেউতা, মই আপোনাৰ কলেজখনতে জইন কৰিম বুলি ভাবিছো। আপুনি কৈছিল নহয়, ইংৰাজীৰ মানুহ এজন দেখুৱাব পাৰিলেই কলেজখন হ'বগৈ। তাৰ পাছত কি হয় দেখা যাব।'

পৃথিৱীৰ আটাইতকৈ আচৰিত কথাটো শুনাদি তেওঁ উচাপ খাই উঠিল। আলোকে কপালত বলি ৰেখা পৰা মুখখনলৈ চাই থাকিল। ক'ৰবাত বাৰু অকণমান

জান-নেজান আনন্দৰ ৰেশ ফুটি উঠিছে নেকি? ওহো, নাই, একো ধৰিব নোৱাৰি। মানুহজনে আলোকৰ কান্ধত হাত থ'লে—'বাবা, তোমাৰ জীৱনটো তোমাৰ নিজৰ। তুমি নিজৰ মতে চলিবা, দেউতাক হিচাবে মই তোমাক একো হস্তক্ষেপ নকৰোঁ। মই হা-না একো নকওঁ। তুমি জনা-বুজা ল'ৰা, যি ভাল দেখা কৰিবা।'

দেউতাকে আজি বহুত দিনৰ মূৰত আলোকক সৰুতে মতাৰ দৰে বাবা বুলি মাতিলে। দেউতাকে আৰু এটা কোনোদিনে নকৰা কাম কৰিলে। সাধাৰণতে বিভিন্ন কাম লৈ এনেকৈ অহা মৌসৰাৰ মানুহখিনিৰ লগত কথা পাতোতে ঘৰৰ মানুহ কোনো নাথাকে। আজি তেওঁ সদায়ে বহা চকীখনৰ ওচৰত আলোকক বহুৱাই ল'লে। কান্ধত এখন ভাৰ লৈ এজন আদহীয়া মানুহ আহিছে। সাধাৰণতে ভাৰ এখন লৈ অহা মানুহৰ খোজৰ ছন্দৰ সৈতে তেওঁৰ খোজৰ ধৰণ-কৰণ অলপ বেলেগ। ভাৰ কঢ়িওৱা মানুহজনক দেখিলেই বুজিব পাৰি কান্ধৰ পাচি কিটাৰ এটাৰ ওজন বেছি, এটাৰ কম। সেইকাৰণেই তেওঁৰ খোজ-কাটল অলপ বেলেগ হৈছে। এটা পাচিত বাৰীৰে শাক-পাচলি, ফল-মূল। আনটো পাচিত এজন বুঢ়া মানুহ। খাজনা দিবলৈ অনা মানুহে এনেকৈ কিবা-কিবি ভাৰত অনা দৃশ্য আলোকৰ সৰুৰে পৰা চিনাকি। কিন্তু এনেকৈ পাচিত সোমাই অহা মানুহ কেতিয়াও দেখা নাছিলে। খাজনা দিবলৈ অহা মানুহে অফিচত টকা-সিকা দি পাছ চোতালৰ দক্ষিণৰ বাৰাণ্ডাখনতে পাচিত অনা বয়-বস্তুখিনি নমাই থৈ যায়গৈ। আজি এটা পাচিত বুঢ়া মানুহ এজন আৰু আনটো পাচিত পাচলি আৰু ফল-মূল লৈ অহা আদহীয়া মানুহ জন আহি বুলনিৰ ওচৰ পালেহি।

'কানুৰাম, ক'ৰ পৰা আহিলি, ভালে আছনে? এয়া তোৰ...' আলোকে উঠি পাচিৰ পৰা ওলাই অহা বৃদ্ধজন চাই আছে। এটা কথাত আলোক সদায়ে আচৰিত হয়। দেউতাকে এই মানুহবোৰৰ প্ৰত্যেকৰে নাম কেনেকৈ মনত ৰাখেনো বাৰু? অকল নামেইনে, কাৰ ল'ৰা, কাৰ ভতিজা, কাৰ পুতেক, ক'বলৈ গ'লে বংশাৱলীয়ে মনত থাকে।

বৃদ্ধ মানুহজনক আদহীয়া মানুহজনে বিৰীয়াত বান্ধি অনা লাখুটিডাল দিলে। কুঁজা হৈ যোৱা মানুহজন হেলেক-পেলেককৈ আহি প্ৰিয়নাথৰ ভৰি চুলেহি।

'মৌজাদাৰ বোপা,' বৃদ্ধৰ মাতটো কিন্তু টকটকীয়া। তেওঁ লাখুটিত ভৰ দি অলপ পোন হৈছে, 'তোক এবাৰ চাবলৈ আহিলো দে'।

'দেউতাই অলপদিন ধৰি কৈয়ে আছে, মৰাৰ আগতে এদিন মৌজাদাৰ বোপাক চাই আহোগৈ।'

'ঘৰৰ মানুহজনীয়ে বুধিটো দিলে। ভাৰ বান্ধিয়ে আনিলো দিয়ক।'

আদহীয়া মানুহজনেও দেউতাকৰ ভৰি চুইছে। এইবাৰ মানুহজন আলোকৰ কাষলৈ আহিছে। আলোক জাঁপ মাৰি আঁতৰি গৈছে। বৃদ্ধই আলোকলৈ চাই হাঁহি এটা মাৰিছে, সোলা দাঁতৰ হাঁহিটো কেঁচুৱা এটাৰ হাঁহিৰ দৰে।

'আহা বাবা, এইখিনিলৈ আহা'। প্ৰিয়নাথে আলোকক বুঢ়াৰ ওচৰলৈ মাতিলে। বৃদ্ধই আলোকৰ মূৰত হাত থৈছে।

'বুঢ়া দেউতাৰ চেহেৰাটো তেনেই পাইছে,' আকৌ বৃদ্ধৰ মুখত সেই সোলা দাঁত নোহোৱা হাঁহিটো।

'যা কানুৰাম, দেউতাৰক জলপান এটা খুৱাই নেগৈ।' বৃদ্ধই আকৌ এবাৰ প্ৰিয়নাথক সেৱা কৰিছে। বৃদ্ধই শোতোৰা পৰা জকজককৈ শিৰ ওলোৱা হাতখন আলোকৰ ভৰিৰ পিনেও আগুৱাই আনিলে।

'কি কৰে, কি কৰে' বুলি আলোক একেজাঁপে আঁতৰি গৈছেগৈ।

'সৰু দেউতা, ভগৱানে তোক ভালে ৰাখক, আমাৰ পো-পোৱালি তোকে গতালো।'

আলোক ভিতৰলৈ গৈ মাকৰ পৰা এখন গামোচা আনিলেগৈ। কিয় জানো বৃদ্ধক এখন গামোচা দিবলৈ বৰ ইচ্ছা গ'ল। গামোচাখন কান্ধত লৈ বুঢ়াই আকৌ সোলা হাঁহিটো মাৰিলে।

আলোকতকৈ বহু কেইবছৰৰ ডাঙৰ মানুহবোৰে সেৱা কৰিবলৈ আহোঁতে সি থিয় দি আঁতৰি দিব খুজিছে। আঁতৰিব পৰা নাই, সি সেৱা গ্ৰহণ কৰিবলৈ বাধ্য হ'ল। এই মানুহখিনিৰ এই সেৱা, ভক্তি, ভালপোৱাৰ ভিত্তি কি? নিশ্চয় নিজৰ জীৱনটো এইখিনি মানুহৰ মাজত বহলাই পেলোৱা এজন মানুহ। উত্তৰাধিকাৰ সূত্ৰে আলোকেও পাইছে এই আন্তৰিক ভালপোৱা, মৰম আৰু একধৰণৰ নিখাদ ভক্তি। আলোকে পৰম বিস্ময়েৰে চাই থাকিল দেউতাকৰ ওপৰত এই মানুহখিনিয়ে দেৱত্ব আৰোপ কৰিছে। কিন্তু সেই নেউলৰ দৰে সতৰ্ক ল'ৰাকিটাৰ কথা-বতৰাত, ভাব-ভঙ্গীত থকা এক প্ৰচণ্ড ধমকি, দেউতাকে কেনেকৈ হজম কৰিব? সেই ল'ৰাকিটাই জাতিৰ নামত কি কৰিছে? কৰিছে যদি এই মানুহজনে কৰিছে। এইজন মানুহে ইমান ত্যাগ আৰু কষ্ট কৰি স্কুল, কলেজ, পাতিছে কাৰ কাৰণে? নিজৰ ল'ৰা-ছোৱালীৰ কাৰণে নহয়। কি কৰা নাই তেওঁ এই ঠাইখণ্ডৰ বাবে? ল'ৰাকিটাৰ জাতিৰ পৰা বহু কেইজন গুৰুত্বপূৰ্ণ পদবীত থকা মানুহ এইখন স্কুল, ভেনচাৰ কলেজৰ পৰাই ওলাই

গৈছেগৈ। তেওঁ নিজৰ মাটি দি সেয়া 'স্পৰ্টচ একাডেমি' খুলি দিলে। তাৰ পৰাই কেইটা ল'ৰাই সৰ্ব্বভাৰতীয় পৰ্য্যায়ত সন্মান পাই আহিল। ভাল চাকৰি পালে। মৌসৰাৰ মাটিত নিজকে নিঃশেষ কৰি দিছে মানুহজনে। এই শেষ বয়সত তেওঁলৈ আহিছে এটা ভয়ানক ধমকি। আলোকৰ মনটো গধুৰ হৈ আহিল।

হাউলিলৈ ঘোঁৰা আহিয়ে থাকে, গাঁও বুঢ়া সকলে ঘোঁৰাত উঠিয়ে আহে, দলং নোহোৱা, ৰাস্তা নোহোৱা ঠাইখণ্ডত এতিয়াও হাতী আৰু ঘোঁৰাই যাতায়াতৰ মূল আধাৰ হৈ আছে। চাইকেলো চলে, বাইকো লাহে লাহে ওলাইছে। চাহাবে পাতি থৈ যোৱা ৰে'ল লাইনটোত চলা ৰে'লখনো আছে, কেইখনমান বাছো ঘটলং-মটলংকৈ চলে। অলপতে এই অঞ্চলৰ প্ৰতিটো চৰকাৰী দপ্তৰ, মৌজা অফিচলৈ বৃটিছ চৰকাৰৰ পৰা চিঠি আহিছে। তেওঁলোকে সাজি থৈ যোৱা দলং কেইখনৰ ম্যাদ উকলিল। সেইবোৰ দলং ভাঙি নতুন কৰিব লাগে। দেউতাকৰ মৌজা অফিচলৈ অহা চিঠিখন আলোকে দেখিছে। আচৰিত হ'ব লাগে, কোন কাহানিতে এৰি যোৱা দেশখনৰ এই চুকৰ ঠাইখিনিৰ প্ৰতিও তেওঁলোকৰ দায়িত্ববোধ আছে। ভাৰত চৰকাৰ নালাগে, অসম চৰকাৰৰ বাবে এই ভয়ঙ্কৰ ভাবে অৱহেলিত ঠাইখণ্ডৰ প্ৰতি দায়িত্ব দূৰৰ কথা, ঠাইখিনি আছেনে নাই তাৰে খবৰেই নাই। ইয়াত সেই ল'ৰা কিটাৰ উৎপত্তি নহৈ ক'ত হ'ব? এই অনগ্ৰসৰ ঠাইখিনিত জন্ম ল'লে বুলিয়ে ইহঁতে গামোচা পিন্ধি থাকিব নেকি? সিহঁতকো উডলেণ্ডৰ জোতা লাগে, জিনছৰ পেণ্ট লাগে, য়ামাহা বাইক লাগে। এই ল'ৰাকিটাৰো এটা ক্ষোভ বঞ্চনা আৰু শোষণৰ ইতিহাস আছে। এজন প্ৰিয়নাথে এই ইতিহাস ঘূৰাব নোৱাৰে। লাহে লাহে আলোকৰ মনটো অলপ পাতল লাগি আহিল।

হাউলিলৈ গাঁওবুঢ়া সকলৰ ঘোঁৰা আহিয়ে থাকে, তেওঁলোকে আহি সেই পুৰণি ঘোঁৰা বন্ধা ভলুকা বাঁহডালতে ঘোঁৰাবোৰ বান্ধেহি। ঠাইখিনি সলনি নহয়, মাজে মাজে বাঁহডাল অথবা খুঁটা কেইটাহে সলনি হয়। আজি কিন্তু ঘোঁৰা অহাৰ চেওঁটো বেলেগ। এই কিটা গাঁওবুঢ়াহঁতৰ ঘোঁৰা নহয়। এই কিটা কুনটাং বজাৰ এলেকাৰ বিহাৰী ব্যৱসায়ী কিজনৰ ঘোঁৰা। বহুদিনৰে পৰা এই বিহাৰী মানুহখিনিয়ে কুনটাং বজাৰ এলেকাতে বাস কৰি ব্যৱসায় কৰি আহিছে। ক'বলৈ গ'লে কুনটাং বজাৰখন গঢ়িয়ে তুলিছে এই বিহাৰী ব্যৱসায়ীৰ পৰিয়াল কিটাই। এই দুৰ্গম ঠাইখিনিত সেই তাহানিৰে পৰা ইহঁতেই মানুহখিনিক দৰকাৰী বস্তুবোৰ যোগান দি আহিছে। প্ৰিয়নাথৰ দৰে নহ'লেও এই মানুহখিনিয়েও অঞ্চলটোৰ উন্নতিত সহায় কৰিছে। বৰ পৰিশ্ৰমী মানুহ এইখিনি। কুনটাং বজাৰৰ উপৰিও এই অঞ্চলৰ

আটাইবোৰ হাট বজাৰ ইহঁতেই সামৰি থাকে। এই ব্যৱসায়ী পৰিয়াল কিটাৰ পুৰুষানুক্ৰমে ঘোঁৰাৰ সৈতে অভিন্ন সম্পৰ্ক। এই ঘোঁৰাবোৰক লৈ বহু কাহিনী আছে। এই ঘোঁৰাবোৰক বাট-পথ একো চিনাব নালাগে। সকলোবোৰ সিহঁতৰ মুখস্থ। আজি যদি নাচন ডুবি বাগানত বুধবৰীয়া বজাৰখন আছে, ঘোঁৰা কেইটা মাল-পত্ৰৰে লাদি উত্তৰমুৱা কৰি থিয় কৰাই দিয়ে। আৰু একো কৰিব নালাগে। ঘোঁৰাই ঠিক টুক্‌টুক্‌কৈ গৈ নাচন ডুবি বজাৰত ৰ'বগৈ। মালিক পিছতহে গৈ পায়গৈ। আনদিনা যদি পলাশতলীত দেওবৰীয়া বজাৰখন আছে, ঘোঁৰাৰ শাৰীটো দক্ষিণ মুৱাকৈ থিয় কৰাই দিয়ে, তাৰ পাছত ডিঙিত বান্ধি দিয়া টিলিঙা কিটা জুনজুনকৈ বজাই ঘোঁৰাৰ শাৰীটো গৈ থাকে, গৈ একেবাৰে পলাশতলীত ৰয়গৈ। মানুহে সদায় ঘোঁৰাৰ শাৰীটো দেখে। তথাপিও জুনজুন শব্দবোৰ শুনিলেই চাবলৈ ওলাই আহে, 'বিহাৰী ঘোঁৰা' আহিছে বুলি আটায়ে চাবলৈ ওলাই আহে, কেতিয়াবা ঘোঁৰাৰ শাৰীটোৰ মাজত থাকে এটা বা দুটা পোৱালি। ঘোঁৰা পোৱালিকিটা চাবলৈ ঘৰৰ ল'ৰা-ছোৱালীবোৰ ৰাস্তা পায়গৈ। তাৰ পাছত মানুহবোৰে বিহাৰী ঘোঁৰাৰ সাধুবোৰ মনত পেলাই থাকে। ...সেই যে বুঢ়া বিহাৰীক বাঘে ডফলাপোতা টিলাৰ ওচৰত টানি নিছিল, ঘোঁৰা কেইটাইহে বুঢ়াক বচালে.... সেই যে নাগ নদীৰ পানীৰ ঢৌৱে দুটা বিহাৰীক মালে-পত্ৰই উটাই নিছিল, ঘোঁৰাইহে পিঠিত তুলি অচেতন অৱস্থাত ঘৰলৈ লৈ আনিছিল.... এবাৰ এটা বিহাৰী পৰিয়াললৈ ডকাইত আহিছিল, ঘোঁৰাকিটাই এনেকৈ চেহঁ-চেঁহনি তুলিলে যে গোটেইবোৰ সাৰ পাই গ'ল, ডকাইত পলাই পত্ৰং দিলে, এটা ঘোঁৰাই হেনো ডকাইত এটাক কাষতে পাই এনেকৈ লথিয়ালে যে সি চিৰ-জীৱনলৈ লেঙেৰা হৈ গ'ল... অ, সেই লেঙেৰা ডকাইত... আইতাই কৈছিল নহয়, লেঙেৰা ডকাইতে হেনো একোলৈকে ভয় নকৰে... মাত্ৰ ঘোঁৰাৰ মাত শুনিলে... ঘোঁৰা দেখিলে...।

এইকিটাই এই অঞ্চলৰ বিখ্যাত 'বিহাৰী ঘোঁৰা'। আজি গোটেইবোৰ ঘোঁৰা লৈ বিহাৰী ব্যৱসায়ীখিনি এই পুৱাতে হাউলি ওলাইছেহি। ঘোঁৰা প্ৰায় বিছ/বাইছটা মান হ'ব। মানুহখিনিয়ে টালি-টোপোলা বান্ধি, মাইকীয়ে-কেঁচুৱাই লৈ আহিছে। গোটেইজাক মানুহ উদভ্ৰান্ত। প্ৰিয়নাথ আৰু আলোকৰ ভৰিত পৰি মানুহবোৰে কান্দিবলৈ ধৰিলে। ভীষণ সাহসী বুলি জনাজাত এই বিহাৰী ব্যৱসায়ীখিনিয়ে কুনটাং বজাৰ এলেকাটোৱে বদলাই দিলে। বেজীৰ পৰা টি.ভি., চাইকেললৈকে কি নাপাই আজি তাত? এয়া গোটেইবোৰ ব্যৱসায়ীয়ে আজি বাৰ বজাৰ ৰে'লত উঠি 'দেচ'লৈ যাবলৈ ওলাইছে। ঘোঁৰা কেইটা মৌজাদাৰ দেউতাক গতাই দি যাবলৈ আহিছে। এই

তিনি-চাৰি পুৰুষ ইয়াতে পাৰ কৰি কিহৰ বাবে আজি ইমানবোৰ সা-সম্পত্তি এৰি গুচি যাবলৈ ওলাইছে? কাৰণ সেই কাপোৰৰ তলত মৃত্যুৰ ধমকি কঢ়িয়াই ফুৰা, সেই টকা দাবী কৰি থকা ল'ৰাকিটা আৰু সিহঁতৰ নাম শুনিলেই মানুহে ভয়ত মাতবোল নোহোৱা সংগঠনবোৰ। ইহঁতবোৰ এটা সংগঠন হৈ থকালৈকে বিহাৰী ব্যৱসায়ী খিনিয়ে মাহেকত কিবা এটা সমূহীয়াকৈ দি চলি আছিল। তাৰ পাছত বাঁহনিৰ চেঁচুকত মান কচু গজাদি নানা সংগঠন ওলাল। ইটোতকৈ সিটো চৰা। এটা দলে যদি অপহৰণ কৰি টকা আদায় কৰিছে, আনটোৱে গুলীয়াই মাৰিয়ে দিছে। আৰু কিমান সিহঁতৰ অত্যাচাৰ সহিব। যৰে সম্পত্তি তাতে পেলাই মানুহজাক যাবলৈ ওলাইছে। অলপ দিনৰে পৰা মানুহে ক'বলৈ লৈছে ইহঁত সোপাই ৰাজ্য পাব। তেতিয়া চবকে কচু কটা দিব হেনো। ৰাজ্য পালেই হেনো কোনটোৱে কাৰ ঘৰ, কাৰ দোকান ল'ব চব ঠিক কৰা আছে। আৰু গোটেইবোৰ দল সংগঠনৰ নিজৰে মাজতে কটাকটি, গুলীয়া-গুলী। কেইপিনে মুৰ্গী বেমাৰ লাগি মৰাদি মানুহ মৰিছে। কোন থাকিব পাৰিব ইয়াত? কেনেকৈ বেহা-বেপাৰ কৰিব? মানুহখিনি যাবলৈ ওলাল। আটাইবোৰে মৌজাদাৰক সেৱা কৰিছে, চমজাই থৈ গৈছে পিতৃ পুৰুষৰ ভিঠা আৰু নিজৰ সন্তানৰ দৰে প্ৰতিপালন কৰা এই ঘোঁৰাকেইটা। দুজনমানে আগবঢ়াই দিলে সোণৰ অলঙ্কাৰৰ টোপোলা। কোকৰাঝাৰত প্ৰায়ে ৰে'ল ৰখাই দিয়ে। ভয় কৰিছে এইবোৰ লৈ যাবলৈ। কি বা হয়। গোটেইবোৰে আ-অলঙ্কাৰ মৌজাদাৰলৈ আগবঢ়াই দিলে। তাৰ পাছত মানুহখিনি হাউলিৰ পৰা ওলাই গ'লগৈ। গোটেই মানুহবোৰে কান্দিছে। আলোকে লক্ষ্য কৰিলে দেউতাকৰ মুখখন ৰঙা পৰি গৈছে।

অলপ পাছতে কলেজৰ মানুহ কেইজনমান আহিল, তেওঁলোক এতিয়া গুৱাহাটীলৈ যাব, পুৱাৰ ৰে'লখনতে যাব। তেওঁলোকৰ হাতত তেওঁ পুতেকৰ প্ৰতিখনতে এডাল এডাল আঁচ থকা চাৰ্টিফিকেটখিনি তুলি দিলে। সোণৰ পানীৰে লেখা কেৰিয়াৰ আলোকৰ, কলেজৰ আটাইকেইজন বৰ সুখী হ'ল, এইবাৰ এইখন কলেজ বিশ্ববিদ্যালয়ত পঞ্জীভুক্ত হ'ব।

বঙালপাৰাৰ মানুহখিনিৰো সমস্যা একেই। তেওঁলোকৰ পৰাও ইমান দিনে সিহঁতে নিয়মিত পইছা তুলি আছিল, দি আছিল। এতিয়া কেইবাটাও সংগঠনে পইছা ডিমাণ্ড দি মানুহবোৰক অতিষ্ঠ কৰি তুলিছে। নতুনকৈ ওলোৱা কিটাই কৈ গৈছে সিহঁতে বিচৰা মতে টকা নিদিলে কোনেও বজাৰলৈ বেচা-কিনা কৰিবলৈ যাব নোৱাৰিব। বঙালপাৰাৰ মানুহখিনিৰ থকা ঠাইখিনি বিপদমুক্ত, থানা-পুলিচ, আৰ্মি হাত মেলিলেই পোৱাতে। বিহাৰীখিনিৰ দৰে দুৰ্গম কুনটাং বজাৰ এলেকা নহয়।

গোটেই বড়ো জাতিটো ভাগ ভাগ হৈ পৰিছে, নিজৰ মাজতে যুঁজ কৰি তেজৰ নৈ বোৱাইছে। কেউফালে মাটি ছন পৰিছে, পথাৰত বোকা-পানীৰে লেটি লৈ কাম কৰাতকৈ বন্দুক লৈ ফুৰিবলৈ ডেকা ল'ৰাবোৰে ভাল পোৱা হৈছে। জাতিৰ নামত, ৰাজ্য লোৱাৰ নামত যদি এটা ধমকিত হাজাৰ হাজাৰ টকা আহে কাম কোনে কৰিব? লাহে লাহে জীৱনত কুটা এগছ দুগছ কৰি খাব নোৱৰা ডেকা ল'ৰা এচাম এই পৰিশ্ৰমী, সৰল আৰু শিল্পী জাতিটোৰ মাজত সৃষ্টি হৈছে। সাধাৰণ মানুহখিনিয়ে কেৱল অবাক হৈ চাই আছে। কি দেখিছে, কি শুনিছে এইবোৰ? মানুহবোৰ বোবা হৈছে, অন্ধ হৈছে। কি কৰে মানুহখিনিয়ে? কাৰ মুখলৈ চায়? বঙাল পাৰাৰ দুজন বেপাৰীক এই কেইদিনৰ ভিতৰত বজাৰতে গুলীয়াই পেলালে? এজন হ'ল মাণিক গুপ্ত, আনজন নিৰ্মল ৰয়। দুয়োজনে ধান-চাউলৰ কাৰবাৰ কৰিছিল। ধান কিনি আনি, মিলত বানি, চাউল বিক্ৰী কৰে, তিনি পুৰুষৰ বেপাৰ। ভালকৈ চলি আছিল! নিচিন্ত মনে বেপাৰ কৰি আছিল, মাহে মাহে সিহঁতৰ ঘাটিত গৈ দহ হাজাৰকৈ টকা দি আছিল। গমেই নাপালে তেনেকৈ মাহে মাহে টকা দিব লগা সংগঠন আৰু কেইটা বাঢ়ি গ'ল। গুপ্ত আৰু ৰয় দুয়োজনকে দুদিন, দুখন বজাৰত গুলীয়াই পেলাই থৈ গ'ল। পৰাখিনিয়ে শিলিগুড়ি, কোচবিহাৰলৈ পা-পৰিয়াল পঠিয়াই দিছে। তাতো মানুহেৰে গিজ্‌গিজ্, তাত 'আচামী বাঙালী' খিনিৰ ঠাই নাই। থাকিলে মাটি কামুৰি ইয়াতেই থাকিব লাগিব। মানুহবোৰ এয়া আহি মৌজাদাৰ দেউতাৰ ওচৰ পাইছেহি। বিহাৰীখিনি গ'লগৈ, বঙালপাৰাৰ আধা গ'ল। কিন্তু কোনেও চিৰদিনৰ বাবে যোৱা নাই, দিন ভাল হ'লেই ঘূৰি আহিব। সকলো আহিছে মৌজাদাৰ দেউতাৰ হাতত নিজৰ সা-সম্পত্তি গতাই বলৈ। গৰ্ভ চন্দুক বিভিন্ন সৰু সৰু টোপোলাৰে ভৰি গৈছে, গোট গোট আখৰে প্ৰতিটো মোনাৰ ওপৰত মানুহৰ নাম, ঠিকনা লেখা হৈছে। এখন খাতাত মহৰী হতুৱাই প্ৰিয়নাথে হিচাব ৰাখিছে, বহীখন পুৰণি হৈ গৈছে। তাৰ প্ৰথম নামটো হ - জামাল ৰুটিৱালা, নামৰ কাষত বন্ধনীৰ মাজত আন এক হিচাব- 'চন্দ্ৰহাৰ তিনিড, আঙুঠি সাতটা, বালা পাচযোৰ, কাণফুলি চাৰিযোৰ আৰু নতুন নতুন নাম যোগ ছে, কাষত একে ধৰণেৰে বন্ধনীৰ মাজত থকা হিচাব 'চেইন এডাল, বালা দুপাত...'

আজি প্ৰিয়নাথে আৰু নব া কাম কেইটামান কৰিলে। দুপৰীয়া ভাত কেইটা খাই সোণতৰাক পানীৰ বেগটো দিনতে খুজিলে, বেগৰ সেক্ লৈ অলপ সময় বিছনাত পৰি থাকিল। আৰু এটা নকৰা কাম কৰিলে, ড্ৰাইভাৰক নহয়, আলোকক গাড়ীখন উলিয়াবলৈ ক'লে। গাড়ীনো আৰু ক'ৰ? প্ৰিয়নাথে গাড়ীত পইছা

ভৰোৰাতকৈ এইকিটা পইছা স্কুলৰ লাইব্ৰেৰীত কিতাপ কিনি দিব, কলেজৰ ৰূম এটা সাজিব অথবা খেলা-ধূলাৰ স্কুলখনত কিবা কিনি দিব। ভায়েকে নতুন এখন কিনি পুৰণাখন ককায়েকক দি দিলে। ইমান দিনে দেখি আহিছে দেউতাকে চুৰেটাৰ, জোতাৰ পৰা আৰম্ভ কৰি গাড়ীখনলৈকে খুড়াকৰ পুৰণি বস্তুবোৰকে ব্যৱহাৰ কৰি আহিছে। গাড়ীখনো দূৰলৈ গ'লেহে উলিয়ায়, বেছি ভাগ সময় চাইকেলখন, চাইকেলখন যেনিবা নিজে কিনা। আলোকে গাড়ী উলিয়ালে, গাড়ীখন এবাৰ চাৰ্ভিচিঙত দিব লাগিব।

দেউতাক আগৰ ছীটত বহিল, এইটোও নকৰা কাম। তেওঁ সদায়ে পাছৰ ছীটত বহে। আজি আলোক ড্ৰাইভিং ছীটত, কাষতে দেউতাক।

'বলচোন সেই ফালে' তেওঁ স্কুলঘৰটো দেখুৱাইছে। কেইবাজনো মানুহ গাড়ীৰ ওচৰ চাপিলেহি।

'আজি মিটিংখন তোমালোকেই চলোৱা। মই কথাবোৰ যোৱাকালি ছেক্ৰেটেৰিৰ সৈতে আলোচনা কৰিছোৱে।'

আলোকক আটায়ে কৌতূহলেৰে চাইছে, দুজনমানে চিনি পোৱা নাই চাগে।

'এয়া মোৰ ল'ৰা। চিনি পোৱা নাই? সি আমাৰ কলেজতে সোমাইছে নহয়।'

'বৰ ভাল কথা',

'মৌসৰাৰ ল'ৰা-ছোৱালীৰে ভাগ্য',

'ভগৱানে তোমাক কুশলে ৰাখক',

কেইবাজন মানুহৰ ওপৰা-উপৰি কথাত আলোকে উত্তৰ হিচাবে অলপ হাঁহিলে। তাৰ পাছত দেউতাকলৈ চালে, কোনফালে বা যায়, মিটিঙো নকৰে বুলি ক'লে।

'অকণমান আগলৈ বলাচোন। তোমাৰ কিবা কাম আছে নেকি?' মানুহজন এনেকুৱাই, কাৰোৰে পৰাই একো নিবিচাৰে, এইজন মানুহ যেন এই পৃথিৱীলৈ অকল দিবলৈকে আহিছে। অকণমান আগলৈ গাড়ীখন নিবলৈ কৈছে, তাৰ বাবেও যেন ক্ষমাপ্ৰাৰ্থী। কিয় কৰে এনেকুৱা? আলোকে বুকুখনৰ কোনোবাখিনিতে অকণমান বিষ অনুভৱ কৰিলে, কিয় এনে কৰিব লাগে?

আলোকে নদীৰ পাৰে পাৰে থকা ৰাস্তাটোৰে গাড়ীখন চলাই দিলে। শিলগুটি দিয়া ৰাস্তা, তথাপি বেয়া নহয়, গাড়ীখন অন্ততঃ চলি থাকে। ৰাস্তাটো দেউতাকেই মানুহ লগাই মাজে মাজে শিল-বালি দিয়াই থাকে। গাড়ীখন দলঙত উঠিছেহি, কাঠৰ

দলং অলপ কঁপে, খুঁটা দুটামান বেয়া হৈছে। এইখন দলঙৰ মেৰামতিৰ কামো যেন দেউতাকৰ ভাগতে পৰে। প্ৰায়ে বাৰীৰে গছ-গছনি কাটি দলং খন মেৰামতি কৰি থাকে।

'অকণমান এইখিনিতে ৰখোৱাচোন'। দেউতাক গাড়ীৰ পৰা নমা দেখি আলোকো নামিল। নদীৰ পানী ডুবন্ত বেলিৰ পোহৰত ৰঙচুৱা হৈ পৰিছে। তেওঁ দলঙৰ ৰেলিঙত ধৰি থিয় হৈছে।

'সৰুতে আমি এইখিনিতে থিয় হৈ ম'ৰা চৰাইৰ নাচ চাইছিলো। নদীৰ পাৰে পাৰে থকা গছবোৰত বহুত ম'ৰা আছিল।'

'মোৰো মনত আছে, এই দলঙত থিয় দি ৰৈ থাকিলেই ম'ৰা চৰাই চকুত পৰিছিল। এতিয়া দেখিবলৈকে নোহোৱা হ'ল নহয়?' নদীৰ ঘুলিত থকা ৰঙা ৰঙা ফিচাৰ মাছবোৰ আছেনে নাই বাৰু?'

'আছে, পুৱা আকাশ গোলাপী হোৱাৰ সময়ত ঘুলিবোৰত ৰঙচুৱা মাছবোৰ এতিয়াও দেখি, আহিম দিয়া এদিন চাবলৈ।' দেউতাকে মাছ চাবলৈ আহিব! আলোকে অবাক হৈ নদীৰ ফালে চাই থকা মানুহজনক লক্ষ্য কৰিলে। তেওঁ যেন মাছ, নদী, এইবোৰৰ কথা এনেই কৈ আছে, তেওঁ যেন অন্য কিবা এটা কথা চিন্তা কৰি আছে।

'ইয়াত আৰু ম'ৰা চৰাই নাই বুজিছা, সেই নকুলহঁতৰ লগৰ খিনিয়ে এইখন হাবি শেষ কৰিলে, ইয়াতে তিনিটা কাঠফলা কল বহুৱাই লৈছিল।'

'চৰকাৰে একো কৰা আছিল?'

'সিহঁতক আত্মসমৰ্পণ কৰাৰ পাছত চাৰিডালকৈ পূৰঠ গছ কটাৰ অনুমতি দিছিল ফৰেষ্ট ডিপাৰ্টমেণ্টে, চাৰিডালৰ ঠাইত সিহঁতে চাৰিশকৈ গছ কাটিলে। তেতিয়া সিহঁতৰ ফালে কোনেও আঙুলি টোৱাব নোৱাৰিছিল। সিহঁত গ'ল, কিন্তু নল মৰি গজালি ওলাল। বাট সিহঁতেই দেখুৱাই থৈ গ'ল।'

মানুহজনে ৰেলিঙত ভেজা দি আছিল, হঠাৎ পোন হৈ থিয় দি ডাঙৰ ডাঙৰ মাতেৰে কৈ উঠিল।

'বাবা, মই সিদ্ধান্ত লৈছো, সিহঁতক মই পইছা নিদিওঁ, কি কৰিব? মাৰিব মোক, মাৰক, মই ভয় নকৰোঁ।'

'কিন্তু দেউতা...'।

'কিন্তু-চিন্তু নহয়, মই সিহঁতক এটা ফুটা কড়িও নিদিওঁ। এইটো অঞ্চলৰ কাৰণে কি কৰিছে সিহঁতে? কি কৰিছে নিজৰ মানুহখিনিৰ কাৰণে? মই কৰিছো, এই প্ৰিয়নাথ চৌধুৰীয়ে কৰিছে', মানুহজন খঙত কঁপি উঠিছে।

'হ'ব, ব'লক দেউতা, ৰাতি হ'বৰে হ'ল, মাহঁতক কাইলৈ খুড়াৰ ঘৰত পুৰাই থবগৈ লগিব।' তেওঁ নীৰৱে গাড়ীত বহিলগৈ।

আলোকে পৰিবেশটো পাতল কৰিব খুজিছে, মানুহজনক অলপ শান্ত কৰিব খুজিছে।

'দেউতা, গুৱাহাটীৰ পৰা আহি এদিন আমি মাছ চাবলৈ আহিম দিয়া।'

'হ'ব দিয়া'।

'মাছবোৰৰ নামটো কি আছিল, কি আছিল, সেইযে চালনী এখনত ঢেকীয়া পাতেৰে ধৰি লৈ আনি কয়, 'নে ঐ এয়া ... মাছ আনিছো চাহি'। সেই যে মাছুৱৈ জন, বিয়াৰ ছিজিনত ৰঙা চোলা পিন্ধি বেণ্ডপাৰ্টিত ড্ৰাম বজাইছিল, আহিয়ে যে কয় হি... মনত পৰিছে, ৰাঙা পাখা মাছ।'

'তোমাৰ ভাল মনত আছে দিয়া, হয়, এই মাছবোৰৰ নাম ৰাঙাপাখা, ফিচাখন একেবাৰে ৰঙা, সেইকাৰণেই চাগৈ মাছবোৰৰ নাম ৰাঙাপাখা ৰাখিলে।'

গাড়ী আহি হাউলি সোমাইছিলহি।

মাকে বুলনিত হাৰিকেন লেম্প এটা আঁৰি দিছেহি। কাৰেণ্ট নামতহে, বেটেৰি আছে বাবেই ৰাতি ভিতৰখন অন্ততঃ পোহৰ হৈ থাকে।

আলোকৰ চকুৰ পৰা সাৰি নগ'ল দেউতাকে আঁৰি দিয়া লেম্পটোৰ পোহৰত উদ্ভাষি উঠা মাকৰ মুখখন একেথৰে চাই আছে। মাকে চকুহাল লাহে লাহে তললৈ নমাই দিছে।

আলোক খৰকৈ ভিতৰলৈ সোমাই গ'ল।

সময় এটা ওলোটা খাই থকা পঁইতাচোৰা

সোণতৰা যোৱাৰ পাছতে ধনদাৰ কাম বাঢ়ি গৈছে, আগৰ দৰে কাম-বন কৰিব নোৱাৰে, তথাপি যিখিনি কৰে সেয়াই হাউলিৰ কাম-কাজ নিয়ন্ত্ৰণত ৰাখে। আজিকালি ধনদাই বেছিকৈ চোৱা-চিতাহে কৰে, নিজ হাতে নকৰে। সেই চোৱা-চিতা খিনি নহ'লে হাউলি অচল। নিজৰ সংসাৰত লেঠা বুলিবলৈ নায়েই, একমাত্ৰ ল'ৰা গোপালে কোন কাহানিতে গুজৰাটত গৈ চাকৰি ল'লে। তাৰ পাছত তাতে চাহৰ দোকান খুলিলে, ছোৱালী অৱশ্যে সোণাপুৰৰে, শান্তিপ্ৰিয়া আয়ে ঠিক কৰি দিছিল। ল'ৰা এহাল, সিহঁতো ডাঙৰ হ'ল। আৰু ভোলানাথ বৰফান্দী? একেই হাতীবলীয়া, হাতীৰ পিঠিত উঠি ল'ব পাৰিলে সকলো পাহৰে। এতিয়াও ডেকা ল'ৰাৰ দৰে কষ্ট কৰিব পৰা বৰফান্দীক চাই ধনদা আচৰিত হয়, গণেশ বাবাই মানুহটোক চাগৈ এইখিনি শক্তি দিছে। হাতীধুৰাখন বন্ধ হৈ যাওঁতে মানুহটো মুজুৰা পৰি গৈছিল, ফৰেষ্টৰ হাতী চলোৱা কামটো পাই আকৌ তজবজীয়া হৈ পৰিল। সকলো সময়তে হাতীৰ পিঠিত থাকিব নালাগে, ধান পকাৰ সময়তহে লাগে। ডেকা ল'ৰাবোৰে গছবোৰ যিমানে কাটিছে, সিমানে উদং হৈছে জংঘল, পাহাৰ, আৰু বাঢ়িছে হাতীৰ অত্যাচাৰ। ধান পকাৰ সময়ত পালে পালে হাতী নামি আহে। সেইখিনি সময়তে ফৰেষ্টৰ হাতীয়ে হাবিৰ বনৰীয়া হাতীৰ পালবোৰ খেদিব লাগে। বৰফান্দীক সেইখিনি সময়তে সকলোৰে টনা-আঁজোৰা লাগে। বৰফান্দীৰ হাতী য'ত থাকিব তাত ৰাইজে সুখেৰে ধান মুঠি চপাব পাৰে। ফৰেষ্টৰ এই কামত টকা-পইছা অলপ আহে। ধনদা আৰু বৰফান্দীক টকা-পইছা কেলৈ? হাউলিয়ে মানুহ হালক সামৰি থয়। বনমালী চৌধুৰীয়ে দিয়া ভিঠা-মাটি আছে। ফান্দীৰ ডাঙৰ ঘৈণীৰ হাড়ত বন গজিল, ল'ৰাটোও কেতিয়াবাই গৈ গুজৰাটতে সতীয়া ভাইৰ লগতে কাম কৰি আছেগৈ। হাউলিৰ কাম-কাজ চলাওতে অলপ দিনৰে পৰা ধনদাৰ বৰ অসুবিধা হৈছে। ভাল কামৰ মানুহ বুলিবলৈ এটা নাই। সেই কাতিয়া, আঘোণা, কিনাৰাম আটাইকেইটাৰে কাল হ'ল। ল'ৰাবোৰ বেলেগ বেলেগ ঠাইলৈ কাম কৰিবলৈ

গ'লগৈ। আটায়েতো আৰু বন্দুক লৈ ডকা-হকা দি খাব নোৱাৰে। হাউলিতে নে কিবা, গাঁওখনতো ডেকা মানুহ কমি আহিছে, আটাইবোৰ চেন্নাই, গুজৰাটলৈ বুলি ঢাপলি মেলিলে। কি কৰিব? কিবা এটাতো কৰি খাব লাগিব। আটাইবোৰতো আৰু বৰফান্দী নহয় যে ঘৰতে টকা দি কামলৈ মাতি নিবহি।

ধনদাৰ নিজৰে কেতিয়াবা ফান্দীক চাই আচৰিত লাগে, চুলিবোৰ শুকুলা হ'ল, চেলাউৰি, আনকি চকুৰ নোমো বগা হৈ পৰিল। কিন্তু গাৰ বান্ধ তেনেই অটিল হৈ আছে, একেই আছে গাৰ বল-শক্তি। ধনদাই আজিকালি মাটিত বহি মৈদা লৈ মাছ এটাও কাটিব নোৱাৰে, কঁকালতে কেচেককৈ ধৰে। দাঁতো লৰক-ফৰক হ'ল। মানুহটোৱে এতিয়াও মৰক-মৰককৈ মাংসৰ হাড় চোবাব পাৰে। ধনদা ফান্দীতকৈ দহ-বাৰ বছৰৰ সৰু, বেছিও হ'ব পাৰে। বৰফান্দীৰ আগত নকয়, মানুহেবোৰে ফুচফুচাই আলোচনা কৰে। ফান্দীৰ কঁকালত এটা গজমুকুতা বান্ধি থোৱা আছে। শুনোতাৰ চকু বহল হৈ আহে, ক'ত পালে গজমুকুতা? ক'ত পালে আৰু ইমানবোৰ হাতী চিকাৰলৈ গ'ল, ইমান বছৰ হাতী ধুৱাতে জীৱনটো কটালে, আকৌ সোধে ক'ত পালে গজমুকুতা। সেই গজমুকুতাই ফান্দীক ইমান বছৰ আয়ুস দিছে, ফান্দীৰ কঁকালৰ জোৰৰ মূল ৰহস্যটো সেই গজমুকুতা। তাৰ মাজতে কোনোবা এটা ওলায়, সি নিজ চকুৰে ফান্দীৰ এই গজমুকুতা দেখিছে। এদিন ফান্দী গা ধুবলৈ নাগ নদীত নামিছিল ... মুনিচুনি বেলা আছিল ... সিয়ো গৈছিল 'বিহাৰী ঘোঁৰা'ক পানী খুৱাবলৈ... ফান্দীৰ কাপোৰ নদীৰ পাৰতে থোৱা আছিল... কাপোৰ ভেদ কৰি সেই গুপ্ত বস্তু চকচকাই আছিল... য'ৰে ঘোঁৰা ত'তে এৰি সি তাৰ পৰা গুচি আহিছিল... সেই দৈব বস্তু নৰমনিচে চাব নাপায়। ফান্দী তেনেহ'লে নৰমনিচ নহয় নেকি? ... নৰমনিচ হয়, কিন্তু নৰমনিচে নোচোৱা বস্তু তেওঁ চাইছে, নোখোৱা বস্তু খাইছে, কি খাইছে বৰ ফান্দীয়ে? মাত সৰু হৈ আহে। কওঁতাৰ হাত নিজে নিজে যোৰ হৈ আহে। ফান্দীয়ে হাতীৰ আচল বস্তু খাইছে,... গৰম হোৱা দঁতাল হাতীৰ হিমেজু ...। মাতবোৰ আৰু সৰু হৈ আহে, ফান্দী ক্ৰমে ক্ৰমে ডাঙৰ হৈ থাকে। চাওঁতে চাওঁতে অলপ কুঁজা হোৱা, বগা চুলিৰ ধনদা সকলোৰে ধনদা বাই হৈ গ'ল।

ধনদা বায়ে নিজ হাতে এটা কামেই কৰে। আলোক বোপাক কলেজলৈ যাওঁতে চাৰিখন ৰুটি কৰি দিয়ে, লগতে যতাই দিয়ে অলপ সিদ্ধ পাচলি। আলোকে নিমখ আৰু জালুক চটিয়াই লৈ ৰুটি কিখনৰ লগত সেইখিনি খায়। সাতবন বাদ দি সেইখিনি সময়ত প্ৰিয়নাথ আহি পুতেকৰ ওচৰত বহেহি। আগবঢ়াই দিয়ে বাৰীৰে গছত পকা কল এটা, দৈ অকণমান বা গাখীৰ এগিলাচ। আবেলি আলোক অহালৈ

ভাত খাবলৈ ৰৈ থাকে। একেদৰেই নিজৰ পাতৰ পৰা মাছ এখুতুৰা পুতেকৰ থালত নীৰৱে আগবঢ়াই দিয়ে।

আলোক কলেজত সোমোৱাৰ পাছতে এদিন চন্দ্ৰনাথ আহি পালেহি। চন্দ্ৰনাথে আলোকলৈ কেম্ব্ৰিজ ইউনিভাৰচিটিৰ পৰা অহা কাগজ-পত্ৰবোৰ লৈ আহিছিল। আলোকে খুড়াকৰ ঠিকনাই দিছিল, মৌসৰাত কোনো তথ্য প্ৰযুক্তিয়ে কাম নিদিয়ে। আলোকৰ সিদ্ধান্ত একেই আছিল। ইয়াতে অলপদিন থাকিব, তাৰ পাছতহে কি কৰে ঠিক কৰিব। অসম্ভৱ এক উৎসাহ লৈ অহা চন্দ্ৰনাথ একেবাৰে মুজুৰা পৰি গৈছিল। গভীৰ এক দুখত মানুহজনে মূৰ তুলিব নোৱৰা হৈছিল। সাধাৰণতে চন্দ্ৰনাথ আহিলে ককায়েকৰ লগত বহি একেলগে চাহ-জলপান খায়, মাজতে সৰু টেবুলখনত চাহ-জলপানখিনি লৈ দুয়ো কথা পাতি পাতি লাহে লাহে বৰ তৃপ্তিৰে আগত দিয়া বস্তুখিনি খাই শেষ কৰে। চন্দ্ৰনাথে বৰাচাউলৰ জলপান খাই ভাল পায়, আজিও জহাবৰা চাউল সিজোৱা, জুলীয়া গুড় আৰু দৈৰ জলপান আগত সজাই দিয়া হৈছে। চন্দ্ৰনাথে জলপানত হাতেই লগোৱা নাই, পৰি আছে প্ৰিয়নাথৰ ভাগো। বৰ লাহে লাহে কথাবোৰ কৈছে, কথা কোৱা নাই, কান্দিছেহে যেন চন্দ্ৰনাথে।

'ককাইদেউ, তই কি কৰিলি এয়া? কিয় আলোকক এইখন কলেজত সোমাবলৈ দিলি?'

'এয়া তাৰ নিজা সিদ্ধান্ত, মই কোৱা নাই'।

'তই কিয় অনুমতি দিলি? কিয় হাক নিদিলি? মই বৰ আশা কৰিছিলো, তই নোৱাৰিলি, মই নোৱাৰিলো। আমাৰটো প্ৰতিভা নোহোৱা নাছিল, তই আৰু মই বৰ ভাল ছাত্ৰ আছিলো ককাইদেউ, মনত আছেনে বাৰু?'

'আছিলো, তই মোতকৈয়ো ভাল আছিলি। কিন্তু আমাক চাবলৈ কোন আছিল? মই আই, এ পাছ কৰিলো, তই উকীল হ'লি। আমাৰ কাৰণে এয়াই ডাঙৰ কথা।'

'কিন্তু আলোকক চাবলৈতো আমি দুইটাই আছো। মই আলোক বিদেশলৈ যোৱাৰ বাবে বেলেগে পইছা ৰাখিছো, কাকো সেইখিনি পইছাত মই হাত লগাবলৈ নিদিওঁ। তোৰ পৰা মই কি লুকুৱাম? সেইদিনা এই পইছাখিনি লৈ ঘৰত এখন ডাঙৰ কাজিয়া হ'ল।'

'কি কাজিয়া হ'ল? ললিতাই বেয়া পাইছে?'

'পাইছে, বৰ বেয়া পাইছে, পুতেকক পাতি দিয়া দোকানখনত মই সেইখিনি

পইছাও ঢালিব লাগে। মাক-পুতেকে মোক জক্‌জক্‌াই উঠিছিল। মোৰ ল'ৰা হাকিমৰ নাতি হ'ল, আলোক আমাৰ ল'ৰা, আমাৰ এই হাউলিৰ চৌধুৰী পৰিয়ালৰ ল'ৰা, তাক তই ...।' চন্দ্ৰনাথৰ মাতটো ৰৈ গৈছে।

'চা, চন্দ্ৰ, মই তাক ইয়াত থাকিবলৈও কোৱা নাই, যাবলৈয়ে কোৱা নাই, সি নিজে এই কথা ঠিক কৰিছে, তাৰ বিচাৰ-বিবেচনাৰ ওপৰত মোৰ আস্থা আছে, সি ভাবি-চিন্তি এই কাম কৰিছে।'

'তাৰ কি ভবা-চিন্তাৰ বয়স হৈছে? এয়া তোৰ ইচ্ছা, তই তাৰ ওপৰত তোৰ ইচ্ছা জাপি দিছ, তোৰ স্বাৰ্থ আছে...।'

'মোৰ কি স্বাৰ্থ আছে চন্দ্ৰ?' প্ৰিয়নাথৰ মাতত এক অদ্ভুত কাতৰতা। তাৰ পাছত আৰম্ভ হৈছিল চন্দ্ৰনাথৰ সেই পুৰণি অভিযোগ। ভুল হৈছে প্ৰিয়নাথৰ। কেৱল এই অঞ্চলৰ কথা ভাবিলে, জীৱন জুৰি এই পাছপৰা ঠাইখনৰ মানুহখিনিৰ কথা ভাবিলে, এইখিনি মানুহৰ কাৰণে স্কুল পাতিলে, কলেজ পাতিলে, খেলাৰ স্কুল, লাইব্ৰেৰী— কি কৰা নাই প্ৰিয়নাথে? নিজৰ মাটি, পিতৃপুৰুষৰ মাটি সকলো হেলাৰাঙে এই অঞ্চলৰ মানুহখিনিক দি দিলে, এই মাটিৰ কি মূল্য নাই? নিজৰ কাৰণে কি কৰিলে প্ৰিয়নাথে? গুৱাহাটী, মঙ্গলদৈ আনকি সোণাপুৰতো এচিকটা মাটি নাই। আজি ইহঁতে আন্দোলন কৰি আছে, কাইলৈ ক্ষমতা পাব। তেতিয়া কি কৰিব প্ৰিয়নাথে? আন্দোলনৰ নামত কি জুই জ্বলিছে দেখা নাই? কিমান মানুহ মাৰিলে সিহঁতে? নিজৰ জীৱনতো শেষ কৰিলেই, এতিয়া আলোকৰ দৰে ইমান প্ৰতিভা থকা ল'ৰা এটাকো ইয়াতে পচাব খুজিছে। স্বাৰ্থ নহয় কি? কলেজ ডাঙৰ হ'ব। তাৰ কাৰণে আলোক কিয় বলিৰ পঠা হ'ব? এইখন ঠাইৰ কলেজ হ'ল কি নহ'ল? আলোকৰ কি আহে যায়? আলোকক ইয়াৰ স্কুলতে পঢ়ালে, কি কাৰণে? তাৰ ভাল ৰিজাল্ট আশা কৰি। সি ইমান ভাল ৰিজাল্ট নকৰিলে এইখন স্কুল চৰকাৰে ল'লেহেঁতেন নে? এইবাৰো তাক ৰাখিছে কলেজৰ স্বাৰ্থত। খঙে-দুখে চন্দ্ৰনাথ মানুহটোৰ নিজৰ ওপৰত কাবু নোহোৱা হৈছিল।

চন্দ্ৰনাথে চাহ-জলপানত হাতেই নলগালে। এইবাৰ ভতিজাকৰ ওচৰলৈ গৈছে, তাৰ আগত কাগজ-পত্ৰৰ ফাইলটো থৈছে। আলোকে পাছফালে হাত দুখন দি ৰৈ আছে, আলোকৰ মুখলৈ চালে চন্দ্ৰনাথে, কেতিয়া যে সেই ডেকা ল'ৰাটো এজন গহীন-গম্ভীৰ পুৰুষ হৈ গ'ল। বহুখিনি ডেকাকালৰ প্ৰিয়নাথৰ দৰে। থিয় হোৱা ভঙ্গীটোৱো প্ৰিয়নাথৰ দৰে। যেতিয়া প্ৰিয়নাথ কিবা কথাত গোঁৱাৰৰ দৰে লাগি ধৰে ঠিক এনেকৈয়ে থিয় দি থাকে, হাত দুখন লগ লগাই পাছফালে দি মূৰটো অলপ

বেকা কৰি এনেদৰেই ৰৈ থাকে। চন্দ্ৰনাথে ভতিজাকৰ সৈতে কোনো যুক্তি-তৰ্কত যোৱা নাই। তাৰ কান্ধত হাত থৈছে, আলোকৰ খুড়াকৰ মুখলৈ চাইছে, ইমান শুকান লাগিছে মুখখন।

'দদাইদেউ, আপুনি একো খোৱা নাই?'

'কি খাম অ আলোক, মোৰ ভোক-পিয়াহ আৰু নাই।'

'কি হ'লনো? আলোকে অকণমান হাঁহিবলৈ যত্ন কৰিছে।'

'শুন বাবা, মই জীৱনত বহুত দেখিলো, লগাতকৈ বেছিহে দেখিলো, বহুত অভিজ্ঞতা হ'ল। সেইকাৰণে ক'ব পাৰিছো, তই ভুল কৰিছ। এই খালটোত সোমাই থকা মানে তোৰ সকলো প্ৰতিভা শেষ, তই একো কৰিব নোৱাৰিবি, তই কেৱল পচিবি বাবা। ইয়াৰ পৰা ওলাই যা, ইমান ডাঙৰ সুযোগ এটা পাইছ। তোৰ ওপৰত মোৰ বহুত আশা আছিল।'

আলোকে একো কোৱা নাই, তলমূৰ কৰিছে।

চন্দ্ৰনাথে মুখত পানী এটোপা নিদিয়াকৈ বঢ়া ভাত বঢ়াতে এৰি হাউলিৰ পৰা ওলাই গ'লগৈ। সেইদিনাই গধূলি প্ৰিয়নাথহঁতে হাউলিত খবৰ পালে নাচন ডুবি বাগিচাৰ মেনেজাৰক অফিচতে গুলীয়াই পেলাই থৈ গৈছে, গাটো চালনিৰ দৰে হৈ পৰিছে। আটায়ে বুজিছে কোনে কি কাৰণে সেই মানুহজনক মাৰিলে। নাচন ডুবিৰ আগৰ দুজন মেনেজাৰক অপহৰণ কৰিছিল, বৃহৎ অঙ্কৰ ধন দি কোম্পানীয়ে মানুহ দুজনক মোকোলাই আনিছিল। সংগঠন কিটাই আৰু ডাঙৰ ডাঙৰ অঙ্কৰ ধন ডিমাণ্ড কৰি বহিছিল, এতিয়াৰ মেনেজাৰজনে কোম্পানীৰ হেড অফিচৰ লগত চিঠি-পত্ৰ চলাই আছিল। অলপতে সেয়া ইমানবোৰ টকা দি মেনেজাৰক মোকোলাই আনিছে মাত্ৰ, আকৌ তাতকৈ দুগুণ বেছি টকাৰ ডিমাণ্ড আহিলেই, কোম্পানী অতিষ্ঠ হৈছে। সিহঁতজাকে দিয়া সময় সীমা পাৰ হৈ গৈ আৰু চাৰিমাহ গ'ল। কিমানটা সংগঠনক বাগানে টকা দিব? নাচন ডুবিৰ চাহপাতৰ বিদেশৰ বজাৰত ইমান কদৰ নথকা হলে কোম্পানীয়ে কেতিয়াবাই বাগান বন্ধ কৰি দিলেহেঁতেন। মৰগান চাহাবৰ দিনৰে ইমান লাভ দিয়া বাগান এখন বন্ধ কৰি দিয়া মুখৰ কথানে কিবা? এই অঞ্চলৰ প্ৰতিখন বাগানৰে একেই অৱস্থা হৈছে। সিদিনা সেয়া পলাশতলী বাগানত অপহৰণ কৰি নিয়া মেনেজাৰক বাগানৰ শ্ৰমিকেই গৈ মোকোলাই আনিলেগৈ। বাগানবোৰত এতিয়া শ্ৰমিক সকলে নিজেই চাহাবহঁতক ৰাতিয়ে-দিনে ধেনু-কাড়েৰে পহৰা দিবলৈ ধৰিছে। আদিবাসীসকলৰ পুৰণি গাঁও সেই পাতেকি গাঁওৰ মানুহৰ লগত সিহঁতৰ জাতিৰ মানুহৰ এই লাগো লাগো হৈ আছে। গাঁৱৰ মানুহে আৰু সিহঁতক কিমান টকা

দিব, কিমান ধমকি শুনিব। এই দুদিনৰ আগতে টকা সাধিবলৈ যোৱা দুটা বড়ো ল'ৰাক পমুৰা গাঁওখনত মাৰি লাচ গুম কৰি পেলালে, নোহোৱা কৰি পেলালে সিহঁতৰ একে-৪৭ আৰু ৰঙা মটৰ চাইকেল। এতিয়ালৈকে একো হোৱা নাই, কিন্তু যি কোনো সময়তে জুই জ্বলি উঠিব পাৰে। সেই বৃহৎ অঞ্চলৰ প্ৰতিটো চুবুৰীত প্ৰতিখন গাঁৱত এতিয়া যুদ্ধৰ পৰিৱেশ। ৰাতিয়ে-দিনে পহৰা। গোটেইখন শুকান উলুৱনি হৈ আছে, সামান্য ফিৰিঙতিৰ পৰাই খাণ্ডৱ দাহ হ'ব। বঙালপাৰাৰ মানুহখিনিয়ে বড়ো মানুহখিনিৰ লগত মিলি-মিছি থাকিবলৈ নতুনকৈ চেষ্টা কৰিছে। উগ্ৰপন্থীক টকা শোধাইছে, সিহঁতৰ সমৰ্থিত ব্যক্তিক মিটিঙলৈ মাতি মালা পিন্ধাইছে, মঞ্চ পাতি সেৱা কৰিছে, আদৰণী সঙ্গীত গাইছে, কপালত চন্দনৰ তিলক দিছে। প্ৰিয়নাথৰ বুলনিত বঙালপাৰাৰ মানুহ একেবাৰে দেখা নোপোৱা হৈছে।

কেউপিনে হাজাৰ হাজাৰ ঘণ্টা বন্ধত গোটেইখন যেন ওলোটা খাই পৰি থকা পঁইতাচোৰা এটাৰ দৰে হৈছে, লৰ-চৰ কৰিব নোৱাৰে, এনি-তেনি যাব নোৱাৰে, মাত্ৰ ঠেং কিটা জোঁকাৰি থাকে। জোঁকাৰি থকা ঠেং কেইটা আৰু শুংদুডাল দেখিলে গম পায় জীৱটো মৰা নাই, জীয়াই আছে। এৰা, কেৱল প্ৰাণটো আছে, কোনোবাই গচক মাৰি দিলে পেটু ওলাই মৰি থাকিব। এনেকৈ লৰ-চৰ কৰিব নোৱৰা পঁইতাচোৰা এটা যে গচক মাৰি দিবলৈ বৰ সহজ। ভৰিটো দাঙি গচক এটা মাৰিলেই হ'ল, পট্‌কৈ শব্দ এটা কৰি পেটু ওলাই আহিব, শেষ হৈ যাব তাৰ ঠেং আৰু শুঙৰ জোঁকাৰণি।

সোণাপুৰত তিনি পুৰুষ ধৰি দোকান চলাই অহা 'ঘোষ ব্ৰাদাৰ্ছ'ৰ মালিক অৰবিন্দ ঘোষৰ ল'ৰাক দোকানতে গুলীয়াই পেলাই থৈ গ'ল। ল'ৰাটোৱে বন্দুক লোৱা ল'ৰাকিটাক আৰ্মি মাতি ধৰাই দিছিল। দুদিন পাছত তাক দোকানতে গুলীয়াই পেলাই থৈ গ'লহি। তিনি পুৰুষৰ সা-সম্পত্তি, দোকান-ব্যৱসায় এৰি ঘোষ পৰিয়াল শিলিগুড়িলৈ উঠি গ'লগৈ।

ডাঃ অৰ্ণব দাসগুপ্তক চেম্বাৰতে পেলাই থৈ গ'লহি। বতাহত কথা ওলাল, তেওঁ সিহঁতক দহলাখ টকা পূৰাকৈ দিব পৰা নাছিল। ৰাস্তাতে বজাৰ কৰিবলৈ যাওঁতে পৰি ৰ'ল ব্যৱসায়ী বিবেক বৰা। চেম্বাৰতে পৰি ৰ'ল উকীল উদ্ধৱ বৰুৱা। মানুহবোৰ বোবা হ'ল, কলা হ'ল, অন্ধ হ'ল।

ৰতিৰাম মদাহীয়ে এসময়ত ঘৰে ঘৰে গেছ দিছিল। মালিকে তাৰ মদাহী স্বভাৱৰ বাবেই কামৰ পৰা খেদিলে। সি সিদিনা অধ্যাপক বিজন বৰুৱাৰ ঘৰত সোমাই মদ খাবলৈ টকা বিচাৰি ধমকি মাৰি আহিল, 'আমাৰ ৰাজ্যত থাকিলে আমাৰ মতে চলিব লাগিব।'

প্ৰিয়নাথ মনে মনে আছিল। আলোকে দেউতাকক একে লেঠাৰিয়ে কেইবাটাও প্ৰশ্ন সুধিছিল।

'এইটো মোৰ পিতৃ পুৰুষৰ ভিঠা নহয় নেকি?
'এইখন মোৰ ঠাই কিয় নহ'ব?'
'এইখন মোৰ দেশ নহয় নেকি?'
'মই ইয়াৰ পৰা কিয় যাব লাগে?'
'কিয় মই আওবাটে যোৱা কেইটামান গুণ্ডাৰ ভয়ত পলাই যাম?'

প্ৰিয়নাথে আলোকৰ প্ৰশ্নবোৰৰ একো উত্তৰ দিয়া নাছিল। মাত্ৰ ভাবিছিল এই কম বয়সীয়া লৰাটোৰ বুকুত কেনেকৈ পোত খালে ৰ'দে-বৰষুণে কোবাই পূৰঠ কৰা এই শালকাঠৰ স্তম্ভ। আবৰি ৰাখিব লাগিব, এই শালস্তম্ভ আবৰি ৰাখিব লাগিব। প্ৰিয়নাথ দৃঢ় প্ৰতিজ্ঞ হ'ল।

প্ৰিয়নাথ নকুলৰ ওচৰলৈ গৈছিল। নকুলৰ অতীত ধুই-মুচি নোহোৱা হ'ল। নাৰায়ণ বৰুৱাৰ জোঁৱাই নকুল এতিয়া কেক-বিস্কুট, কাপোৰ, মটৰ চাইকেল, পেট্ৰলৰ ব্যৱসায়ী। মৌসৰাৰ হাবি তহিলং কৰা অবৈধ অস্ত্ৰৰ ব্যৱসায়ী নকুল কেতিয়াবাই মৰি ভূত হ'ল। প্ৰিয়নাথক দেখি নকুলে সঁচাকৈয়ে ক'ত থম, ক'ত নথম কৰিলে। নকুলেও একেষাৰ কথাকে আওৰালে, মৌ-সৰাত আৰু থাকিব নালাগে, তালৈ আৰু কেতিয়াও শান্তি নাহে। সোণাপুৰৰ ঘোষ পৰিয়ালৰ মঙ্গলদৈৰ ঘৰ-মাটি সিয়ে কিনি থৈছে, তাতে থাকক প্ৰিয়নাথৰ পৰিয়াল, ইয়াৰ পৰাই মৌজাৰ কাম চলাওঁক।

নকুলে কোৱা মাত্ৰেই সেই স্নাইপাৰ ৰিভলভাৰটো ককায়েকক দি দিলে, লগতে ঠিক কৰি দিলে চিকিউৰিটী এজেঞ্চিৰ পৰা অনা দুটা প্ৰশিক্ষিত চিকিউৰিটী গাৰ্ড। আৰু ককায়েকক অলপ চমজি চলিবলৈ ক'লে, সিহঁতবোৰে যুক্তি-বুদ্ধি একো বুজি নাপায়, পানীত থাকি ঘঁৰিয়ালৰ লগত যুঁজ দিয়া নাযায়।

প্ৰিয়নাথে অ.চি. শইকীয়াক লগ ধৰি হাউলিৰ ফালে ৰাতি অন্ততঃ এবাৰ হ'লেও পুলিচ পেট্ৰলিঙৰ ব্যৱস্থা কৰালে। শইকীয়াই সেইদিনা থানাত বহি প্ৰিয়নাথক ক'লে নাচন ডুবি, পলাশতলীৰ ফালে কেনেকৈ মানুহবোৰ যুদ্ধংদেহি মনোভাবেৰে বৈ আছে, সিহঁতৰ উৎপাত যিমানে বাঢ়িছে, মানুহৰ খঙো সিমানে বাঢ়িছে। বন্দুক লৈ সিহঁতবোৰে মানুহক হুমিয়াই ফুৰিছে। খেতি কৰি থকা মাটিবোৰ সিহঁতে যি মূল্য দিয়ে তাকে লৈ এৰি দিব লাগে। সিহঁতে তাত চাহ-বাগান খুলিব। মানুহওে নিজৰ ভেটি-মাটিত মৰ-কামোৰ দি ধৰিছে। কেতিয়া কি হয় ক'ব নোৱাৰি।

প্ৰিয়নাথে আৰু এটা কথা ঠিক কৰিলে। মটৰ চাইকেলত অহা ল'ৰাকিটাক কিবা অলপ পইছা দিব। নিজে গৈ সিহঁতৰ ঘাটিত দি আহিবগৈ। আলোকক এই কথা নকয়, সি কেতিয়াও দেউতাকক অকলে সিহঁতৰ তালৈ যাবলৈ নিদিয়ে। প্ৰিয়নাথে সকলো গম পাই আছে। এই অঞ্চলৰ আটায়ে গৈ সিহঁতক টকা দিছেগৈ। বাৰীৰ গছ কাটি, মাটি বিক্ৰী কৰি হ'লেও সিহঁতক কৰ শোধাইছেগৈ। মানুহবোৰক ভয়ানক ভয় এটাই বান পানীয়ে উটুৱাদি উটাই নিছে। কোনেও কাকো একো নকয়। মুখ খুলিবলৈ ভয়, চকু খুলিবলৈ ভয়, কাণ উনাবলৈ ভয়। মানুহবোৰে বোবা, কণা, কলা হৈ কেৱল বাচি থাকিব খুজিছে।

বাচি থাকিব খুজিছে প্ৰিয়নাথো। আবৰি ৰাখিব খুজিছে আলোকৰ বুকুৰ মাজৰ শালস্তম্ভ।

আকাশত এক হাতীপটি

বৰফান্দী ধল-পুৱাতে উঠিছে। এনেও উঠে, আজি যেনিবা অলপ সোনকাল। আজি কেইদিন মানৰ কাৰণে বৰফান্দী নাচন ডুবিৰ ফালে ওলাই যাব। নাচন ডুবিত হাতীয়ে বৰ উপদ্ৰপ কৰিছে। ফুট গধূলিতে মানুহ ওলাব নোৱৰা হৈছে। বাৰ্নাৰ্ড চাহাবৰ দিনৰে উৰা-জাহাজৰ ৰাণৱেটোত এজাক হাতী কেইবাদিনৰে পৰা আছেহি, ডাঙৰ পাল, প্ৰায় ত্ৰিছ-চল্লিছটা মান হ'ব। লৰ-চৰ কৰা নাই, আন্ধাৰ নামিলেই আহি গোটেইখন তহিলং কৰেহি। চাহ বাগানত আৰু কি খাবলৈ পাব? মানুহৰ ঘৰবোৰ ভাঙি ফুৰিছে। যি ঘৰ শ্ৰমিকৰ ঘৰত লাওপানী আছে, সেইখন ঘৰ হাতীয়ে ভাঙিবই ভাঙিব। মানুহৰ ঘৰৰ খাদ্য, গেলামাল দোকানত মজুত কৰি ৰখা মাল, চাহাবৰ বঙলাৰ বাৰীত থকা শাক-তৰকাৰি, কাষৰে-পাজৰে থকা গাঁৱৰ মানুহৰ পথাৰৰ ধান, ভঁৰাল একো সাৰি যোৱা নাই। মানুহবোৰে ফৰেষ্ট অফিচত খবৰ দিছে, ফৰেষ্টৰ মানুহ এয়া বৰফান্দীৰ ওচৰলৈ আহিছে, হাতীৰ জাকটো পাহাৰলৈ ওভতাই পঠাব লাগে। ফৰেষ্টৰ হাতীও যাব, বৰফান্দীকো হাতী দিয়া হ'ব। যোৱা ৰাতিয়ে ফৰেষ্টৰ হাতী হাউলিত বান্ধি থোৱা আছে।

বৰফান্দীয়ে আজি এটা বঢ়িয়া চামৰাৰ জেকেট পিন্ধিছে, ভৰিতো এজোৰ ভাল গামবুট, আঁঠুৰ তললৈকে পৰা। গুজৰাটৰ পৰা পুতেকে দি পঠাইছে, ইয়াৰে ল'ৰাজন তাতে কাম কৰে। বাপেকৰ শৰাধলৈ আহিছিল, তাৰ হাততে পঠাই দিছে। বুলনিত বহি প্ৰিয়নাথ আৰু আলোকে চাহ খাই আছিল। দুয়ো আজি কুসুমৰ বিয়াখনৰ কথা পাতি আছিল। ল'ৰাৰ ঘৰে কোনোমতে মৌসৰালৈ ছোৱালী নিবলৈ নাহে, তেওঁলোকে খুঁটি পুতিছে কুসুমৰ বিয়াখন গুৱাহাটীৰ পৰাই দিব লাগিব, খুড়াকৰ সেইখন ঘৰ আছেই, কি চিন্তা? মৌসৰাৰ মানুহক এসাঁজ নুখুৱাকৈনো কেনেকৈ ছোৱালী উলিয়াই দিব? সিদ্ধান্ত হৈছিল, দৰাঘৰে বিচৰাৰ দৰে গুৱাহাটীৰে বিয়াখন হ'ব, কিন্তু বিয়াৰ পাছত দৰা-কইনা মৌসৰালৈ যেতিয়া আহিব তেতিয়াই ৰাইজক ভোজ এটা দিব। আলোকে দৰা-কইনা আহি থাকিব পৰা নতুন ৰূম এটা বঢ়োৱাৰ

কথা কৈছিল, আধুনিক সা-সুবিধা থকা ৰূম এটা হাউলিত লাগে। সেইখিনি সময়তে বৰফান্দী আহিল, প্ৰিয়নাথক সেৱা কৰিলে, আলোককো। হাতী লৈ বাহিৰলৈ ওলাই গ'লে সদায়ে প্ৰিয়নাথক এনেকৈ সেৱা জনাই যায় বৰফান্দীয়ে। আলোক এতিয়ালৈকে অভ্যস্ত হ'ব পৰা নাই। শুকুলা চুলিৰ মানুহজনে আলোকৰ ভৰি চুবলৈ আহোঁতে আলোকে স্বয়ংক্ৰিয়ভাৱে আঁতৰি দিলে।

'বৰফান্দী, তোমাক হ'লে বঢ়িয়া লাগিছে আজি'। নতুন জেকেট পিন্ধা ফান্দীক জোকাইছে আলোকে। ফান্দীয়ে এইবাৰ গোঁসাই-ঘৰত সেৱা এটা কৰি ওলাই গৈছেগৈ। কালিয়ে ধনদাই হাড়িমোনাত সকলো যতাই থৈছে। ফান্দী হাতী লৈ ওলাই গ'লগৈ, লগত দুটা ফৰেষ্টৰ মানুহ, হাতত বন্দুক আছে।

প্ৰিয়নাথৰ ফান্দীক ক'বৰ মন আছিল, সাৱধানে থাকিবলৈ। ভূটান পাহাৰতে সিহঁতৰ আচল ঘাটি। কথাষাৰ ক'বলৈ গৈ প্ৰিয়নাথৰ নিজৰে হাঁহি উঠিল, বনৰ হাতী ধৰি অনা মানুহটোক তেওঁ সাৱধান হ'বলৈ কয়।

বহুত দিনৰ মূৰত বৰফান্দী নাচন ডুবিৰ ফালে আহিছে। বিশেষ একো বদলা নাই, একেই বেয়া ৰাস্তা। ক'বলৈ গ'লে আগতকৈ বেয়াহে হৈছে। মাজতে ৰাস্তা বনোৱাৰ ধুম উঠিছিল। ল'ৰাবোৰ গৈ জেগাত টকা-পইছা ঢালি ৰাস্তা বনোৱাৰ টকা আনে। গুৰিৰ পৰা টকা দিওঁতে দিওঁতে নিজলৈ ৰাখোতে ৰাস্তাত শিলগুটি পৰে কি নপৰে। বালিৰ ওপৰতে অলপ আলকেতেৰা ছটিয়াই ৰাস্তাৰ কাম শেষ। বাইক ম'বাইলৰ পইছা ওলালেই হ'ল। ফলত কেউফালে খমলা-খমলে এৰাই যোৱা ৰাস্তা, গাড়ী-মটৰ নালাগে, মানুহেই খোজ কঢ়া টান। আগতে শিলগুটি দিয়া ৰাস্তা আছিল যদিও ইয়াতকৈ ভাল আছিল। এটাই পৰিৱৰ্তন— ভঙা ৰাস্তাবোৰত সঘনে লগ পোৱা যায় বিভিন্ন ধৰণৰ বাইক, জাঁপ মাৰি মাৰি তেৰা-বেঁকাকৈ দুটা দুটা ল'ৰা উঠি অহা-যোৱা কৰি থাকে। আৰু এটা পৰিৱৰ্তন হৈছে কিছুমান দামী গাড়ী ব্ৰেক ধৰি ধৰি ভঙা ৰাস্তাবোৰত অহা-যোৱা কৰে। আৰু এটা নতুন কথা হ'ল, শাৰী শাৰী জুপুৰিৰ মাজতে হঠাৎ মূৰ তুলি থিয় দি থাকে দুমহলা বা তিনিমহলীয়া, কেতিয়াবা চাৰিমহলীয়া একোটা একোটা আধুনিক ঘৰ। ৰঙেই চাবানে ডিজাইনেই চাবা নে চৌহদেই চাবা। চকু থৰ হৈ পৰে। এনেবোৰ ঘৰতে থাকে দীঘল দীঘল দামী গাড়ীবোৰ। প্ৰত্যেকটো ঘৰেই যেন চান্দো সদাগৰৰ মেৰ ঘৰহে, ওখ ওখ দেৱাল, জে'লখানাৰ দৰে বিৰাট ডাঙৰ গে'ট। কিজানি ডাঙৰ ঘৰৰ মানুহবোৰ বৰ ভয়ত থাকে। আৰু এটা নতুন বস্তু যোগ হৈছে। ভঙা ৰাস্তাবোৰত অহা-যোৱা কৰি আছে ঘটংমটংকৈ চলা বালি-শিল বোজাই ট্ৰেক্টৰ কিছুমান। আৰু কিছুমান শিলেৰে

বোজাই ক'লা ধোঁৱা উৰুৱাই অহা-যোৱা কৰি থকা গধুৰ গধুৰ প্ৰকাণ্ড বডিৰ ট্ৰাক। মাজে মাজে ভঙা গাঁত গাঁত ৰাস্তাবোৰত বিকটভাৱে ঘেটলেং-মেটলেং কৰি আহে মাটি খন্দা দৈত্য হেন গাড়ীবোৰ। নাচন ডুবিৰ ফালে যোৱা ট্ৰাক, ট্ৰেক্টৰবোৰ খালী, ঘূৰি অহাবোৰত বোজাই হৈ আহে শিল, বালি আৰু বন্ডাৰেৰে। আগৰ দৰে এই অঞ্চলৰ পৰা যোৱা কাঠ কড়িওৱা চাইকেলবোৰ দেখা নাযায় বা কাঠৰ কুণ্ডা নিয়া লৰীবোৰো নাই। তাৰ ঠাই লৈছে শিল-বালি আৰু বন্ডাৰ বোজাই ট্ৰাক আৰু ট্ৰেক্টৰবোৰে।

ৰাস্তাৰ কিনাৰবোৰত আগতে নথকা এটা দৃশ্য হ'ল কিছুমান সৰু সৰু চাহ-বাগান। ক'ৰবাত বাগান পাতিছে, ক'ৰবাত চাহগছ হৈছে, কোনোবাখনত মাটি বেৰি-কুৰি লৈছে। ৰাস্তাৰ কিনাৰৰ এই চাহ খেতিবোৰ আগতে এইফালে নাছিল।

ফান্দী ননৈ নদীৰ পাৰ পালেহি। চিনাকি লিকে লিকে হাতী পাৰ কৰাই নিব খুজি বৰফান্দী ৰৈ গ'ল। গোটেই নদী জুৰি এসোপা ট্ৰাক, কেইবাখনো মাটি কটা গাড়ী, বহুত কেইখন ট্ৰেক্টৰ। গোটেইখন ঘৰঘৰাই আছে। মাটি খন্দা গাড়ী কিখনে দৈত্যৰ দৰে বিদীৰ্ণ কৰিছে নদীৰ বুকু, প্ৰতিটো চাবতে উঠি আহিছে শিল-বালি। ঘূৰি ঘূৰি গাড়ীবোৰৰ হাতোৰাই শিল-বালি ৰৈ থকা ট্ৰাকবোৰত ঢালিছে। ট্ৰেক্টৰ বোজাই হৈছে শিল বালিৰে। কেউপিনে যেন নদীৰ বুকুখন্দাৰ এক যজ্ঞহে আৰম্ভ হৈছে। গাড়ী-মটৰৰ ঘৰ্ঘৰণি। নদীৰ বুকুত ঠায়ে ঠায়ে কুঁৱাৰ দৰে গাঁত খন্দা হৈছে। ননৈ নদী বৃদ্ধা হৈ পৰিল। ওপৰৰ পৰা খান্দি অনা ননৈত আজিকালি আৰু সেই ৰহস্যময় ঢৌবোৰ বাগৰি নাহে। ক'লৈ গ'ল একোছা মেলা চুলিৰ দৰে সেই গাভৰু নদীখন? এইখিনিতে এসোঁতা পানী, সেইখিনিতে আৰু দুসোঁতা, অলপ আঁতৰত চাৰি-পাঁচ সোঁতা পানী জিৰজিৰকৈ বৈ থাকে। পানীৰ ধাৰবোৰৰ মাজে মাজে নানা ৰঙী শিলবোৰ। নদীখন ক'ৰবাত একেবাৰে শুকান, সেইখিনিতে নৈখন তললৈ সোমাই যায়, আকৌ অলপ আঁতৰত আকৌ ভুমুকিয়াই ওলাই পৰে। পুৱাৰ আকাশ গোলাপী হোৱাৰ সময়ত নদীখনৰ পানীৰ ধাৰবোৰত ৰাঙাপাখা মাছবোৰে খেলি থাকেহি। ডুবন্ত বেলিৰ পোহৰত সৰু সৰু শিলবোৰ হীৰা-মুকুতা হৈ জ্বলে। কেতিয়াবা নদীখনেদি পাৰ হৈ যায় এজাক হৰিণা। কেতিয়াবা চকুত পৰে নদীৰ মাজতে নাচি থাকে কেইটামান ম'ৰা চৰাই। কেতিয়াবা দেখি ক'ৰবাৰ পৰা অহা এজাক পখিলা নদীৰ সৰু সৰু শিলবোৰৰ ওপৰত জাক পাতি পৰি থাকে। কেতিয়াবা শ শ ৰঙা জিএঙাই নদীৰ মাজতে তল-ওপৰ কৰি নাচোন ধৰে। ক'ত গ'ল সেইখন নদী? বৰফান্দীয়ে খবৰ পাইছিল। ননৈ নদীৰ বুকু খান্দি তচ-নচ কৰি পেলোৱা হৈছে। এই

নদীৰ পৰা অহৰহ টানি থকা হৈছে শিল, বালি, ডাঙৰ ডাঙৰ বল্ডাৰ, চপৰা-চপৰ মাটি। ডেকা ল'ৰা কিছুমানে কিঃমিঃ হিচাবত নদীখন ভগাই লৈছে। একফালৰ পৰা খান্দি পেলাইছে, যিমান পাৰে নদীৰ বুকুখন খান্দি বিক্ৰী কৰিছে। কোনে কি কৰিব? ক'বলৈ কাৰ এক্তিয়াৰ আছে?

ইমানবোৰ ট্ৰাক, ট্ৰেক্টৰ, মাটি খন্দা দৈত্য হেন গাড়ীবোৰ দেখি হাতীও নদীত নামিব খোজা নাই। আজি-কালি কুনটাং বজাৰ, নাচন ডুবিৰ ফালে পৰাপক্ষত কোনো নাহে। আজি বৰফান্দী ফৰেষ্ট বিভাগৰ ফালৰ পৰা আহিছে, চৰকাৰী হুকুম পেলাব নোৱাৰি আহিছে। হওতে বহুত কেইবাজনেও ফান্দীক এই ফালে আহিবলৈ হাক দিছিল। ফান্দীয়েহে নুশুনিলে। কিমান দিন এই পাহাৰৰ তলে তলে পাহাৰৰ ওপৰত হাতী লৈ ঘূৰি ফুৰিছিল। কিনো ভয় কৰিবলগা আছে? কোনোবাই গছ কাটিছে, নৈ খান্দিছে, কৰক কি কৰে। তাতে ফান্দীৰ কি আহে যায়। হাতী খেদা মানুহ, হাতী খেদি গুচি যাবগৈ।

এইখন নদীয়েদি কিমান বাৰ হাতী পাৰ কৰালে, চিলচিলীয়া সুঁতি কিছুমান লৈ বৈ থকা নদীখনত হাতীৰ পতাখনো ডুব নাযায়। ফান্দীৰ মনত পৰিল এইখন নদী পাৰ হৈ যাওঁতে ধনদাই সৰু ছোৱালী এজনীৰ দৰে জঁপিয়াই জঁপিয়াই ৰঙীন বিভিন্ন আকৃতিৰ শিলবোৰ বুটলিছিল। ফান্দীৰ কাণত ৰিণ্‌ৰিণ্‌কৈ বাজি উঠিল ধনদাই গোৱা সেই মাউতীয়া গানৰ সুৰ।

'অ মোৰ দন্তাল হাতীৰ মাহুত ৰে
অ মোৰ মাখনা হাতীৰ মাহুত ৰে...।'

ফান্দীৰ চকুৰ আগত স্পষ্টকৈ ভাহি উঠিল গাখীৰৰ সৰহেন ৰঙৰ ননৈৰ বালিত পৰি থকা পখিলা জাক। পখিলা জাকত আহি পৰা ক'লা আৰু তামৰংৰ দীঘল নেজডালৰ সৈতে চেক্‌চেকী চৰাইজনীলৈকো মনত আছে। মনত আছে আইনাহেন পানীৰ জিৰজিৰীয়া সুঁতিটোত পানী খাই থকা হৰিণা জাক। কেনেকৈ কোনে পাহৰিব পাৰিব হাতী লৈ অহা-যোৱা কৰোঁতে দেখা পানী খাই থকা সেই পোৱালি থকা বাঘিনীজনী, সূৰ্য্যমুখী ফুলৰ দৰে হালধীয়া আছিল তাইৰ গাটো। নদীখনৰ এটা বিশেষ গোন্ধ আছিল। নৈৰ পাৰে পাৰে গজি উঠিছিল নানা তৰহৰ গছ-লতা। সময় ভেদে গছ-লতাবোৰলৈ নানা ৰঙৰ ফুল আহে। এই ফুলবোৰৰো হ'ব পাৰে, গছ-লতা পাতবোৰৰো হ'ব পাৰে, বালি অথবা শিলগুটিবোৰৰো হ'ব পাৰে, পানীৰ চিলচিলীয়া সুঁতি কেইটাৰো হ'ব পাৰে। মুঠতে নদীখনৰ এটা গোন্ধ আছে। ধুই, শুকুৱাই, তেল সানি থোৱা নাৰীৰ পিছল চুলিকোছাৰ পৰা অহাৰ দৰে এটা মিহি, কোমল জান-

নেজান গোন্ধ এটা নৈ খনৰ ওচৰ পালেই নাকত লাগে। গোন্ধটো পালেই ফান্দীহঁতে গম পাই ননৈ পাইছেহি।

আজি নৈখন জুৰি এক অকটা গোন্ধ। পেট্ৰল, ডিজেল, পোৰা মবিল, খান্দি পেলোৱা নদীৰ বুকু, এনি-তেনি থুপাই থোৱা দ'ম দ'ম শিল-বালিবোৰ চব মিলি বতাহ গধুৰ হৈ পৰিছে। কেউপিনে এক নাক পুৰি নিয়া অকটা গোন্ধ। ক'ৰবাত যেন কিবা পুৰিছে, কেউপিনে কেৱল এক পোৰা পোৰা গোন্ধ। ফান্দীয়ে সাৱধানে নদীত হাতী নমালে। কেউপিনে দ দ কুঁৱাৰ দৰে গাঁত, তাৰ মাজেৰে হাতী চলাই নিলে ফান্দীয়ে।

ফান্দী নাচন-ডুবি পাই দেখিলে এই আবেলিতে গোটেইখন নিমাও-মাও। এইখিনি সময়ত এই ৰাস্তাটোৰ কিনাৰে কিনাৰে বজাৰ এখন বহে। কিমান কি যে ওলায়, বাগানৰ ছোৱালীবোৰে খাৰু-মণি কিনে, চুৰিদাৰৰ ফুলাম পিচ কিনে, শাৰীও কিনে। শাক-পাচলি, বাঁহৰ খৰাহি-পাচি, কল, কচু, মাটিৰ টেকেলি, বিছনা চাদৰ, কম্বল, কি নোলায় বজাৰত? মানুহ-দুনুহেৰে গমগমাই থাকে বজাৰখন, কি বা হ'ল? ফান্দীৰ গাটো চেবাই গ'ল। নাচন ডুবিৰ বৰা-বাংলাতে সেই ছাতিৰ দৰে বহল হৈ মেল খাই থকা গছজোপাৰ তলতে গুলীয়াই মাৰিছিল এজন বাগিচাৰ মেনেজাৰক। এইখন বাগিচাৰ পৰাই বন্দুক দেখুৱাই ধৰি নিছিল দুজনকৈ বাগানৰ মেনেজাৰক। কি যে হৈছে এইবোৰ। ফৰেষ্টৰ মানুহ দুজনে ফান্দীক বাগানে ঠিক কৰি থোৱা ঘৰটোলৈ লৈ গ'ল। ভাত খাই ফান্দী বাহিৰলৈ ওলাই আহিল। আজি বোধহয় পূৰ্ণিমা, কেউপিনে জোনাকত ওখ-চাপৰ নাচন ডুবি উজ্বলি আছে। নাচন ডুবিৰ গছবোৰ বহুত ডাঙৰ ডাঙৰ হৈ গ'ল। ফান্দীৰ কাণলৈ আহিল টিং বজোৱাৰ শব্দ, লগতে ফট্‌ফট্‌কৈ ফুটা ফটকাৰ শব্দ। তাৰ পাছতে ফান্দীয়ে শুনিলে গোটেইখন কঁপাই নিয়া হাতীৰ এক বৃংহন, এবাৰ-দুবাৰ নহয়, একেলেঠাৰিয়ে কেইবাবাৰো হাতীৰ সেই গোটেইখন কঁপাই পেলোৱা বৃংহন বোৰে যেন ফান্দীক মাতিবলৈ ধৰিলে। কাণ জোঁকাৰি জোঁকাৰি কলগছ খাই থকা শান্ত-শিষ্ট মাখুন্দী লখাইতৰাৰ পিঠিত উঠি ল'লে ফান্দী, আদেশ দিলে, 'আগেত'। অভিজ্ঞ লখাইতৰা আগুৱাবলৈ লাগিল। হাতীৰ সেই কঁপাই পেলোৱা বৃংহনবোৰে যেন ক্ৰমাৎ বৰফান্দীক মোহাবিষ্ট কৰি আনিলে। হ'বওতো পাৰে, সেই চম্পাফুল আৰু মৌ বৰণৰ, গোলাপী দাঁতৰ পেটত পদ্মফুল থকা সি। হ'বও পাৰে, কাতিয়াই কৈছিল ধনীৰামে এইফালেই তাক লৈ গৈছিল, এৰি দিছিলগৈ সেই চন্দন কাঠৰ অৰণ্যৰ মাজত। কিমান পো-পোৱালি হ'ল তাৰ? সি এটা ডাঙৰ চাহানৰ দলপতি। ফৰেষ্টৰ মানুহে কৈছিল পাহাৰৰ এইপাৰে

থকা চন্দন কাঠৰ অৰণ্য সমূলঞ্চে শেষ। বেছিকৈ মুখ খোলা নাছিল ফৰেষ্ট গাৰ্ড কিজনে। তেনেহলে ক'ত থাকে সি? পেটত পদ্মফুলৰ চিন লৈ থকা সেই হাতী যে অকল চন্দন কাঠৰ অৰণ্যতহে জন্ম হয়। সঁচাকৈয়ে উজাৰ হ'ল নেকি সেই অৰণ্য? ফান্দী আৰু লখাইতৰা আগুৱাই থাকিল। লখাইতৰা ৰৈছে, নিশ্চয় হাতীৰ উমান পাইছে, ঠিকেই সেই উৰা জাহাজ উঠিব-নামিব পৰা দীঘল ৰাস্তাটোত এটা ডাঙৰ হাতীৰ পাল ৰৈ আছে। ফান্দীয়ে দূৰৈৰ পৰা চাই থাকিল। হাতীৰ পালটো অস্থিৰ হৈ আছে, শান্তভাৱে ৰৈ থকা নাই, হাতীৰ পালটো যেন বৰ খঙত আছে। সিহঁতক পাহাৰলৈ উত্তৰফালে দিয়ে খেদি পঠাব লাগিব। এই উৰা জাহাজ উঠা-নমা কৰা ৰাস্তাটোৰ তলতে এখন সৰু নদীয়ে পাক লৈছে। এই নদীখন পাৰ হৈয়ে পাহাৰলৈ উঠা বাট। এই বাট মানুহে কৰা নহয়, হস্তীকুলৰ সেই আদিম অহা-যোৱাৰ বাট। চাহাবহঁতেও বাগান পাতোতে এই বাট সাৱধানে এৰি দিছিল। এই বাটৰ কাযে কাযে পৰি আছে খালী মাটি। কোনেও এই মাটিত হাত নিদিয়ে, এয়া গণেশ বাবাৰ ৰাস্তা। ফান্দী লখাইতৰাক লৈ সেইফালে গৈ থাকিল। এইফালেই হাতীখিনি পঠিয়াব লাগিব, নিজা ৰাস্তা পালে সিহঁত যাবগৈ। গৈ গৈ লখাইতৰা ৰৈ গ'ল। আৰু যাব নোৱাৰে, এখন প্ৰকাণ্ড দেৱালেৰে ঠাইখণ্ড ঘেৰি থোৱা আছে। ফান্দীয়ে ভালকৈ চালে হাতী অহা-যোৱা কৰা সেই আদিম বাট কোনোবাই কাঁইটীয়া তাঁৰ আৰু বিশাল দেৱাল গাঠি আগুৰি পেলাইছে। এই ঠাইখণ্ডত থকা গছ-গছনিবোৰ ইতিমধ্যে কাটি পৰিষ্কাৰ কৰা হৈছে। কেউফালে শুকান পাত, কাটি পেলোৱা গছৰ ডাল পৰি আছে। ঠায়ে ঠায়ে মাটি কুৰিয়াই সমান কৰা হৈছে। দেখিলেই ধৰিব পাৰি এই ঠাইখিনি কিবা কৰিবলৈ বেৰি-কুৰি লৈছে। ফান্দীৰ মনত পৰিল এক বৃহৎ অঙ্কৰ ধনৰ লগতে এই হাতীৰ ৰাস্তাটোৱো গুলীয়াই পেলাই থৈ যোৱা নাচন ডুবিৰ সেই মেনেজাৰজনৰ মৃত্যুৰ কাৰণ বুলি শুনিছিল।

ফান্দীয়ে লখাইতৰাক বইত কৰাই নামিল, বেৰি-কুৰি লোৱা হাতীৰ অহা-যোৱা কৰা আদিম ৰাস্তাটো চাই ফান্দীয়ে দাঁত কামুৰি ডাঙৰকৈয়ে কৈ উঠিল, 'ইমান লালচ ইহঁতৰ, ইমান খক, হাবি নদী চব খাই পেলাইছে। এইবাৰ হাতীকিটাৰ ৰাস্তাটোৱো গিলিছে। থুই কটা'। সঁচাকৈয়ে ফান্দীয়ে এথোপা থুই কুৰিয়াই থোৱা মাটি খিনিলৈ মাৰি পঠিয়ালে। জোনাকৰ পোহৰত শুকুলা চুলি আৰু আটিল বান্ধৰ গাটোৰে সৈতে বৰফান্দীক নৰমনিচ যেন লগা নাছিল, পাহাৰৰ পৰা হাতীৰ আদিম বাটেৰে যেন নামি আহিছে কোনোবা মায়াবী দেৱতা। এই দেৱতাই মাটিত থু মাৰি অভিশাপ দিছে। এতিয়াই এই পাপী ধৰাখণ্ড জ্বলি চাৰখাৰ হ'ব, কঁপি উঠিব, বহল

বহল ফাঁট মেলিব, ফাঁট বোৰেদি উদগীৰণ হ'ব জুই, এই জুয়ে লেলিহান শিখা মেলি পলকতে সকলো সামৰি ল'ব। প্ৰলয় হ'ব এই ধৰণীত। লখাইতৰা বৈ আছিল, ফান্দী এইবাৰ তাইৰ ওচৰলৈ গ'ল। হাতীজনীয়ে শুঁৰডালেৰে ফান্দীক চুই দিলে। এই শুকুলা চুলিৰ মানুহজন যেন এই ধৰণীৰ নহয়। তেওঁ নামি আহিছে হাতীপটিয়েদি। কেউফালে টৌৱাই নিয়া জোনাকত এজন মতগজ মানুহ আৰু এজনী বৈ থকা হাতী। হঠাৎ কিবা এটা আহি মানুহজনক খোচ মাৰি ধৰিলেহি। মানুহজন বাগৰি পৰিল। বুকুৰ বাঁওফালে এক ক্ষতস্থান। ক্ষতস্থানৰ পৰা তেজ বাগৰিছে। তেজৰ ডোঙাত মুখ ঠেকেচি পৰি ৰ'ল শুকুলা চুলিৰ মানুহজন।

কেউপিনে নিস্তব্ধ। কেৱল দুই-এক নিশাচৰ পখীৰ মাত। তেজত ডুব যোৱা মানুহজনে অলপ ধৰফৰালে, তাৰ পাছত নিশ্চল হৈ গ'ল। হুৰহুৰকৈ এজাক বতাহ বলিবলৈ ধৰিলে। উৰি আহিল এসোপা গছৰ শুকান পাত। বতাহ জাকে পাতবোৰ আনি মানুহটোৰ তেজে ধোৱা দেহাটো ঢাকি ধৰিলে। একো নেদেখি, কেউফালে গাখীৰৰ দৰে বগা জোনাক আৰু তেজৰ দাগ লগা পাতবোৰৰ তলত শুই থকা ইমান দিনে দপদপাই চলি থকা এজন বৃদ্ধ। বতাহৰ সো-সোঁৱনি বাঢ়ি আহিছে। এইবাৰ বতাহে বৃদ্ধৰ নিশ্চল দেহাটোৰ পৰা আঁতৰাই দিলেহি পকা-পাতবোৰ। লাহে লাহে ঢোৰা কাউৰীৰ দৰে ক'লা চুলিৰে এজন সুঠাম ডেকা পাতবোৰৰ মাজৰ পৰা উঠি আহিল। কোন এই বলশালী পুৰুষ? এই পুৰুষক দেখি বাউল হৈ পৰিব যিকোনো এজনী ধনদা, তাই ভৰিৰে গোৰোহনি মাৰি ক'ব 'যাম বুলিছো যামেই, বৰফান্দীলৈ মই যামেই যাম'। তাই ভয়-ভীত, লাজ-লজ্জা পাহৰি আকণ্ঠ প্ৰেমত নিমজ্জিত হ'ব এই পৰম পুৰুষৰ। লাহে লাহে এই দিব্য পুৰুষে খোজ ল'লে হাতীৰ সেই আদিম পথেদি। তেওঁ তাত ভৰি থোৱাৰ লগে লগে সেই পথ আলোকিত হৈ পৰিল, গজি উঠিল সেই বিশাল বিশাল প্ৰাচীন গছবোৰ, গছবোৰত বগাই গ'ল হাতী বন্ধা ফঁই হেন লতাবোৰ, লতাবোৰ ফুলেৰে ভৰি পৰিল, তাৰ গোন্ধত কেউপিনে আমোল মোলাই গ'ল। উৰি আহিল ননৈৰ বুকুত ঘন গাখীৰৰ দৰে পৰি থকা বগা পখিলা জাক, দৌৰি আহিল ফুটুকী হৰিণৰ জাকটো, লাহে লাহে পাৰ হৈ গ'ল সুৰুযমুখী ফুলৰ দৰে হালধীয়া বাঘিনীজনী, পাছে পাছে দৌৰি গ'ল কণ কণ বাঘৰ পোৱালি চাৰিটা, চালি ধৰি নাচি উঠিল এহাল ম'ৰা। তাৰ মাজে মাজে গৈ থাকিল সেই পুৰুষ। আদিম হাতীৰ পথটো আলোকিত হাতীপটি হ'ল। তেওঁ সেই ফালেদি ওপৰলৈ গৈ থাকিল, গৈ থাকিল, গৈ থাকিল ...গৈ থাকিল তেওঁৰ কেউকাষে গজি উঠিল চন্দন কাঠৰ সেই সুগন্ধী অৰণ্য। আৰু অৰণ্যৰ পৰা ওলাই আহিল মৌ আৰু চম্পাফুল

বৰণীয়া সেই ঐৰাবত, তাৰ গাত দুখন বিশাল পাখি, শুকুলা ঠিক নহয় অলপ গোলাপী সেই পাখিৰ ৰং। তাৰ পাক লোৱা দাঁতযোৰৰ দৰে ঈষৎ গোলাপী। সেই ঐৰাবতৰ পেটত পদ্মফুলৰ চিন, ৰজাৰ গমনৰ বাবে উপযুক্ত এই হাতী জন্ম লয় চন্দন কাঠৰ অৰণ্যত। সি শুঁৰেৰে আলফুলে উঠাই লৈছে যুৱক বৰফান্দীক। তাৰ পাছত ঐৰাবতে মেলি দিছে তাৰ বিশাল দুখন পাখি। হাঁহি হাঁহি ফান্দী তাৰ পিঠিত উঠি লৈছে, আদেশ দিছে 'চুপ'। ঐৰাবতে শুহি লৈছে জোনাক আৰু তৰাবোৰ। 'দলে' ঐৰাবতে শুঁৰডাল ওপৰলৈ দাঙিছে। 'চুপদলে' ঐৰাবতে গালৈ ফিচকাৰি মাৰি দিলে জোনাক আৰু তৰাবোৰ। আকাশত হাতী আৰু ফান্দীয়ে সেই জোনাকৰ মাজত তৰাবোৰে অৱগাহন স্নান কৰিলে। ঐৰাৱত সৰগৰ হাতীপটিত নামো নামো হ'লগৈ। বৰফান্দী এই ধৰাৰ পৰা নোহোৱা হৈ গ'ল।

বৰফান্দী নাচন ডুবি বাগিচালৈ হাতী খেদিবলৈ গ'ল যি গ'লেই, কোনেও আৰু ফান্দীক দেখা নাপালে। বনবিভাগৰ পৰা মৌজাদাৰক জনোৱা হ'ল বৰফান্দী নিৰুদ্দেশ হ'ল। নাই যি নাই মানুহটো নোহোৱাই হ'ল। ক'লৈ গ'ল মানুহটো? ফৰেষ্ট গাৰ্ড দুজনে জনোৱা মতে ফান্দী ভাত-পানী খাই শুইছিল। অলপ পাছতে হাতীলৈ ওলাই গৈছিল গৈ। সেই গ'ল যি গ'লেই, ফান্দী আৰু ঘূৰি নাহিল। লখাইতৰা পুৱাৰ ফালে ঘূৰি আহিছিল, পিঠিত ফান্দী নাছিল। বাগানৰ ফালৰ পৰা, ফৰেষ্টৰ ফালৰ পৰা আটায়ে বিচাৰিলে। ফান্দী নাই, বতাহত যেন মিলি গ'ল মানুহজন।

বৰফান্দী এটা সাধুকথা হৈ গ'ল।

নানা কথাই বগাই বগাই পাক ল'বলৈ ধৰিলে।

ফান্দীক হাতীয়ে মাতি নিলে। সেইদিনা ফান্দী নোযোৱালৈকে গোটেই নাচন ডুবিয়ে শুনিছিল গোটেইখন কঁপাই নিয়া হাতীৰ বৃংহন।

ফান্দী নোহোৱা হোৱাৰ দিনাই ইমানদিনে নাচন ডুবিত থকা হাতীৰ পালটোৱো নোহোৱা হৈছিল।

সেইদিনা ৰাতি জোনটো হেনো তেজৰ দৰে ৰঙা হৈছিল।

হোহোঁৱাই বতাহ মাৰিছিল। আউলি-বাউলি হৈছিল চাহ গছৰ মাজে মাজে থকা পুৰণি শিৰীষ গছবোৰ, মট্‌মট্‌কৈ দাল ভাগিছিল।

বৰা বাংলোৰ দীঘল বাৰাণ্ডাখনত কোনোবাই ৰৈ ৰৈ গেঙাইছিল, কুকুৰৰ ভূকভূকনি বাৰে বাৰে আহিছিল।

প্ৰকাণ্ড ৰেইন ট্ৰি জোপাত এটা চৰায়ে হেনো ওৰে-ৰাতি মাতি আছিল।

সেইদিনা আকাশত এটা স্পষ্ট হাতীপটি ওলাইছিল। মানুহে ওলাই ওলাই চাইছিল সেই উজ্জ্বল হাতীপটি।

মানুহবোৰৰ দৃঢ়বিশ্বাস বৰফান্দী মৰা নাই, মৰিব নোৱাৰে বৰফান্দী। মৰা মানুহৰ মৃতদেহ থাকে, ৰাইজে হৈ ধ্বনি দি মৰিশালীলৈ নিয়ে, শ্রাদ্ধ-শান্তি হয়। বৰফান্দীৰ সেই আটিল বান্ধৰ দেহা মৃতদেহলৈ ৰূপান্তৰিত হোৱাটো কোনেও নেদেখিলে। ধনদাই মচা নাই শিৰৰ সেন্দূৰ। কোনেও যা-যোগাৰ কৰা নাই শ্রাদ্ধ-শান্তিৰ। তেনেহ'লে? ফান্দীক মৰা বুলি কোনোবাই বিশ্বাস কৰিবনে।

প্ৰিয়নাথে একো মাত মতা নাই, তেওঁ মাত্ৰ সকলো খা-খবৰ গোটাবলৈ চেষ্টা কৰিছে। এই অঞ্চলৰ হাত দীঘল মানুহ, খা-খবৰ লোৱাটো একো টান কথা নাছিল। তাৰ পাছতে এদিন প্ৰিয়নাথে ধনদাক মাতি আনি ক'লে।

'সেন্দূৰ কণ মচি পেলা ধনদা'। প্ৰিয়নাথৰ কথাত ইমান দিনে অবিচল হৈ থকা ধনদাই বুকু চপৰিয়াই চপৰিয়াই কান্দিছিল, মচি পেলাইছিল শিৰৰ সেন্দূৰ, খুলি পেলাইছিল গাৰ অলঙ্কাৰ। পিন্ধি লৈছিল এযোৰ বগা সাজ। প্ৰিয়নাথে ফান্দীৰ পুতেকলৈ খবৰ পঠাইছিল। প্ৰায় বৃদ্ধ হৈ পৰা ফান্দীৰ পুতেক ইমান দূৰৈৰ পৰা আহিব পৰা নাছিল। আহিছিল ফান্দীৰ নাতি। ভালকৈ অসমীয়া ক'ব নোৱৰা ল'ৰাটোৱে আটাইৰে মৰম আদায় কৰিছিল। ফান্দীৰ শ্রাদ্ধত প্ৰিয়নাথে চুলি পেলাইছিল। ফান্দীৰ নাতিয়ে চুলি খুৰাই এক বস্ত্ৰ হৈ ভকতৰ আগত সেৱা লৈছিল।

আৰু এটা শৈশৱৰ পৰা কৈশোৰত ভৰি দিয়া ল'ৰাই কান্দি কান্দি চুলি খুৰাইছিল। তপজেৰ নাতি গণেশ। তাৰ নামটো বৰফান্দীয়ে দিছিল। ফান্দী হাউলিত থকাৰ সময়ছোৱাত গণেশে ছাঁৰ দৰে লাগি আছিল। কুটুৰি কুটুৰি ফান্দীৰ পৰা শুনিছিল সেই ৰহস্যময় সাধুবোৰ।

চাৰিওফালে নহয়, কেউফালে জ্বলি উঠা ওপঙি ফুৰা জুই কিকুৰা।
ডফলা পোতা টিলাৰ শহাবোৰ।
হাতীৰ পাছফালে জঁপিয়াই অহা সেই দীঘল বাঘটো।
মৌ আৰু চম্পাফুল বৰণীয়া হাতীটো।
বস্তাত ভৰাই চাৰি আলিত পেলাই থোৱা কানিয়া কিটা।
এখন পথাৰত তেজৰ ৰং লৈ জ্বলি নুমাই থকা জোনাকী পৰুৱাবোৰ।

তপজেৰ নাতি গণেশে বৰফান্দীৰ কোলাতে সাধু শুনি শুনি টোপনি গৈছিল। লগতে শুই পৰিছিল ফান্দী নিজেও। ধনদাই দুয়োকে চিঞৰি-বাখৰি দাবী-ধমকি দি ভাত খাবলৈ উঠাব লগা হৈছিল।

তপজেৰ নাতিয়ে ইমান কান্দিছিল, ইমান কান্দিছিল যে তাক চাই কোনেও থাকিব নোৱৰা হৈছিল। আলোকে তাক সাবটি ধৰি আকাশখন দেখুৱাইছিল, কৈছিল— 'তোৰ ককা, ফান্দী ককা সেই আকাশখনতে আছে।' চকুৰ পানী মচি সি আকাশলৈ চাইছিল।

তৰা ভৰা আকাশত উজ্বলি আছিল এক উজ্জ্বল হাতীপটি।

আলোক আৰু গণেশে একেলগে চাইছিল সেই জোতিষ্কমণ্ডল। গণেশে সেইফালে চাই টুপকৈ সেৰা এটা কৰিছিল।

পাখা নাই ৰাঙাপাখাৰ

কুসুমৰ বিয়াৰ দিন ঠিক হ'ল। দৰাঘৰে চন্দ্ৰনাথৰ গুৱাহাটীৰ ঘৰৰ পৰাই বিয়াখন হোৱাৰ প্ৰস্তাৱ ৰাখিলে। কাৰণ হ'ল বেয়া ৰাস্তা। হওতে শিৱসাগৰৰ পৰা মৌসৰালৈ অহাটো একো কামেই নহয়। সেইফালেতো আৰু ৰাস্তা-ঘাট এনেকুৱা নহয়। কলিয়াভোমোৰা দলং আছেই, সেইফালে আহি তেজপুৰৰ পৰা মৌসৰালৈ পোনাই দিলেই হ'ল। লেঠা হ'ল মৌসৰা সোমোৱা মাত্ৰ কেইকিলমিটাৰ মান বাট। কোনোফালেদি মৌসৰালৈ যাবলৈ বাট-পথ নাই। চৰকাৰী নথি-পত্ৰত কিন্তু আটাইবোৰ বাট পকী। পকী হৈছিলো। দিল্লীৰ পৰা কমতো টকা দিয়া নাই, সেই টকাৰে মৌসৰা, সোণাপুৰ অঞ্চল সোণেৰে বান্ধি দিব পৰা হ'লহেঁতেন। কিঃমিঃ হিচাব কৰি ৰাস্তা ভগাই লৈ 'কনটেক' কৰা ডেকা ল'ৰাবোৰৰ হাতৰ ৰাস্তা যে ছমাহো নাথাকে। গোটেই অঞ্চল জুৰি কেৱল গাঁত গাঁত ভঙা ৰাস্তা, বহি যোৱা দলং। কোন আহিব এই ৰাস্তাৰে? কাৰ কি গৰজ পৰিছে? ৰে'ল কিখন আছে, কিন্তু ৰে'লত উঠি শিৱসাগৰৰ পৰা দৰাঘৰ কেনি আহিব? তিনিখন ৰে'ল সলাই আহিবই বা কিয়? চন্দ্ৰনাথে ঘৰ-দুৱাৰ চিজিল কৰাত ব্যস্ত হৈ পৰিছে।

আলোকে দেউতাকৰ ওচৰত প্ৰস্তাৱ ৰাখিছে নতুন ৰুম এটা সাজিব। কুসুমে ছবি পঠাইছে। আলোক ওলাল মাকক বাঙ্গালুৰুৰ পৰা লৈ আনিবলৈ। মাকে কুসুমৰ ঘৰ সজাই তুলিলে। তাই সংসাৰ পাতিলেই হ'ল। মাকৰ স্বাস্থ্যৰো বহুত উন্নতি হ্ল। মাক আহিবলৈ ওলাওতে কুসুমে মাকৰ ডিঙিত ধৰি হুৰাওৰাওকৈ কান্দিলে। মাক নহ'লে তাই কেনেকৈ চলিব? মাক থকা কেইদিনতে তাইৰ কেৰিয়াৰৰ গ্ৰাফডাল কিমান ওপৰলৈ গ'ল, কিমান মন দি তাই কাম কৰিব পাৰিছিল। মাকো কিমান ভালকৈ আছিল। সেই হাবিখনলৈ গ'লে মাকৰ আকৌ বেমাৰ হ'ব, কান্দে আৰু কয়। মাক কিমান ভালে আছিল, মাকে নিজে ঘৰৰ কাম চব কৰিছিল, আধুনিক গেজেটবোৰ মাকে কেনেকৈ এদিন চালেই চলাব পাৰিছিল। মাকে বজাৰ-সমাৰো কৰিছিল। মাকৰ ৰুমটো তাই তলা মাৰি থব, কাকো সোমাবলৈ নিদিয়ে। মাকৰ

ডিঙিত ধৰি কান্দি থকা কুসুমলৈ চাই আলোকৰ অলপ খং উঠিছিল। তাই কেৱল নিজৰ কথা ভাবিছে। কিয় এবাৰো ভবা নাই 'হাবিখনৰ' মাজত অকলশৰীয়াকৈ থকা মানুহজনৰ কথা। বুলনিত লেম জ্বলাই থকা মাকৰ মুখলৈ একেথৰে চাই থকা মানুহজনৰ মুখখনলৈ মনত পৰিল আলোকৰ। কিমান তন্ময়তা, মৰম আৰু হেঁপাহ আছিল সেইখন মুখত। মুখ ফুটাই নকয় বাবেই সকলোৱে ভাবে সেইখন বুকুত কেৱল শিল আছে। কুসুমে এইবাৰ মাকক গবা মাৰি ধৰিছে। মাক গ'লে তাইক কোনে পুৱা সেই ধুনীয়া চাহ কাপ কৰি দিব? কোনে ডাইনিং টেবুলত সজাই থ'ব হটপটত ৰুটি, তাই ভাল পোৱা তিনি-চাৰিবিধ তৰকাৰী, কোনে দিব প্ৰতিদিনে সলাই সলাই বনাই দিয়া সুস্বাদু টিফিন। তাই আকৌ ডিব্বাৱালাৰ সেৰেকা বস্তুবোৰ খাব লাগিব। তাই আহিয়ে নিজে তলা খুলিব লাগিব। আহিয়ে মাকক নেদেখিলে তাই কেনেকৈ থাকিব। মাকৰ স্বাস্থ্য কিমান ভাল হ'ল, সেই হাবিখনলৈ গ'লে...। আলোকে তাইক অৱশেষত ধমকি মাৰি উঠিলে। ককায়েকৰ ধমকি খাইহে কুসুমে থিত ল'লে। এয়াৰপৰ্টত থ'বলৈ বুলি গাড়ী লৈ আহিল শিৱসাগৰীয়া ডেকা। ডেকাই আহিয়ে মাকৰ ভৰি চুই সেৱা কৰিলে। আলোকে লক্ষ্য কৰিলে এইবাৰ মাকৰ চকুত পানী। ডেকাই মাকলৈ আগবঢ়াই দিছে সৰু পেকেট এটা, বাটত খাব পৰা বস্তুৰ সুদৃশ্য পেকেটটো মাকে হাতমেলি লৈছে। তাৰ পিছত কোম্পানী একজিকিউটিভৰ তৎপৰতাৰে মাকৰ লাগেজ পৰীক্ষা কৰিলে, দৰবখিনি ঠিক মতে দিছেনে নাই কাগজ মিলাই চালে, ৰঙা কেবিন বেগটোত ভৰাই দিছে এটা টেবলেটৰ বটল, মনত পেলাই দিছে ঠিক এক বজাত খাবলৈ। গাড়ীত উঠিয়ে ডেকাই মাকক কৈছে— 'বিয়াৰ পাছতে কিন্তু লৈ আহিমগৈ', মাকে উত্তৰত হাঁহিছে। এইবাৰ কুসুমক সুধিছে, চিংগাপুৰৰ পৰা যোৱা সপ্তাহত অনা গিফটখিনি মাকৰ বাকচৰ ভিতৰত ভালকৈ ভৰাই দিছেনে নাই।

'কি আছেনো তাত?' আলোকে পাতল সুৰত সুধিছে। আছে নেকি বাৰু তাত কিবা এপদ সেই 'হাবিৰ মাজত' থকা মানুহজনৰ বাবে, 'কিয়নো এইবোৰ আনিছ' বুলি মুখখন পোহৰ কৰি ল'বলৈ কিবা এপদ তাতে ভৰাই থোৱা আছে নেকি, থাকিবও পাৰে।

'মাৰ ভৰিত বুটমাহ এটা সমান হৈ হাড় এটুকুৰা বাঢ়িছে। ডাক্তৰে বিশেষ জোতা এযোৰ পিন্ধিবলৈ কৈছে, আৰু আছে ঠাণ্ডাত পিন্ধিব পৰা এটা ফাৰৰ কলাৰ থকা কোট, ডাক্তৰে মাকক একেবাৰে ঠাণ্ডা লগাবলৈ মানা কৰিছে, আৰু আছে দুটামান ভৰিৰ ক্ৰীম, মাকৰ ঠাণ্ডা লাগিলে তেজ ওলাই যোৱাকৈ ভৰি ফাটে, আৰু

আছে জেচমিন ফুলৰ সুগন্ধৰ এটা পাৰফিউম। মাকে এইবিধ সুগন্ধী ফুল বৰ ভাল পায়, বজাৰলৈ গ'লে শাক-পাচলিৰ লগতে কলপাতেৰে নুৰিউৱা এই ফুলবিধ আনিবই আনিব। মাক থকা কেইদিন এইবিধ ফুলৰ সুগন্ধৰে কুসুমৰ ফ্লেটটো সদায়ে ভৰি থাকিছিল।

নাই, ইয়াত সেই মানুহজনৰ বাবে একো নাই। কিন্তু কিয়? ইপাৰ-সিপাৰ নেদেখা পথাৰ এখনৰ দৰে বহল বুকুৰ মানুহজন কিয় সকলোৰে পৰা আঁতৰি গৈছে? মানুহজন মানেই এক অস্বস্তি, এক অসহজ অনুভূতি, এটা চেপা অসন্তুষ্টি। সেইজন মানুহ আচলতে গলি গলি টোপটোপকৈ এটা পাছপৰা অঞ্চলত মিলি গ'ল। সেইজন মানুহ মানেই এতিয়া এখন বিপদজনক ঠাই, কিছুমান নিজৰে মাজতে খোৱা-কামোৰা কৰি থকা যুক্তিবুদ্ধিহীন মানুহ, একো কৰিবলৈ নাপাই নদী, অৰণ্য লুটিপুটি বেচি বাইক আৰু উডলেণ্ডৰ জোতা কিনা উদণ্ড ডেকা ল'ৰা, বন্দুকৰ ভাষাকেই প্ৰকাশৰ মাধ্যম কৰি লোৱা ৰাজনীতি খেলা মানুহৰ হাতৰ পুতলা হোৱা বুৰ্বক ল'ৰা এজাক আৰু কিছুমান ভয়াৰ্ত নিচলা মানুহ। জগন্নাথৰ ৰথ অকলে ঠেলিব খোজা এই অঁকৰা গোঁৱাৰ মানুহজনক ভালপোৱা, নিজৰ বুলি লোৱা ইমান সহজ কথা নহয়। তাতকৈ সহজ এই গোটেই অঞ্চলটোৰে সৈতে মানুহজনক সমাজ জীৱনৰ একেবাৰে প্ৰান্তলৈ ঠেলি দিয়া।

আলোকে এয়াৰপৰ্টৰ দোকানত সেই মানুহজনৰ কাৰণে এটা দাড়ি খুৰোৱা ভাল দামী জেল কিনি ল'লে। বাহিৰৰ দোকানতকৈ বেছি দাম ল'লে লওক, মানুহজনক নক'লেই হ'ল। আলোকৰ চকুত ভাঁহি উঠিল পেকেটটো লৈ সামান্য পোহৰ হৈ উঠা গোঁৱাৰ মানুহজনৰ মুখখন 'কিয়নো এইবোৰ আনিব লাগে? এইটো চন্দ্ৰনাথকে দিব লাগিব, সি এইবোৰ বস্তু ভাল পায়।' আলোকে একে বস্তুকিপদকে আৰু এটাকৈ কিনি ল'লে। এইকিটা লাগেজত দিব লাগিব, কেবিন বেগত নিব নোৱাৰি। নিজৰ বেগৰ তলা খুলিবলৈ লোৱা আলোকক চাই শিৱসাগৰীয়া ডেকাৰ বিৰক্তিত কপাল কোঁচ খাই গৈছে, 'দাদাইনো কি এইবোৰ ডবল দাম দি কিনি ফুৰিছে, মোক কোৱা হ'লেই হয়, মই যোৱাকালিয়ে কিনি দিলোহেঁতেন।'

উত্তৰত আলোকে অলপ হাঁহিছিল। হাঁহিটোৰে সৈতে আলোকক বহুদূৰ সেই গোঁৱাৰ মানুহজনৰ দৰে লাগিছিল।

আলোক বৰ ব্যস্ত মানুহ হৈ পৰিছিল। দেউতাকে তাক চাই কেতিয়াবা অকলে অকলে হাঁহিছিল। কিমান কাম চপাই লৈছে। কলেজখন লৈয়ো তাৰ ব্যস্ততাৰ অন্ত নাই, ল'ৰাবোৰক লৈ কিনো নকৰিছে। নাটক কৰাইছে, ছবি অঁকাইছে, বাটৰ নাট

কৰিছে, কবিতা গাবলৈ শিকাইছে। আৰু এটা কাম কৰিছে আলোকে। বৰ সংশয় লৈ প্ৰিয়নাথে লক্ষ্য কৰিছে। আলোকে কিছুমান কথা লৈ কলেজৰে হওক বাহিৰৰে হওক মানুহৰ লগত কাজিয়া কৰিবলৈ লৈছে। সেইদিনা আলোকৰ নিজা বিভাগতে নতুন ল'ৰাটোক নিযুক্তি দিয়াক লৈ কমখন গ'লনে। এটা ৰাজনৈতিক জঙ্গী সংগঠনৰ দ্বাৰা সমৰ্থিত পাৰ্টিৰ প্ৰাৰ্থী আছিল ল'ৰাজন। তাৰ সকলোফালে নিন্নমান চাই আলোক জকি উঠিল, এটা বেয়া মানুহ পিছদুৱাৰেদি ভৰোৱা মানে কলেজখনে দীঘল দিনৰ বাবে কষ্ট পোৱা।

সকলোৱে দিয়াদি কলেজখনেও সিহঁতক আৰম্ভণিৰে পৰা টকা দি আহিছিল। চৰকাৰী সাহায্য পোৱাৰ আগলৈকে কম অঙ্কৰ টকা নিছিল। নতুন নিৰিখত দৰমহা পোৱাৰ পাছত ডিমাণ্ড-লেটাৰ আহিল, একেই ভাষা, একেই ধমকি। প্ৰতিজন অধ্যাপকৰ নামৰ বিপৰীতে তেওঁলোকৰ দৰমহাৰ হিচাব, তাৰে পোন্ধৰ শতাংশ সিহঁতৰ পাওনা। কলেজত কাৰো মুখত পানী নাই। কোনো সভা-সমিতি পাতিব নোৱাৰি, ক্লাছ চলি আছে, লগে লগে চলি আছে আলোচনা। আলোক এফালে, গোটেইখন অধ্যাপক-কৰ্মচাৰী এফালে। আলোকৰ যুক্তি এনেকৈ মূৰ দোঁৱাই বশ্যতা স্বীকাৰ কৰিলে নহ'ব, লাগিলে কথাবোৰ একেবাৰে ওপৰলৈ নিয়া যাওক, মিডিয়াৰ ওচৰ চপা যাওক, সকলোৱে একমুঠ হ'লে কোনে কি কৰিব। বাকীবোৰে কয় পানীত থাকি ঘঁৰিয়ালৰ লগত যুঁজা নাযায়, আলোক হ'ল মৌজাদাৰৰ ঘৰৰ ল'ৰা, বন্দুক-বাৰুদে চকীদাৰে তেওঁৰ সাতাম-পুৰুষীয়া হাউলি। বাকীবোৰ থাকে সৰু সৰু ঘৰত, কোনো ৰাখোন-ঢাকোন নাই। তেওঁলোকে টকা দিব, মাত্ৰ পৰিমাণটো কমাব লাগে। আলোকে কয় সিহঁতৰ সংগঠনৰ সংখ্যা বাঢ়িহে আছে, কেইটাক টকা দিব। উত্তৰ, সময়ত দেখা যাব। আলোকৰ বাদে সকলোৱে প্ৰথম কিস্তিৰ টকা আদায় দিলে। নাগ নদীৰ পাৰৰ মৌবাহবোৰ ওলমি থকা সেই পুৰণি পুৰণি শাখা-প্ৰশাখা মেলি প্ৰকাণ্ড একোজোপা হোৱা ভেলেউ গছ কিজোপা কটা লৈয়ো কমখন যোৱা নাই। ল'ৰাটোকো চাকৰি দিয়া নহ'ল, গছ কটাও বন্ধ হ'ল। আলোকে মাহেকীয়া কিস্তিত নামো নিদিলে।

বাহিৰৰ কামবোৰৰ উপৰিও ভনীয়েকৰ বিয়াৰ আচিলা লৈয়ে আলোকে হাউলিটো বিয়াৰ কইনা সজোৱাদি সজাব খুজিছে। ককাকৰ দিনৰ সেই চাহাব থাকিবলৈ সজা আলহী ঘৰটোত বিশেষ হাত নলগালে। মাত্ৰ উঁইয়ে ধৰা কাঠৰ খুঁটা কেইটা বদলাই পেলালে। আনকি চেইন টানি পানী উলিওৱা পাইখানাটোৱো একেধৰণেৰে ৰাখিলে। বেৰাবোৰ ৰং কৰালে, এমং বুঢ়াৰ নাতিক মাতি ফাৰ্নিচাৰবোৰ

ৰং কৰালে। সেই চাহাব থাকিবলৈ ককাকে সজোৱা ঘৰটোৰ কাম কৰোৱা কেইদিন কেৱল কাহিনী আৰু কাহিনী। পুখুৰী খান্দি থাকোঁতে হঠাৎ ভুমুক এটা ওলোৱাৰ দৰে অৱস্থা। ইটোৰ পিঠিত সিটো কাহিনী কলকলকৈ বৈ আহে। কোনে ৰখায়, কোনে ভেটা দিয়ে?

ককাকে হাউলিৰ সেইজোপা গছতে ট্ৰি-হাউছ সজাইছিল। সেই ট্ৰি-হাউছ দেখি চাহাবহঁতৰ ফূৰ্তি...।

ধনীৰামে ডফলা পোতা টিলাৰ শহাবোৰ নি বাঁহৰ তলত পেলালেগৈ। শহাৰ ঠাইত চাহাবক আনি দিছিল দুটা নিমখ-হালধি দি কাচি অনা আৰি মাছ...।

এডুইন চাহাবে সলসলীয়াকৈ অসমীয়া ক'ব পাৰিছিল। আইতাক শান্তিপ্ৰিয়াৰ লগত গোঁসাই-ঘৰৰ বাৰাণ্ডাত বহি একমনে সাঁচি পাতৰ পুথিবোৰ চাইছিল...। কেনে মাটি হেন মানুহ আছিল সেই চাহাব।

জামাল ৰুটিৱালাই আনি দিয়া কেকটো কাটিছিল এডুইন চাহাবে, সেই কেকৰ ফুৰফুৰীয়া গোন্ধ...।

এডুইন চাহাবৰ চকুহালত দুটা নীলা মাৰ্বল গুটি বহোৱা যেন আছিল।

পানীৰ দৰে টকা খৰচ কৰিছিল ককাকে...।

কিমান কথা, কিমান ঘটনা। প্ৰত্যেকেই ঘটনাবোৰ এনেকৈ কয় যেন নিজেইহে দেখিছে। আনকি তপজেৰ নাতি ল'ৰা গণেশেও ফান্দীৰ মুখত শুনা কথাবোৰ এনেকৈ কয় যেন সি নিজে দেখিছেহে। আৰু এটা কথা-চহকী হ'ল এমং বুঢ়াৰ নাতি। সি হ'ল সৰ্ব্বজান্তা। হাতৰ বটালি যিমান চলে মুখো সিমান চলে। আলোকক কিবা এটা পুৰণি কথা শুনাবলৈ আটাইৰে মাজত যেন প্ৰতিযোগিতাহে লাগি পৰিছে। পুখুৰী খান্দোতে ওলোৱা ভুমুকটো হেন কথাৰ জলধাৰাত আলোকে সৰু ল'ৰা এটাৰ দৰে উমলিছে। প্ৰিয়নাথে আলোকৰ কৰ্মকাণ্ডক এটা প্ৰশ্নবোধক চিন লৈ চাইছে। অকল ভনীয়েকৰ বিয়াৰ বাবেই এনেকৈ সাজু কৰা হৈছেনে হাউলি? আধুনিক আলহী কোঠাৰ কাম চাবলৈ বুলি আলোকে সুগৰী জানৰ পাৰত কাৰ লগত ইমান দীঘলীয়াকৈ কথা পাতে? কাৰোবাক যেন প্ৰতিটো কথাই কৈ আছে আলোকে। আলোকে সেই পুৰণি থাপনাখনো উলিয়াই অনালে। এসময়ত হেঙুল-হাইতালেৰে বোলোৱা আছিল সেই থাপনা। ধুই-পখালি সেই থাপনা নামী কোম্পানীৰ ৰং আনি হেঙুল-হাইতালৰ ৰঙকেই ৰাখি নতুন কৰি পেলালে। সোণতৰাই নতুনকৈ ৰং কৰা থাপনা গোসাঁই-ঘৰত আকৌ থাপিবৰ দিনা এভাগ গোপিনী সবাহেই পাতি

পেলালে। তেল চিকটি লগা থাপনাখন ৰং সানি নতুন কৰাৰ দৰে আলোকে যেন গোটেই হাউলিয়ে নতুন কৰি পেলাব। নিতৌ নতুন গছ, ফুলৰ পুলি, ফলমূলৰ গছ ৰোৱা হৈছে। কুসুমে সজা ধেনুভিৰীয়া দলঙতো ৰং পৰিছে, পৰিষ্কাৰ হৈছে সুগৰীজান। হাউলিৰ প্ৰতিটো পুৰণি বস্তুকে আলফুলে নতুন কৰি তোলা হৈছে। অতি যোগ্যতাৰে মৌজা চলোৱাৰ বাবে চৰকাৰে দেউতাকক দিয়া মেডেলটো আৰু নাম ফলকখনো বঢ়িয়াকৈ আইনাৰ বাকচত সোমাইছে। আনকি ককাকৰ দিনৰ টেকেলা ধনী ডেকাৰ কঁকালৰ চৰকাৰী বেল্টডালো পলিচ কৰা হৈছে। সেইডাল চামৰাৰ বেল্ট বৃটিছে দিছিল। মৌজাদাৰৰ টেকেলাই সেইডাল বেল্ট কঁকালত মাৰি কোৰোকী কৰিবলৈ বা খাজনাৰ তাগিদা দিবলৈ যোৱাৰ নিয়ম আছিল। সেইডাল বেল্টত হাউলিৰ কোনেও হাত দিব নোৱাৰিছিল। বেল্টডালৰ মাজতে থকা পিতলৰ ঘূৰণীয়া ৰিংটো ব্ৰাছ মাৰি দিলতে সোণৰ দৰে জিলিকি উঠিল। পলিচ মাৰি থকা বেল্টডাল চাই দেউতাকে আলোকক হাঁহি মাৰি কৈছে— ধনী টেকেলাই চৰকাৰী কামত ৰায়তৰ ঘৰলৈ যাওতে সেইডাল কঁকালত মৰা নাছিল, সন্মানেৰে কান্ধতহে বকলেচটো লগাই সুন্দৰকৈ ওলোমাই লৈছিল। দূৰৈতে আটায়ে বুজিছিল ধনী টেকেলা আজি চৰকাৰী মানুহ হৈ আহিছে। ককা-দেউতাকৰ দিনৰ দোলা দুখনতো এমং বুঢ়াৰ নাতিয়ে পলিচ মাৰিছে, ভগা-ছিগাখিনি মেৰামতি কৰিছে। ফুচফুচীয়া মাতেৰে দোলা দুখনত বোজাই থকা কথাবোৰো মাটিলৈ নামিছে।

প্ৰতাপী মৌজাদাৰ কাৰো পদূলিত থিয় নহয়গৈ। দোলা পঠিয়াই দিয়ে, কইনা আহি হাউলি পায়হি।

তুলাৰাম কোচৰ জীয়েক মালতী আহিছিল, যাচি আহিছিল তাই। মৌজাদাৰে কৈছিল, 'যাচি দিয়া ভাতৰ কাঁহী দলিয়াব নাপায়'। সাতাম পুৰুষীয়া দোলাখনত উঠি মালতী হাউলিলৈ যাচি আহিছিল।

দুই মূৰে দুটা ভাটৌ চৰাই, দোলামাৰি ডালত কুন্দিয়াই থোৱা আছে সাপো নোহোৱা ঘঁৰিয়ালো নোহোৱা এমং বুঢ়াৰ দেশৰ চিন ঘোষণা কৰি থকা সেই অদ্ভুত জীৱটো। এইখন দোলা সজাইছিল মৌজাদাৰে নিজা তদাৰকীত। এইখন দোলাত আহিছিল কিটিৰা মাছমৰীয়াৰ ছোৱালী শাওণী।

কোনোবাই কোনোবাই কয় অকল শাওণী আৰু মালতীয়েনে কিবা... আৰু ...। দোলাৰ কাম যিমানে চলে কথাবোৰ সিমানে মাটিয়ে-বালিয়ে বাগৰি পৰে কথাবোৰ।

ভঁৰালৰ আগত ওলোমাই থোৱা দোলা দুখন চিক্‌চিকীয়া আইনাৰ বাকচৰ ভিতৰত সোমাই একোটা 'এনটিক শ্ব-পিচ' হৈ পৰিল। আলোকে কিয় এইবোৰ

কৰিছে? কিয় আৰু কাৰ বাবে এই পূৰণি বস্তুবোৰ এনেকৈ সংৰক্ষণ কৰিছে। প্ৰিয়নাথে অবাক হৈ চাই থাকে। আলোকৰ সঁচাকৈয়ে নিজৰ প্ৰ-পিতামহৰ প্ৰতি ইমান শ্ৰদ্ধা আছিল নে? আলোকে সঁচাকৈয়ে এই হাউলিৰ অতীতটো ইমান আপোন বুলি ভাবেনে? ককাকৰ পকেট ঘড়ীটোৰ পৰা আজো ককাকৰ হাতী দাঁতৰ খৰম জোৰলৈকে সকলো বস্তুকে সংৰক্ষণ যোগ্য বুলি ভাবেনে? চন্দ্ৰনাথে ঠিকেই কৈছিল আলোক এই হাউলিৰ ল'ৰা, চৌধুৰী পৰিয়ালৰ ল'ৰা। প্ৰিয়নাথে এক গৰ্ব অনুভৱ কৰিলে।

ৰাতি কিজানি দুটামান বাজিছিল। হঠাৎ জুয়ে আগুৰি ধৰিছিল মৌজা অফিচটো, জুই বাগৰিছিল গোসাঁই-ঘৰলৈকো। কেউপিনে হুৰা-দুৰা লাগিল, চিকিউৰিটিৰ ল'ৰাকিটাই বন্দুক লৈ দৌৰিছিল, আৰু কাৰো হকা-বধা নামানি সেইফালে বন্দুক লৈ গৈছিল প্ৰিয়নাথ। কোনো নাছিলে। পেট্ৰল ঢালি থোৱা আছিল, দূৰৈৰ পৰা নাহৰ গুটি জ্বলাই কাঁড়ত লগাই মাৰি পঠিয়াইছিল। কাষতে সুগৰীজান আছিল, আটায়ে পানী ঢালিলে, তথাপি মৌজা অফিচৰ এফাল পোৰা গ'ল। গোসাঁই ঘৰটোৰ মৌজা অফিচৰ ফালে থকাখিনিত জুই লাগিছিল। সেইখিনিতে থাপনা আছিল। আলোকে হালধীয়া সেউজীয়া ৰং দি উজ্বলাই পেলোৱা থাপনা ছাই হৈ গৈছিল, আৰু জুইত জাহ গ'ল সেই ৰূপৰ ভোগজৰা বাটি, পুথি-পাজিখিনি সেইফালে নাছিল বাবে ৰক্ষা পৰিল। পুলিচ আহিল, তদন্ত হ'ল নাই। অপৰাধীৰ কোনো শুং-সুত্ৰ নোলাল। এইটোৱেতো নিয়ম, ঘৰ জ্বলিব, কোনে জ্বলালে ধৰা নপৰিব, এটাৰ পাছত এটাকৈ মানুহ মৰিব, কোনেও নাজানিব কোনেনো মাৰিলে। আটাইবোৰ বতাহত মিলি যাব।

আগত এখন বিয়া আৰু হাউলিত দুটা আধাপোৰা ঘৰ। চন্দ্ৰনাথ আহি পালে। চন্দ্ৰনাথে আজি দুদিন মানৰ আগতে ককায়েকক কৈছিল, ' ককাইদেউ, মই গুৱাহাটীৰ ঘৰখন চিজিল লগাই, জীৱনৰ শেষৰ দিনকেইটা তোৰ লগতে থাকিমহি। প্ৰিয়নাথে উত্তৰত কৈছিল, 'হ'ব দে, আহিবি, আমি একেলগে থাকিম, মনত আছে তয়ে-ময়ে যে সৰুতে একেখন কাঁহীতে ভাত খাইছিলো। একেলগে শুইছিলো।' আলোকে সজাই-পৰাই পেলোৱা ঘৰখনলৈ চন্দ্ৰনাথৰ বৰ মায়া সোমাইছিল। খুড়াকক দেখি আলোক আহি ওচৰত ৰৈছিলহি। প্ৰিয়নাথে আলোকক চন্দ্ৰনাথৰ কথাষাৰ কৈছিল।

'শুনিছ আলোক, খুড়াৰে বোলে চহৰ এৰি এই হাবিতলীয়া ঠাইত থাকিবলৈ আহিব।'

'আহিব দদাইদেউ, আপোনালোক দুজন একেলগে থাকিলে দুইজন বহুত দিন ভাল স্বাস্থ্যৰে বাচি থাকিব। খাটি বস্তু খাব, ভাল বতাহ পাব'।

'আৰু দুই বুঢ়াক তই চাব লাগিব', বোৱাৰী বা কেনে আহে, আহি দুটা বুঢ়া শহুৰ পালে কি বা কৰে,' চন্দ্ৰনাথে হাঁহিছিল' আলোকে তলমূৰ কৰিছিল।

পোৰা ঘৰ দুটা চাই চন্দ্ৰনাথে হুলস্থূল লগালে, কথাবোৰ ৰৌজাল-বৌজাল কৰিব নালাগে, যিমান সোনকালে পাৰি ঘৰ দুটা মেৰামতি কৰিব লাগে। শিৱসাগৰীয়া মিতিৰৰ এনেই ভয়ত ত'ত নাই, এইবোৰ শুনিলে মৌসৰাত ভৰিয়ে নথ'ব। চন্দ্ৰনাথে, প্ৰিয়নাথে এজাক মানুহ লগাই ঘৰকেইটা যিমান পাৰে সোনকালে ঠিক কৰাত লাগি গ'ল। আলোকে বুজিলে, দুই বুঢ়া লাগিল যেতিয়া ঘৰ কেইটা আগতকৈ ভাল হৈহে উঠিব। কামত ব্যস্ত হৈ পৰা শালপ্ৰাংশু মানুহ কিজনক চাই থাকিল আলোকে। বৃদ্ধত্বৰ ফালে অহা মানুহকেইজন এতিয়াও কি সুন্দৰ, শালগছৰ দৰে পোন, খোজ-কাতলত কোনো ধৰণৰ জড়তা নাই। সঁচাকৈয়ে যদি খুড়াক দেউতাকৰ লগত থাকিবলৈ আহে! খুব যত্ন কৰিব দুইজনকে, ভালকৈ ৰাখিব। গধূলি গধূলি বুলনিত একেলগে বহিব আৰু শুনিব দুয়োজনৰ বহুত কথা। তাৰ নিজৰো এই দুই পুৰুষৰ সহচৰ্য্যত জীৱন বহুত সহজ হৈ পৰিব। আলোকে দুই ব্যক্তিৰ প্ৰতি ভিতৰৰ পৰা এক গভীৰ আৱেগ অনুভৱ কৰিলে। আলোক তেওঁলোকৰ ওচৰ চাপি গ'ল, 'কাইলৈ খুউব পুৱাই উঠিব লাগিব কিন্তু, আমি নদীত মাছ চাবলৈ যাম, সেই যে আকাশ গোলাপী হোৱাৰ সময়ত নদীৰ ঘুলিত মাছবোৰে খেলি থাকেহি।'

'আমিতো সদায়ে উঠো, তইহে নোৱাৰিবি নেকি?' খুড়াকে ভতিজাকৰ চুলিখিনিত হাত বুলাই দিছে। আলোক কলেজলৈ বুলি ওলাই গ'লগৈ।

আলোকে এলাৰ্ম দি থৈছিল। পুৱতি নিশাতে উঠি দেখিলে খুড়াক-দেউতাক ওলাই-মেলি সাজু। পাৰেও এই বুঢ়া কিটাই, দুয়োৰে সতেজ মুখকিখন দেখি আলোকৰ ভাল লাগি গ'ল। বিয়া-বাৰুবোৰ যাওক, দুইজনকে লৈ এবাৰ বাহিৰলৈ যাব লাগিব। খুড়াক বাৰু গৈছেই, দেউতাকহে বেছি যোৱা নাই। অন্য নহ'লেও কলিকতাতে দুদিনমান থকাকৈ নিব লাগিব। কলিকতাৰ প্ৰতি খুড়াকৰ এনেও মোহ আছে, তাতে পঢ়া-শুনা কৰিছিল। দেউতাকেও ভায়েকৰ মুখত কলিকতাৰ কথা কিমান শুনিছিল। সৰুতে আলোকহঁতেও শুনিছিল কলিকতাৰ নানা কথা।

গড়িয়াহাটৰ ফুলৰ দোকানৰ ফুৰফুৰীয়া গোন্ধ।
ভিক্টৰীয়া মেমৰিয়েল, পাৰ্ক ষ্ট্ৰিট, ট্ৰাম, ডাবল ডেকাৰ বাছ।

অকল ছিগা চেণ্ডেল, কাপোৰৰ ছিগা টুকুৰা আৰু তেজৰ দাগ লৈ হাওৰাত সোমোৱাহি সেই ৰে'লখন।

শান্তি নিকেতন।

দপদপীয়া বৰষুণতো শুকান হৈ থকা ইডেন গাৰ্ডেন।

ধুই দিয়াৰ পাছতে কোঁচ খাই সৰু ল'ৰাৰ চাৰ্ট হেন হৈ পৰা ফুটপাথ-মাৰ্কেটৰ পৰা খুড়াকে কিনা সেই চাৰ্টটো।

আলোকহঁতে কলিকতাৰ কাহিনী খুড়াকৰ পৰা ৰূপকথাৰ কাহিনী শুনাদি শুনিছিল। নিব লাগিব দুই বুঢ়াক। এই মানুহ দুজনক দেখিলে আলোকৰ প্ৰায়ে মনত পৰে দুজন গোঁৱাৰ কিশোৰলৈ। স্কুল এখনত মহে-ডাঁহে পৰি থাকে, পালে এমুঠি খালে, নাপালে নাই, ভৰসা মাত্ৰ মানুহ এজনীয়ে গোপনে কাৰোবাৰ হাতত পঠাই দিয়া অলপ বস্তু, দুটা মান পইছা। সেই কৃচ্ছ্ৰসাধনাই এই মানুহ দুজনৰ ভেটী, ব্যক্তিত্বৰো, জীৱনৰো।

গাড়ী হাউলিৰ বাহিৰ হৈছে। আলোকে চিনেমাৰ কথা উলিয়াইছে। দুই বুঢ়াৰ চিনেমাৰ প্ৰতি হেঁপাহ আছে। বহুদিন দেখিছে খুড়াকে কলিকতাত চোৱা ইংৰাজী চিনেমাৰ গল্প জুৰিছে ককায়েকৰ সৈতে। আলোকে জানে দুইজনৰে মাজত এটা সুকুমাৰ মন আছে। ঢেৰ দিন আগত পৰি আছে। দুইজনকে ভাল চিনেমা অলপ দেখুৱাব লাগিব, ভাল গান শুনাব লাগিব। এজাক চাকৰ-নাকৰৰ মাজত থাকিলেও দুয়ো এতিয়ালৈ নিজৰ কাম নিজেই কৰি লয়, কাৰো হাতলৈ-মুখলৈ নাচায়। কোনেনো তেওঁলোকৰ কাৰণে কি কৰিব লাগে? তথাপি আলোকে চেষ্টা কৰিব। কিমানে পায় এনে দুজন মানুহ, একেবাৰে নিজৰকৈ।

আলোকে গাড়ী নি নদীৰ পাৰৰ দলংখনৰ ওচৰতে ৰখাই দিলেগৈ। সকলো নদীৰে এটা গোন্ধ থাকে, নৈনে নদীৰো আছে। আজি কিন্তু নৈনে নদীৰ নিজা গোন্ধটো নাই। তাৰ ঠাইত পোৰা মবিল, পেট্ৰল, ডিজেলৰ কটু গোন্ধ। নদীৰ নিজা কোমল শব্দটো নাই, তাৰ ঠাইত মাটি খন্দা গাড়ীৰ শব্দ, ট্ৰেক্টৰ, ট্ৰাকৰ ঘৰ্ঘৰ্ শব্দ। প্ৰিয়নাথ, চন্দ্ৰনাথ, আলোক বৈ গ'ল। কথাবোৰ এনেকৈয়ে ঘটে। আচম্বিতে ঘটে। আকাশৰ পৰা বজ্ৰপাত পৰাদি পৰে। পৰাৰ আগলৈকে কোনেও গম ধৰিব নোৱাৰে, আকাশ গাজিছে, গাজেই, কিনো ডাঙৰ কথাটো হ'ল। গাজনি আহিব, যাব। কেতিয়াবা গাজনিৰ লগতে বজ্ৰপাত হয়। তেতিয়াহে মানুহে গম পায়, মাছপোৰা-মাছপোৰা গোন্ধে আকাশ-বতাহ কটুৰ হৈ আহে, য'তেই পৰে তাতেই চব জ্বলি যায়, যাৰ গাতে পৰে সিয়েই শিল হয়। জ্বলি-পুৰি ছাই হৈ যায়।

ক'লৈ গ'ল বুকুত ৰং-বিৰঙৰ শিল, জিক্‌মিকাই থকা বালিচন্দা, মাজে মাজেই অহা সৰু সৰু মাছৰ জাকৰ সৈতে ধুনীয়া নদীখন। সেই সিদিনাও আছিল। দেউতাক আৰু আলোকে চাই গৈছিলহি। কিমান দিন হ'ল? ছমাহ, সাতমাহ, তাতকৈয়ো কম হ'ব পাৰে। আকাশ গোলাপী হৈ উঠিছে। এই গোলাপী ৰং বুকুত ল'বলৈ নদীখনৰ আৰু শকতি নাই। সেই শিলৰ তলে তলে জাক পাতি ওলোৱা ৰাঙাপাখা মাছবোৰো নাই। ক'ত থাকিব ৰাঙাপাখা মাছ? ক'ত ৰঙা ফিছা নচুৱাই সাঁতুৰি ফুৰিব? দলবদ্ধ ধৰ্ষণত গেঙাই থকা নাৰীৰ দৰে নদীখনে যেন গেঙাইছে। নদীৰ বুকুত দৈত্যৰ দৰে হাতোৰাৰে জে.চি.বি. কিখনে শিল-বালি খান্দিছে, বোজাই কৰি ট্ৰাক, ট্ৰেক্টৰবোৰ নদীৰ বুকুৰেদি ঘৰ্‌ঘৰ্ কৰি ইফালে-সিফালে গৈছে। এজাক বনুৱাই কাম কৰি আছে। নদীৰ বুকুখনত ইফালে-সিফালে দমাই থোৱা শিল-বালিৰ দ'ম। কামুৰি খবলা-খবল কৰা নাৰীৰ দৰে দেহাৰ নদীখনত কেনেকৈ থাকিব ৰাঙাপাখা মাছৰ সপোন? মাজে মাজে জমা হৈছে স্তূপীকৃত জাবৰ-জোথৰ-প্লাষ্টিক। নৈখনৰ পৰা গেলা খালৰ দৰে গোন্ধ এটা ওলাইছে। লাহী-পাহি পাহাৰী নৈখনে উগ্ৰমূৰ্তি ধাৰণ কৰিব নাজানে। ঢাহি-মুহি সকলো উটাই নিব নোৱাৰে। মাত্ৰ বুকুত জিৰ্‌জিৰীয়া পানীৰ সৰু সৰু সুঁতি লৈ বৈ যাব জানে, বুকত লৈ ৰাঙাপাখা মাছবোৰ নচুৱাব জানে, সৰু সৰু শিলগুটি, বালিচন্দা তিৰবিৰাবলৈ দিব জানে। আৰু নো কি জানিব এই লাহী নদীখনে?

নীৰৱে চন্দ্ৰনাথ আৰু প্ৰিয়নাথ গাড়ীত উঠিছিল, আলোকে নীৰৱে গাড়ী চলাইছিল। গোটেই বাটছোৱা কোনেও এষাৰ কথাও কোৱা নাছিল।

আলোকে সাৱধানে গাড়ী চলাইছিল। ঠেক, ভঙা ৰাস্তাটোৰে অহা-যোৱা কৰি আছে গধুৰ গধুৰ শিল-বালি বোজাই ট্ৰাকবোৰ, জঁপিয়াই জঁপিয়াই অহা ট্ৰেক্টৰবোৰ। মাজে মাজে মাটি কঁপাই আহিছে প্ৰকাণ্ড মাটি খন্দা গাড়ীবোৰ। ভঙা ৰাস্তাত প্ৰকাণ্ড হাতোৰাখন ইফালে-সিফালে ঘূৰিছে। এইযেন লাগিব, আইনা ভাঙি হাতোৰাখনে ছিঙি নিব গাড়ীখনৰ আৰোহীৰ মূৰকেইটা। পৰি থাকিব মূৰ নোহোৱা শৰীৰ কেইটা। থাকিব পাৰে, থাকিলেও কাৰো আহে নাযায়, কিনো ডাঙৰ কথাটো হ'ল? আলোকে গাড়ীৰ গতি একেবাৰে কমাই দিছিল।

বৰ্শাবিদ্ধ সপোনটো

সকলো সাজু। ভোজৰ ভাতলৈকে সাজু। ৰাইজ ৰৈ আছে দৰা-কইনাৰ বাবে। দৰা-কইনাক আশীৰ্ব্বাদ নিদিয়াকৈ কোনেও অন্নত হাত নলগায়। প্ৰায় দুইমান বজাত দৰা-কইনা, দৰাৰ মাক-দেউতাকক লৈ চন্দ্ৰনাথ আহি পালেহি। দৰা-কইনাক ৰাইজে হৈ ধ্বনি দি আশীৰ্ব্বাদ দিলে। দৰা ঘৰৰ মানুহে ঘূৰি-পকি হাউলিটো চালে, সুন্দৰ বুলি ক'লেও, এনেকুৰা ঠাইত ইমান টকা পেলোৱাটো বুৰ্বকামীও বুলিলে। চিকচিকাই থকা নতুন আচবাব পত্ৰেৰে সজোৱা আলহী ঘৰটো চাই কুসুমে কইনাৰ সাজতে জাঁপ মাৰোঁ মাৰোঁ কৰিলে। কিন্তু দৰা আৰু মাক-দেউতাকে কোনো পধ্যেই মৌসৰাত এৰাতি নাথাকে, লগত অহা মোমায়েক-মামীয়েক আৰু এখোপ চৰা, ভাত কিটা খায়ে গাড়ীত উঠে। তেওঁলোকে আজিয়ে ঘূৰি যাবগৈ, আজি নিশাটো গুৱাহাটীত থাকি কাইলৈ পুৱাই শিৱসাগৰলৈ যাবগৈ। সঁচাকৈয়ে ভাত কিটা খায়ে তেওঁলোক গাড়ীত উঠিল, দিনে-পোহৰে যাবগৈ লাগে। আটায়ে বুজিছে মানুহখিনিয়ে ভীষণ ভয় খাই আছে। যেনে-তেনে নিয়মটো কৰি ওলাই যাবগৈ লাগে।

দেউতাকে বাহিৰত কাম কৰাই আছে, চুৰা পাতবোৰ পোতাইছে, চোতালখন চাফা কৰাইছে। আলোকৰ কিয় জানো মনটো মৰি আহিল। একো কৰিবৰ মন যোৱা নাই, মনটো কিবা গধুৰ হৈ পৰিছে। নটা নৌ বাজোতেই আলোকে কাকো মাত-বোল নিদিয়াকৈ বিছনাত পৰিলগৈ। গভীৰ আন্ধাৰত আলোকে যেন নিজক ডুবাই দিলে। গৈ আছে গৈ আছে এটা আন্ধাৰ সুৰঙ্গৰে গৈ আছে। এই যাত্ৰা যেন টোকোৰা চৰাইৰ বাহটো এডাল কুটাও দুটুকুৰা নোহোৱাকৈ খুলিবলৈ চেষ্টা কৰাৰ দৰে। বাৰে বাৰে ছিগি যায়, আঁত হেৰায়, এই জঁট খুলিলেহে পোৱা যাব সেই সোণৰ বেজীটো। কিন্তু এই জঁট খুলিব পাৰিবনে? পাৰিনে পাব এটা সোণৰ বেজী। যি বেজীৰে সী পেলাব পাৰি এক অপূৰ্ব্ব সুন্দৰ নীড়। কিয় বাৰু আলোকৰ মনটো এনেকুৰা লাগিছে? ভনীয়েকজনী একেবাৰে লোকৰ হৈ যোৱাৰ বাবে? নে তাই এৰাতিও থাকি

নোযোৱাৰ বাবে মনটো বেয়া লাগিছে। কিয় তাই মৌসৰাত এৰাতি থাকি যাব নোৱাৰিলে? ইমান হেঁপাহ কৰি তাইৰ কাৰণে ইমান দিন ধৰি আয়োজন কৰিছিল। তাই আৰু জোঁৱাই হ'ল ক'ৰপৰেট জগতখনৰ বাসিন্দা, তাই যে আহিব পাৰিলে সেয়াই ডাঙৰ কথা। থাকক, ভালে থাকক, ভালে থকাটোৱেই মূল কথা। নে বিয়াখনত অহৰহ সন্মুখীন হোৱা প্ৰশ্নটোৰ বাবে মনটো বেয়া লাগিছে। হ'ব পাৰে, তাৰ কেইবাজনো বন্ধু ভনীয়েকৰ বিয়ালৈ বুলি গুৱাহাটীলৈ আহিছিল। আটাইকেইটা এতিয়া বৰ ভাল ধৰণেৰে প্ৰতিষ্ঠিত। সিহঁতে অবাক হৈছিল ইমান ভাল সুবিধাটো পাই সি কিয় নল'লে, এনেকুৱা সোণপানীৰে লেখা কেৰিয়াৰ লৈ এখন সৰু নতুনকৈ পতা গাঁৱৰ কলেজত কিয় সোমাই থকাৰ কথা ভাবিছে। প্ৰশ্নবোৰে তাৰ মনটো বেয়া কৰি দিছে নেকি, ওহো, এইবোৰ প্ৰশ্নৰ সৈতেতো কেতিয়াবাই মুখা-মুখি হৈছে। সিহঁতে কেনেকৈ বুজিব এই অনগ্ৰসৰ অঞ্চলটোৰ প্ৰতি সি প্ৰতি নিয়ত অনুভৱ কৰা দৰদ আৰু দায়িত্ব। কেনেকৈ বুজিব দেউতাকে পাহাৰ খন্দাদি তিলতিলকৈ এই অঞ্চল আগুৱাই অনাৰ চেষ্টাতে কিদৰে জীৱনটো পাত কৰিছে। সিহঁতে কেনেকৈ বুজিব এই অঞ্চলৰ মানুহখিনিয়ে দেউতাকক কেনেকৈ দেৱতা দেখাদি দেখে। আনকি তাকো মানুহখিনিয়ে সেই মৰম-শ্ৰদ্ধাৰ ভাগ দিবলৈ লৈছে। লাহে লাহে আলোকৰ মনটো ভাল লাগি আহিল। সকলোৰে একে সূত্ৰ মানি জীয়াই থাকিব লাগিব তাৰ মানে আছে নেকি? পাহাৰ তলীৰ সৰু সৰু পাহাৰ, জান-জুৰি, নদী, অৰণ্যৰে ভৰা এই ঠাইখণ্ডক কেইবাবাৰো সি নিজ চেষ্টাৰে সৰ্বত্ৰ চলা লুণ্ঠনৰ পৰা অলপ হ'লেও বচাইছে। এয়া কি কৃতকাৰ্য্যতা নহয়? সি ইয়ালৈ অহাৰ পৰা কলেজখনে আগবঢ়া নাইনে? কিমান ল'ৰা তাৰ হাততে গঢ় লৈছে। তাৰ হাততে গঢ় লোৱা 'নেচাৰ্চ ক্লাবৰ' ল'ৰাখিনিয়ে ভয়ংকৰ ল'ৰাজাকৰ সৈতে কেনেকৈ যুঁজিছে, বাহিৰৰ মানুহে কেনেকৈ বুজিব? 'নেচাৰ্চ ক্লাব'ৰ ল'ৰাকিটাই সিদিনা খবৰ দিছেহি ভেলেউ গছ কিজোপালৈ আকৌ মৌ আহিছে। ইতিমধ্যে পূৰা ত্ৰিছ বাহ মৌ দেখা গৈছেই। গুৰিবোৰ ৰাতি বহি থকা হাতী-পোৱালিহেন লগা সেই বিশাল শিমলু কিজোপা ৰক্ষা পৰিল। এইবাৰ ক্লাবৰ ল'ৰাবোৰে মৰণ-পণ দিছে, এইদৰে নদী বিক্ৰী কৰিবলৈ দিয়া নহ'ব। আলোকেই বাহিৰৰ কেইবাটাও সংগঠনৰ লগত ক্লাবটো জড়িত কৰাই দিছে। অলপতে বিদেশৰ কেইজন মান প্ৰকৃতি-প্ৰেমী এই নদীৰ লুণ্ঠন চাবলৈ আহিব। আলোকৰে আলহী হৈ থাকিব। আকৌ নদীত ৰাঙাপাখা মাছে নাচিবহি। হ'বই, কিয় নহ'ব? নাগ নদীৰ উত্তৰ পাৰে থকা সংৰক্ষিত বনাঞ্চলত ট্ৰাকে ট্ৰাকে মানুহ আনি বহুৱাব খুজিছিল। এইদৰে ইতিমধ্যে কেইবাখনো সংৰক্ষিত বনাঞ্চলত মানুহ বহুওৱা হৈ গৈছিল। ক্লাবৰ ল'ৰাবোৰে মৌসৰাৰ স্থানীয় মানুহক লৈ

সেই কামত বাধা দিলে। সিহঁতে ট্ৰাকত তুলি অনা মানুহখিনি ঘূৰাই নিবলৈ বাধ্য হ'ল। সেই ৰিজাৰ্ভ ফৰেষ্টত নতুনকৈ তিনিহাল ম'ৰা চৰাই হ'ল, আগৰে চাৰিহাল আছিলে। গাঁৱৰ মানুহে সেইফালে কদাচিতো ৰাসায়নিক সাৰ ব্যৱহাৰ নকৰে? এইবোৰ কি ডাঙৰ কাম নহয়। লাহে লাহে আলোকৰ চকুলৈ টোপনি নামি আহিল।

ৰাতি সপোনত আলোকৰ ওচৰলৈ আহিল এজাক ৰাঙাপাখা মাছ। মাছবোৰে ৰঙা ফিচাবোৰ নচুৱাবলৈ আৰম্ভ কৰিছে। জাকপাতি মাছবোৰ আহি আলোকৰ গাতে বগাবলৈ লৈছে। আলোকৰ চুলিত মাছ, গাত মাছ, ভৰিৰ পতাত মাছ। ভৰিৰ ঠাইত তাৰ গজি উঠিছে এখন ৰঙা ফিচা। বেলিৰ দৰে ৰঙা, সেন্দূৰৰ দৰে ৰঙা, শিমলু ফুলৰ দৰে ৰঙা। এজাক মাছৰ সৈতে এইবাৰ সি সাঁতুৰিছে, এখন নদীৰ এসোপা বিভিন্ন ৰঙৰ শিলগুটিৰ ফাঁকে ফাঁকে মাছবোৰৰ সৈতে লুকা-চুৰি খেলিছে। নদীৰ পাৰত মাছৰ সৈতে খেলি থকা তাক চাই আছে দেউতাক আৰু খুড়াকে। তেওঁলোকলৈ চাই সি তাৰ নতুনকৈ হোৱা ৰঙা ফিচাখন পাক এটা মাৰি নচুৱাই দিলে।

প্ৰিয়নাথে সদায়ে আলোক কলেজলৈ যাওতে ড্ৰাইভাৰ হিচাবে এজন চিকিউৰিটি গাৰ্ডক পঠিয়াই দিয়ে। এই লৈ আলোকৰ মহা আপত্তি, সি মটৰ চাইকেলখন লৈ যাব, এনেকৈ ড্ৰাইভাৰে চলোৱা গাড়ীত বুঢ়া মানুহ বহি যোৱাদি পাছ ছিটত বহি যাবলৈ ভাল নালাগে। তাৰ আপত্তিৰ উত্তৰত প্ৰিয়নাথ খঙত একোনাই হৈছিল। সি যাওকগৈ, নালাগে থাকিব ইয়াত, কোনে বধ-শপত দিছে, আগতেও কৈছে সি যিখিনি কৰিলে সেয়া বহুত বেছি আৰু দৰকাৰ নাই। আৰু ভাল নলগা হৈছে, সি গুচি গ'লে অন্ততঃ এটা চিন্তা কমিব। সি কি জানে, ক'ত কি হৈ আছে। দেউতাকৰ খঙত ৰঙা পৰা মুখখনলৈ আলোকে অবাক হৈ চাইছিল। দেউতাকৰ মাত ডাঙৰ হৈছিল, অস্বাভাৱিক ধৰণেৰে ডাঙৰ হৈছিল। তেওঁ প্ৰায় চিঞৰিছিল, নালাগে আলোক ইয়াত থাকিব, তেওঁ নিজেও যাবগৈ, মৌজা চলি থাকিব, আলোকে গুৱাহাটীতে কিবা কৰক বা ক'ৰবালৈ যাওক, মাত্ৰ ভালে থাকক। চন্দ্ৰনাথক কৈছেই বিহাৰীৰ পৰা কিনা ঘৰটোৰ ভাৰাতীয়াক নটিচ দিবলৈ। জীৱনৰ বাকীকিটা দিন তাৰ ওচৰতে থাকিবগৈ। কি কয় দেউতাকে, এই অঞ্চল, এই হাউলি এই মাটি এৰি দেউতাক যাবলৈ সাজু হৈছে। কিহৰ কাৰণে? অকল তাৰ কাৰণে? আলোকৰ বুকুখন ধৰফৰাই উঠিল। দেউতাকৰ মুখত খঙৰ লগে লগে এক ভয়ৰ ক'লা ছাঁ। কিহৰ বাবে ইমান ভয় খাইছে তেওঁ? সি দেউতাকৰ গাৰ পৰা পৰি যোৱা এৰী চাদৰখনৰ আগটো তুলি দিছে।

'দেউতা, এতিয়াও এইখন অৰাজক দেশ হোৱা নাই, ইয়াত গৃহযুদ্ধ হোৱা নাই, দস্তুৰ মত শাসন আছে, চৰকাৰ আছে, ন্যায় আছে।'

'ক'ত আছে আলোক? একো নাই বুজিছ, নিজক নিজেই বচাব লাগিব! মোৰ জীৱনৰ আচল সময়খিনি গ'ল, বাকীকিটা দিনৰ বাবে কিহৰ চিন্তা কৰিম, মোৰ চিন্তা কেৱল তোক লৈ।'

'মোৰ কাৰণে কি চিন্তা দেউতা!'

'তোৰ আগত জীৱনটো পৰি আছে, বাবা। সাৱধান হ'লে কি লোকচান হয়'

'ইমান ভয় কৰি মানুহ জীয়াই থাকিব নোৱাৰে দেউতা; অন্ততঃ মই নোৱাৰোঁ।'

আলোকে হাঁহি এটা মাৰি গাড়ী চলাব জনা চিকিউৰিটিৰ ল'ৰাটোক মাতিছে। চটফটীয়া নেপালী ল'ৰাটো গৈ তৎক্ষণাত গাড়ী লৈ আহিল। আলোকে পাছৰ ছীটত বহিব খুজি দেউতাকলৈ চাই চপল সুৰত কৈ উঠিল, 'হ'লতো এতিয়া?' উত্তৰত প্ৰিয়নাথেও হাঁহিলে। আলোক হাউলিৰ পৰা ওলাই গ'লগৈ।

তেতিয়া প্ৰায় দুটা বাজিছিল। কলেজত ল'ৰা-ছোৱালী কমি গৈছিল। দুই বজাৰ পাছত আৰু ল'ৰা-ছোৱালী সাধাৰণতে নাথাকে। বেছিভাগ ছাত্ৰ-ছাত্ৰী দূৰৈৰ পৰা আহে, বাগান কিখনৰ পৰা আছে, গাঁও কিখনৰ পৰা আহে, সৰহভাগে চাইকেল মাৰি আহে, কিছুমানে বাছ বা ৰে'লতো আহে। ৰে'ল-বাছৰ সময়টোহে ডাঙৰ কথা, ক্লাছৰ সময়টো পাছৰ কথা। চাইকেল মাৰি অহাখিনি বেছি আগতে যায়গৈ, ক'ত বা কি হয়, কোনে জানে, তাৰোপৰি যেতিয়াই-তেতিয়াই য'তে-ত'তে ওলোৱা হাতীবোৰ আছেই। এবাৰ আলোকে ক্লাছত এটা পাঠ পঢ়াইছিল, শিৰোনাম আছিলে, 'ভয় (The fear)'। এটা ল'ৰাই সাঁতোৰ শিকিবলৈ গৈ প্ৰথম পানীৰ সৈতে হোৱা অভিজ্ঞতাই হ'ল পাঠটোৰ সাৰমৰ্ম। তাতে এটা প্ৰশ্ন আছিল, ল'ৰা-ছোৱালীবোৰে নিজা নিজা জীৱনত কিহক সবাতোকৈ ভয় কৰে। আলোক আচৰিত হৈছিল, ক্লাছটোৰ নব্বৈ শতাংশ ছাত্ৰ-ছাত্ৰীয়ে ভয় কৰে হাতীক। ইংৰাজী ক'বলৈ অসুবিধা পোৱা ল'ৰা-ছোৱালীখিনি সেইদিনা অসমীয়াতে মনৰ কথা ক'বলৈ কৈছিল। আটাইবোৰ ছাত্ৰ-ছাত্ৰীয়ে বৰ্ণনা কৰিছিল হাতীৰ সৈতে হোৱা ভয়াবহ অভিজ্ঞতাবোৰ।

সেইদিনাও প্ৰায়বোৰ ছাত্ৰ-ছাত্ৰী গুচি গৈছিলগৈ। আলোকো আহিবলৈ ওলাইছিল, 'নেচাৰ্চ ক্লাব'ৰ ল'ৰা কিটা ঘৰত বৈ থাকিব, অলপদিন ধৰি এই হাতীৰ সমস্যাটোৰ কথাই আলোচনা হৈ আছে, বিদেশী মানুহকিজনৰ অহাৰ সময়ো হৈছে। নদীৰ লগতে অৰণ্য আৰু হাতীৰ সমস্যাটোৰো আলোচনা কৰা হব, তেওঁলোকে

লগত ৰিৰ্পটাৰ, কেমেৰামেন আনিব। তেওঁলোকৰ বাবে চাহাব থাকিবলৈ ককা-দেউতাকে সজোৱা আলহী ঘৰ আৰু নতুন আলহী ঘৰ দুইটাই ঠিক কৰি থ'ব লাগিব। এইবিলাক কথাকে চিন্তা কৰি ষ্টাফ ৰূমৰ পৰা ওলাইছিল। নেপলী ল'ৰা মন বাহাদুৰলৈ ফোন কৰিবলৈ বুলি মবাইলটো উলিয়াইছিল। সি ফোন কৰিলেই গাড়ীখন ষ্টাফ-ৰূমৰ ওচৰলৈ লৈ আহে। এইবোৰ দেউতাকৰ নিৰ্দেশ। আলোকৰ হাঁহি উঠিল, কিখন যে কৰে মানুহজনে। ইমান সাহস, অথচ কিমান ভয়। ষ্টাফৰূমৰ চিৰিত থিয় হৈছিল আলোক।

তীব্ৰ বেগত কলেজ চৌহদলৈ সোমাই আহিছিল দুখন বাইক, দুটা দুটা ল'ৰা বহি আহিছিল। একেবাৰে ওচৰৰে পৰা তাৰুণ্যৰ দীপ্তিৰে উজ্বলি থকা আলোকৰ এক গ্ৰীক ভাস্কৰ্য্যৰ দৰে দেহাটো অত্যাধুনিক মাৰণাস্ত্ৰৰে থকা-সৰকা কৰি পেলাইছিল। আলোক বাগৰি পৰিছিল। আলোকৰ দেহাত ওলাই পৰিছিল, এসোপা ৰঙা ৰঙা মাছৰ ফিচা, মাছবোৰৰ ৰূপালী-ক'লা মিহলি গাবোৰ নাই, কেৱল একোখন ৰঙা ফিচা। কোনোবাই যেন মৈদাৰে মাছবোৰৰ ৰঙা ফিচাবোৰ কাটি সোপাকে আনি আলোকৰ গাত পেলাই দিছিলহি।

আলোক বুলনিত পৰি আছিল, তাৰ গাৰ ৰঙাবোৰে ক'লা ৰং ধৰিছিল। গোটেই হাউলি মানুহেৰে গিজ্ গিজ কৰিছিল। চাইকেল মাৰি ঘৰলৈ ঘূৰি যোৱা ছাত্ৰ-ছাত্ৰীবোৰে খবৰটো শুনি ঘূৰি আহিছিল, হাতী-মানুহ একোৰে ভয় নোহোৱা হৈছিল সিহঁতৰ। গোটেই মৌসৰাৰ মানুহ আহি হাউলি ভৰি পৰিছিল। ল'ৰা-ছোৱালীবোৰে বাগৰি বাগৰি কান্দিছিল। 'নেচাৰ্চ ক্লাব'ৰ ল'ৰা এটাই বুলনিৰ খুঁটা এটাত মূৰ খুন্দিয়াই চিঞৰি উঠিছিল, 'চাই ল'ম, সিহঁতকো চাই ল'ম।' তপজেৰ নতিনীয়েকে গবা মাৰি ধৰিছিল পৰি থকা নিথৰ দেহাটো, সোণতৰাই এবাৰ পুতেকক চায়ে বাগৰি পৰিল যি পৰিলেই। কোন ক'ত বাগৰি পৰিছে, কোনে কাৰ মূৰত পানী ঢালিছে, তাৰ হিচাব নোহোৱা হ'ল। লেংলেংকৈ দীঘল তামোল গছবোৰৰ আগলৈকে হাউলি কান্দোনত তল গ'ল। গাড়ী-মটৰ-পুলিচ। তাৰ মাজতে গদাধৰ, ৰাধিকা, লখিমী, লখাইতৰাই মাজে মাজেই চিঞৰি উঠিছে, চট্‌ফট কৰিছে, ধপ্‌ধপাই পাৰ জাকে কোঢ়াল কৰি উঠিছে, কুকুৰ কিটাই ৰাউচি জুৰিছে, বিহাৰী ঘোঁৰাকেইটাই চেঁহ-চেহঁনি ধৰিছে, বাৰীৰ টোকোৰা চৰাইজাক বাহৰ পৰা ওলাই আহি চক্ৰাকাৰে ঘূৰি ঘূৰি আকাশ-বতাহ বিদীৰ্ণ কৰি তুলিছে। হাউলিৰ অস্বাভাৱিক পৰিস্থিতিয়ে সিহঁতক দিশহাৰা কৰি তুলিছে।

তাৰ মাজতে শিল হৈছে এজন মানুহ। প্ৰিয়নাথ শিল হৈ গৈছে, না চকুৰ-পানী

ওলাইছে, না লৰ-চৰ কৰিছে। একে ঠাইতে বহি মানুহটো ৰূপান্তৰিত হৈছে প্ৰাচীন শিলাখণ্ডলৈ। চন্দ্ৰনাথ আহিল। শিলাখণ্ডই পিৰিকতিকে নেপেলালে। কোনোবাই ক'লেহি ভনীয়েক পুৱাৰ ফালে পাবহি, ডেড-বডি ৰাখি থোৱা হওক, পুৰা সৎকাৰ কৰা হ'ব। শিলাখণ্ড নিশ্চল হৈ পৰি ৰ'ল। পালি-পহৰীয়া লৈ কোনোবা এজন নেতা আহিল। শিলাখণ্ডৰ চকুৰ মণিয়েই লৰ-চৰ নকৰিলে। আৰ্মি-পুলিচ আহি কিবা ক'লেহি। শিলাখণ্ডৰ জিভা দোৰোলেই নাখালে। বাঁহৰ আগলৈকে ডুব যোৱা কান্দোনৰ ঢলবোৰে বাৰে বাৰে শিলাখণ্ডত আঁচাৰ মাৰিছে, আকৌ দুগুণ জোৰেৰে ঢৌ হৈ আঁতৰি গৈছে, আকৌ আঁচাৰ মাৰিছে, পকনীয়া হৈ হোঁ-হোঁৱাই আঁতৰি গৈছে। গোটেইবোৰৰ মাজতে ক্ৰমে ক্ৰমে প্ৰস্তৰীভূত হৈছে এজন মানুহ।

ৰাতি হৈ আহিছে, হাউলিৰ পৰা কোনো আঁতৰি যোৱা নাই। মানুহ বেছিহে হৈ আহিছে। মানুহবোৰৰ আজি গৰু-গাই উদঙীয়া, হাঁহৰ গড়াল, মুৰ্গীৰ গৰাল খোলা, হেঁপাই নিলেও নিয়ক, মেকুৰীয়ে নিলেও নিয়ক। পৰি থকা ডেকা ল'ৰাটোৰ ভৰি হাল হালধীয়া হৈ আহিছে। একেবাৰে কাষতে বহি আছে এজন প্ৰস্তৰীভূত মানুহ। নিশা গৈ আছে, বাঁহনিৰ ডাউকবোৰে তিনিবাৰ কোঢ়াল কৰিলে।

মাজনিশা সুগৰীজানত ঢল আহিল। সামান্য পাহাৰত হোৱা বৰষুণৰ ঢল নহয়। বিহখাইতী নদীখন আহি সুগৰী জানত সোমালহি। লগতে লৈ আহিল ঢৌৰে ঢৌৰে বাগৰি অহা এক নাৰীৰ কৰুণ বিননি। সেই বিননিৰ লগে লগে আহিল এজনী অসামান্য ৰূপৱতী নাৰী। বিহ খাই সেই নাৰী তাল-মাতাল, কন্যা দুটি মন্দিৰৰ পূজাৰীক গতাই ৰূপৱতী নাৰীয়ে নদীত জাঁপ দিছে। বিহখাইতী নদীয়ে মৃতদেহটো আনি আলোকৰ চপকা-চপক কৰাল বন্ধা তেজেৰে লেটপেটীয়া হৈ থকা মৃতদেহৰ কাষতে আঁচাৰ মাৰি থৈ গ'লহি।

হুৰহুৰাই বতাহ মাৰিবলৈ ধৰিলে। ভাগি পৰিল গছৰ ডাল, তামোল গছ, উৰি আহিল কাৰোবাৰ নেওৰাত লগোৱা টিং। ধুমুহাত উৰি আহিল নাচন ডুবি বাগিচাৰ বৰা বাংলাৰ সেই ৰেইন ট্ৰি জোপাৰ এটা ডাল। ডালটোৱে নেকেহকৈ পেলাই থৈ গ'লহি এটা কৃষ্ণ ক'লা দেহা। বৃদ্ধত্বই বেঁকা কৰি পেলোৱা সেই দুৰ্ব্বল দেহাত চাবুকৰ কোবত ফুলি ফুলি সেৰা পাতি যোৱা দাগ। বিহ খাই নীলা হোৱা নাৰীৰ দেহটোৰ ওচৰতে বাগৰি পৰিল গাত চাবুকৰ কেঁচা তেজ লৈ থৰঙা লগা ৰাম কাঁৱাৰ বৃদ্ধ শৰীৰ।

বাগৰি বাগৰি আহিল ধাননিত দুচেওকৈ কাটি পেলাই থৈ যোৱা জামাল ৰুটিৱালাৰ ডেকা পুতেকৰ বোকাৰে লুতুৰি লুতুৰি সেই মৃতদেহ। চালেই চকু মুদ

খাই যোৱা এক ভয়ঙ্কৰ মৃতদেহ দুছোৱা হৈ আহি পৰি থাকিলহি আলোকৰ থৰঙা দেহাৰ সোঁফালে।

তামোল নে লিপষ্টিকেৰে ৰঙা ওঁঠৰ এজনী ৰঙচুৱা গলৰ গাভৰু বোৱাৰী, হাঁহিলেই চকু মুদ খাই যোৱা এজন ডেকা, আৰু দুজনী ছোৱালী, এটি কেঁচুৱা। বুকুত একো চমকা তেজ আৰু একো একোটা গাঁত লৈ আহি সেইখিনিতে ভীৰ কৰিলেহি। ৰঙা পৰি থকা গালৰ এই পৰিয়ালটোৰ অ'ত-ত'ত বাগৰি পৰা মৃতদেহ কিটা দেখিলে এনে লাগে যেন গোটেইবোৰ শুইহে আছে।

এজনী কণমানি ছোৱালীৰ আঁঠুকঢ়া ভাজতে থকা এক কৰুণ মৃতদেহ। তাইৰ সৰু সৰু হাত দুখন প্ৰাৰ্থনাৰ ভঙ্গীত যোৰ হৈ আছিল। তাই হত্যাকাৰীবোৰক কৈছিল, 'মোক নামাৰিব, মই পঢ়িবলৈ বৰ ভাল পাওঁ, স্কুললৈ যাবলৈ মোৰ বৰ ভাল লাগে।' তাই আঁঠুকাঢ়ি নিথৰ মৃতদেহটোৰ ভৰিৰ পঠানত পৰি ৰৈছিল, তাইৰ লেহুকা ডিঙিটো ছিঙি পেলোৱা টেঙেচি ফুল এপাহৰ দৰে লেৰেলি দোঁ খাই গৈছিল। আন্ধাৰে আন্ধাৰে ল'ৰা দুটামানে চোঁচাৰাই আনিলে পলিথিনেৰে মেৰোৱা এটা ডেকা ল'ৰাৰ মৃতদেহ। সেইখিনিতে লাচটো থৈ ল'ৰাবোৰে গাড়ী এখনত উঠি গুচি গ'লগৈ।

হাতীপটীয়েদি নামি আহিল বৰফান্দী। ফান্দীয়ে কিবা এটা ক'ব খুজি বাৰে বাৰে থিয়ৈ থিয়ৈ মাটিত মুখ ঠেকেচা খাই খাই পৰিছে। ফান্দীৰ বুকুৰ ক্ষতস্থানৰ পৰা অহৰহ পৰি আছে তেজৰ টোপাল।

ক'ৰবাৰ পৰা সেইখিনি পাইছিলহি এটা জিভা কটা মানুহ। অপঘাতত মৰা মৃতদেহবোৰৰ মাজে মাজে গেঙাই ফুৰিছিল সেই জিভাকটা মানুহটোৱে। কান্দিব খুজিছিল মানুহটোৱে, কান্দিব নোৱাৰি, চিঞৰিব নোৱাৰি গেঙাইছিল মানুহটোৱে।

ডফলা পোতা টিলাৰ পৰা পিলপিলকৈ ওলাই আহিছিল শহাজাক। গুলীয়াই গুলীয়াই পহুখেদা দি মাৰি সৰু পুখুৰীত পেলাই থোৱা সেই মানুহবোৰৰ ওচৰৰ পৰা উৰি আহিছিল এজাক জোনাকী পৰুৱা। সোণৰ দৰে জ্বলি নুমাই থকা জোনাকী পৰুৱা নহয়, তেজৰ টোপালৰ দৰে ৰঙচুৱা। টোপ্ টোপ্‌কৈ পৰি থকা তেজৰ টোপালৰ দৰে জোনাকী পৰুৱাবোৰ আহি তল-ওপৰকৈ উৰি থাকিলহি।

উচাল মাৰি মাৰি উঠিছে ধৰিত্ৰী, সকলো কঁপি উঠিছে। ফাঁট মেলি উঠিছে বসুমতী। উজাৰ কৰা অৰণ্যত পগলা হৈছে ভোকাতুৰ আশ্ৰয়হীন হস্তীকুল। হাউৰিয়াই উঠিছে জালত পেলাই লোৱা বাঘবোৰ। বুকু খান্দি পেলোৱা নৈ বোৰে আক্ৰোশেৰে খান্দি পেলাইছে দুই পাৰৰ মাটি, হুৰুস হুৰুসকৈ মাটি খহিছে, খহিছে

খেতি-পথাৰ, মানুহৰ ঘৰ। উন্মাদ হৈছে পৃথিৱী। মূহুৰ্মুহুঃ থৰথৰকৈ কঁপিছে ভৰিৰ তলৰ মাটি। ক'ত থিয় দি থাকিব মানুহ? কেনেকৈ আবৰি ৰাখিব মাকে সন্তানক। কেনেকৈ স্বামীয়ে সুৰক্ষা দিব পত্নীক? পুত্ৰই-কন্যাই কেনেকৈ ৰাখিব বৃদ্ধ পিতৃ-মাতৃক? এই উচাল মাৰি মাৰি উঠা উন্মাদ পৃথিৱীত যিকোনো সময়তে খহি পৰিব পাৰে পুৰুষানুক্ৰমে সজাই লোৱা এক নীড়। গোটেইবোৰ মানুহ সোমাই পৰিব পাৰে মাটিৰ ফাঁটবোৰত। কোনেও কাকো বচাব নোৱাৰিব। হাজাৰ চেষ্টা কৰিলেও নোৱাৰিব।

পুৱাৰ বেলিৰ কিৰণ ওলাইছিল। পোহৰ আহি পৰিছিলহি চকুৰ পানীৰ সাগৰখনত। পোহৰত স্পষ্ট হৈ পৰিছিল বৰ্শাৰে শালি পেলোৱা এটা সপোন। মাটিত বাগৰি আছিল সপোনটো। সপোনটোৱে দুবাহু মেলি আবৰি পেলাইছিল উন্মাদ হোৱা ধৰিত্ৰীক, বুকুত ধাৰণ কৰিছিল তাপিত মানুহবোৰক। আৰু বৰ্শাবিদ্ধ সপোনটো লাহে লাহে গধুৰ হৈ পৰিছিল, হিমালয়তকৈয়ো গধুৰ হৈছিল। কাৰ সাধ্য আছে এই বৰ্শাবিদ্ধ সপোনটো চাঙীত তোলাৰ? কাৰ সাধ্য আছে দাঙি নি মৰিশালীলৈ নিয়াৰ? কোনে পাৰিব তাত জুই দিবলৈ? মাত্ৰ মূৰৰ শিতানত জ্বলাব পাৰিব এগছি চাকি, এটুকুৰা কল কাটি আনি তাতে গুজি দিব পাৰিব একোছা ধূপ, এখিলা আগলি কলপাত কাটি আনি তাতে থৈ যাব পাৰিব, এগছি চাকিৰে সৈতে ধোঁৱাই থকা এটা ধূনামলা আৰু নতজানু হৈ প্ৰণাম কৰিব পাৰিব সেই বৰ্শাবিদ্ধ ভূলুণ্ঠিত সপোনটোক।

ক্ষয় গৈছে শিলাস্তম্ভ

সকলো নিজম পৰিছিল। পুনৰ গতি লৈছিল ধৰণীয়ে। মানুহৰ ভোক লাগিছিল, টোপনি আহিছিল, গছলৈ নতুন পাত আহিছিল, ফুল ফুলিছিল, চৰায়ে মাতিছিল, ধান গাখীৰতি হৈছিল। গতি লৈছে মৌসৰাই, গতি লৈছিল মৌজাদাৰৰ হাউলিয়ে। হাউলিৰ মাজ চোতালেদি বৈ থকা সুগৰী জানত ভৰি-হাত ধুই হাউলিলৈ মানুহবোৰ বিভিন্ন কামত আকৌ আহিবলৈ লৈছিল। মৌজা-অফিচৰ কাম-কাজ আৰম্ভ হৈছিল। সোণতৰা অসুস্থ হৈ পৰিছিল, কুসুমে মাকক আকৌ লৈ গৈছিলহি। চন্দ্ৰনাথো বৰ অসুস্থ হৈ পৰিছিল, প্ৰায় এমাহ হস্পিতেলত পৰি আছিল। হস্পিতেলৰ পৰাই বিদায় লৈছিল চন্দ্ৰনাথে। বিহাৰী ঘোঁৰাৰ দুজনী ঘোঁৰাৰ দুটা পোৱালি হৈছিল। বৰকৈ আমুৰি কৰাৰ বাবে লখাইতৰাক বন বিভাগে আকৌ আনি হাউলিত চমজাই থৈ গৈছিল। তাৰ ফাঁকে ফাঁকে ঘূৰি ফুৰিছিল এক প্ৰস্তৰীভূত, অকলশৰীয়া মানুহ। কাৰো কথা নুশুনে, ক'লৈকো নাযায়, কাকো দৰকাৰ নহ'লে নামাতে। সকলোৱে দেখে ৰাতি ৰাতি হাতত গামোচা এখন লৈ মানুহজনে এটা কোঠাত সোমাই বস্তুবোৰ মচি ফুৰে। কিতাপবোৰ চিজিল কৰে, কাগজবোৰ জাপে, পেনকিটা মচি আকৌ থৈ দিয়ে, গীটাৰখন মচে, বিছনাখন জোঁকাৰে। তাৰ পাছত বহু সময় তাতে বহি থাকে। কেতিয়াবা তেওঁ তাতে বহি কলমতীয়াই থাকে। কোনেও মাতিবলৈ সাহ নকৰে সেই শিলীভূত মানুহজনক। আপোন মনে তেওঁ ঘূৰা-ফিৰা কৰি থাকে। পুৱা গোসাঁই-ঘৰত সোমায়, খোৱাৰ নামত কিবা অলপ চোঁৰে, তাৰ পাছত মৌজা অফিচলৈ যায়, কাম-বনখিনি কৰি অটায়, হাতীকেইটা বিহাৰী ঘোঁৰাকিটা তদাৰক কৰে, স্কুললৈ যোৱা তপজেৰ নাতিনীয়েকক পঢ়ায়, বৰ মন দি পঢ়ে ল'ৰাটোৱে। কেতিয়াবা দুৱাৰ-ঘৰ মাৰি গৰ্ভ চন্দুকটো খোলে। লিৰিকি-বিদাৰি চায় জামাল ৰুটীৱালাৰ চন্দন কাঠৰ বাকচটোত থকা গধুৰ গধুৰ অলঙ্কাৰখিনি, বিহাৰী মানুহখিনিৰ সৰু সৰু টোপোলাত নাম লেখি থোৱা অলঙ্কাৰৰ টোপোলাবোৰ খুলি খুলি চায়, আকৌ ভৰাই থয়। আৰু কিছুমান মুদ্ৰা আছে, কেইপদ মান সৰু সৰু অলঙ্কাৰ আছে,

কাৰ বা তেওঁৰ মনত নাই, কেতিয়াবা থ'বলৈ দিছিল, কোনে বা দিছিল, নিবহি আহি গৰাকীয়ে। আহিব, গৰাকীয়ে নিজৰ বস্তু নাপাহৰে। গধূলি নিজৰ চকীখনতে বহেগৈ, কোনোবা আহিলে কিবা ক'লে শুনি থাকে। তাৰ পাছত কিমান সময় চকীখনতে বহি থাকে, কেতিয়া গামোচাখন লৈ সেই কোঠাটোত সোমায়গৈ কাৰো চকুত নপৰে। বৰ নিঃশব্দে চলা-ফিৰা কৰে মানুহজনে। কেতিয়াবা ৰাতি উঠি গৈ হাতীকিটাৰ ওচৰত বা ঘোঁৰাকিটাৰ ওচৰত ৰৈ থাকেগৈ। মানুহজনৰ চুলিবোৰ একেবাৰে বগা হৈ গৈছে, ডিঙিৰ ওচৰতে ভাজ এটা লৈছে। বয়স নৌ পৰোঁতেই মানুহজন এজন আলৰ বুঢ়া মানুহ হৈ গ'ল। তেওঁ কেতিয়াবা আপোনমনে বিৰবিৰাই থাকে। মানুহবোৰে কোৱা-কুই কৰে, একেবাৰে মাকৰ দৰেই হ'ল মৌজাদাৰ দেউতা, তেনেই মাকৰ ঢঙকে ল'লে। দেহি, কম সন্তাপ পালেনে মানুহজনে।

তেওঁ গধূলি বুলনিৰ নিজা চকীখনতে বহি আছিল, আগত একাপ চেঁচা হৈ সৰ উঠি যোৱা চাহ। এনেকুৱাই কৰে মানুহজনে, মুখৰ আগৰ বস্তু হাত নলগোৱাকৈয়ে পৰি থাকে। আজিও চাহ কাপ পৰি থাকিল। গধূলিৰ ফালে কোনোবা কোনোবা আহে, কিছু সময় মুখৰ মাত-বোল নোহোৱা শিলাখণ্ডৰ দৰে মানুহজনৰ ওচৰত অলপ সময় বহি উঠি যায়গৈ। আজি শইকীয়া অ.চি. আহিছে। শইকীয়াৰ চাবেক ঘৰ নগাৱৰ দীঘলী-আটিৰফালে। পিছে তেওঁ মৌসৰাতে ঘৰ-দুৱাৰ সাজিলে। অৱশ্যে এই ক্ষেত্ৰত প্ৰিয়নাথৰে জোৰ বেছি আছিল। মাটিও দিলে একেবাৰে কম দামত, কাঠ-কুঠ, মিস্ত্ৰী প্ৰিয়নাথেই যোগাৰ কৰি দিলে। থাককচোন ভৰসাৰ মানুহ এজন ওচৰত। চাওতে চাওতে তামোলে-নাৰিকলে, আমে-জামে, আমলখিয়ে-শিলিখাই, কলে-কঁঠালে ভৰা গৃহস্থী ঘৰ এখন গঢ় লৈ উঠিল। মৌসৰা হাইস্কুলৰ পৰাই মেট্ৰিক পাছ কৰা ডাঙৰ ল'ৰা আবকাৰী বিভাগৰ অফিচাৰ হ'লগৈ। সৰুটো ল'ৰা বিশ্ববিদ্যালয়ত পঢ়ি আছে। শইকীয়াই বেলেগে বেলেগ থানাত চাকৰি কৰিলেও ঘৈণীয়েকে মৌসৰাৰ ঘৰখন নেৰিলে। শইকীয়া-শইকীয়ানীয়ে এইখন ঘৰলৈকে বোৱাৰী আনি প্ৰথম সুমুৱাব বুলি ভাবিছিল, শইকীয়া নাথাকিলেও কাম কৰা মানুহহাল লৈ শইকীয়ানীয়ে ঘৰখন তদাৰক কৰিছিল। এইখন ভৰা গৃহস্থী-ঘৰ এৰি যোৱাৰ কথা তেওঁলোকে এবাৰলৈকো ভবা নাছিল। আজি আহি কিন্তু শইকীয়াই কোনোদিনে নভবা কথাটোকে ক'লেহি। এইখন নদন-বদন ঘৰ এৰি যাবলৈ তেওঁৰ মুঠেও মন নাই।

'মই ইয়াৰ পৰা দীঘলীআটিৰ পিনেই যামগৈ, তাতে ঘৰ এটা সাজিবলৈ লৈছোৱে। মোৰ মন ইয়াৰ পৰা উঠি গৈছে।'

'বুজিছে, মানুহজনীয়ে জীৱনটো পাত কৰি এইখন ঘৰ পাতিলে, ৰাতিও কেতিয়াবা কিবা শব্দ এটা শুনিলে গৰু-ছাগলী সোমাইছে বুলি টৰ্চ মাৰি চায়গৈ।'

প্ৰিয়নাথে নিশ্চল হৈ শুনি আছিল।

'মানুহজনীৰ হেঁপাহৰ ঘৰ-দুৱাৰ আপোনাৰ হাততে গতাই থৈ যাম, ৰামু আৰু ঘৈণীয়েক থাকিব।'

প্ৰিয়নাথ একে ভাজতে বহি আছিল।

'সিদিনা এজনী ছোৱালী আহিছিল মোৰ ওচৰলৈ, বৰ মৰম লগা ছোৱালী বুজিছে, আপোনালোকৰ কলেজতে পঢ়ি আছে। তাইৰ দেউতাক পলাশতলী বাগিচাত বৰ-কেৰাণী। সিহঁতৰ কোনোবা এভাগে লৈ গ'ল। তাইক মই কথা দিছিলো, তাইৰ দেউতাকক মই সিহঁতৰ হাতৰ পৰা মোকোলাই আনিম। নোৱাৰিলো বুজিছে, মানুহজনক সিহঁতে মাৰিয়ে পেলালে।'

শইকীয়াৰ লগতে প্ৰিয়নাথকো আকৌ একাপ চাহ দিয়া হৈছিল।

'এটা ভিতৰুৱা খবৰ আপোনাক দি যাওঁ। ৰৌমাৰী, নিচিলামাৰী আৰু পমুৱা গাঁও কিখনত কুৰুক্ষেত্ৰ হ'ব। মই যোৱাকালি তাৰ পৰা আহিছো। কোনো নোশোৱে, ৰাতি ৰাতি মানুহবোৰে পহৰা দিয়ে। দিনত খেতি-পথাৰত কাম, ৰাতি পহৰা। চাব নোৱৰা অৱস্থা বুজিছে। ইটো পক্ষৰ হাতত বন্দুক বাৰুদে ঠাহ খাইছে। চৰাই মৰাদি মাৰিব। কৈ থ'লো আপোনাক। আৰু ইগালৰো হাত দীঘল, মৌসৰাত টিপা মাৰিলে, গড়গাঁও পাবগৈ শিপা। এইবাৰ কথাবোৰ বেলেগ হ'ব।'

'এতিয়াও এইখন অৰাজক দেশ হোৱা নাই, ইয়াত গৃহযুদ্ধ হোৱা নাই, দস্তুৰ মত শাসন আছে, চৰকাৰ আছে, ন্যায় আছে।' প্ৰিয়নাথে নিজকে কোৱাদি কৈ উঠিল।

'ৰজাঘৰীয়াও বৈ আছে, গোটেইবোৰে লাগক এগালমান মানুহ মৰক, গোটেইবোৰ মানুহ ভাগ ভাগ হৈ সাপ-নেউল হওক। তাৰ পাছতহে আচল খেলা, আচল বজাৰ। আমাক ইমানটা ছীট দিবি, তহঁতক এইখিনি দিম। ইমানখিনি ভোট দিবি, তহঁতক সুৰক্ষা দিম। গোটেইখন মূৰৰ পৰা গেলিছে।'

উৰ্দি খহোৱা শইকীয়া অ.চি.ৰ কথাবোৰ প্ৰিয়নাথে শুনি থাকিল। এইটো মানুহে এই অঞ্চল চুলিৰ ওকণি বছাদি বাছিছিল। হ'ব পাৰে, তেওঁৰ কথা সঁচাও হ'ব পাৰে। শইকীয়া অ.চি. গ'লগৈ। কাইলৈ তেওঁলোক একেবাৰে দীঘলীআটিলৈ যাবগৈ।

প্ৰিয়নাথৰ নতুন কাম এটা হ'ল। গধূলি সদায়ে শইকীয়া অ.চিয়ে এৰি থৈ যোৱা ঘৰটোলৈ এপাক মাৰে। তেওঁ ইমান কাষৰ পৰা ঘৰখন দেখা নাছিল। ইমানবোৰ ফল-ফুল লগালে শইকীয়ানীয়ে। মৌসৰাৰ সাৰুৱা মাটি, পাহাৰী বতৰ পাই গছবোৰ দাওঁ-দাওঁকৈ বাঢ়িল। প্ৰিয়নাথে আশ্ৰমহেন ছায়াঘন, মায়াময় ঘৰখনত ৰৈ নিজেও যেন অলপ শান্তি পায়। প্ৰিয়নাথৰ চকুত ভাহি উঠে ক্ষীণ, ওখ, মিঠাবৰণীয়া, লাজকুৰীয়া মানুহজনী। ইমান শক্তি আছিলনে সেই পাতল মানুহগৰাকীৰ মাজত? প্ৰিয়নাথে ৰামু আৰু ঘৈণীয়েককো মাত এষাৰ দিয়ে। দুইটাই আমন-জিমনকৈ প্ৰিয়নাথৰ কাৰণে ৰৈ থাকে। ৰামুৰ ঘৈণীয়েকে লেচুজোপাৰ তলতে মুঢ়া এটা দিয়ে, থাল এখন ধুই-পখালি আনি আগবঢ়াই দিয়ে বাৰীৰে ফল দুটা, অমিতা এটুকুৰা, লেচু দুটা, কেইটামান গোলাপী জামু। বহু সময়ত সেইখিনিয়ে প্ৰিয়নাথৰ ৰাতিৰ আহাৰ হয়। সদায়ে ৰামু আৰু ঘৈণীয়েকে মালিক-মালিকনীৰ কথা কৈ দুখ কৰে। বাৰীৰ বস্তুবোৰৰ কথা কৈ বেজাৰ কৰে। ঘৈণীয়েকৰ বাৰী পতাৰ নিচাই এসময়ত শইকীয়াকো পাইছিল। শইকীয়াই বিভিন্ন ঠাইৰ পৰা সংগ্ৰহ কৰিছিল বেলেগ বেলেগ সঁচ। মানুহেও জানিছিল শইকীয়া অ.চিয়ে ফল-ফুলৰ সঁচ এটা দিলে বৰ ভাল পায়। সদায়ে ৰামুহঁতে একেখিনি কথাকে কয়। মাত্ৰ ফল-মূলৰ বা ফুলৰ নামখিনি বেলেগ বেলেগ হয়, প্ৰিয়নাথেও মন দি শুনে।

'বাইদেউৱে টেঙামৰাৰ গুটিবোৰ বৰ যতনেৰে ৰাখিছিল, এনেনো ধুনীয়া জেলি বনাইছিল, গাজৰেৰে বনাইছিল লাডু, কি খাব দেউতা, মুখত দিলেই পমি যায়।'

'বাইদেউৱে কপৌফুলবোৰ ফুলিলে, দিনৌ চাৰি-পাঁচ বাৰকৈ চাইছিল, ওচৰৰ মানুহক মাতি মাতি দেখুৱাইছিল।'

'জাহাজী কল ৰহ দি পকাই কি পিঠা বনাইছিল।'

'চাৰে আনি দিয়া ফুল পুলিবোৰ কেনে যতনেৰে লগাইছিল। আৰ্মিবোৰেও গাড়ী ৰখাই 'লাল-পিলা' ফুলবোৰ চাই গৈছিল, গুটি বিচাৰিছিল। বাইদেউৰ লগতে জাৰকালি পৰিলে আমাৰো তত নোহোৱা হৈছিল।'

'বৰষুণ পৰি নাৰ্জী ফুলবোৰ ক'লা পৰি গ'লে বাইদেউৱে কান্দি পেলাইছিল।'

'এইবাৰ জাৰকালি ঠাইখিনি উদং হৈ থাকিব।' ৰামুৱে ইটাৰে বান্ধ দি ওখ কৰি লোৱা মাটিখিনিলৈ আঙুলিয়াই দিছে।'

'মই যোৱাবাৰৰে আলু দুটামান পুতি দিছো',

'ইমান দিনে কবিতলী উলিওৱা হ'লেইহেঁতেন',

ৰামু ঘৈণীয়েকে এগিলাচ গাখীৰ গৰম কৰি আনিছেগৈ,

'ইমান গাখীৰ দিছে নতুন গাইজনীয়ে, বাইদেউৱে গাভিনী গৰুজনী বেচিবলৈ নিদিলে, পোৱালিটোও নেদেখিলে',।

প্ৰিয়নাথে কৈ উঠিল, 'আহিব দে, আহিব, কিয় নাহিব? নিজৰ ঘৰলৈ ঘূৰি আহিব'।

শইকীয়া অ.চিয়ে কোৱা কথাবোৰ কেইসপ্তাহমানৰ ভিতৰতে আখৰে আখৰে ফলিয়ালে। ৰৌমাৰী, নিচলামাৰী, পমুৱা গাঁওকিখনকে ধৰি গোটেই এলেকাটো কুৰুক্ষেত্ৰ হ'ল। জুইৰ কুকুহা উৰাদি কেৱল উৰি আহে নানা খবৰ। আকাশ-বতাহ ছানি পেলাই কুকুহাবোৰে।

'পাত খেতিত পৰি আছিল, চাৰিটা ডেকা ল'ৰা।'

'ওচৰতে বোকাত পুতি থোৱা আছিল বন্দুক।'

'খেৰেৰে ঢাকি থোৱা আছিল দুখন মটৰ চাইকেল'

'কোবাই কোবাই মাৰিছিল ল'ৰা কিটাক'

'মানুহকিটা আছিল ইটা ভাতাত কাম কৰা বনুৱা'

'ছোৱালীকিজনীয়ে সেইফালেই মাছ মাৰিবলৈ গৈছিল'

'দুজনী ছোৱালীক ধৰি নিছিল',

'মুখত বালি ভৰাই সিহঁতক অচেতন কৰি পেলাইছিল',

'গাড়ীখনত সাতটা মানুহ আছিল',

'লগত গৰু-বন্ধা ৰছী আছিল',

'কুকুৰক খাবলৈ দিবলৈ বতুৱাত মাংস সনা ভাত আছিল।'

'সাতটা মানুহৰ এটা মৰি থাকিল',

'নদীৰ বুকুত শিল-বালি তুলি এৰি থৈ যোৱা গাঁতবোৰ মৰা-শৰে ভৰিছিল'

'সৰু সৰু পজাবোৰ ৰুৰুৱাই জ্বলিছিল'

'আৰ্মি-পুলিচে কাকো ৰখাব পৰা নাছিল'

'ভৰ-খেতিৰ সময়ত পথাৰ ছন পেলাই মানুহবোৰ শিবিৰত আছিল'

'দুটা আশ্ৰয় শিবিৰত ফুট গধূলিতে আক্ৰমণ হৈছিল।'

কুকুহাবোৰে গোটেইখন ছানি পেলাইছিল। গছৰ পাতত লাগি ধৰিছিল, পুখুৰী আৰু নৈবোৰত ওপঙি উঠিছিল, বনবোৰ ঢাকি ধৰিছিল। মানুহৰ চুলিয়ে-তুলিয়ে

লাগি ধৰিছিল, গোট খাইছিল ৰাস্তাৰ দুই কাষে, আনকি ভাতৰ পাততো আহি পৰিছিলহি, পথাৰবোৰ ভৰি পৰিছিল।

এনেকৈয়ে কুকুহাবোৰ উৰিলহেঁতেন, গছবোৰত লাগিলহেঁতেন, পুখুৰীত আৰু নৈত ওপঙিলেহেঁতেন, বনত পৰিলহেঁতেন, ৰাস্তাৰ দুইকাষে গোট খালেহেঁতেন। এজাক দমদমাই বৰষুণ পৰিলহেঁতেন, সকলো চিন নোহোৱা হ'লহেঁতেন। শেষ হৈ গ'লহেঁতেন কুকুহাৰ কাহিনী। ৰাস্তা-ঘাট নোহোৱা, কল-কাৰখানা নোহোৱা, ভঙা দলঙেৰে ভৰা ঠাইবোৰে সামৰি ল'লেহেঁতেন। কোনেও ভালকৈ গমকে নাপালেহেঁতেন। সদায়ে এনে হৈয়ে আছে।

কিন্তু এইবাৰ নহ'ল। তাৰ ঠাইত কথাবোৰ গোটেইখন ৰৌজাল-বৌজাল হ'ল। শইকীয়া অ.চিয়ে কোৱা কথাটোৱে সঁচা হ'ল। ঘটনাবোৰে বহু দূৰলৈকে শিপা মেলিলে। অসমত বাহিৰত থকা প্ৰায় সকলো জনজাতীয় চেহেৰাৰ মানুহলৈ মবাইলত মেচেজ আহিল। তেওঁলোকে সোনকালে ঠাই এৰি য'ৰ পৰা আহিছিল তালৈ গুচি যাব লাগে। নহ'লে হত্যাৰ ভাবুকি। ক'ৰবাত ক'ৰবাত জনজাতীয় চেহেৰাৰ ল'ৰাই লপা-থপা খালেও ক'ৰবাত ৰে'লৰ পৰা নমায়ো পিটিলে। মুঠতে ভয়ানক ত্ৰাসৰ সৃষ্টি হ'ল। ষ্টেচনবোৰ ভৰি গ'ল, ৰে'লবোৰ ভৰি গ'ল। হোৱা-হোৱে মানুহ অসমলৈ ঘূৰিবলৈ ধৰিলে। ইমানবোৰ মানুহ যে এনেকৈ ভাতমুঠিৰ কাৰণে বাহিৰত আছিলগৈ কোনেও ততকে ধৰিব পৰা নাছিল। ইমানবোৰ ডেকা ল'ৰা বাহিৰত আছিলগৈ। পাৰোঁতে গাঁওবোৰত ভোগালী বিহুৰ দিনা মেজি এটা সাজিবলৈও ল'ৰা দুটা নোহোৱা হৈছিল।

মৌসৰা মৌজাৰ পৰাও ইমানবোৰ ল'ৰা যে ওলাই গৈছিল গৈ, এইবাৰহে গম পোৱা গ'ল। হাউলিলৈকে ঘূৰি আহিল আঠোটা ল'ৰা। কাগজে-পত্ৰই, টি.ভিয়ে ৰেডিঅ'ই মাত্ৰ ভয়ত ৰে'লত হেঁচা-টেপা খাই ঘূৰি অহা এজাক ডেকা ল'ৰা। ভাত মুঠিৰ কাৰণে পিতৃ ভিঠা এৰা, আপোনজনক এৰি থৈ দূৰৈত গৈ থকা ল'ৰাবোৰৰ ভয়াৰ্ত মুখবোৰ কেউপিনে বিয়পি পৰিল। অকল কিবা ল'ৰাকিটাৰে ভয় নে? ল'ৰাবোৰৰ পৰিয়ালবোৰতো একেই ভয়। ভয় যেন এখন সমুদ্ৰ হৈ ফেনে-ফোটোকাৰে গোটেইখন বিয়পি পৰিল। কোনে কাক চায়? কোনে কাক ধৰে? মানুহবোৰ যেন ধুমুহাই কোবোৱা সমুদ্ৰৰ নাৱৰীয়াহে, আচাৰ খুৱাই এবাৰ ইফালে নিছে, সিবাৰ সিফালে নিছে। প্ৰতিটো পলতে ভয়, এইমাত্ৰ মৃত্যুৰ শীতল কোলাই সাবটি ল'ব। কোনো ৰক্ষা নপৰিব। ৰক্ষা পোৱাৰ কোনো উপায় নাই।

গোটেইবোৰৰ মাজে মাজে ঘূৰি ফুৰিছে এক পক্ককেশী বৃদ্ধ, ডিঙিৰ ওচৰতে দূৰৈৰ পৰাই গম পোৱা এটা ভাজ। মানুহজন ক্ৰমাৎ শীৰ্ণ হৈ পৰিছে। বহুত দিন একেৰাহে পানীৰ ঢৌৱে কোবাই কোবাই শীৰ্ণ কৰি পেলোৱা এটুকুৰা শিলৰ দৰে হৈছে মানুহজন। ঢৌবোৰে অহৰহ কোৱাইছে আৰু তিলে তিলে ক্ষয় হৈছে শিলাস্তম্ভ। কিমান দিন থিয় দি থাকিব পাৰে এনে পানীয়ে কোবোৱা এটুকুৰা ক্ষয় যোৱা শিল?

ধান গজাদি গজিল কেঁচুৱাকণ

ঘটনাটো ঘটিছিল নিচিলামাৰী আৰু পমুৱা গাঁওখনৰ মাজৰ পথাৰখনত। বছৰৰ পাছত বছৰ ধৰি এই গাঁও দুখন ওচৰা-উচৰিকৈ আছে, মাজতে আছে পথাৰখন। ইখন গাঁৱৰ মানুহে, সিখন গাঁৱৰ মানুহক ভালকৈ চিনি পায়। পথাৰখনত বহু দিনৰে পৰা একেলগে খেতি-বাতি কৰি আহিছে। দিগন্তত ভূটান পাহাৰৰ শাৰীটো লৈ এইখন পথাৰ কোন কাহানিৰে পৰা ইয়াতে আছে। এইখন বিশাল পথাৰত হোৱা চাউলৰ সোৱাদেই বেলেগ, নহ'বনো কিয়? এনেই পাহাৰৰ তলৰ মাটি, তাতে পথাৰৰ মাজে মাজে অসংখ্য সৰু-সুৰা জান-জুৰি। বছৰ জুৰি ভিজা ভিজা হৈ থাকে এই পথাৰৰ সাৰুৱা মাটি। এই পথাৰত ধান গাখীৰতী হওতেই গছ দোঁ খাই পৰে। নিচিলামাৰী গাঁৱৰ পৰা পথাৰখনে পমুৱা গাঁৱৰ পিনে ঢাল এটা লৈছে। নিচিলামাৰীৰ মানুহখিনিৰ হাতত বেছি ভাল মাটিখিনি আছে। পমুৱাখিনিৰ মাটি সিমান সুবিধাজনক নহয়। কিন্তু পানীৰ পৰুৱা এইজাক কঠোৰ পৰিশ্ৰমী মানুহৰ হাতত পৰি অনুৰ্বৰ আৰু বেছি দ মাটিখিনিও কৃষিৰ উপযোগী হৈ পৰিল। এতিয়া নিচিলামাৰীৰ সৰহভাগ মাটিৰ মালিকেই নতুন প্ৰজন্মৰ। মবাইল, জিনচৰ পেণ্ট আৰু মটৰ চাইকেল প্ৰজন্মৰ ডেকাবোৰে সৰহ ভাগে কায়িক পৰিশ্ৰমখিনি পমুৱা মানুহখিনিৰ হতুৱাই কৰায়। এনেকৈয়ে চলি আছিল, পথাৰ সোণালী হৈছিল, সকলোৱে ধান চপাইছিল, বছৰ জুৰি মুখৰ আগত অন্ন পাইছিল।

এই বছৰৰ দৰে পথাৰ এনেকৈ কোনো কাহানিও ছন পৰি থকা নাছিল। কৰ পৰা কি হ'ল, কোনেও নাজানে। মাত্ৰ পথাৰ জুৰি সোণালী ধানৰ সলনি এইবাৰ বকৰাণি। চপৰা-চপৰ শুকান মাটিত অপতৃণ গজিছে। হাল-কোৰ নাই, মৈ পৰা নাই, কোনেও সিঁচা নাই সোণগুটিৰ সঁচ, কঠিয়া তোলা নাই। কেৱল এই ভৰ খেতিৰ বতৰতো পথাৰ ছন পৰি আছে। কোনে কেনেকৈ খেতি কৰে, কোন সময়ত কৰে। গাঁও দুখনৰ সৰহভাগ মানুহ আশ্ৰয় শিবিৰত। চৰকাৰী চাউলৰ ভেকুৰা গোন্ধ, তিতা-কেঁহা স্বাদ না পমুৱা গাঁও না নিচিলামাৰী কাৰো জিভাতে ভাল নালাগে।

এই ছন পৰা পথাৰখনতে ঘটনাটো ঘটিছিল। বসন্তৰ বৰষুণ জাকে জাকে নামিছিল, কোমল হৈছিল পথাৰ। কেউপিনে শুকান মাটিত বৰষুণ পৰাৰ গোন্ধ বিয়পি পৰিছিল। শিবিৰত থকা খেতিয়কবোৰৰ উচ্‌পিচ লাগিছিল। পমুৱা গাঁৱলৈ কিছুমান মানুহ ঘূৰি আহিছিল। নিচিলামাৰীলৈয়ো আহিছিল। পুলিচ-মিলিটেৰি দিছে, কথাবোৰ অলপ শান্ত হৈছে। পথাৰত কেইবাখনো হাল চলিবলৈ ধৰিছিল। পোৰা ঘৰবোৰত বাচি থকা চালি এখনকে তুলি মানুহবোৰে মূৰ গুজি থাকি পথাৰত নামিছিল। সেইখিনি সময়ৰে কথা। সময়টো আছিল ৰাতি দুই বজাৰ ফালে। নিচিলামাৰীৰ পৰা মানুহ কিছুমানে পমুৱা গাঁওৰ ফালে হাতত জুই লৈ খেদি আহিল, পাছে পাছে আছিল বন্দুক লোৱাখিনি। আকৌ মৰণ-কাতৰ চিঞৰ, জুই, ধোঁৱা গোটেইখন দৌৰা-দৌৰি। তাৰ মাজতে পথাৰৰ ডাঙৰ মাটিৰ চপৰা এটাত উজুটি মাৰি এজনী গাভৰু বোৱাৰী পৰি গ'ল। আন্ধাৰৰ মাজে মাজে তাই পথাৰে পথাৰে আশ্ৰয় শিবিৰলৈ পোনাব খুজিছিল। তাই মাকৰ ঘৰলৈ যোৱাৰ কথা আছিল। যোৱাকালি তাই কাপোৰ-কানি আৰু দুই-এটা লাগতিয়াল বস্তু নিবলৈ আহিছিল। ঘৰখনো এবাৰ চাই যাবলৈ আহিছিল। এই মাইকী জাতটোৰ ঘৰখন বুলিলে কম টান জানো। দুদিন এৰি থাকিলেই মাকে গাখীৰ খোৱা কেঁচুৱা এৰা যেন পায়। তায়ো মাকৰ ঘৰলৈ যোৱাৰ আগতে ঘৰখন এবাৰ চাই যাবলৈ আহিছিল। গা-ভাৰী আছিল তাই, একেবাৰে দহ মাহ দহ দিনৰ গা ভাৰী আছিল। পৰি তাই আৰু উঠিব নোৱৰা হ'ল। তাইৰ ভমকাফুলীয়া দখনাৰ পাছফালে আৰু এক নতুন ফুলৰ নক্সা উঠিল। কেঁকাই উঠিল তাই। মাইকী মানুহেহে বুজি পায় এই কেঁকনিৰ মানে কি। ওচৰে-পাজৰে থকা মতা মানুহকেইটাই কি বুজিব মাইকী মানুহৰ এই চৰম বিপদৰ কথা? মানুহকেইটা হতভম্ব হৈ পৰিছে। দুজনী মানুহ আহি মতা মানুহকেইটাক আঁতৰিবলৈ কৈ তাইক আবৰি ধৰিলেহি। কেইজনীমান মাইকী মানুহ ইফালে-সিফালে আছিল, আটাইকেইজনী চাপি-কুচি আহিল। গাভৰু বোৱাৰীজনী প্ৰথম বাৰৰ পোঁৱাতী। লাজত যেন তাই মুচকচ যাব। কোনে যে গৈ ক'ৰপৰা শাৰী আনিলে, তৎক্ষণাত বাঁহৰ আধাপোৰা খুঁটি পুতি শাৰীৰ ঘেৰৰ মাজত এটা ঘৰ হৈ গ'ল। জ্বলাই দিলে এটা লেম। কোনোবা এজনীয়ে দৌৰ মাৰি গৈ পানী অলপ লৈ আহিল। নিচিলামাৰীৰ ফালৰো দুজনী তিৰোতা আহিল। গোলমাল দেখি আশ্ৰয় শিবিৰলৈ পোনাইছিল। শাৰীৰ লগত জোৰা দিয়া হ'ল দখনা, কেইবাজনীও মানুহ সোমাব পৰা ঘৰ এটা হৈ গ'ল। যোগাৰ হ'ল গৰম পানী, বাঁহৰ চেঁচু। সকলো জগত সংসাৰ পাহৰি আটাইকেউজনী মাইকী মানুহে বোৱাৰীজনীক আৱৰি ধৰিলে। কোনোবা এজনীয়ে এখন কাথাও আনি পাৰি দিলে। কোনোবাই লৈ আনিলে নালভগা চচপেন এটাত

গৰম কৰি অনা গাখীৰ। কেঁকাই থকা তাইৰ মুখত অকণ অকণকৈ বাকী দিলে। আটাইবোৰে তাইক জোৰ দিবলৈ কৈছে। ওহো, একো লাভ হোৱা নাই। তাই বিষত কেৱল চিঞৰিছে। সেই কাপোৰৰ ঘেৰটোৰ মাজত দহ/বাৰ জনী মান তিৰোতা গোট খালেহি। তিনিজনী মান নিচিলামাৰীৰ পৰা অহা, বাকীখিনি পমুৱা গাঁৱৰ। গোটেইকিজনীৰে চিন্তাত অণ্ঠ-কণ্ঠ শুকাই গৈছে। চকুৰ আগতে মৰে এতিয়া মানুহজনী। কোনোবা এজনীয়ে তাইৰ পেটত হাত দিছে, আছে, কেঁচুৱাটো ঠিকে আছে। মাকে অলপ বল দিলেই হ'ল। এজনীয়ে শাৰী কোঁচাই পথাৰে পথাৰে এফালে দৌৰ মাৰিলে। সেইফালে অকলশৰীয়া পঁজা এটাত থাকে আম্মীজান। বুঢ়ীৰ নাম বা কি আছিলে, আটাইৰে 'আম্মীজান' তাই। শাৰী কোচাই দৌৰ লোৱাজনীৰ পকা চপৰাত উজুতি খাই নখ এটা এৰাই গ'ল, তাইৰ খবৰেই নাই। আম্মীজান উঠি এইফালেই আহি আছিল। বুঢ়ীয়ে গম পাইছিল যে কিবা এটা হৈছে, শাৰীৰ ঘৰটোৱো দেখা পাইছিল। বুঢ়ীক লৈ নখ এৰোৱাজনী বোৱাৰীজনীৰ ওচৰ পালেহি। ক'বলৈ গ'লে এই আম্মীজানেই পমুৱা গাঁৱৰ স্ত্রী ৰোগ বিশেষজ্ঞা, বিশেষকৈ এই আম্মীজানৰ হাততে বেছিভাগ পমুৱা গাঁৱৰ তিৰোতাই সন্তান জনম দিছে। আম্মীজানক দেখি আটাইকেউজনীৰ মুখলৈ পানী আহিল। চব্‌কে ঠেলি আম্মীজান তাইৰ ওচৰ পালেহি, মানুহজনী একেবাৰে লেবেজান, তাইৰ বল দিবলৈ আৰু গাত শকতি নাই। কেঁচুৱাটো তললৈ নামি আহিছে, পানী কেতিয়াবাই ভাগিল। বুঢ়ীয়ে তাইৰ পেটত হাত দি অলপ ৰ'ল। তাৰ পাছত তাইৰ তপিনা চোৱা চুলিকোছা বান্ধি থোৱা খোপাটো খুলি পেলালে। কোনে জানো তাইৰ আউল-বাউল চুলিকোছা হাতখোপা এটা কৰি বান্ধি দিছিল। খুলি লোৱা চুলিকোছা আম্মীজানে তাইৰ মুখত যিমান পাৰে গুজি গুজি সুমাই দিলে। আটাইবোৰে চিঞৰি উঠিল। মাৰে কুঠুনী বুঢ়ীয়ে মানুহজনীক এতিয়া। বিশেষকৈ নিচিলামাৰীৰ ফালৰ তিৰোতা দুজনীয়ে চিঞৰ ধৰি বুঢ়ীক হাত দাঙি গ'ল। কি কৰে বুঢ়ীয়ে? বুঢ়ীয়ে কাৰো কথালৈ কাণ দিয়া নাই, কাকো ওচৰ চাপিবলৈ দিয়া নাই। মাত্র চিঞৰ-বাখৰ কৰা তিৰোতাকিজনীক অভয় দিছে। মানুহজনীৰ মুখত গুজি গুজি দিছে চুলিবোৰ। লেবেজান মানুহজনীৰ মুখত বিজ্‌বিজ্‌কৈ এসোপা চুলি। তাইৰ প্রচণ্ড বমিৰ ভাব আহিছে। মুখত চুলি এসোপা লৈ বমি ভাব নহাকৈ কোন থাকিব পাৰিব? বমিৰ ভাব আহি তাই অক্ অক্ কৰিছে, মানুহজনীয়ে ওক-আক কৰি বেঁকা হৈ গৈছে। বমি ওলাল কি নোলাল, একে ধাক্কাতে কেঁচুৱা ওলাই আহি টেঁৱা টেঁৱা কান্দোন জুৰিলে।

গোটেই কিজনীয়ে হাঁহিত খিলখিলাই উঠিল। এজনী ধুনীয়া ছোৱালী হৈছে।

আম্মীজানে হাত দিব লগা নহ'ল, বাকীকিজনীয়ে বাঁহৰ চেচুৰে নাই কাটি, কেঁচুৰা পৰিষ্কাৰ কৰি দিলে। কোনোবা এজনীয়ে নাল ভগা কেৰাহি এটাত একুৰা জুই জ্বলাই দিলেহি। ছোৱালীও ছোৱালী কি লোদোৰ-পোদোৰ হাত ভৰিৰ ছোৱালী। এমূৰ চুলি, পিত-পিতকৈ চাই থকা এহাল ক'লা চকু। অকল কিবা শকত আবতেইনে? জাংপাং দীঘল ছোৱালী এজনী। মাকেনো কষ্ট নাপাবনে? গিৰীয়েকে ঢেৰ ঢেৰ খুৱাইছিল চাগৈ, কি কি খাইছিলনো? মানুহকেইজনীৰ হাঁহি-ফূৰ্তিত গোটেইখন উৰি যাওঁ যাওঁ হ'ল। কেঁচুৰাকণ কোলাত লৈ তায়ো হাঁহি পেলালে। তেতিয়া পাহাৰৰ বুকুৰ পৰা বেলিটোৱো ওলাই আহিছিল। মাকৰ গাখীৰ চপক্ চপককৈ খোৱা কেচুঁৰাকণক চাই আটাই কেউজনীৰে হৰিষত হিয়া উথল-পাথল হৈছে। আটাই কেউজনীয়ে কেঁচুৰাকণক একোলা একোলা ল'লে। ল'লে কোলা ভৰি পৰে। এনেনো মৰম লগা ছোৱালীকণ দেহি। চালে চাই থাকিবৰ মন যাই দেহি।

এই ঘটনাটোৰে কথা শুনিছিল প্ৰিয়নাথে। মৌসৰাৰ মাটিত গুটি এটা পৰিলেই ভৰ্‌ভৰ্‌কৈ গছ গজাদি সকলো ঘটনায়ে লতা হৈ লাওৰ আগবঢ়াদি বাঢ়িবলৈ ধৰে। ইখন মুখৰ পৰা সিখন মুখলৈ সুত মেলি মেলি বগাই যায়, লাৱে হেন্দালি ছানি ধৰাদি গোটেইখন ছানি ধৰে। একো আচৰিত কথা নহয়। নিচিলামাৰী পমুৱা গাঁৱৰ ছন পৰা পথাৰৰ মাজৰ ঘটনাটো বগাই আহি এয়া হাউলি পালেহি। আজি হাউলিলৈ চাউল জাৰিবলৈ সেইফালৰ পৰাই চাৰিজনী তিৰোতা আহিছে। হাউলিতে দহ/পোন্ধৰ দিন যি হয় থাকি চাউলখিনি জাৰি গুচি যাবগৈ। এই তিৰোতাবোৰৰ কাম ঘনকৈ গোঠা বাঁহৰ চালনী হেন, কেনিও ফাঁক-ফোকৰ নাই। কাম কৰিব, পইছা ল'ব, কথা সিমানেই। আজি এয়া ভঁৰাল আগত বহি সিহঁত কিজনীৰ কথাই সুত মেলি মেলি বগাইছে। বাকীবোৰে সিহঁতব চাহ-তামোলো দিছে, কথাও শুনিছে। কথাৰ লাচে লাচে কুলা চালনীয়ে নাচিছে প্ৰিয়নাথ সেইফালে আহিছিল। সিহঁতে ঘটনাটো আটাইকে কৈ আছিল। কৈ বৈ বিভোৰ হৈ পৰিছিল, হাতৰ কুলা, চালনীয়ে অলপ সময় তভক মাৰিছিল। কওতা, শুনোতা গোটেই কিজনীয়ে মাইকী মানুহ। কওতাৰো মাত থোকাথুকি, শুনোতাৰো চকু সেমেকা। কাৰো খেয়াল নাছিল, এজন পক্ককেশ বৃদ্ধই আহি সেই কথাৰ ভাগ লৈছিলহি। ভাগ লৈছিল মানে পকনীয়াই টনাদি টানি নিছিল। এক্ষন্তেকৰ বাবে তেওঁ সকলো কথা পাহৰি মানুহকিজনীৰ মাজত সোমাই পৰিছিল।

কথা শেষ হৈছিল, আৰম্ভ হৈছিল কুলা-চালনীৰ ছন্দোবদ্ধ নাচোন।

'কেঁচুৰাটো এতিয়া ক'ত আছে?' গলগলীয়া মাতষাৰ শুনি আটাইকেউজনী

সন্তম হৈ পৰিছিল। তুঁহৰ পৰা হাত সাৰিবলৈ গামোচা বান্ধি লোৱা মূৰবোৰতে সিহঁতে শাৰীৰ আঁচলবোৰ তুলি লৈছিল। কোনো এজনীয়ে উত্তৰ দিয়া নাছিল। মৌজাদাৰ দেউতাৰ কথাৰ উত্তৰনো কোনে ফটকৰে দিয়ে। তেওঁ আকৌ সুধিছিল,

'কেঁচুৰাটো এতিয়া ক'ত আছে?'

'মাকৰ ঘৰত আছেগৈ', কোনোবা এজনীয়ে লাহেকৈ মাত দিলে।

'ক'তনো মাকৰ ঘৰ?'

'চিকাৰখোলাত'।

প্ৰিয়নাথ লাহে লাহে সেইখিনিৰ পৰা আঁতৰি গ'লগৈ।

চিকাৰখোলা গাঁও। পাহাৰৰ নামনিৰ সেই গাঁওখন আচলতে এখন অটব্য অৰণ্য আছিল। হাবি ভাঙি চাহাবৰ দিনত খাজনা দিব নোৱাৰা মানুহে নিজা ভেটি-মাটি এৰি গৈ তাতে বহিছিলগৈ। গাঁওখনৰ পূবফালে এখন বিশাল পিটনি আছে। মানুহে সেই পিটনিত ভৰি দিয়া মানে জীয়াই জীয়াই পোত যোৱা। গছে-লতাই আবৰি সেই পিটনিক জয়াৰ কৰি পেলাইছিল। সেই পিটনিৰ আশে-পাশে আছিল বিধে বিধে জন্তু- জানোৱাৰ। তালৈকে মানুহ চিকাৰ খেলিবলৈ গৈছিল, চাহাবেও পিটনিৰ পাৰৰ ওখ ঠাইখিনিতে বাংলা সাজি লৈছিল। সেই চাং বঙলাৰ বাৰাণ্ডাৰ পৰাই গুলীয়াই মাৰিছিল বাঘ। এবাৰ দেউতাকে কমিছনাৰ চাহাবক তালৈকে চিকাৰ খেলিবলৈ লৈ গৈছিল। ধনীৰামৰ মুখতে প্ৰিয়নাথে শুনিছিল, ৰাতি জ্বলি উঠা জুই কিকুৰাৰ কাহিনী। সেই ধনগুলৈৰ জুইৰ ভয়তে কোনো সেইফালে নগৈছিল। মানুহ বহাৰ লগে লগে অৰণ্যে নাচি থকা জুইবোৰ কমি আহিছিল। তথাপি মানুহে একুৰা নহয় একুৰা জুই পিটনিৰ ওপৰত নাচি থকা দেখিছিলেই।

সেই চিকাৰখোলা গাঁৱতে আছে ধাননি পথাৰত ধান গজাদি জনম লোৱা কেঁচুৰা কণ।

মীনাই আমিৰ খানৰ ফটো পঢ়া টেবুলৰ ওচৰত থৈছিল

মীনা বড়ো মৌসৰাৰ কলেজৰ নতুনকৈ খোলা অসমীয়া মেজৰৰ ছাত্ৰী। মীনাহঁতেই প্ৰথমবাৰৰ বাবে অসমীয়া বিভাগৰ মেজৰৰ পৰীক্ষা দিব। আটাইৰে মীনাৰ ওপৰত আশা, তাই বৰ ভাল নম্বৰ পাই আছে। ইউনিভাৰচিটিৰ টপাৰ হ'বও পাৰে। আশানো নকৰিব কিয়, তাই সচাঁকৈয়ে ভাল ছাত্ৰী। গোট গোট আখৰেৰে তাইৰ পৰীক্ষাৰ বহীখন দেখিলেই মনটো ভাল লাগি যায়। সকলো কামতে আগৰণুৱা মীনাক কলেজত সকলোৱে ভাল পায়। কোনেও নাজানে, মীনাই অসমীয়া কিতাপ দুখন বড়ো ভাষালৈ অনুবাদ কৰি থৈছে। এখন 'ৰহদৈ লিগিৰী' আৰু ইখন 'মিৰি-জীয়ৰী'। তাইৰ বহুত সপোন আছে। তাই এখন উপন্যাস লেখিব, তাইৰ গাঁওখনৰ কথাই লেখিব। কিমান কথা আছে তাইৰ গাঁওখনত। এখন বহীত তাই কিছু কথা গোটাই থৈছেই। তাই অসমীয়াতে এম. এ পাছ কৰি বড়ো ভাষাৰ ডিপ্লমা ল'ব, তাৰ পাছত তাইৰ পঢ়া কলেজখনতে বড়ো ভাষা-সাহিত্যৰ অধ্যাপিকা হ'বহি, বড়ো ভাষাৰ মেজৰ হ'ব। একেবাৰে চালুকীয়া অৱস্থাত থকা বড়ো সাহিত্যৰ কাৰণে তাই জীৱন জুৰি কাম কৰিব। মাকজনীক সুখত ৰাখিব। আৰু এটা কাম কৰিব তাই, তাইৰ গাঁওখনৰ মানুহবোৰৰ মুখে মুখে চলি থকা সাধুবোৰ গোটাব। আইতাকৰ সাধু কিছুমান তাই লেখি থৈছেই। এৰা, বহুত সপোনেৰে টল্‌মল্ মীনা।

একেবাৰে ভিতৰুৱা গাঁও এখনৰ ছোৱালী মীনা। মঙ্গলদৈ, গুৱাহাটীৰ মানুহে সোণাপুৰকে ভিতৰুৱা ঠাই বুলি গন্য কৰে। সোণাপুৰ মঙ্গলদৈৰ পৰা বিছ কিঃমিঃ, গুৱাহাটীৰ পৰা এশ কিঃমিঃ, সোণাপুৰৰ পৰা মৌসৰালৈ পঁচিছ কিঃমিঃ। সোণাপুৰ যদি ঘোকোট ঠাই, মৌসৰা আও ঘোকোট। মীনাৰ গাঁওখন চিকাৰখোলা গাঁও, মৌসৰাৰ দক্ষিণে আৰু দহ কিঃমিঃ দূৰৈত চিকাৰখোলা গাওঁ। আও ঘোকোটৰ ওপৰত যদি কিবা আছে সেয়া চিকাৰখোলা। ভূটান পাহাৰৰ নামনিৰ এই অঞ্চল জুৰি থকাদি জান-জুৰি নৈয়ে চিকাৰখোলা ঠাইখণ্ডকো আগুৰি আছে।

মৌসৰাৰ পৰা চিকাৰ খোলালৈ যাওতে কেইবাটাও সৰু সৰু জান পাৰ হৈ যাব লাগে। গাঁৱৰ মানুহে সেই জন-জুৰিবোৰ স্থানীয়ভাৱে 'ডোং' অথবা 'ডং' বুলি কয়। প্ৰায়বোৰ জান-জুৰি মানুহে কাপোৰ কোঁচায়ে পাৰ হয়, কেতিয়াবা দুই-এচলা কাঠো পাৰি লয়। ডোংবোৰৰ পানী ফটফটীয়া, প্ৰতিটো চুবুৰীয়ে ভাগত এটা ডোং পায়েই, তাতে কাপোৰ ধোৱা, গা-ধোৱা, গৰু ধুওৱা, চাউল-পাত ধোৱা, খোৱা পানী— আটাইবোৰ কামেই হয়। চৰকাৰ নামৰ কিবা এটাই যে মানুহক পানী দিয়ে, লাইট দিয়ে, ৰাস্তা সাজে, দলং বনায় মীনাহঁতৰ গাঁৱৰ মানুহে গম নাপায়, গম পালেওনো কি কৰিব, এনেকৈয়ে চলি আছে।

মীনাহঁতৰ গাঁও চিকাৰখোলাত নদীৰ পাৰত এটা পৰিত্যক্ত চাংবঙলা আছে, জহি-খহি গৈছে যদিও এসময়ত যে আটক-ধুনীয়া বঙলা এটা আছিল চালেই গম পায়। ঘৰটোৰ চাৰিওফালে বৰ ডাঙৰ ডাঙৰ গছ। ঠায়ে ঠায়ে ভাগি গ'লেও ইটাৰ ৱাল এখন, গে'ট এখনো আছে। গাঁৱৰ ৰাইজে এইটো 'চাহেব বাংলা' বুলি কয়। তাতে হেনো চাহাবসকল আহি থাকি চিকাৰ খেলিছিলহি। চিকাৰখোলা চাহাবহঁতৰ দিনত অটব্য অৰণ্য আছিল। খাজনা দিব নোৱৰা কিছু মানুহ চাহাবৰ দিনতে এই চিকাৰ খোলাৰ অৰণ্য ভাঙি বহিছিলহি। তেনেকৈয়ে চিকাৰ-খোলা গাঁওখন পট্টন হ'ল। চিকাৰখোলাৰ প্ৰায় সকলো বাসিন্দাই মীনাহঁতৰ জনগোষ্ঠীৰে।

গাঁৱৰ মানুহে চাহেব বাংলাৰ ফালে পৰাপক্ষত নাযায়, কোনোবা বাঘৰ আগ তেল খোৱা দুই-এটা চাহেব বাংলাৰ আমগছ, বগৰী গছ, জামু গছৰ ফল আনিবলৈ গৈ শিকনি পাই থৈছে। চাহেব বাংলা জুৰি নানা কাহিনী, সৰহভাগ ভূত-প্ৰেতৰ।

এবাৰ হেনো এজন চাহাবে বাঘৰ পোৱালি এহাল চোঙৰ পৰা ধৰি আনিছিল, ৰাতি খাচাত ভৰাই থৈছিল। সেই ৰাতিয়ে প্ৰকাণ্ড বাঘিনী এজনী আহি বাঘ পোৱালি কিটা লৈ গ'লহি, পোৱালিটো নিলে নিলেই, চিকাৰী চাহাবৰ মূৰটো ছিঙি মাটিত পেলাই থৈ গ'ল। চাহেব বাংলাত হেনো মূৰ নোহোৱা মানুহ এটা ঘূৰি ফুৰে। মূৰ নোহোৱাটোক যিয়ে দেখিছে সিয়ে হেনো তেজ বতিয়াই মৰিছে।

চাহেব বাংলাত যিকেইডাল জালপহীয়া আছে, সেইকিডাল হেনো দিনতহে সাপ হৈ থাকে। ৰাতি হ'লে আচল ৰূপ লৈ জোতা-মোজা, টুপি পিন্ধি খট্‌খটাই ফুৰে। দিনত চাহেব বাংলাৰ ফালে চৰাইৰ ভয়াৰ্ত চি-চিয়ঁনী অথবা কাউৰীৰ মাত বেছিকৈ শুনিলে বুজে জালপহীয়া ওলাইছে। গাঁৱৰ বহুতেই দেখিছে গছৰ পৰা ওলমি থকা জালপহীয়া সাপ, কেতিয়াবা গোট ছাগলী অথবা বান্দৰ পোৱালি একোটা খাই লৰচৰ কৰিব নোৱৰা হৈ পৰি থাকে।

চাহেব বাংলাৰ চোতালৰ ভঙা ইটাৰ দ'ম এটাত এবাহ সাপ। গোটেইবোৰ হেনো মুগী ফেঁটী।

পথাৰৰ পুব কোণে থকা এনেহেন জয়াৰ চাহেব বাংলালৈ কোন যাব? কিহৰ দুখত বা যাব? সঁচাই-মিছাই মিলি চাহেব বাংলা এটা ভয়ানক গল্প হৈ গ'ল। নহ'বনো কিয়! মীনাহঁতৰ গোটেই গাঁওখনেই গল্প ৰচাত পাকৈত।

মীনাহঁতৰ পাকঘৰটোৱেই এটা অলৌকিক সাধু। ঘৰত মীনা আৰু মাক। মীনাৰ দেউতাক কেতিয়াবাই ঢুকাইছে। শালখন আৰু শহুৰেকৰ দিনৰে মাটিখিনিক সম্বল কৰি মাকে মীনাক ডাঙৰ কৰিলে। শহুৰেকৰ দিনৰে মীনাৰ মাকৰ পাকঘৰটোৱে এটা গল্প। মীনাৰ মাকৰ মাইনাওৰ থাপনা আছে পাকঘৰৰ এচুকত। এটা মাটিৰ ঢিপ্ তাৰ ওচৰতে মাটিৰ কলহত চাউল। এয়াই মীনাৰ মাকৰ মাইনাও-লখিমীৰ থাপনা, নিতৌ তাত শলা-বন্তি দিয়া হয়। গাঁৱৰ মানুহে কয় মীনাহঁতৰ পাকঘৰত গা নোধোৱাকৈ অশুচি গাৰে সোমালে চকু মেলিব নোৱৰা হয়। কিমানৰ হ'ল, ভুলে-শুদ্ধেই মীনাৰ মাকৰ পাক-ঘৰত সোমাই কিমানৰ চকু মেলিব নোৱৰা হ'ল, জ্বলাপোৰা কৰে, চকুৰ পানী ওলায়। পিছ দিনা গা-মূৰ ধুই পাকঘৰ, মাইনাওৰ থাপনা মচি-কাচি শলা-বন্তি দিলেই চকু ভাল। কি বা কথা, কি বা বতৰা। মীনাৰ মাকৰ পাক-ঘৰত পাৰ্বতী চাং, পাৰ্বতী চাঙত কোমোৰা, শুকান জলকীয়াৰ পাচি, শুকান ঠেকেৰা, তমালেৰে বান্ধি থোৱা বাৰীৰে নহৰু-পনৰু। গেজেপা মাৰি থকা পাৰ্বতী চাঙতে কিজানি মাইনাও লখিমীৰ বাস। মীনাৰ মাকেও প্ৰায়ে কয়— এই পাক-ঘৰ দেওলগা, কালিকা লগা। মীনাৰ বাবে এই পাক-ঘৰ হ'ল এক অভেদ্য দুৰ্গ। মীনাই ফাকুৱা খেলি বেয়া পাই, ৰং খেলাৰ দিনা মীনা কিতাপ এখন লৈ পাক-ঘৰত, কোন সোমাই তাত? মীনাই গাঁৱৰে দুটামান ধদুৱাক চকু পাৰি দেখিব নোৱাৰে। সিহঁত আহিলেই মীনা পাক-ঘৰত। কেতিয়াবা ফুট গধূলিতে কোনোবাই দুৱাৰত টুকুৰিয়াই যায়, সেইদিনা তাই পাক-ঘৰতে পঢ়িবলৈ বুলি পাটী এখন পাৰি লয়, গোটাই লয় হাৰিকেন লেম্পটো।

মীনা নিজেই এবাৰ এটা গল্পৰ নায়িকা হৈছিল। ভয়ঙ্কৰ গল্প এটাই মীনাক হেচা মাৰি ধৰিছিলে। মীনা বুলি তাৰ পৰা ওলাই আহিব পাৰিলে। চিকাৰখোলাৰ গাঁৱৰ প্ৰথম মেট্ৰিক পাছ ছোৱালী মীনা, প্ৰথম চাইকেল চলোৱা ছোৱালী মীনা। ষ্টাৰ পাই মেট্ৰিক পাছ কৰা মীনাই বৃত্তিৰ পইছাৰে কিনা চাইকেলখনত উঠি যেতিয়া মৌসৰাৰ কলেজলৈ যায় গাঁৱৰ আটায়ে এবাৰ চাবই চাব। মীনাহঁতৰ ঘৰৰ মুখতে ৰতিৰাম বড়োৰ ঘৰ। খেতি-খোলা, ধানে-সৰিয়হে ছাগলীয়ে-গৰুৰে নদন-বদন সংসাৰ। ৰতিৰাম বুঢ়াৰ চাৰিটা ল'ৰা, এজনী ছোৱালী। বুঢ়াৰ মীনাৰ প্ৰতি এক ধৰণৰ অসূয়া

আছে। বাঁৰী বিধবাৰ ছোৱালী, চকুৰ আগতে কলেজ পাছ কৰিব। তেওঁৰ ছোৱালী গীতা, তাইক কি দিয়া নাই। তাই মীনাৰ লগতে মৌসৰাৰ হাইস্কুললৈ গৈছিল, মীনাই ইমান নাম কৰি পাছ কৰিলে, নিজৰ জীয়েকে মেট্ৰিকৰ দেওনাই পাৰ হ'ব নোৱাৰিলে। গীতা তেতিয়া জগত সংসাৰ পাহৰি প্ৰেমত মজি আছিল। প্ৰেমিক হ'ল আৰ্মিত কাম কৰা তিলক চেত্ৰী, আজি তিনিবছৰ হ'ল ফৌজি ডেকাৰ লগত গীতাৰ গভীৰ প্ৰেম। গীতাৰ বাপেকে তালৈ জীয়েকক নিদিয়ে। পূজাৰ সময়ত ঘৰলৈ আহোতে সৈনিক ডেকাই গীতাক লগতে লৈ গ'ল। বুঢ়াৰ খোপটো পৰিলহি আহি মীনাৰ ওপৰত। গোটেই গাঁও ৰৌজাল-বৌজাল। গীতাৰ বাপেকে মীনাক ডাইনী বুলি কৈছে। তায়ে ঔষধ কৰি জীয়েকক এইখন কৰালে। ৰতিৰাম বুঢ়াই গাঁৱত মেল চপালে, ডাইনীক বিচাৰ কৰি গাঁৱৰ পৰা খেদিব লাগে। মীনাই তন্ত্ৰ-মন্ত্ৰ জানে, তাই আজিকালি সিহঁতৰ কালিকা লগা পাক-ঘৰটোত থাকে। বহুত ৰাতিলৈকে লেম জ্বলাই তাই তন্ত্ৰ-মন্ত্ৰ আৰাধনা কৰে। মীনা এজনী ডাইনী। সেই দুৱাৰত টোকৰ দিয়া ধদুৱাকেইটায়ো হয়ভৰ দিলে, তাই পাক-ঘৰত মাজনিশালৈ লেম জ্বলাই বহি থাকে। কোনোবাই আকৌ ক'লে তাইৰ এটোপোলা পুথি-পাজি আছে, বৰ সাৱধানেৰে বাকচত ভৰাই থয়। ৰাইজে মীনাক শপত ল'বলৈ ক'লে, ৰতিৰাম বুঢ়াকো ক'লে। বাথৌ বেদীত মূৰ দোঁৱাই মীনাই শপত ল'লে, তাই যদি ডাইনী এমাহৰ পাছতে তাই মৰিব। আৰু ৰতিৰাম বুঢ়াই যদি মিছা কথা কৈছে তেওঁ এমাহৰ ভিতৰতে মৰিব, বুঢ়ায়ো শপত ল'লে। এমাহলৈ মেল স্থগিত ৰাখিলে। মীনাৰ তেতিয়া পৰীক্ষাৰ সময়। সকলো কথা পাহৰি তাই পঢ়াত লাগিল। পৰীক্ষাটো হৈ যাওক, তাৰ পাছত যি হয় হ'ব। তাই পাক-ঘৰতে একেবাৰে টেবুলখন পাতি ল'লে, ঠিক মাইনাও থানৰ ওচৰতে। শোৱনি ঘৰত পঢ়া-টেবুল ৰাখোতে আমিৰখানৰ ফটোখন কাষতে আঁৰি থৈছিল। টুপি এটা পিন্ধি হাঁহি থকা আমিৰ খানৰ জীৱন্ত যেন লগা পষ্টাৰখন মীনাৰ বৰ ভাল লাগে। পঢ়ি পঢ়ি ভাগৰ লাগিলে পষ্টাৰখন চায়, ধুনীয়া মানুহজনে তাইলৈ চাই হাঁহি মাৰি উঠে। পষ্টাৰখন টেবুলৰ লগতে পাক-ঘৰলৈকে লৈ আহিল মীনাই।

ইফালে হ'ল কি, ৰতিৰাম বুঢ়াৰ মূৰত সোমাল তেওঁকো ডাইনাই ঔষধ কৰিছে। বুঢ়াই কৰিলে কি, ঔষধ পেটৰ পৰা উলিয়াবলৈ আনাৰসৰ কোঁহপাত এসোপা খুন্দি ৰস উলিয়াই খাই দিলে, পেট চুঁচি বুঢ়া মৰি থাকিল। মীনাই চকুৰ পানী টুকি টুকি গৈ বুঢ়াৰ মৃতদেহ সেৱা জনাই আহিছিলগৈ। বুঢ়া মৰোঁতে যদিও সকলোৱে কৈছিল বুঢ়া নিজেই ডাইনা আছিল, মিছাকৈয়ে ছোৱালীজনীক দোষ দিছিল। মীনাৰ মনটো একেবাৰে বেয়া হৈ গৈছিল। গাঁৱৰ মানুহবোৰৰ মাজত যে

এইবোৰ কি আছে। তাই প্ৰতিজ্ঞা কৰি পেলাইছিল, তাই এইবোৰৰ বিৰুদ্ধে যুঁজিব, ভালকৈ যুঁজিব। বুঢ়া মৰাৰ দিনা মীনাই বহুত সময় আমিৰ খানৰ হাঁহি থকা ছবিখন চাই আছিল।

সেইজনী মীনাৰ গাঁওখনলৈ, সেইখন চিকাৰখোলা গাঁৱলৈ এদল বন্দুক লোৱা ল'ৰা আহিল, সিহঁতে আহি থকা ঠাই কৰি ল'লেহি চাহেব বাংলাত। চাহেব বাংলাৰ পৰা সিহঁতৰ পাহাৰলৈ যাবলৈ ভাল। চাহেব বাংলাৰ পৰাই আৰম্ভ হৈছে এখন বিশাল পিটনি। পিটনিখন এখন বৰ আচৰিত ঠাই। ওপৰে ওপৰে চালে কেৱল ঘাঁহনি। চাৰিওফালে ওখ ঢিপ হেন টান মাটি। মাজতে পিটনিখন। ভৰি দিলে ঘাঁহনিখন সোমাই সোমাই যায়, লাঠি এডালেৰে খোচ মাৰি দিলে নিগৰি বৈ আহে অসম্ভৱ শীতল পানী। কোমল মাটিৰ আস্তৰণৰ তলত মাগুৰ, শিঙি আৰু কুচিয়া মাছ থলথল কৰি থাকে। সেই মাছ ধৰিবলৈ যায় কোন? কিমান গৰু-গাই তাত থকা কোমল ঘাঁহ খাবলৈ গৈ ওলাব নোৱৰা হৈছে। গাঁৱৰ বুঢ়া-মেথাই কয়, আগতে পিটনিত চাকি, বন্তি দি মিনতি কৰিলে ঘৰত পতা কাম-সকামৰ বাবে প্ৰয়োজনীয় বাচন-বৰ্তন ওলাই আহিছিল। ধুই-পখালি ব্যৱহাৰৰ পাছত আকৌ চাকি-বন্তি দি থৈ আহিব লাগে। এবাৰ হেনো এখন বিয়াত নোধোৱাকৈ জুঠা বাচন ঘূৰাই দিছিল। তাৰ পৰা আৰু হাজাৰ তুতি-মিনতি কৰিলেও কাম-সকামৰ বাচন-বৰ্তন নোলোৱা হ'ল। সৌ সিদিনালৈকে মানুহে দেখিছিল আন্ধাৰ হ'লেই গোটেই পিটনি জুৰি ধনগুলৈ জুয়ে নাচোন ধৰে। মীনাই নিজেও দুই-একুৰা জুই দেখিছিল। মানুহে পিটনিৰ এফালে খেতি কৰিবলৈ লোৱাৰ পৰা নাচি থকা জুইবোৰ নোহোৱা হ'ল। পিটনিৰ মাজত এটা দ্বীপ হেন ঠাই এটুকুৰা, তাৰ মাটি টান। এই দ্বীপহেন ঠাইখিনিক পিটনিখনৰ উত্তৰ পাৰে জংঘলখনৰ লগত সংলগ্ন কৰিছে এছোৱা টান মাটিয়ে। এই টান ভূমি খণ্ড গছ-লতাই গেজেপনি মাৰি ধৰিছে। সাপে-বেঙে ভৰা সেইখিনি ঠাইলৈ সাধাৰণতে কোনো নাযায়। তালৈ যোৱাৰ কাৰো প্ৰয়োজনো নপৰে। সেই ঠাইখণ্ড হেনো বনৰজাৰ বাসস্থান আছিল। গছ-লতা আৰু তৰাবনৰে গেজেপা খাই থকা সেই ঠাইখণ্ডত আছিল প্ৰকাণ্ড প্ৰকাণ্ড ঢেঁকীয়াপতীয়া বাঘ। দ্বীপহেন টান মাটি টুকুৰা এতিয়াও আছে, বাঘবোৰহে নাই।

পিটনিখনৰ পাছতে জংঘল। সিহঁতবোৰে পিটনিৰ পাৰবোৰ চিনি পাই, সেই টান পাৰে পাৰে পাহাৰলৈ অহা-যোৱা কৰে। চাহেব বাংলা যেন ভৰি গ'ল এজাক মূৰ নোহোৱা পিশাচেৰে। মূৰবোৰ নাই, কেৱল শৰীৰবোৰ। গোটেই জাকে গাঁওখনত লম্ভি ল'লে। যেতিয়াই-তেতিয়াই এই বোলে চাউল দে, এই বোলে মুৰ্গী দে, টকা

দে, ভাত ৰান্ধি খুৱা। সিহঁতৰ পার্টিত সোমাব লাগে, নোসোমোৱা দুটামানক গুলীয়াই মাৰিলে। অনবৰতে বন্দুকৰ ভয়। মানুহবোৰ পেঁপুৱা লাগিল। গোটেই গাঁওখনেই ভূতে ধৰা মানুহৰ দৰে হাত-ভৰি আঁচাৰিবলৈ ধৰিলে। সিহঁতে চাউল-পাততো নিয়েই, মাহেকীয়া বন্দবস্তিত টকাও নিয়ে। সিহঁতে বাৰীৰ গছবোৰতো টেক্স লগালে। এডাল তামোল গছত ইমান, কঁঠাল গছত তিমান, আম গছত... মাহেকৰ মূৰত গছে পতি টেক্সৰ টকা লৈ যায়হি। উপায় নাপায় মানুহে ঘৰৰ লাগনী গছবোৰ কাটিবলৈ ধৰিলে। তামোল লাগে এথোকা, গছৰ টেক্স তাৰ দামৰ তিনিগুণ। মীনাহঁতৰো ককাকৰ দিনৰে তামোল গছ অলপ আছিল। গোটেইবোৰ নাৰিকলী তামোল, গোট গোট বগা বুকুৱা তামোলবোৰৰ ভাল দাম পায়, ঘৰখনৰ ভালেখিনি খৰচ সামৰে তামোল গছখিনিয়ে। সেইখিনি তামোল গছেই এতিয়া হাড়মাল যেন হৈছে। মীনাৰ মাকে বাকী মানুহৰ দৰে তামোল গছ কাটিবই খুজিছিল, মীনাই বাধা দিলে। এদিন ৰাতি আঠটা মান বন্দুক লোৱা সোমাই আহিল। সিহঁতে অলপ দিনৰে পৰা মানুহৰ ঘৰত সোমাই মাৰপিট কৰিবলৈ লৈছে। ইমানবোৰ তামোল গছ, হিচাব দি গৈছিল, টকা ক'ত? মীনা তাইৰ মাইনাও থান থকা, মাহাত্ম্য থকা পাক-ঘৰত সোমালগৈ। লখিমী দেৱী মানুহৰ কাৰণেহে, পিশাচৰ কাৰণে নহয়। গোটেইবোৰ গিৰ্‌গিৰাই জোতাৰ সৈতে পাক-ঘৰ সোমালগৈ। সিহঁতে দেখিলে তাইৰ পঢ়া টেবুলৰ ওচৰতে আঁৰি থোৱা আছে আমিৰ খানৰ হাঁহি থকা ফটো। দোষটো সেইটোৱে হ'ল। যিখন ৰাষ্ট্ৰৰ পৰা বিচ্ছিন্ন হ'বলৈ সিহঁতে অস্ত্ৰ হাতত লৈছে, সেই ৰাষ্ট্ৰৰে হিন্দী চিনেমাৰ নায়কৰ ছবি তাই ঘৰত আঁৰি থৈছে। তাই নাজানে নেকি সিহঁতৰ সংগঠনে হিন্দী চিনেমাৰ ওপৰত বাধা আৰোপ কৰিছে। তাই সংগঠনৰ বিৰুদ্ধে যোৱাৰ ইমান সাহ ক'ত পালে? সদায় চাইকেল মাৰি কলেজ কৰা, ঘৰ-পথাৰত কাম কৰা মীনা এজনী চিপ্‌চিপীয়া দেহৰ উঠন গাভৰু, কঁকাললৈকে পৰা একোছা মিহি পোন চুলি, গাৰ ৰং ৰ'দে পোৰা বগা চানেকীয়া, চকুহালত অলপ কাজলৰ বোল, ওঁঠতো অকণমান লিপষ্টিকৰ ৰং, কাণতো এযোৰ চাই-চিতি কিনি অনা ওলমা দুল। বাটত তাইক এবাৰ দেখিলে আৰু এবাৰ ঘূৰি চাবৰ মন যায়, আটাইতকৈ মৰম লগা তাইৰ চকুৰে-মুখে মৰা হাঁহিটো। এনেহন ছোৱালী এজনীক সিহঁত গালে মুখে চৰ-ভুকু মাৰিবলৈ ধৰিলে। ডবহা-ডবহ হাতৰ ঘোচা পৰিল তাইৰ গালত। জীয়েকক ৰক্ষা কৰিবলৈ অহা মাকেও ভাল পিটন খালে। সিহঁতবোৰে অলপ দিন এই মাৰ-পিট চলায়ে আছে। যাৰে-তাৰে ঘৰত সোমাই মাইকী-মতা নিৰ্বিচাৰে মাৰ-পিট হুমকি। মীনাৰ ওঁঠ ফুলি ওলমি গ'ল, বাঁওচকুৰ তলত কাল চিতা পৰিল, গালখন উখহি গ'ল। পৰীক্ষা পালেহিয়ে, তাইনো এইৰূপ লৈ কলেজলৈ যায় কেনেকৈ? দুপাট্টা এখনেৰে মুখ

ঢাকি হ'লেও তাই পঢ়িবলৈ এৰা নাছিল। এদিন ৰাতি গুলীৰ শব্দত গাঁওখন চক খাই উঠিল। নিজৰাজ্য বিচৰা আৰু এটা পার্টি আহি চাহেব বাংলাত থকা গালৰ সৈতে যুঁজ পাতিলেহি। মীনাৰ মুখ ঢাকি হ'লেও ৰাতি পঢ়াৰ মূধা মৰিল, গধূলিতে ভাত-পানী খাই মাইকী মানুহখিনিয়ে কোনোবা এঘৰত একেলগে ৰাতি কটোৱাৰ ব্যৱস্থা হৈছে। চিকাৰখোলাৰ মানুহে চাহেব বাংলাৰ ফালে শগুণ উৰা দেখা পালে। গাঁওখন যেন মুখ থেকেচা খাই পৰিলে। গাঁৱৰ মানুহে ভয়ে ভয়ে লক্ষ্য কৰিলে সিহঁতে কিছুমান মানুহ ধৰি আনি পাহাৰৰ ফালে লৈ যায়গৈ, কেতিয়াবা চাহেব বাংলাটো ৰাখে। অলপ দিনৰে পৰা কিছুমান মানুহ চাহেব বাংলাৰ ফালে আহিবলৈ লৈছে। সৰহভাগ মানুহ চাইকেল মাৰি আহে, দুই-এক মটৰ চাইকেলত আহে। মানুহবোৰ কোবা-কোবিকৈ আহে আকৌ যায়গৈ। এই সমস্ত ক্রিয়া-কাণ্ড গাঁৱৰ মানুহবোৰে আলেঙে আলেঙে চাই থাকে। গাঁৱৰো দুই-এটা ল'ৰা গৈ সিহঁতৰ লগত মিলিছেগৈ। সিহঁত কিটাকো গাঁৱৰ মানুহে ভয়ে ভয়ে চাই থাকে।

মীনাৰ এইকেইদিন কলেজ ক্ষতি হৈছে। তাইৰ মুখখন ভালকৈ ভালেই হোৱা নাই। এইখন মুখলৈনো তাই কলেজলৈ যায় কেনেকৈ? তাই পঢ়িবলৈ এৰা নাই। সকলো কথা বাদ দি তাই পঢ়াত মন দিবলৈ চেষ্টা কৰিছে। তাইৰ ওপৰত কিমান আশা সকলোৰে। সকলোৱে তাইক ইমান সহায় কৰিছে। কলেজৰ পৰিচালনা সমিতিৰ সভাপতি মৌজাদাৰ প্রিয়নাথ চৌধুৰীয়ে তাইক সেই মেট্রিকত ষ্টাৰ পোৱাৰে পৰা আজিলৈকে মাহে দুশ টকাকৈ দি আহিছে। সেই মানুহজনৰ ধাৰ তাই কেনেকৈ শুজিব? তেখেতে তাইৰ কিতাপ-পত্র, নাম ভর্তিৰ খৰচ আটাইবোৰই দিছে। সেইজন মানুহক বেয়া ফল এটা লৈ কেনেকৈ মুখ দেখুৱাব? মীনাই মৌজাদাৰে দিয়া প্রতিটো টকাৰে হিচাব ৰাখিছে, উপার্জন কৰিব পাৰিলেই চব ঘূৰাই দিব। মৌজাদাৰৰ কথা ভাবোতে তাইৰ আলোক চাৰলৈ মনত পৰিল। বহাতে মীনাই কান্দিবলৈ ল'লে। ঘটনাটোৰ কথা মনত পৰিলেই তাইৰ সদায়ে এনেকুৱা হয়। বুকুখন ভাগি-ছিগি আহে, কিয় হয় এইবোৰ?

মীনাৰ মুখ ভাল হোৱাৰ পাছতে তাই কলেজলৈ যাবলৈ লৈছিল মাত্র। আকৌ গাঁৱত হুলস্থূল লাগিল। এদিন পুৱতি নিশাতে বাথৌ মন্দিৰৰ চোতালত গাড়ীয়ে গাড়ীয়ে আর্মি নামিল। গাঁৱৰ মানুহে দিনতে দুৱাৰ ডাং দিলে। আর্মিয়ে চাহেব বাংলা দুদিন-দুৰাতি ঘেৰি থ'লে। ছোৱালী আৰু গাঁৱৰ মাইকী মানুহবোৰ আহি মাইনাওহঁতৰ ঘৰতে থুপ লাগিলহি। ডেকা ল'ৰাবোৰ যেনি পাই তেনি পলাল। মানুহৰ চৌকাৰ জুই এবেলা জ্বলে কি নজ্বলে। আটায়ে শুনে চাহেব বাংলাৰ ফালে

গুলীয়া-গুলীৰ অবিৰাম শব্দ। এদিন পুৱতি নিশা গাঁওবাসীয়ে দেখিলে পলিথিন আৰু চাৰিৰে মেৰোৱা ডেড-বডি নি আৰ্মিয়ে ভানত তুলিছে। আৰ্মিৰ আদেশ কোনো ঘৰৰ পৰা নোকোৱালৈকে ওলাব নোৱাৰিব।

এইবোৰৰ মাজতে মীনাৰ পৰীক্ষা হৈ গ'ল। এইটো মীনাৰ ফাইনেল পৰীক্ষা আছিল। আটায়ে আশা কৰিছিল, তাই ইউনিভাৰচিটি টপাৰ হ'ব, নহ'লগৈ। কিন্তু তাই ভাল নম্বৰ পাই প্ৰথম শ্ৰেণী পালে। প্ৰথম শ্ৰেণী পাই তাই মৌজাদাৰক দেখা কৰিবলৈ গ'ল। কলেজে তাইৰ এম.এ. পঢ়াৰ দায়িত্ব লোৱাৰ কথা জনালে প্ৰিয়নাথে। স্কুল এখনত সোমাব খোজা মীনাই সেইকথা শুনি কেৱল কান্দিছিল। মীনাৰ এম.এ. পঢ়াৰ সমস্ত খৰচ বহন কৰিবলৈ সাজু হৈছিল প্ৰিয়নাথ। কিমানক দিলে। কান্দি থকা মীনাক প্ৰিয়নাথে কৈছিল, তাই প্ৰথম পজিশ্যনটো পাব লাগিব আৰু মৌসৰাৰ কলেজত সোমাবহি লাগিব। উত্তৰত তাই মৌজাদাৰক সেৱা কৰিছিল। সেইদিনা প্ৰিয়নাথে মীনাক এটা অদ্ভুত অনুৰোধ কৰিছিল। কোনো ভূমিকা নোহোৱাকৈয়ে তাইক সুধিছিল।

'তোমালোকৰ চিকাৰখোলাত বাৰু নিচিলামাৰী গাঁৱলৈ বিয়া দিয়া কোনোবা ছোৱালী আছেনে?'

'আছে, কেইবাজনীও আছে'

'এজনীৰ বাৰু নিচিলামাৰীৰ গোলমালৰ সময়ত পথাৰতে কেঁচুৱা এটা জন্ম হৈছিল নেকি?'

মীনা অলপ সময় ৰৈছিল। ঠিকেইতো, মীনাহঁতে আটায়ে শুনিছিল সেই কথা। পথাৰতে তাইৰ কেঁচুৱা হৈছিল, মিঞা মাইকীবোৰে তাইক বোলে আবৰি ধৰিছিলহি। কিবা নাম আছিল তাইৰ, লতা, লতা দৈমাৰী।

'হৈছিল, আমাৰে আলহী লাগে। কেঁচুৱাই মাকে আমাৰ গাঁৱতে আছেহি, মই গৈছিলো এদিন।'

মীনা আচৰিত হৈছিল, কিয় বা মৌজাদাৰে এই কথা সুধিছে।

'মাককে, কেঁচুৱাকণকে মোৰ ওচৰলৈ এদিন লৈ আহিব পাৰিবা?'

'নিশ্চয় পাৰিম, কাইলৈকে লতাক লৈ আহিম।'

'তোমাৰ এডমিশ্যনৰ খৰচ মহৰীৰ পৰা লৈ ল'বা, মই কৈ থৈছো'

'কাইলৈ কেতিয়া আহিম?' 'দহমান বজাত আহিবা'। ভিতৰলৈ উঠি যোৱা মানুহজনলৈ তাই অবাক হৈ চাই আছিল।

সপোনত কেঁচুৱাকণ

প্ৰিয়নাথৰ গা-মন আজি দুইটাই বেয়া। কঁকালৰ বিষটো বৰ বেছি হৈছে। লৰচৰ কৰিলেই খোচ মাৰি ধৰে। ইফালে খবৰ পাইছে সোণতৰাৰো গা ভাল নহয়। উশাহৰ কষ্টটো বেছি হৈছে। কুসুমৰ ঘৰতে সোণতৰা ভালে থাকে। নিয়মিত ডাক্তৰ, ঔষধ পাই থাকে। কুসুমৰ ছোৱালীজনীয়েও আইতাকক নেৰে। তাতে চলা-ফিৰা কৰি থাকিলেও ডাক্তৰে প্লে'নত উঠিবলৈ একেবাৰে হাক দিছে। হাক দিছে মানে একেবাৰে নোৱাৰেই। প্ৰিয়নাথেই বা যায় কেনেকৈ? হাউলিতে বা মৌসৰাতে ঘূৰা-পকা কৰি থকাটো বেলেগ কথা। মাক চন্দ্ৰনাথৰ তাতে যোৱাদি সোণতৰাও জীয়েকৰ তাৰ পৰাই যাবগৈ। চন্দ্ৰনাথো গ'ল। আলোকো গ'ল। কেৱল বিদায়। হাউলিৰ পুৰণা মানুহবোৰো গ'লগৈ। ধনদা, বৰফান্দী, কাতিয়া, আঘোণা কোনো আৰু নাই। প্ৰিয়নাথে গম পাইছে, তেওঁৰো সময় হৈ আহিছে। বহুদিন থাকিলে, এই পৃথিৱীত আৰু মন নিটিকা হৈছে।

'ককা, এইটো পানী-বেগ লওক, ইটো চাগৈ ঠাণ্ডাই হ'ল।' গণেশে আৰু এটা গৰম পানী-বেগ গামোচা এখনেৰে মেৰাই দি থৈ গ'ল। তপজেৰ নাতিটো চাওঁতে চাওঁতে ডাঙৰেই হ'লগৈ। বৰ হুচিয়াৰ হৈছে ল'ৰাটো। এই সপ্তাহতে ধানৰ গোঁছ আনিব লাগিব। পথাৰত ধান কাটি ডাঙৰি থৈছেই, লখিমী আদৰিলেই ধান চপাব। এইবাৰ লখিমী আদৰিবলৈ তাকে ক'ব লাগিব, আৰুনো কোন আছে? প্ৰিয়নাথৰ বুকুখন গধুৰ লাগি আহিল। আজিকালি ঘনে পতি প্ৰিয়নাথ অতীতলৈ সামান্য সুযোগতে গুচি যায়গৈ। অনবৰতে অতীততে বিচৰণ কৰি থাকিব খোজে তেওঁৰ মন। সকলো কথাই ইমান স্পষ্ট হৈ আছে। মনত পৰাৰে পৰা মূৰত পকা ধানৰ আগ লৈ ঘৰলৈ লখিমী আদৰিছিল দেউতাকে। শুদা ভৰিৰে, এক বস্ত্ৰ হৈ ধূতীখন গাত চাটি মাৰি পিন্ধি উজ্জ্বল মানুহজনে মূৰত এচিৰা পকা ধান লৈ হাউলিলৈ আহে। মচি-কাচি, চাকি-বন্তি জ্বলাই হাউলি ৰৈ থাকে, তেওঁ সেই পকা ধানৰ চিৰা আনি ভঁৰালত থয়হি। দেউতাকৰ মৃত্যুৰ পাছত প্ৰিয়নাথে আনিছিল সেই ধানৰ আগ। তাৰ পাছত

বহুদিনলৈকে মুগাৰ সাজ পিন্ধি পথাৰলৈ গৈছিল সোণতৰা। সেইদিনা সোণতৰাই গা ভৰাই গহনা পিন্ধিছিল, উজ্জ্বলকৈ লৈছিল সেন্দূৰৰ ডগমগীয়া ফোট। সোণালী ধাননিৰ মাজত সেই সুশ্ৰী মিঠা বৰণীয়া নাৰীয়ে যেন প্ৰিয়নাথলৈ চাই হাঁহি উঠিল। সোণালী মুগাৰ সাজ, ডালিম গুটীয়া বাখৰৰ অলঙ্কাৰেৰে সজ্জিত সেই নাৰীক এবাৰ ওচৰত পাবলৈ প্ৰিয়নাথৰ মন আকুলি-বিকুলি কৰি উঠিল। সোণতৰা কুসুমৰ তাত থাকোঁতে লখিমী আদৰিছিল আলোকে। ককাকৰ উজ্বল চেহেৰাটো তেনেই পাইছিল আলোকে। এইবাৰ সোণালী ধাননিত শুদা গাৰে আগমুৰাকৈ মূৰত ধানৰ ঠোক লৈ আগবাঢ়ি আহিল এক উজ্জ্বল তৰুণ। কোনেবা আজি পথাৰৰ পৰা ভঁৰাললৈ আনিব সোণালী ধানৰ আগ। অগা-পিচাকৈ আগুৱাই আহিল এগৰাকী নাৰী আৰু এক যুৱক। ইহঁতে বা হাউলি মচি-কাচি, ভঁৰালৰ আগৰ জঞ্জাল আঁতৰাই তাত এখিলা আগলি কলপাত থলেনে নাই, চাকি এগছ জ্বলালেনে নাই? ইমানকৈ হাক দিয়া হয়, ভঁৰালৰ আগকণহে সিহঁতে জঞ্জালেৰে তেনেই জাঁজ কৰি পেলায়। লখিমী আদৰাৰ আগদিনাহে সিহঁতৰ মনত পৰে, তাৰ পাছত হাহাকাৰ। প্ৰিয়নাথে সঁচাকৈয়ে ভঁৰালৰ আগলৈ উঠি যাব খুজিলে, কঁকালটোৱে কেচেক্‌কৈ ধৰিলে।

'ককা, বেগটো দেখোন পেলায়ে দিলে', গণেশৰ মাতত প্ৰিয়নাথ চক্ খাই উঠিল। আজিকালি এনেকুৱাই হয় প্ৰিয়নাথৰ। চববোৰ খেলি-মেলি হৈ পৰে।

'ককা, পথাৰৰ পৰা ভদীয়া আহিছে', গণেশে গৰম-পানীৰ বেগটো তুলি ভালকৈ কঁকালত দি দিছে।'

'দেউতা, লখিমী আদৰিব লাগিছিল, ধান কটা হৈছেই, বৰষুণ দিলে পথাৰতে নষ্ট হ'ব। আকাশ গোমা হৈছেই।' ভদীয়াই প্ৰিয়নাথক সেৱা কৰিলে।

'ককা, ভঁৰালৰ আগ চাফা কৰালো, চাকি আজিয়ে জ্বলাবনে?'

'যা গণেশ, ভদীয়াৰ লগত গৈ লখিমী আদৰি আনগৈ। ইহঁতক চাকি-বন্তি জ্বলাবলৈ ক।'

বেগৰ সেকটো লৈ প্ৰিয়নাথৰ আৰাম লাগিছে। ৰাতিটো টোপনি অহা নাই, ইকাটি-সিকাটি কৰিব পৰা নাছিলে। তেওঁৰ সেইখিনিতে চিলমিলকৈ টোপনি গ'ল। তেওঁক এই চিলমিলীয়া টোপনি যোৱা সময়তো ঘটনাবোৰে খেদি ফুৰে, অতীতৰ ছবিবোৰে হেঁচা মাৰি মাৰি ধৰে। আজি এয়া প্ৰিয়নাথৰ মনত বহলকৈ মেল খাই গৈছে সেই চিকাৰখোলা গাঁৱৰ জুই নাচি থকা পিটনিখন। পিটনিখনৰ ভাটৌবুলীয়া ঘাঁহনিখনত ফুলি উঠিছে অজস্ৰ খুদ খুদ বগা আৰু বেঙুনীয়া ৰঙৰ ফুল। তাৰ মাজতে শুই আছে এমূৰ চুলিৰে এটা কেঁচুৱা, হাত-ভৰি মাৰি কান্দি আছে। এই সোমাই যায়, কেঁচুৱা কণ এই পিটনিখনৰ শীতল গৰ্ভলৈ সোমাই যায়। প্ৰিয়নাথে

হাহাঁকাৰ কৰি উঠিল, তেওঁ দৌৰিব খুজিছে, পৰা নাই, এসোপা লতাত মেৰ খাই ধৰিছে তেওঁৰ ভৰি হাল। প্ৰিয়নাথে গোঁ-গোঁৱাই উঠিল।

‘ককা, উঠক ককা. আলহী আহিছে? গণেশে প্ৰিয়নাথক জোকাৰি দিলেহি।

প্ৰিয়নাথ খক্‌মককৈ উঠি বহিল। হয়েতো, মীনা আৰু এজনী গাভৰু বোৱাৰী বুলনিৰ চিৰিত থিয় দি আছেহি।

‘আহা, আহা,’ এয়া কেঁচুৱাকণ মাকৰ কোলাত শুই আছে। চকুৰ আগতে আছে। পিটনিখনৰ শীতল গৰ্ভলৈ তেনেহ’লে সোমাই নগ’ল। এনেকুৱাই হ’বলৈ লৈছে প্ৰিয়নাথৰ, সপোন-বাস্তৱ আটাইবোৰ সনা-পোতোকা হৈ পৰে। কেঁচুৱাকণক তেওঁৰ চুই চাবৰ মন গ’ল।

‘এইফালে আনাচোন,’ শুই থকা কেঁচুৱাকণক প্ৰিয়নাথে চুই চালে, কুহুমীয়া, মিহি, কোমল। গাৰ পৰা উঠি আহিছে এটা গাখীৰ গাখীৰ গোন্ধ। ওঁঠ কিটা সৰু সৰু গুলপীয়া। প্ৰিয়নাথৰ মুখত বিৰিঙি উঠিল এটা হাঁহি। তেওঁ গণেশৰ হাতত এটা চাবি দিছে। আজিকালি প্ৰয়োজনত গণেশেই গৰ্ভ চন্দুক খোলা-মেলা কৰে। হাতীদাঁতৰ সৰু বাকচটো আনিবলৈ ক’লে। গণেশেও জানে ক’ত কি আছে। তৎক্ষণাত সি সৰু হাতীদাঁতৰ বাকচটো আনি দিলে। বাকচৰ ভিতৰত আছে এডাল মিহি সোণৰ হাৰ। আলোকে পিন্ধিছিলে সৰুতে। হাৰ ডাল প্ৰিয়নাথে অলপ সময় হাতৰ তলুৱাত লৈ ৰৈ থাকিল। আলোকৰ শৈশৱে তেওঁক টানি নিব খুজিছে। কেঁচুৱা এটা এই বগালে, চুচৰিলে, থিয়দঙা দিলে, থুপুক-থাপাককৈ খোজ দিলে...।

‘কি নাম ৰাখিছা?’

‘ললিতা’,

‘বঢ়িয়া হৈছে’, প্ৰিয়নাথে মীনাৰ হাতত হাৰডাল দিছে। ‘তাইক পিন্ধাই দিয়াচোন।’

সোণৰ হাৰ পিন্ধা কেঁচুৱাকণে টোপনিতে ওঠ দুটা ভাজ লগাই ফেকুৰি উঠিল।

ধাইমাকে জোকাইছে, ‘তোমাৰ আয়েৰা নাই, তোমাক এৰি গ’লগৈ।’

এয়া কেঁচুৱাকণে হাঁহিছে, ধাইমাকক উত্তৰ দিছে ‘ক’লৈই হ’বনে, এয়া দেখোন আয়ে মোক এইমাত্ৰ গাখীৰ খুৱাই গ’ল।’

কেঁচুৱাকণে ধাই মাকৰ লগত ধেমালি কৰি আকৌ এবাৰ হাঁহিলে। খুদ খুদ গোলাপী ওঁঠখনত হাঁহিটো অলপ সময় লাগি থাকিল।

****